KB180809

임동석중국사상100

문장궤범
文章軌範

謝枋得 編 / 林東錫 譯註

〈謝枋得(君直, 疊山)상〉

象犀珠玉怪珍之物有悦於人之耳目而不適於用　金石草木絲麻五穀六材有適於用而用之則弊取之則竭　悦於人之耳目而適於用用之而不弊取之而不竭　賢不肖之所得各因其才　仁智之所見各隨其分　而求無不獲者惟書乎

"상야, 물소 뿔, 진주, 옥. 이런 진괴한 물건들은 사람의 이목은 즐겁게 하지만 쓰임에는 적절하지 않다. 그런가 하면 금석이나 초목, 실, 삼베, 오곡, 육재는 쓰임에는 적절하나 이를 사용하면 닳아지고 취하면 고갈된다. 그렇다면 사람의 이목을 즐겁게 하면서 이를 사용하기에도 적절하며, 써도 닳지 아니하고 취하여도 고갈되지 않고, 똑똑한 자나 어리석은 자라도 그를 통해 얻는 바가 저마다 그 자신의 재능에 따라주고, 어진 사람이나 지혜로운 사람이나 그를 통해 보는 바가 저마다 그 자신의 분수에 따라주되 무엇이든지 구하여 얻지 못할 것이 없는 것은 오직 책뿐이로다!"

《소동파전집》(34) 본 《眞寶》(後集) 099 〈이씨산방장서기〉에서, 구당(丘堂) 여원구(呂元九) 선생의 글씨

차례

문장궤범 ③

《文章軌範》卷4
「小心文」‘相’字集

032(4-1) 〈原道〉 ·············· 韓文公(韓愈) ·························454
　　　　도道의 원의

033(4-2) 〈與孟尙書書〉 ·············· 韓文公(韓愈) ·············481
　　　　상서尙書 맹간孟簡에게 주는 글

034(4-3) 〈上高宗封事〉 ·············· 胡澹庵 ·····················500
　　　　고종高宗에게 밀봉하여 올리는 사안

035(4-4) 〈潮州韓文公廟碑〉 ········· 蘇東坡(蘇軾) ··········524
　　　　조주潮州 한유韓愈 사당의 비문

036(4-5) 〈上田樞密書〉 ·············· 蘇老泉(蘇明允) ········544
　　　　추밀원 전황田況에게 올리는 글

037(4-6) 〈上范司諫書〉 ·············· 歐陽公(歐陽脩) ········559
　　　　사간司諫 범중엄范仲淹에게 올리는 글

《文章軌範》卷5
「小心文」‘有’字集

038(5-1) 〈師說〉 ·············· 韓文公(韓愈) ·······················576
　　　　사설

039(5-2) 〈獲麟解〉 ·············· 韓文公(韓愈) ·····················586
　　　　인麟을 잡았다는 데 대한 풀이

040(5-3) 〈雜說〉(上) ·············· 韓文公(韓愈) ······························593
　　　잡설(상)

041(5-4) 〈雜說〉(下) ·············· 韓文公(韓愈) ······························597
　　　잡설(하)

042(5-5) 〈送薛存義序〉 ·············· 柳宗元 ······························604
　　　설존의薛存義를 보내며 주는 글

043(5-6) 〈送董邵南序〉 ·············· 韓文公(韓愈) ······························609
　　　동소남董邵南을 보내며 주는 글

044(5-7) 〈送王含秀才序〉 ············ 韓文公(韓愈) ······························614
　　　수재 왕함王含을 보내며 주는 글

045(5-8) 〈答李秀才書〉 ············ 韓文公(韓愈) ······························620
　　　수재 이사석李師錫에게 주는 답글

046(5-9) 〈送許郢州序〉 ············ 韓文公(韓愈) ······························625
　　　영주자사 허지옹許志雍을 보내며 주는 글

047(5-10) 〈贈崔復州序〉 ············ 韓文公(韓愈) ······························631
　　　복주자사에게 드리는 글

048(5-11) 〈讀李翶文〉 ················ 歐陽修(歐陽脩) ······························636
　　　이고李翶의 글을 읽고

049(5-12) 〈讀孟嘗君傳〉 ············· 王荊公(王安石) ······························645
　　　맹상군孟嘗君 전을 읽고

《文章軌範》卷6

「小心文」種字集

050(6-1) 〈前出師表〉 ·············· 諸葛武侯(諸葛亮) ······························652
　　　전출사표

051(6-2) 〈送浮屠文暢師序〉 ·········· 韓文公(韓愈) ······························667
　　　승려 문창文暢을 보내며 주는 글

052(6-3) 〈柳子厚墓誌〉·············· 韓文公(韓愈) ··················676
유종원 묘지명

053(6-4) 〈大唐中興頌序〉·········· 元次山(元結) ··················693
대당중흥송

054(6-5) 〈書箕子廟碑陰〉··········· 柳柳州(柳宗元) ··············704
기자 사당 비문 뒤에 씀

055(6-6) 〈嚴先生祠堂記〉············· 范文正公(范仲淹) ··········715
엄광嚴光선생 사당기

056(6-7) 〈跋紹興辛巳親征詔草〉····· 辛稼軒(辛棄疾) ··············725
소흥 신사년 친정親征 조서 초안의 발문

057(6-8) 〈袁州學記〉················· 李太伯(李覯) ················729
원주학기

058(6-9) 〈書洛陽名園記後〉··········· 李文叔(格非) ················739
《낙양명원기》 후서

059(6-10) 〈岳陽樓記〉··············· 范文正公(范仲淹) ··········745
악양루기

《文章軌範》卷7

「小心文」'乎字集

060(7-1) 〈祭田橫墓文〉················· 韓文公(韓愈) ··················757
전횡田橫 묘에 제를 올리며 쓴 글

061(7-2) 〈上梅直講書〉················· 蘇東坡(蘇軾) ··················764
직강 매성유梅聖兪에게 올리는 글

062(7-3) 〈三槐堂銘〉··················· 蘇東坡(蘇軾) ··················775
삼괴당 명문

063(7-4) 〈表忠觀碑〉··················· 蘇東坡(蘇軾) ··················789
표충관 비문

064(7-5) 〈送孟東野序〉 ·············· 韓愈 ·····················808

　　　　맹동야를 보내며 주는 글

065(7-6) 〈前赤壁賦〉 ··················· 蘇東坡(蘇軾) ···········822

　　　　전적벽부

066(7-7) 〈後赤壁賦〉 ··················· 蘇東坡(蘇軾) ···········835

　　　　후적벽부

067(7-8) 〈阿房宮賦〉 ··················· 杜牧之(杜牧) ···········843

　　　　아방궁부

068(7-9) 〈送李愿歸盤谷序〉 ········· 韓文公(韓愈) ···········856

　　　　반곡盤谷으로 돌아가는 이원李愿을 보내며 주는 글

069(7-10) 〈歸去來辭〉 ················ 陶淵明(陶潛) ·············866

　　　　귀거래사

문장궤범 ❶

◈ 책머리에

◈ 일러두기

◈ 해제

《文章軌範》卷1

「放膽文」'侯字集

001(1-1) 〈與于襄陽書〉 ·············· 韓文公(韓愈) ·····················59

　　　　양양자사 우적于頔에게 주는 글

002(1-2) 〈後二十九日復上宰相書〉 ··· 韓文公(韓愈) ·····················68

　　　　20일이 지난 뒤 다시 재상에게 올리는 글

003(1-3) 〈代張籍與李浙東書〉········· 韓文公(韓愈) ·················85

　　　장적張籍을 대신하여 절동관찰사 이손李遜에게 주는 글

004(1-4) 〈上張僕射書〉··············· 韓文公(韓愈) ·················95

　　　복야 장건봉張建封에게 올리는 글

005(1-5) 〈與陳給事書〉··············· 韓文公(韓愈) ·················106

　　　급사 진경陳京에게 주는 글

006(1-6) 〈後十九日復上宰相書〉····· 韓文公(韓愈) ·················113

　　　19일 뒤 다시 재상에게 올리는 글

007(1-7) 〈應科目時與人書〉·········· 韓文公(韓愈) ·················124

　　　과거에 응시하면서 추천을 부탁하는 글

008(1-8) 〈答陳商書〉················· 韓文公(韓愈) ·················129

　　　진상陳商에게 보내는 답글

009(1-9) 〈送石洪處士序〉··········· 韓文公(韓愈) ·················134

　　　처사 석홍石洪을 보내며 주는 글

010(1-10) 〈送溫處士赴河陽軍序〉····· 韓文公(韓愈) ·················144

　　　온조溫造 처사가 하양군河陽軍에 부임함에 보내며 주는 글

011(1-11) 〈送楊少尹序〉··············· 韓文公(韓愈) ·················152

　　　소윤 양거원楊巨源을 보내며 주는 글

012(1-12) 〈送高閑上人序〉··········· 韓文公(韓愈) ·················160

　　　상인上人 고한高閑을 보내며 주는 글

013(1-13) 〈送殷員外使回鶻序〉········ 韓文公(韓愈) ·················170

　　　회골回鶻 사신으로 가는 은유殷侑를 보내며 주는 글

014(1-14) 〈原毁〉················· 韓文公(韓愈) ·················176

　　　헐뜯음에 대한 원의

《文章軌範》卷2

「放膽文」'王字集

015(2-1) 〈爭臣論〉 ············ 韓文公(韓愈) ···················190
간쟁의 임무를 맡은 신하에 대해 논함

016(2-2) 〈諱辨〉 ···················· 韓文公(韓愈) ···················212
휘諱를 따져서 가림

017(2-3) 〈桐葉封弟辯〉 ············ 柳子厚(柳宗元) ···················224
오동잎으로 아우를 봉했다는 것에 대한 변론

018(2-4) 〈與韓愈論史論〉 ············ 柳子厚(柳宗元) ···················232
한유에게 주는 역사에 대해 논의한 글

019(2-5) 〈晉文公問守原議〉 ·········· 柳子厚(柳宗元) ···················249
진문공이 원原 땅을 지키는 이에게 질문한 내용을 논함

020(2-6) 〈朋黨論〉 ···················· 歐陽公(歐陽脩) ···················261
붕당朋黨에 대해 논함

021(2-7) 〈縱囚論〉 ···················· 歐陽公(歐陽脩) ···················274
종수론

022(2-8) 〈春秋論〉(下) ············ 歐陽公(歐陽脩) ···················282
《춘추》를 논함下

《文章軌範》卷3

「小心文」'將字集

023(3-1) 〈管仲論〉 ···················· 蘇老泉(蘇明允) ···················310
관중管仲을 논함

024(3-2) 〈高祖論〉 ···················· 蘇老泉(蘇明允) ···················329
고조 유방劉邦을 논함

025(3-3) 〈春秋論〉 ···················· 蘇老泉(蘇洵) ···················348
《춘추》를 논함

026(3-4) 〈范增論〉····················· 蘇東坡(蘇軾) ····························364
　　　　범증范增을 논함

027(3-5) 〈鼂錯論〉(晁錯論) ·········· 蘇東坡(蘇軾) ····························379
　　　　조착鼂錯을 논함

028(3-6) 〈留侯論〉····················· 蘇東坡(蘇軾) ····························388
　　　　유후留侯 장량張良을 논함

029(3-7) 〈秦始皇扶蘇論〉·············· 蘇東坡(蘇軾) ····························402
　　　　진시황秦始皇과 부소扶蘇에 대해 논함

030(3-8) 〈王者不治夷狄論〉·········· 蘇東坡(蘇軾) ····························424
　　　　왕자는 이적夷狄을 통치하지 않는다는데 대한 변론

031(3-9) 〈荀卿論〉····················· 蘇東坡(蘇軾) ····························438
　　　　순경荀卿, 荀子을 논함

《文章軌範》卷4
「小心文」'相'字集

〈擊鼓說唱陶俑〉(東漢) 明器 1957 四川 成都 天
回山 출토

《文章軌範》卷4
「小心文」'相'字集

No.	〈題目〉	作者	《古文眞寶》	備注
032	原道	韓愈	卷2 (023)	
033	與孟簡尙書書	〃	卷2 (028)	
034	上高宗封事	胡銓		
035	潮州韓文公廟碑	蘇軾	卷8 (091)	
036	上田樞密書	蘇洵	卷7 (089)	
037	上范司諫書	歐陽脩	卷6 (074)	

"이 〈상자집相字集〉의 문장은 도리의 강함에 대해 점득占得할 수 있는 것들이며, 청명정대淸明正大한 마음으로서 영화과예英華果銳의 기운을 발하는 것들이다.

필세筆勢는 대적할 만한 것이 없고, 광염光燄은 하늘을 비추는 것들이다.

배우는 자가 이를 숙지하여 경의經義에 관한 책문策文을 쓰면 틀림없이 천하에 큰 이름을 떨칠 수 있을 것이다."

「此集文章, 占得道理强, 以淸明正大之心, 發英華果銳之氣.
筆勢無敵, 光燄燭天.
學者熟之, 作經義作策, 必擅大名于天下.」

【此集文章, 占得道理强】 '此集'은 본 〈相字集〉(제 4권). '占得'은 占하여 얻음.
【以淸明正大之心, 發英華果銳之氣】 '榮華'는 꽃부리와 같은 훌륭함. '果銳'는 果

敢하며 銳利함.

【筆勢無敵, 光燄燭天】'燭天'은 하늘까지 그 빛이 비침. 〈西京賦〉에 "光炎燭天庭"
이라 함.

【學者熟之, 作經義作策, 必擅大名于天下】'經義'는 儒家의 여러 經에 대한 바른
뜻. '作策'은 策文을 지음. '擅'은 드날림. 獨步的인 존재가 됨.

032(4-1) 〈原道〉 ························ 韓文公(韓愈)

도道의 원의

1/6 ─────────────

박애博愛를 일러 인仁이라 하고, 실행하여 마땅하게 됨을 일러 의義라 하며, 이를 말미암아 따라가는 것을 일러 도道라 하고, 자신에게 충족하여, 밖에 기대지 않아도 되는 것을 일러 덕德이라 한다.

인과 의는 정명定名이 되고, 도와 덕은 허위虛位이다.

그러므로 도에는 군자와 소인이 있고, 덕에는 흉덕과 악덕이 있다.

노자老子가 인의를 하찮게 여긴 것은 그것을 헐뜯은 것이 아니라, 그 보는 것이 적다는 것이니, 우물 안에 앉아서 하늘을 보고 ‘하늘이 작다’고 말하는 것은, 하늘이 작은 것이 아니다.

저는 자그마한 은혜를 인이라 여기고, 자그마한 선행을 의라 여겼으니 그가 작다고 여긴 것은 당연하다.

그가 말하는 바의 도라고 하는 것은 그가 도라고 여긴 것의 도이지, 내가 일컫는 바의 도가 아니며, 그가 말하는 바의 덕이라고 하는 것은 그가 덕이라고 여긴 바의 덕이지, 내가 말하는 바의 덕은 아니다.

무릇 내가 말하는 바의 도덕 운운하는 하는 것은 인과 의를 합해서 말한 것으로, 천하에 공인된 말이다.

노자가 말하는 바의 도덕 운운하는 것은 인과 의를 제거한 것으로, 한 사람의 사사로운 말이다.

博愛之謂仁, 行而宜之之謂義, 由是而之焉之謂道, 足乎己無待
於外之謂德.

仁與義爲定名, 道與德爲虛位.

故道有君子有小人, 而德有凶有吉.

老子之小仁義, 非毁之也, 其見者小也; 坐井而觀天曰「天小」者,
非天小也.

彼以煦煦爲仁, 孑孑爲義, 其小之也則宜.

其所謂道, 道其所道, 非吾所謂道也; 其所謂德, 德其所德, 非吾
所謂德也.

凡吾所謂道德云者, 合仁與義言之也, 天下之公言也.

老子之所謂道德云者, 去仁與義言之也, 一人之私言也.

【博愛之謂仁, 行而宜之之謂義】'宜'는 마땅하고 옳음. 常理에 맞음. 《軌範》注에
"上五字句, 下七字句"라 함. 《易》 說卦傳에 "立天之道曰陰與陽, 立地之道曰柔與剛,
立人之道曰仁與義"이라 함. 《古文眞寶》 注에 "先儒譏此語謂:「愛自是情, 仁自是性,
以愛爲仁, 是按情爲性, 行而宣之, 始爲義, 亦有告子義外之失.」 愚以「仁者心之德
愛之理; 義者心之制事之宜. 必如朱子此言, 始無遺憾然. 周子亦曰:「愛曰仁, 宜曰
義.」 韓公就仁義之用處言之, 亦可勿苛責也.」라 함.

【由是而之焉之謂道, 足乎己無待於外之謂德】'是'는 仁과 義를 가리킴. 《軌範》注에
"八字句"라 함. '足乎己'는 자신에게서 충족함. '無待於外'은 자신 밖의 사물이나
상황 및 조건 등을 기다리지 않음. 《孟子》 離婁(下)에 "舜明於庶物, 察於人倫, 由
仁義行, 非行仁義也"라 함. 《東雅堂昌黎集註》에 "楊誠齋曰:「道德之實. 非虛也, 而
道德之位則虛也. 韓子之言, 實其虛者也. 其曰仁'與義爲定名', 又曰'吾之所謂道德
者, 合仁與義言之也'而後道德之虛位, 可得而實矣.」 張無垢曰:「此正是退之闢佛老
要害處. 老子平日談道德, 乃欲搥提仁義, 一味自虛無上去, 曾不知道德自仁義中出.

故以定名之實, 主張仁義在此二字. 旣言行仁義, 後必繼曰由是而之焉之謂道. 足乎
已無待於外之謂德, 亦未始薄道德也. 特惡佛老, 不識仁義卽是道德, 故不得不表出
之.」楊龜山曰:「韓子意曰:由仁義而之焉斯謂之道, 充仁義而足乎已斯謂之德, 所謂
道德云者, 仁義而已, 故以仁義爲定名, 道德爲虛位. 〈中庸〉曰:'天命之謂性, 率性之
謂道.' 仁義, 性所有也. 則拾仁義而言道者, 固非也. 道固有仁義, 而仁義不足以盡
道, 則以道德爲虛位者, 亦非也.」라 함. 《軌範》注에 "十字句. ○開端四句, 四樣句
法. 此文章家巧處"라 함. 《古文眞寶》注에는 "是字指仁義, 由仁義而行之爲道; 行
仁義之道, 而得之心爲德, 由是二字合仁義言, 道德之過血脉處"라 함.

【仁與義爲定名, 道與德爲虛位】'定名'은 고정된 이름. 定義. '虛位'는 定名에 상대되
는 의미. 유동적인 위치. 《軌範》注에 "此所以謂之虛位"라 함.

【故道有君子有小人, 而德有凶有吉】'德有凶有吉'는 吉德과 凶德(惡德)이 있음. 《左
傳》文公 18년에 "孝敬忠信爲吉德, 盜賊藏姦爲凶德"이라 함. 《古文眞寶》注에
"樓云'得見是虛位'. 陳云'緣有吾儒所謂道德, 有老所謂道德, 所以援此'"라 함.

【老子之小仁義, 非毁之也, 其見者小也】'小仁義'는 仁義를 별것 아닌 작은 것으로
여김. 仁義를 최고의 것으로 여기지는 않음. '毁之'는 험담함. 《老子》(18)에 "大道
廢, 有仁義; 智慧出, 有大僞"라 함.

【坐井而觀天曰天小者, 非天小也】'小'는 《古文眞寶》注에 "小, 作罪, 非"라 함. 坐井
觀天하는 자가 하늘을 작다고 여긴다고 해서 하늘이 작은 것은 아님. 《昌黎集》
注에 《尸子》曰:「井中視星, 所視不過數星.」이라 함. 《軌範》注에 "當看《莊子》"라
하였으며, 《莊子》秋水篇에 "是直用管窺天, 不亦小乎?"라 하였고, 《尸子》에는 "井
中視星, 所視不過數星"이라 함. 한편 《史記》太史公自序에는 "戴盆望天"이라 함.

【彼以煦煦爲仁, 孑孑爲義, 其小之也則宜】'煦煦'는 따뜻함. 여기서는 작은 은혜를
베풂. 《禮記》樂記에 "天地訢合, 陰陽相得, 煦嫗覆育萬物, 然後草木茂"라 하였고,
注에 "氣曰煦, 體曰嫗"라 함. '呴'와 같으며 《莊子》刻意篇 "吹呴呼吸"의 〈釋文〉에
"呴, 本作煦"라 함. 《軌範》注에 "此語出老莊之書"라 함. 《古文眞寶》注에 "小惠貌"
라 함. '孑孑'은 별것 아닌 도움이나 선행.

【其所謂道, 道其所道, 非吾所謂道也】'道其所道'는 그들이 도라고 여기는 바의 도.
《老子》(1)에 "道可道, 非常道"라 하였고, 《莊子》徐无鬼篇에는 "魯遽曰:「是直以陽
召陽, 以陰召陰, 非吾所謂道也. 吾示子乎吾道.」"라 함.

【其所謂德, 德其所德, 非吾所謂德也】'德其所德'은 그들이 덕이라고 여기는 바의

덕. 《老子》(38)에 "上德不德, 是以有德;下德不失德, 是以無德"이라 함. 《古文眞寶》注에 "旣小了仁의, 所以道非吾道, 德非吾德, 蓋去仁義言道德也"라 함.

【凡吾所謂道德云者, 合仁與義言之也, 天下之公言也】'公言'은 공공연히 공개하여 공인되는 말. 《史記》老子傳에 "老子乃著書上下篇, 言道德之意, 五千餘言"이라 하였고, 《莊子》騈拇篇에는 "且夫屬其性乎仁義者, 雖通如曾史, 非吾所謂臧也. …… 吾所謂臧者, 非仁義之謂也, 臧於其德而已矣;吾所謂臧者, 非所謂仁義之謂也, 任其性命之情而已矣"라 함.

【老子之所謂道德云者, 去仁與義言之也, 一人之私言也】'私言'은 앞의 公言에 상대하여 쓴 용어. 《軌範》注에 "此一段, 斷盡聖人之道與老子之道不同處, 更以《莊子》胠篋·馬蹄篇觀之"라 함.

2/6 ─────────────────

주周나라의 도가 쇠미해지고 공자孔子가 죽자, 진秦나라 때에는 책이 불태워졌고, 한漢나라 때에는 황로학黃老學이 성행하였으며, 불교는 진晉, 송宋, 제齊, 양梁, 북위北魏, 수隋를 거쳐 오는 사이 성행하였다.

그들이 말하는 도덕과 인의라는 것은 양주楊朱에 속하지 않으면 묵적墨翟에 속하였고, 노자老子에 속하지 않으면 불교에 속하였다.

저들에게 들어가면 이 쪽 유가로부터 탈퇴하여, 거기에 속한 자는 자신들의 것을 주인으로 하고, 나간 자들은 노예로 여기고, 들어온 자에게는 달라붙고, 나간 자들은 더럽게 여긴다.

아! 후세의 사람들이 인의와 도덕에 대한 논리를 듣고자 해도 그 누구를 좇아 듣겠는가?

노자를 따르는 자들은 "공자는 우리 스승의 제자"라 하고, 부처를 따르는 자들도 "공자는 우리 스승의 제자"라고 하며, 공자를 따르는 자들도 그러한 말을 들어 익숙하게 되고, 그들의 거짓말을 즐기며 스스로를 왜소하게 여기면서 역시 "우리 선생님께서도 일찍이 그런 적이 있었다더라"라고 한다.

다만 입으로만 그 일을 거론하는 것이 아니라, 나아가 다시 그들의 책에 이를 써넣기도 하였다.

아! 후세 사람들이 비록 인의와 도덕에 대한 이론을 듣고자 해도 누구를 좇아서 찾아볼 수 있겠는가?

심하도다, 사람들이 괴이함을 좋아하는 것이!

그 실마리를 찾아보지도 않고, 그 결말을 물어보지도 않은 채 오직 괴이한 것만을 듣고자 한다.

옛날 백성들은 네 부류였는데 지금은 백성들은 여섯 부류이며, 옛날 가르침은 한 가지에만 처하면 되었는데 지금은 세 가지에 처하게 되었다.

농사짓는 집은 하나인데 곡식을 먹어야 할 자는 여섯이요, 공인工人은 한 사람인데 기물을 사용해야 할 집은 여섯이며, 장사하는 집은 하나인데 가져다 써야 할 집은 여섯이니, 어찌 백성들로서 곤궁하여 도둑질을 하지 않을 수 있겠는가!

周道衰, 孔子沒, 火于秦, 黃老于漢, 佛于晉宋齊梁魏隋之間.
其言道德仁義者, 不入于楊, 則入于墨; 不入于老, 則入于佛.
入于彼, 則出于此; 入者主之, 出者奴之; 入者附之, 出者汙之.
噫! 後之人其欲聞仁義道德之說, 孰從而聽之?
老者曰:「孔子, 吾師之弟子也.」; 佛者曰:「孔子, 吾師之弟子也.」;
爲孔子者, 習聞其說, 樂其誕而自小也, 亦曰:「吾師亦嘗云爾.」
不惟擧之於其口, 而又筆之於其書.
噫! 後之人雖欲聞仁義道德之說, 其孰從而求之?
甚矣, 人之好怪也!
不求其端, 不訊其末, 惟怪之欲聞.
古之爲民者四, 今之爲民者六; 古之敎者, 處其一; 今之敎者, 處其三.
農之家一, 而食粟之家六; 工之家一, 而用器之家六; 賈之家一,

而資焉之家六; 奈之何民不窮且盜也!

【周道衰, 孔子沒, 火于秦, 黃老于漢, 佛于晉宋齊梁魏隋之間】'周道衰'는 周代 禮樂
이 무너져 春秋戰國의 혼란기로 들어섬. '火于秦'는 秦始皇의 焚書坑儒를 말함.
《史記》秦始皇本紀를 참조할 것. '黃老于漢'은 한나라 때 들어서서는 黃老術이
유행함. '黃老'는 黃帝와 老子를 도가의 주체로 믿고 신봉하던 당시의 풍조.《封
演聞見記》에 "道敎本自黃帝, 至老君祖述其言, 故稱爲黃老之學. 戰國之時, 園寇蒙
莊之徒著書, 咸以黃老爲宗師"라 함. '佛敎'는 東漢 明帝가 꿈에 부처를 본 뒤 傅
毅가 "서방에 신이 있으니 그 이름이 부처"(西方有神, 其名曰佛)라는 해몽을 듣고
蔡愔 등으로 하여금 大月氏國으로 보내어 지금의 아프칸 경내에서 攝摩騰과 竺
法蘭 등을 만나 이들과 함께 佛經을 白馬에 싣고 永平 10년(67) 洛陽으로 돌아와
처음 중국에 들여왔음. 그 뒤 東晉, 南朝의 宋, 齊, 梁, 그리고 北朝의 北魏, 隋를
거쳐 오면서 점차 교세가 확장되어 민간에 퍼져나갔으며 학자들도 관심을 갖고
믿기 시작하였음.《軌範》注에 "上三字句, 中四字句, 下十字句"라 함.《古文眞寶》
注에 "至此始說佛, 他把佛老一衰說也"라 함.

【其言道德仁義者, 不入于楊, 則入于墨; 不入于老, 則入于佛】'楊'은 楊朱. 戰國시대
'爲我說'을 내세워 풍미했던 주장. '墨'은 墨翟. 역시 戰國시대 '兼愛說'을 주장하
여 풍미하였음.《孟子》滕文公(下)에 "聖王不作, 諸侯放恣, 處士橫議, 楊朱・墨翟之
言盈天下. 天下之言, 不歸楊, 則歸墨. 楊氏爲我, 是無君也; 墨氏兼愛, 是無父也. 無
父無君, 是禽獸也"라 함.《古文眞寶》注에 "楊, 楊朱; 墨, 墨翟, 皆異端"이라 함.

【入于彼, 則出于此】사람들은 그 중 어느 하나를 선택하지 않으면 안 되게 되었음.
《軌範》注에 "孟子說歸楊, 歸儒今變歸字爲入. ○文公去陳言, 自撰新語. 只是把古
人文章變化"라 함.

【入者主之, 出者奴之; 入者附之, 出者汙之】'入者主之'는 하나의 사상에 들어가게
되면 그 주장과 도를 주인으로 삼음. '出者奴之'는 탈퇴하여 빠져나온 자는 믿던
도를 노예처럼 멸시함. 여기서는 애초 儒家가 일반적이었으나 그 儒家를 버리고
다른 주장이나 사상을 믿는 자들을 말함. '汙'는 汚와 같음.《軌範》注에 "入于楊
墨佛老者, 必出于聖人之學; 主異端者, 必以聖人之道爲奴; 附異端者, 必以聖人之
道爲汙"라 함.

【噫! 後之人其欲聞仁義道德之說, 孰從而聽之】뒷사람들은 仁義道德을 듣고자 해

도 들을 곳이 없게 됨.《古文眞寶》注에 "前言道德仁義, 此言仁義道德, 先後不同. 尋常獨過不覺, 誰復致思? 陳靜觀批「道德仁義與仁義道德之說不同, 先道後德, 先德後仁, 先仁後義. 此老之說謂之道德仁義博愛爲仁, 行宜謂義之, 焉謂道足已謂德? 此韓之說謂之仁義道德, 看得仔細.」라 함.

【老者曰:「孔子, 吾師之弟子也.」】 '老者'는 老子의 사상을 신봉하는 사람들.《史記》에 "孔子問禮於老子"를 들어 孔子는 老子의 제자라고 주장함을 말함.《史記》老子傳의 "孔子問禮於老子"를 근거로 道家에서는 孔子를 '太極上眞君'으로 부름.

【佛者曰:「孔子, 吾師之弟子也.」】 '佛者'는 불교를 믿는 사람들.《淸淨法行經》에는 孔子를 '儒童菩薩'이라 하였고,《廣弘明集》(止觀輔行傳弘訣 6-3)에는 孔子를 '靜光童子'라 부르기까지 함. 唐 法琳의 〈破邪論〉에는 "佛遣三弟子震旦敎化, 儒童菩薩彼稱孔丘, 光淨菩薩彼稱顔回, 摩訶迦葉彼稱老子"라 함.

【爲孔子者, 習聞其說, 樂其誕而自小也, 亦曰:「吾師亦嘗云爾.」】 '爲孔子者'는 공자를 믿던 자. 儒家를 인정하던 자들. '樂其誕而自小'는 그 허탄한 것을 즐겁게 여기면서 자신을 왜소하다 여김. '吾師亦嘗云爾'는 '내가 믿던 공자도 역시 일찍이 그랬었구나'라고 여김. 그러나《昌黎集》注에는 "諸本'嘗'下'有師之'字"라 하여 '공자도 일찍이 스승이 있었음'으로 되어 있음.《古文眞寶》注에 "常本作之云爾"라 함.

【不惟擧之於其口, 而又筆之於其書】 '筆之於其書'는 이를 책에 기록하기 까지 함.《孔子家語》觀周篇에 "공자는 南宮敬叔과 함께 周나라로 가서 老聃에게 예에 대해 물었다"라 기록하고 있음.《古文眞寶》注에 "如曾子文中論禮處. 孔子曰「吾聞諸老聃」, 是也. 佛後孔子數百年, 始入中國, 佛者之說無稽太甚, 爲孔子者, 雷同如此. 是擧世孰視其無狀, 且將歸向之矣? 韓公不與之辨得乎?"라 함.

【噫! 後之人雖欲聞仁義道德之說, 其孰從而求之】 '求之'는 찾아봄.

【甚矣, 人之好怪也】 '好怪'는 괴이한 것을 좋아함. 儒家 이외의 荒誕하고 怪異한 내용을 좋아함.

【不求其端, 不訊其末, 惟怪之欲聞】 '端'은 端緖, 始初, 端初. '不訊其末'은 그 결과를 물어보지도 않음.

【古之爲民者四, 今之爲民者六; 古之敎者, 處其一; 今之敎者, 處其三】 '四'는 백성이 되어서의 4가지 부류. 즉 士農工商(賈)을 말함. '六'은 이상의 구분에 더하여 道家를 믿는 무리와 佛徒가 더 있음을 비유한 것.《古文眞寶》注에 "陳云:「此是用古今對說, 六段前後兩段, 只是說平地添一介佛老, 不是中四段, 是就佛老所說上問

之.」라 함. '一'은 儒家. '三'은 儒家, 佛家, 道家.《古文眞寶》注에 "古四民士農工商,
今添老佛, 故六; 古一儒敎, 今添老佛, 故三"이라 함.

【農之家一, 而食粟之家六; 工之家一, 而用器之家六; 賈之家一, 而資焉之家六】農,
工, 商에 종사하는 이들은 그대로인데 이들을 통해 필요로 하는 자는 과거 넷에
서 여섯으로 늘어남. '賈'(고)는 商을 대신하여 쓴 것.

【奈之何民不窮且盜也】이렇게 되면 '어찌 백성으로서 궁해져서 도둑질을 하지 않
을 수 있겠는가?'의 뜻.《論語》衛靈公篇에 "子路慍見曰:「君子亦有窮乎?」子曰:
「君子固窮, 小人窮斯濫矣.」라 함.《軌範》注에 "好句法"이라 함.

3/6 ───────────

옛 시대에는 사람들에게 피해를 주는 것이 많았다.

성인聖人이 들어선 연후에야 그들에게 서로 도우며 살아가고 기르는
도리를 가르쳤다.

그리하여 임금이 되고 스승이 되어, 충사蟲蛇와 금수禽獸를 몰아내고
중원中原에 살 수 있게 되었다.

추위가 있은 연후에야 옷을 만들도록 하였었고, 굶주림이 있은 연후
에 먹는 것을 마련하게 하였으며, 나무에서 살다가 떨어져 곤두박질하
고, 땅에서 살다가 병이 난 연후에야 집을 지어 살도록 하였다.

공법工法을 만들어내어 이로써 기용器用을 풍족하게 하였고, 장사 방
법을 만들어내어 있고 없는 물건을 유통시켰으며, 의약醫藥을 만들어 일
찍 죽는 것을 구제하였고, 장례와 매장, 제사를 만들어 그 은혜와 사랑
을 길이 품도록 하였으며, 예법을 만들어 나이의 선후에 질서가 있도록
하였고, 음악을 만들어 인울湮鬱함을 풀 수 있도록 하였으며, 정치를 만
들어 태만하고 게으름을 통솔하도록 하였고, 형벌을 만들어 강하고 뻣
뻣한 자들을 제거할 수 있도록 하였다.

서로 속이게 되자 부절符節과 도장, 두곡斗斛, 권형權衡 등의 도량형을
만들어 믿음이 있도록 하였으며, 서로 빼앗게 되자 성곽城郭과 갑병甲兵

을 만들어 지켜내도록 하였다.

이처럼 해코지가 다가오면 이를 대비하도록 하였고, 환난이 생기면 이를 방비하도록 한 것이다.

그런데 지금 "성인이 죽지 않으면, 대도가 그치지 않는다. 두斗를 부숴버리고 형衡을 꺾어버려야 백성들이 다툼이 없게 된다"라 하고 있다.

아! 그러한 논리는 역시 깊이 생각하지 않아서 그럴 따름이다.

만약 옛날에 성인이 없었다면 인류는 멸망한지 오래되었을 것이다.

어찌 그렇겠는가? 사람의 몸에는 깃이나, 털, 비늘, 껍질도 없으므로 추위나 더위에 살아야 하고, 손발톱이나 이빨도 없이 먹을 것을 다투어야 하기 때문이다.

이 까닭으로 임금은 명령을 내는 자이고, 신하는 임금의 명령을 시행하여 백성들에게 미치도록 하는 자이며, 백성이란은 곡식과 옷감을 내고, 기물을 만들며, 재화를 유통시켜 윗사람을 섬기는 자들이다.

임금으로서 명령을 내지 않으면 그가 임금 된 도리를 잃는 것이요, 신하로서 임금의 명령을 시행하여 백성들에게 이르게 하지 않는다면 신하 된 도리를 잃는 것이며, 백성으로서 곡식과 옷감을 내는 일도, 그릇을 만드는 일도, 재화를 유통시키는 일도 하지 않아 윗사람을 섬기지 않는다면 벌을 받게 되는 것이다.

지금 그들의 법은 "반드시 너희 임금과 신하를 버리고, 너희 아버지와 아들을 떠나고, 너희들끼리 서로 돕고 서로 길러주는 도를 금한 채, 이른바 청정淸淨과 적멸寂滅을 구하라"라고 하고 있다.

아! 그들은 역시 다행히도 삼대三代 이후에 나와서 우禹, 탕湯, 문왕文王, 무왕武王, 주공周公, 공자孔子에게 배척당하지 않은 것이며, 한편으로는 역시 불행하게도 삼대 이전에 나오지 않아서 우, 탕, 문왕, 무왕, 주공, 공자에 의해 바르게 교정되지 못하였도다.

古之時, 人之害多矣.

有聖人者立, 然後敎之以相生相養之道.

爲之君, 爲之師; 驅其蟲蛇禽獸, 而處其中土.

寒, 然後爲之衣; 飢, 然後爲之食; 木處而顚, 土處而病也, 然後爲之宮室.

爲之工, 以贍其器用; 爲之賈, 以通其有無; 爲之醫藥, 以濟其夭死; 爲之葬埋祭祀, 以長其恩愛; 爲之禮, 以次其先後; 爲之樂, 以宣其湮鬱; 爲之政, 以率其怠勌; 爲之刑, 以鋤其强梗.

相欺也, 爲之符璽斗斛權衡以信之; 相奪也, 爲之城郭甲兵以守之.

害至而爲之備, 患生而爲之防.

今其言曰:「聖人不死, 大盜不止; 剖斗折衡, 而民不爭.」

嗚呼! 其亦不思而已矣,

如古之無聖人, 人之類滅, 久矣.

何也? 無羽毛鱗介以居寒熱也, 無爪牙以爭食也.

是故君者, 出令者也; 臣者, 行君之令而致之民者也; 民者, 出粟米麻絲·作器皿·通貨財, 以事其上者也.

君不出令, 則失其所以爲君; 臣不行君之令而致之民, 則失其所以爲臣; 民不出粟米麻絲·作器皿·通貨財, 以事其上, 則誅.

今其法曰:「必棄而君臣, 去而父子, 禁而相生相養之道, 以求其所謂淸淨寂滅者.」

嗚呼! 其亦幸而出於三代之後, 而不見黜於禹湯文武周公孔子也; 其亦不幸而不出於三代之前, 不見正於禹湯文武周公孔子也!

【古之時, 人之害多矣】옛날에 사람에게 害가 되거나 불편한 것 들이 많았음.

【有聖人者立, 然後敎之以相生相養之道】‘相生相養之道’는 삶에서 서로 생존하고 서로 길러주는 여러 가지 방법과 용도.《軌範》注에 "此一段, 見得天地間不可無聖人之道. 聖人之道, 有功于人, 非佛老可及"이라 함.《古文眞寶》注에 "吾儒底只

是相生養之道, 這便是博愛, 便是行而宜之"라 함.

【爲之君, 爲之師; 驅其蟲蛇禽獸, 而處其中土】'驅其蟲蛇禽獸'는 《孟子》梁惠王(下)에 "天降下民, 作之君, 作之師"라 하였고, 《孟子》滕文公(上)에 "當堯之時, 天下猶未平, 洪水橫流, 氾濫於天下; 草木暢茂, 禽獸繁殖; 五穀不登, 禽獸偪人; 獸蹄鳥跡之道, 交於中國. 堯獨憂之, 擧舜而敷治焉. 舜使益掌火, 益烈山澤而焚之, 禽獸逃匿. 禹疏九河, 瀹濟漯, 而注諸海; 決汝漢, 排淮泗, 而注之江. 然後中國可得而食也"라 함. '中土'는 中原 땅. 中原에 사람이 살 수 있게 되었음을 말함.

【寒, 然後爲之衣; 飢, 然後爲之食】'爲之衣'는 옷을 만들어 추위와 더위를 해결함. 黃帝의 아내 嫘祖가 養蠶을 처음 가르쳤다 함. '爲之食'은 농사를 지어 먹을 것을 해결함. 神農氏가 처음 농사법을 발명하였고, 后稷(姬棄)이 農稷之官이 되어 백성들에게 農耕을 가르쳤다 함.

【木處而顚, 土處而病也, 然後爲之宮室】'爲之宮室'의 宮室은 집을 말함. '宮'은 고대 일반인의 가옥을 칭하던 말이었음. 有巢氏가 穴居에서 巢居로, 黃帝 軒轅氏가 각종 器具를 발명하여 집을 지어 살도록 하였다 함.

【爲之工, 以贍其器用; 爲之賈, 以通其有無】'爲之工'은 필요한 工具 만드는 법을 말함. 《易》繫辭傳(下)에 "古者, 包犧氏之王天下也, 仰則觀象於天, 俯則觀法於地, 觀鳥獸之文, 與地之宜, 近取諸身, 遠取諸物, 於是始作八卦, 以通神明之德, 以類萬物之情. 作結繩而爲罔罟, 以佃以漁, 蓋取諸離. 包犧氏沒, 神農氏作, 斲木爲耜, 揉木爲耒, 耒耨之利, 以敎天下, 蓋取諸益. 日中爲市, 致天下之民, 聚天下之貨, 交易而退, 各得其所, 蓋取諸噬嗑. 神農氏沒, 黃帝·堯·舜氏作, 通其變, 使民不倦, 神而化之, 使民宜之"라 하여, 包犧氏는 그물, 神農氏는 농기구, 黃帝, 堯, 舜은 배를 만드는 등 편리한 기물을 만들었으며, 日中에 시장을 열어 있고 없는 것을 서로 교환하도록 하였다 함.

【爲之醫藥, 以濟其夭死; 爲之葬埋祭祀, 以長其恩愛】'爲之醫藥'은 神農氏가 百草의 맛을 보고 약을 만들었다 함. 《三皇本紀》및 《搜神記》(1)에 "神農以赭鞭鞭百草, 盡知其平·毒·寒·溫之性, 臭味所主. 以播百穀. 故天下號神農也"라 함. '葬埋'는 《孟子》滕文公(上)에 "蓋上世嘗有不葬其親者; 其親死, 則擧而委之於壑. 他日過之, 狐狸食之, 蠅蚋姑嘬之; 其顙有泚, 睨而不視. 夫泚也, 非爲人泚, 中心達於面目. 蓋歸反虆梩而掩之. 掩之誠是也, 則孝子仁人之掩其親, 亦必有道矣"라 함. '恩愛'는 《古文眞寶》注에 "此卽是仁義"라 함.

【爲之禮, 以次其先後;爲之樂, 以宣其湮鬱】‘湮鬱’은 마음이 울적하고 슬퍼함, 혹은
답답함을 뜻하는 雙聲連綿語.《東雅堂昌黎集》에는 ‘壹鬱’로 되어 있으며, 注에
“壹, 或作湮, 或作堙. 按《史記》賈誼傳「獨堙鬱其誰語?」《漢書》作「壹鬱」”이라 함.《古
文眞寶》注에 “湮, 一作壹”이라 함.

【爲之政, 以率其怠勌;爲之刑, 以鋤其强梗】‘怠勌’은 怠倦과 같음.《古文眞寶》注에
“勌, 音倦”이라 함. 태만하고 게으름. ‘鋤其强梗’은 강하고 뻣뻣한 것을 호미질 하
듯 제거해버림.《詩》桑柔篇“君子實維, 秉心無競. 誰生厲階, 至今爲梗”의 傳에
“梗, 病也”라 하였고,《方言》에는 “梗, 猛也. 韓趙之間曰梗. 又曰凡草木刺人, 自關
而東, 或謂之梗”이라 함.《廣雅》釋詁에는 “梗, 强也”라 함. ‘鋤’는 動詞로 쓰였음.

【相欺也, 爲之符璽斗斛權衡以信之;相奪也, 爲之城郭甲兵以守之】‘相欺也’는 속임
이 나타남.《古文眞寶》注에 “換文好”라 함. ‘符璽’는 부절과 도장. 계약 따위를 확
실히 함. ‘斗斛’은 量을 재는 기구. ‘權衡’은 무게를 재는 기구. 저울과 저울대. ‘甲兵’
은 갑옷과 무기. 방어를 위한 장비.《莊子》胠篋篇에 “爲之斗斛以量之, 則並與斗
斛而竊之;爲之權衡以稱之, 則並與權衡而竊之;爲之符璽以信之, 則並與符璽而竊
之;爲之仁義以矯之, 則並與仁義而竊之. 何以知其然邪? 彼竊鉤者誅, 竊國者爲諸
侯, 諸侯之門而仁義存焉, 則是非竊仁義聖知邪? 故逐於大盜, 揭諸侯, 竊仁義並斗
斛權衡符璽之利者, 雖有軒冕之賞弗能勸, 斧鉞之威弗能禁. 此重利盜跖而使不可
禁者, 是乃聖人過也”라 함.《古文眞寶》注에 “有他連用, 十七介爲之字, 而五番換
文”이라 함.

【害至而爲之備, 患生而爲之防】害와 患에 防備를 하게 되었음을 말함.《軌範》注
에 “此一段, 連下十七箇爲之字, 變化九樣句法, 起伏頓挫, 如層峯疊巒, 如驚濤巨
浪. 讀者快心暢意, 不覺其下字之重疊, 此章法也”라 함.

【今其言曰:「聖人不死, 大盜不止;剖斗折衡, 而民不爭.」】‘其言’은 道家와 佛家 등 異
端들이 주장하는 말.《莊子》胠篋篇에 “夫谷虛而川竭, 丘夷而淵實. 聖人已死, 則
大盜不起, 天下平而无故矣. 聖人不死, 大盜不止. 雖重聖人而治天下, 則是重利盜
跖也”라 함. ‘剖斗折衡’은 도량형기를 파괴해 버림.《古文眞寶》注에 “語見《莊子》.
六段都是怪事”라 함.

【嗚呼, 其亦不思而已矣!】그것은 깊이 생각함이 없이 하는 짓이기 때문일 뿐임.
《孟子》告子(上)에 “孟子曰:「欲貴者, 人之同心也. 人人有貴於己者, 弗思耳.」”라 함.
《軌範》注에 “文勢有頓挫”라 함.

【如古之無聖人, 人之類滅, 久矣】만약 聖人이 없었다면 人類는 멸망한 지 오래되었을 것임.《軌範》注에 "此數句〈送文暢序〉同意, 可倂看"이라 함.

【何也? 無羽毛鱗介以居寒熱也, 無爪牙以爭食也】'羽毛鱗介'는 鳥類, 獸類, 魚類, 甲殼類의 동물들. '爪牙'는 손발의 톱과 이빨. '何也' 다음에《軌範》注에 "頓挫"라 함.《古文眞寶》注에 "羽毛, 羽虫毛虫; 鱗介, 鱗虫甲虫"이라 함.

【是故君者, 出令者也; 臣者, 行君之令而致之民者也; 民者, 出粟米麻絲·作器皿·通貨財, 以事其上者也】'出令者' 다음에《軌範》注에 "第一句四字"라 함. '粟米麻絲'는 먹을 것과 입을 것. '器皿'은 기구와 그릇. '貨財'는 상품과 재물.《軌範》注에 "第三句十七字, 由短入長, 此是章法"이라 함.

【君不出令, 則失其所以爲君; 臣不行君之令而致之民, 則失其所以爲臣】앞의 '爲君' 다음에《軌範》注에 "第一句七字"라 함. 앞의 구절과 반대되는 상황을 말한 것.

【民不出粟米麻絲·作器皿·通貨財, 以事其上, 則誅】'誅'는 주벌을 당함.《軌範》注에 "第三句二字, 此是章法"이라 함.

【今其法曰:「必棄而君臣, 去而父子, 禁而相生相養之道. 以求其所謂淸淨寂滅者.」】이 구절에서의 '而'는 모두 二人稱. 너. 你, 汝와 같음.《詩》桑柔篇 "予豈不知而作"의 箋에 "而, 猶女也"라 함.《古文眞寶》注에도 "而, 猶汝也"라 함. '淸淨'은 淸靜과 같으며 道家의 사상.《老子》(45)에 "大直若屈, 大巧若拙, 大辯若訥. 靜勝躁, 寒勝熱, 淸靜爲天下正"이라 하였고 15장에는 "孰能濁以靜之徐淸?"이라 함. '寂滅'은 佛敎의 사상. 번뇌를 끊고 不生不滅의 경지에 들어감을 뜻함.

【嗚呼! 其亦幸而出於三代之後, 而不見黜於禹湯文武周公孔子也】'三代'는 夏, 殷, 周의 세 왕조. 開國君主들이 모두 王道政治를 실행하여 儒家에서는 높이 여김.《古文眞寶》注에 "三代, 謂夏殷周"라 함. '見黜'은 쫓겨남을 당함. 도가와 불교가 三代 시기에 나왔다면 聖人들에 의해 쫓겨났을 것임을 뜻함.

【其亦不幸而不出於三代之前, 不見正於禹湯文武周公孔子也】'見正'은 바로잡음을 당함. 바르게 고쳐짐을 당함.《古文眞寶》注에 "後一轉尤妙, 惻然憐之忠厚之至"라 함.

4/6

제帝와 왕王은 그 호칭은 각기 다르지만, 그들이 성인聖人이 됨은 하나이니, 여름에는 갈의葛衣를 입고 겨울에는 갖옷을 입으며, 목마르면 물을 마시고 배고프면 먹게 되는 것처럼 그 일은 다르나 그들의 지혜로움은 같은 것이다.

그런데 지금 그들이 "어찌하여 태고 시절처럼 아무 일 없는 그런 생활을 하지 않는가?"라고 하고 있으니, 이 역시 겨울에 갖옷을 입은 자를 문책하여 "어찌하여 갈의처럼 간편한 옷을 입지 않는가?"라고 따지고, 배가 고파 음식을 먹는 자를 문책하여 "어찌 그냥 물만 마시면 되는 쉬운 일을 하지 않는가?"라고 따지는 것과 같다.

《전傳》에 "옛날 천하에 밝은 덕을 밝히고자 하는 자는 먼저 그 나라를 잘 다스렸고, 그 나라를 다스리고자 하는 자는 먼저 그의 집안을 잘 다스렸으며, 그 집안을 다스리고자 하는 자는 먼저 그 자신부터 잘 수양하였으며, 그 자신을 수양하고자 하는 자는 먼저 그 마음을 바르게 하였고, 그의 마음을 바르게 하고자 하는 자는 먼저 그 뜻을 성실하게 하였다"라고 하였다.

그렇다면 옛날의 소위 마음을 바르게 하고 뜻을 성실히 한다는 것은 장차 해야 할 바가 있었기 때문이었다.

지금은 그의 마음을 다스리고자 하면서 천하와 국가를 밖으로 하는 자는 그 천상天常을 없애버리고, 아들이면서 그 아버지를 아버지로 여기지 아니하고, 신하이면서 그 임금을 임금으로 여기지 아니하며, 백성이면서 그 일을 일로 여기지 않고 있다.

공자가 《춘추春秋》를 지을 때 제후가 오랑캐의 예법을 쓰면 오랑캐로 대우하고, 오랑캐라도 중국중원의 예법을 받아들이면 중국으로 대우하였다.

《경經》에 "이적夷狄에 임금이 있다 해도 중국에 임금 없는 것만 못하다"라 하였고, 《시詩》에는 "융戎과 적狄은 치고, 형荊과 서舒는 징벌해야 한다"라 하였다.

지금은 이적의 법을 들어 선왕先王의 가르침 위에 놓고 있으니, 어찌 그 모두가 오랑캐가 되지 않겠는가?

帝之與王, 其號名殊, 其所以爲聖一也; 夏葛而冬裘, 渴飮而飢食, 其事雖殊, 其所以爲智一也.

今其言曰:「曷不爲太古之無事?」, 是亦責冬之裘者曰:「曷不爲葛之之易也?」, 責飢之食者曰:「曷不爲飮之之易也?」

《傳》曰:「古之欲明明德於天下者, 先治其國; 欲治其國者, 先齊其家; 欲齊其家者, 先脩其身; 欲脩其身者, 先正其心; 欲正其心者, 先誠其意.」

然則古之所謂正心而誠意者, 將以有爲也.

今也欲治其心, 而外天下國家者, 滅其天常, 子焉而不父其父, 臣焉而不君其君, 民焉而不事其事.

孔子之作《春秋》也, 諸侯用夷禮則夷之, 夷而進於中國則中國之.

《經》曰「夷狄之有君, 不如諸夏之亡」, 《詩》曰「戎狄是膺, 荊舒是懲」.

今也擧夷狄之法, 而加之先王之敎之上, 幾何其不胥而爲夷也?

【帝之與王, 其號名殊, 其所以爲聖一也; 夏葛而冬裘, 渴飮而飢食, 其事雖殊, 其所以爲智一也】 '帝'와 '王'은 《白虎通》號篇에 "德合天地者稱帝"라 하였고, 《穀梁傳》 莊公 3년에는 "王者, 民之所歸往也"라 하였으며, 《呂氏春秋》下賢篇에는 "王也者, 天下之往也"라 함. 한편 《春秋繁露》王道通篇에는 "三畫而連其中, 謂之王. 三畫者, 天地與人也, 而連其中者, 通其道也"라 함. '夏葛而冬裘'는 여름에는 칡베로 만든 옷을 입고 겨울에는 갖옷을 입어 더위와 추위를 막음. '智一'은 지혜는 같음. 《古文眞寶》注에 "陳曰:「此下兩段, 只是足前兩段之意. 蓋前說古之聖人如此, 他却說太古聖人不曾如此, 前說淸淨寂滅, 不當如此, 他又說我自要治心如此, 所以再就其說折之.」"라 함.

【今其言曰:「曷不爲太古之無事?」, 是亦責冬之裘者曰:「曷不爲葛之之易也?」, 責飢之食者曰:「曷不爲飮之之易也?」】 '曷'은 疑問詞, 何, 烏, 焉, 安 등과 같음. '太古之無

《大學》(四書集註)

事'는 태고 시대에는 인위적인 일을 꾸미지 않는 생활을 하였다고 주장하는 道家의 無爲自然의 소박한 생활을 말함. 道家는 그러한 시절로 돌아갈 것을 주장함을 말함. '責'은 책망함. 책임을 물음. 따짐.《軌範》注에 "佛老之言"이라 함.

【《傳》曰:「古之欲明明德於天下者, 先治其國;欲治其國者, 先齊其家;欲齊其家者, 先脩其身;欲脩其身者, 先正其心;欲正其心者, 先誠其意.」】'傳'은 聖人의 말씀인 '經'을 해석한 것. 여기서는 〈大學〉을 가리킴. 〈大學〉은《禮記》의 42번 째 篇으로 孔伋(子思)이 지은 것으로 알려짐. 이 구절은 〈大學〉의 八條目인 (格物, 致知) 誠意, 正心, 修身, 齊家, 治國, 平天下를 말한 것임.《古文眞寶》注에 "卽平天下"라 함.《軌範》注에 "援《大學》之言"이라 함.

【然則古之所謂正心而誠意者, 將以有爲也】'有爲'는 사람으로서 의도적으로 해야 함이 있는 것임. '無爲'에 상대되는 개념.《東雅堂昌黎集》注에 "尹彦明曰:「介甫謂:『退之'正心誠意, 將以有爲', 非是.』蓋介甫不知道也. 正心誠意便休, 却是釋氏也. 正心誠意, 乃所以將有爲也. 非韓子不能至是.」라 함.《古文眞寶》注에 "〈大學〉八條

目, ‘格物’·‘致知’始. 韓公詳引之止於‘正心’·‘誠意’, 而不及‘格物’·‘致知’. 朱子嘗譏之, 見《大學或問》. 中謂『不探其端, 而驟語其次, 亦未免於擇焉不精, 語焉不詳矣. 胡乃以是議荀楊哉!』라 함.

【今也欲治其心, 而外天下國家者, 滅其天常, 子焉而不父其父, 臣焉而不君其君, 民焉而不事其事】‘今也’는 지금 상황을 강조한 것. ‘天常’은 天理, 常理. 恒久不變의 이치. 《法言》問道篇 “吾見天常”의 注에 “天常, 五常也. 帝王之所制奉也”라 함. 《軌範》注에 “極論老佛之禍天下”라 함.

【孔子之作《春秋》也, 諸侯用夷禮則夷之, 夷而進於中國則中國之】‘孔子之作《春秋》’는 《孟子》滕文公(下)에 “孔子懼, 作《春秋》. 《春秋》, 天子之事也. 是故孔子曰:『知我者其惟《春秋》乎! 罪我者其惟《春秋》乎!』”라 함. 《古文眞寶》注에는 “此段結與第一段, 起意相似, 皆是統說”이라 함. ‘夷禮’는 《左傳》僖公 27년에 “二十七年春, 杞桓公來朝. 用夷禮, 故曰子. 公卑杞, 杞不共也”라 함. ‘夷之’는 夷로 여김. ‘夷’는 中國(中原) 밖 未開하여 禮와 仁義道德이 없는 사람들을 가리킴. ‘進於中國’은 夷가 中國(中原)에 들어와 禮를 사용함. ‘中國之’는 중국으로 여김. ‘中國’은 文明한 中原과 같은 이들로 대우함. 《穀梁傳》文公 9년에 “楚子使狄來聘, 楚無大夫. 其曰狄何也? 以其來我, 褒之也”라 함. 《軌範》注에 “句法好”라 함.

【《經》曰「夷狄之有君, 不如諸夏之亡」, 《詩》曰「戎狄是膺, 荊舒是懲」】‘經’은 《論語》八佾篇에 “子曰:「夷狄之有君, 不如諸夏之亡也.」”(오랑캐에게 임금이 있는 것이 중국에 임금이 없는 것과 같지는 않으리라. 실제 이 구절은 여러 해석이 있음)라 한 말을 가리킴. 뒤의 구절은 《詩》魯頌 閟宮篇에 “公車千乘, 朱英綠縢, 二矛重弓. 公徒三萬, 貝胄朱綬. 烝徒增增, 戎狄是膺, 荊舒是懲, 則莫我敢承. 俾俺昌而熾, 俾爾壽而富, 黃髮台背, 壽胥與試. 俾爾昌而大, 俾爾耆而艾, 萬有千歲, 眉壽有無害”의 구절로, ‘戎狄’은 西戎과 北狄. ‘膺’은 ‘정벌하다’의 뜻. ‘荊舒’는 남쪽 楚나라와 舒나라. ‘懲’은 ‘징벌하다, 응징하다’의 뜻.

【今也擧夷狄之法, 而加之先王之敎之上, 幾何其不胥而爲夷也】‘夷狄之法’은 道敎와 佛敎를 가리킴. ‘先王之敎’는 儒家의 가르침을 말함. 《古文眞寶》注에 “應在後”라 함. ‘胥’는 모두 함께 이끌어줌. 《詩》小雅 雨無正 “淪胥以鋪”의 箋에 “胥, 相也. 言牽率相引”이라 함. 《軌範》注에 “好句法”이라 함.

무릇 이른바 선왕先王의 가르침이란 무엇인가?

박애를 일러 인이라 하고, 행하여 마땅히 함을 일러 의라 하며, 이를 따라서 가야만 하는 것을 도라 하고, 자신에게 충족되어 밖을 기다리지 않아도 되는 것을 일러 덕이라 한다.

이러한 글은 《시》, 《서書》, 《역易》, 《춘추》이며, 그 법은 예禮, 악樂, 형刑, 정政이요, 그 백성은 사士, 농農, 공工, 상商이며, 그 지위는 군신, 부자, 사우師友, 빈주賓主, 형제兄弟, 부부夫婦이며, 그 의복은 마사麻絲요, 그 집은 궁실宮室이며, 그 먹거리는 속미粟米, 소과蔬果, 어육魚肉이다.

그것이 도가 됨은 쉽게 명확하며, 그것이 가르침이 됨은 쉽게 실행할 수 있다.

이 까닭에 그것으로 자신을 다스리면 순조우면서도 상서로우며, 이것으로 남을 다스리면 사랑하면서도 공평하게 되며, 그것으로 마음을 삼으면 온화하고 평안하며, 그것으로 천하와 국가를 다스리면 어떤 경우에도 합당치 않음이 없게 된다.

이 까닭에 살아 있을 때는 그 본성을 얻고, 죽으면 상리常理를 다하게 되며, 교제郊祭를 지내면 천신天神이 이르러오고, 종묘제사宗廟祭祀를 지내면 죽은 조상귀신이 흠향하게 된다.

'이 도'라는 것이 무슨 도이겠는가? 이것이 내가 말하는 도이며 앞서 말한 바의 도가道家나 불가佛家의 도는 아니다.

요堯는 이를 순舜에게 전하였고, 순은 이를 우禹에게 전하였으며, 우는 이를 탕湯에게 전하였고, 탕은 이를 문왕文王과 무왕武王, 주공周公에게 전하였으며, 문왕과 무왕, 주공은 공자孔子에게 전하였고, 공자는 맹가孟軻에게 전하였다.

그런데 맹가가 죽자 이것이 전해지지 않게 된 것이며, 순자荀子와 양웅揚雄은 잘 선택하기는 하였으나 정밀하지 못하였고, 말을 하였으나 상세하지 못하였다.

주공으로부터 그 윗사람들은 윗자리에서 임금노릇을 하였기 때문에
그 도가 시행되었으나, 주공으로부터 그 아래 사람들은 아랫자리에서
신하로 있었기 때문에 그 말만 뛰어났던 것이다.

夫所謂先王之敎者, 何也?
「博愛之謂仁, 行而宜之之謂義. 由是而之焉之謂道, 足乎己無
待於外之謂德.」
其文《詩》·《書》·《易》·《春秋》; 其法禮·樂·刑·政; 其民士·農·工·
賈; 其位君臣·父子·師友·賓主·昆弟·夫婦; 其服麻絲; 其居宮室;
其食粟米·蔬果·魚肉.
其爲道易明, 而其爲敎易行也.
是故以之爲己, 則順而祥; 以之爲人, 則愛而公; 以之爲心, 則和
而平; 以之爲天下國家, 無所處而不當.
是故生則得其情, 死則盡其常, 郊焉而天神假, 廟焉而人鬼饗.
曰「斯道」也, 何道也? 曰: 斯吾所謂道也, 非向所謂老與佛之道
也.
堯以是傳之舜, 舜以是傳之禹, 禹以是傳之湯, 湯以是傳之文·
武·周公, 文·武·周公傳之孔子, 孔子傳之孟軻.
軻之死, 不得其傳焉; 荀與揚也, 擇焉而不精, 語焉而不詳.
由周公而上, 上而爲君, 故其事行; 由周公而下, 下而爲臣; 故其
說長.

【夫所謂先王之敎者, 何也?】다시 한 번 先王의 가르침, 즉 儒道를 강조하기 위해
질문법을 사용한 것.《軌範》注에 "此一轉妙"라 함.
【博愛之謂仁, 行而宜之之謂義. 由是而之焉之謂道, 足乎己無待於外之謂德.】앞에
든 말을 재차 거론하여 先王의 가르침은 仁과 義이며, 이를 근거로 한 것이 道와
德임을 강조한 것.《古文眞寶》注에 "與前面許多說話相應此, 作文之法, 陳止齊,

〈揚雄(子雲)〉(三才
圖會)

唐制度紀綱論議後云, 然則爲唐之制度紀綱, 宜何加焉? 下再引原題十數句, 正是
法韓公此一轉文法也"라 함. '謂德' 다음에 《古文眞寶》注에 "只以仁義爲道德"이
라 함.

【其文《詩》·《書》·《易》·《春秋》; 其法禮·樂·刑·政; 其民士·農·工·賈; 其位君臣·父
子·師友·賓主·昆弟·夫婦; 其服麻絲; 其居宮室; 其食粟米·蔬果·魚肉】'其文'은
《古文眞寶》注에 "無老經佛書"라 함. '其服' 다음에 《古文眞寶》注에 "無緇黃"이
라 함. '士農工賈'는 士農工商과 같음. 《軌範》注에 "此三句短"이라 함. '夫婦' 다음
에 《軌範》注에 "此一句長"이라 함. '其居' 다음에는 《古文眞寶》注에 "無寺觀"이
라 함. '宮室' 다음에 《軌範》注에 "此二句短"이라 함. '其食' 다음에는 《古文眞寶》
注에 "無齋醮供"이라 함. '魚肉' 다음에 《軌範》注에 "此一句又長"이라 함. 先王의
가르침을 기록한 經書와 그 法, 그리고 그에 따라 일반화 된 백성의 身分, 地位,
衣服, 家屋, 식재료 등을 구분하여 설명한 것.

【其爲道易明, 而其爲敎易行也】'其爲道'는 그것이 道가 됨. '易明'은 쉽게 명료해짐.
《古文眞寶》注에 "易明易行, 那有許多怪寧?"이라 함. 《軌範》注에 "此一句, 合二句
爲一句. ○連下九箇其字, 變化六樣句法, 與前章爲之字相應. 此是章法"이라 함.

【是故以之爲己, 則順而祥; 以之爲人, 則愛而公; 以之爲心, 則和而平; 以之爲天下國
家, 無所處而不當】'爲己'는 자신을 다스림. '順而祥'은 순통하면서도 상서로움.
'祥'은 《古文眞寶》에는 '從'으로 되어 있음. 《禮記》禮運篇에 "體其犬豕牛羊, 實其

簠簋籩豆鉶羹. 祝以孝告, 嘏以慈告, 是謂大祥. ……父子篤, 兄弟睦, 夫婦和, 家之
肥也. 大臣法, 小臣廉, 官職相序, 君臣相正, 國之肥也. 天子以德爲車, 以樂爲御.
諸侯以禮相與, 大夫以法相序, 士以信相考, 百姓以睦相守, 天下之肥也. 是謂大順.
大順者, 所以養生送死事鬼神之常也"라 함. '愛而公' 다음에 《古文眞寶》注에 "可
以爲己, 卽可以爲人"이라 하였고, '不當' 다음에는 《古文眞寶》注에 "可以爲心, 卽
可以爲天下國家"라 함. 《軌範》注에 "上三句, 一樣句法. 第四句, 便變化十三字一
句, 此章法也"라 함.

【是故生則得其情, 死則盡其常, 郊焉而天神假, 廟焉而人鬼饗】'得其情'은 사람의 常
情을 얻을 수 있음. '常'은 常道. 常理. 혹은 葬禮와 祭禮 등 절차. '郊'는 郊祭. 天
神과 地祇에게 올리는 천자의 제사. 《禮記》禮運篇에 "故禮義也者, 人之大端也,
所以講信脩睦而固人之肌膚之會, 筋骸之束也. 所以養生送死事鬼神之大端也"라
함. '假'는 格과 같음. 이르러 옴. 《軌範》注에 "字法"이라 함. 《古文眞寶》注에 "郊,
卽郊祭; 假, 猶格也"라 함. '人鬼饗'은 조상신이 흠향함. 《古文眞寶》注에 "樓迂齋
云:「此篇詞嚴, 義正有開闔. 文字如引繩貫珠.」愚謂: 一篇辭語雖多, 然自首至尾, 井
井有條, 首立議論, 起漸漸攻闢, 中開六段, 以古今對論, 闢倒佛老, 却一喚轉, 說吾
道之功用. 此下又喚起述吾道之淵源, 却又喚起說所以去佛老, 處老之方, 作一結尾,
妙哉!"라 함.

【曰「斯道」也, 何道也? 曰: 斯吾所謂道也, 非向所謂老與佛之道也】'斯道'는 儒家의
道. 《論語》雍也篇에 "子曰:「誰能出不由戶? 何莫由斯道也?」"라 함. 여기서는 儒家
의 道를 뜻함. 《東雅堂昌黎集》注에 "今按「曰斯道也, 何道也?」 是問詞, 而「曰斯吾
所謂道也」以下, 乃答語也. 「斯道也. 何道也?」 或作「斯何道也?」,「斯吾所謂道也」, 或
作「斯道也, 吾所謂之道也.」 又或'無所謂'字, 皆非是"라 함. 《軌範》注에 "文有收拾
有關鎖"라 함.

【堯以是傳之舜, 舜以是傳之禹, 禹以是傳之湯, 湯以是傳之文·武·周公, 文·武·周公
傳之孔子, 孔子傳之孟軻】儒家에서는 堯, 舜, 禹, 湯, 文王, 武王, 周公, 孔子를 八
大聖人으로 추앙하며 孟軻(孟子)를 亞聖으로 여김. 《古文眞寶》注에 "是指吾所
謂道"라 함.

【軻之死, 不得其傳焉】《東雅堂昌黎集》注에 "或問張無垢曰:「湯學於伊尹, 韓愈乃
謂其傳自禹. 揚雄自比孟子, 是得其傳者, 而愈以謂軻死無, 傳何也?」 先生曰:「禹之
道, 堯舜之道也. 伊尹得以授湯, 置伊尹而言禹, 亦無害也. 揚雄雖自比孟子, 而愈以

小疵譏之. 其言無傳則捨之矣.」라
함. 《古文眞寶》注에 "道統至孟子
而絶, 續千載之絶者, 直至宋之周
子·程子·朱子焉"이라 함. 《軌範》
注에 "此兩句絶妙. ○六句直下來,
如良馬下峻嶺, 如輕舟下長湍. 若無
一句攔截, 便不成文章"이라 함.

【荀與揚也, 擇焉而不精, 語焉而不
詳】'荀'은 荀子, 荀卿, 荀況. 戰國시
대 思想家로 性惡說을 제창하여
正統 儒學에서 벗어난 것으로 본
것임. 法家인 韓非子가 그의 제자
였음. 《荀子》가 전함. 《史記》孟荀
列傳을 참조할 것. '揚'은 자는 子
雲(B.C.53-A.D.18). '楊雄'으로도 표
기하며 蜀郡 成都 사람. 西漢때 賦
家, 哲學家. 〈甘泉賦〉, 〈羽獵賦〉 등

〈孟子〉(孟軻)

과 《太玄經》, 《方言》 등의 저술이 있음. 《論語》를 본떠서 《法言》을 지었음. 《漢書》
揚雄傳을 참조할 것. '擇焉而不精'은 儒家의 내용을 택하기는 하였지만 精純하지
는 못함. 孟子는 性善說을, 荀子는 性惡說을, 揚雄은 混合說을 주장하였음. 그러
나 《古文眞寶》注에는 "荀, 指荀況; 楊, 指楊朱"라 하여 荀子와 楊朱로 보았음.
《軌範》注에 "文有頓挫"라 함.

【由周公而上, 上而爲君, 故其事行; 由周公而下, 下而爲臣; 故其說長】周公 이전의
儒家 聖人들은 堯, 舜, 禹, 湯, 文王, 武王처럼 지위가 모두 임금이었으므로 그 일
이 실행되었으며, 周公 이후의 유가들은 신하의 신분이었으므로 그 말에만 뛰어
났던 것임. 혹 말만 장황하게 길어짐. '由周公而上'에 대해 《古文眞寶》注에는 "又
以七聖一賢, 分窮達說, 妙甚"이라 하였고, '其事行'에 대해서는 "堯舜禹湯文武皆
爲君, 故其道見於行事"라 하였으며, '其說長'에 대해서는 "孔孟窮而爲臣, 故其道
僅見於空言"이라 함. 《軌範》注에 "程伊川云:「周公沒, 聖人之道不行; 孟軻沒, 聖
人之學不傳. 道不行, 百世無善治; 學不傳, 千載無眞儒.」其說本于此"라 함.

그렇다면 어떻게 해야 되겠는가?

노불老佛을 막지 않으면 유가가 유행될 수 없고, 노불을 금지하지 않으면 유가가 실행될 수 없으니, 저들을 바른 사람으로 만들고, 그들의 책을 불태워 없애며, 그들이 거처하는 곳을 일반 백성들의 집으로 만들고, 선왕의 도를 밝혀 그들에게 말해주며, 환과고독鰥寡孤獨과 폐질로 고통을 받는 자들에게 돌봄이 있어야 역시 그렇게 될 수 있을 것이다.

然則如之何而可也?

曰: 不塞不流, 不止不行. 人其人, 火其書, 廬其居, 明先王之道, 以道之, 鰥寡孤獨廢疾者有養也, 其亦庶乎其可也.

【然則如之何而可也】《東雅堂昌黎集》注에 "今按: 此句復是問詞, 其下乃答語"라 함. 《軌範》注에 "此一轉有, 萬鈞筆力. 不如此斡轉, 如何收拾結得?"이라 함.

【曰: 不塞不流, 不止不行】'不塞不流'는 道敎와 佛敎를 막지 않고는 儒家를 流行시킬 수 없음. 반드시 막아야 함을 강조한 것. '不止不行' 역시 그들의 확산을 금지시키지 않으면 儒家가 실행될 수 없음.《古文眞寶》注에 "不塞止老佛之道, 則吾道不流不行, 此是去處佛老"라 함.《軌範》注에 "佛老之道不塞, 聖人之道不流佛, 老之道不止, 聖人之道不行. 句法最巧"라 함.

【人其人, 火其書, 廬其居, 明先王之道, 以道之, 鰥寡孤獨廢疾者有養也, 其亦庶乎其可也】'人其人'은 道敎나 佛敎에 빠진 이들을 儒家를 信奉하는 바른 사람으로 만들어야 함.《軌範》注에 "句法"이라 함. '火其書'는 道家와 佛敎의 책을 불태워 없애야 함.《軌範》注에 "句法"이라 함. '廬其居'는 道觀과 寺院을 일반 주택으로 바꾸어야 함.《軌範》注에 "句法"이라 함. '道之'의 '道'는 言과 같음.《軌範》注에 "此是句法"이라 함.《古文眞寶》注에 "道, 猶言也"라 함. '鰥寡孤獨'의 鰥은 홀아비. '寡'는 과부. '孤'는 고아. '獨'은 독거노인.《軌範》注에 "此一句出〈禮運〉"이라 하였으며,《禮記》禮運篇에 "矜寡孤獨廢疾者, 皆有所養"이라 하였고,《周禮》小司徒에는 "以辨其貴賤老幼廢疾"이라 함. '廢疾'은 질병으로 고통 받는 사람. '廢'는《東雅

〈道敎發祥地 靑城
山〉四川 成都 灌縣

堂昌黎集》에는 '癈'로 되어 있으며, 注에 "癈, 音廢"라 함. 이상 鰥寡孤獨, 廢疾者
등은 자신들의 삶이 힘들고 의지할 곳이 없어, 도가나 불교에 휩쓸린다고 여긴
것임. '庶'는 '거의 가깝다'의 뜻으로 희망을 나타낼 때 쓰는 말.《東雅堂昌黎集》
注에 "蘇子由曰:「愈之學, 朝夕從事於仁義禮智刑名度數之間, 自形而上者, 愈所不
如也.〈原道〉之作, 遂指道德爲虛位, 而斥佛老與楊墨同科, 豈爲知道哉? 韓愈工於
文者也.」張芸叟曰:「張籍嘗勸愈排佛老不若著書, 愈亦嘗以書反復之. 旣而〈原
道〉·〈原性〉等篇, 皆激籍而作. 其〈原道〉也, 大抵言敎; 其〈原性〉也, 大抵言情云云.」
子由所云釋氏, 柳子厚在當時於〈送僧浩初序〉已有此論. 而芸叟指謫紛然, 蓋少作
也, 今其《畫墁集》刪之矣. 學者其審之"라 함.《軌範》注에 "一篇, 皆大議論, 結得尤
有力. ○結得似軟而實健, 言有盡而意無窮"이라 하였고,《古文眞寶》注에는 "仁依
舊以吾道之仁義待之, 此是說處佛老"라 함.

참고 및 관련 자료

1. 韓文公(韓愈, 韓退之, 韓昌黎) 001 참조.
2. 이 글은《別本韓文考異》(11),《五百家注昌黎文集》(11),《東雅堂昌黎集註》(11),

《唐宋八大家文鈔》(9),《唐文粹》(43),《文苑英華》(363),《崇古文訣》(8),《古文關鍵》(上),《文章正宗》(12),《古文集成》(68),《文編》(38),《文章辨體彙選》(431),《古文淵鑑》(35),《古文雅正》(8),《經濟類編》(95),《辨惑編》(4),《西山讀書記》36(),《歷代名賢確論》(28),《古文辭類纂》(2),《唐宋文擧要》(2),《古文觀止》(7),《古文眞寶》(後集 2) 등에 실려 있음.

3. 迂齋(樓昉)의 《崇古文訣》에는 "詞嚴意正, 攻擊佛老, 有開闔縱捨(橫). 文字如引繩貫珠"라 함.

4. 《唐宋八大家文鈔》에는 "闢佛老, 是退之一生命脉. 故此文是退之集中, 命根其文源遠流洪, 最難鑒定, 兼之其筆下, 變化詭譎, 足以眩人, 若一下打破分明, 如時論中, 一冒一承六腹一尾"라 함.

5. 陳懋仁《續文章緣起》에 "原, 唐韓愈作; 義, 始於大易原始要終之訓, 推其本原之義, 以示人也"라 함.

6. 《東雅堂昌黎集注》〈原道〉題下의 注에 "《淮南子》以〈原道〉首篇, 許氏箋云:「原, 本也.」公所作〈原道〉·〈原性〉等篇, 史氏謂其奧衍宏深, 與孟軻·揚雄相表裏, 而佐佑六經, 誠哉是言! 東坡嘗曰:「自孟子後, 能將許大見識尋求古人, 其斷然曰:『孟子醇乎醇. 荀與揚也, 擇焉而不精, 語焉而不詳.』若非有見識, 豈千餘年後便斷得如此分明?」伊川亦曰:「退之晚年作文, 所得甚多. 如曰『軻之死, 不得其傳.』似此言語, 非是蹈襲前人, 又非鑿空撰得, 必有所見.」二先生之論, 豈輕發者哉? 山谷嘗曰:「文章必謹布置, 每見後學, 多告以〈原道〉命意曲折. 後以此槩求古人法度, 如老杜〈贈韋見素詩〉, 布置最得正體, 如官府甲第廳堂房室, 各有定處, 不可亂也. 韓文公〈原道〉與《書》之〈堯典〉, 蓋如此.」石介守道曰:「孔子之《易》《春秋》, 自聖人以來未有也. 吏部〈原道〉·〈原性〉·〈原毁〉·〈行難〉·〈禹問〉·〈佛骨表〉·〈諍臣論〉, 自諸子以來未有也.」"라 함.

7. 黃震《黃氏日抄》(59)〈雜文〉(原道)에 "嗚呼! 自昔聖帝明王, 所以措生民於理, 使其得自別於夷狄禽獸者, 備於〈原道〉之書矣. 孔孟沒異端熾, 千有餘年而後, 得〈原道〉之書, 辭而闢之, 昭如矣. 奈何溺於異端之士, 吹毛求釁, 竊附程錄, 尙欲陰爲異端報仇耶? 此程門高弟尹和靖, 力排語錄之非歟? 程錄嘗謂:「愛主情而言, 盖辨析精微之極也. 仁者愛人, 此正吾夫子之言. 豈可因以博愛爲仁非〈原道〉哉? 彼以煦煦爲仁, 而此以博愛爲仁. 正將以吾道之大, 擴其所見之小也. 〈原道〉不可非也.」程錄雖嘗以虛位之說, 爲非此, 決非程氏之言也. 夫道二, 仁與不仁而已. 此正孟子之言, 豈可反

以道德虛位非原道哉? 仁與義爲道德, 去仁與義, 亦自以爲道德. 故特指其位爲虛, 而未嘗以道德爲虛也. 〈原道〉不可非也. 程錄又載昌黎言'治國平天下', 止及正心, 而不及致知格物. 此殆程子一時偶然之言也. 孔子言'修己以安百', 姓孟子言'篤恭而天下平', 皆不過擧其要而言, 豈必盡及致知格物之條目, 而後可以爲自修, 而顧乃以此非〈原道〉哉? 異端言心, 而外其天下國家者, 故昌黎言'治國平天下', 而特推其本於正心耳. 〈原道〉不可非也. 非之之說三, 皆不過爲異端報仇, 譽之之說一. 又不過爲異端借影. 〈原道〉曰'堯以是傳之舜, 舜以是傳之禹, 禹以是傳之湯, 湯以是傳之文武周公, 文武周公傳之孔子, 孔子傳之孟軻. 軻之死, 不得其傳焉'. 所謂傳者, 前後相承之名也. 所謂道者, 卽〈原道〉之書所謂其位君臣父子, 其教禮樂刑政, 其文《詩》·《書》·《易》·《春秋》, 以至絲麻·宮室·粟米·蔬果·魚肉, 皆道之實也. 故曰以是而傳, 以是者, 指〈原道〉之書所謂道者而言之, 以明中國聖人, 皆以此道而爲治也. 故他日論異端, 又曰果'孰爲而孰傳之耶?' 正言此之所謂道者, 無非實, 而其傳具有自來. 彼之所謂道者, 無非虛, 而初無所自傳云爾. 非他有面相授受之密傳也. 託附程錄者, 乃發爲異說, 稱譽〈原道〉, 以爲此必有所見, 若無所見, 所謂傳者傳人甚麼? 嗚呼! 異哉! 堯舜禹湯文武周公孔孟相傳之道, 備見於〈原道〉一書, 豈復他有險恠歇後語, 陰幽不可名言, 如異端所謂不立文字, 單傳心印之傳者哉? 或者此類多出於上蔡謝氏之門歟! 蓋不以愛爲仁而以覺爲仁, 必欲掃除乍見赤子入井之心者, 上蔡之言也, 二程無之也. 謂有不二法門, 而言道無精粗, 彼此之分者, 上蔡之言也, 二程無之也. 載僧人挼老之言謂. 嘿而識之, 是識个甚麼? 無入而不自得, 是得个甚麼者? 亦上蔡之言也, 二程無之也. 凡今所議〈原道〉三說, 徃徃類此. 愚故意其爲上蔡謝氏之門, 依倣而託於程錄也. 學者無以其語出於程錄, 而遽非〈原道〉, 必以孔孟之說而稽之, 則於讀〈原道〉幾矣!"라 함.

8.《古文眞寶》注에 "程子曰:「韓愈亦近世豪傑之士, 如〈原道〉之言, 雖不能無病, 然自孟子以來, 能知此者, 獨愈而已. 其曰『孟氏醇乎醇』, 又曰『荀與楊, 擇焉而不精, 語焉而不詳』, 若無所見, 安能由千載之後, 判其得失, 若是之明也?」又曰:「退之, 晚年之文, 所見甚高, 不可易而讀也. 古之學者, 修德而已, 有德則言不可學而能. 退之, 乃以學文之故, 日求所未至, 故其所見及此. 其爲學之序, 雖若有戾, 然其言曰『軻之死, 不得其傳』, 此非襲前人語, 又非鑿空率然而言, 是必有所見矣. 若無所見, 則所謂以是傳者, 果何事耶?」朱子曰:「諸賢之論, 唯此二段, 能極其深處.」然臨川王氏安石之詩, 有曰:『紛紛易盡百年身, 擧世何人識道眞? 力去陳言誇末俗, 可憐無補費精神.』其爲予奪, 乃有大不同者, 嘗折其衷而論之. 竊謂程子之言, 固爲得其大端, 而王氏之

言, 亦自不爲無理, 蓋韓公之於道, 知其用之周於萬事, 而不知其體; 具於吾之一心, 知其可行於天下, 而不知其本, 當先於吾之一身也. 是以其言, 常詳於外, 而略於內; 其志常極於願大, 而其行, 未必近於細微, 雖知文與道, 有內外淺深之殊, 而終未能審其緩急輕重之序, 以決取舍, 雖汲汲以行道濟時, 抑邪與正爲事, 而未免雜乎貪位慕祿之私, 比其見於文字之中, 信如王氏譏者. 但王氏雖能此言, 而其所謂道眞者, 實乃老佛之餘波, 正韓公所深詆. 是楚雖失而齊, 亦未爲得也. 以是而論, 韓公之學, 所以爲得失者, 庶幾其有分乎! 又曰『達摩未入中國時, 如支遁法師之徒, 只是談莊老, 後來人亦多以莊老助禪. 愚按: 老子與孔子同時, 佛則漢明帝時始入中國. 然後之譎誕者, 徃徃攘老子莊列之說, 以佐佛學, 其本雖異而末流一也. 故韓公此篇, 爲闢老佛而作. 始單擧老氏, 中搭上佛氏. 闢老卽闢佛也, 竟不復分別云.」○陳靜觀曰:「此篇, 雖有未醇, 然比之揚雄所謂『老氏言道德, 吾有取焉耳. 搥提仁義. 絶滅禮樂, 吾無取焉耳』, 豈不高? 他旣無禮樂仁義, 成甚道德本意, 是吾儒合仁義言道德, 老佛去仁義言道德, 所以吾儒之說, 可爲天下國家; 老佛之說, 皆外了天下國家. 可以爲天下國家, 便是天下之公言; 外了天下國家, 所以爲一人私言. 吾儒之言, 平常; 老佛之言, 怪異"라함.

033(4-2) 〈與孟尚書書〉 ················ 韓文公(韓愈)

상서尚書 맹간孟簡에게 주는 글

*〈與孟上書書〉:'孟尚書'는
孟簡(?-823)이며 자가 幾
道, 德州 平昌 사람. 孟郊
(東野)의 從叔. 佛教를 신봉
하여 劉伯芻, 歸登, 蕭俛 등
과 佛經을 번역하기도 하였
으며, 尚書省 戶部侍郞을
역임하였음.《舊唐書》(163),
《新唐書》(160)에 傳이 있음.
《舊唐書》孟簡傳에 "簡, 字
幾道, 平昌人. 簡明於內典,
元和六年, 詔與給事中劉伯
芻, 工部侍郞歸登, 右補闕
蕭俛等, 同就醴泉佛寺, 飜
譯〈大乘本生心地觀經〉, 簡

唐愍仕御史中丞爲山南東道節度使孟幾道像

贊曰

功超億执澤被蒼民五星副羅一氣蒸成

〈孟簡〉상

最擅其理"라 함. 이에 韓愈가 〈論佛骨表〉를 올려 불교를 반대하자 憲宗이 한유
를 潮州로 귀양을 보냈는데 그곳에서 한유가 도리어 승려 大顚과 교유하자, 맹
간이 한유의 그 동안 고집해온 排佛思想을 의심함과 아울러 자신이 믿는 불교
를 믿어주는 것이 아닌가 하는 고마움에 서신을 보낸 것임. 그러자 한유가 이
글을 통해 자신이 儒學의 정통을 지키고 있음을 강조하며 입장을 밝힌 것임.
한편 제목은 《古文眞寶》 등에는 〈與孟簡尚書書〉로 되어 있으나 韓愈의 여러
문집 등에는 〈與孟尚書書〉로 '簡'자가 생략되어 있음. 樊汝霖의 注에 "孟簡最嗜
佛, 嘗與劉伯芻, 歸登, 蕭俛, 譯次梵言者. 公元和十四年, 以言佛骨, 貶潮州, 與潮
僧大顚遊, 人遂云奉佛氏. 其冬移袁州, 明年簡移書言及, 公作此書答之"라 함.

(한유가 아룁니다. 관직의 일로 남쪽[潮州]으로부터 돌아오면서 길주 吉州를 지나던 길에, 그대의 편지를 받아 여러 번 읽어보게 되어 기쁨과 송구스러움이 함께 다가오더이다. 곧 가을이 들어서는데 잠과 식사는 어떠하신지 살피지 못했습니다. 엎드려 빌건대 만복이 있으시기를! 누가 와서 일러주되)

받은 편지에 이르기를 "어떤 사람이 '한유가 근래 불교를 약간 신봉하 고 있더라'라고 전해 주더이다"라 하셨는데, 이는 전해준 자가 잘못 알려 준 것입니다.

조주潮州에 있을 때 호를 대전大顚이라 하는 한 노승이 있어 자못 총 명하고 도리를 알고 있었는데, 제가 먼 객지에 더불어 얘기할 만한 사람 도 없었던 터라, 그를 산중으로부터 조주 외성外城으로 오도록 불러 십 수 일을 머물게 하였지요, (그는) 실로 능히 육신肉身을 안중에 두지 않 고, 이치로서 스스로를 이겨내며 사물의 침란侵亂을 받지 않더이다.

그와 더불어 이야기를 나누면서 비록 모든 것을 이해하지는 못하였으 나, 요컨대 흉중으로부터 걸리거나 막힘이 없었으니, 아주 대단한 경지 라고 여겨 그 때문에 왕래하게 된 것이지요.

그러다가 해신海神에게 제사를 지내러 바닷가에 이르러 드디어 그의 움막을 방문하기도 하였으며, 원주袁州로 오게 되자 제가 입던 의복을 남겨놓고 작별을 하였는데, 이는 사람으로서의 정이었을 뿐, 불법을 숭 상하여 믿거나 복전福田의 이익을 구하고자 함이 아니었습니다.

공자도 "내 기도해 온 지 오래되었다"라 하였으니, 무릇 군자라면 몸 소 행하고 자신을 세움에 저절로 법도가 있게 마련이며, 성현이 한 일과 업적이 모두 방책方冊에 갖추어져 있어, 그것을 본받으면 되고 스승으 로 삼으면 되며, 하늘을 우러러 부끄러움이 없고, 땅을 굽어보아 부끄러 움이 없으며, 안으로 자신의 마음에 부끄러움이 없이, 선을 쌓거나 악을 쌓음에 재앙과 경사가 저절로 각기 그 유별類別에 따라 이른다고 여기면 되는 것이지, 어찌 성인의 도를 져버리고 선왕의 법을 내팽개치고 이적夷狄의 가르침을 좇아 복과 이익을 구하겠습니까?

《시詩》에 이르지 않았습니까? "떳떳한 군자여, 복을 구함에 사곡邪曲됨이 없네!"라고. 《전傳》에도 "위협을 두려워하지 아니하고, 이익에 갈등을 느끼지 않는다"라 하였습니다.

가령 석씨釋氏가 능히 사람에게 재난이나 복을 줄 수 있다 하더라도, 도道를 지키는 군자라면 두려워할 바가 아닌데, 하물며 수천 만 번 그런 논리란 있을 수 없음에야 말입니다!

(愈白: 行官自南廻, 過吉州, 得吾兄二十四日手書, 數番, 忻悚兼至, 未審入秋來眠食何似, 伏維萬福! 來示云:)

蒙惠書云「有人傳『愈近少信奉釋氏』」, 此傳之者妄也.

潮州時, 有一老僧號大顛, 頗聰明, 識道理, 遠地無所可與語者, 故自山召至州郭, 留十數日, 實能外形骸, 以理自勝, 不爲事物侵亂.

與之語, 雖不盡解, 要自胷中, 無滯礙; 以爲難得, 因與徃來.

及祭神至海上, 遂造其廬, 及來袁州, 留衣服爲別, 乃人之情, 非崇信其法, 求福田利益也.

孔子云「丘之禱久矣」, 凡君子行己立身, 自有法度, 聖賢事業, 具在方冊, 可效可師; 仰不愧天, 俯不愧人, 內不愧心, 積善積惡, 殃慶自各以其類至, 何有去聖人之道, 捨先王之法, 而從夷狄之教, 以求福利也?

《詩》不云乎?「愷悌君子, 求福不回!」《傳》又曰:「不爲威惕, 不爲利疚.」

假與釋氏能與人爲禍福, 非守道君子之所懼也, 況萬萬無此理!

【愈白:行官自南回, 過吉州, 得吾兄二十四日手書, 數番, 忻悚兼至, 未審入秋來眠食

何似, 伏維萬福. 來示云】일부 판본과《古文眞寶》에는 이 부분이 삭제되어 있음.
《東雅堂昌黎集註》에는 "或無'吉州'二字. 下云:'被吾兄二十四日手示, 披讀數番',
《閣》·《杭》本, 無'行官'至'來示'三十八字. 但云'蒙惠書', 今按《閣》·《杭》乃節本, 諸本
乃其本文. 今从之. '信', '此傳之', 《閣》·《杭》·《蜀》本, 無此四字"라 함. 한편 '吉州'에
대해서는 孫汝聽의 注에 "元和十五年, 貶太子賓客分司, 孟簡吉州司馬"라 하여 孟
簡이 吉州司馬로 있었으며, 한유가 吉州를 지나던 길에 孟簡의 편지를 받았던
것으로 되어 있음. '吾兄'은 상대를 높여 부르는 칭호. '眠食'은 잠과 식사의 상태.
일상생활을 대신하는 말의 安否.《南史》陸澄傳에 "行坐眠食, 手不釋卷"이라 함.
【蒙惠書云】'惠書'는 상대의 서신을 높여 부르는 말. 여기서는 孟簡의 편지를 가
리킴.

【「有人傳愈近少信奉釋氏」, 此傳之者, 妄也】어떤 사람이 '한유가 근래 조금씩 불
교를 신봉한다'라고 孟簡에게 전해주는 자가 있어, 이 말을 맹간이 편지에 써서
한유에게 알려왔으나 이는 터무니없는 것임. '釋氏'는 佛陀.《魏書》釋老志에 "佛
者, 本號釋迦文者. 譯言能仁, 謂德充道備, 堪濟萬物也"라 함. 한편 釋迦牟尼의
'釋'자를 姓氏로 여겨 釋氏로 칭한 것. "此傳之者妄也"는《古文眞寶》에는 누락되
어 있음.

【潮州時, 有一老僧號大顚, 頗聰明, 識道理】'潮州'는 지금의 廣東省 지명. 唐 憲宗
이 元和 14년(819) 鳳翔으로부터 佛骨을 궁중으로 모셔 들이자, 韓愈가〈論佛骨
表〉를 올려 심한 말로 반대하였음. 이 일로 憲宗의 미움을 사서 潮州로 귀양 갔
다가 이듬해 袁州로 옮겨졌음.《東雅堂昌黎集註》에 "元和十四年正月, 公謫潮州"
라 함.《舊唐書》憲宗紀에 "十四年春正月丁亥, 迎鳳翔法門寺佛骨至京師, 留禁中
三日, 乃送詣寺, 王公士庶奔走舍施如不及. 刑部侍郎韓愈上疏極陳其弊. 癸巳, 貶
愈爲潮州刺史"라 하였고, 같은 곳〈韓愈傳〉에는 "鳳翔法門寺有護國眞身塔, 塔內
有釋迦文佛指骨一節, 其書本傳法, 三十年一開, 開則歲豐人泰. 十四年正月, 上令中
使杜英奇押宮人三十人, 持香花赴臨皋驛迎佛骨. 自光順門入大內, 留禁中三日, 乃
送諸寺. 王公士庶, 奔走舍施, 唯恐在后. 百姓有廢業破産·燒頂灼臂而求供養者. 愈
素不喜佛, 上疏諫曰:……疏奏, 憲宗怒甚. 間一日, 出疏以示宰臣, 將加極法. 裴度·
崔群奏曰:「韓愈上忤尊聽, 誠宜得罪, 然而非內懷忠懇, 不避黜責, 豈能至此? 伏乞
稍賜寬容, 以來諫者.」上曰:「愈言我奉佛太過, 我猶爲容之. 至謂東漢奉佛之后, 帝
王咸致夭促, 何言之乖剌也? 愈爲人臣, 敢爾狂妄, 固不可赦!」於是人情驚惋, 乃至

國戚諸貴, 亦以罪愈太重, 因事言之, 乃貶爲潮州刺史"라 함. '大顚'은 潮州에 있던 승려의 법명.《古文眞寶》에는 '太顚'으로 되어 있으며 판본마다 '大顚', '太顚'이 混淆되어 있음.《東坡志林》(2)에 "韓退之喜大顚, 如喜澄觀文暢之意爾, 非信佛法也. 世乃妄撰退之與大顚書, 其詞凡陋, 退之家奴僕亦無此語. 有一士人, 又於其末妄題云:「歐陽永叔謂:此文非退之莫能及.」此又誣永叔也"라 하였고, 朱熹《晦庵集》(71)〈考韓文公與大顚書〉에는 "今按〈杭本不〉, 知何人所注, 疑袁自書也. 更以跋尾參之, 其記歐公之語, 不謬矣. 而東坡〈雜說〉乃云:「韓退之喜大顚, 如喜澄觀文暢意, 非信佛法也. 而或者妄撰退之與大顚書, 其詞凡鄙, 雖退之家奴僕, 亦無此語. 今一士人, 又於其末妄題云:『歐陽永叔謂:此文非退之不能作.』又誣永叔矣」蘇公此語, 蓋但見集註之出於或人, 而未見跋尾之爲歐公親筆也. 二公皆號一代文宗, 而其去取不同如此, 覽者不能無惑"이라 함. 이에 대해 明 楊愼의《丹鉛餘錄》(10)에는 "韓文公與大顚書, 前人論之詳矣. 蘇東坡則力言其爲僞, 朱晦菴則力辨以爲眞, 未有折其衷者. 予觀黃東發之說, 有云「韓與大顚書, 東坡謂妄撰, 而晦翁載其全書以爲眞. 愚平生讀其書, 眞見其與韓文同, 蘇公學佛, 猶辨其爲僞;而先生闢佛, 反指以爲眞, 所不可曉. 況據韓文, 韓公止因'祭神至海上', 曾與大顚語! 今請之者四書, 又亟以道爲望, 安有平日謂道其所道? 非吾所謂道, 而一旦求之亟如此. 使其旣與習熟, 而少變其說, 尙近人情, 今未之曾見, 而先欲聞其道, 尤不可曉也.」愚按:東發朱子之徒, 而其說如此, 天下之公言也"라 함. '頗'는 副詞로 '자못, 매우'의 뜻.

【遠地無所可與語者, 故自山召至州郭】'無所可與語者'는 먼 곳에 더불어 이야기를 나눌 만한 사람이 없었음. '州郭'은 外城, 밖의 성. 城 안까지 맞아들이지 않았음을 말함.

【實能外形骸, 以理自勝, 不爲事物侵亂】'外形骸'는 肉身의 일은 도외시함. 육신의 죽음 등은 연연하지 않음. '事物侵亂'은 사물이 마음을 침범하거나 혼란스럽게 하지 않음.《東雅堂昌黎集註》에 "司馬溫公〈書心經後〉曰:「世稱韓文公不喜佛, 嘗排之. 予觀其〈與孟尙書〉論太顚云:'能以理自勝, 不爲事物侵亂', 乃知公於書無所不觀, 蓋嘗徧觀佛書, 取其精粹, 而排其糟粕耳. 不然, 何以知不爲事物侵亂, 爲學佛者所先耶?"라 함.

【要自胷中, 無滯礙;以爲難得】'無滯礙'은 걸리거나 막힘이 없음. '難得'은 얻기 어려움, 대단함. 높은 경지에 이르렀음.《古文眞寶》注에 "方氏刪'胷中無滯礙'五字"라 하여 이 5글자의 표현은 승려 大顚을 너무 稱譽한다고 여겨 삭제하였음. 그러나

朱熹는 "今按此書, 稱許太顚之語多, 爲後人妄意刪節, 失其正意. 若此語中刪去五字, 則'要自'以爲難得一句, 不復成文理矣. 蓋韓公之學, 見於〈原道〉者, 雖有以識夫大用之流行, 而於本然之全體, 則疑其有所未睹, 且於日用之間, 亦未見其有以存養省察而體之於身也. 是以雖其所以自任者, 不爲不重, 而其平生用力深處, 終不離乎文字言語之工. 至其好樂之私, 又未能自拔於流俗. 所與游者, 不過一時之文士, 其於僧道, 則亦僅得毛于暢觀靈惠之流耳. 是其身心內外, 所立所資, 不越乎此, 亦何所據, 以爲息邪距詖之本, 而充其所以自任之心乎? 是以一旦放逐, 憔悴無聊之中, 無復平日飲酒博奕過從之樂, 方且鬱鬱不能自遣, 而卒然見夫瘴海之濱, 異端之學, 乃有能以義理自勝, 不爲事物侵害之人. 與之語, 雖不盡解, 亦豈不足滌蕩情累, 而暫空其滯礙之懷乎? 然則凡此稱譽之言, 自不必諱, 而於公所謂不求其禍, 不畏其禍, 不學其道者, 初自不相妨也. 使公於此, 慨然因彼稊稗之有秋, 而悟我黍稷之未熟, 一旦飜然, 反求諸身, 以盡聖賢之蘊, 則彼其所謂以理自勝, 不爲外物侵亂者, 將無復羨於彼, 而吾之所以自任者, 益恢乎其有餘地矣, 豈不偉哉!"라 하여 儒家의 義理로 대처할 수 있었다고 여겼음.

【及祭神至海上, 遂造其廬】 '祭神至海上'의 '祭神至海上'은 海神에게 제사를 올리러 바닷가에 갔음. 韓愈의 〈南海神廟碑〉를 참조할 것. 《舊唐書》孔巢父傳에 "先是準詔禱南海神, 多令從事代祠. 歲每受詔, 自犯風波而往. 韓愈在潮州, 作詩以美之"라 함. '造其廬'는 그의 움막을 찾아감. '造'는 訪, 至, 詣, 就 등의 뜻. 《古文眞寶》注에 "守潮至海上祭海神, 太顚廬在焉"이라 함.

【及來袁州, 留衣服爲別, 乃人之情, 非崇信其法, 求福田利益也】 '袁州'는 지금의 江西省 宜春縣. 憲宗이 韓愈를 袁州刺史로 옮겨줌. 《舊唐書》韓愈傳에 "愈至潮陽, 上表:……憲宗謂宰臣曰:「昨得韓愈到潮州表, 因思其所諫佛骨事, 大是愛我, 我豈不知! 然愈爲人臣, 不當言人主事佛乃年促也. 我以是惡其容易.」上欲復用愈, 故先語及, 觀宰臣之奏對. 而皇甫鎛惡愈狷直, 恐其復用, 率先對曰:「愈終大狂疏, 且可量移一郡.」乃授袁州刺史"라 함. '留衣服'은 韓愈가 자신의 옷을 남겨 그에게 줌. '福田'은 佛敎 用語로《無量壽經》淨影의 疏에 의하면 供養을 잘하는 것은 밭에 농사를 지어 추수를 하는 것과 같음을 비유한 것이라 함. 《軌範》注에 "此以下文, 有氣力, 有光燄"이라 함.

【孔子云「丘之禱久矣」】《論語》述而篇에 "子疾病, 子路請禱. 子曰:「有諸?」子路對曰:「有之;誄曰:『禱爾于上下神祇.』」子曰:「丘之禱久矣.」라 함.

【凡君子行己立身, 自有法度, 聖賢事業, 具在方冊, 可效可師】 '行己立身'은《論語》
公冶長篇에 "子謂子産:「有君子之道四焉: 其行己也恭, 其事上也敬, 其養民也惠,
其使民也義.」"라 하였고,《孝經》(1)에 "立身行道, 揚名於後世, 以顯父母, 孝之終也"
라 함. '方冊'은 책, 圖書, 記錄物. 方策과 같음.《中庸》(20)에 "文武之政, 布在方策.
其人存, 則其政擧; 其人亡, 則其政息"이라 함.《古文眞寶》注에 "方冊, 猶簡冊"이라
함. '可效可師'는 가히 본받고 가히 스승으로 삼을 만함.《古文眞寶》注에 "詞意
洒落"이라 함.

【仰不愧天, 俯不愧人, 內不愧心】《孟子》盡心(上)에 "孟子曰:「君子有三樂, 而王天下
不與存焉. 父母俱存, 兄弟無故, 一樂也. 仰不愧於天, 俯不怍於人, 二樂也. 得天下
英才而敎育之, 三樂也. 君子有三樂, 而王天下不與存焉.」"라 함.

【積善積惡, 殃慶自各以其類至, 何有去聖人之道, 捨先王之法, 而從夷狄之敎, 以求
福利也?】 '積善'은《易》坤卦 文言傳(下)에 "積善之家, 必有餘慶; 積不善之家, 必有
餘殃"이라 함.

【愷悌君子, 求福不回】《詩》大雅 旱麓에 "莫莫葛藟, 施于條枚. 豈弟君子, 求福不回"
라 함. '愷悌'는 豈弟로도 표기하며 즐겁고 떳떳하며 의젓함을 뜻하는 疊韻連綿
語. '回'는 邪曲의 뜻. 그릇되거나 비뚤어짐.

【不爲威惕, 不爲利疚】《左傳》哀公 16년에 "勝曰:「不爲利諂, 不爲威惕, 不洩人言以
求媚者, 去之.」"라 하였고, 昭公 29년에는 "仲尼曰:「齊豹之盜, 而孟縶之賊, 女何弔
焉? 君子不食姦, 不受亂, 不爲利疚於回, 不以回待人, 不蓋不義, 不犯非禮.」"라 함.
'威惕'은 위협으로 인한 두려움. '利疚'는 이익 때문에 마음에 갈등을 느끼며 병
을 앓듯 함.《論語》顔淵篇에 "子曰:「內省不疚, 夫何憂何懼?」"라 함.

【假與釋氏能與人爲禍福】 '禍福'은《別本韓文考異》와 일부 인용에는 '禍祟'로 되어
있고, 注에 "祟, 一作福"이라 하였으며,《昌黎文集》에는 "禍福, 一作禍祟"라 함.

【況萬萬無此理】 하물며 절대로 이러한 이치는 있을 수 없음.《古文眞寶》注에 "再
喚起"라 함.

2/4 ——————————————

게다가 저 부처라는 자는 과연 어떤 사람입니까? 그가 행한 일이 군
자와 비슷합니까? 아니면 소인과 비슷합니까?

만약 군자라면 틀림없이 도를 지키는 사람에게는 마구 재앙을 보태지 않을 것이며, 만약 소인이라면 그의 몸은 이미 죽었고 그 귀신은 신령스럽지 않을 것입니다.

천신지기天神地祇가 밝게 퍼져있고 빽빽이 나열되어 (살피고) 있으니 속일 수도 없을 것이며, 또 어찌 그 귀신으로 하여금 자신의 가슴속에 든 생각대로 행하며, 그 사이에서 위엄과 복을 만들어내게 할 수 있도록 두겠습니까?

앞으로 가거나 물러서나 근거할 바가 없는데도 이를 믿고 받든다면 역시 미혹된 것입니다.

게다가 제가 불교를 동조하지도 않고 이를 배척하는 데는 역시 그 논리가 있습니다.

《맹자孟子》에 "지금 천하는 양주楊朱의 논리에 휩쓸리지 않으면 묵적墨翟의 논리에 휩쓸리고 있다"라 하였습니다.

양주와 묵적의 논리가 교차하여 혼란을 일으키자, 성현의 도가 밝혀질 수 없었고, 성현의 도가 밝혀지지 못하자, 삼강三綱이 윤함淪陷되고 구법九法이 무너졌으며, 예악禮樂이 붕괴되어 이적夷狄이 횡행하게 되었으니, 어찌 거의 금수禽獸에 가깝지 않을 수 있겠습니까?

그 때문에 "양주와 묵적의 논리를 막아야 한다고 능히 말할 수 있는 자는 성인의 무리"라고 말한 것입니다.

양웅揚雄은 "옛날 양주와 묵적의 논리가 길을 메우고 있을 때, 맹자가 말로써 들고 일어나 길을 훤히 터놓았다"라 하였습니다.

무릇 양주와 묵적의 이론이 행해지면서 왕도王道가 폐기되었고, 게다가 장차 수백 년이 지나 진秦나라에 이르자 마침내 선왕先王의 법이 멸실되어 경서經書를 불태워 없애고 선비들을 구덩이 묻어 죽여, 천하는 드디어 큰 혼란에 빠지게 되었습니다.

此彼佛者, 果何人哉? 其行事類君子邪? 小人邪?

若君子也, 必不妄加禍於守道之人; 如小人也, 其身已死, 其鬼不靈.

天地神祇, 昭布森列, 非可誣也; 又肯令其鬼行胷臆, 作威福於其間哉?

進退無所據, 而信奉之, 亦且惑矣.

且愈不助釋氏而排之者, 其亦有說

孟子云:「今天下不之楊, 則之墨.」

楊墨交亂, 而聖賢之道不明, 聖賢之道不明, 則三綱淪而九法斁, 禮樂崩而夷狄橫, 幾何其不爲禽獸也!」

故曰:「能言距楊墨者, 聖人之徒也.」

揚子雲曰:「古者, 楊墨塞路, 孟子辭而闢之, 廓如也.」

夫楊墨行, 王道廢, 且將數百年, 以至於秦, 卒滅先王之法, 燒除經書, 坑殺學士, 天下遂大亂.

【其身已死, 其鬼不靈】그 몸은 이미 죽고 그 귀신은 靈驗하지도 않음.《老子》(60)에 "以道莅天下, 其鬼不神;非其鬼不神, 其神不傷人;非其神不傷人, 聖人亦不傷人"이라 함.

【天地神祇, 昭布森列, 非可誣也】'神祇'는 天神과 地祇. '昭布森列'은 빈틈없이 빽빽이 밝히고 살피고 있음. '非可誣也'는 속일 수 있는 것이 아님.《古文眞寶》注에 "語壯"이라 함.

【又肯令其鬼行胷臆, 作威福於其間哉】'肯令'은 하도록 함을 肯許함. '其鬼'는 부처가 죽어서 된 귀신. '胷臆'(胸臆)은 가슴 속에 품은 생각. '作威福'은《尚書》洪範篇에 "惟辟作福, 惟辟作威"라 함. '其間'은 천신지지가 밝게 비추며 살피고 있는 틈새.

【進退無所據, 而信奉之, 亦且惑矣】《軌範》注에 "此一段說, 佛必不能加禍守道之人, 理强辭直. 有氣力, 有光燄"이라 하였고,《古文眞寶》注에는 "關鎖上意"라 함.

【且愈不助釋氏而排之者, 其亦有說】'其亦有說'은 그에 대한 논리도 가지고 있음.《古文眞寶》注에 "又喚起引孟子闢楊墨, 來比並說"이라 함.

【孟子云】《孟子》滕文公(下)에 "聖王不作, 諸侯放恣, 處士橫議, 楊朱·墨翟之言盈天下. 天下之言, 不歸楊, 則歸墨. 楊氏爲我, 是無君也; 墨氏兼愛, 是無父也. 無父無君, 是禽獸也. 公明儀曰:『庖有肥肉, 廐有肥馬, 民有飢色, 野有餓莩, 此率獸而食人也.』楊墨之道不息, 孔子之道不著, 是邪說誣民, 充塞仁義也. 仁義充塞, 則率獸食人, 人將相食. 吾爲此懼, 閑先聖之道, 距楊墨, 放淫辭, 邪說者不得作. 作於其心, 害於其事; 作於其事, 害於其政. 聖人復起, 不易吾言矣. 昔者, 禹抑洪水而天下平, 周公兼夷狄驅猛獸而百姓寧, 孔子成《春秋》而亂臣賊子懼.《詩》云:『戎狄是膺, 荊舒是懲, 則莫我敢承.』無父無君, 是周公所膺也. 我亦欲正人心, 息邪說, 距詖行, 放淫辭, 以承三聖者; 豈好辯哉? 予不得已也. 能言距楊墨者, 聖人之徒也."라 함. 孟子 당시에 楊朱와 墨翟의 이론이 천하에 가득 차서, 천하가 그 쪽으로 휩쓸리고 있었음을 말함. '楊朱'는 戰國시대 衛나라 사람으로 爲我派의 대표적 인물.《列子》楊朱篇이 있으며,《孟子》盡心(上)에 "孟子曰:「楊子取爲我, 拔一毛而利天下, 不爲也.」"라 함. '墨翟'(B.C.501–B.C.416)은 墨子. 戰國시대 魯나라 사람으로 兼愛와 節葬, 短喪, 非樂, 尙賢, 節用, 尊天 등을 주장하였던 墨家의 창시자.《墨子》가 전하며 孟子는 "墨氏兼愛, 是無父也. 無父無君, 是禽獸也"라 혹독하게 비판함.

【三綱淪而九法斁, 禮樂崩而夷狄橫, 幾何其不爲禽獸也!】'三綱'은《禮記》樂記에 "然後聖人作爲父子君臣以爲紀綱"이라 하였고, 疏에《禮緯含文嘉》를 인용하여 "君爲臣綱, 父爲子綱, 夫爲婦綱"이라 하였음. 한편《白虎通》三綱六紀에 "三綱者, 何謂也? 謂君臣·父子·夫婦也"라 하여 五倫과 함께 儒家의 대표적인 德目 조항임. '淪'은 물에 빠져 멸실됨. '九法'은《尙書》洪範篇의 '九疇'로 천하를 다스리는 아홉 가지 원리. ①五行 ②敬用五事 ③農用八政 ④協用五紀 ⑤建用皇極 ⑥乂用三德 ⑦明用稽疑 ⑧念用庶徵 ⑨嚮用五福의 아홉 가지 조목. '斁'(두)는 무너짐.《古文眞寶》注에 "斁, 敗也. 九法, 九疇也"라 함. '禮樂崩'은《史記》儒林傳에 "幽厲微, 而禮樂壞"라 함.《軌範》注에 "此一段, 先鋪張楊墨爲禍于天下甚大, 可見孟子有功于天下後世甚大"라 함.

【故曰:「能言距楊墨者, 聖人之徒也.」】《孟子》滕文公(下)에 "我亦欲正人心, 息邪說, 距詖行, 放淫辭, 以承三聖者; 豈好辯哉? 予不得已也. 能言距楊墨者, 聖人之徒也"라 함.

【揚子雲】揚雄(B.C.53–A.D.18), 楊子. 자는 子雲. '楊雄'으로도 표기하며 蜀郡 成都 사람. 西漢때 賦家, 哲學家.〈甘泉賦〉,〈羽獵賦〉등과《太玄經》,《方言》,《法言(揚

子法言)》 등의 저술이 있음. 《漢書》 揚雄傳 참조. 흔히 '楊'과 '揚'은 混淆하여 썼음. 揚雄. 《法言》 吾子篇에 "虐政虐世, 然後知聖人之爲郛郭也. 古者, 楊墨塞路, 孟子 辭而闢之, 廓如也. 後之塞路者, 有矣"라 함. '塞路'는 올바른 길을 막음. '廓如'는 텅 비어 훤함. 길을 터서 훤하게 함.

【燒除經書, 坑殺學士】 秦始皇의 '焚書坑儒'를 말함. 秦始皇은 34년(B.C. 213)에 李斯 의 건의에 의해 焚書를 하고 다음해 盧生 등이 始皇을 誹謗하고 도망가자 坑儒 를 감행하였음. 《史記》 秦始皇本紀에 "三十四年, 丞相李斯曰:「五帝不相復, 三代 不相襲, 各以治, 非其相反, 時變異也. 今陛下創大業, 建萬世之功, 固非愚儒所知. 且越言乃三代之事, 何足法也? 異時諸侯並爭, 厚招游學. 今天下已定, 法令出一, 百 姓當家則力農工, 士則學習法令辟禁. 今諸生不師今而學古, 以非當世, 惑亂黔首. 丞相臣斯昧死言:古者天下散亂, 莫之能一, 是以諸侯並作, 語皆道古以害今, 飾虛言 以亂實, 人善其所私學, 以非上之所建立. 今皇帝幷有天下, 別黑白而定一尊. 私學而 相與非法敎, 人聞令下, 則各以其學議之, 入則心非, 出則巷議, 夸主以爲名, 異取以 爲高, 率群下以造謗. 如此弗禁, 則主勢降乎上, 黨與成乎下. 禁之便. 臣請史官非秦 記皆燒之. 非博士官所職, 天下敢有藏詩·書·百家語者, 悉詣守·尉雜燒之. 有敢偶 語詩書者棄市. 以古非今者族. 吏見知不擧者與同罪. 令下三十日不燒, 黥爲城旦. 所不去者, 醫藥卜筮種樹之書. 若欲有學法令, 以吏爲師.」制曰:「可.」라 하였고, 35 년에 "(始皇)大怒曰:「吾前收天下書不中用者盡去之. 悉召文學方術士甚衆, 欲以興 太平, 方士欲練以求奇藥. 今聞韓衆去不報, 徐市等費以巨萬計, 終不得藥, 徒姦利 相告日聞. 盧生等吾尊賜之甚厚, 今乃誹謗我, 以重吾不德也. 諸生在咸陽者, 吾使 人廉問, 或爲訞言以亂黔首.」於是使御史悉案問諸生, 諸生傳相告引, 乃自除犯禁者 四百六十餘人, 皆阬之咸陽, 使天下知之, 以懲後"라 함.

3/4 ——————

진나라가 멸망하고 한漢나라가 일어나고 또 백년이 지나도록 아직도 선왕의 도를 닦고 밝힐 줄 모르다가, 그 뒤 비로소 〈협서지율挾書之律〉 을 해제하고 차츰 사라진 책들을 찾았으며, 학자들을 불러들여 비록 경 서들을 약간 찾아내기는 하였으나, 그래도 모두가 잔결殘缺들로 열에 둘 셋도 없는 상태였지요.

그리하여 학자들은 거의가 늙어 죽었고 새로운 학자들은 온전한 경서들을 볼 수가 없어, 능히 선왕들의 일을 완전히 알 수가 없는 상황에서, 각기 자신들의 본 것을 지키느라 학파가 분리되고 어긋나며, 간격이 생겨 합당하지도 못하였고, 공인도 얻지 못하여 이제二帝, 삼왕三王과 여러 성인들의 도가 크게 무너져버리고 말았던 것입니다.

후세의 학자들은 찾아 따를 바가 없어 지금에 이르도록 민멸泯滅된 상태입니다.

그 재앙은 바로 양주와 묵적의 이론이 마구 횡행하고 있었음에도 이를 금하지 못한 데에서 나온 것입니다.

맹자는 비록 성현聖賢이었지만 그럴 만한 힘을 가진 지위를 얻지 못하여, 헛되이 말로만 했을 뿐 시행은 할 수가 없었으니, 비록 절실하기는 했으나 무슨 보탬이 되었겠습니까?

그러나 그의 말에 힘입어 지금 학자들은 그래도 공자를 종주로 여기고, 인의를 숭상하며, 왕도를 귀히 여기고, 패도를 천히 여길 줄 알게 되었을 따름입니다.

그러나 대경大經과 대법大法은 모두가 사라져 멸실된 채 구제할 수가 없고, 파괴되고 문드러진 채 거두어들일 수 없어, 소위 '천에 열, 백에 하나 남았다'는 것이니, '길을 훤히 터놓았다'는 것이 어디 있습니까?

그렇지만 만약 맹자가 없었다면 우리는 모두가 옷깃은 왼쪽으로 맨 채 만이蠻夷처럼 중얼거리는 말을 하고 있을 것입니다.

그러므로 제가 늘 맹자를 추존推尊하며, 그의 공은 우禹보다 아래가 아니라고 여기는 것은 바로 이 때문입니다.

及秦滅漢興, 且百年, 尚未知脩明先王之道; 其後始除<挾書之律>, 稍求亡書, 招學士, 經雖少得, 尚皆殘缺, 十亡二三.

故學士多老死, 新者不見全經, 不能盡知先王之事, 各以所見爲守, 分離乖隔, 不合不公, 二帝三王羣聖人之道, 於是大壞.

後之學者, 無所尋逐, 以至于今, 泯泯也.

其禍出於楊墨肆行而莫之禁故也.

孟子雖聖賢, 不得位, 空言無施, 雖切何補?

然賴其言, 而今學者尚知宗孔氏, 崇仁義, 貴王賤霸而已.

其大經大法, 皆亡滅而不救, 壞爛而不收, 所謂'存十一於千百', 安在其能'廓如'也?

然向無孟氏, 則皆服左衽而言侏離矣.

故愈常推尊孟氏, 以爲功不在禹下者, 爲此也.

【挾書之律】책을 옆구리에 끼고 다니는 것조차 금하였던 秦始皇의 가혹한 학문 탄압 법령. 이는 漢 惠帝 4년에 해제되었음.《漢書》惠帝紀에 "四年, 三月甲子, 皇帝冠, 赦天下. 省法令妨吏民者;除挾書律"이라 함.

【尙皆殘缺, 十亡二三】'殘缺'은 없어지고 缺落됨. '十亡二三'은 열에 둘 셋도 없음. '亡'는 '무(無)로 읽음.《史記》儒林傳에 "及至秦之季世, 焚《詩書》, 阬術士,《六蓺》從此缺焉. 孝文帝時, 欲求能治《尙書》者, 天下無有, 乃聞伏生能治, 欲召之. 是時伏生年九十餘, 老, 不能行, 於是乃詔太常使掌故朝錯往受之. 秦時焚書, 伏生壁藏之. 其後兵大起, 流亡, 漢定, 伏生求其書, 亡數十篇, 獨得二十九篇, 卽以敎于齊魯之閒. 學者由是頗能言《尙書》, 諸山東大師無不涉《尙書》以敎矣"라 함.

【故學士多老死, 新者不見全經, 不能盡知先王之事, 各以所見爲守】'老死'는〈補注〉에 "謂伏生之徒"라 함. '所見爲守'는〈補注〉에 "謂漢人專門之學"이라 함.

【分離乖隔, 不合不公】'分離乖隔'은 分化되고 離散되며 어그러지고 서로 막힘. '不合不公'은 합당하지 못하며 공인되지도 못함.〈補注〉에 "《法言》五百篇, 不合乎先王之法者, 君子不法也"라 함.

【二帝三王羣聖人之道, 於是大壞】'二帝'는 堯(陶唐氏)와 舜(有虞氏). 黃帝, 顓頊, 帝嚳과 함께 五帝의 마지막 두 帝王. '三王'은 夏禹, 商湯, 周文王과 武王으로 三代(夏, 殷, 周)의 開國 군주로 儒家에서 모두 王道政治를 실행한 聖人으로 추앙함.

【後之學者, 無所尋逐, 以至于今, 泯泯也】'尋逐'은 찾고 따라감. '泯泯'은 모두 泯滅됨.

【其禍出於楊墨肆行而莫之禁故也】'肆行'은 멋대로 마구 행함.

【孟子雖聖賢, 不得位, 空言無施, 雖切何補】'聖賢'은 賢聖으로 표기된 판본도 있음. '不得位'는 지위를 얻지 못함. 평민 신분이어서 자신의 도를 힘 있게 실행시킬 수 없었음을 뜻함. '位'는 자신의 바른 도를 펼 수 있는 권한을 부릴 수 있는 힘을 말함. 《軌範》注에 "此四句, 似抑而貶之"라 하였고, 《史記》太史公自序에 "子曰: 我欲載之空言, 不如見之於行事之深切著明也."라 함.

【尙知宗孔氏】'孔氏'는 孔子. 儒家를 뜻함. 《古文眞寶》注에 "此難孟子, 乃意與辭不與"라 함.

【貴王賤霸】王道政治(三王)을 귀하게 여기고 霸道政治(五霸 등)를 천하게 여김. 王道는 덕으로, 霸道는 힘으로 다스림을 말함. 《軌範》注에 "此二句, 似揚而張之"라 함.

【大經大法, 皆亡滅而不救, 壞爛而不收】'大經大法'은 위대한 綱領과 옳고 큰 法度. 《中庸》(32)에 "唯天下至誠, 爲能經綸天下之大經, 立天下之大本, 知天地之化育, 夫焉有所倚?"라 하였고, 《左傳》昭公 15년에 "禮, 王之大經也"라 함. '壞'不收'는 不脩와 같음. 《禮記》學記에 "雜施而不孫, 則壞亂而不脩"라 함.

【所謂存十一於千百, 安在其能廓如也】'十一於千百'은 《文選》陸士衡〈歎逝賦〉에 "得十一於千百"이라 함. 《古文眞寶》注에 "自'夫楊墨行'至此四十餘句, 皆是因子雲之說, 抑而難之, 下文只以兩句, 斡轉, 揚而許之, 可謂有千鈞筆力"이라 함.

【向無孟氏】'지난 날 맹자가 없었다면'의 뜻. '向'은 지난 날. 《古文眞寶》注에 "向, 謂前時"라 함. 《軌範》注에 "此四句, 又抑而貶之"라 함.

【服左衽而言侏離】'左衽'은 옷깃을 왼쪽으로 여미어 입는 것. 夷狄들의 옷차림을 뜻함. 《論語》憲問篇에 "子貢曰:「管仲非仁者與? 桓公殺公子糾, 不能死, 又相之.」子曰:「管仲相桓公, 霸諸侯, 一匡天下, 民到于今受其賜. 微管仲, 吾其被髮左衽矣. 豈若匹夫匹婦之爲諒也, 自經於溝瀆而莫之知也?"라 하였고, 注에 "衽, 衣衿也. 被髮左衽, 夷狄之俗也"라 함. '侏離'는 夷狄들의 말소리. 《後漢書》南蠻傳에 "衣裳班蘭, 語言侏離, 好入山壑, 不樂平曠. 帝順其意, 賜以名山廣澤. 其後滋蔓, 號曰蠻夷"라 하였고, 《搜神記》(14)에도 "衣服褊褳, 言語侏離, 飮食蹲踞, 好山惡都. 王順其意, 賜以名山廣澤, 號曰蠻夷"라 함. 《古文眞寶》注에 《後漢書》'語言侏離', 注: 蠻夷語聲"이라 함. 《軌範》注에 "此一句, 又抑而張之. ○只此一句, 發明孟子之功, 何必多言? 文勢如力動九鼎, 亦從《論語》公子說管仲變化來"라 함

【故愈常推尊孟氏, 以爲功不在禹下者, 爲此也】'功不在禹下'는 그의 업적은 禹임금

보다 아래 있지 않음. 禹임금보다 더 높음. '禹'는 夏禹氏. 夏나라의 시조. 《軌範》 注에 "此一段, 發明孟子闢楊墨之功, 有抑揚, 有翕張"이라 하였고, 《古文眞寶》注에는 "禹有治水之功, 孟有闢楊墨之功; 洪水之害, 溺人之身; 楊墨心害, 溺人之心. 故曰'孟氏之功, 不在禹下'. 朱子曰:「邪說橫流, 壞人之術, 甚於洪水之災.」"라 함.

4/4 ─────────────

한漢나라 이래로 많은 유학자들이 조금씩 수정하고 보충하였으나, 백 군데에 뚫린 구멍과 천 군데의 상처를 가진 채로 난亂을 따라 망실亡失 되어가고 있어, 그 위험은 마치 천균千鈞의 무게를 머리카락 한 줄로 끌어당기는 것과 같더니, 그렇게 면면히 이어오던 것조차 점점 희미해지며 마멸되고 있습니다.

이러한 때에 그 사이에 불교와 도교를 제창하며 천하의 군중을 고무 시켜 이를 따르고 있으니, 아! 그 역시 불인不仁함이 심합니다.

불교나 도교의 폐해는 양주나 묵적보다 심한데, 저의 현명함은 맹자에 미치지 못하고, 맹자는 없어지기 전에도 능히 이를 구제하지 못하였는데, 저는 이에 이미 파괴된 뒤에 이를 온전히 하고자 하니, 아! 그 역시 힘을 헤아리지 못한 것이요, 게다가 제 자신이 위험해 질 것을 보고는 죽음으로써 구제하겠다고 나서지는 못하고 있는 것입니다.

비록 그렇기는 하나 그 도가 저로 말미암아 거칠게나마 전해진다면, 비록 멸하여 죽더라도 절대로 한이 없을 것입니다!

천지의 귀신이 위에 임하고 있고 곁에서 이를 질정해 주고 있는데, 또한 어찌 한 번 꺾임으로 인해 스스로 그 도를 훼멸하여 사악한 것을 따를 수 있겠습니까?

장적張籍이나 황보식皇甫湜과 같은 사람들이 비록 저에게 여러 번 가르침을 주었으나, 과연 제가 배반하고 떠나버릴 지 여부는 알 수 없습니다!

그대의 두텁게 아껴주심을 욕되게 하여 명령을 제대로 받아내지 못함에, 오직 부끄러움과 두려움만 더해갈 뿐입니다.

죽을죄를 짓고 죽을죄를 짓나이다! (한유재배)

漢氏以來, 羣儒區區脩補, 百孔千瘡, 隨亂隨失, 其危如一髮引千鈞, 緜緜延延, 寖以微滅.

於是時也, 而唱釋老於其間, 皷天下之衆而從之, 嗚呼! 其亦不仁甚矣.

釋老之害, 過於楊墨, 韓愈之賢, 不及孟子; 孟子不能救之於未亡之前, 而韓愈乃欲全之於已壞之後, 嗚呼! 其亦不量其力, 且見其身之危, 莫之救以死也.

雖然, 使其道由愈而粗傳, 雖滅死, 萬萬無恨!

天地鬼神, 臨之在上, 質之在傍, 又安得因一摧折, 自毀其道, 而從於邪也?

籍湜輩, 雖屢指敎, 不知果能不叛去否!

辱吾兄眷厚, 而不獲承命, 唯增慚懼.

死罪死罪!

(愈再拜)

【漢氏以來】《軌範》注에 "此以下, 說此時有釋老之害"라 함.

【羣儒區區脩補, 百孔千瘡】'區區'는 변변찮은 모습. '百孔千瘡'은 백 개의 구멍과 천 개의 瘡傷.

【隨亂隨失, 其危如一髮引千鈞】'一髮引千鈞'은 머리카락 한 가닥으로 천균의 무게를 당김. 鈞은 무게의 단위로 30斤을 1鈞이라 함. 《漢書》枚乘傳과 《說苑》正諫篇에 "夫以一縷之任, 係千鈞之重"이라 하였고, 《列子》仲尼篇에는 "髮引千鈞"이라 함.

【緜緜延延, 寖以微滅】'緜緜延延'은 끊이지 않고 계속 이어감. 《逸周書》和寤解과 《孔子家語》觀周篇에 "綿綿不絶, 蔓蔓若何?"라 하였고, 注에 "綿綿, 微細也"라 함. '寖'은 寢, 浸으로도 표기하며 '점점, 차츰, 조금씩' 등의 뜻. 《古文眞寶》注에 "寖, 猶漸也"라 함.

【於是時也, 而唱釋老於其間, 皷天下之衆而從之】'釋老'는 불교와 도교. '皷'(鼓)는
앞의 '唱'과 대를 이루며 '鼓舞시키다'의 뜻.《古文眞寶》注에 "鼓, 謂鼓動"이라 함.

【且見其身之危, 莫之救以死也】그 몸의 위험을 당하여 구제를 받지 못한 채 죽고
말 것임. '見'은 被動法 문장을 구성함.《軌範》注에 "韓文公推尊孟子, 以爲功不在
禹下;實自推尊, 以爲公不在孟子下. 此一段以孟子與己對說, 文勢抑揚輕重, 雖曰
'賢不及孟子', 其實自許其功過於孟子"라 함.

【乃欲全之於已壞之後】이미 무너진 뒤에 이를 온전히 하고자 함.《古文眞寶》注
에 "此數句以前後輕重, 難易錯綜, 議論妙. 程子曰:「佛氏之言, 比之楊墨, 尤爲近理,
所以其害尤爲甚.」樓迂齋(樓昉)曰:「上說不及孟子, 此句微見失過之之意, 非道德過
之之用力過之也.」"라 함.

【其亦不量其力, 且見其身之危, 莫之救以死也】《左傳》隱公 11년에 "量力而行之"라 함.

【使其道由愈而粗傳, 雖滅死, 萬萬無恨】그 儒家의 도로 하여금 나로 말미암아 거
칠게나마 후세에 전해지도록 한다면 비록 나는 죽더라도 전혀 한이 없을 것임.
'粗傳'은 거칠게나마 후세에 전해짐.《古文眞寶》注에 "此一轉尤妙, 可見術道之用.
但惜乎公之所以反諸身者, 不能如朱子之說, 是以雖能著術道之功於一時, 而無以
任傳道之責於萬世, 雖然, 能言關佛老者, 聖賢之徒也, 而況於公? 世之以儒名而溺
於異敎者, 豈非孔子孟韓之叛卒也哉!"라 함.

【臨之在上, 質之在傍】'質'은 質正함. 고쳐짐. 확인됨.《古文眞寶》注에 "質, 猶訂參"
이라 함.

【籍湜輩, 雖屢指敎, 不知果能不叛去否】籍湜은 張籍과 皇甫湜. 張籍은 모두 한유
의 문인이었음.《軌範》注에 "張籍, 皇甫湜, 皆公門人"이라 함. 皇甫湜은 詩人으로
字는 持正. 睦州 사람으로 唐 憲宗 때에 진사에 올라 工部郎中을 지냈으며, 韓愈
에게 古文을 배웠던 인물.《新唐書》(176)에 韓愈傳에 함께 그의 傳이 실려 있음.
그의《皇甫持正集》(2)〈送孫生序〉에 "浮屠之法, 入中國六百年. 天下胥而化, 其所
崇奉, 乃公卿大夫, 野益荒, 人益飢, 敎益頹, 天下將蕪而始渾然也"라 하여 排佛論
을 주장하고 있음.

【辱吾兄眷厚, 而不獲承命, 唯增慚懼】'吾兄'은 상대를 높여 부르는 칭호. '眷厚'는
돌보아줌이 두터움. '慚懼'는 부끄럽기도 하고 두렵기도 함.

【死罪死罪】이 다음에 원전에는 모두 '愈再拜' 세 글자가 더 있음.

1. 韓文公(韓愈, 韓退之, 韓昌黎) 001 참조.

2. 이 글은《原本韓集考異》(5),《別本韓文考異》(18),《五百家注昌黎文集》(18),《東雅堂昌黎集註》(18),《文章正宗》(14),《唐宋八大家文鈔》(3),《文章辨體彙選》(217),《文編》(47),《古文淵鑑》(35),《古文雅正》(8),《西山讀書記》(36),《鐔律集》(19),《古文辭類纂》(29),《唐宋文擧要》(2),《古文眞寶》(後集 2) 등에 실려 있음.

3. 韓愈〈論佛骨表〉《昌黎集》(39),《舊唐書》(160),《新唐書》(176)에 실려 있음)

臣某言:伏以佛者夷狄之一法耳. 自後漢時流入中國, 上古未嘗有也. 昔者, 黃帝在位百年, 年百一十歲;少昊在位八十年, 年百歲;顓頊在位七十九年, 年九十八歲;帝嚳在位七十年, 年百五歲;帝堯在位九十八年, 年百一十八歲;帝舜及禹, 年皆百歲. 此時天下太平, 百姓安樂壽考, 然而中國未有佛也. 其後殷湯亦年百歲. 湯孫太戊在位七十五年, 武丁在位五十九年, 書史不言其年壽所極, 推其年數, 蓋亦俱不減百歲. 周文王年九十七歲, 武王年九十三歲, 穆王在位百年, 此時佛法, 亦未入中國. 非因事佛而致然也. 漢明帝時, 始有佛法, 明帝在位纔十八年耳. 其後亂亡相繼, 運祚不長. 宋齊梁陳元魏以下, 事佛漸謹, 年代尤促. 惟梁武帝在位四十八年, 前後三度捨身施佛, 宗廟之祭, 不用牲牢, 盡日一食, 止於菜菓;其後竟爲侯景所逼, 餓死臺城, 國亦尋滅. 事佛求福, 乃更得禍. 由此觀之, 佛不足事, 亦可知矣! 高祖始受隋禪, 則議除之. 當時羣臣材識不遠, 不能深知先王之道, 古今之宜, 推闡聖明, 以救斯弊. 其事遂止, 臣常恨焉. 伏惟睿聖文武皇帝陛下, 神聖英武, 數千百年已來, 未有倫比. 卽位之初, 卽不許度人爲僧尼道士, 又不許創立寺觀. 臣常以爲高祖之志, 必行於陛下之手. 今縱未能卽行, 豈可恣之轉令盛也? 今聞陛下令羣僧迎佛骨於鳳翔, 御樓以觀, 舁入大內. 又令諸寺遞迎供養. 臣雖至愚, 必知陛下不惑於佛, 作此崇奉, 以祈福祥也. 直以年豐人樂, 徇人之心, 爲京都士庶設詭異之觀, 戲玩之具耳. 安有聖明若此, 而肯信此等事哉! 然百姓愚冥, 易惑難曉, 苟見陛下如此, 將謂眞心事佛, 皆云:「天子大聖, 猶一心敬信, 百姓何人, 豈合更惜身命!」焚頂燒指, 百十爲羣, 解衣散錢, 自朝至暮, 轉相倣效, 惟恐後時, 老少奔波, 棄其業次. 若不卽加禁遏, 更歷諸寺, 必有斷臂臠身, 以爲供養者. 傷風敗俗, 傳笑四方, 非細事也. 夫佛本夷狄之人, 與中國言語不通, 衣服殊制, 口不言先王之法言, 身不服先王之法服, 不知君臣之義, 父子之情. 假如其身至今尚在, 奉其國命, 來朝京師, 陛下容而接之, 不過宣政一見, 禮賓一設, 賜衣一襲, 衛而出之於境, 不令惑衆也. 況其身死已久, 枯朽之骨, 凶穢之餘, 豈宜令入宮禁? 孔子曰:「敬鬼神而遠之.」古之諸侯, 行弔於其國, 尙令巫祝先以桃茢祓除不祥, 然後進弔. 今無故取朽穢之物, 親臨觀之, 巫祝不先, 桃茢不用, 羣臣不言其非, 御史不擧其失, 臣實恥之. 乞以此骨付之有司, 投諸水火, 永絶根本, 斷天下之疑, 絶後代之惑, 使天下之人知大聖人之所作爲, 出於尋常萬萬也, 豈不盛哉! 豈不快哉! 佛如有靈, 能作禍祟, 凡有殃咎, 宜加臣身, 上天鑒臨, 臣不怨悔, 無任感激懇悃之至, 謹奉表以聞. 臣某誠惶誠恐.

4. 《軌範》에 "此書多有巧心妙手, 批不盡, 須是面說"이라 하였고, 末尾의 謝枋得은 "聖賢立言, 與庸衆人異. 貶一人不必多言, 只一字一句貶之, 其辱不可當; 褒一人不必多言, 只一字一句褒之, 其榮不可當. 孔子褒管仲, 只四句:「一匡天下, 民到于今受其賜, 微管仲, 吾其披髮左衽矣.」孟子學孔子者也. 褒百里奚, 只三句:「相秦而顯其君于天下, 可傳於後世, 不賢而能之乎?」韓文公學孔孟者也. 褒孟子初只兩句:「然賴其言, 而今學者尙知宗孔氏, 崇仁義貴王賤霸而已.」終只兩句:「向無孟氏, 則皆服左衽, 而言侏離矣.」正與孔子褒管仲之語同"이라 함.

5. 歐陽脩〈蘇老泉墓誌〉:"眉山在西南數千里外, 公父子一日隱然名動京師, 而蘇氏之文章, 遂擅天下, 亦得褒奬法"이라 함.

6. 《東雅堂昌黎集註》에 "孟下一有'簡'字. 孟簡字幾道, 德州平昌人, 最嗜佛, 嘗與劉伯芻, 歸登, 蕭俛譯次梵言者. 公元和十四年, 以言佛骨貶潮州, 與潮僧大顚遊, 人遂云奉佛氏. 其冬移袁州, 明年簡移書言及, 公作此書答之"라 함.

7. 《古文眞寶》注에 "唐憲宗, 自鳳翔迎佛骨入宮, 韓公上表乞以此骨, 投之於水火, 因此得罪, 貶守潮州, 州有僧號太顚, 公召與之游. 及自潮移袁州, 又留衣贈別, 故人傳公, 因攻佛遭貶, 信奉釋氏. 孟簡者, 孟郊之從叔也, 以書問此事, 故公答書力辨之. 朱文公(朱熹)考異中, 有一段議論甚妙. 今載于後. ○樓迂齋(樓昉)曰:「出脫孟子, 是自出脫; 推尊孟子, 亦是自推尊.」文字抑揚, 此篇須看大開闔. ○愚謂攘斥佛老, 乃公平生大節, 公文字及此者, 〈答張籍書〉最先, 〈原道〉次之, 〈佛骨表〉又次之, 此書最後作者也"라 함.

고종高宗에게 밀봉하여 올리는 사안

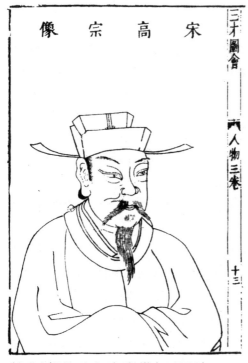

像 宗 高 宋

三才圖會

人物三卷

十三

〈宋高宗(趙構, 南宋 첫 황제)〉《三才圖會》

＊〈上高宗奉事〉: '高宗'은 南宋의 첫 황제 趙構로서 徽宗(趙佶)의 9째 아들. 자는 德基. 1126년 靖康之恥로 北宋이 金(女眞)에게 망하자 遺臣들을 이끌고 남쪽으로 내려와 臨安(지금의 浙江 杭州)을 도읍으로 하여 나라를 다시 일으켰음. 이를 南宋(1127-1279년)이라 하며 9대 황제 帝昺(趙昺)에 이르러 蒙古 元에게 망하였음. '封事'는 신하가 임금에게 올리는 上書의 하나로 극비의 내용이어서 密封하여 올림을 의미함. 이 글은 당시 樞密院編修官이었던 胡銓(澹庵)이 金과의 대치에서 媾和論(主和論)을 주장하던 王倫, 秦檜, 孫近 등 세 사람을 처단하고 金과 맞서 싸울 것을 주장하며 主戰論을 편 것임.《古文集成》에는 제목이 〈紹興戊午論和議封事〉(是年十一月上, 澹庵, 胡忠簡公)로 되어 있음. 역사 배경은 본《軌範》〈跋紹興辛巳親征詔草〉(辛稼軒 056)를 참조할 것.

1/9 ━━━━━━━━━━━━

"소흥紹興 8년1138 11월 일, 우통직랑추밀원편수관右通直郎樞密院編修官 신臣 호전胡銓은 삼가 목욕재계하고 글을 써서, 죽음을 무릅쓰고 백 번

절하며 황제폐하께 올립니다."《澹菴文集》

(紹興八年十一月日, 右通直郎樞密院編脩官臣胡銓, 謹齋沐裁
書, 昧死百拜, 獻於皇帝陛下, 臣)《澹菴文集》

【紹興八年十一月日, 右通直郎樞密院編脩官臣胡銓, 謹齋沐裁書, 昧死百拜, 獻於皇
帝陛下, 臣】《澹菴文集》에는 이 구절로 시작함. '紹興'은 南宋 첫 황제 高宗(趙構)
의 두 번째 연호. 1131–1162년까지 32년간이었음. 이 시기는 女眞 完顏阿骨打(金
太祖:1115–1123)가 일어나 太宗(完顏盛:1123–1135) 때 契丹의 遼를 멸하고(1125),
이듬해 대거 남침하여 北宋을 공격, 결국 靖康之恥(1126)로 북송이 망하자, 趙構
가 지금의 浙江 杭州에 皇統을 이어 南宋을 세워 첫 연호를 建炎(1127–1130)이라
하였다가 紹興으로 바꾸었으며, 金의 女眞은 太宗을 이은 3대 熙宗(完顏
亶:1135–1148), 4대 海陵王(完顏亮:1149–1161), 5대 世宗(完顏雍:1161–1189)과 동시
대로서 끊임없이 남송을 공격하였음. 한편 紹興 8년은 1138년으로 金 熙宗 天眷
元年에 해당함. '齋沐裁書'는 沐浴齋戒하고 글을 씀. '昧死'는 죽음을 무릅씀. 신
하가 어려운 上疏를 올릴 때 쓰는 말.

2/9

8년, 재신宰臣 진회秦檜가 주화主和를 결정하여, 금金나라 사신이 〈조
유강남詔諭江南〉을 명목으로 삼자, 중외中外가 흉흉洶洶하였다. 호전胡銓
이 항의하며 이렇게 상소하였다.《宋史》胡銓傳

(八年, 宰臣秦檜決策主和, 金使以「詔諭江南」爲名, 中外洶洶.
銓抗疏言曰:)《宋史》胡銓傳

【八年, 宰臣秦檜決策主和, 金使以「詔諭江南」爲名, 中外洶洶. 銓抗疏言曰:】《宋史》
(374) 胡銓傳에는 이 구절로 시작함. '宰臣'은 재상. '秦檜'(1090–1155)는 南宋 高宗
의 재상. 자는 會之. 北宋 滅亡의 靖康之禍 때 徽宗, 欽宗과 함께 女眞(金)에 포

로로 끌려갔다가 建炎 4년(1130) 도망하여 臨安(杭州)에 이름. 이듬해 紹興 원년 (1131) 參知政事에 올랐다가 곧바로 재상이 되었으나 탄핵을 받아 물러남. 그러 나 高宗의 신임을 받아 紹興 8년 다시 재상이 되어 19년간 남송의 정권을 독단 함. 秦國公, 魏國公에 봉해졌으며 紹興 25년 죽자 申王에 추증되고 시호를 '忠獻' 이라 함. 그러나 寧宗 開禧 2년(1206) 작위가 追奪되고 시호도 '謬醜'로 바뀜. 그 는 南宋 초 대표적인 主和派로 金에게 割地, 稱臣, 貢納을 주장하며 금과 和議 政策을 일관되게 펴나갔음. 아울러 抗金派를 貶斥하고 私黨을 만들어 獄事를 일삼는 등 유명한 奸賊으로 평가하고 있음. 《宋史》(473) 姦臣傳에 傳이 있음. '詔 諭江南'은 金 熙宗(完顔亶)이 紹興 8년 6월 사신 烏凌思謀, 石慶克 등을 보내 江 南(南宋)에 割地와 稱臣, 貢納을 요구한 詔書. 王倫이 金에 使臣으로 갔다가 그 들 사신과 함께 이 조서를 가지고 왔음.

3/9 ━━━━━━━━━━━━━

"삼가 생각건대 왕륜王倫은 본래 사악한 자를 가까이 하는 하나의 소 인이며, 시정市井의 무뢰한 자로써, 근래 재상이 무식함으로 인해 마침 내 사신으로 천거되어 오랑캐에게 갔던 자입니다.

그는 오로지 속임수와 거짓말에 매달려 임금의 귀를 속이고 갑자기 훌륭한 관직을 얻어 천하 사람들이 이를 갈며 침을 뱉고 욕을 하는 자 입니다.

지금 이유도 없이 적의 사신을 유치誘致하여 '조유강남'詔諭江南을 명 분으로 삼고 있으니 이는 우리를 적의 신첩臣妾으로 삼겠다는 것이며, 우리를 유예劉豫로 삼고자 하는 짓입니다.

유예는 추악한 북쪽 오랑캐에 신하가 되어 섬기면서 남면南面하여 왕 을 칭하여, 스스로 자손이 제왕이 되어 만세萬世토록 망하지 않을 대업 을 이루었다고 여겼지만 하루아침에 시랑豺狼과 같은 금나라가 생각을 바꾸어 잡아 흔들면서 속박하여 부자父子가 그들의 죄수가 되고 말았습 니다.

상商나라가 거울됨이 먼 것이 아니거늘 왕륜이 다시 폐하로 하여금 그런 흉내를 내도록 하려 하고 있습니다.

「謹按王倫, 本一狋邪小人, 市井無賴, 頃緣宰相無識, 遂擧以使
敵
惟務詐誕, 欺罔天聽, 驟得美官, 天下之人, 切齒唾罵.
今者, 無故誘致虜使, 以「詔諭江南」爲名, 是欲臣妾我也, 是欲
劉豫我也.
劉豫臣事醜虜, 南面稱王, 自以爲子孫帝王萬世不拔之業, 一旦
豺狼, 改慮, 捽而縛之, 父子爲虜.
商鑒不遠, 而倫又欲陛下效之.

【謹按王倫, 本一狋邪小人, 市井無賴】'王倫'은 자는 正道. 開封 사람으로 北宋 眞
宗 때 재상을 지낸 王旦의 아우 王勗의 4대손. 사람 사귀는 일에 뛰어났으며 40
세가 되도록 제대로 된 직업 없이 살다가 靖康 때 金軍이 汴京(開封)에 들이 닥
치자 백성들의 소요를 막는 일에 나서 欽宗에게 그 자리에서 吏部侍郎의 벼슬
을 받아 진압함. 남으로 내려와 벼슬길에 올라 금을 왕래하며 담판에 나서 割地
의 조건으로 和議를 성사시키는 등 활동함. 胡銓에 의해 奸賊으로 폄하되었으
나 당시 宋의 媾和에 큰 공을 세웠으며, 특히 金나라로부터 높은 직위로 유혹을
받았으나 이를 거부하다가 金나라에서 피살되고 말아 실제로는 忠臣으로 평가

〈女眞貴族圖〉

하고 있음. 《宋史》(371)와 《金史》(79)에 傳이 있음. 《宋史》에 "王倫, 字正道, 莘縣人,
文正公旦弟勛玄孫也. 家貧無行, 爲任俠, 往來京·洛間, 數犯法, 幸免. 汴京失守, 欽
宗御宣德門, 都人喧呼不已, 倫乘勢徑造御前曰:「臣能彈壓之.」欽宗解所佩夏國寶
劍以賜, 倫曰:「臣未有官, 豈能彈壓?」道自薦其才. 欽宗取片紙書曰:「王倫可除兵部
侍郞.」倫下樓, 挾惡少數人, 傳旨撫定, 都人乃息. 宰相何㮚以倫小人無功, 除命太
峻, 奏補修職郞, 斥不用"이라 함. '狎邪'는 남과 잘 親狎하되 邪惡함. 《舊唐書》溫
庭筠傳에 "極言庭筠, 狹邪醜迹"이라 함. '市井無賴'은 市井雜輩의 無賴漢. 《軌範》
注에 "此八字的當, 王倫出身本末, 見王倫賣國之由"라 함.

【頃緣宰相無識, 遂擧以使虜】'頃'은 근래. 《澹菴集》에는 이 글자가 없음. '緣'은 因
과 같음. '宰相無識'은 '宰相 秦檜가 그에 대해 아무것도 모른 채'의 뜻. '使虜'는
敵國에 사신으로 감. '虜'는 女眞(金)을 폄하하여 칭한 것. 《澹菴集》에는 '敵'으로
되어 있음.

【惟務詐誕, 欺罔天聽, 驟得美官, 天下之人, 切齒唾罵】'惟務詐誕'은 오직 사기와 허
탄한 일에 힘씀. 《澹菴集》과 《宋史》에는 '惟'자가 '專'자로 되어 있음. '天聽'은 天
子의 들음. 천자에게 보고하여 들려줌. '驟得美官'은 급하게 좋은 관직을 얻음.
王倫이 靖康之恥 때 欽宗에게 거짓말을 하여 吏部侍郞 벼슬을 얻은 것을 말함.
'切齒唾罵'는 이를 갈며 침을 뱉고 매도함.

【今者, 無故誘致虜使, 以「詔諭江南」爲名】'誘致虜使'는 금나라 사신을 유혹하여
이르게 함. 《澹菴集》에는 '虜'가 '敵'으로 되어 있음.

【是欲臣妾我也, 是欲劉豫我也】'欲臣妾我'는 우리를 金의 臣妾이 되게 하려함. 《軌
範》注에 "好句法"이라 함. '劉豫'(1073–1146)는 자는 彦游. 景州 阜城(지금의 河北)
출신. 哲宗 때 進士에 급제하여 徽宗 때 殿中侍御史에 올라 河北西路提刑을 역
임함. 金軍이 남하하자 벼슬을 버리고 숨었다가 南宋 高宗이 즉위하자 濟南府知
府에 기용됨. 金軍이 다시 濟南까지 이르자 부장을 죽이고 금에 투항하여 1129
년 금에 의해 東平知府에 올랐다가 이듬해 금은 다시 그에게 大齊皇帝에 책봉
하여 黃河 이남을 통치하도록 傀儡政權을 세워줌. 처음 大名府를 수도로 하였다
가 1132년 開封으로 옮겨 연호를 阜昌으로 하여 1130–1138년까지 8년간 지속하
였음. 이를 역사적으로는 僞齊, 劉齊라 부름. 그러나 교만과 사치를 부리며 北宋
제왕들의 皇陵을 파헤치는 등 포악한 짓을 하다가 抗金 民衆을 제대로 진압하
지 못했다는 이유로 금나라 조정에서는 1137년 그를 蜀王으로 강등하고 齊나라

를 폐지, 다시 그 가족을 臨潢府로 옮겼다가 1142년 曹國公으로 강등시켰으며 1146년 세상을 떠남.《宋史》(475) 叛臣傳과《金史》(77)에 傳이 있음.《宋史》에 "劉豫, 字彦遊, 景州阜城人也. 世業農, 至豫始擧進士, 元符中登第. 豫少時無行, 嘗盜同舍生白盂·紗衣"라 함.

〈女眞〉像(職貢圖)

【劉豫臣事醜虜, 南面稱王, 自以爲子孫帝王萬世不拔之業, 一旦犳狼, 改慮, 捽而縛之, 父子爲虜】 '醜虜'는 추악한 女眞族. 金을 낮추어 표현한 것.《澹菴集》에는 '北狄'으로 되어 있음. '不拔之業'은 뽑히지 않은 帝業.《三國志》注에 曹冏上書를 인용하여 "始皇自以爲關中之固, 金城千里, 子孫帝王萬世之業也"라 함. '犳狼'은 승냥이와 이리.《左傳》閔公 元年에 "管敬仲曰:「戎狄犳狼, 不可厭也.」"라 함. 여기서는 女眞族을 가리킴. '改慮'는 생각을 바꿈. '捽而縛之'는 머리채를 잡힌 채 묶임.《說文》에 "捽, 持頭髮也"라 함. '父子爲虜'는 부자가 포로가 됨. '虜'는《澹菴集》에는 囚로 되어 있음.

【商鑒不遠, 而倫又欲陛下效之】 '商鑒不遠'은 商(殷)의 紂가 망한 것을 거울로 삼을 일이 멀리 있지 않음.《詩》大雅 蕩篇에 "殷鑒不遠, 在夏后之世"라 함. '效之'는 王倫이 폐하로 하여금 劉豫가 했던 일을 본받도록 하고자 함. '效'는 '본받다, 흉내 내다'의 뜻.

4/9

무릇 천하는 조종祖宗의 천하요, 폐하가 자리하고 있는 지위는 조종의 지위입니다.

어찌 조종의 천하를 견융犬戎의 천하로 삼고, 조종의 지위를 견융의 번신藩臣의 지위로 삼을 수 있겠습니까!

폐하께서 한 번 무릎을 굽히면 조종의 종묘와 사직의 영령들은 모두가 이적夷狄에게 더럽혀질 것이요, 조종의 수백 년 이어온 후손들은 모두가 좌임左衽하는 풍습이 될 것이요, 조정의 재상과 대신들은 모두가 그들의 배신陪臣이 될 것이며, 천하의 사대부士大夫들은 모두가 관면冠冕을 찢어버리고 호복胡服으로 갈아입어야 될 것입니다.

다른 날 시랑豺狼과 같은 그들의 만족할 줄 모르는 요구가, 어찌 우리에게 무례한 짓을 하기를 유예에게 하듯이 하지 않을 것이라 여길 수 있습니까?

夫天下者, 祖宗之天下也; 陛下所居之位, 祖宗之位也.

奈何以祖宗之天下, 爲犬戎之天下, 以祖宗之位, 爲犬戎藩臣之位!

陛下一屈膝, 則祖宗廟社之靈, 盡汙夷狄; 祖宗數百年之赤子, 盡爲左衽; 朝廷宰執, 盡爲陪臣, 天下士大夫皆當裂冠毀冕, 變爲胡服.

異時豺狼無厭之求, 安知不加我以無禮, 如劉豫也哉?

【夫天下者, 祖宗之天下也; 陛下所居之位, 祖宗之位也】'祖宗'은 宋나라 정통 趙氏. '所居之位'는 지금 거하고 있는 황제의 자리.

【奈何以祖宗之天下, 爲犬戎之天下, 以祖宗之位, 爲犬戎藩臣之位!】'犬戎'은 女眞族을 가리킴. 두 곳 '犬戎'은 《澹菴集》에는 모두 '仇敵'으로 되어 있음.

【陛下一屈膝, 則祖宗廟社之靈, 盡汙夷狄; 祖宗數百年之赤子, 盡爲左衽】'屈膝'은 무릎을 굽힘. 항복함. 稱臣함. '廟社'는 宗廟와 社稷. '汙'는 汚와 같음. '夷狄'은 《澹菴集》에는 '草莽'으로 되어 있음. '赤子'는 후손. '左衽'은 옷깃을 왼쪽으로 여미어 입음. 미개한 이민족의 복장이나 풍습을 뜻함. 아래 주를 참조할 것.

【朝廷宰執, 盡爲陪臣, 天下士大夫皆當裂冠毁冕, 變爲胡服】'宰執'은 재상과 대신들. '陪臣'은 곁에서 모시는 신하. 《論語》季氏篇에 "陪臣執國命, 三世希不失矣"라하였고, 마융은 "陪, 重也, 謂家臣"이라 함. 여기서는 宋이 아니라 金(女眞族)을 모시는 신하가 됨. 《宋史》韓世忠傳에 "世忠上疏言:「金人欲以劉豫相待, 擧國士大夫, 盡爲陪臣。」"이라 함. '裂冠毁冕'은 문명된 나라의 복장인 冠冕을 찢고 훼손함. 《左傳》昭公 9년에 "我在伯父, 猶衣服之有冠冕, 木水之有本原, 民人之有謀主也. 伯父若裂冠毁冕, 拔本塞原, 專棄謀主, 雖戎狄, 其何有余一人?"이라 함. '胡服'은 異民族(金)의 복장. 《澹菴集》에는 '異服'으로 되어 있음.

【異時豺狼無厭之求, 安知不加我以無禮, 如劉豫也哉?】'異時'는 다른 때. 훗날, 뒷날. '豺狼'은 《澹菴集》에는 '敵人'으로 되어 있음. '無厭之求'는 끝없는 요구. 만족할 줄 모르는 무리한 요구. 《左傳》昭公 14年에 "楚令尹子旗 與養氏, 比而求無厭"이라 함. '如劉豫'는 劉豫에게 하듯이 우리에게 요구함.

5/9 ━━━━━━━━━━━━━━━━━

무릇 삼척동자는 지극히 무지無知하지만 개나 돼지를 가리키며 절을 하라고 하면 불연怫然히 화를 낼 것입니다.

지금 추악한 오랑캐들은 개나 돼지와 같은 이들인데 당당한 천조天朝로서 우리를 이끌고 가서 개나 돼지와 같은 그들에게 절을 하려 하시니, 일찍이 어린아이도 수치스럽게 여겼던 일을 폐하께서 차마 하려 하십니까?

왕륜의 논리는 '우리가 한 번 무릎을 굽히면 자궁梓宮을 찾아올 수 있고, 태후太后가 다시 돌아올 수 있으며, 연성淵聖이 돌아올 수 있고, 중원中原을 다시 찾을 수 있다'라고 주장하고 있습니다.

아! 변고自故, 靖康之恥 이래로 화의和議를 주장하는 자들로써 누군들 이런 논리로 폐하를 속이지 않은 이들이 있습니까?

그러나 끝내 한 가지도 효험이 없었으니, 이는 오랑캐의 실정과 거짓을 이미 가히 알 수 있습니다.

그런데도 폐하께서는 오히려 깨닫지 못하고 백성들의 고혈膏血을 고갈시키고도 불쌍히 여기지 않으시며, 나라의 큰 원수를 잊고 보복할 생각을 하지 않고, 더러움을 머금고 치욕을 참은 채 천하를 다 들어 그들의 신하가 됨을 달게 여기고 계십니다.

곧 오랑캐들에게 나아가 화의를 결정해야 함이 모두가 왕륜의 주장과 같다고 해도, 천하 후세 사람들이 폐하를 어떤 군주라고 말하겠습니까?

하물며 추악한 오랑캐들은 변덕과 속임수가 백 가지로 내놓고 있으며, 왕륜 또한 간사한 마음으로 이 일을 해결하고 있어, 자궁은 결코 돌아올 수 없으며, 태후도 결코 돌아올 수 없으며, 연성도 결코 다시 찾아올 수 없으며, 중원도 결코 다시 차지할 수 없는데, 이 무릎을 한 번 굽히고 나면 다시 펼 수 없을 것이며, 국세國勢는 능멸되어 다시 떨칠 수 없을 것이니, 가히 통곡하며 눈물이 흐르고 길게 탄식할 일입니다!

夫三尺童子至無知也, 指犬豕而使之拜, 則怫然怒.

今醜虜則犬豕也, 堂堂天朝, 相率而拜犬豕, 曾童孺之所羞, 而陛下忍爲之耶?

倫之議乃曰:『我一屈膝, 則梓宮可還, 太后可復, 淵聖可歸, 中原可得.』

嗚呼! 自變故以來, 主和議者, 誰不以此啗陛下哉!

而卒無一驗, 是虜之情僞, 已可知矣.

而陛下尙不覺悟, 竭民膏血而不恤, 忘國大讐而不報, 含垢忍恥, 擧天下而臣之, 甘心焉.

就令虜決可和, 盡如倫議, 天下後世, 謂陛下何如主?

況醜虜變詐百出, 而倫又以姦邪濟之, 梓宮決不可還, 太后決不可復, 淵聖決不可歸, 中原決不可得, 而此膝一屈, 不可復伸; 國勢陵夷, 不可復振, 可爲痛哭流涕長太息也!

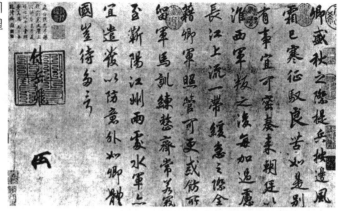
〈송고종이 악비
에게 내린 친필
칙서〉

【夫三尺童子至無知也, 指犬豕而使之拜, 則怫然怒】'無知'는 《宋史》에는 '無識'으로
되어 있음. '犬豕'는 개나 돼지. 《澹菴集》에는 '所仇'로 되어 있음. '怫然'은 심하게
화를 내는 모습.

【今醜虜則犬豕也】《澹菴集》에는 '醜虜'가 '敵國'으로 '犬豕'는 '仇讐'로 되어 있음.

【堂堂天朝, 相率而拜犬豕, 曾童孺之所羞, 而陛下忍爲之耶?】'天朝'는 천자의 나라.
宋나라를 가리킴. 《宋史》에는 '大國'으로 되어 있음. 《澹菴集》에는 '犬豕'는 '仇讐'
로, '童孺'는 '童穉'로 되어 있음. '童孺'는 童幼와 같으며, 童穉는 童稚와 같음.

【倫之議乃曰:『我一屈膝, 則梓宮可還, 太后可復, 淵聖可歸, 中原可得』】'梓宮'은 원
래 帝王의 靈柩를 이르는 말. 《禮記》 檀弓(上)에 "天子之棺四重: 水兕革棺被之, 其
厚三寸, 杝棺一, 梓棺二, 四者皆周. 棺束縮二衡三, 衽每束一. 柏木享以端長六尺"
라 함. '梓'는 《禮記正義》注에 "梓, 音子"라 하여 '자'로 읽음. 여기서는 徽宗이 金
나라 포로가 되어 五國城에서 죽자, 金에서 그 시신을 돌려주지 않았음. '太后'
는 徽宗(趙佶)의 后이며 高宗(趙構)의 어머니 韋太后. 그 역시 欽宗(趙桓)과 함께
포로가 되어 잡혀가 있었음. '淵聖'은 欽宗을 가리킴. 《軌範》補注에 "謂欽宗"이
라 함. 《宋史》欽宗本紀에 "五月庚寅朔, 康王卽位於南京, 遙上尊號曰孝慈淵聖皇
帝. 紹興三十一年五月辛卯, 帝崩問至. 七月己丑, 上尊諡曰恭文順德仁孝皇帝, 廟號
欽宗. 三十二年閏二月戊寅, 祔於太廟"라 함.

【嗚呼! 自變故以來, 主和議者, 誰不以此啗陛下哉!】'變故'는 靖康之禍를 가리킴.
'主和議者'는 主和派. 女眞의 요구를 들어주어 화의를 해서 평화를 유지해야 한
다는 주장. '啗'(담)은 먹이를 주어 속임. 《漢書》高祖紀 "說秦將啗以利"의 顏師古

注에 "啗者, 本謂以食啗以. 金言以啗誘之, 取食爲譬"라 함.

【而卒無一驗, 是虜之情僞, 已可知矣】'而'는 《宋史》에는 '然而'로 되어 있음. '無一驗'은 하나도 證驗(實現)된 것이 없음. '是虜之情僞'는 《宋史》에는 '則虜之情僞'로, 《澹菴集》에는 '是敵之情僞'로 되어 있음.

【而陛下尙不覺悟, 竭民膏血而不恤, 忘國大讐而不報, 含垢忍恥, 擧天下而臣之, 甘心焉】'陛下尙不覺悟'는 《宋史》에는 '而陛下尙不覺悟'로 '而'자가 더 있음. '含垢忍恥'는 더러움을 머금은 채 치욕도 참아냄. 《左傳》 宣公 15년에 "傳國君, 含垢"라 함. '甘心'은 마음속으로 달게 여김.

【就令虜決可和, 盡如倫議, 天下後世, 謂陛下何如主?】'就令'의 '就'는 强調法. '令'은 가령, 설사. '虜'는 《澹菴集》에는 彼로 되어 있음.

【況醜虜變詐百出, 而倫又以姦邪濟之】'醜虜'는 《澹菴集》에는 北人으로 되어 있음. '濟之'는 이를 해결함.

【梓宮決不可還, 太后決不可復, 淵聖決不可歸, 中原決不可得】앞에 主和派들이 주장한 희망들은 절대로 이루어질 수 없음을 강조한 것.

【而此膝一屈, 不可復伸; 國勢陵夷, 不可復振, 可爲痛哭流涕長太息也!】'復伸'은 굽혔던 무릎을 다시 폄. '陵夷'는 무너져 없어짐. 《漢書》 成帝紀 "帝王之道, 日以陵夷"의 顏師古 注에 "陵, 丘陵也. 夷, 平也. 言其頹替若丘陵之漸平也"라 함.

6/9 ─────────────

지난 날, 폐하께서 바닷길로 피해 오시면서 위험이 누란累卵과 같았을 때, 당시엔 오히려 북면하여 오랑캐에게 신하가 되지 않겠노라 하셨는데, 하물며 지금은 국세도 조금씩 신장되어 가고 있고, 여러 장수들도 예기銳氣가 풍성하며, 사졸들도 분투할 생각을 가지고 있는데도 말입니다!

단지 이를테면 지난 번 추악한 오랑캐가 날뛰고, 위조僞朝 유예가 노략질하며 쳐들어왔을 때만 해도, 진실로 일찍이 이들을 양양襄陽에서 깨뜨렸고, 회상淮上에서 패퇴시켰으며, 와구渦口에서 패배시켰고, 회음淮陰에서 깨뜨려, 지난날 바다로 뛰어들던 위태로움과 비교한다면 이미 만만萬萬번 차이가 납니다.

만약 부득이 하여 마침내 무력을 써야 할 지경에 이른다 해도, 우리가 어찌 그리 급하게 오랑캐들보다 처진 군사를 출정시키겠습니까?

지금 이유도 없이 도리어 그들의 신하가 되어 만승의 존귀함을 굽혀 궁려穹廬 아래에서 절을 하고자 하시니 삼군의 군사들은 싸워보지도 않고 사기가 역시 삭막해지고 말았습니다.

이는 노중련魯仲連이 의義 때문에 진秦나라를 제帝로 여길 수 없었던 것이니, 진나라에게 제라는 허명虛名을 주는 것이 아까운 것이 아니라, 천하의 대세가 불가한 바가 있음을 아까워한 것입니다.

지금 안으로는 백관百官과 밖으로는 군민軍民이 만 입이 하나처럼 말하기를 모두가 왕륜의 살을 먹겠다고 비방하는 의론의 흉흉洶洶한데도 폐하께서는 듣지 못하시니, 정말 하루아침에 변고가 일어나면 재앙이 장차 헤아릴 수 없을까 두렵습니다.

저는 속으로 생각건대 왕륜을 참수하지 않으면, 나라의 존망은 알 수 없다고 여깁니다.

向者, 陛下間關海道, 危如累卵, 當時尚不肯北面臣虜, 況今國勢稍張, 諸將盛銳, 士卒思奮!

只如頃者, 醜虜陸梁, 偽豫入寇, 固嘗敗之於襄陽, 敗之於淮上, 敗之於渦口, 敗之於淮陰, 較之前日蹈海之危, 已萬萬矣.

儻不得已而遂至於用兵, 則我豈遽出虜人下哉?

今無故而反臣之, 欲屈萬乘之尊, 下穹廬之拜, 三軍之士不戰而氣亦索.

此魯仲連所以義不帝秦, 非惜夫帝秦之虛名, 惜夫天下大勢有所不可也.

今內而百官, 外而軍民, 萬口一談, 皆欲食倫之肉, 謗議洶洶, 陛下不聞, 正恐一旦變作, 禍且不測.

臣切謂不斬王倫, 國之存亡, 未可知也.

【向者, 陛下間關海道, 危如纍卵, 當時尙不肯北面臣虜】'向者'는 지난 날. '間關'은 이러저리 뒤틀리며 고생함을 뜻하는 雙聲連綿語.《漢書》王莽傳 "間關至漸臺"의 注에 "間關, 猶言崎嶇展轉也"라 하였고,《漢書》鄧騭傳 "使者間關詣闕"의 注에도 "間關, 猶崎嶇也"라 함. '海道'는 高宗이 金兵에게 쫓기어 바닷길로 피하며 고생하던 시절을 뜻함.《宋史》高宗紀에 "壬戌, 金人犯建康府, 陷溧水, 縣尉潘振死之. 壬午, 定議航海避兵, 己丑, 帝乘樓船次定海縣, 四年春正月甲辰朔, 御舟碇海中. 乙巳, 金人犯明州, 己未, 金人陷明州, 夜大雨震電, 乘勝破定海, 以舟師來襲御舟, 張公裕以大舶擊退之"라 하여 建炎 初 金兵의 남침으로 高宗이 큰 고통을 겪었음. '纍卵'은 累卵과 같음. 달걀을 쌓아놓은 것과 같은 위험.《宋史》와《澹菴集》에는 累卵으로 되어 있음.《說苑》正諫篇에 "枚乘爲書諫梁孝王, 辭曰:「必若所欲爲, 危如重卵, 難於上天"이라 하였고,《漢書》鄒陽傳 "危於纍卵"의 顏師古 注에 "纍卵者, 言其勢將隤而破碎也"라 함. '臣虜'는 오랑캐의 신하가 됨.《澹菴集》에는 '臣敵'으로 되어 있음.

【況今國勢稍張, 諸將盛銳, 士卒思奮!】'稍張'은 조금씩 伸張되어 가고 있음. '盛銳'는 사기가 충만하여 날카로움.《澹菴集》에는 '盡銳'로 되어 있음.

【只如頃者, 醜虜陸梁, 僞豫入寇】'如頃'은 '근래의 일을 예로 들면'의 뜻. '醜虜'는《澹菴集》에는 北狄으로 되어 있음. '陸梁'은 東西로 날뜀을 뜻하는 雙聲連綿語.《文選》〈西京賦〉 "怪獸陸梁"의 薛注에 "陸梁, 東西倡佯也"라 함. '僞豫入寇'는 僞齊의 劉豫가 남쪽을 노략질을 하며 쳐들어온 일.《宋史》(475) 劉豫傳에 "紹興元年十月, 豫入寇, 遣其將王世沖以蕃‧漢兵攻廬州, 守臣王亨誘斬世沖, 大敗其衆. 紹興四年, 九月, 豫下僞詔, 有「混一六合」之言, 遣子麟入寇, 及誘金人宗輔‧撻辣‧兀尤分道南侵, 步兵自楚‧承進, 騎兵由泗趨滁"라 하는 등 여러 차례 江南을 노략질함.

【固嘗敗之於襄陽, 敗之於淮上, 敗之於渦口, 敗之於淮陰】'襄陽'는 지금의 湖北 襄樊市.《宋史》劉豫傳에 "紹興四年五月, 舒蘄等州制置使岳飛復襄陽"이라 하였고, 〈岳飛傳〉에도 "四年, 除兼荊南‧鄂嶽州制置使. 飛奏:「襄陽等六郡爲恢復中原基本, 今當先取六郡, 以除心膂之病. 李成遠遁, 然后加兵湖湘, 以殄群盜.」帝以諭趙鼎, 鼎曰:「知上流利害, 無如飛者.」遂授黃復州‧漢陽軍‧德安府制置使. 飛渡江中流, 顧幕屬曰:「飛不擒賊, 不涉此江.」抵郢州城下, 僞將京超號「萬人敵」, 乘城拒飛. 飛鼓衆而登, 超投崖死, 復郢州, 遣張憲‧徐慶復隨州. 飛趣襄陽, 李成迎戰, 左臨襄江, 飛笑曰:「步兵利險阻, 騎兵利平曠. 成左列騎江岸, 右列步平地, 雖衆十萬何能

爲.」擧鞭指王貴曰:「爾以長槍步卒擊其騎兵.」指牛皐曰:「爾以騎兵擊其步卒.」合戰,
馬應槍而斃, 后騎皆擁入江, 步卒死者無數, 成夜遁, 復襄陽」이라 함. '淮上'은 淮陽.
《宋史》劉豫傳에 "紹興六年正月, 六年正月, 豫聚兵淮陽, 韓世忠引兵急圍之. 賊守
將連擧六烽, 兀術與劉猊合兵來援, 皆爲世忠所敗"라 함. '渦口'는 구체적인 지명이
아니며, 물이 돌아 흐르는 입구. 淮陽戰鬪를 한 번 더 인용한 것.《軌範》補注에
"《說文》:渦水, 受淮陽扶溝浪蕩渠, 東入淮"라 함. '淮陰'은 지명. 淮水의 북쪽. 역시
淮陽戰鬪를 가리킴.

【較之前日蹈海之危, 已萬萬矣】'較之前日'은《宋史》에는 '校之往時'로 되어 있음.
'蹈海之危'는 바다를 밟고 피해 다니던 위험. 앞의 注를 참조할 것. '已萬萬矣'는
만 배 차이가 남.《宋史》에는 '固已萬萬'으로 되어 있음.

【儻不得已而遂至於用兵, 則我豈遽出虜人下哉?】'儻'은 假定文을 구성함. '만약에'의
뜻.《澹菴集》에는 倘으로 되어 있음. '遂至於用兵'은《宋史》에는 '遂'자가 없음. '遽
出'은 급히 내놓음. '金兵보다 처진 병력을 급히 출정시키겠는가?'의 뜻.

【今無故而反臣之, 欲屈萬乘之尊, 下穹廬之拜, 三軍之士不戰而氣亦索】'穹廬'는 북
쪽 유목민들이 치는 둥근 천막. 게르나 파오같은 그들의 廬幕 구조를 뜻함.《漢
書》匈奴傳 "匈奴父子, 同穹廬臥"의 顔師古 注에 "穹廬, 旃帳也. 其形穹窿, 故曰穹
廬"라 함. '氣亦索'은 병사들의 사기도 역시 索莫하게 저하되고 말 것임.

【此魯仲連所以義不帝秦, 非惜夫帝秦之虛名, 惜夫天下大勢有所不可也】魯仲連은
戰國時代 齊나라의 策士. 遊說家.《戰國策》趙策(3)에 "秦圍趙之邯鄲. 魏安釐王
使將軍晉鄙救趙. 畏秦, 止於蕩陰, 不進. 魏王使客將軍新(辛)垣衍間入邯鄲, 因平原
君謂趙王曰:「秦所以急圍趙者, 前與齊湣王爭强爲帝, 已而復歸帝, 以齊故. 今齊湣
王已益弱. 方今唯秦雄天下, 此非必貪邯鄲, 其意欲求爲帝. 趙誠發使尊秦昭王爲帝,
秦必喜, 罷兵去.」平原君猶豫未有所決. 此時魯仲連適游趙, 會秦圍趙. 聞魏將欲令
趙尊秦爲帝, 乃見平原君曰:「事將奈何矣?」平原君曰:「勝也何敢言事? 百萬之衆折
於外, 今又內圍邯鄲而不能去. 魏王使將軍辛垣衍令趙帝秦. 今其人在是, 勝也何敢
言事?」魯連曰:「始吾以君爲天下之賢公子也, 吾乃今然后知君非天下之賢公子也.
梁客辛垣衍安在? 吾請爲君責而歸之.」平原君曰:「勝請召而見之於先生.」平原君
遂見辛垣衍:「東國有魯連先生, 其人在此, 勝請爲紹介而見之於將軍.」辛垣衍曰:
「吾聞魯連先生, 齊國之高士也;衍, 人臣也, 使事有職. 吾不願見魯連先生也.」平原
君曰:「勝已泄之矣.」辛垣衍許諾. 魯連見辛垣衍而無言. 辛垣衍曰:「吾視居北(此)圍

城之中者, 皆有求於平原君者也. 今吾視先生之玉貌, 非有求於平原君者, 曷爲久居此圍城之中而不去也?」魯連曰:「世以鮑焦無從容而死者, 皆非也. 今衆人不知, 則爲一身. 彼秦者, 弃禮義而上首功之國也. 權使其士, 虜使其民. 彼則肆然而爲帝, 過而遂正於天下, 則連有赴東海而死矣. 吾不忍爲之民也! 所爲見將軍者, 欲以助趙也.」辛垣衍曰:「先生助之奈何?」魯連曰:「吾將使梁及燕助之. 齊·楚則固助之矣.」辛垣衍曰:「燕則吾請以從矣. 若乃梁, 則吾乃梁人也, 先生惡能使梁助之耶?」魯連曰:「梁未睹秦稱帝之害故也, 使梁睹秦稱帝之害, 則必助趙矣.」辛垣衍曰:「秦稱帝之害將奈何?」魯仲連曰:「昔齊威王嘗爲仁義矣, 率天下諸侯而朝周. 周貧且微, 諸侯莫朝, 而齊獨朝之. 居歲餘, 周烈王崩, 諸侯皆弔, 齊後往. 周怒, 赴於齊曰:『天崩地坼, 天子下席. 東藩之臣田嬰齊後至, 則斮之.』威王勃然怒曰:『叱嗟, 而母婢也.』卒爲天下笑. 故生則朝周, 死則叱之, 誠不忍其求也. 彼天子固然, 其無足怪.」辛垣衍曰:「先生獨未見夫僕乎? 十人而從一人者, 寧力不勝, 智不若耶? 畏之也.」魯仲連曰:「然梁之比於秦若僕耶?」辛垣衍曰:「然.」魯仲連曰:「然吾將使秦王烹醢梁王.」辛垣衍怏然不悅曰:「嘻, 亦太甚矣, 先生之言也! 先生又惡能使秦王烹醢梁王?」魯仲連曰:「固也, 待吾言之. 昔者, 鬼侯·之鄂侯·文王, 紂之三公也. 鬼侯有子而好, 故入之於紂, 紂以爲惡, 醢鬼侯. 鄂侯爭之急, 辨之疾, 故脯鄂侯. 文王聞之, 喟然而歎, 故拘之於牖里之車(庫), 百日而欲舍(令)之死. 曷爲與人俱稱帝王, 卒就脯醢之地也? 齊閔王將之魯, 夷維子執策而從, 謂魯人曰:『子將何以待吾君?』魯人曰:『吾將以十太牢待子之君』, (夷)維子曰:『子安取禮而來待吾君? 彼吾君者, 天子也. 天子巡狩, 諸侯辟舍, 納於筦鍵, 攝衽抱几, 視膳於堂下, 天子已食, 退而聽朝也.』魯人投其籥, 不果納. 不得入於魯, 將之薛, 假塗於鄒. 當是時, 鄒君死, 閔王欲入弔. 夷維子謂鄒之孤曰:『天子弔, 主人必將倍殯柩, 設北面於南方, 然後天子南面弔也.』鄒之羣臣曰:『必若此, 吾將伏劍而死.』故不敢入於鄒. 鄒·魯之臣, 生則不得事養, 死則不得飯含. 然且欲行天子之禮於鄒·魯之臣, 不果納. 今秦萬乘之國, 梁亦萬乘之國. 俱據萬乘之國, 交有稱王之名, 賭(睹)其一戰而勝, 欲從而帝之, 是使三晉之大臣不如鄒·魯之僕妾也. 且秦無已而帝, 則且變易諸侯之大臣. 彼將奪其所謂不肖, 而予其所謂賢; 奪其所憎, 而與其所愛. 彼又將使其子女讒妾爲諸侯妃姬, 處梁之宮, 梁王安得晏然而已乎? 而將軍又何以得故寵乎?」於是, 辛垣衍起, 再拜謝曰:「始以先生爲庸人, 吾乃今日而知先生爲天下之士也. 吾請去, 不敢復言帝秦.」秦將聞之, 爲卻軍五十里. 適會魏公子無忌奪晉鄙軍以救趙擊秦, 秦軍引而去. 於是平原君欲封魯仲連. 魯仲

連辭讓者三, 終不肯受. 平原君乃置酒, 酒酣, 起前以千金爲魯連壽. 魯連笑曰:「所
貴於天下之士者, 爲人排患·釋難·解紛亂而無所取也. 卽有所取者, 是商賈之人也,
仲連不忍爲也.」遂辭平原君而去, 終身不復見」이라 하였고,《史記》(83) 魯仲連傳에
도 "魯仲連者, 齊人也. 好奇偉俶儻之畫策, 而不肯仕宦任職, 好持高節. 游於趙. 趙
孝成王時, 而秦王使白起破趙長平之軍前後四十餘萬, 秦兵遂東圍邯鄲, 趙王恐, 諸
侯之救兵莫敢擊秦軍. 魏安釐王使將軍晉鄙救趙, 畏秦, 止於蕩陰不進. 魏王使客
將軍新垣衍閒入邯鄲, 因平原君謂趙王曰:「秦所爲急圍趙者, 前與齊湣王爭彊爲帝,
已而復歸帝; 今齊(湣王)已益弱, 方今唯秦雄天下, 此非必貪邯鄲, 其意欲復求爲帝.
趙誠發使尊秦昭王爲帝, 秦必喜, 罷兵去.」平原君猶預未有所決. 此時魯仲連適游
趙, 會秦圍趙, 聞魏將欲令趙尊秦爲帝, 乃見平原君曰:「事將奈何?」平原君曰:「勝
也何敢言事! 前亡四十萬之衆於外, 今又內圍邯鄲而不能去. 魏王使客將軍新垣衍令
趙帝秦, 今其人在是. 勝何敢言事!」魯仲連曰:「吾始以君爲天下之賢公子也, 吾乃
今然後知君非天下之賢公子也. 梁客新垣衍安在? 吾請爲君責而歸之.」平原君曰:
「勝請爲紹介而見之於先生.」平原君遂見新垣衍曰:「東國有魯仲連先生者, 今其人在
此, 勝請爲紹介, 交之於將軍.」新垣衍曰:「吾聞魯仲連先生, 齊國之高士也. 衍, 人
臣也, 使事有職, 吾不願見魯仲連先生.」平原君曰:「勝旣已泄之矣.」新垣衍許諾. 魯
連見新垣衍而無言. 新垣衍曰:「吾視居此圍城之中者, 皆有求於平原君者也; 今吾觀
先生之玉貌, 非有求於平原君者也, 曷爲久居此圍城之中而不去?」魯仲連曰:「世以
鮑焦爲無從頌而死者, 皆非也. 衆人不知, 則爲一身. 彼秦者, 弃禮義而上首功之國
也, 權使其士, 虜使其民. 彼卽肆然而爲帝, 過而爲政於天下, 則連有蹈東海而死耳,
吾不忍爲之民也. 所爲見將軍者, 欲以助趙也.」라 함.

【今內而百官, 外而軍民, 萬口一談, 皆欲食倫之肉】'萬口一談'은 모든 이들이 똑같은
말을 함. '食倫之肉'은 王倫의 살을 씹어먹겠다고 벼르며 원한을 가짐.

【謗議洶洶, 陛下不聞, 正恐一旦變作, 禍且不測】'洶洶'은 輿論이 藉藉함.《楚辭》
"逢紛飄風來之洶洶"의 注에 "洶洶, 讙聲也"라 함. '謗議'는 비방하는 輿論들.

【臣切謂不斬王倫, 國之存亡, 未可知也】'臣切'은《澹菴集》에는 臣竊로 되어 있음.

7/9 ———————————————

비록 그렇기는 하나 왕륜 정도는 말거리도 되지 않습니다. 진회秦檜는
복심腹心의 대신이면서도 역시 이런 짓을 하고 있습니다.

폐하께서는 요순堯舜과 같은 자질을 가졌건만 진회는 능히 폐하를 요순으로 만들어내지 못하고 도리어 폐하를 석경당石敬瑭의 후진後晉처럼 되도록 유도하고자 합니다.

근래, 예부시랑禮部侍郎 증개曾開등이 옛 고사를 인용하여 꺾자, 진회는 이에 거칠게 '시랑만 고사를 알고 나는 고사를 모른다는 것인가?'라고 소리쳤으니, 그렇다면 진회가 그릇된 짓을 해낼 한팍狠愎한 자임을 이미 자연스럽게 알 수 있는 것입니다.

그리하여 이에 건의하여 대간臺諫과 종신從臣들로 하여금 가부可否를 논의하게 하였으니, 이는 천하가 자신을 두고 논의할 것이 두려워 대간과 종신들로 하여금 비방을 분산시키고자 한 것일 뿐입니다.

식견이 있는 선비들은 모두가 '조정에 사람이 없다'고 여기고 있으니, 아, 애석합니다!

　雖然, 倫不足道也, 秦檜以腹心大臣而亦爲之.

　陛下有堯舜之資, 檜不能致陛下如唐虞, 而欲導陛下如石晉.

　近者, 禮部侍郎曾開等, 引古誼以折之, 檜乃厲聲曰:『侍郎知故事, 我獨不知?』, 則檜之遂非狠愎, 已自可見.

　而乃建白令臺諫·從臣僉議可否, 是乃(明)畏天下議己, 而令臺諫·從臣, 共分謗耳.

　有識之士, 皆以爲『朝廷無人』, 吁, 可惜哉!

【雖然, 倫不足道也, 秦檜以腹心大臣而亦爲之】 '倫不足道'는 王倫 정도는 거론거리도 되지 않음. 그보다 더 심한 秦檜가 있음을 말함. '腹心大臣'은 임금의 뱃속 심장과 같은 신하. 《詩》 周南 兎罝에 "肅肅兎罝, 施于中林. 赳赳武夫, 公侯腹心"이라 함.

【陛下有堯舜之資, 檜不能致陛下如唐虞, 而欲導陛下如石晉】 '堯舜'은 堯(陶唐氏)와 舜(有虞氏). 唐堯와 虞舜. 고대 五帝의 마지막 두 제왕으로 태평성대를 이루었던

聖君. 石晉은 石敬瑭의 後晉. 後晉은 唐末 五代十國의 五代 3번째 나라로 汴京
(開封)을 도읍으로 하여 936~946년까지 11년간 존속하였으며 契丹에 의해 망하
고 劉知遠의 後漢으로 이어짐. 石敬瑭(936~942년 재위)은 西夷 출신 臬捩鷄의
아들로 唐에 移住하여 後唐 莊宗(李存勗:923~926 재위)의 신임을 받아 세력을 키
웠다가 혼란한 틈을 이용하여 契丹의 힘을 빌려 後唐 廢帝(李從珂)를 멸하고 後
晉을 세웠으나 도리어 契丹에게 온갖 수모를 겪다가 그 조카 出帝 重貴(943~
946)에 이르러 거란에게 망함.《新五代史》(8) 晉本紀에 자세한 기록이 있음.

【近者, 禮部侍郎曾開等, 引古誼以折之, 檜乃厲聲曰:『侍郎知故事, 我獨不知?』, 則檜
之遂非狠愎, 已自可見】'曾開'는 자는 天游. 曾幾의 형으로 선조는 贛州 출신으로
하남으로 옮겨 살았음. 崇寧間에 진사에 올라 眞州司馬를 거쳐 國子司業, 起居
舍人, 中書舍人, 禮部侍郎 등을 역임함. 國書 草案에 秦檜와 충돌하여 여러 차례
지방관으로 편직되기도 하였음.《宋史》(382) 曾幾傳에 그의 傳이 들어 있음.《宋
史》眞開傳에 "時秦檜專主和議, 嘗招開慰以溫曰:「主上虛執政以待」. 開曰:「儒者
所爭在義, 苟爲非義, 高爵厚祿, 不願也. 願聞所以事敵之禮.」 檜曰:「若高麗之於本
朝耳.」 開曰:「主上以聖德登大位, 公當强兵富國, 尊主庇民, 奈何自卑辱至此? 非開
所敢聞也.」 又引古誼而折之. 檜大怒曰:「侍郎知故事, 檜獨不知耶?」'라 함. '遂非狠
愎'은 그릇된 짓을 할 慓狠하고 乖愎한 성격. '狠愎'은《宋史》에는 '愎諫'으로 되어
있음. '已自可見'은 이미 저절로 가히 알 수 있음. '可見'은 드러남. 알 수 있음.

【而乃建白令臺諫·從臣僉議可否, 是乃畏天下議己, 而令臺諫·從臣, 共分謗耳】'建
白'은 건의하여 말씀드림. '白'은 '사뢰다, 아뢰다'의 뜻. '從臣'은 조정의 신하.《宋
史》에는 이 구절 두 곳의 '從臣'이 모두 '侍臣'으로 되어 있음. '僉議'는 누구나 의
견을 말하여 상의함. '是乃'는《澹菴集》에는 '是明'으로 되어 있음. '議己'는 자신
秦檜가 혼자 결정했을 때 천하의 비난과 비평. '臺諫'은 唐宋 때의 官名. 臺官과
諫官을 합하여 부르는 말. 侍御史, 殿中侍御史, 監察御史를 臺官이라 하였고, 諫
議大夫, 拾遺, 補闕 등을 諫官이라 하였음. 이들의 임무는 官吏에 대한 糾覈, 政
事의 監察, 諫言 등이었음. '分謗'은 誹謗을 分散시킴.《左傳》宣公 12년에 "分謗生
民, 不亦可乎?"라 하였고, 成公 2년에도 "吾以分謗也"라 함.

【有識之士, 皆以爲『朝廷無人』, 吁, 可惜哉!】'戊寅'는 사람이 없음.《左傳》文公 13년
에 "繞朝曰:「子無謂秦無人, 吾謀適不用也.」"라 함. '吁'는 탄식할 때 내는 소리.

공자孔子가 말했지요.

'관중管仲이 아니었으면 나는 피발좌임被髮左衽하는 풍습을 하고 있을 것이다.'

무릇 관중은 패자霸者의 보좌일 뿐이었는데도, 오히려 능히 좌임左衽의 구역을 바꾸어 의관衣冠을 갖추는 사회를 만들었습니다.

그런데 진회는 대국의 재상이면서 도리어 의관을 갖춘 풍속을 몰아 좌임하는 지역으로 귀속시키고 있으니, 그렇다면 진회야말로 단지 폐하에게만 죄인이 아니라 실로 관중에게 죄인입니다.

손근孫近은 진회에게 빌붙어 논의하더니 드디어 참지정사參知政事를 얻어, 천하가 다스려지기를 마치 기갈에 빠져 있듯이 바라고 있는데도, 손근은 중서성中書省에서 그와 짝이 되어 밥만 축내면서 가부에 대해서는 어떤 일도 하지 않고 있습니다.

진회가 '적들과는 강화할 수 있다'라고 하면, 손근 역시 '강화할 수 있다'라 하고, 진회가 '천자는 마땅히 그들에게 절해야 한다'라고 하면 손근 역시 '마땅히 절해야 한다'라고 하고 있습니다.

제가 일찍이 정사당政事堂에 가서, 세 번이나 질문을 던졌건만 손근은 대답도 하지 않은 채 단지 '이미 대간과 시종에게 논의토록 했소'라고만 합디다.

아! 큰 정치에 참찬參贊하면서 한갓 자리만 충당함이 이와 같으니, 만약 적의 기마병이 승승장구하여 온다면 그래도 능히 적을 꺾고 모욕을 막아낼 수 있겠습니까?

저는 속으로 생각건대 진회, 손근도 역시 참수해야 할 것이라 여깁니다.

孔子曰:『微管仲, 吾其被髮左衽矣.』
夫管仲, 霸者之佐耳, 尙能變左衽之區, 爲衣冠之會.

秦檜, 大國之相也, 反驅衣冠之俗, 歸左袵之鄕, 則檜也不唯陛下之罪人, 實管仲之罪人矣.

孫近附會檜議, 遂得參知政事, 天下望治, 有如飢渴, 而近伴食中書, 漫不可否事.

檜曰『虜可講和』, 近亦曰『可和』; 檜曰『天子當拜』, 近亦曰『當拜』.

臣嘗至政事堂, 三發問而近不答, 但曰:『已令臺諫·侍從議矣.』

嗚呼! 參贊大政, 徒取充位如此, 有如虜騎長驅, 尚能折衝禦侮耶?

臣竊謂秦檜·孫近, 亦可斬也.

【孔子曰:『微管仲, 吾其被髮左袵矣.』】《論語》憲問篇에 "子貢曰:「管仲非仁者與? 桓公殺公子糾, 不能死, 又相之.」子曰:「管仲相桓公, 霸諸侯, 一匡天下, 民到于今受其賜. 微管仲, 吾其被髮左袵矣. 豈若匹夫匹婦之爲諒也, 自經於溝瀆而莫之知也?」"라 하여 공자가 管仲의 역할을 높이 평가한 것. '管仲'은 이름은 夷吾. 춘추시대 齊나라 인물. 仲은 그의 字. 齊桓公을 첫 霸者로 성취시킨 인물. 처음 齊나라에 난이 일어나 公子들이 뿔뿔이 흩어질 때 管仲은 公子 糾를 모시고 魯나라로 피신하였으며 鮑叔은 小白을 모시고 거나라로 피신함. 뒤에 난이 끝나고 먼저 귀국하는 자가 왕위에 오르게 되어 있었으며 이 때 管仲은 小白 일행이 오는 길목을 지키다가 활로 小白을 쏘았으나 小白이 허리띠 고리에 맞고 죽은 척 쓰러져 있다가 지름길로 들어가 먼저 왕위에 올랐으며 이가 환공임. 이에 공자 규와 관중 일행은 귀국하지 못하고 처벌을 기다렸으나 鮑叔의 추천으로 환공의 재상이되어 제나라를 부강하게 만들었으며 재상에 오름. 환공이 그를 높여 仲父라 칭하였음. 《史記》管晏列傳 및 《列子》 등을 참조할 것. '管鮑之交' 등의 많은 고사를 남겼으며 그의 사상과 언행을 기록한 《管子》가 전함. '微'은 '없었더라면, 아니었더라면'의 뜻. '被髮左袵'은 미개한 민족의 풍습을 낮추어 표현한 것. '袵'은 衽과 같음. 《論語》集註에 "微, 無也. 衽, 衣衿也. 被髮左衽, 夷狄之俗也"라 함.

【夫管仲, 霸者之佐耳, 尚能變左袵之區, 爲衣冠之會】'霸者'는 춘추시대 힘으로 천하를 이끌던 五霸를 가리킴. 霸道는 王道에 상대되는 개념이었음. '衣冠之會'는

中原의 文明한 풍습의 사회. 《宋史》에는 '衣裳之會'로 되어 있음.

【秦檜, 大國之相也, 反驅衣冠之俗, 歸左衽之鄕】'歸左衽之鄕'은 文明한 中國을 左衽의 女眞 풍속으로 귀속시키려 함. 《宋史》에는 '而爲左衽之鄕'으로 되어 있음.

【則檜也不唯陛下之罪人, 實管仲之罪人矣】현재 폐하에게 죄인일뿐더러 과거 管仲의 죄인이기도 함.

【孫近附會檜議, 遂得參知政事】'孫近'은 秦檜에게 빌붙어 벼슬하던 인물. 參知政事를 지냄. 구체적인 사적은 제대로 알려져 있지 않음. '附'는 《宋史》에는 '傅'로 되어 있음.

【天下望治, 有如飢渴, 而近伴食中書, 漫不可否事】'伴食'은 식사에 同伴할 정도의 임무. 아무것도 하는 일이 없는 관리를 뜻함. 《舊唐書》盧懷愼傳에 "懷愼與紫微令姚崇對掌樞密, 懷愼自以爲吏道不及崇, 每事皆推讓之, 時人謂之「伴食宰相.」"이라 함. '中書'는 中書省. '漫不可否事'는 可否의 일에 대해 전혀 의견을 내지 않음.

【檜曰『虜可講和』, 近亦曰『可和』; 檜曰『天子當拜』, 近亦曰『當拜』】'虜可講和'는 《澹菴集》에는 '敵可講和'로 되어 있음.

【臣嘗至政事堂, 三發問而近不答, 但曰:『已令臺諫·侍從議矣.』】'政事堂'은 그들이 政事를 보는 사무실.

【嗚呼! 參贊大政, 徒取充位如此, 有如虜騎長驅, 尙能折衝禦侮耶?】'參贊大政'은 큰 정치적 결정에 참여하고 의견을 냄. '充位'는 자리에 숫자로서만 충당됨. 역할을 제대로 해내지 못함. '虜騎長驅'는 적의 騎馬兵들이 乘勝長驅하며 쳐들어옴. 《澹菴集》에는 '敵騎長驅'로 되어 있음. '折衝禦侮'는 적을 꺾어 衝擊해 들어가고 그들이 끼치는 侮辱을 防禦해냄. 《淮南子》說山訓에 "國有賢君, 折衝萬里"라 하였고, 《詩》大雅 緜 "予曰有禦侮"의 傳에 "武臣折衝曰禦侮"라 함.

【臣竊謂秦檜·孫近, 亦可斬也】'謂'는 以爲와 같음.

9/9 ————————————

저는 추밀원樞密院에 속한 비원備員으로서, 의로 보아 진회 등과는 하늘을 함께 이고 살 수 없습니다.

구구區區한 마음에, 원하건대 세 사람의 머리를 베어 장대에 꽂아 고가藁街에 내건 다음, 적의 사신을 묶어 억류하여, 무례함을 문책하고 서서히 죄를 묻는 군사를 일으키시어, 삼군의 병사들이 싸우지 않고도 사기가 저절로 곱절이 되도록 해 주실 것을 바랍니다.

그렇게 하지 않으면 저는 동해東海에 뛰어들어 죽을지언정 어찌 작은 조정에 처하여 능히 살기를 구하겠습니까?"

臣備員樞屬, 義不與檜等共戴天.

區區之心, 願斬三人頭, 竿之藁街, 然後羈留虜使, 責以無禮, 徐興問罪之師, 則三軍之士, 不戰而氣自倍.

不然, 臣有赴東海而死耳, 寧能處小朝廷求活耶?」

【臣備員樞屬, 義不與檜等共戴天】'備員樞屬'은 樞密院에 소속된 직원. '共戴天'은 함께 하늘을 이고 있음. 함께 살아감. '俱戴天'과 같음. 《禮記》 曲禮(上)에 "父之讎, 弗與共戴天. 兄弟之讎不反兵. 交遊之讎不同國"이라 함.

【區區之心, 願斬三人頭, 竿之藁街, 然後羈留虜使, 責以無禮, 徐興問罪之師, 則三軍之士, 不戰而氣自倍】'區區之心'은 자질구레한 마음. '斬三人頭'는 《宋史》에는 '斷三人頭'로 되어 있음. '竿之'는 장대에 높이 꽂거나 걸어 널리 알림. '藁街'는 거리 이름. 槁街로도 표기함. 옛날 이민족 使臣들이 머물던 迎賓館(鴻臚館)이 있던 곳. 그곳에 세 사람 머리를 매달아 적의 사신들이 볼 수 있도록 함. 《漢書》 陳湯傳에 "於是延壽·湯上疏曰:「臣聞天下之大義, 當混爲一, 昔有康·虞, 今有強漢. 匈奴呼韓邪單于已稱北藩, 唯郅支單于叛逆, 未伏其辜, 大夏之西, 以爲強漢不能臣也. 郅支單于慘毒行於民, 大惡通於天. 臣延壽·臣湯將義兵, 行天誅, 賴陛下神靈, 陰陽幷應, 天氣精明, 陷陳克敵, 斬郅支首及名王以下. 宜縣頭 槁街 蠻夷邸間, 以示萬里, 明犯強漢者, 雖遠必誅.」라 하였으며, 顔師古 注에 "槁街(藁街), 街名. 蠻夷邸在此街也. 邸若今鴻臚客館也"라 함. 한편 《焦氏筆乘》에 "按《三輔黃圖》:藁街在長安城南門內, 舊有蠻夷邸. 故宋胡邦衡乞斬秦檜疏云:「願斷三人頭, 竿之藁街.」正以虜使在彼, 故欲斷檜首懸之, 以伐其狡謀, 而絶其耳"라 함. '羈留虜使'는 敵(女眞, 金)의 사신을 묶어 억류함. '虜使'는 《澹菴集》에는 敵使로 되어 있음. '責以無禮'는 그들의 무례함을 질책함. '問罪之師'는 그들의 죄를 묻기 위해 일으키는 군사.

【不然, 臣有赴東海而死耳, 寧能處小朝廷求活耶?】'赴東海而死'는 동해로 가서 물

에 빠져 죽음. 이는 앞의 魯仲連의 고사를 원용한 것. 끝의 '耳'와 '耶'는 《宋史》에
는 爾와 邪로 되어 있음. 한편 이 글이 올라가자 秦檜는 胡傳을 관직에서 제명하
고 昭州編官으로 보냈다가 다시 廣州鹽倉으로, 武威軍判官으로 보내는 등 심하
게 괴롭혔음.

1. 胡銓(1102–1180) 澹庵(澹菴), 忠簡公

자는 邦衡, 호는 澹庵(澹菴). 吉州 廬陵 薌城(지금의 江西 吉安市) 출신. 南宋의 애
국 명신이며 문학가. 廬陵 '五忠一節'의 하나이며 李綱, 趙鼎, 李光과 함께 '南宋四
大名臣'으로 불림. 建炎 2년(1128) 진사에 올라 撫州軍事判官이 되자 그곳 壯丁들
을 모아 官軍을 도와 金軍을 막아내기도 함. 그 뒤 樞密院編修官에 제수되었으며,
紹興 8년(1138), 秦檜가 主和論을 펴자 본 글에서처럼 이를 반대하여 宰相 秦檜와

參政 孫近, 使臣 王倫을 처단
할 것을 주장함. 그러자 진회
는 그를 제명하고 昭州編官,
吉州軍으로 폄적하여 보내버
림. 진회가 죽고 나사 다시 衡
州內史로 옮겼음. 그 뒤 孝宗
(趙眘:1162–1189년 재위)이 즉
위하자 奉議郎에 올랐다가 饒
州知州가 됨. 國史院編修官,
兵部侍郞 등을 역임하다가 만
년에 資政殿學士로 벼슬에서
물러남. 淳熙 7년(1180)에 생을
마쳐 通議大夫에 추증되었고
시호를 忠簡이라 함. 저서에
《澹菴集》, 《澹菴詞》, 《澹菴先生
文集》 등이 있음. 《宋史》(374)
에 傳이 있음.

〈胡銓(忠簡公)〉

2. 이 글은 《澹菴文集》(2),
《澹菴文集》(附錄), 《宋史》
(374. 胡銓傳), 《建炎以來繫年
要錄》(123), 《宋史全文》(20
中), 《資治通鑑後編》(113),
《三朝北盟會編》(186), 《宋史
紀事本末》(17), 《歷代名臣奏
議》(348), 《宋名臣言行錄》(別
集 下 13), 《誠齋集》(118), 《崇
古文訣》(35), 《古文集成》(55),
《文章辨體彙選》(143), 《經濟
類編》(32) 등에 널리 실려
있음.

3.《宋史》胡銓傳의 이 글
이 다음에 "書既上, 檜以銓
狂妄凶悖, 鼓衆劫持, 詔除名,

孝宗皇帝御讚
正直之姿 剛柔之色 獨立致言 施爲有德 朱衣象簡
龍冠貂蟬 惟像卓爾 淸風凜然

〈忠簡公(胡銓)〉

編管昭州, 仍降詔播告中外. 給·舍·台諫及朝臣多救之者, 檜迫於公論, 乃以銓監廣
州鹽倉. 明年, 改簽書威武軍判官. 十二年, 諫官羅汝楫劾銓飾非橫議, 詔除名, 編管
新州. 十八年, 新州守臣張棣訐銓與客唱酬, 謗訕怨望, 移謫吉陽軍. 二十六年, 檜死,
銓量移衡州"라 하여, 상소 직후 秦檜는 재상으로서의 권력을 이용하여 胡銓을
관직에서 제명하고 昭州編官으로 보냈다가 다시 廣州鹽倉으로, 武威軍判官으로
보내는 등 秦檜는 자신이 죽을 때까지 胡銓을 심하게 괴롭혔음.

4.《軌範》注에 "肝膽忠義, 心術明白, 思慮深長. 讀其文, 想見其人, 眞三代以上人
物. 朱文公謂:「可與日月爭光, 中興奏議, 此爲第一.」"이라 함.

5.《崇古文訣》에 "論正詞嚴, 誼形於色, 晦翁謂:「可與日月爭光.」信哉!"라 함.

035(4-4) <潮州韓文公廟碑> ·········· 蘇東坡(蘇軾)
조주潮州 한유韓愈 사당의 비문

＊<潮州韓文公廟碑>：潮州는 지금의 廣東 汕頭 근처의 지명으로 唐나라 때 韓愈
가 유배와 있던 곳. 그곳 사람들이 그의 감화를 그리워하여 사당을 짓고 東坡
에게 廟碑文을 청하자 이에 碑文과 頌詩를 지어 보내준 것임.

1/8 ─────────────

필부匹夫이면서 백세百世의 스승이 되고, 한마디 말로 천하의 법이 되
니, 이는 모두 천지의 조화에 참여하고, 천하 성쇠의 운명에 관여함이
있기 때문이다.

그 태어남도 저절로 옴이 있고, 그 죽어서도 하는 바가 있는 것이다.

그 때문에 신백申伯과 여후呂侯, 甫侯는 숭산嵩山에서 인간 세상으로
내려왔고, 부열傅說은 죽어서 별자리가 되었다 하였으니, 예로부터 오늘
에 전해오는 바는 거짓일 수가 없다.

맹자孟子는 "나는 나의 호연지기浩然之氣를 잘 기르리라"하였으니, 이

<韓愈祠堂>(廣
東 潮州市)

〈蘇子瞻(東坡, 蘇軾)〉(三才圖會)

기氣라는 것은 심상尋常의 속에 깃들어져 있으며, 천지天地 사이에 가득 차 있어, 갑자기 이를 만나게 되면 왕공王公이라 해도 귀함을 잃게 되며, 진晉나라, 초楚나라라 할지라도 그 부강함을 잃게 되며, 장량張良과 진평陳平이라 할지라도 그 지혜를 잃게 되며, 맹분孟賁이나 하육夏育이라 해도 그 용맹을 잃게 되며, 장의張儀나 소진蘇秦이라 해도 그 말솜씨를 잃게 되는 것이니 이는 누가 시켜서 그렇게 되는 것이겠는가?

그것은 틀림없이 형체에 의거하지 않고도 설 수 있으며, 힘을 믿지 않고도 운행할 수 있으며, 태어남을 기다리지 않고도 존재하며, 죽음을 따라가도 사라지지 않는 무엇인가가 있어서 일 것이다.

그러므로 하늘에 있으면 성신星辰이 되고, 땅에 있게 되면 하악河嶽이 되며, 저승 세계라면 귀신이 되고, 이승 세계라면 다시 사람이 되나니, 이러한 이치는 상리常理로써 족히 괴이히 여길 것이 없다.

匹夫而爲百世師, 一言而爲天下法, 是皆有以參天地之化, 關盛衰之運.
其生也有自來, 其逝也有所爲(矣).
故申呂自嶽降, 傅說爲列星, 古今所傳, 不可誣也.

孟子曰:「我善養吾浩然之氣,」是氣也, 寓於尋常之中, 而塞乎天地之間, 卒然遇之, 王公失其貴, 晉楚失其富; 良平失其智, 賁育失其勇; 儀秦失其辯, 是孰使之然哉?

　其必有不依形而立, 不恃力而行, 不待生而存, 不隨死而亡者矣. 故在天爲星辰, 在地爲河嶽; 幽則爲鬼神, 而明則復爲人, 此理之常, 無足怪者.

【匹夫而爲百世師, 一言而爲天下法】'匹夫'는 평범한 남자. 보통 남자. 平民의 신분. '百世師'는 1世는 30년이므로 3천년을 두고 숭앙받을 스승.《孟子》盡心(下)에 "孟子曰:「聖人, 百世之師也, 伯夷·柳下惠是也. 故聞伯夷之風者, 頑夫廉, 儒夫有立志; 聞柳下惠之風者, 薄夫敦, 鄙夫寬. 奮乎百世之上, 百世之下, 聞者莫不興起也. 非聖人而能若是乎? 而況於親炙之者乎?"라 하였고,《中庸》(29)에는 "君子動而世爲天下道, 行而世爲天下法, 言而世爲天下則"이라 함.《軌範》注에 "起句健, 章子厚猶以爲襃文公太過, 似〈孔子廟記〉"라 함.《古文眞寶》注에 "起句力量大, 究其極. 惟孔孟可當之"라 함.

【是皆有以參天地之化, 關盛衰之運】'參天地之化'는 天地의 造化에 참여함. '關盛衰之運'은 天下 盛衰의 運數에 관계함. 필요한 시기와 장소에 맞추어 태어나고 활동함.《中庸》(22)에 "唯天下至誠, 爲能盡其性; 能盡其性, 則能盡人之性; 能盡人之性, 則能盡物之性; 能盡物之性, 則可以贊天地之化育; 可以贊天地之化育, 則可以與天地參矣"라 함.

【其生也有自來, 其逝也有所爲矣】'逝'는 죽음.《古文眞寶》에는 끝에 '矣'자가 누락되었음.《軌範》注에 "起得健, 接亦不弱"이라 함.

【故申呂自嶽降, 傳說爲列星, 古今所傳, 不可誣也】'申呂'는 申伯과 呂侯. 周 宣王 때의 功臣으로 呂侯는《詩》에 의하면 甫侯를 가리키는 것으로 보임.《詩》大雅 崧高에 "崧高維嶽, 駿極于天. 維嶽降神, 生甫及申"이라 하였고, 〈毛傳〉에 "嶽, 四嶽也. 堯之時, 姜氏爲四伯, 於周則有甫有申有齊有許也. 嶽降神靈和氣, 以生申甫之大功"이라 함. 그러나《古文眞寶》注에 '呂'는 '呂尙', 즉 姜太公을 가리키는 것이라 하였음. '自嶽降'은 이 두 사람은 嵩山의 신령의 명으로써 세상에 내려왔다고 여겼음. '自嶽降'은《古文眞寶》注에 "生有自來"라 하였고, '爲列星'은 "逝有所爲"라

함. '傳說'(부열)은 殷나라 高宗(武丁)이 꿈에 본 현인을 찾아 기용된 재상으로 원래 성벽을 쌓는 일을 하고 있었다 함. '爲列星'은 그가 죽은 후 하늘에 올라가다가 北斗星과 箕星 사이에 걸터앉아 별자리가 되었다는 전설이 있음. 《莊子》大宗師에 "傅說得之, 以相武丁, 奄有天下, 乘東維, 騎箕尾, 而比於列星"이라 하였고, 《淮南子》覽冥訓에도 "此傅說之所以騎辰尾也"라 하고, 注에 "傅說死, 託精於辰尾星, 一名天策"이라 함. 《幼學瓊林》에도 "傅說死, 其精神托于箕尾"라 함. '不可誣'는 거짓말일 수가 없음.

【孟子曰:「我善養吾浩然之氣,」 是氣也, 寓於尋常之中, 而塞乎天地之間】 '浩然之氣'는 《孟子》公孫丑(上)에 "曰:「我知言, 我善養吾浩然之氣.」 「敢問何謂浩然之氣?」 曰:「難言也. 其爲氣也, 至大至剛; 以直養而無害, 則塞于天地之閒. 其爲氣也, 配義與道; 無是, 餒也. 是集義所生者, 非義襲而取之也. 行有不慊於心, 則餒矣. 我故曰: 『告子未嘗知義.』 以其外之也. 必有事焉而勿正, 心勿忘, 勿助長也."라 한 것을 말함. '寓於尋常之中'은 평범함 속에 붙어 있음. '尋常'은 원래 길이 8척과 16척을 뜻하지만 평범함을 의미하는 雙聲連綿語로도 쓰임. '塞乎天地之間'은 천지 사이에 가득 채워져 있음. '乎'는 '於'와 같음.

【卒然遇之, 王公失其貴, 晉楚失其富; 良平失其智, 賁育失其勇; 儀秦失其辯, 是孰使之然哉?】 '卒然'은 갑자기. 홀연히. '王公'은 帝王과 公卿. 부유함을 누리는 이들을 가리킴. '晉楚'는 春秋시대 매우 富强하였던 두 나라. 《孟子》公孫丑(下)에 "曾子曰:「晉楚之富, 不可及也. 彼以其富, 我以吾仁; 彼以其爵, 我以吾義. 吾何慊乎哉?」"라 함. '良平'은 張良과 陳平. 漢 高祖(劉邦)를 도와 漢 帝國을 건설하였던 智略家들. '張良'은 漢興三傑의 하나. 字는 子房. 원래 韓나라 출신으로 나라가 秦始皇에게 망하자 복수를 결심하고 始皇을 博浪沙에서 저격하려다 실패로 끝나자 下邳로 도망갔음. 그곳에서 黃石公을 만났고, 다시 劉邦에게 합류하여 項羽를 멸하였으며 留侯에 봉해짐. 《史記》留侯世家 참조. '陳平'은 처음에는 項羽를 섬겼으나 뒤에 劉邦에게로 가서 큰 공을 세움. 字는 孺子이며, 陽武人으로 黃老術을 익혔음. 曲逆侯에 봉해졌으며 惠帝와 孝文帝 때에 丞相을 지냈음. 《史記》陳丞相世家 및 《漢書》陳平傳 참조할 것. '賁育'은 孟賁과 夏育. 고대에 용맹을 대표하여 병칭되던 두 사람. 孟賁은 秦 武王 때 烏獲과 함께 武王을 모시고 周나라 洛陽에 가서 九鼎을 들고 희롱하다가 그 鼎의 다리를 부러뜨린 일이 있다 하였음(《戰國策》秦策 참조). 한편 《史記》袁盎傳의 索隱에 《尸子》를 인용하여 "孟賁水行不避

蛟龍, 陸行不避兕虎"라 하였고, 《太平御覽》(437)에는 《新序》를 인용하여 "勇士一
呼, 三軍皆避易, 士之誠也. 夫勇士孟賁水行不避蛟龍, 陸行不避虎狼, 發怒吐氣,
聲響動天, 至其死矣, 頭身斷絶. 夫不用仁而用武, 當時雖快, 身必無後, 是以孔子
勤勤行仁"이라 함. '夏育'은 衛나라 사람으로 千鈞의 무게를 들어 올릴 수 있었
다 함. '儀秦'은 張儀와 蘇秦. 둘 모두 戰國시대 외교가로 변설에 뛰어났던 대표
적인 유세가. 蘇秦은 合從說로, 張儀는 連橫說로 각기 天下에 이름을 날림. 《史
記》蘇秦列傳, 張儀列傳 및 《戰國策》 등을 참조할 것. 《古文眞寶》注에 "如破竹
勢"라 함.

【其必有不依形而立, 不恃力而行, 不待生而存, 不隨死而亡者矣】'恃'는 '의지하다'의
뜻. 《莊子》大宗師篇에 "夫道無爲無形, 未有天地, 自古以固存, 長於上古, 而不爲老"
라 함. 《古文眞寶》注에 '不待生而存'은 "應生有自來"라 하였고, '不隨死而亡者矣'
는 "應逝有所爲"라 함. 《軌範》注에 "句法好"라 함.

【故在天爲星辰, 在地爲河嶽; 幽則爲鬼神, 而明則復爲人, 此理之常, 無足怪者】'星辰'
은 《古文眞寶》注에 "應傅說爲列星句"라 하였고, '河嶽'은 "應申呂自嶽降"이라 함.
'河嶽'은 河川과 山岳. 강과 산. '幽'는 저승. 冥界. '明'은 이승. 밝은 세계. 《莊子》大
宗師篇에 "維斗得之, 終古不忒; 日月得之, 終古不息"이라 하였고, 《禮記》樂記에는
"幽則有鬼神"이라 함. 《軌範》注에 "此是的確之論"이라 하였고, 《古文眞寶》注에
는 "全是輪廻之說"이라 함.

2/8 ────────────

동한東漢 이래로 도道는 상실되고 문풍은 피폐해졌으며, 이단異端이
함께 일어나 당唐 정관貞觀과 개원開元의 성대盛代함을 거치면서 방현령
房玄齡, 두여회杜如晦, 요숭姚崇, 송경宋璟 같은 훌륭한 재상들이 보필하
였건만 능히 구제할 수 없었는데, 유독 한문공韓文公, 韓愈이 포의布衣로
일어나 담소하면서 지휘해도 천하가 미연靡然히 공公을 따라 다시 정도
로 돌아온 지 대체로 3백년이 지나 오늘에 이르렀다.

그의 문문文은 팔대八代의 쇠미했던 것을 일으켜 세웠고, 그의 도道는
물에 빠져 허우적거리던 천하를 건져내었으며, 그의 충忠은 임금의 노함
을 범하였고, 그 용勇은 삼군三軍의 장수를 빼앗았으니, 이 어찌 천지에

참여하고 성쇠에 관여하며, 호연浩然히 독존獨存한 것이 아니겠는가!

　自東漢以來, 道喪文弊, 異端並起, 歷唐貞觀·開元之盛, 輔以房
杜姚宋, 而不能救, 獨韓文公起布衣, 談笑而麾之, 天下靡然從公,
復歸于正, 蓋三百年於此矣.
　文起八代之衰, 而道濟天下之溺; 忠犯人主之怒, 而勇奪三軍之
帥, 此豈非參天地·關盛衰·浩然而獨存者乎!

【自東漢以來, 道喪文弊, 異端並起, 歷唐貞觀·開元之盛, 輔以房杜姚宋, 而不能救】
'東漢以來'의 '東漢'(25–220년)은 後漢. 光武帝 劉秀가 王莽의 新을 멸하고 다시
劉氏의 제국을 洛陽에 세워 이어간 왕조. 뒤에 獻帝(劉協)가 曹丕에게 나라를 禪
讓의 형식으로 빼앗겨 망하였으며 그 뒤 三國(魏, 蜀, 吳:220–265)을 거쳐 西晉
(265–317), 東晉(317–420), 다시 南北朝(南朝:宋, 齊, 梁, 陳:420–589↔北朝:北魏, 西
魏, 東魏, 北齊, 北周:439–581)의 혼란기를 지나 隋(581–618), 唐(618–907)을 거쳐
五代(後梁, 後唐, 後晉, 後漢, 後周:907–960)를 지나 蘇軾의 시대였던 北宋(960–
1127)에 이름. '道喪文弊'는 道(幼學)는 상실되고 문장(古文)은 피폐해짐. 六朝시대
駢儷文이 유행하여 진정한 문장이 없었음을 말함. '異端並起'는 정통 儒家보다
는 道家와 佛家가 흥하였음을 말함. '貞觀'은 唐 太宗(李世民)의 연호(627–649)로
治道에 가장 성공했던 시기. '開元'은 唐 玄宗의 연호(713–741)로 역시 잘 다스려
졌던 시기였음을 말함. '房杜姚宋'은 貞觀시기 名臣 房玄齡, 杜如晦와 開元시기
명신 姚崇과 宋璟을 가리킴. 房玄齡(579–648)은 자는 喬(혹 이름이 喬이며 자가
玄齡이라고도 함). 濟州 臨淄(지금의 山東 淄博) 출신으로 貞觀 元年(627) 中書令이
되었으며 3년(629) 尙書左僕射가 되어 梁國公에 봉해졌음. 10여 년간 재상 직에
있으면서 많은 업적을 쌓았음.《貞觀政要》를 참조할 것.《舊唐書》(66)와《新唐書》
(96)에 傳이 있음. '杜如晦'(585–630)는 자는 克明. 隋末 滏陽尉의 낮은 벼슬이었
으나 唐兵이 關中으로 들어오자 李世民에게 도움으로 주어 陝東道大行臺司勳
郎中이 되었으며 太宗이 즉위하자, 尙書右僕射에 오름. 정책 결정에 과감하여
흔히 "房謀杜斷"이라 하였음.《貞觀政要》를 참조할 것.《舊唐書》(66)와《新唐書》
(96)에 傳이 있음. '姚崇'은(651–721)은 본명은 元崇, 자는 元之. 唐代 著名한 政治

家. 則天, 中宗, 睿宗을 거쳐 두 차례 宰相에 올랐으며 兵部尙書를 지냄. '宋璟' (663—737)은 자는 廣平. 河北 邢台 출신으로 少年시절부터 박학다재하였으며 문장에도 뛰어남. 약관에 진사에 올라 上黨尉, 鳳閣舍人, 御史臺中丞, 吏部侍郎 등을 역임함. 姚崇과 宋璟은《舊唐書》(96)와《新唐書》(124)에 모두 傳이 있음. 한편 《舊唐書》韓愈傳에 "愈常以爲自魏晉已還, 爲文者多拘偶對, 而經誥之指歸. 遷雄之 氣格, 不復振起矣. 故愈所爲文, 務反近體, 杼意立言, 自成一家新語. 後學之士, 取 爲師法, 當時作者甚衆, 無以過之, 故世稱韓文焉"이라 함.《軌範》注에 "得君行道, 如房・杜・姚・宋, 而不能救. 而文公獨能之"라 하였고,《古文眞寶》注에는 "房玄齡, 杜如晦, 太宗貞觀相; 姚崇, 宋璟, 玄宗開元相"이라 함.

【獨韓文公起布衣, 談笑而麾之, 天下靡然從公, 復歸于正, 蓋三百年於此矣】'布衣' 는 匹夫와 같음. 평민을 뜻함. '麾之'는 손으로 저어 지휘함. '靡然從公'은 풀이 바 람에 쏠리듯 그의 지시를 따름. '三百年'은 韓愈가 활약했던 唐 憲宗 때로부터 蘇軾이 이 글을 쓴 宋 哲宗 元祐때까지 280여 년간을 대체로 3백년이라 부른 것.《舊唐書》韓愈傳에 "父仲卿無名位, 愈生三歲而孤, 養於從父兄. 愈自以孤子, 幼 刻苦學牖, 不俟奬勵. 大曆・貞元之間, 文士多尙古學, 效揚雄・董仲舒之述作, 而獨 孤及・梁蕭最稱淵奧, 儒林推重. 愈從其徒遊, 銳意鑽仰, 欲自振於一代"라 함.《軌 範》注에 "襃文公, 出此幾句"라 함.

【文起八代之衰, 而道濟天下之溺, 忠犯人主之怒, 而勇奪三軍之帥】'八代'는 東漢, 魏, 晉, 宋, 齊, 梁, 陳, 隋를 가리킴.《新唐書》韓愈傳 贊에 "昔孟軻拒楊・墨, 去孔 子才二百年. 愈排二家, 乃去千餘歲, 撥衰反正, 功與齊而力倍之, 所以過況・雄爲不 少矣. 自愈沒, 其言大行, 學者仰之如泰山・北斗云"이라 함.《古文眞寶》注에 "東漢, 魏, 晉, 宋, 齊, 梁, 陳 隋也"라 함. '濟'는 救濟함. '天下之溺'은 천하의 사람들이 물 에 빠져 헤어 나오지 못하는 것과 같았던 풍조. '人主之怒'는 천자의 노여움. 唐 憲宗이 佛敎에 빠져 佛骨을 궁중에 들여오려 하자, 韓愈가〈論佛骨表〉를 올려 극간하였다가 憲宗의 노여움을 사서 潮州로 귀양 가게 되었음을 말함.《古文眞 寶》注에 "諫憲宗迎佛骨"이라 함. '勇奪三軍之帥'는 용맹함이 三軍의 將帥를 굴 복시킬 만함. 唐 穆宗 때에 鎭州에 군란이 일어나 田弘正을 죽이고 王廷湊를 節 度使로 옹립하려는 등 절도사들이 발호하자 조정에서 韓愈를 兵部侍郎에 임명 함. 이에 한유는 道理를 논하여 난을 진압함.《古文眞寶》注에 "入王廷三軍, 折服 之, 出牛元翼於圍"라 함.

【此豈非參天地·關盛衰·浩然而獨存者乎】'浩然而獨存者'는 浩然하여 홀로 당당히
존재함.《東坡集》에는 앞에 '此'자가 더 있음.《古文眞寶》注에 "收拾前語鎖結"이
라 함.

3/8

대체로 나는 일찍이 천天과 인人의 변별을 논함에, "사람은 이르지 못
할 바가 없으나 오직 하늘은 거짓을 용납하지 않는다. 지혜로서는 가히
왕공을 속일 수 있으나 돼지나 물고기는 속일 수 없고, 힘으로는 가히
천하를 얻을 수 있으나 필부필부匹夫匹婦의 마음은 얻을 수 없다"라고
여긴 적이 있다.

그 까닭으로 공의 정성精誠은 능히 형산衡山의 구름을 걷어낼 수 있
었으나 헌종憲宗의 미혹함은 되돌릴 수 없었고, 능히 악어鱷魚의 포악함
은 길들일 수 있었으나 황보박皇甫鎛과 이봉길李逢吉의 비방은 막을 수
가 없었으며, 남해南海의 주민들에게 믿음을 사서 백세토록 사당의 제
사를 받아먹을 수는 있으나 능히 자신의 몸으로 하여금 하루라도 조정
에서 편안하도록 할 수 없었으니, 대체로 공의 능한 것은 천天에 관한
것이요, 그 능히 할 수 없었던 것은 인人에 관한 것이었으리라.

　盖嘗論天人之辨, 以謂:「人無所不至, 惟天不容僞. 智可以欺王
公, 不可以欺豚魚; 力可以得天下, 不可以得匹夫匹婦之心.」
　故公之精誠, 能開衡山之雲, 而不能回憲宗之惑; 能馴鱷魚之暴,
而不能弭皇甫鎛·李逢吉之謗; 能信於南海之民, 廟食百世, 而不
能使其身, 一日安於朝廷之上, 盖公之所能者, 天也; 其所不能者,
人也.

【盖嘗論天人之辨, 以謂人無所不至, 惟天不容僞】'天人之辨'은 하늘과 사람의 분
별. '無所不至'는 이르지 않는 곳이 없음. '天不容僞'는 하늘은 거짓을 용납하지

않음.

【智可以欺王公, 不可以欺豚魚; 力可以得天下, 不可以得匹夫匹婦之心】'智可以欺王公'은《古文眞寶》注에 "人"이라 함. '豚魚'는 돼지나 물고기.《易》中孚卦 "豚魚吉, 利涉大川, 利貞"의 象辭에 「豚魚吉」, 信及豚魚也」라 하였고, 注에 "魚者, 蟲之潛隱者也. 豚者, 獸之微賤者也. 中信之道淳著, 則雖微隱之物, 信皆及之也"라 함.《古文眞寶》注에 "天"이라 함. '力可以得天下'는《古文眞寶》注에 "人"이라 함. '匹夫匹婦'는 보통 사람.《論語》子罕篇에 "子曰:「三軍可奪帥也, 匹夫不可奪志也.」"라 함.《古文眞寶》注에 "天"이라 함.

【故公之精誠, 能開衡山之雲, 而不能回憲宗之惑】'開衡山之雲'은 衡山의 구름을 걷히게 함. 衡山은 五嶽 중 南嶽으로 湖南省에 있음. 韓愈가 일찍이 衡山의 山神祠堂에 이르렀을 때, 가을비가 심하게 내리려 함에 그가 기도하였더니 하늘이 맑아져 봉우리와 靑空을 볼 수 있었다 함.《古文眞寶》注에 "天. ○文公〈謁衡嶽廟詩〉云:「我來正逢秋雨節, 陰氣晦昧無淸風. 潛心默禱若有應, 豈非正直能感通? 須臾淨掃衆峰出, 仰見突兀撑靑空.」"이라 함. '回憲宗之惑'는 憲宗이 미혹함을 되돌림.〈論佛骨表〉를 가리킴.〈韓文公年譜〉에 "貞元廿一年, 順宗卽位, 公以今年春遇赦, 自郴至衡, 有〈謁衡嶽廟詩〉"라 함.《古文眞寶》注에 "憲宗, 謂唐憲宗, 名純"이라 함.

【能馴鱷魚之暴, 而不能弭皇甫鎛·李逢吉之謗】'馴鱷魚之暴'은 악어의 포악함을 길들임. '鱷魚'는 鰐魚로도 표기함. 韓愈의〈鱷魚文〉(035)을 참조할 것.《古文眞寶》注에 "天"이라 함. '弭'(미)는 '그치게 하다, 막다'의 뜻. '皇甫鎛'은 德宗(李适) 貞元 때 進士에 올라 監察御史를 거쳐 吏部員外郎, 判度支, 戶部侍郎 등을 역임한 인물. 憲宗(李純) 때에 재상에 올랐으며, 憲宗이 韓愈를 潮州로 귀양 보낸 것을 후회하고 다시 부르려 하자 疎를 올려 韓愈를 비방하고 謫地를 袁州로 옮기게 하였음. '李逢吉'(758–835)은 穆宗 때의 재상. 韓愈와 李紳을 이간시켜 韓愈를 兵部侍郎으로 폄직시켰던 인물.《古文眞寶》注에 "人. ○上得公〈潮州謝表〉, 欲復用之, 鎛奏「愈終狂疎, 可且內移」, 遂移袁州. 逢吉, 因臺參事, 使與李紳交鬪, 遂罷爲兵部侍郎"이라 함.

【能信於南海之民, 廟食百世, 而不能使其身, 一日安於朝廷之上】'南海'은 군 이름으로 지금의 福建 潮州 番禺縣. '廟食'은 廟堂(祠堂)에서 제사를 받아먹음.《後漢書》梁竦傳에 "竦歎息言曰:「大丈夫居世, 生當封侯, 死當廟食!」"이라 함. 여기서는 潮

州에 韓愈의 묘당이 세워져 그곳 사람들로부터 제사를 받게 되었음을 뜻함.《古文眞寶》注에 "天"이라 함. 끝에 《古文眞寶》注에 "人"이라 함.

【盖公之所能者, 天也; 其所不能者, 人也】한유는 하늘의 뜻을 遂行하는 데는 능하나 사람을 다루는 데는 능하지 못함.《古文眞寶》注에 "二句倂鎖. 前人無不至'天不容僞'句"라 함.

4/8 ———————————

애초 시작에 조주潮州 사람들은 학문에 대해 아직 알지 못하여, 공께서 진사 조덕趙德으로 하여금 선생님이 되도록 하자 이로부터 조주의 선비들은 모두가 문행文行에 독실해져서 모든 주민에게 뻗어나가, 지금에 이르도록 다스리기 쉬운 곳易治이라 칭해지고 있으니, 미덥도다! 공자孔子께서 "군자가 도를 배우면 남을 사랑하게 되고, 소인이 도를 배우면 부리기가 쉽다"라고 하신 말씀이.

　始, 潮人未知學, 公命進士趙德爲之師, 自是潮之士, 皆篤於文行, 延及齊民, 至于今號稱易治, 信乎! 孔子之言曰「君子學道則愛人, 小人學道則易使」也.

【始, 潮人未知學, 公命進士趙德爲之師, 自是潮之士, 皆篤於文行, 延及齊民, 至于今號稱易治】'趙德'은 唐나라 海陽 사람으로 進士에 급제하여 韓愈가 潮州刺史로 부임하면서 그에게 海陽縣尉로 부임할 것을 청하여 학문에 관한 일을 전담시켰음. 韓愈의 〈潮州請置鄕校牒〉에 "十室之邑, 必有忠信. 今此州戶萬有餘, 豈無庶幾者邪? 刺史縣令, 不躬爲之師, 里閭後生, 無所從學爾. 趙德秀才, 沈雅專靜, 頗通經有文章, 能知先王之道論書, 且排異端而宗孔氏, 可以爲師矣. 請攝海陽縣尉爲行推, 專勾當州學, 以督生徒"라 함. '篤於文行'은 학문과 덕행에 독실함. '延及齊民'은 일반 백성에게 그 영향이 미침. '易治'는 쉽게 다스림. 한유의 교화를 입은 곳이어서 다스리기 쉬운 곳으로 널리 알려짐.

【信乎孔子之言曰「君子學道則愛人, 小人學道則易使」也】'孔子之言'의 구절은 《論語》

陽貨篇에 "子之武城, 聞弦歌之聲. 夫子莞爾而笑, 曰:「割雞焉用牛刀?」子游對曰:
「昔者, 偃也聞諸夫子曰:『君子學道則愛人, 小人學道則易使也.』」子曰:「二三子! 偃之
言是也. 前言戲之耳.」를 말함.

5/8 ──────────────

조주 사람들이 공을 섬기기를, 음식은 반드시 공에게 제祭를 올리며,
홍수나 가뭄, 질병이나 역질, 그리고 무엇을 바랄 때는 모두가 반드시 그
에게 기도를 한다.

그런데 자사剌史의 공당公堂 뒤에 사당이 있어 주민들이 드나들기에
불편하여, 전前 수령이 새로 사당을 짓고자 조정에 청하였으나 뜻을 이
루지 못하였다.

원우元祐 5년 조산랑朝散郎 왕척王滌이 이 고을의 수령으로 와서는 무
릇 양사치민養士治民에 관한 것 모두를 하나같이 공을 스승으로 삼자,
주민들은 이윽고 기꺼이 복종하였다.

그러자 영令을 내려 "공의 사당을 새로 세우기를 원한다면 들어주겠
노라"라고 하였다.

주민들은 기쁨에 넘쳐 달려가 주성州城 남쪽 7리에 길吉한 터를 잡아
1년 만에 사당이 완성되게 된 것이다.

潮人之事公也, 飮食必祭, 水旱疾疫, 凡有求, 必禱焉.
而廟在刺史公堂之後, 民以出入爲艱.
前守欲請諸朝, 作新廟, 不果.
元祐五年, 朝散郎王君滌, 來守是邦, 凡所以養士治民者, 一以
公爲師, 民旣悅服.
則出令曰:「願新公廟者聽.」
民讙趨之, 卜地於州城之南七里, 期年而廟成.

【潮人之事公也, 飮食必祭, 水旱疾疫, 凡有求, 必禱焉】'水旱疾疫'은 홍수, 가뭄, 질병과 전염병 등.《軌範》注에 "此數句合祭法, 見文公之廟, 不是淫祠"라 함.

【而廟在刺史公堂之後, 民以出入爲艱】'刺史公堂'은 刺史가 업무를 보는 관청. '出入爲艱'은 드나들기가 어려움.

【前守欲請諸朝, 作新廟, 不果】'請諸朝'는 조정에 청함. '諸'(저)는 '之於, 之乎'의 合音字. '不果'는 뜻대로 성공을 거두지 못함.

【元祐五年, 朝散郎王君滌, 來守是邦, 凡所以養士治民者, 一以公爲師】'元祐'는 宋 哲宗(趙煦)의 연호(1086–1093). 元祐 5년은 1090년.《古文眞寶》注에 "哲宗朝, 庚午歲"라 함. '朝散郎'은 벼슬 이름. 散郎은 散官과 같음. '王君滌'은 王滌. 人名. '君'은 존칭어. '是邦'은 이 고을. 즉 潮州를 가리킴.

【民旣悅服. 則出令曰:「願新公廟者聽.」】'悅服'은 기꺼이 복종함.

【民讙趨之, 卜地於州城之南七里, 期年而廟成】'讙趨'는 즐겁게 추진함.《東坡集》에는 '趨'가 '趣'로 되어 있음. '卜地'는 吉地를 고름. 터를 잡음. '期年'은《東坡集》에는 '朞年'으로 되어 있으며, 만 1년을 뜻함.

6/8 ─────────────

혹자는 "공께서 국도를 떠나 만 리 먼 이곳 조주에 유배오셨으나 능히 한 해를 채우지 못하고 되돌아가셨는데, 죽고 나서도 앎이 있다 할지라도 조주에서의 일을 그리 사랑하고 연연해하지 않을 것임은 분명하다"라고 말한다.

그러나 나蘇軾는 "그렇지 않다. 공의 신령이 천하 어디에나 있는 것은 마치 물이 땅 속에 있으면서 가는 곳마다 없는 곳이 없는 것과 같다. 그런데 조주 사람들은 유독 그에 대해 믿음이 깊고 그리워함이 지극하여 향을 피우고 처창悽愴하리 만큼 여겨, 혹 직접 뵙듯이 하고 있다. 비유컨대 우물을 파다가 샘물이 나오자 '오직 여기에만 물이 있다'라고 한다면, 어찌 이치에 맞는 것이겠는가?"라 하였다.

或曰:「公去國萬里, 而謫于潮, 不能一歲而歸, 沒而有知, 其不眷戀于潮也審矣.」

軾曰：「不然. 公之神在天下者, 如水之在地中, 無所徃而不在也. 而潮人獨信之深, 思之至, 焄蒿悽愴, 若或見之. 譬如鑿井得泉, 而曰『水專在是』, 豈理也哉?」

【或曰：「公去國萬里, 而謫于潮, 不能一歲而歸, 沒而有知, 其不眷戀于潮也審矣.」】 '去國'은 國都(汴京)를 떠남. '謫于潮'는 潮州로 귀양을 옴. '不能一歲而歸'는 한유가 조주로 귀양을 와서 그곳 주민을 교화한 기간은 불과 8개월 정도로 짧아 1년도 되지 않음. 〈韓文公年譜〉에 "公以元和十四年正月, 貶潮州刺史, 以三月至潮州, 十月準例量移, 改授袁州刺史"라 함. '沒而有知'는 죽어서도 지각이 있어 이곳을 앎. '眷戀'은 돌아보며 그리워함. '審'은 확실함. 틀림없음.

【軾曰：「不然. 公之神在天下者, 如水之在地中, 無所徃而不在也. 而潮人獨信之深, 思之至, 焄蒿悽愴, 若或見之. 譬如鑿井得泉, 而曰『水專在是』, 豈理也哉!」】 '軾'은 蘇軾. 《古文眞寶》注에 "軾, 謂蘇軾"이라 함. '焄蒿悽愴'은 향을 피우며 감동하면서 슬퍼함. 《禮記》祭義篇에 "其氣發揚于上, 爲昭明焄蒿悽愴. 此百物之精也, 神之著也"라 하였고, 鄭玄 注에 "焄, 謂香臭也;蒿, 謂氣烝出貌也"라 함. '悽愴'은 마음이 감동되어 슬피 여김을 뜻하는 雙聲連綿語. '若或見之'는 《中庸》(16)에 "使天下之人, 齊明盛服, 以承祭祀. 洋洋乎! 如在其上, 如在其左右"라 함. '鑿井'은 우물을 팜.

7/8

원풍元豐 원년칠년 황제가 조칙을 내려 공을 창려백昌黎伯에 봉하였으니, 그 때문에 사당의 현판을 「창려백한문공지묘昌黎伯韓文公之廟」라 하였다.

조주 사람들이 사적을 글로 지어 돌에 새기기를 청하여, 이로 인해 시를 지어 주어 노래로서 공을 제사지내도록 하였다.

元豐元(七)年, 詔封公昌黎伯, 故榜曰「昌黎伯韓文公之廟」.
潮人請書其事于石, 因爲作詩以遺之, 使歌以祀公.

【元豊元(七)年, 詔封公昌黎伯. 故榜曰昌黎伯韓文公之廟】 '元豊'은 宋 神宗(趙頊)의
연호(1078-1085). 元豊 元年은 1078년(戊午). 그러나 《東坡集》에는 '七年'으로 되어
있고 《古文眞寶》注에 "神宗朝, 甲子歲"라 하여 7년이 옳음. '元'은 '七'의 오류임.
神宗이 詔書를 내려 韓愈를 昌黎伯으로 追尊하여 封함. '昌黎'는 군 이름으로 지
금의 河北 通縣. 韓愈의 先祖가 살던 本鄕. '伯'은 公侯伯子男의 작위 등급의 하
나. '榜'은 현판, 간판. 額과 같음.
【潮人請書其事于石, 因爲作詩以遺之, 使歌以祀公】 潮州 사람들이 蘇軾에게 昌黎
伯 韓愈의 사적을 써서 돌에 새기기를 청함.

8/8 ────────────

그 가사는 다음과 같다.
『공께서는 일찍이 백운향白雲鄕에서 용을 타고,
손으로 은하수를 갈라 문장을 나누시니,
직녀가 그를 위해 구름을 짜서 비단 치마를 지어주었네.
표연히 바람을 타고 황제의 곁에 오셔서,
아래로 탁한 세상의 비강粃糠을 쓸어버리고,
서쪽으로 함지咸池에서 노닐고 부상扶桑을 스쳐갔네.
초목도 그의 밝은 빛을 입게 되었고,
이백李白과 두보杜甫를 뒤쫓아 함께 날아오르니,
장적張籍이나 황보식皇甫湜 같은 문인들 땀을 쏟으며 쫓아가고 엎어졌
지만,
사라져 없어지는 지는 해와 같아 바라볼 수 없는 그의 경지,
글을 지어 불교를 꾸짖고 군왕을 비판하다가,
남해에 오신 것은 형산衡山과 상수湘水를 관람시키고자 함이었네.
순舜임금 묻힌 구의산九疑山을 지나 아황娥皇과 여영女英을 조문하자,
축융祝融이 앞에서 몰고나가니 해약海若도 숨어버렸고,
교룡과 악어를 묶어 마치 양을 몰듯이 쫓아내었네.
균천鈞天에 마땅한 사람 없어 천제가 슬피 여기다가,

노래를 부르며 무양巫陽을 내려 보내 공을 데려가셨네.
들소 제물에 닭 뼈로 점을 치며 우리의 술잔을 받으시니,
아! 제수祭需는 찬란한 붉은 여지荔枝와 노란 향초香草 바나나,
공의 신령 잠시도 머물지 않으시면 우리는 눈물 펑펑 흘릴 것이니,
편연翩然히 머리카락 휘날리며 이 대황大荒으로 내려오소서.』

其辭曰:
『公昔騎龍白雲鄕, 手抉雲漢分天章, 天孫爲織雲錦裳.
飄然乘風來帝旁, 下與濁世掃秕糠, 西游咸池略扶桑.
草木衣被昭回光, 追逐李杜參翶翔, 汗流籍湜走且僵.
滅沒倒景不得望, 作書詆佛譏君王, 要觀南海窺衡湘.
歷舜九疑吊英皇, 祝融先驅海若藏, 約束鮫鱷如驅羊.
鈞天無人帝悲傷, 謳吟下招遣巫陽, 爆牲雞卜羞我觴.
於粲荔丹與蕉黃, 公不少留我涕滂, 翩然被髮下大荒.』

【其辭曰】이하는 3구절씩으로 이루어진 讚歌임.
【公昔騎龍白雲鄕, 手抉雲漢分天章, 天孫爲織雲錦裳】'白雲鄕'은 天帝가 사는 곳,
즉 하늘나라. 《古文眞寶》注에 《莊子》(天地): 「乘彼白雲, 至于帝鄕.」이라 함. '手抉
雲漢'은 은하수를 손으로 쳐서 가름. 《詩》棫樸 "倬彼雲漢, 爲章于天"의 傳에 "雲
漢, 天河也"라 함. '天章'은 하늘의 문장. '天孫'은 織女. 《古文眞寶》注에 "天孫, 爲
織女"라 함. '織雲錦裳'은 은하수를 옷감처럼 織造하여 비단 옷을 만듦.
【飄然乘風來帝旁, 下與濁世掃秕糠, 西游咸池略扶桑】'帝旁'은 황제의 곁. 인간 세
상 唐나라에 태어남. '掃秕糠'은 벼쭉정이와 쌀겨를 쓸어내어 버림. '秕糠'은 秕糠
과 같으며 이는 古文이 아닌 騈儷文, 또는 佛敎나 道敎를 비유함. 《古文眞寶》注
에 "指攘斥佛老. 起意謂公自天降, 應生有自來"라 함. '咸池'는 서쪽 끝으로 태양이
져서 목욕을 하는 못. '略'은 지나감. '扶桑'은 동해 끝의 神木으로 아침마다 해
가 그 나무 위에서 뜬다 함. 《楚辭》(離騷) "飮余馬於咸池兮, 摠余轡乎扶桑"의 王
逸 注에 "咸池, 日浴處也. 日出, 下浴于湯谷, 上拂其扶桑, 爰始而登, 照曜四方"이

라 하였고, 《淮南子》(天文訓)에는 "日出於暘谷, 浴於咸池"라 함. 《古文眞寶》注에
〈離騷〉: 「飮予馬於咸池兮, 摠予轡乎扶桑.」《淮南子》: 「日出暘谷, 浴於咸池, 拂於扶
桑.」喩公之道, 與日齊光也"라 함.

【草木衣被昭回光, 追逐李杜參翱翔, 汗流籍湜走且僵】'衣被'는 '입다, 둘러쓰다'의
뜻. '은혜를 입다'의 뜻. '昭回光'은 두루 밝게 비침. 韓愈의 德光이 태양빛처럼 고
루 비춰줌을 뜻함. '追逐'은 뒤쫓아 감. '李杜'는 李白과 杜甫. 《古文眞寶》注에 "李
杜, 謂李白, 杜甫"라 함. '翱翔'은 높이 낢. '汗流'는 땀을 흘림. '籍湜'은 張籍(024를
볼 것)과 皇甫湜(028의 주를 볼 것). 둘 모두 韓愈의 門人으로 문장에 뛰어났음.
《古文眞寶》注에 "籍湜, 張籍, 皇甫湜"이라 함. '僵'은 넘어짐, 엎어짐.

【滅沒倒景不得望, 作書詆佛譏君王, 要觀南海窺衡湘】'滅沒' 사라져 없어짐. 여기서
는 지는 해를 뜻하며 한유가 죽어 사라져 더 이상 그에게 배울 수 없었음을 말
함. '倒景'은 거꾸로 비친 그림자. 《古文眞寶》注에 "相如〈大人賦〉:「貫列缺之倒
景.」"이라 함. '作書詆佛'은 글을 지어 佛教를 꾸짖음. 〈論佛骨表〉를 가리킴. '譏君
王'은 감히 憲宗을 나무람. '觀南海'는 南海를 둘러봄. 韓愈가 유배되었던 潮州 지
역에서의 활동을 말함. '窺衡湘'은 衡山과 湘水를 엿봄. 韓愈가 潮州에서 袁州로
유배지를 옮길 때 지났던 곳임. 《古文眞寶》注에 "謂謫潮"라 함.

【歷舜九疑弔英皇, 祝融先驅海若藏, 約束鮫鱷如驅羊】'九疑'는 九疑山. 舜임금이
남쪽을 巡遊하다가 蒼梧의 들에서 죽어 이 산에 묻혔다 함. 《초사》湘夫人의 王
逸 注에 "九疑, 山名, 舜所葬也"라 함. '弔'는 '조문하다'의 뜻. 《古文眞寶》에는 '吊'
로 되어있음. '英皇'은 女英과 娥皇. 堯의 두 딸로 둘 모두 舜의 妃가 되었는데,
舜이 蒼梧에서 죽자 뒤를 따라 湘水에 투신하여 죽어 그곳 水神이 되었다 함.
劉向《列女傳》'有虞二妃'에 "有虞二妃者, 帝堯之二女也: 長娥皇·次女英. ……舜旣
嗣位, 升爲天子, 娥皇爲后, 女英爲妃; 封象於有庳, 事瞽叟猶若初焉, 天下稱二妃聰
明貞仁. 舜陟方死於蒼梧, 號曰重華. 二妃死於江湘之間, 俗謂之湘君"이라 함. 《古
文眞寶》注에 "娥皇, 女英, 舜二妃"라 함. '祝融'은 불의 신. 南方 또는 南海의 신.
炎帝. '海若'은 바다의 신. 《莊子》秋水篇에 "北海若曰:「井鼃不可以語於海者, 拘於
虛也; 夏蟲不可以語於冰者, 篤於時也; 曲士不可以語於道者, 束於敎也.」"라 함. '藏'
은 자취를 감춤. '約束'은 묶어 맴. '鮫鱷'은 蛟龍과 鱷魚. 《東坡集》에는 '鮫鰐'으로
되어 있음.

【鈞天無人帝悲傷, 謳吟下招遣巫陽, 犦牲雞卜羞我觴】'鈞天'은 八方과 中央으로 나

넌 하늘의 중앙을 鈞天이라 함. 天帝의 도읍이 있는 곳.《列子》周穆王篇에 "淸
都紫薇, 鈞天廣樂, 帝之所居"라 함. '遣巫陽'은 그곳에 천제를 보필할 마땅한 사
람이 없자 巫陽을 보내어 韓愈를 데려감. '巫陽'은 하늘의 神巫.《楚辭》招魂에
"帝告巫陽曰:「有人在下, 我欲輔之. 魂魄離散, 汝筮與之.」"의 王逸 注에 "女曰巫, 陽,
其名也"라 하였고,《山海經》海內西經 "開明東有巫彭·巫陽"의 郭璞 注에 "皆神醫
也"라 함.《古文眞寶》注에 "謂公沒, 復歸于天, 應逝有所爲"라 함. '爆牲'은 들소
제물. '爆'은 들소. '牲'은 희생물. 제물. '雞卜'은 닭의 뼈로 치는 점으로 남방의 풍
속이라 함.《漢書》郊祀志(下)에 "昔東甌王敬鬼, 壽百六十歲. 後世怠嫚, 故衰耗,
迺命粤巫立粤祝祠. 安臺巫壇, 亦祠天神百鬼, 而以雞卜"이라 하였고, 注에 "雞卜,
持雞骨卜, 如鼠卜"이라 함. '羞'는 饈와 같음. 음식.

【於粲荔丹與蕉黃, 公不少留我涕滂, 翩然被髮下大荒】 '於'(오)는 感歎詞. '粲'은 餐과
같음.《爾雅》釋言 注에 "今河北人呼食爲粲"이라 함. '荔丹'은 남방에서 나는 붉은
荔枝. '蕉黃'는 노란 芭蕉의 열매. 곧 香蕉(바나나). 韓愈의 柳宗元 追慕文〈羅池
廟碑銘〉에 "荔子丹兮蒸葉黃"이라 함.《古文眞寶》注에 "用韓公祭柳侯之語, 祭公"
이라 함. '涕滂'은 눈물을 비 오듯 쏟음. '被髮'은 머리를 풀어헤침.《莊子》達生篇
에 "孔子觀於呂梁, 縣水三十仞, 流沫四十里, 黿鼉魚鱉之所不能游也. 見一丈夫游
之, 以爲有苦而欲死也, 使弟子並流而拯之. 數百步而出, 被髮行歌而游於塘下. 孔子
從而問焉, 曰:「吾以子爲鬼, 察子則人也. 請問, 蹈水有道乎?」"라 함. '大荒'은 大地.
原野. 인간 세상. 한유의 사당이 있는 땅. 이는 韓愈〈雜詩〉를 인용한 것임.《古文
眞寶》注에 "文公〈雜詩〉:「翩然下大荒, 被髮騎麒麟.」竟用公說, 豪逸切當"이라 함.

참고 및 관련 자료

1. 蘇東坡(蘇軾, 子瞻) 026 참조.

2. 이 글은《東坡全集》(86),《唐宋八大家文鈔》(142),《原本韓文考異》(10),《別本韓
文考異》(附錄),《東雅堂昌黎集註》(朱子校),《古文關鍵》(下),《續文章正宗》(16),《文
編》(59),《文章辨體彙選》(656),《古文淵鑑》(50),《廣東通志》(59),《金石文考略》(15),
《乾道稿》(18),《古文雅正》(12),《唐宋文醇》(49),《古文觀止》(11),《古文眞寶》(後集 8)
등에 널리 실려 있음.

3.《後村語錄》(29)에 "作文要一意到底, 有結搆說到後來, 還與起處相照. 東坡〈潮

州韓文公廟碑〉, 頭腦太大, 下正當發揮, 其排斥異端, 獨力自任之艱苦, 却接云「談笑而麾之」, 便不的當. 是東坡風度矣, 至「開衡山之雲, 馴鱷魚之暴」等句, 益沒緊要, 下面一路說開去, 遂以立廟結, 不復照顧起處矣」라 함.

4. 《聖朝仁宗皇帝御製文集》(제3집 40)에는 "氣概雄深, 光芒萬丈, 文之有關於世教者, 固振古如新也"라 함.

5. 《軌範》에는 "後生熟讀此等文章, 下筆便有氣力有光彩"라 함.

6. 《軌範》末尾 謝枋得 後語에는 "東坡平生作詩不經意, 意思淺而味短. 獨此詩與〈司馬溫公神道碑〉·〈表忠觀碑銘〉, 三詩奇絶, 皆刻意苦思之文也"라 함.

7. 《唐宋八大家文鈔》에는 "予覽此文, 不是昌黎本色, 前後議論多漫然. 然蘇長公生平氣格, 獨存故錄之"라 함.

8. 《古文雅正》에는 "韓文公, 范文正公, 歐陽文忠公三大人物, 其碑記序文, 得蘇文忠公, 以崇論閎議, 精思浩氣, 搆之大人物. 得此大手筆快哉!"라 함.

9. 宋, 洪邁 《容齋隨筆》(8) 「論韓文公」에는 "劉夢得·李習之·皇甫持正·李漢皆稱誦韓公之文, 各極其勢, 劉之語云: 「高山無窮, 太華削成; 人文無窮, 夫子挺生. 鸞鳳一鳴, 蜩螗革音; 手持文柄, 高視寰海. 權衡低昂, 瞻我所在; 三十餘年, 聲名塞天」習之云: 「建武以還, 文卑質喪; 氣萎體敗, 剝剝不讓. 撥去其華, 得其本根; 包劉越嬴, 並武同殷. 六經之風, 絶而復新; 學者有歸, 大變于文.」 又云: 「公每以爲自揚雄之後, 作者不出. 其所爲文, 未嘗效前人之言, 而固與之並.」 後進之士有志於古文者, 莫不視以爲法. 皇甫云: 「先生之作, 無圓無方; 主是歸公, 抉經之心, 執聖之權, 尙友作者. 跋邪觝異, 以扶孔子, 存皇之極, 茹古涵今, 無有端涯, 鯨鏗春麗, 驚耀天下, 栗密窈眇, 章妥句適, 精能之至, 鬼入神出. 姬氏以來, 一人而已.」 又云: 「屬文意語天出, 業孔子孟軻而侈其文. 焯焯烈烈爲唐之章.」 又云: 「如長江秋注, 千里一道, 然施於灌激, 或爽於用, 此論似爲不知公者.」 漢之語云: 「詭然而蛟龍翔, 蔚然而虎鳳躍. 鏘然而韶鈞鳴, 日光玉潔, 周情孔思. 千態萬貌, 卒澤於道德仁義, 炳如也.」 是四人者所以推高韓公, 可謂盡矣. 及東坡之碑一出, 而後衆說盡廢. 其略云: 「匹夫而爲百世師, 一言而爲天下法. 是皆有以參天地之化, 關盛衰之運.」 自東漢以來, 道喪文弊, 歷唐貞觀·開元而不能救, 獨公談笑而麾之, 天下靡然從公, 復歸於正文. 起八代之衰道, 濟天下之溺, 豈非參天地而獨存者乎? 騎龍白雲之詩, 蹈厲發越, 直到雅頌, 所謂若捕龍蛇搏虎豹者, 大哉言乎!"라 함.

10. 《示兒編》(8)(宋, 孫奕) 「破題道盡」에는 "爲文有三難: 命意上也, 破題次也, 遣辭

又其次也. 不善遣辭, 則莫能敷暢其意, 不善涵蓄題意, 破題何自而道盡哉? 則是破題尤難者也. 嘗即是而觀, 古文第一句便道盡題意, 而盡善盡羙者, 我國朝得三人焉. 歐陽文忠公〈縱囚論〉曰「信義行於君子, 刑戮施於小人」, 則一句道盡太宗求名之意矣. 其後〈韓文公廟碑〉, 蘇文忠有「匹夫而爲百世師, 一言而爲天下法」, 又一句道盡昌黎之道盡矣. 百有餘年, 而至周益公(周必大)〈三忠堂碑〉, 其曰「文章天下之公器, 萬世不可得而私也; 節義天下之大閑, 萬世不可得而踰也」, 謂文忠歐陽公以文鳴, 忠襄楊公‧忠簡胡公, 俱以忠義鳴. 故首句已道盡三公平生事實」이라 함.

11. 宋 黎靖德(編)《朱子語類》(139)에는 "向嘗聞東坡作〈韓文公廟碑〉, 一日思得頗久, 忽得兩句云「匹夫而爲百世師, 一言而爲天下法」, 遂掃將去"라 함.

12.《黃氏日抄》(59)(宋, 黃震)에는 "東坡作〈韓文公廟碑〉, 詞絢雲錦, 氣盧霄漢, 振古一奇絶也. 然一言以蔽之, 不過謂其間氣所生, 不爲死生禍福奪. 此殆坡公胷中所自得, 因之而發歟! 若文公之所以爲文者, 則似未暇盡及也. 蓋自「孟子没, 而異端作, 中國之不爲夷狄者幾希. 公始出而排斥之, 天地之所以位, 人之所以異於禽獸」. 中國之所以異於夷狄, 一一條析明盡, 而世始昭若發蒙, 孔孟而後, 所以扶植綱常者, 公一人而已. 孟子没而邪說熾, 性理之不蕩於空虛者尤希, 公始出而指喜怒哀樂愛惡欲七者以爲情. 指仁義禮智信五者以爲性. 人獨於五者之要, 指仁與義二者, 謂由是而之焉則爲道. 且謂舍是而言道者, 非吾之所謂道. 孔孟而後, 所以辨析義理者, 文公一人而已. 夫惟綱常非徒禮樂刑政之可扶也, 我朝是以復極其根於性命之源, 性非徒三品之可盡也. 我朝是以復析其微於本然之性‧氣質之性之別, 功有相因, 理日以明. 譬之事業, 文公則撥亂世而反之正者也. 我朝諸儒則於反正之後, 究極治要, 制禮作樂, 躋世太平者也. 文公之所以爲文者, 其大若此, 豈曰「文起八代之衰」, 止於文字之文而已哉!」라 함.

13.《古文眞寶》注에 "郎曰:「東坡外集載〈與吳子野書〉, 論此碑云:「文公廟碑, 近已寄去矣. 潮州自文公未到, 已有文行之士, 如趙德者, 蓋風俗之美, 久矣. 先伯父, 與陳文惠公相知, 公在政府, 未嘗日日忘潮也. 云:「潮民雖小民, 亦知禮義, 信如子野言也.」碑中已具論矣. ○洪容齋曰:「劉夢得, 李習之, 皇甫湜, 李南紀, 皆稱訟文公之文, 各極其至, 及東坡之碑, 一出而衆說盡廢, 騎龍白雲之詩, 踣厲發越, 直到雅訟, 所謂若捕龍蛇搏虎豹者」. 大哉言乎! ○秦漢以後, 振文章而反之古, 一昌黎耳. 此碑誠大題目非東坡大手筆, 誰宜爲之? 坡文之雄偉不常者, 此是也. 然方虛谷, 嘗因論感生帝之說, 而言曰:「維岳降神, 生甫及申, 詩人蓋盛言賢者之生, 不偶然, 天生之,

以昇國家, 其謂嵩高降神, 而爲此人者, 實以其稟太山喬嶽高厚非常之氣, 非果有一物, 投胎托化而生也. 俗儒不得其意, 而曰蕭何孕昂, 傅說騎箕, 下至西竺輪廻之說, 蔓延滋甚, 東坡學佛, 故亦曰「其生也有自來, 其逝也有所爲.」信如此則古今聖賢, 其生也必以其物之精英而來;其死也又必復還夫精英之元. 物者世豈有此理也哉? 此說, 亦學者所當知也. 故倂錄焉."이라 함.

036(4-5) <上田樞密書> ················ 蘇老泉(蘇明允)

추밀원 전황田況에게 올리는 글

*<上田樞密書>:田樞密은 田況(1005–1063), 자는 元鈞으로 원래 京兆 사람이나 信都로 옮겨 살았으며, 賢良方正科에 급제하여 江陵推官, 太常丞 등을 거쳐 仁宗 嘉祐 3년(1088) 樞密副使에 오른 인물. 59세에 생을 마쳤으며 太子太保에 추증되었고 시호는 宣簡. 저서로는 《奏議》(30)권이 있으며 《宋史》(292)에 傳이 실려 있음. 蘇洵이 멀리 四川 眉山에서 京兆(汴京)로 올라와 이에게 자신의 포부와 학문 및 문장 등을 설명하며 벼슬자리를 구하기 위해 올린 글이면서 구차하거나 비굴함이 없다는 평가를 받음. 《東都事略》에 "田況, 字元均, 爲人寬厚明敏, 與人若無不可, 而非義不可干也"라 함.

1/8 ————————————

하늘이 나에게 (재능을) 주신 까닭이 어찌 우연이겠습니까!

요堯임금도 단주丹朱에게 그러한 것을 줄 수가 없었고, 순舜임금도 그러한 것을 상균商均에게 줄 수가 없었으며, 고수瞽瞍는 또한 그것을 순으로부터 빼앗을 수가 없었습니다.

그것은 마음에서 발현되며 말에서 나오고 일에서 드러나는 것이니, 이처럼 확고하여 가히 바꿀 수도 없는 것입니다.

성인聖人이라 해도 남에게 줄 수가 없고, 아버지라고 해서 아들로부터 빼앗을 수도 없는 것이니, 이에 하늘이 나에게 준 까닭은 우연이 아님을 알 수 있습니다.

무릇 그것을 나에게 준 까닭은 틀림없이 나를 쓰고자 해서 일 것입니다.

天之所以與我者, 豈偶然哉!

堯不得以與丹朱, 舜不得以與商均, 而瞽瞍不得奪諸舜.

發於其心, 出於其言, 見於其事, 確乎其不可易也.

聖人不得以與人, 父不得奪諸其子, 於此見天之所以與我者, 不偶然也.

夫其所以與我者, 必有以用我也.

【天之所以與我者, 豈偶然哉】'所以與我'는 나에게 부여해 준 이유.《孟子》告子(上)에 "耳目之官不思, 而蔽於物, 物交物, 則引之而已矣. 心之官則思, 思則得之, 不思則不得也. 此天之所與我者, 先立乎其大者, 則其小者不能奪也. 此爲大人而已矣"라 함. 여기서는 蘇洵이 자부하는 자신의 학문과 문장에 대한 재능을 말함.《軌範》注에 "一篇之骨, 在此一句. 說天之所以與我者, 占得地步高, 亦從《論語》中夫子言語, 變化來"라 함.

【堯不得以與丹朱, 舜不得以與商均, 而瞽瞍不得奪諸舜】'堯'는 전설상 上古시대 五帝의 하나. 陶唐氏. 唐堯로도 부름. 祁姓이며 이름은 放勳. 帝嚳의 아들.《十八史略》(1)에 "帝堯陶唐氏: 伊祁姓, 或曰名放勛, 帝嚳子也. 其仁如天, 其知如神, 就之如日, 望之如雲, 都平陽. 茆茨不剪, 土階三等. 有草生庭, 十五日以前, 日生一葉, 以後日落一葉, 月小盡, 則一葉厭而不落, 名曰蓂莢, 觀之以知旬朔"이라 함.《史記》五帝本紀를 볼 것. '丹朱'는 堯의 아들이었으나 덕과 능력이 전혀 없고 불초하여, 堯는 천하를 아들에게 넘기지 않고 舜에게 禪讓함.《國語》楚語(上)에 注에 "朱, 堯子, 封於丹"이라 하였고《史記》五帝本紀에는 "堯知子丹朱之不肖, 不足授天下, 於是乃權授舜"이라 함.《尙書》堯典에 "胤子朱"라 하였고,〈益稷篇〉에는 "丹朱傲"라 하였으며,《漢書》律歷志에는 "堯讓天下於虞, 使子朱處丹淵爲諸侯"라 함. '舜'은 고대 五帝의 마지막 임금. 有虞氏. 姓은 姒氏, 이름은 重華. 虞舜으로도 부름. 堯임금으로부터 천하를 물려받아 帝位에 오름. 瞽瞍의 아들로 孝誠이 뛰어났던 인물로 널리 알려져 있으며 儒家에서 聖人으로 추앙함.《十八史略》(1)에 "帝舜有虞氏: 姚姓, 或曰名重華, 瞽瞍之子, 顓頊六世孫也. 父惑於後妻, 愛少子象, 常欲殺舜. 舜盡孝悌之道, 烝烝乂不格姦"이라 함. '商均'은 舜의 아들. 역시 어리석어 舜은 禹에게 천하를 물려주었음. '商' 땅에 봉해져 商均이라 부름.《史記》五帝本紀에는 "舜子商均亦不肖, 舜乃豫薦禹於天"이라 함. '瞽瞍'는《嘉祐集》에는 '瞽叟'로 되

어 있으며 순임금의 아버지로 장님이었으며 舜이 어릴 때 효를 극진히 다하였으나 계모와 배다른 아우 象과 함께 순을 죽이려 온갖 악행을 다 저질렀음.《史記》五帝本紀에 "嶽曰:「盲者子. 父頑, 母嚚, 弟傲, 能和以孝, 烝烝治, 不至姦.」"이라 함.《古文眞寶》注에 "丹朱, 堯之子;商均, 舜之子;瞽瞍, 舜之父"라 함.《軌範》注에 "第三句如此變化始有力"이라 함.

【發於其心, 出於其言, 見於其事, 確乎其不可易也】'見'(현)은 드러남. 드러냄.

【聖人不得以與人, 父不得奪諸其子; 於此見天之所以與我者, 不偶然也】성인이나 아버지라 해도 주거나 빼앗을 수 없는 것임.

【夫其所以與我者, 必有以用我也】하늘이 나에게 재능을 준 까닭은 틀림없이 나를 쓰고자 해서일 것임.

2/8 ──────────────

내가 이를 알고 있으면서 이를 실행하지 못하거나, 남에게 일러주지 않는다면 하늘이 진실로 나를 써야 하는데 내가 실로 이를 버리는 것으로써, 이러한 경우를 일러 '기천'棄天이라 합니다.

그렇다고 스스로 몸을 낮추어 나의 말을 좋아해주기를 바라며, 스스로 작게 굴어 그 도道가 사용되기를 바란다면, 하늘이 나에게 줄 까닭이 어떤 것인데 내가 이와 같이 한다면 이를 일러 '설천'褻天이라 합니다.

기천은 나의 죄요, 설천 역시 나의 죄이지만, 기천도 하지 않고 설천도 하지 않았는데 사람들이 나를 써주지 않는다면, 나를 써주지 않은 것이 죄이니 이를 일러 '역천'逆天이라 합니다.

그렇다면 기천과 설천이라는 것은 그 책임이 나에게 있지만 역천은 그 책임이 남에게 있는 것입니다.

나에게 책임이 있을 경우, 내가 장차 나의 힘이 능한 것을 모두 다하여 하늘이 나에게 부여해준 뜻을 채워 천하 후세에 비판을 면하기를 바라면 됩니다.

그러나 남에게 책임이 있을 경우, 나는 어찌 알 수 있겠습니까? 내가 무릇 내 한 몸의 책임도 면할 길을 찾을 겨를이 없는데 남을 위해 근심할 겨를이 있겠습니까?

我知之, 不得行之, 不以告人, 天固用之, 我實置之, 其名曰'棄天'.

自卑以求幸其言, 自小以求用其道, 天之所以與我者何如, 而我如此也, 其名曰'褻天'.

棄天, 我之罪也; 褻天, 亦我之罪也; 不棄不褻, 而人不我用, 不我用之罪也, 其名曰'逆天'.

然則棄天·褻天者, 其責在我; 逆天者, 其責在人.

在我者, 吾將盡吾力之所能爲者, 以塞夫天之所以與我之意, 而求免夫天下後世之譏.

在人者, 吾何知焉? 吾求免夫一身之責之不暇, 而暇爲人憂乎哉?

【我知之, 不得行之, 不以告人, 天固用之, 我實置之, 其名曰'棄天'】 '不以告人'은 하늘 로부터 부여받은 재능을 사람들에게 일러주지 않음. 벼슬이나 가르침, 작문 등 에 관심을 두지 않음을 말함. 책임을 다하지 않음을 뜻함. '置之'는 방치함. 버려 둠. '棄天'은 하늘이 준 사명을 버림.

【自卑以求幸其言, 自小以求用其道, 天之所以與我者何如, 而我如此也, 其名曰'褻 天'】 '幸其言'은 다행히 자기 말이 남에게 받아들여짐. '褻天'은 하늘이 준 재능을 모독함. 함부로 함. 허투루 함. 중시하지 않음.

【棄天, 我之罪也; 褻天, 亦我之罪也】 棄天도 褻天도 자신의 죄이므로 그렇게 할 수 없음.

【不棄不褻, 而人不我用, 不我用之罪也, 其名曰'逆天'】 棄天도 褻天도 하지 않고 있 는데 나를 써주지 않는다면 그것은 나의 죄가 아니며 이를 '逆天'이라 함.

【然則棄天·褻天者, 其責在我; 逆天者, 其責在人】 逆天은 그 책임이 나에게 있지 않 음.

【在我者, 吾將盡吾力之所能爲者, 以塞夫天之所以與我之意, 而求免夫天下後世之

譏】'塞'은 막음. 충당함. 해냄. 보답함. '譏'는 비난함. 비평함.《嘉祐集》에는 '求免
夫'가 '求免乎'로 되어 있음.

【在人者, 吾何知焉? 吾求免夫一身之責之不暇, 而暇爲人憂乎哉?】'不暇'는 겨를이
없음. 뒤의 '而暇爲人'은《嘉祐集》에는 '暇'자가 없음.

3/8 ────────────

공자孔子와 맹가孟軻는 불우하여 길에서 늙어가면서도, 게으름을 피우
지도 않았고 서운해 하지도 않았으며 부끄러워하지도 않았고 상처를 받
지도 않은 것은, 무릇 진실로 그 책임의 소재를 알고 있었기 때문이었습
니다.

그런데 위령공衛靈公, 노애공魯哀公, 제선왕齊宣王, 양혜왕梁惠王같은 무
리들은 서로 함께 어떤 일을 하기에 부족하여, 나(그들 孔孟) 역시 그것
을 알고 있었을 것이니, 생각건대 공자나 맹자 자신들은 그들 자신들의
마음을 다했을 따름입니다.

그들 공자와 맹자가 마음을 다하지 않았다면 천하 후세에 위령공, 노
애공, 제선왕, 양혜왕 같은 무리들에게 책임을 묻지 않을까 두려웠을 것
이며, 저들 역시 장차 그 책임에 대해 평계를 댈 말이 있게 될 것이니,
그렇게 되면 공자와 맹가도 장차 지하에서 제대도 눈을 감기지 못하였
을 것입니다.

孔子·孟軻之不遇, 老於道途, 而不倦不慍·不怍·不沮者, 夫固
知夫責之所在也.
衛靈·魯哀·齊宣·梁惠之徒, 不足相與以有爲也, 我亦知之矣,
抑將盡吾心焉耳.
吾心之不盡, 吾恐天下後世無以責夫衛靈·魯哀·齊宣·梁惠之
徒, 而彼亦將有以辭其責也, 然則孔子·孟軻之目, 將不瞑於地下
矣.

【孔子·孟軻之不遇, 老於道途, 而不倦不慍·不怍·不沮者, 夫固知夫責之所在也】'老
於道塗'는 길거리에서 늙음. 뜻을 이루려 길을 돌아다니다가 늙어버림. '途'는
《嘉祐集》에는 '塗'로 되어 있음. '不倦'은 싫증을 내지 않음. 《論語》述而篇에 "子
曰:「默而識之, 學而不厭, 誨人不倦, 何有於我哉?」"라 함. '不慍'은 성내거나 불만
을 갖지 않음. 《論語》學而篇에 "人不知, 而不慍, 不亦君子乎"라 함. '不怍'은 부
끄러워하지 않음. 《孟子》盡心(上)에 "仰不愧於天, 俯不怍於人, 二樂也"라 함. '沮'
는 기운을 잃음. 의욕을 잃음. 좌절감을 느끼고 상처를 받아 포기하려 함.

【衛靈·魯哀·齊宣·梁惠之徒, 不足相與以有爲也, 我亦知之矣, 抑將盡吾心焉耳】'衛
靈'은 春秋시대 衛나라 靈公(B.C.534-B.C.493년 재위) 군주. 魯哀公(B.C.494-B.
C.468년 재위)은 노나라 군주. 모두 孔子의 가르침을 제대로 받아들이지 않음. '齊
宣'은 戰國시대 齊나라 宣王(B.C.319-B.C.301년 재위), 이름은 辟彊. 梁(魏) 惠王
(B.C.369-B.C.320년 재위)은 魏(梁)나라 군주. 이름은 罃. 孟子와 같은 시대로 孟子
의 주장을 받아들이지 않음. 《嘉祐集》에는 '之徒' 다음에 '之'자가 있어 말이 이
어지는 것으로 되어 있음. '有爲'는 뜻있는 일을 하는 것. '我亦知之'의 '我'는 그
당시 군주들에 대해 孔子나 孟子가 그렇게 알고 있었을 것임을 말함. 뒤의 '吾心'
도 역시 孔孟의 마음을 뜻함. '抑'은 말을 바꿀 때 쓰는 副詞.

【吾心之不盡, 吾恐天下後世無以責夫衛靈·魯哀·齊宣·梁惠之徒, 而彼亦將有以辭
其責也, 然則孔子·孟軻之目, 將不瞑於地下矣】'辭'는 변명의 말. '不瞑'은 눈을 감
지 못함.

4/8 ——————

무릇 성인과 현인의 마음 씀씀이란 진실로 이와 같았으니, 이와 같이
하면서 살았고, 이와 같이 하면서 죽었으며, 이와 같이하여 빈천하였고,
이와 같이 하여 부귀하기도 하였으며, 올라가 하늘처럼 되고, 잠기어 심
연이 되며, 흘러 냇물이 되고, 멈추어 산이 되되, 그런 것들이 자신들의
일에는 간여하지 않으면 그들 자신들이 해야 할 일도 끝이 나고 마는
것입니다.

속으로 생각건대 괴이하게 여기는 것은, 무릇 후대의 현자들은 능히
그 몸을 잘 처신하지 못하여 기한과 곤궁을 이겨내지 못하게 되면 남에

게 도움을 부르짖는다는 점입니다.

　아! 나로 하여금 진실로 기한과 곤궁 속에 죽으라 한다면 천하 후세에 책임이 장차 틀림없이 있게 될 것인데, 저들은 자신에게 그 책임이 있다고 여기면서도 스스로는 그것을 근심으로 삼지 않는데, 내가 그 근심을 취하여 내 자신에게 더 보탠다면 역시 이미 지나친 것이 아니겠습니까?

　夫聖人賢人之用心也, 固如此, 如此而生, 如此而死, 如此而貧賤, 如此而富貴, 升而爲天, 沈而爲淵, 流而爲川, 止而爲山, 彼不預吾事, 吾事畢矣.
　竊怪夫後之賢者, 不能自處其身也, 饑寒窮困之不勝而號於人
　嗚呼! 使吾誠死於饑寒困窮耶, 則天下後世之責, 將必有在, 彼其身之責, 不自任以爲憂, 而我取而加之吾身, 不亦過乎?

【夫聖人賢人之用心也, 固如此, 如此而生, 如此而死, 如此而貧賤, 如此而富貴, 升而爲天, 沈而爲淵, 流而爲川, 止而爲山, 彼不預吾事, 吾事畢矣】'沉而爲淵' 다음에 《古文眞寶》注에 "此喩人己各有職"이라 함. '預'는 간여함. 간섭함. 《古文眞寶》注에 "預, 猶干預"라 함. '畢'은 끝냄. 모두 마침.

【竊怪夫後之賢者, 不能自處其身也, 饑寒窮困之不勝而號於人】《嘉祐集》에는 '賢者' 다음에 '之'자가 더 있음. '自處其身也' 다음에 《軌範》注에 "此一段有力"이라 함. '號於人'은 남에게 소리쳐 구원을 청함. 《軌範》注에 "此是說韓文公"이라 함.

【嗚呼! 使吾誠死於饑寒困窮耶(邪), 則天下後世之責, 將必有在, 彼其身之責, 不自任以爲憂, 而我取而加之吾身, 不亦(已)過乎?】'耶'는 '邪'와 같음. '必有在'는 반드시 책임질 자가 있음. '彼'는 책임을 져야 할 사람. 자기를 임용해 주지 않은 사람을 가리킴. '不亦'은 《嘉祐集》에는 '不已'로 되어 있음.

5/8

지금 저는 불초하니 어찌 감히 나를 성현의 반열에 놓겠습니까? 그러나 그 마음은 역시 심히 스스로 가볍게 여기지 못할 바가 있습니다.

어찌 그러하냐고요? 천하의 학자들이 누가 단번에 성인의 영역에 이르고 싶어 하지 않겠습니까?

그러나 그것을 성취하지 못함에 이르러서는 한 마디 말이라도 도에 가까웠으면 하고 바라지만 그렇게 될 수가 없습니다.

천금의 부잣집 아들은 남을 가난하게도 할 수 있고, 남을 부유하게도 할 수 있지만 하늘이 준 능력이 있지 아니하면, 비록 그토록 남을 가난하게 하거나, 남을 부유하게 할 수 있는 권력일지라도 한 마디 말이 도에 가까웠으면 하고 바란다 해도 그렇게 될 수가 없습니다.

천자의 재상은 남을 살릴 수도 있고 남을 죽일 수도 있지만 하늘이 그에게 준 능력이 있지 아니하면 비록 남을 살리고, 남을 죽이고 하는 권한이 있다 해도 한 마디 말이 도에 가까웠으면 하고 바란다 해도 그렇게 될 수가 없습니다.

今洵之不肖, 何敢亦自列於聖賢? 然其心, 有所甚不自輕者.

何則? 天下之學者, 孰不欲一蹴而造聖人之域?

然及其不成也, 求一言之幾乎道, 而不可得也.

千金之子, 可以貧人, 可以富人, 非天之所與, 雖以貧人富人之權, 求一言之幾乎道, 不可得也.

天子之宰相, 可以生人, 可以殺人, 非天之所與, 雖以生人殺人之權, 求一言之幾乎道, 不可得也.

【今洵之不肖, 何敢亦自列於聖賢? 然其心, 有所甚不自輕者】《嘉祐集》에는 '何敢亦'은 '何敢以'로, 뒤의 '有所甚不自輕'은 '亦有所不敢自輕'으로 되어 있음.
【何則? 天下之學者, 孰不欲一蹴而造聖人之域, 然及其不成也?】 '一蹴'은 한 번 발로 참. '造'는 '이르다, 도달하다'의 뜻. '至'와 같음.
【求一言之幾乎道, 而不可得也】 '幾乎道'는 거의 도에 가까움.《古文眞寶》注에 "幾,

猶近也"라 함.

【千金之子, 可以貧人, 可以富人, 非天之所與, 雖以貧人富人之權, 求一言之幾乎道, 不可得也】'千金之子'는 부잣집 자녀. '天之所與'는 하늘이 부여해준 자질. 학문과 문장의 뛰어난 재능.

【天子之宰相, 可以生人, 可以殺人, 非天之所與, 雖以生人殺人之權, 求一言之幾乎道, 不可得也】'天子之宰相'은 권력이 막강하여 백성의 生死與奪權까지 지닌 사람. 《軌範》注에 "此一段筆力尤高"라 함.

6/8 ————————

지금 저는 성인과 현인의 학술에 온힘을 쏟아온 지가 역시 이미 오래되었습니다.

저의 그 언어, 그 문장은 비록 과연 지금에 쓰일 만 한 지, 후세에 전해질 지 여부는 알 수 없습니다.

그러나 홀로 괴이히 여기는 것은 이를 터득함에 힘이 들지 아니하고, 이것이 마음에 생각으로 다가옴에 마치 혹 어떤 이가 일으켜주는 듯하며, 이를 마음에 터득하여 종이에 글로 씀에 마치 혹 누가 도와주는 듯하다는 것입니다.

무릇 어찌 도에 가까운 말이 한 마디도 없겠습니까?

천금의 부잣집 아들이나 천자의 재상으로서는 구하고자 해도 얻을 수 없는 것이 하루아침에 나에게 있게 되어, 그 때문에 마음에 터득하여 자부自負로 여기는 것이니, 아마 하늘이 역시 나에게 부여한 것일 것입니다.

今洵用力於聖人賢人之術, 亦已久矣.

其言語·其文章, 雖不識其果可以有用於今而傳於後與否.

獨怪夫得之不勞; 方其致思於心也, 若或起之; 得之心而書之紙也, 若或相之.

夫豈無一言之幾於道者乎?

千金之子, 天子之宰相, 求而不得者, 一旦在己, 故其心得以自
負, 或者天其亦有以與我也.

【今洵用力於聖人賢人之術, 亦已久矣】소순 자신이 오랫동안 성인의 학술을 공부
해 왔음을 말함.

【其言語·其文章, 雖不識其果可以有用於今而傳於後與否, 獨恠夫得之之不勞】'獨恠'
는 홀로 괴이하게 생각함. '得之'는 성현의 학문과 이상을 터득함.

【方其致思於心也, 若或起之;得之心而書之紙也, 若或相之】'致思'는 사색에 이름.
깊이 사색함. '若或起之'는 혹자가 자신의 뜻을 일으켜 주는 듯함. '若或相之'는
누군가가 도와주는 듯함.

【夫豈無一言之幾於道者乎?】《嘉祐集》에는 '者乎' 2자가 없음.

【千金之子, 天子之宰相, 求而不得者, 一旦在己, 故其心得以自負, 或者天其亦有以與
我也】'一旦'은 '하루아침에' 혹은 '뜻하지 않게'의 뜻을 표현하는 副詞語.

7/8 ──────────

지난 날, 익주益州에서 집사를 뵈었을 때 당시 저의 문장은 천협淺狹
하여 가소로웠으니, 기한과 곤궁이 제 마음을 어지럽혔고, 성률聲律과
기문記問도 역시 그에 따라 그 본체를 파괴하여 족히 볼만한 것이 되지
못하였던 것입니다.

그런데 수년 동안 물러나 산야에 묻혀 살면서 스스로 세상으로부터
영원히 버려짐을 나의 분수로 여기며 세속과는 날로 멀어지자, 크게 문
장에 마음대로 할 수 있는 힘을 얻게 되었습니다. 그리하여 옛 《시》를
지은 시인의 우유(優游, 優柔)함, 굴원과 같은 소인騷人의 청심清深, 精深함,
맹교孟郊, 孟子?와 한유韓愈의 온순溫醇, 溫淳함, 사마천司馬遷이나 반고班
固와 같은 웅강雄剛함, 손빈孫臏이나 오기吳起와 같은 간절簡切함이, 던
지고 싶은 바의 방향대로, 뜻 되지 않는 것이 없게 되었습니다.

일찍이 시험 삼아 동중서董仲舒를 생각하건대 성인의 경經을 얻었으

나 잘못되어 그 흐름은 우활迂闊함에 빠졌고, 조착鼂錯은 성인의 권도
權道을 얻었으나 잘못 흘러 속임수가 되고 말았는데, 이 두 사람의 재
능을 가지고 있으면서 잘못 흐르지 않은 자는 오직 가의賈誼라 여겼습
니다!

아깝습니다! 지금 세상에 저는 아직 그러한 사람을 만나지 못하였습
니다.

　曩者, 見執事於益州, 當時之文, 淺狹可笑, 飢寒窮困亂其心, 而
聲律記問, 又從而破壞其體, 不足觀也已.
　數年來, 退居山野, 自分永棄, 與世俗日疏闊, 得以大肆其力於
文章.
　詩人之優游, 騷人之清深, 孟韓之溫醇, 遷固之雄剛, 孫吳之簡
切, 投之所向, 無不如意.
　嘗試以爲董生, 得聖人之經, 其失也流而爲迂; 鼂錯得聖人之權,
其失也流而爲詐, 有二子之才而不流者, 其惟賈生乎!
　惜乎! 今之世, 愚未見其人也.

【曩者, 見執事於益州, 當時之文, 淺狹可笑, 飢寒窮困亂其心, 而聲律記問, 又從而
破壞其體, 不足觀也已】'曩者'는 지난 날. '執事'는 田況을 가리킴. 《古文眞寶》注
에 "執事, 謂田樞密"이라 함. '益州'는 지금의 四川省. '聲律'은 문장을 작법에 聲調
와 음률에 관한 규범. 《耆舊續聞》에 "四聲分韻, 始於沈約, 至唐以來, 乃以聲律取
士, 則今之律賦是也. 凡表啓之類, 近代聲律尤嚴. 或乖平仄, 則謂謂之失黏. 然文
人出奇, 時有不拘此格者"라 하였고, 《東都事略》穆修傳에는 "方是時學者從事聲
律, 未知爲古文, 修首爲之倡云"이라 함. '記問'은 여러 기록과 질문 등. 잡다한 지
식을 뜻함.
【數年來, 退居山野, 自分永棄, 與世俗日疏闊, 得以大肆其力於文章】'自分永棄'는 세
상으로부터 영원히 버려진 것을 스스로의 분수라 여김. 《古文眞寶》注에 "自分,
自料"라 함. '疏闊'은 관계가 소원해짐. 疏는 疎, 疏, 踈 등과 같음. '大肆'는 하고

싶은 대로 발휘함. 歐陽脩의 〈墓誌〉에 "年二十七, 始大發憤, 謝其素所往來少年, 閉戶讀書爲文辭, 歲餘, 擧進士, 再不中. 又擧茂才異等, 不中, 退而歎曰:「此不足爲吾學也.」悉取所爲文數百篇焚之. 益閉戶讀書, 絶筆不爲文辭者五六年, 乃大究六經百家之說, 得其粹精, 函蓄充溢, 抑而不發, 久之, 慨然曰:「可矣!」由是下筆, 頃刻數千言, 其縱橫上下, 出入馳驟, 必造於深微而後止"라 함.

【詩人之優游, 騒人之淸深, 孟韓之溫醇, 遷固之雄剛, 孫吳之簡切, 投之所向, 無不如意】'詩人'은 《詩》의 각 편 작자를 가리킴. '優游'는 여유 있고 자유스러움을 뜻하는 雙聲聯綿語. 《嘉祐集》에는 '優柔'로 되어 있음. '騒人'은 《楚辭》 離騷를 지은 屈原을 가리키며 轉義되어 시인을 지칭하는 말로 널리 쓰임. '淸深'은 《嘉祐集》에는 '精深'으로 되어 있음. '孟韓'은 孟郊(東野)와 韓愈(退之). 이하 《古文眞寶》 注에 "孟韓, 孟郊, 韓愈;遷固, 司馬遷, 班固;孫吳, 孫臏, 吳起"라 함. 그러나 '孟'은 혹 孟子를 일컫는 것이 아닌가 함. '溫醇'은 온화하고 잘 순화되어 익음. '蘊醇'과 같음. 《嘉祐集》에는 '溫淳'으로 되어 있음. '遷固'은 漢 武帝 때 《史記》를 저술한 司馬遷과 後漢 때 《漢書》를 지은 班固. '孫吳'는 戰國시대 兵家 孫臏과 吳起. 각각 《孫子》와 《吳子》를 남김. '簡切'은 간결하면서 절실함. '投之所向'은 투신하는 방향. '向'은 《嘉祐集》에는 '嚮'으로 되어 있음.

【嘗試以爲董生, 得聖人之經, 其失也流而爲迂;鼂錯得聖人之權, 其失也流而爲詐;有二子之才而不流者, 其惟賈生乎!】'嘗試'는 《嘉祐集》에는 '常' 한 글자로만 되어 있음. '董生'은 漢武帝 때의 董仲舒(B.C.179-B.C.104). 漢나라 때 思想家·政治家·敎育家, 今文經學의 大家. 《春秋公羊傳》에 연구가 깊었으며 景帝 때 博士가 됨. 武帝 元光 元年에 〈擧賢良大冊〉을 건의하였고 '天人感應說'을 주장함. 漢代 儒學思想의 대표적인 인물로 陰陽五行說을 중심으로 神權, 君權, 父權, 夫權 등을 주장함. 《春秋繁露》가 전해짐. 《史記》(121)와 《漢書》(56)에 傳이 있음. '迂'는 迂闊함. 실질과 거리가 멂. '鼂錯'(B.C.200-B.C.154)은 晁錯으로도 표기하며 文帝 때 太常掌故가 되어 濟南의 伏生으로 부터 《尙書》를 베껴와 今文經學을 엶. 太子舍人을 거쳐 博士에 올라 太子家令이 되어 智囊으로 불렸음. 文帝에게 對策을 올려 中大夫에 올랐다가 景帝가 즉위하자 內史에 오름. 《漢書》 藝文志에 《鼂錯》(31篇)이 저록되어 있음. 《史記》(101)와 《漢書》(49)에 傳이 있음. '權'은 權衡, 어떤 일에 대처하는 능력이나 機變 등을 이르는 말. '詐'는 속임수로 일을 처리하고자 하는 술책. '賈生'은 賈誼(B.C.200-B.C.168)는 文帝 때의 賦작가로도 유명함. 〈過秦

論〉(005)과 〈弔屈原賦〉(006)를 참조할 것.

【惜乎! 今之世, 愚未見其人也】 '其人'은 賈誼와 같은 사람. 《古文眞寶》注에 "老泉蓋
以賈生自擬"라 함.

8/8 ────────────

저는 책策 두 편을 지어 《심세深勢》와 《심적深敵》이라 이름하였고, 서
書 10편을 지어 이름을 《권서權書》라 하였습니다.

저는 산전山田 한 마지기는 있어 흉년이 들지 않는 한 굶지 않을 수
있고, 힘써 농사짓고 절약하여 쓰는 한 역시 족히 스스로 이로써 늙을
수 있습니다.

불초한 저는 족히 아까울 것은 없으나 하늘이 나에게 준 재능이라는
것은 차마 버릴 수 없고 게다가 감히 허투루 할 수도 없습니다.

집사의 이름은 천하에 가득하여 천하의 선비를 등용하거나 등용하지
않음은 집사에게 달려 있습니다.

그러므로 감히 소위 책 2편과 《권서》 10편을 바칩니다.

평소의 문장은 멀리 계셔서 많이 드릴 수가 없어, 《홍범론洪範論》과
《사론史論》 107편은 근래에 내한內翰 구양수歐陽修 공에게 바쳤습니다.

생각건대 집사와는 조석朝夕으로 서로 함께 상종相從하시면서 천하의
일을 논의하실 것이니, 이 글도 역시 아마 앞에 펼쳐놓아질 것으로 기대
합니다.

만약 무릇 그 글의 말들이 가히 쓰일 만한 것인지와 제 몸이 가히 귀
한 신분이 될 수 있는지의 여부라면, 이는 집사의 일이며 집사의 책임이
니 저에게 무슨 관여할 일이 있겠습니까?

作策二道曰《審勢》·《審敵》, 作書十篇曰《權書》.
洵有山田一頃, 非凶歲, 可以無飢; 力耕而節用, 亦足以自老.
不肖之身, 不足惜, 而天之所與者, 不忍棄, 且不敢褻也.

執事之名滿天下, 天下之士用與不用, 在執事.

故敢以所謂《策》二道,《權書》十篇爲獻.

平生之文, 遠不可多致, 有《洪範論》·《史論》十(七)篇, 近以獻內翰歐陽公.

度執事與之朝夕相從, 議天下之事, 則斯文也其亦庶乎得陳於前矣.

若夫言之可用, 與其身之可貴與否者, 執事事也, 執事責也, 於洵何有哉!

【作策二道曰《審勢》·《審敵》, 作書十篇曰《權書》】 '策'은 어떤 문제 해결을 위한 對策文이나 策論. '二道'는 두 편. 〈審勢〉와 〈審敵〉 두 편은 賈誼가 지은 策論을 본떠 지은 것이라 함. '書十篇'은 10편의 글, 〈心術〉, 〈法術〉, 〈攻守〉, 〈强弱〉, 〈用間〉의 5편과 〈高祖論〉, 〈項籍論〉, 〈子貢論〉, 〈孫武論〉, 〈六國論〉의 5편을 가리킴. '權書'는 權에 관한 글.

【洵有山田一頃, 非凶歲, 可以無飢, 力耕而節用, 亦足以自老】 '頃'은 농지 넓이의 단위. '自老'는 그것으로 늙도록 살아갈 수 있음을 말함.

【不肖之身, 不足惜, 而天之所與者, 不忍棄, 且不敢褻也】하늘이 자신에게 준 재능을 차마 포기할 수 없음.《軌範》注에 "有收拾, 有關鎖"라 함.

【執事之名滿天下, 天下之士用與不用, 在執事】천하의 선비 등용의 권한을 가지고 있음.

【故敢以所謂《策》二道,《權書》十篇爲獻】그 때문에 감히 이런 자신의 저술을 올림.

【平生之文, 遠不可多致, 有《洪範論》·《史論》十(七)篇, 近以獻內翰歐陽公】《洪範論》과《史論》은 앞의 〈上歐陽內翰書〉를 볼 것. '十篇'은《嘉祐集》에는 '七篇'으로 되어 있으며 '七'이 맞음.

【度執事與之朝夕相從, 議天下之事, 則斯文也其亦庶乎得陳於前矣】 '度'(탁)은 '헤아리다, 생각하다'의 뜻. '議天下之事' 앞에《嘉祐集》에는 '而'자가 더 있음. '得陳於前'은 앞에 펼쳐놓아지게 됨.

【若夫言之可用, 與其身之可貴與否者, 執事事也, 執事責也, 於洵何有哉】 '若夫言之'는《嘉祐集》에는 '若其言之'로 되어 있음.《軌範》注에 "責字有照應, 有關鎖"라 함.

1. 蘇洵(明允, 老泉) 023 참조.

2. 이 글은 《嘉祐集》(11), 《唐宋八大家文鈔》(108), 《古文關鍵》(下), 《古文集成》(18), 《文編》(48), 《經濟類編》(24), 《文章辨體彙選》(226), 《古文眞寶》(後集 7) 등에 실려 있음.

3. 《古文集成》에 "田樞密, 名況, 字元鈞. 其先京兆人, 後徙信都. 嘉祐三年爲樞密使. 東萊批:「此篇議論, 反覆極有法度, 切宜詳味.」"라 함.

4. 《唐宋八大家文鈔》에는 "此文骨子, 原自于〈襄陽書〉中來, 而氣特雄"이라 함.

5. 《仕學規範》(32)에는 "蘇明允〈上田樞密書〉云:「曩者, 見執事於益州, 當時之文, 淺狹可笑, 飢寒窮困亂其心, 而聲律記問, 又從而破壞其體, 不足觀也. 凡數年來, 退居草野, 自分永棄, 與世俗日疎濶, 得以大肆其力於文章. 詩人之優柔, 騷人之清深, 孟韓之溫淳, 遷固之雄剛, 孫吳之簡切, 投之所嚮, 無不如意. 常以爲董生, 得聖人之經, 其失也流而爲迂; 鼂錯得聖人之權, 其失也流而爲詐, 有二子之才而不流者, 其惟賈生乎!」"라 함.

6. 《群書考索》(21)에는 "老泉〈上田樞密書〉: 洵退居山野, 自分永棄, 與世俗日疎濶, 得以大肆其力於文章. 詩人之優柔, 騷人之清深, 孟韓之溫淳, 遷固之雄剛, 孫吳之簡切, 投之所嚮, 無不如意. 常以爲董生得聖人之經, 其失也流而爲迂; 鼂錯得聖人之權, 其失也流而爲詐, 有二子之才而不流者, 其惟賈生乎! 惜乎! 今之世愚未見其人也.」"라 함.

7. 《古文眞寶》注에 "田公, 名況, 字元鈞, 嘉祐三年, 爲樞密使. ○東萊云:「此篇議論·反覆極有法度, 最宜詳美, 意實求知, 辭不卑屈.」"이라 함.

037(4-6) ⟨上范司諫書⟩ ················ 歐陽公(歐陽脩)

사간司諫 범중엄范仲淹에게 올리는 글

⟨范司諫(范仲淹)⟩(989~1052)

＊⟨上范司諫書⟩:'范司諫'은 司諫의 직책을 부여받아 부임하러 오고 있던 范仲淹을 가리킴. 歐陽脩가 그에게 보낸 글. 이는 韓愈의 ⟨爭臣論⟩(025)의 영향을 받은 글로 두 문장은 짝을 이루고 있음. 뒤에 歐陽脩 자신도 諫官이 되어 자신의 의도대로 실천하여, 당시 蔡襄, 余靖, 范仲淹과 함께 宋 仁宗 때의 '慶曆四諫官'이라 칭송을 받았음.

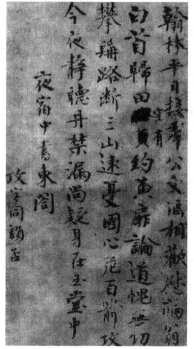

歐陽脩《詩稿》

《歐陽文忠集》

(월일. 구관具官 저는 삼가 재계목욕하고 사간司諫 학사學士 집사執事 께 절합니다.)

지난달에 진주원進奏院의 관보官報를 얻어보았더니 '진주陳州로부터 입궐하도록 불려 들어가서 사간司諫에 임명되셨다' 하더군요. 곧 편지 한 장이라도 써서 축하드리고자 하였으나, 일도 많고 바쁘고 갑작스러워 능히 그렇게 하지 못하였습니다.

사간은 7품品의 벼슬일 뿐이어서 집사범중엄께서 이를 얻었다 해서 기 뻐할 것도 못되겠지만, 그래도 유독 구구區區하게 축하를 드리고자 한 것은 진실로 간관이라는 것은 천하의 득실과 일시의 공의公議가 모두 거기에 매어있는 것이기 때문입니다.

지금 시대의 관리들은 구경九卿과 온갖 집사들로부터 밖으로 한 군 현郡縣의 관리에 이르기까지, 자신들의 도를 실행할 수 있는 귀관貴官과 대직大職이 아닌 것이 없습니다. 그럼에도 현은 그 경계를 넘어서, 군은 그 경계를 넘어서 비록 훌륭한 수장守長이라 해도 그 다른 곳의 행정을 할 수 없는 것은 그 맡은 곳이 있기 때문이요, 이부吏部의 관리라 해도 병부兵部의 일을 대신할 수 없고, 홍려鴻臚의 경卿이라 해도 광록光祿의 다스림을 대신할 수 없는 것은 그 맡은 바가 있기 때문입니다.

(月日, 具官謹齋沐拜書司諫學士執事.)

前月中, 得進奏吏報, 云「自陳州召至闕, 拜司諫」, 卽欲爲一書 以賀, 多事勿卒, 未能也.

司諫七品官爾, 於執事, 得之不爲喜, 而獨區區欲一賀者, 誠以 諫官者, 天下之得失, 一時之公議繫焉.

今世之官, 自九卿百執事, 外至一郡縣吏, 非無貴官大職, 可以 行其道也.

然縣越其封, 郡踰其境, 雖賢守長, 不得行, 以其有守也; 吏部之官, 不得理兵部, 鴻臚之卿, 不得理光祿, 以其有司也.

【(月日, 具官謹齋沐拜書司諫學士執事)】《文忠集》,《宋文選》,《文章軌範》,《古文關鍵》,
《文編》 등에는 모두 첫머리에 이 15자가 더 있음. '具官'는 사람 수를 채우기 위
해 있는 관원. 歐陽修가 자신을 겸양으로 표현한 것. '齋沐'은 齋戒하고 沐浴함.
'執事'는 일을 맡은 사람. 편지 등에서 상대방을 높여 부르는 말로 쓰임.

【前月中, 得進奏吏報, 云「自陳州召至闕, 拜司諫.」】'進奏吏報'는 進奏院의 官報. 進
奏院은 지방 州鎭의 장관들을 위해 서울에 둔 연락사무소. 조정의 공문을 받아
지방까지 전달해주고 지방의 공문을 조정에 올리는 역할을 함.《宋史》職官志에
"進奏院: 隸給事中, 掌受詔勅及三省樞密院宣箚. 六曹寺監百司符牒, 頒于諸路. 凡
章奏至, 則具事目上門下省; 約案牘及申稟文書, 則分納諸官司. 凡奏牘違戾法令者,
貼說以進"이라 함. '陳州'는 河南省에 있던 고을로 范仲淹이 그곳에 폄직되어 갔
다가 다시 司諫으로 발탁되어 入闕하라는 공문을 歐陽修가 알게 된 것임.《歐
陽文忠集》에 실려 있는 〈范文正公神道碑〉에 "公諱仲淹, 字希文. 少有大節, 常自
頌曰:「士當先天下之憂而憂, 後天下之樂而樂也.」 天聖中, 晏丞相薦公文學, 以大理
寺丞爲秘閣校理. 以言事忤章獻太后旨, 通判陳州. 久之, 上記其忠, 召拜右司諫"이
라 함.

【卽欲爲一書以賀, 多事匆卒, 未能也】'匆卒'은 바빠 짬이 없었음.《軌範》注에 "起
不立冒"라 함.

【司諫七品官爾】'七品'은 조정의 관직 品級으로 七品은 아주 높은 지위는 아님.
《古文眞寶》注에 "先立此一句, 解說在後"라 함.

【於執事, 得之不爲喜, 而獨區區欲一賀者, 誠以諫官者, 天下之得失, 一時之公議繫
焉】'區區'는 자질구레함. '得失'은 政治의 得失. '繫'는 係, 系와 같으며 매어져 있
음.《古文眞寶》注에 "此是一篇主意綱目"이라 함.

【今世之官, 自九卿百執事, 外至一郡縣吏, 非無貴官大職, 可以行其道也】'九卿'은 장
관급 높은 벼슬. '百執事'는 조정의 많은 관리들.

【然縣越其封, 郡踰其境, 雖賢守長, 不得行, 以其有守也】'封'은 封界. 縣이나 군의
경계. 자신이 관할하는 지역만 책임짐.

【吏部之官, 不得理兵部, 鴻臚之卿, 不得理光祿, 以其有司也】'吏部'는 고대 六部 중
에 文官들의 인사업무를 관장하던 部署. '鴻臚之卿'의 鴻臚는 典禮를 주관하던

부서이며 그 장은 鴻臚卿이라 불렀음. 그러나 《古文眞寶》注에 "鴻臚, 指諫官"이라 함. '光祿'은 궁궐의 건물과 음식을 관장하던 관청으로 명예직을 이르기도 하였음. '有司'는 해당되는 직책을 맡은 자를 말함.

2/6 ─────────────

만약 천하의 득실이나 생민生民의 이해, 사직의 대계大計 등의 사안 중에, 보고 듣는 바가 직무를 맡은 자에게 매어있지 않은 것이라면, 오직 재상만이 할 수 있고 간관만이 말할 수 있는 것입니다.

그러므로 옛것을 배워 도를 실행해 보겠다는 뜻을 품은 선비로서, 조정에서 벼슬을 하는 자라면 재상이 되지 못할 바엔 차라리 반드시 간관이 되겠다 하니, 간관은 비록 낮은 지위지만 재상과 동등하기 때문입니다.

찬자가 '불가하다'라고 하면 재상은 '가합니다'라 할 수 있고, 천자가 '그렇다'라고 하면 재상은 '그렇지 않습니다'라고 말할 수 있으며, 묘당廟堂에 앉아 천자와 가부를 상의할 수 있는 자는 재상입니다.

그런가하면 천자가 '옳다'고 하면 간관은 '그릅니다'라 하고, 천자가 '반드시 실행해야 한다'라 하면 간관은 '반드시 실행해서는 안 됩니다'라고 하면서, 전폐殿陛 앞에서 천자와 시비를 다툴 수 있는 자는 간관입니다.

재상은 높아 그 도를 실행하고, 간관은 낮아 그 말을 실행하니, 말이 실행되면 도도 역시 실행되는 것입니다.

若天下之得失, 生民之利害, 社稷之大計, 惟所見聞而不係職司者, 獨宰相, 可行之; 諫官可言之爾.

故士學古懷道者, 仕於朝, 不得爲宰相, 必爲諫官, 諫官雖卑, 與宰相等.

天子曰「不可」, 宰相曰「可」; 天子曰「然」, 宰相曰「不然」, 坐乎廟堂之上, 與天子相可否者, 宰相也.

天子曰「是」, 諫官曰「非」, 天子曰「必行」, 諫官曰「必不可行」,
立乎殿陛之前, 與天子爭是非者, 諫官也.

　　宰相尊, 行其道; 諫官卑, 行其言, 言行道亦行也.

【若天下之得失, 生民之利害, 社稷之大計, 惟所見聞而不係職司者, 獨宰相, 可行之;
　諫官可言之爾】'天下之得失' 다음에 《古文眞寶》注에 "應前面主張"이라 하였으며,
　'可行之' 다음에는 "添此一脚, 見諫官之重"이라 함.
【故士學古懷道者, 仕於朝, 不得爲宰相, 必爲諫官, 諫官雖卑, 與宰相等】'士學古懷
　道者'는 선비로서 옛것을 배우고 道를 실현할 뜻을 품은 자. '仕於朝'는 《文忠集》,
　《歐陽文粹》, 《唐宋八大家文鈔》, 《文章軌範》 등에는 모두 '仕於時'로 되어 있음.
　《古文眞寶》注에 "非十分見得到, 不敢下此等語"라 함.
【天子曰「不可」, 宰相曰「可」; 天子曰「然」, 宰相曰「不然」, 坐乎廟堂之上, 與天子相可
　否者, 宰相也】'廟堂'은 朝廷의 政堂. 《古文眞寶》注에 "廟堂, 指朝堂"이라 함. 끝
　에 《古文眞寶》注에 "坐立二字, 有尊卑之辨"이라 함.
【天子曰「是」, 諫官曰「非」, 天子曰「必行」, 諫官曰「必不可行」, 立乎殿陛之前, 與天子
　爭是非者, 諫官也】《古文眞寶》注에 "廟堂殿陛四字, 相可否爭是非六字, 更移易不
　得, 亦略見尊卑之辨"이라 함.
【宰相尊, 行其道; 諫官卑, 行其言, 言行道亦行也】宰相은 道를 실행하고, 諫官은 말
　로 실행함. 말로 실행하면 도 역시 실행됨.

3/6 ━━━━━━━━━━━━━━

　　구경과 백사百司, 군현의 관리는 하나의 직무를 지키는 자이며 하나의
직무에 책임을 지는 것이지만, 재상과 간관은 천하의 일을 잡고 있으니,
역시 천하의 책무를 담당한 것입니다.

　　그러나 재상과 구경 이하로서 자신의 직무에 과실을 저지른 자라면
유사有司에게 책임추궁을 받지만, 간관이 그 직무를 잃으면 군자로부터
비난을 얻게 되는 것인데, 유사의 법은 일시에 행해지고 말지만, 군자에
게 비난 받는 일은 간책簡冊에 기록되어 훤히 밝혀지며, 백세百世를 두

고 내려가면서 민멸되지 않으니 심히 두려워해야 할 것입니다.

비록 칠품의 관직이지만 천하의 책무를 책임지고 있으면서 백세의 비난을 두렵게 여겨야 하니, 어찌 중대하지 않겠습니까?

그러니 재능도 있고 게다가 현능함도 있는 자가 아니라면 능히 해낼 수 있는 것이 아닙니다.

九卿百司郡縣之吏, 守一職者, 任一職之責, 宰相諫官, 繫天下之事, 亦任天下之責.

然宰相九卿而下失職者, 受責於有司; 諫官之失職也, 取譏於君子, 有司之法, 行乎一時; 君子之譏, 著之簡冊而昭明, 垂之百世而不泯, 甚可懼也.

夫七品之官, 任天下之責, 懼百世之譏, 豈不重耶?

非材且賢者, 不能爲也.

【九卿百司郡縣之吏, 守一職者, 任一職之責, 宰相諫官, 繫天下之事, 亦任天下之責】 '任一職之責' 다음에 《古文眞寶》 注에 "又生一責字"라 함. 《宋史》에 "司諫, 凡朝政闕失, 大臣至百司, 事有違失, 皆得諫正"이라 함.

【然宰相九卿而下失職者, 受責於有司】 宰相이나 九卿 이하로 자신의 직무에 과실을 저지르는 자는 有司에게 책임을 추궁 당함.

【諫官之失職也, 取譏於君子, 有司之法, 行乎一時; 君子之譏, 著之簡冊而昭明, 垂之百世而不泯, 甚可懼也】 '譏'은 비판하여 기롱함. '取譏於君子' 다음에 《古文眞寶》 注에 "到此諫官, 又重於宰相"이라 함. '泯'(민)은 泯滅됨. 없어짐. 《古文眞寶》 注에 "愈重"이라 함.

【夫七品之官, 任天下之責, 懼百世之譏, 豈不重耶】 '夫七品之官' 다음에 《古文眞寶》 注에 "應司諫七品官耳一句"라 함. '豈不重耶' 다음에 《古文眞寶》 注에 "收拾盡結上"이라 함.

【非材且賢者, 不能爲也】 《古文眞寶》 注에 "賢才(材)二字, 應在後生下"라 함. '材'는 才와 같음.

최근에 집사께서 진주로부터 불려 오시게 되자 낙양洛陽의 사대부들은 서로 "나는 범중엄을 알며 그의 재능을 안다. 그가 오면 어사가 되지 않으면 틀림없이 간관이 될 것이다"라고 말하고 있습니다.

명령이 하달됨에 과연 그렇게 되자, 그들은 다시 "나는 범중엄을 알며 그의 어짊도 안다. 다른 날에 천자의 폐하陛下에 서서 곧은 말로 정색을 하며 얼굴을 마주하고 조정에서 논쟁을 벌일 자는, 다른 사람이 아니라 틀림없이 범중엄임을 듣게 될 것이다"라고들 합니다.

관직을 배수 받은 이래 머리를 쳐들고 발돋음을 하고 소문이 있기를 기다렸으나, 끝내 아직 그렇지 않으니 속으로 미혹하게 여깁니다.

어찌 낙양의 사대부들이 앞서는 능히 헤아렸으나, 뒤에는 능히 헤아리지 못한 때문이 아니겠습니까? 장차 집사께서 무언가를 할 일을 기다리고 계신 것입니까?

지난날 한퇴지韓退之가 〈쟁신론爭臣論〉을 지어 양성陽城이라는 자가 능히 극간極諫을 하지 못함을 비난하였었는데, 마침내 간언을 잘한 자로 드러나게 되자 사람들은 모두 "양성이 간언을 하지 않은 것이 아니라 아마도 기다릴 일이 있어 그렇게 한 것이며, 퇴지는 그 뜻을 알지도 못한 채 마구 비판한 것"이라 하였으나, 나는 그렇지 않다고 생각합니다.

한퇴지가 그 논론論을 작성할 때 양성은 간의대부諫議大夫가 된 지 이미 5년이었으며, 그 뒤 다시 2년을 지나 비로소 조정에서 육지陸贄 및 배연령裴延齡을 재상으로 삼는 일을 저지하는 일에 대해 쟁론을 벌이면서 마지麻紙를 찢고자 한 것 등 겨우 두 가지 일을 했을 뿐입니다.

近執事, 始被召於陳州, 洛之士大夫相與語曰:「我識范君, 知其材也. 其來不爲御史, 必爲諫官.」

及命下果然, 則又相與語曰:「我識范君, 知其賢也. 他日聞有立天子陛下, 直辭正色, 面爭廷論者, 非它人, 必范君也.」

拜官以來, 翹首企足, 竚乎有聞, 而卒未也, 竊惑之.

豈洛之士大夫能料於前, 而不能料於後也? 將執事, 有待而爲也?

昔韓退之作〈爭臣論〉, 以譏陽城不能極諫, 卒以諫顯, 人皆謂「城之不諫, 蓋有待而然, 退之不識其意而妄譏」, 脩獨以謂不然.

當退之作論時, 城爲諫議大夫已五年, 後又二年, 始廷論陸贄, 及沮裴延齡作相, 欲裂其麻, 纔兩事耳.

【近執事, 始被召於陳州, 洛之士大夫相與語曰:「我識范君, 知其材也. 其來不爲御史, 必爲諫官.」】'執事'는 范仲淹을 가리킴. 《古文眞寶》 注에 "執事, 指范司諫"이라 함. '御史'는 임금의 명에 의해 관리들의 비리를 지적해 내는 임무를 맡은 관리. 《宋史》 職官志에 "御史臺, 掌糾察官邪"라 함. 范仲淹이 御史 아니면 諫官의 벼슬을 맡게 될 것이라 추측함.

【及命下果然, 則又相與語曰:「我識范君, 知其賢也. 他日聞有立天子陛下, 直辭正色, 面爭廷論者, 非它人, 必范君也.」】'面爭'은 천자의 面前에서 천자와 논쟁을 함. '廷論'은 조정의 일을 토론함. 《古文眞寶》 注에 "期之也. 材賢二字, 不可移易, 惟材則可爲諫官, 惟賢則能諫以稱此官矣. 公時官於洛陽, 范公適有此除, 洛中士大夫, 有此議論, 故述所見以告之"라 함.

【拜官以來, 翹首企足, 竚乎有聞, 而卒未也, 竊惑之】'翹首企足'은 목을 길게 뽑고 발돋움을 하여 몹시 목마르게 기다리거나 고대함. '竚'는 오래 똑바로 서 있음.

【豈洛之士大夫能料於前, 而不能料於後也? 將執事, 有待而爲也】'洛'은 洛陽. 고래로 東都라 불렀음. '有待而爲'는 기다리는 일이 있어서 그렇게 하는 것임. 《古文眞寶》 注에 "本欲責之, 而故緩之. 文字節奏當然"이라 함.

【昔韓退之作〈爭臣論〉, 以譏陽城不能極諫, 卒以諫顯, 人皆謂「城之不諫, 蓋有待而然, 退之不識其意而妄譏」, 脩獨以謂不然】〈爭臣論〉(032)을 참조할 것. '以諫顯'은 간언을 잘하는 것으로 이름이 드러남. 陽城을 두고 한 말임. '以謂'는 以爲와 같음. '—라고 여김'.

【當退之作論時, 城爲諫議大夫已五年, 後又二年, 始廷論陸贄, 及沮裴延齡作相, 欲裂其麻, 纔兩事耳】'陸贄'는 唐나라 德宗 때 翰林學士로서 임금의 신임을 얻어

재상에 올랐던 인물. 《舊唐書》(139)와 《新唐書》(157)에 傳이 있음. '沮'는 沮止함. 막음. '裴延齡'은 德宗 때 인물로 陸贄를 밀어내고 재상에 오름. 《舊唐書》(135)와 《新唐書》(167)에 傳이 있음. '麻'는 麻紙. 임금의 조칙을 적은 문서나 임명장을 뜻함. 고대 원래 白麻紙와 黃麻紙를 구분하여 썼으나 白麻紙는 쉽게 벌레가 먹고 좀이 슬어 黃麻紙로 바꾸었다 함. 《文獻通考》職官考에 "故事: 中書以黃白二麻爲綸命, 重輕之辨, 其白麻皆在北院, 非國之重事, 拜授及德音赦宥, 則不得由於斯矣"라 하였고, 《翰林志》에는 "唐中書用黃白二麻爲綸命, 其後翰林專掌白麻, 中書獨用黃麻"라 하였으며, 《舊唐書》憲宗紀에는 "元和八年九月壬申, 以前朔方靈監節度使王佖爲右衛, 將相出入, 翰林草制, 謂之白麻. 至佖奏罷中書草制, 因爲例也"라 함. 《春明退朝錄》에는 "唐日曆, 貞觀十年十月, 詔:「始用黃麻紙寫詔敕.」……上元三年閏三月戊子, 敕:「制敕施行旣爲永式, 比用白紙, 多有蟲蠹, 自今以後, 尙書省頒下諸司及州下縣, 宜幷用黃紙.」라 하였고, 《雲仙散錄》에도 "貞觀中, 太宗詔:「用麻紙寫敕詔.」 高宗以白紙多蟲蛀, 尙書省頒下州縣, 竝用黃紙"라 함.

5/6 ────────────

덕종德宗 때에는 가히 일이 많았던 시기로서 벼슬을 주고받는 것도 마땅함을 잃어 반장叛將과 강신强臣들이 천하에 나열하였고, 다시 심하게 시기하면서 소인들을 진달시키고 임용하였는데, 이러한 때였음에도 어찌 한 가지 일도 말할 만한 것이 없다고 7년을 기다렸다는 것입니까?

당시의 사안으로서 어찌 배연령을 저지하고 육지를 거론하는 두 가지 일보다 급한 것이 없었겠습니까?

생각건대 아침에 관직에 임명되면 저녁에 주소奏疏를 올렸어야 한다고 여깁니다. 다행히 양성의 간관이 된지 7년만에, 마침 배연령과 육지의 일을 만나 한 번 간언을 함으로써 파직되었으니 그 책임을 면하게 된 것인데, 그 앞서 만약 5년, 6년만 하고 사업司業으로 옮겼더라면 이는 끝내 한 마디도 하지 않고 그 자리를 떠난 셈이 되고 말았을 터이니, 이런 사람에게 무엇을 취할 것이 있겠습니까?

지금 관직에 있는 자는 대체로 3년이면 한 번 옮기고, 혹 한 두 해, 심하면 반 년 만에 옮기고 있으니, 이는 또한 7년이나 기다리고 있을 수 있는 것이 아니었습니다.

지금 천자는 직접 나서서 서정庶政을 살피고 있어, 교화와 다스림이 청명淸明하여 비록 일이 없다고는 하나, 그럼에도 천리 밖에 있던 집사 그대를 불러 이 관직을 주신 것이, 어찌 정당한 논의를 듣고 옳은 말을 즐겁게 여기고자 함이 아니겠습니까?

當德宗時, 可謂多事矣, 授受失宜 叛將强臣, 羅列天下, 又多猜忌, 進任小人, 於此之時, 豈無一事可言而須七年耶?

當時之事, 豈無急於沮延齡·論陸贄兩事耶?

謂宜朝拜官而夕奏疏也, 幸而城爲諫官七年, 適遇延齡·陸贄事, 一諫而罷, 以塞其責, 向使止五年六年而遂遷司業, 是終無一言而去也, 何所取哉?

今之居官者, 率三歲而一遷, 或一二歲, 甚者半歲而遷也, 此又非可以待乎七年也.

今天子躬親庶政, 化理淸明, 雖爲無事, 然自千里, 詔執事而拜是官者, 豈不欲聞正議而樂讜言乎?

【當德宗時, 可謂多事矣, 授受失宜 叛將强臣, 羅列天下, 又多猜忌, 進任小人】 '德宗'은 唐 9대 황제. 이름은 李适. 780–805년 재위하였으며 정치가 안정되지 못하였던 때였음. '授受'는 벼슬을 내려 주고 신하는 이를 받아 임무를 다함. '進任'은 진급과 임용. 공무원의 管理를 뜻함.

【於此之時, 豈無一事可言而須七年耶】 '須'는 待와 같음. '기다리다'의 뜻.

【當時之事, 豈無急於沮延齡·論陸贄兩事耶】 '그 당시에 裴延齡을 沮止하고 陸贄를 거론하는 것보다 더 급한 일이 없었겠는가?'의 뜻. 朝廷의 다른 일도 많아 宜當 간언을 했어야 할 일들도 많아을 것임을 말함.

【謂宜朝拜官而夕奏疏也, 幸而城爲諫官七年, 適遇延齡·陸贄事, 一諫而罷, 以塞其責】 '幸而' 다음에 《古文眞寶》注에 "精神都在'幸而', '向使'兩轉上"이라 함. '塞其

責'은 그의 책망을 막음. 책임을 면함.

【向使止五年六年而遂遷司業, 是終無一言而去也, 何所取哉】'向使'는 '전에 만약 그렇게 했더라면'의 뜻. '司業'은 맡은 일. 직책. '何所取'는 '무슨 장점을 취해 칭찬해주겠는가?'의 뜻. 칭찬할 일이 없었음을 말함.

【今之居官者, 率三歲而一遷, 或一二歲, 甚者半歲而遷也】《古文眞寶》注에 "此一轉, 又繁"이라 함. 관직의 재직연한이 매우 짧아 직책에 있을 때 해야 할 일을 했어야 함.

【此又非可以待乎七年也】《古文眞寶》注에 "直從退之作論生許多說話, 更不曾斷"이라 함.

【今天子躬親庶政, 化理淸明, 雖爲無事, 然自千里, 詔執事而拜是官者, 豈不欲聞正議而樂讜言乎?】'化理'는 백성을 敎化하고 다스림. '雖爲無事' 다음에 《古文眞寶》注에 "出脫"이라 함. '讜言'은 훌륭한 말. 直言. 《漢書》班固敍傳에도 "吾久不見班生, 今日復聞讜言.」이라 함. 《古文眞寶》注에 "讜言, 猶直言"이라 함.

6/6 ─────────

그러나 지금 말을 하는 바가 있어 천하로 하여금 조정에 정사正士를 기르고 있으며, 우리 임금께서 간언을 들으심이 분명함을 알 수 있도록 하고 있다는 소문을 듣지 못하고 있습니다.

무릇 포의위대布衣韋帶한 선비들이 초모草茅에 궁벽하게 살면서, 앉아서 서사書史를 외울 때는 항상 자신이 등용되지 못함을 한스럽게 여기다가, 동용이 되고나서는 다시 "저것은 나의 직무가 아니니 감히 말하지 않겠다"라고 하고, 혹은 "나는 지위가 낮아 감히 말할 수 없다"라고 하다가, 말을 할 수 있는 지위를 얻고 나서는 "나는 기다리고 있다"라고 한다면, 이는 끝내 한 사람도 말하는 이가 없는 것이니 가히 안타까운 일이 아니겠습니까!

엎드려 생각건대 집사께서는 천자께서 등용해주신 뜻의 까닭을 생각하시고, 군자가 백세를 두고 비난할 일을 두려워하시어, 한 번 창언昌言을 진설하여 잔뜩 기대했던 희망을 채워주시어, 장차 낙양 사대부들의 의혹을 풀어주시옵소서!

그렇게 되면 지극히 다행이겠습니다(지극히 다행이겠습니다)!

　然今未聞有所言說, 使天下知朝廷有正士, 而彰吾君納諫之明也.
　夫布衣韋帶之士, 窮居草茅, 坐誦書史, 常恨不見用, 及用也, 又曰:「彼非我職, 不敢言.」或曰:「我位猶卑, 不得言.」得言矣, 又曰:「我有待.」是終無一人言也, 可不惜哉!
　伏惟執事, 思天子所以見用之意, 懼君子百世之譏, 一陳昌言, 以塞重望, 且解洛之士大夫之惑!
　則幸甚(幸甚)!

【然今未聞有所言說, 使天下知朝廷有正士, 而彰吾君納諫之明也】范仲淹이 諫官으로 이름을 드날리고 있다는 소문을 듣지 못하고 있음을 歐陽修가 안타깝게 여기며 책망한 것.

【夫布衣韋帶之士, 窮居草茅, 坐誦書史, 常恨不見用】'布衣韋帶'는 무명옷을 입고 가죽 띠를 띰. 庶民들의 복장을 뜻함. '草茅'는 풀과 띠풀. 초가집을 가리킴. 茅屋, 草屋을 뜻함.

【及用也, 又曰:「彼非我職, 不敢言.」或曰:「我位猶卑, 不得言.」得言矣, 又曰:「我有待.」是終無一人言也, 可不惜哉】'不得言' 다음에 《古文眞寶》注에 "此言不得爲諫官者"라 하였고, '得言矣'는 말할 수 있는 지위를 얻음. 즉 諫官이 됨을 말함. 다음에는 "此言得爲諫官者"라 하였으며, '我有待' 다음에는 "應前"이라 함. 《軌範》注에 "此一段, 合人情. 范公見之, 必感動"이라 함.

【伏惟執事, 思天子所以見用之意, 懼君子百世之譏, 一陳昌言, 以塞重望】'一陳昌言'은 한 번 훌륭한 말을 표출함. '昌言'은 아주 훌륭한 간언을 뜻함. 《尙書》皐陶謨篇에 "禹拜昌言曰:「兪!」"라 하였고, 益稷篇에도 "帝曰:「來禹, 汝亦昌言.」"이라 하였고, 〈釋文〉에 《聲類》를 인용하여 "讜言, 善言也"라 함. 《說文》에는 "昌, 美也"라 함. '以塞重望'은 아주 중대한 소망을 채워줌. '塞'은 '드디어 重望의 기대에 부응함, 기대를 채워줌' 등의 뜻. 《古文眞寶》注에 "應前"이라 함.

【且解洛之士大夫之惑, 則幸甚幸甚】'士大夫之惑' 다음에 《古文眞寶》에는 '幸甚'으로만 되어 있으며 注에 "應前惑字"라 함. 《古文眞寶》注에 "末六句收拾盡前意. 嚴重緊切. 包括無餘. ○古文中有三篇, 韓公〈爭臣論〉, 司馬公〈諫院題名記〉, 及歐陽公此書是也. 皆關涉大, 議論好, 千古不朽"라 함. 《軌範》注에 "有收拾, 學韓文"이라 함.

참고 및 관련 자료

1. 歐陽脩(歐陽修, 永叔, 文忠) 020 참조.

2. 이 글은 《文忠集》(66), 《歐陽文粹》(6), 《唐宋八大家文鈔》(38), 《宋文選》(2), 《宋文鑑》(113), 《古文關鍵》(上), 《文編》(46), 《事文類聚》(新集 21), 《經濟類編》(83), 《五百家播芳大全文粹》(54), 《文章辨體彙選》(225), 《古文淵鑑》(45), 《唐宋文醇》(22), 《古文約選》(2), 《古文眞寶》(後集 6) 등에 실려 있음.

3. 《軌範》에 "當與韓文公〈諍臣論〉並觀"이라 하였고, 말미에는 "歐陽公文章, 爲一代宗師. 然藏鋒斂鍔韜光沉馨, 不如韓文公之奇奇怪怪. 可喜可愕, 學韓不成, 亦不庸腐. 學歐不成, 必無精彩. 獨〈上范司諫書〉·〈朋黨論〉·〈春秋論〉·〈縱囚論〉, 氣力健光燄長, 少年熟讀, 可以發才氣, 可以生議論"이라 함.

4. 《古文淵鑑》題注에 "范仲淹其先自邠州, 徙吳縣擧進士, 累官秘閣校理. 天聖七年以請太后還政通判河中府, 徙陳州, 太后崩, 召爲右司諫"이라 함. 宋 仁宗(趙禎) 明道 2년(1033)에 지은 것임.

5. 《古文眞寶》注에 "迂齋云: 此文出退之〈爭臣論〉, 後亦頗祖其遺意, 而文字無一語與之重疊, 眞可與之爭衡. ○范仲淹時爲司諫, 未有所言, 歐公卽以書促之, 使言其後, 歐公亦除諫官, 與蔡襄·余靖, 皆以諫得名, 號慶曆四諫官. 諫諍之美, 前後鮮侶, 觀其交相責如此, 則其能不負所職宜哉!"라 함.

《文章軌範》卷5
「小心文」'有'字集

〈女人騎馬陶俑〉(隋) 1956 湖北 武漢 隋墓 출토

《文章軌範》卷5
「小心文」‘有’字集

No.	〈題目〉	作者	《古文眞寶》	備注
038	師說	韓愈	卷4 (043)	
039	獲麟解	〃	卷4 (045)	
040	雜說上	〃		
041	雜說下	〃	卷4 (044)	
042	送薛存義序	柳宗元	卷5 (062)	
043	送董邵南序	韓愈		
044	送王含秀才序	〃		
045	答李秀才書	〃		
046	送許郢州序	〃		
047	贈崔復州序	〃		
048	讀李翱文	歐陽脩		
049	讀孟嘗君傳	王安石	卷5 (073)	

"이 〈유자집有字集〉은 모두가 근엄하고 간결한 글들이다.

장옥場屋에서 시간의 제한이 있으니, 공교하면서 느린 것은 도리어 졸렬하면서 빨리 완성해 내는 것만 못하다.

논책論策의 문장은 끝을 맺을 때 대략 이러한 방법을 쓴다면 주사主司도 틀림없이 특이한 자라 평가해 줄 것이다."

「此集, 皆謹嚴簡潔之文.

場屋中日晷有限, 巧遲者不如拙速.

論策結尾, 畧用此法度, 主司亦必以異人待之.」

【此集, 皆謹嚴簡潔之文】'此集'은 제 5권의 〈有字集〉.

【塲屋中日晷有限】'塲屋'은 科場. 과거 시험장. '日晷'는 시간. '晷'(귀)는 해시계. 과거 시험에서 시간의 제한이 있어 서둘러 문장을 마무리해야 할 경우를 뜻함.

【巧遲者不如拙速】문장을 정교하고 공교하게 짓지만 느려서 시간을 맞추지 못하는 것은 도리어 약간 졸렬하나 서둘러 완성하여 시간을 지체하지 아니하는 자만 못함. 제한된 시간을 맞추는 것이 더 나음을 뜻함. 《軌範》補注에 《孫子》作戰篇曰:「兵聞拙速, 味睹巧之久也.」《文選》張景陽〈雜詩〉曰:「巧遲不足稱, 拙速乃垂名.」이라 함.

【論策結尾, 署用此法度】'論策'은 科擧 문장의 한 종류. 어떤 事案에 대한 論說文이나 對策文.

【主司亦必以異人待之】'主司'은 과거 시험을 관장하고 채점하는 일을 맡은 자. '異人'은 특이하게 뛰어난 자. 《漢書》公孫弘傳 贊에 "異人間出"이라 함. 상황과 분위기를 잘 파악하여 재치 있게 적응하는 자. '待之'는 대접을 받음. 평가를 받음.

038(5-1) 〈師說〉 ························ 韓文公(韓愈)

사설

＊〈師說〉: 唐代 스승을 모시는 것을 수치로 여기는 풍조가 만연하였지만, 어린 李
蟠이 韓愈에게 찾아와 古文을 배우겠다고 하자, 스승으로서의 道와 제자로서
스승을 모시고 배워야 하는 道理를 밝힌 것.

1/4 ─────────────

옛날에 배우는 이들에게는 반드시 스승이 있었으니, 스승이란 도를
전하고, 학업을 가르쳐 주며, 의혹을 풀어주기 위한 것이다.

사람은 태어나면서부터 아는 것이 아니니, 누군들 능히 의혹이 없을
수 있겠는가?

의혹을 가지고 있으면서도 스승을 따라 배우지 않는다면, 그의 의혹
됨은 끝내 풀리지 않을 것이다.

나보다 앞서 태어나고, 그가 도를 들음도 진실로 나보다 앞섰다면, 나
는 그를 따라 스승으로 삼는 것이며, 나보다 뒤에 태어났더라도 그가 도
를 들음이 역시 나보다 앞섰다면, 나는 그를 따라 스승으로 삼는다.

나는 도를 스승으로 삼는 것이니, 무릇 어찌 그 나이가 나보다 앞서
태어나고 뒤에 태어남을 알려고 하겠는가!

이 까닭으로 신분이 귀한 것도 없으며, 천한 것도 없고, 나이가 나보
다 어른인 것도 없고, 어린 것도 따질 필요가 없으며, 도가 존재하는 곳
이 스승이 존재하는 곳이다.

古之學者必有師: 師者, 所以傳道·授業·解惑也.
人非生而知之者, 孰能無惑?

惑而不從師, 其爲惑也, 終不解矣.

生乎吾前, 其聞道也, 固先乎吾, 吾從而師之; 生乎吾後 其聞道也, 亦先乎吾, 吾從而師之.

吾師道也, 夫庸知其年之先後生於吾乎!

是故無貴無賤, 無長無少, 道之所存, 師之所存也.

【古之學者必有師】韓愈의 〈進士策問十三首〉에 "問:「古之學者必有師.」'所以通其業, 成就其道德者也. 由漢氏已來, 師道日微. 然猶時有授經傳業者. 及于今, 則無聞矣. 德行若顔回, 言語若子貢, 政事若子路, 文學若子游, 猶且有師, 非獨如此, 孔子亦有師:問禮于老聃, 問樂于萇弘是也. 今之人不及孔子·顔回遠矣, 而且無師, 然其不聞有業不通, 而道德不成者, 何也?"라 함.

【師者, 所以傳道·授業·解惑也】'傳道'는 道(《大學》의 八條目)를 전수해줌. '受業'은 學業을 가르쳐 줌. 《論語》學而篇에 "曾子曰:「吾日三省吾身:爲人謀而不忠乎? 與朋友交而不信乎? 傳不習乎?」"라 함. '業'은 구체적인 과목. 즉 《詩》, 《書》, 《禮》, 《易》, 《春秋》, 《樂》의 六經. '解惑'은 의문이나 품고 있던 迷惑, 疑惑을 풀어주는 것. 《軌範》注에 "第一段, 先立傳道·授業·解惑, 三大綱"이라 함.

【人非生而知之者, 孰能無惑】'生而知之'는 태어나면서부터 아는 것. 흔히 聖人의 경지를 말함. 《論語》述而篇에 "子曰:「我非生而知之者, 好古, 敏以求之者也.」"라 하였고, 그 注에 "生而知之者, 氣質淸明, 義理昭著, 不待學而知也"라 함. 한편 〈季氏篇〉에도 "孔子曰:「生而知之者上也, 學而知之者次也;困而學之, 又其次也;困而不學, 民斯爲下矣.」"라 함. 《中庸》(20)에도 "或生而知之, 或學而知之, 或困而知之, 及其知之一也;或安而行之, 或利而行之, 或勉强而行之, 及其成功一也"라 함.

【惑而不從師, 其爲惑也, 終不解矣】迷惑하면서도 스승을 따르지 않는 것. 그것이 미혹한 것이며 끝내 미혹함을 해결할 수 없음. 《軌範》注에 "第二段, 說解惑, 不可無師"라 함.

【生乎吾前, 其聞道也, 固先乎吾, 吾從而師之】'固'는 '진실로'. 뜻을 강조하는 副詞. '聞道'는 도를 들음. 《論語》里仁篇에 "朝聞道, 夕死可矣"라 함.

【生乎吾後 其聞道也, 亦先乎吾, 吾從而師之】나보다 늦게 태어났으나 도를 들음이 앞섰다면 나는 그를 따라 배우며 스승으로 삼음.

【吾師道也, 夫庸知其年之先後生於吾乎】'師道'의 '師'는 述語. "도를 스승으로 삼음". '庸'은 疑問副詞. 何, 焉, 惡, 安, 詎, 胡, 豈 등과 같음. 스승으로 모시는 원칙은 태어남의 선후에 있지 않음.《古文眞寶》注에 "庸知, 猶言豈知"라 함.

【是故無貴無賤, 無長無少, 道之所存, 師之所存也】貴賤이나 長少 등에 관계없으며, 오직 도가 존재하는 곳에 스승이 존재함.《軌範》注에 "第三段, 說無貴無賤無長無少, 道之所存, 即師之所存"이라 하였고, 〈補注〉에 "蔡邕〈勸學篇〉曰:「人無貴賤, 道存則尊, 道在則是.」潘安仁〈閑居賦〉:「教無常師, 道在則是.」"라 함.

2/4 ────────────────

아! 스승의 도가 전해지지 않은 지 오래되었으니, 사람들로 하여금 의혹이 없게 하려 하기가 어렵도다!

옛날의 성인은 그 출중함이 훨씬 뛰어났건만 그래도 오히려 스승을 따라 질문을 하였는데, 오늘날의 많은 사람들은 그가 성인보다 훨씬 아래임이 심하건만 스승에게 배우기를 부끄러워하고 있다.

이 까닭으로 성인은 더욱 성명聖明해지고, 우인愚人은 더욱 어리석게 되고 말았으니, 성인이 성명해지고 우인이 어리석게 되는 까닭은 모두가 여기에서 출발이 되는 것이다!

嗟乎! 師道之不傳也久矣, 欲人之無惑也難矣!

古之聖人, 其出人也遠矣, 猶且從師而問焉; 今之衆人, 其下聖人也亦遠矣, 而恥學於師.

是故聖益聖, 愚益愚, 聖人之所以爲聖, 愚人之所以爲愚, 其皆出於此乎!

【嗟乎! 師道之不傳也久矣, 欲人之無惑也難矣】'嗟乎'는 감탄사. '師道'는 스승이 있어야 하며 스승이 있어야 하는 이유와 그 本領 등의 道.《軌範》注에 "第四段, 慨嘆後世師道之不傳, 人如何無疑惑?"이라 함.

【古之聖人, 其出人也遠矣, 猶且從師而問焉】'出人'은 남보다 出衆함. '猶且'은 '오히려, 그럼에도' 등의 뜻. '焉'은 處所나 目的語 등이 필요할 때 사용하는 終結詞.

【今之衆人, 其下聖人也亦遠矣, 而恥學於師】지금 많은 사람은 聖人에 비하면 아주 낮건만 스승에게 배우는 것을 수치로 여김.

【是故聖益聖, 愚益愚, 聖人之所以爲聖, 愚人之所以爲愚, 其皆出於此乎】聖人이 성인이 되고, 愚人이 우인이 되는 이유는 모두 여기에서 비롯됨. '聖益聖'은 《軌範》注에 "古之人"이라 하였고, '愚益愚'는 "今之人"이라 함. 그리고 〈補注〉에 《史》袁盎傳에「上日聞所不聞, 明所不知, 日益聖智; 君今自閉鉗天下之口, 而日益愚.」라 함. '出'은 由와 같으며 출발점이 됨. 《軌範》注에 "第五段, 說古之聖人, 其過人也遠矣, 猶且從師, 故聖者益聖; 今之衆人, 其不及聖人也遠矣, 而恥學于師, 故愚者益愚. 聖人之所以爲聖, 愚人之所以爲愚, 係乎從師不從師而已. 此是雙關文法, 要看他巧處"라 함.

3/4 ────────────

자식을 사랑하여 스승을 골라서 가르쳐 주면서도, 그 자신에게는 스승 두기를 부끄럽게 여기니 미혹되도다!

저 어린아이의 스승은 그에게 글을 가르치되 그 구두句讀를 학습시키는 것이지, 내가 말하는 바의 그 도를 전해주고 그 의혹을 풀어주는 자는 아니다.

구두를 모르거나 의혹을 해결하지 못하는 경우, 혹은 스승을 두기도 하고, 혹은 그렇게 하지 않고 있으니, 이는 작은 것은 배우고 큰 것은 놓치는 것으로써 나는 그들로부터 현명함을 발견할 수 없다.

무의巫醫나, 악사樂師, 그리고 온갖 직공職工들은 서로 스승을 삼기를 부끄러워하지 않는데, 사대부의 족속들은 누가 누구의 스승이니 혹 제자이니 들먹이며 무리지어 모여서 비웃는다.

그들에게 물어보면 "저 사람과 저 사람은 나이가 서로 같고, 도道도 서로 비슷하다. 지위가 낮은 자를 스승으로 삼는 것은 족히 부끄러운 일이요, 스승이 관직이 높으면 아첨에 가깝다"라고 말한다.

아! 스승의 도가 회복되지 않았음을 가히 알만하도다!

무의나 (악사), 그리고 온갖 직공들은 군자君子들이 업신여기지만, 지금 그들의 지혜에는 도리어 능히 미치지 못하고 있으니 가히 괴이한 일이로다!

愛其子, 擇師而教之, 於其身也, 則恥師焉, 惑矣!

彼童子之師, 授之書而習其句讀者也, 非吾所謂傳其道·解其惑者也.

句讀之不知, 惑之不解, 或師焉, 或不焉, 小學而大遺, 吾未見其明也.

巫醫·樂師·百工之人, 不恥相師; 士大夫之族, 曰師曰弟子云者, 則羣聚而笑之.

問之, 則曰: 「彼與彼年相若也, 道相似也. 位卑則足羞, 官盛則近諛.」

嗚呼! 師道之不復, 可知矣!

巫醫·(樂師)·百工之人, 君子不齒, 今其智乃反不能及, 可怪也歟!

【愛其子, 擇師而教之, 於其身也, 則恥師焉, 惑矣】아이에게는 스승을 택해주고 자신은 배우는 것을 수치로 여기는 것은 미혹한 것임.

【彼童子之師, 授之書而習其句讀者也, 非吾所謂傳其道·解其惑者也】'句讀'(구두)는 읽기에 편하도록 숨을 쉬거나 말을 끊는 것. '讀'는 '두'로 읽음. 《東雅堂》注에 "方云:'讀'音豆. 《周禮》天官注:「徐邈讀馬融〈笛賦〉作句, 投, 徒鬪切; 何休〈公羊序〉: 失其句讀, 不音. 山谷〈和黃冕仲〉詩, 只從如字"라 함.

【句讀之不知, 惑之不解, 或師焉, 或不焉】이 구절은 "句讀之不知, 或師焉; 惑之不解, 或不焉"의 문장 구조여야 함. 句讀를 모르는 경우 더러는 스승을 찾아가지만 미혹한 것이 풀리지 않는데도 스승을 찾지 않음. 《軌範》注에 "此是雙關文法, 要看他巧處"라 함. '或不焉' 다음에 《軌範》注에 "此是于其身也, 則恥師焉. ○此一段,

亦是愛其子, 擇師而教句讀之不知; 或師焉, 與小學相貫, 惑之不解, 或不焉, 與大遺相貫. 此是文公弄巧作文"이라 함.

【小學而大遺, 吾未見其明也】'小學而大遺'는 작은 것을 배우느라 큰 것을 잃음. '遺'는 '잃다, 놓치다, 빠뜨리다, 버리다' 등의 뜻. '未見其明'은 "그들에게서 현명함을 찾을 수 없다"의 뜻. 《軌範》注에 "第六段, 說今人愛子, 則擇師而教之. 所謂師者, 不過授書習句讀而已. 至于其身, 則恥于從師, 不以傳道·解惑爲急. 童子句讀之不知, 則爲之擇師, 其身惑之不解, 則不擇師. 是學其小而遺忘其大者, 可謂不明"이라 함.

【巫醫·樂師·百工之人, 不恥相師】'巫醫'는 병을 고치는 직업. 고대에 '巫'는 精神的인 병, '醫'는 肉身의 병을 고치는 직업이었으며 신분상 천시를 받았음. '醫'는 '毉'로도 표기함. 《論語》子路篇에 "子曰: 「南人有言曰: 『人而無恆, 不可以作巫醫.』善夫!」"라 하였고, 注에 "巫, 所以交鬼神; 醫, 所以寄死生. 故雖賤役, 而尤不可以無常, 孔子稱其言而善之"라 함. '樂師'는 樂工. 주로 盲人이 맡았으며 역시 높은 신분이 아니었음. '百工'은 각종 직공들. 물건을 만들거나 토목, 건축 등에 참여하는 직종의 사람들. 기술자, 기능공.

【士大夫之族, 曰師曰弟子云者, 則羣聚而笑之】士大夫들은 스승과 제자 사이를 두고 모여서 서로 신분이 맞지 않다고 비웃음.

【問之, 則曰: 「彼與彼年相若也, 道相似也. 位卑則足羞, 官盛則近諛.」】자신보다 지위가 낮은 자를 스승으로 삼는 것은 羞恥요, 관직이 높은 이를 스승으로 삼는 것은 阿諛에 가까운 것이라 말함.

【嗚呼! 師道之不復, 可知矣】'復'은 회복됨. 다시 살아남. 《軌範》注에 "第七段, 說巫醫·樂師·百工之人, 不恥從師. 士大夫之族, 以弟子從之, 則爲人所笑, 問其所笑者何事, 則曰弟子與師年相若, 道相似. 或曰弟子位高, 師位卑, 則足羞; 弟子無官, 師官盛, 則近諛. 此四句, 應'無長無少, 無貴無賤'八字"라 함.

【巫醫·(樂師)·百工之人, 君子不齒, 今其智乃反不能及, 可怪也歟】'(樂師)'는 《別本》, 《五百家注》, 《東雅堂》 등의 판본에 모두 들어 있음. '君子不齒'는 《五百家注》에는 '君子鄙之'로 되어 있으며 그 注에 "一作不齒"라 함. '不齒'는 '대등히 여기지 않음, 나란히 하려 하지 않음. 업신여김, 천시함. 무시함' 등의 뜻. 《古文眞寶》注에 "齒, 猶齒論"이라 함. 《軌範》注에 "第八段, 慨嘆後世不知有師道, 士大夫之族, 恥于從師. 是智不及巫醫·樂師·百工之人矣"라 함.

성인에게는 일정한 스승이 없었으니, 공자는 담자郯子, 장홍萇弘, 사양師襄, 노담老聃에게 배웠는데, 담자의 무리는 현명함이 공자에 미치지 못하였다.

공자는 "세 사람이 함께 가면, 그 중에 반드시 나의 스승이 있다"라 하였다. 이 까닭으로 제자가 반드시 스승만 못해야 할 필요도 없으며, 스승이라고 해서 반드시 제자보다 나아야 하는 것도 아니다. 도道를 들음에 있어서의 선후, 학술과 직업에 있어서의 전공, 이와 같은 것일 뿐이다.

이씨李氏의 아들 반蟠은 나이 열일곱에 고문古文을 좋아하여, 육경六經의 경전을 모두 익혀 통달하였는데, 시속時俗에 얽매이지 않고 나에게 배움을 청하기에, 나는 그가 옛 도를 능히 실행할 수 있음을 가상히 여겨 이 〈사설師說〉을 지어 그에게 주노라.

聖人無常師, 孔子師郯子·萇弘·師襄·老聃, 郯子之徒, 其賢不及孔子.

孔子曰:「三人行, 則必有我師.」是故弟子不必不如師, 師不必賢於弟子; 聞道有先後, 術業有專攻, 如斯而已.

李氏子蟠, 年十七, 好古文, 六藝經傳, 皆通習之, 不拘於時, 請學於余, 余嘉其能行古道, 作<師說>以貽之!

【聖人無常師, 孔子師郯子·萇弘·師襄·老聃】'常師'는 늘 모시고 가까이 있으면서 따라 배우는 스승. 《論語》子張篇에 "衛公孫朝問於子貢曰:「仲尼焉學?」子貢曰: 「文武之道, 未墜於地, 在人. 賢者識其大者, 不賢者識其小者. 莫不有文武之道焉. 夫子焉不學? 而亦何常師之有?」"라 한 데서 비롯된 말. '郯子'는 郯나라 子爵의 군주. 郯은 己姓, 혹 嬴姓으로 지금의 山東 郯城縣에 있던 작은 나라. 《左傳》昭公 17년에 "秋, 郯子來朝, 公與之宴. 昭子問焉, 曰:「少皥氏鳥名官, 何故也?」郯子曰:

「吾祖也, 我知之. 昔者黃帝氏以雲紀, 故爲雲師而雲名;炎帝氏以火紀, 故爲火師而
火名;共工氏以水紀, 故爲水師而水名;大皞氏以龍紀, 故爲龍師而龍名. 我高祖少
皞摯之立也, 鳳鳥適至, 故紀於鳥, 爲鳥師而鳥名, 鳳鳥氏, 曆正也;玄鳥氏, 司分者
也;伯趙氏, 司至者也;靑鳥氏, 司啓者也;丹鳥氏, 司閉者也. 祝鳩氏, 司徒也;鴡鳩
氏, 司馬也;鳲鳩氏, 司空也;爽鳩氏, 司寇也;鶻鳩氏, 司事也. 五鳩, 鳩民者也. 五雉
爲五工正, 利器用·正度量, 夷民者也. 九扈爲九農正, 扈民無淫者也. 自顓頊氏以
來, 不能紀遠, 乃紀於近. 爲民師而命以民事, 則不能故也.」仲尼聞之, 見於郯子而
學之. 旣而告人曰:「吾聞之:『天子失官, 官學在四夷』, 猶信.」이라 하여, 孔子가 郯子
에게 官職에 대해 배웠음. '萇弘'은 周 敬王 때의 대부. 《孔子家語》 觀周篇에 "與孔
子車一乘馬二疋, 豎子侍御, 敬叔與俱至周, 問禮於老聃, 訪樂於萇弘, 歷郊社之所,
考明堂之則, 察廟朝之度, 於是喟然曰:「吾乃今知周公之聖與周之所以王也.」라 하
여, 孔子가 萇弘에게 樂에 대해 배웠음. '師襄'은 樂官. 《孔子世家》에 "孔子學鼓琴
師襄子, 十日不進. 師襄子曰:「可以益矣.」孔子曰:「丘已習其曲矣, 未得其數也.」有
閒, 曰:「已習其數, 可以益矣.」孔子曰:「丘未得其志也.」有閒, 曰:「已習其志, 可以
益矣.」孔子曰:「丘未得其爲人也.」有閒, (曰)有所穆然深思焉, 有所怡然高望而遠志
焉. 曰:「丘得其爲人, 黯然而黑, 幾然而長, 眼如望羊, 如王四國, 非文王其誰能爲此
也!」師襄子席再拜, 曰:「師蓋云文王操也.」라 하여, 공자가 師襄에게서 '琴'을 배
웠음. '老聃'은 老子. 《史記》 老子傳에 "孔子適周, 將問禮於老子. 老子曰:「子所言者,
其人與骨皆已朽矣, 獨其言在耳. 且君子得其時則駕, 不得其時則蓬累而行. 吾聞之,
良賈深藏若虛, 君子盛德, 容貌若愚. 去子之驕氣與多欲, 態色與淫志, 是皆無益於
子之身. 吾所以告子, 若是而已.」孔子去, 謂弟子曰:「鳥, 吾知其能飛;魚, 吾知其能
游;獸, 吾知其能走. 走者可以爲罔, 游者可以爲綸, 飛者可以爲矰. 至於龍吾不能知,
其乘風雲而上天. 吾今日見老子, 其猶龍邪!」라 하였고, 《孔子家語》(觀周篇)에도 공
자가 老子에게서 '禮'를 배웠다고 하였음. 《五百家注》에 "韓曰:孔子至周, 問禮于
老聃, 訪樂于萇弘. 《史記》曰:「孔子學鼓琴于師襄子.」《左氏傳》曰:「郯子來朝, 孔子
問少昊氏以鳥名官之故.」○萇, 音長;郯, 音談. 國名也"라 함.

【郯子之徒, 其賢不及孔子】《五百家注》에 "補注:方舟·李石曰:「孔子問禮老聃, 學樂
萇弘, 問官名郯子. 博約琢磨, 前言往行. 又有如遲任·史佚·臧文仲, 述其語言, 文章
以盆, 其天縱之資, 要以師周公, 爲始也. 故曰:「孔子習周公.」이라 하였고, 《古文眞
寶》注에 "孔子問樂於萇弘, 問禮於老聃, 問官名於郯子, 學琴於師襄"이라 함.

【三人行, 則必有我師】《論語》述而篇에 "子曰:「三人行, 必有我師焉:擇其善者而從之, 其不善者而改之.」"라 하였고, 朱熹 注에 "三人同行, 其一我也. 彼二人者, 一善一惡, 則我從其善而改其惡焉, 是二人者皆我師也"라 함.

【是故弟子不必不如師, 師不必賢於弟子】제자가 반드시 스승만 못해야 되는 것도 아니며, 스승이 반드시 제자보다 똑똑해야 되는 것은 아님. '賢'은 '똑똑하다'의 뜻. 《論語》子張篇에 "叔孫武叔語大夫於朝曰:「子貢賢於仲尼.」子服景伯以告子貢. 子貢曰:「譬之宮牆, 賜之牆也及肩, 窺見室家之好. 夫子之牆數仞, 不得其門而入, 不見宗廟之美, 百官之富. 得其門者或寡矣. 夫子之云, 不亦宜乎!」"라 하였고, 〈憲問篇〉에는 "子貢方人. 子曰:「賜也賢乎哉? 夫我則不暇.」"라 함.

【聞道有先後, 術業有專攻, 如斯而已】聞道의 先後, 術業의 專攻에 따를 뿐임. 《古文眞寶》注에 "專攻, 猶專治"라 함. 《軌範》注에 "第九段, 說孔子無常師. 問學于萇弘, 問禮于老聃, 問琴于師襄, 問官名于郯子. 遇有事之精者, 卽問之, 卽以師待之. 此四人者, 皆不及孔子也. ○《論語》:孔子曰:「三人行, 必有我師焉. 擇其善者, 而從之;其不善者, 而改之, 皆吾師也.」 以孔子之事可觀, 弟子不必不如師, 師不必賢於弟子. 聞道在吾前, 術業有專攻者, 雖聖人亦師之, 不以爲恥, 況衆人乎?"라 함.

【李氏子蟠, 年十七, 好古文, 六藝經傳, 皆通習之, 不拘於時, 請學於余】'李氏子蟠'은 李蟠. 唐 貞元 19년에 進士가 되었음. 《五百家注》와 《東雅堂》注에 "韓曰:蟠, 貞元十九年進士"라 함. '古文'은 周秦의 經典과 諸子百家 및 漢代의 史書 등을 가리키며 이는 古文運動의 典範으로 여겨 학습 대상으로 삼았음. '六藝'는 六經. '經傳'은 經과 傳. '經'은 本文으로 聖人이 기록한 것. '傳'은 經에 대한 注釋書로 賢人이 풀이한 것. 《博物志》(6) 文籍考에 "聖人制作曰經, 賢者著述曰傳·曰章句·曰解·曰論·曰讀"이라 하여 '傳'은 《春秋》의 三傳(《穀梁傳》, 《公羊傳》, 《左傳》), 《詩》의 《毛詩傳》, 《韓詩傳》 등을 가리킴. '請學'은 《論語》子路篇 "樊遲請學稼"의 皇侃疏에 "求學種五穀之術也"라 함.

【余嘉其能行古道, 作〈師說〉以貽之】'貽'는 '주다'의 뜻. 《軌範》注에 "第十段, 收歸弟子李氏子從學之意, 作〈師說〉之因貽遺也"라 함.

참고 및 관련 자료

1. 韓文公(韓愈, 韓退之, 韓昌黎) 001 참조.
2. 이 글은 《別本韓文考異》(12), 《五百家注昌黎文集》(12), 《東雅堂昌黎集註》(12),

《唐文粹》(47),《唐宋八大家文鈔》(10),《古文關鍵》(上),《文章正宗》(12),《文編》(38),《文章辨體彙選》(427),《古文淵鑑》(35),《唐宋文醇》(1),《古文雅正》(8),《古文辭類纂》(2),《古文約選》(1),《古文觀止》(8),《古文眞寶》(後集 4) 등에 실려 있음.

3.《軌範》注에 "道者, 致知格物誠意正心齊家治國平天下之道; 業者, 六經禮樂文學之業; 惑者, 胸中有疑惑, 而未開明也"라 하였고,〈補注〉에는 "陳騤文則, 大抵文士題命篇章, 悉有所本, 自公子爲《易》說卦, 文遂有說. 柳宗元〈天說〉之類"라 함.

4.《五百家注》와《東雅堂》注에 "洪曰: 柳子厚〈答韋中立書〉云:「今之世不聞有師, 獨韓愈不顧流俗, 犯笑侮, 收召後學, 作〈師說〉, 因抗顔爲師, 愈以是得狂名.」又〈報嚴厚輿書〉云:「僕才能勇敢不如韓退之, 故不爲人師. 人之所見有同異, 無以韓責我. 余觀退之〈師說〉云: ‘弟子不必不如師, 師不必賢于弟子.’ 其言非好爲人師者也.」學者不歸子厚, 歸退之, 故子厚有此說耳"라 함.

5.《古文眞寶》注에 "洪曰: 柳子厚〈與韋中立書〉云:「韓愈奮不顧流俗, 作〈師說〉, 因抗顔而爲師.」又〈報嚴厚輿書〉云:「僕才能勇敢, 不如韓退之, 故不爲人師. 余觀退之〈師說〉云: ‘弟子不必不如師, 師不必賢於弟子.’ 其言非好爲人師者也.」○唐人不知事師, 此最可怪, 退之云:「若世無孔子, 僕不當在弟子之列.」當時宜爲師者, 非韓公其誰? 韓門如李翱, 張籍, 皇甫湜, 孟郊, 公雖不耳提面命而爲之師, 然誘掖作成, 宗主之造, 非師而何? 柳子厚雖屢謂韓公不合欲爲人師, 然柳在柳州, 士凡經子厚口講指畫, 皆有師法, 非師而何? 但惜乎二子之爲人師, 不過詞章之師耳, 雖以道爲說, 而終非道統淵源之師也. 詳見柳子厚〈答韋中立書〉"라 함.

039(5-2) <獲麟解> .... 韓文公(韓愈)

인麟을 잡았다는 데 대한 풀이

＊<獲麟解>:《春秋》魯 哀公 14년 '麟을 잡았다'(獲麟)는 기록을 두고 麟에 대해 해
석한 것임. 혹 唐 憲宗 元和 7년(812) 東川에 麟이 나타났다는 사건을 두고 韓愈
가 해명한 것이라고도 하였음. 이는 격한 심정 때문에 託意의 방법으로 쓴 문
장으로 보고 있음.

＊한편《春秋》哀公 14년 經에 "十有四年春, 西狩獲麟"이라 하였고, 《左傳》에는
"十四年春, 西狩於大野, 叔孫氏之車子鉏商獲麟, 以爲不祥, 以賜虞人. 仲尼觀之,
曰:「麟也.」然後取之."라 하였음. 그리고《公羊傳》에는 "西狩獲麟, 孔子曰:「吾道
窮矣.」"라 하였음. 杜預 注에 "麟者仁獸, 聖王之嘉瑞也. 時無明王, 出而遇獲. 仲
尼傷周道之不興, 感嘉瑞之無應, 故因《魯春秋》而修中興之敎, 絶筆於獲麟之一句,
所感而作, 固所以爲終也"라 함.

1/2 ——————————————

인麟의 신령함은 훤히 밝혀져 있으니,《시詩》에서 읊고 있고,《춘추春
秋》에 쓰여 있으며, 전기傳記와 제자백가諸子百家의 책에 섞여 나오고 있
어, 비록 부녀자나 어린아이라 할지라도 모두가 상서로운 것이라 알고
있다.

그러나 인이 동물이로되 집에서 기르지 않고, 천하에 항상 있는 것도
아니며, 그 형체도 닮은 것이 없어 마치, 말, 소, 개, 돼지, 승냥이, 이리,
고라니, 사슴 같지도 않다.

그렇다면 비록 인이 있다 할지라도 그것이 인인 줄 알 수가 없다.

뿔이 있는 것은 나는 그것이 소인 줄 알고, 갈기가 있는 것은 나는 그
것이 말인 줄 알며, 개, 돼지, 승냥이, 이리, 고라니, 사슴은 나는 그것이
개, 돼지, 승냥이, 이리, 고라니, 사슴인줄 알지만, 오직 인만은 알 수가

없다.

알 수가 없으니 그것을 상서롭지 못한 것이라 해도 역시 마땅하다.

麟之爲靈昭昭也: 詠於《詩》, 書於《春秋》, 雜出於傳記百家之書, 雖婦人小子, 皆知其爲祥也.

然麟之爲物, 不畜於家, 不常有於天下, 其爲形也不類, 非若牛馬犬豕豺狼麋鹿然.

然則, 雖有麟, 不可知其爲麟也.

角者, 吾知其爲牛; 鬣者, 吾知其爲馬; 犬豕豺狼麋鹿, 吾知其爲犬豕豺狼麋鹿, 惟麟也不可知.

不可知, 則其謂之不祥也亦宜.

【麟之爲靈昭昭也】 '麟'은 麒麟. 그러나 麒는 수컷, 麟은 암컷이라 구분하기도 함. 상상의 동물로 四靈의 하나이며 聖王이 다스릴 때 나타난다고 여겼음.《軌範》注에 "麟, 仁獸. 麕身牛尾, 一角. 角上有肉, 不食生物, 不踐生草. 王者有道則麟出. 毛蟲, 三百六十麟爲之長, 爲四靈之一"이라 함. '昭昭'는 밝은 모습. 麟에 대한 설명이나 기록은 훤히 밝혀져 있음.《五百家注》에 "孫曰:《禮記》: 麟鳳龜龍, 謂之四靈"이라 함.《軌範》注에 "言麟之爲靈物甚分明"이라 하였고, 〈補注〉에 "《禮記》禮運篇: 「麟鳳龜龍, 謂之四靈.」《大戴》曾子天圓篇曰: 「毛蟲之精者曰麟」《易本命》篇曰: 「有毛之蟲三百六十, 而麒麟爲之長.」《公羊》哀十四年傳: 「麟者, 仁獸也.」 注云: 「麟者, 太平之符, 聖人之類.」《周書》王會篇: 「麟者, 仁獸也.」《說文》: 「麒麟, 仁獸也.」《左傳》哀十四年注: 「麟者, 仁獸, 成王之嘉瑞也.」"라 함.

【詠於《詩》, 書於《春秋》, 雜出於傳記百家之書】《詩》國風〈麟之趾〉에 "麟之趾, 振振公子. 于嗟麟兮. 麟之定, 振振公姓. 于嗟麟兮. 麟之角, 振振公族. 于嗟麟兮"라 함.《軌範》注에 "《毛詩》周南有〈麟之趾〉. ○一句三字"라 함.《春秋》에는 "十有四年春 西狩獲麟"이라 하였으며, '獲麟'은 哀公 14년 "十有四年春, 西狩獲麟"을 가리킴. 흔히 孔子가 이로써《春秋》 기록을 絶筆한 것으로 되어 있으나,《公羊傳》에는 '獲麟'(B.C.481)에서 經文이 끝나지만《左氏傳》은 孔子의 죽음(B.C.479). 즉 "夏

四月己丑, 孔丘卒"에서 經文이 끝나고 있어 논란이 있음.《軌範》注에 "《春秋》魯哀公十四年:「西狩獲麟.」 ○二句四字"라 함. '傳記百家'는 옛날의 일을 기술하여 전해오는 많은 책과 諸子百家의 기록들.《軌範》注에 "歷代史傳所記, 及諸子百家書皆說麟. ○三句九字. 此是章法"이라 함. '書於'는 혹 '載於'로 된 판본도 있음.《東雅堂》注에 "書, 或作載"라 함.《古文眞寶》注에 "《公羊傳》曰:「麟, 仁獸也.」《禮記》:「麟鳳龜龍, 謂之四靈.」《鶡冠子》曰:「麟者, 元枵之精.」《廣雅》曰:「麟者, 含仁懷義, 行步中規, 折旋中矩.」 '雜出傳記百家', 此類是也"라 함.

【雖婦人小子, 皆知其爲祥也】婦人이나 어린아이도 그것이 祥瑞로운 동물이라 알고 있음.《軌範》注에 "雖婦人小子, 不出戶庭, 無高見遠識, 亦知麟出爲王者之祥瑞"라 함.

【然麟之爲物, 不畜於家, 不恒有於天下】'麟之爲物'은 기린이 형체를 띤 물체가 됨. '不畜於家'는 집에서 기르지도 않음.《軌範》注에 "然麟之爲物, 不可畜養于人家"라 함. '不恒'은《古文眞寶》등에는 '不常'으로 되어 있음.《軌範》注에 "麟爲四靈之一, 王者之嘉瑞, 王者有道, 則麟出, 不常見于天下"라 함.

【其爲形也不類, 非若牛馬犬豕豺狼麋鹿然】'不類'는 닮은 것이 없음.《軌範》注에 "麟之形, 與尋常山澤之獸, 不相類"라 하였고,〈補注〉에 "《左傳》莊公八年曰:「非君也不類"라 함. '豺狼麋鹿'은 승냥이, 이리, 고라니, 사슴 따위.《軌範》注에 "非如六畜之有馬牛犬豕, 野獸之有豺狼麋鹿, 常見其形不難辨認"이라 함.

【然則, 雖有麟, 不可知其爲麟也】麟이 있다 해도 그것이 麟인 줄을 알 수가 없음.《軌範》注에 "雖有麟出山澤間, 不可知其爲麟也"라 함.

【角者, 吾知其爲牛; 鬣者, 吾知其爲馬】'角'은 소의 뿔.《軌範》注에 "牛有角, 可辨認角類于牛者, 吾知其爲牛"라 함. '鬣'은 말의 갈기.《軌範》注에 "馬有駿鬣, 可辨認駿鬣類于馬者, 吾知其爲馬"라 함.《五百家注》에 "祝曰: 鬣,《說文》: 髮鬣.《禮記》:「夏氏黃馬蕃鬣.」 ○鬣, 音獵"이라 함.

【犬豕豺狼麋鹿, 吾知其爲犬豕豺狼麋鹿, 惟麟也不可知】오직 麟만은 알아낼 수가 없음.《軌範》注에 "犬豕豺狼麋鹿六者, 形狀皆可辨認, 出于世間, 吾皆知爲犬豕狼麋鹿. 惟麟不常出于天下, 吾亦不知其爲麟. ○《史記》老子傳: 孔子曰:「鳥吾知其能飛, 魚吾知其能游, 獸吾知其能走. 至于龍, 則不可知.」 韓文公正是學《史記》老子傳句法. 韓文公以蹈襲前言剽竊, 陳編爲恥, 變化句法, 便成新奇"라 하였고,〈補注〉에 "喩賢人君子, 世多不知也"라 함.

【不可知, 則其謂之不祥也亦宜】《五百家注》에 "孫曰:《左氏傳》:「西狩獲麟, 叔孫氏之
車子鉏商, 獲之, 以爲不祥, 以賜虞人. 仲尼觀之曰:「麟也.」然後取之"라 함.《軌範》
注에는 "有麟而人不可知其爲麟, 則其人謂之不祥也亦宜也"라 함.

2/2 ──────────────

비록 그렇기는 하나, 인이 나타나면 반드시 성인聖人이 제위帝位에 있
으니, 인은 성인을 위해 나타나는 것이며, 성인은 틀림없이 인임을 아니,
인은 과연 상서롭지 못한 것이 아니다.

또 "인이 인이 되는 까닭은 덕德으로써 그렇게 인정을 받는 것이지 형
체로써 그런 것이 아니다"라 하였다.

만약 인이 출현함에 성인을 기다리지 않는다면, 이를 두고 상서롭지
못하다고 말해도 역시 마땅할 것이로다!

　雖然, 麟之出, 必有聖人在乎位, 麟爲聖人出也; 聖人者, 必知麟,
麟之果不爲不祥也.
　又曰:「麟之所以爲麟者, 以德不以形.」
　若麟之出, 不待聖人, 則謂之不祥也, 亦宜哉!

【雖然, 麟之出, 必有聖人在乎位】인은 반드시 성인이 帝位에 있었던 伏羲, 神農,
黃帝, 堯, 舜 등 五帝 때와 禹, 湯, 文王의 三王 때 에 나타났다고 여겼음.《軌範》
補注에 "此言有堯然後有岳牧;有舜然後有禹·皐陶;有先主然後有孔明. 賢者爲明君
出, 誰有以爲不祥者乎?"라 함.
【麟爲聖人出也, 聖人者, 必知麟. 麟之果不爲不祥也】'麟爲聖人出'은《軌範》注에
"雖然, 五帝三王太平之時, 麒麟在郊藪. 麟之出, 必有五帝三王之聖人在乎位. 麟乃
爲聖人而出, 非無故而出也"라 함. '聖人者必知麟'은 聖人은 반드시 인을 알아봄.
春秋시대에 獲麟에 孔子만은 알아보았음.《軌範》注에《春秋》哀公十四年春「西狩
獲麟」.《左傳》:西狩于大野, 叔孫氏之車子鉏商獲麟, 以爲不祥, 以賜虞人. 仲尼曰:
「麟也.」然後取之. ○聖人如孔子者, 必能知麟, 有聖人知之, 可見麟之果不爲不祥也"

라 함.

【又曰:麟之所以爲麟者, 以德不以形】麟은 德으로써 인정하는 것이지 형태로써 하는 것이 아님.《軌範》注에 "此一段, 又高. 麟乃仁獸, 爲四靈之一. 麟之所以爲麟者, 以其有德不必論其形之不類"라 하였고, 〈補注〉에 "上曰爲形也不類, 尙是以麟與馬牛犬豕, 比較而言. 此直言以德不以形, 以見所謂麟者, 直指賢人, 非獸類也. 陳陶曰:「中原莫道無麟鳳, 自是皇家結網疏.」亦與公此意發."이라 함.

【若麟之出, 不待聖人, 則謂之不祥也, 亦宜哉】聖人을 기다리지 않고 麟이 나타나는 것은 상서롭지 못한 것임.《別本》과《東雅堂》본에는 '哉'자가 없으며,《東雅堂》注에 "下或有'也'字, 或有'哉'字. 宋遠孫曰:「〈關雎〉之應, 實無麟而若麟之瑞;《春秋》之作, 實有麟而非麟之時.」"라 함.《古文眞寶》注에 "方說:「出主意, 斷以爲不祥.」"이라 함.《軌範》注에 "若麟之出, 不待聖人在位之時, 上無五帝三王, 下無孔子. 必無人知之, 則其謂之不祥之物也亦宜矣"라 함.

참고 및 관련 자료

1. 韓文公(韓愈, 韓退之, 韓昌黎) 001 참조.

2. 이 글은《別本韓文考異》(12),《五百家注昌黎文集》(12),《東雅堂昌黎集註》(12),《唐文粹》(46),《唐宋八大家文鈔》(10),《文章正宗》(13),《事文類聚》(後集 36),《古文關鍵》(上),《古文集成》(65),《文編》(37),《妙絶古今》(3),《山東通志》(35-20),《文章辨體彙選》(435),《唐宋文醇》(1),《淵鑑類函》(429),《古文辭類纂》(2),《古文約選》(1),《古文觀止》(7),《古文眞寶》(後集 4) 등에 실려 있음.

3.《軌範》注에 "麟仁獸, 麇身牛尾, 一角. 角上有肉, 不食生物, 不踐生草. 王者有道, 則麟出. 毛蟲三百六十, 麟爲之長, 爲四靈之一"이라 하였고, 〈補注〉에 "《經解正義》:黃氏云:解者, 分析之名, 文則曰自有經解王言解之類, 文遂有解, 韓愈〈進學解〉之類"라 함.

4.《軌範》말미 〈補注〉에는 "此篇僅一百八十餘字, 有許多轉換往復變化, 議論不窮. 第一段說麟爲靈物, 雖婦人小子皆知其爲祥;第二轉說, 雖有麟不知其爲麟;第三轉說, 馬牛犬豕豺狼麋鹿, 吾皆知之, 惟麟不可知;第四轉說, 麟旣不可知, 則其謂之不祥也亦宜;第五轉說, 麟爲聖人而出, 聖人者, 必知麟. 旣有聖人知之, 則麟果不爲不祥也;第六轉說, 麟之所以爲麟者, 以其爲仁獸爲靈物, 不必論其形;第七轉說, 若麟之出不待聖人在位之時, 則人謂之不祥也亦宜. 人能熟讀此等文字, 筆便圓活, 便

能生議論"이라 함.

5.《東雅堂》注에 "《爾雅》曰:「麟, 麕身牛尾, 一角.」'獲麟'事, 見《春秋》魯哀公十四年. 元和七年, 麟見東川, 或疑公因此而作解. 然李翶嘗書此文以贈陸傪曰:「韓愈非玆世之文, 古之文也. 其詞與意適, 則孟軻旣没, 亦不見其有過於斯者.」傪死於貞元十八年, 則此文非元和間作也. 今按:此文有激而託意之詞, 非必爲元和獲麟而作也"라 함.

6.《別本》注에도 "方云:〈李本〉云:元和七年, 麟見東川, 疑公因此而作. 然李翶嘗書此文以贈陸傪, 傪死於貞元十八年, 則此文非元和間作也. ○今按:此文有激而托意之詞, 非必爲元和獲麟而作"이라 함.

7.《五百家注》에도 "樊曰:《春秋》:「魯哀公十四年, 西狩獲麟.」三傳之說各不同, 公既作此解. 李習之嘗書以贈陸員外傪曰:「韓愈非玆世之文, 古之文也. 其詞與意適, 則孟軻旣没, 亦不見其有過于斯者.」嘗書其一章曰:「〈獲麟解〉, 其他可以類知也.」孫曰:《爾雅》曰:「麟, 麕身牛尾, 一角.」補注:宋遠孫曰:〈關雎〉之應, 實無麟, 而若麟之瑞.《春秋》之作, 實有麟而非麟之時"라 함.

8.《唐宋八大家文鈔》에는 "文凡四轉而結思, 圓轉如游龍如轆轤. 愈變化而愈, 勁厲此奇兵也"라 함.

9.《史記》儒林列傳에도 "西狩獲麟, 曰「吾道窮矣」. 故因《史記》作《春秋》, 以當王法, 其辭微而指博, 後世學者多錄焉"이라 함.

10. 그러나 이해에 齊나라 陳恆이 임금을 시해한 사건이 일어나자 공자가 이를 토벌하도록 청하였으나, 실행되지 않아 실망하여 絶筆한 것이라고도 함. 顧棟高의 《大事表》春秋絶筆獲麟論에 "因是年請討陳恆之不行而絶筆也"라 하였고, 宋家鉉翁의 《春秋詳說》에도 "陳恆弑君, 孔子沐浴請討, 公不能用, 是歲春秋以獲麟絶筆"이라 하였으나 일부 논란이 있기도 함. 한편 '麟'은 何法盛의 〈徵祥說〉에 "牡曰麒, 牝曰麟"이라 하였고,《說文》에는 '仁獸'라 하였음.《爾雅》釋獸에는 '麝'이라 하였고 "人身, 牛尾, 一角"이라 함.

11.《孔子家語》辨物篇에는 "叔孫氏之車士曰子鉏商, 採薪於大野, 獲麟焉, 折其前左足, 載以歸. 叔孫以爲不祥, 棄之於郭外, 使人告孔子曰:「有麝而角者, 何也?」孔子往觀之, 曰:「麟也, 胡爲來哉? 胡爲來哉?」反袂拭面, 涕泣沾衿. 叔孫聞之, 然後取之. 子貢問曰:「夫子何泣爾?」孔子曰:「麟之至爲明王也, 出非其時而見害, 吾是以傷焉.」"이라 하여 叔孫氏가 이를 사냥물로 인정하여 거두어들인 것으로 되어 있음.

12.《古文眞寶》注에는 "《春秋》魯哀公十四年, 魯叔孫氏西狩獲麟, 此篇名〈獲麟解〉, 只當以《春秋》獲麟論. 麟爲聖王之瑞, 本祥也, 然春秋之末, 聖王不作, 孔子雖大聖, 而戹窮在下, 麟不當出而出, 反所以爲不祥. 此篇以一'祥'字, 反覆言之: 始以爲祥, 繼疑其不祥; 未幾, 又以爲不爲不祥, 末明斷之以爲不祥. 與柳文〈復乳穴記〉, 反覆以'祥'字議論, 同一機軸, 宜參看. 或謂「元和七年(812), 麟見東川, 疑公因此而作」, 文公〈考異〉謂:「此文有激而託意之辭, 非必爲元和獲麟而作也.」○又「角者, 吾知其爲牛」一節, 東萊批云:「蘇文〈樂論〉, 學此下句.」非也. 退之·老蘇(蘇洵)皆是學孔子語耳.《莊子》載夫子稱老聃曰:「鳥, 吾知其能飛; 魚, 吾知其能遊; 獸, 吾知其能走. 走者, 可以爲網; 遊者, 可以以綸; 飛者, 可以爲繒; 至於龍, 吾不能知其乘風雲而上天, 吾今見老子, 其猶龍耶!」老蘇〈樂論〉則曰:「雨, 吾見其所以濕萬物; 日, 吾見其所以燥萬物; 風, 吾見其所以動萬物也, 隱隱彭彭而謂之雷, 彼何用也? 陰凝而不散, 物蟄而不逐, 雨之所不能濕, 日之所不能燥, 風之所不能動, 雷一震焉, 而凝者散, 蟄者逐.」以此見好文法, 未始無所本也. 但退之, 用'牛馬麋鹿'等實字, 置之句終, 老蘇直用'風雨'等字, 揭之句端, 此微不同耳"라 함.

040(5-3) 〈雜說〉(上) .... 韓文公(韓愈)

잡설(상)

*〈雜說〉(上): 韓愈의 〈雜說〉4편, 즉 '龍說', '善醫', '崔山君傳', '伯樂' 중 제 1편으로 龍에 대한 '托物見志'의 글임. 한편 '雜說'이란 문체의 형식에 얽매이지 않고 느낀 바를 자유롭게 쓴 것임. 吳訥의 《文章辨體序說》에 "文而謂之雜者何? 或評議古今, 或詳論政教, 隨所著立名, 而無一定之體也"라 하였음.《唐宋八大家文鈔》注에는 "〈雜說〉四首, 並變幻奇詭不可端倪"라 함. 이 '龍說'은 용과 구름을 비유하여 '君臣遇合'을 강조한 것임. 불과 114자의 짧은 글이나 변화가 무쌍하여 方苞는 "尺幅其狹而層疊縱宕, 若崇山廣墊, 使觀者不能窮其際"《古文約選》라 하였고, 淸代 李光地는 "此篇取類至深, 寄托至廣. 精而言之, 如道義之生氣, 德行之發爲事業文章; 大而言之, 如君臣之遇合, 朋友之求應, 聖人之風之興起百世, 皆是也"《唐宋文醇》라 함.

1/2 ─────────────

용龍이 기운을 불어내어 구름이 이루어지는 것이다.

구름은 진실로 용보다 신령스럽지 못하지만, 그러나 용은 이 기운을 타고 망양茫洋히 하늘 공간을 다하여 일월에 접근하고, 빛과 그림자를 막으며, 벼락과 번개에 감응하며, 변화를 신묘하게 부리며, 땅에 비를 내리고, 언덕과 골짜기를 엄몰시키니, 구름 역시 신령스럽고 괴이한 것이로다!

구름은 용이 능히 그토록 신령스럽도록 만들 수가 있지만, 용의 신령스러움이라면 구름이 능히 그를 그토록 신령스럽게 만들 수 있는 것은 아니다.

龍嘘氣成雲.
雲固弗靈於龍也, 然龍乘是氣, 茫洋窮乎玄間, 薄日月, 伏光景,感震電, 神變化, 水下土, 汩陵谷, 雲亦靈怪矣哉!
　雲, 龍之所能使爲靈也; 若龍之靈, 則非雲之所能使爲靈也.

【龍噓氣成雲】용이 기를 뿜어내면 구름을 이룸. '噓'는 呼, 吹와 같은 뜻. 〈補注〉에
《說文》:「噓, 吹也.」《莊子》天運:「孰噓吸是?」徐无鬼:「仰天而噓.」聲類出氣急曰吹,
緩曰噓'라 함.
【雲固弗靈於龍也】구름은 용만큼 신령스러울 수 없음. 〈補注〉에 "喩賢臣. ○此謂聖
君以官爵祿位與賢臣, 然後賢臣可以立事業. 賢臣之賢, 豈能及聖君之聖哉!"라 함.
【然龍乘是氣, 茫洋窮乎玄間, 薄日月, 伏光景, 感震電, 神變化, 水下土, 汩陵谷, 雲亦
靈怪矣哉!】'茫洋'은 아득하고 망망함을 뜻하는 雙聲連綿語. '玄間'은 太空. '玄'은
天玄地黃에서의 玄. 즉 하늘의 빈 공간을 말함. '薄日月'의 '薄'은 迫과 같음. 逼近
함. 아주 가까이 접근함. '伏光景'의 '伏'은 遮蔽의 뜻. 감춤. 저장함. '光景'은 光影
과 같음. 빛과 그에 의한 그림자. '景'은 影과 같음. '汩陵谷'의 '汩'은 '汨'과 같으며
沒의 뜻. 음은 골(骨). 빠뜨려 淹沒시킴을 뜻함.《軌範》注에 "此謂聖君任賢臣, 可
以立天下之大事, 成天下之大功, 變而通, 神而明, 有許多勳業"이라 함. '雲亦靈怪
矣哉'는《軌範》注에 "賢臣之功業, 亦非常. ○此謂賢臣之才, 固亦奇特矣"라 함.
【雲, 龍之所能使爲靈也; 若龍之靈, 則非雲之所能使爲靈也】용의 신령함은 구름이
그를 신령하게 만드는 것은 아님.《軌範》注에 "此謂若聖君之聖, 則非人臣之所能
使之爲聖也"라 함.

2/2

　그러나 용이 구름을 얻지 못하면 그 신령스러움을 발휘할 수 없으니,
그 기대고 의지할 바를 잃고는 진실로 아무것도 할 수 없는 것이로다!
　기이하도다! 그 기대고 의지하는 바를 용은 스스로 만들어내고 있음
이여.
　《역易》에 "구름은 용을 따른다"라 하였으니, 이미 용이라고 일컬었으
니 구름은 이를 따르게 마련인 것이다.

　然龍不得雲, 無以神其靈矣, 失其所憑依, 信不可歟!

異哉! 其所憑依, 乃其所自爲也.
《易》曰:「雲從龍.」旣曰龍, 雲從之矣.

【然龍不得雲, 無以神其靈矣】《軌範》注에 "聖君不得賢臣, 亦無以成治功. ○此謂然
而聖君弗得賢臣, 無以轉賢於聖德, 雖有聖人之天資, 亦不足以成天下之大功, 其聖
德不光明也"라 함.

【失其所憑依, 信不可歟!】'憑依'는 기대고 의지함. '信'은 副詞. '진실로'의 뜻.《軌
範》注에 "此謂爲人君而無賢臣, 如人無股肱, 無耳目, 失其所憑, 失其所依, 信不可
歟!"라 함.

【異哉! 其所憑依, 乃其所自爲也】'自爲'는 그 스스로 만들어 냄. 용이 자신이 의지
할 바, 즉 구름을 스스로 만들어 냄.《軌範》注에 "此謂'異哉! 聖君之所憑依者,
賢臣'. 賢臣所爲之事業, 卽聖君之所自爲也"라 함.

【《易》曰:「雲從龍.」旣曰龍, 雲從之矣】《易》乾卦 文言傳(上)에 "九五曰「飛龍在天, 利
見大人」, 何謂也? 子曰:「同聲相應, 同氣相求; 水流溼, 火就燥, 雲從龍, 風從虎; 聖
人作而萬物覩; 本乎天者親上, 本乎地者親下, 則各從其類也.」"라 함.《軌範》注에
"此謂賢臣, 必從聖君. 旣曰聖君, 必有賢臣, 起而補佐之. ○此謂旣有聖君在上, 賢臣
必起而從之矣"라 함.《古文眞寶》注에는 "有聖君, 然後有賢臣. ○〈雜說〉二篇, 上
篇以雲龍比君相; 下篇以伯樂知馬, 比賢相知人. 世無賢相, 卽不知人才, 其曰「其眞
無馬耶? 其眞不知馬耶」者, 頓挫感慨. 上下篇, 可參考"라 함.

참고 및 관련 자료

1. 韓文公(韓愈, 韓退之, 韓昌黎) 001 참조.

2. 이 글은《東雅堂昌黎集註》(11),《別本韓文考異》(11),《唐宋八大家文鈔》(10),《唐
文粹》(47),《古今事文類聚》(後集 33),《古文關鍵》(上),《文章正宗》(13),《文編》(38),《文
章辨體彙選》(427),《唐宋文醇》(1),《說郛》(29 下),《古文辭類纂》(2),《古文約選》(1),
《古文觀止》(7) 등에 널리 실려 있음.

3.《軌範》注에 "此篇主意, 謂聖君不可無賢臣, 賢臣不可無聖君, 聖賢相逢, 精聚
神會, 斯可成天下之大功"이라 하였고, 〈補注〉에 《韓非》愼勢:愼子曰:「飛龍乘雲, 騰
蛇遊霧. 雲罷霧霽, 而龍蛇與蚓螾同矣. 則失其所乘也.」王褒〈聖主得賢臣頌〉:「世必

有聖知之君, 而後有賢明之臣. 故虎嘯而風冽, 龍興而致雲.」《後漢書》郎顗傳:「夫賢者化之本, 雲者雨之具也. 得賢而不用, 猶久陰而不雨也.」韓公此篇所本"이라 함.

041(5-4) 〈雜說〉(下) ···················· 韓文公(韓愈)

잡설(하)

*〈雜說〉:이는 韓愈〈雜說四
首〉, 즉 〈龍噓氣成雲〉(龍),
〈善醫者〉(醫), 〈崔山君傳〉(鶴)
과 본편(馬) 중 마지막 편으
로 千里馬를 비유하여, 아무
리 뛰어난 자라 해도 知己를
만나지 못하면 그 큰 뜻을 펼
수 없음을 강조한 것.

〈馬踏飛燕〉1969 甘肅 武威 雷臺 東漢墓 출토

1/2 ─────────────

세상에 백락伯樂이 있은 후에야 천리마가 있게 된다. 천리마는 항상
있으되 백락은 언제나 있는 것이 아니다.

그러므로 비록 명마名馬가 있을지라도 그저 노예의 손에서 모욕이나
당하다가 마구간 구유와 마판에서 다른 말들과 나란히 죽게 되어 천리
마로 불리지 못한다.

천리마라면 한 끼에 혹 곡식 한 섬을 먹어치우는데도 말을 먹이는 자
는 그 말이 능히 천리를 달릴 수 있음을 알지 못한 채 먹인다.

世有伯樂, 然後有千里馬; 千里馬常有, 而伯樂不常有.
故雖有名馬, 祗辱於奴隸人之手, 騈死於槽櫪之間, 不以千里稱
也.
馬之千里者, 一食或盡粟一石; 食馬者, 不知其能千里而食也.

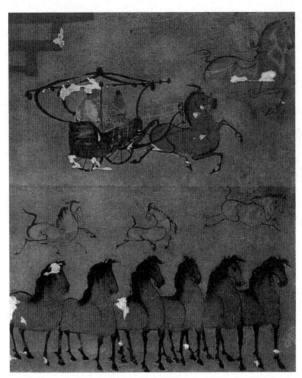

【世有伯樂, 然後有千里馬; 千里馬常有, 而伯樂不常有】'伯樂'은 《淮南子》와 《列子》, 《莊子》 등에는 춘추시대 秦穆公 때 사람으로 相馬에 뛰어났던 孫陽(자는 伯樂)이라 하였고, 《荀子》와 《呂氏春秋》 등에는 춘추 말 趙簡子의 마부였던 王良을 가리키는 것으로도 보았음. 그러나 뒤에 의술에 뛰어난 명의를 '扁鵲'이라 하듯이 말에 대해 아주 잘 아는 자를 일컫는 사람을 지칭하는 의미로

〈牧馬圖〉 벽화(東漢) 내몽고 후허호트 호린게르 발굴

널리 쓰임. 원래는 별 이름으로 天馬를 관장하였다 함. 그 후 知己·知人의 뜻으로 쓰이기도 함. 《軌範》注에 "知人者. ○伯樂, 姓孫名陽. 善相馬. 天上有一星, 名伯樂. 在天厩星之旁, 人見孫陽識馬, 因號之曰伯樂"이라 함. 《古文眞寶》注에 "《莊》馬蹄:「伯樂善治馬.」注:伯樂姓孫, 名陽, 善馭馬而氏. 《星經》云:伯樂天星名, 主典天馬. 孫陽善馬, 故以爲名. 謝云:以伯樂喩知人者"라 함. '千里馬'는 《軌範》注에 "異材. ○此謂有賢宰相, 然後有英雄豪傑爲之用"이라 하였고, 〈補注〉에 "《呂覽》知士篇曰:「今有千里之馬, 於此非得良工, 猶若弗取. 良工之與馬也, 相得, 則然後成. 譬之若枹之與鼓, 夫士亦有千里, 高節死義. 此士之千里也.」〈分職篇〉:「夫馬者, 伯樂相之, 趙父御之, 賢主乘之, 一日千里. 無御相之勞, 而有其功, 則知所乘矣.」《文選》曹子建〈表逞千里之任〉. 李善注:「孫卿子曰:『夫驥一日而千里也.』」라 함. 《古文眞寶》注에도 "謝云:比有異材. ○此謂有賢宰相, 然後有英雄豪傑爲之用"이라 함. '常有'는 《軌範》과 《古文眞寶》注에 "異材"라 함. '不常有'는 《軌範》注에 "知人

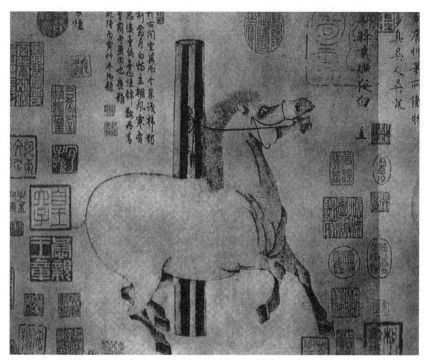

〈照夜白圖〉韓幹(唐) 미국 뉴욕메트로미술관 소장

者. ○此謂:英雄豪傑常有, 而宰相知人者不常有"라 하였고,《古文眞寶》注에 이
를 인용하여 "知人者. ○謝云:此比爲英雄豪傑常有, 而賢宰相知人者不常有"라
함.

【故雖有名馬, 祗辱於奴隷人之手, 騈死於槽櫪之間, 不以千里稱也】'名馬'는《軌範》
注에 "異材"라 함. '祗'는 秖, 祇, 只와 같음. '騈死'는 그의 재능이 발휘되지 못한
채 일반 말들과 나란히 함께 죽음. '槽櫪'은 마구간의 말구유와 馬板.《軌範》注
에 "騈頭而死, 言多也. 高才居下位"라 하였고, 〈補注〉에 "騈者, 倂也. 言與凡馬俱
死也.《說文》:「槽, 畜獸之食器.」《方言》:「櫪, 養馬器.」《漢書》梅福傳:「伏櫪千駟.」
《世說》:「王敦每酒後, 輒云:『老驥伏櫪, 志在千里. 烈士暮年, 壯心不已.』」라 함.《古
文眞寶》注에도 "騈頭而死, 言多也. 謝云:高才居下位"라 함. '不以千里稱也'는 千
里馬라는 稱號가 쓰이지 않음.《軌範》注에 "不知其爲異材. ○此謂:天下雖有英
雄豪傑, 徒受辱于昏君庸相之朝, 沈滯于小官, 終身不得行其志, 不以英雄豪傑稱也"
라 하였고,《古文眞寶》注에도 "迂齋云:有力. 謝云:不知其爲異才. ○此謂:天下雖

有英雄豪傑, 徒受辱於昏君庸相之朝, 沈滯於小官, 終身不得行其志, 不以英雄豪傑 稱也"라 함.

【馬之千里者, 一食或盡粟一石】'粟一石'은 곡식 한 섬. 천리마는 먹는 양이 많음. 《軌範》注에 "才之異乎人者, 必尊位重祿以任使之. ○此謂:英雄豪傑, 能立大事成 大功者, 必得尊位重祿, 斯可以展布"라 하였고, 《古文眞寶》注에도 "才之異乎人者, 必尊位重祿以任使之. ○此謂:英雄豪傑, 能立大事成大功者, 必得尊位重祿, 斯可 以展布"라 함.

【食馬者, 不知其能千里而食也】'食馬者'는 말을 먹이는 사람. '食'는 '사'로 읽음. 《軌 範》注에 "今之養君子, 不知其爲異材, 而加禮養. ○此謂:養英雄豪傑者, 不知其能 辦大事成大功, 而不以尊位重祿養之也"라 함. 《五百家注》에는 "食, 音似. 下食之同. ○本作「今之食馬者」"라 하였고, 《古文眞寶》注에도 "今之養君子, 不知其爲異才能 加禮養. 謝云:此謂養英雄豪傑者, 不知其能辦大事成大功, 而不以尊位重祿養之也" 라 함.

2/2 ━━━━━━━━━━━━━━━━

이 말은 비록 천리를 달릴 수 있는 능력이 있지만, 먹는 것이 배부르 지 않아 힘이 부족하여 재능의 훌륭함이 밖으로 드러나지 못하고, 게 다가 보통 말과 같아지려 해도 그렇게 될 수 없으니, 어찌 그 말이 능히 천리를 달릴 수 있기를 바라겠는가?

채찍질을 하는 데도 방법에 맞추어 하지 않고, 먹여주는데도 재능을 다 발휘하도록 하지 못한 채, 울어도 능히 그 뜻을 알아주지 못하면서, 채찍을 잡고 몰다가 "천하에 훌륭한 말이 없다"라고 한다.

아! 진실로 말이 없는 것인가? 진실로 말을 알아보지 못하는 것인가?

是馬也, 雖有千里之能, 食不飽, 力不足, 才美不外見, 且欲與常 馬等, 不可得, 安求其能千里也!
策之不以其道, 食之不能盡其材, 鳴之不能通其意, 執策而臨之 曰:「天下無良馬.」

嗚呼! 其眞無馬邪? 其眞不識馬邪?

【是馬也, 雖有千里之能, 食不飽, 力不足】'食不飽' 다음에 《軌範》注에는 "一句三字. ○位不尊"이라 하였고, '力不足' 다음에는 "二句三字. ○祿不重"이라 함. 《古文眞寶》注에도 "謝云:一句三字. ○位不尊;二句三字. ○祿不重"이라 함.

【才美不外見, 且欲與常馬等, 不可得】'外見'은 겉으로 드러남. 《軌範》注에 "三句五字, 此章法. ○雖異材, 亦難展布也"라 하였고, 《古文眞寶》注에도 "三句五字, 此章法. ○雖異才, 亦難展布也"라 함. '等'은 같음. 동등함. '不可得'은 《軌範》注에 "祿位不足以展布, 反不如常材"라 하였고, 《古文眞寶》注에도 "謝云:祿位不足以展布, 反不如常材"라 함.

【安求其能千里也】'安'은 의문사. '求'는 要求함. 바람. 《軌範》注에 "安得見其爲異材? ○此謂:英雄豪傑, 雖有立大事成大功之才, 無尊位, 無厚祿, 無重權, 其才知不可展布, 其欲與常衆人等, 而不可得, 安可求其辦大事成大功哉?"라 하였고, 《古文眞寶》注에도 "安得見其爲異材? 謝云:此謂英雄豪傑, 雖有立大事成大功之才, 無尊位, 無厚祿, 無重權, 其才知不可展布, 且欲與庸衆人等, 而不可得, 安可求之辦大事成大功哉?"라 함.

【策之不以其道, 食之不能盡其材, 鳴之不能通其意】《軌範》注에 "此三句, 即《孟子》所謂「弗與共天位也, 弗與治天職也, 弗與食天祿也」. 非王公尊賢也"라 하였고, 〈補注〉에 "《文選》曹子建

〈八駿圖〉(淸) 郎世寧 臺北故宮博物館 소장

〈求自試表〉:「騏驥長鳴, 伯樂昭其能.」李善注:「《戰國策》:楚國謂春申君曰:『昔騏驥駕車吳坂, 遷延負轅而不能進, 遭伯樂仰而長鳴, 今知伯樂知己也.』」라 함.《古文眞寶》注에도 "謝云: 此三句, 卽《孟子》所謂「弗與共天位也, 弗與治天職也, 弗與食天祿也.」非王公尊賢也"라 함.

【執策而臨之曰:「天下無良馬.」】《軌範》注에 "謂天下無異材"라 하였고, 〈補注〉에 "見《詩》鄘干旄,《韓非》外儲說,《列子》說符,《淮南》原道"라 함.《古文眞寶》注에도 "謂天下無異材"라 함.

【嗚呼! 其眞無馬邪? 其眞不識馬邪?】《軌範》注에 "其眞無才耶?"라 하였고,《古文眞寶》注에도 "其眞無才也?"라 함. '眞不識馬'는《軌範》注에 "其上之人不識人耶? ○此謂: 任使之不以其道, 爵祿之不能盡其材, 諫不行, 言不聽, 而不得以行其志. 爲宰相者, 推用其能之爲知人, 乃曰:「天下無英雄豪傑.」嗚呼! 天下其眞無英雄豪傑耶宰相其眞不識英雄豪傑耶?"라 함.《古文眞寶》注에도 "其上之人不識人耶? 呂云: 結好. 謝云: 此謂: 在使之不以其道, 爵祿不能盡其材, 諫不行, 言不聽, 而不得以行其志. 爲宰相者, 操用其權不能知人, 乃曰:「天下無英雄豪傑.」嗚呼! 天下眞無英雄豪傑? 宰相眞不識英雄豪傑?"이라 함.

참고 및 관련 자료

1. 韓文公(韓愈, 韓退之, 韓昌黎) 001 참조.

2. 이 글은《別本韓文考異》(11),《五百家注昌黎文集》(11),《東雅堂昌黎集註》(11),《唐宋八大家文鈔》(10),《唐文粹》(47),《事文類聚》(前集 30, 後集 38),《文苑英華》(361),《古文關鍵》(上),《文章正宗》(13),《文編》(38),《文章辨體彙選》(427),《唐宋文醇》(1),《淵鑑類函》(434),《說郛》(29 下),《式古堂書畫彙考》(23),《古文辭類纂》(2),《唐宋文擧要》(2),《古文約選》(1),《古文觀止》(7),《古文眞寶》(後集 4) 등에 실려 있음.

3.《軌範》注에 "此篇主意謂:「英雄豪傑, 必遇知己者, 尊之以高爵, 食之以厚祿, 任之以重權, 其才斯可以展布.」"라 함.

4.《古文眞寶》注에도 이를 인용하여 "疊山(謝枋得)云:「此篇主意謂: 英雄豪傑, 必遇知己者, 尊之以高爵, 養之以厚祿, 任之以重權, 斯可以展布.」"라 함.

5. 〈雜說〉四首 중 2首

(2) 醫

善醫者, 不視人之瘠肥, 察其脉之病否而已矣;善計天下者, 不視天下之安危, 察其紀綱之理亂而已矣. 天下者, 人也;安危者, 肥瘠也;紀綱者, 脉也. 脉不病, 雖瘠不害;脉病而肥者, 死矣. 通於此說者, 其知所以爲天下乎! 夏殷周之衰也, 諸侯作而戰伐日行矣. 傳數十王而天下不傾者, 紀綱存焉耳. 秦之王天下也, 無分勢於諸侯, 聚兵而焚之, 傳二世而天下傾者, 紀綱亡焉耳. 是故四支雖無故, 不足恃也, 脉而已矣;四海雖無事, 不足矜也, 紀綱而已矣. 憂其所可恃, 懼其所可矜, 善醫善計者, 謂之天扶與之. 《易》曰:「視履考祥.」善醫善計者爲之.

⑶ 鶴

談生之爲〈崔山君傳〉, 稱鶴言者, 豈不怪哉! 然吾觀於人, 其能盡其性而不類於禽獸異物者希矣. 將憤世嫉邪長往而不來者之所爲乎? 昔之聖者其首有若牛者, 其形有若蛇者, 其喙有若鳥者, 其貌有若蒙俱者, 彼皆貌似而心不同焉, 可謂之非人邪? 即有平脅曼膚, 顧如渥丹, 美而很者, 貌則人, 其心則禽獸, 又惡可謂之人邪? 然則觀貌之是非, 不若論其心與其行事之可否爲不失也. 怪神之事, 孔子之徒不言, 余將特取其憤世嫉邪而作之, 故題之云爾.

042(5-5) 〈送薛存義序〉 ·············· 柳宗元

설존의薛存義를 보내며 주는 글

＊〈送薛存義序〉:《柳河東集注》에는 〈送薛存義之任序〉로 되어 있으며, 題注에 "一本無'之任'二字"라 함. '薛存義'는 河東 사람으로 永州 零陵의 임시 현령으로 있다가 다른 곳으로 전임되어 떠나게 된 자로 柳宗元과 동향인이었음. 그를 전송하면서 지방 縣令으로서의 爲政之道를 간곡하게 밝혀 권유한 것.

1/2 ——————————————

하동河東 설존의薛存義가 장차 떠나려 함에, 나는 그릇에 고기를 올려 놓고 술잔에 술을 가득 채워 그를 따라 강가에까지 가서 그를 전송하며 먹여주고 마시게 해주었다.

그리고 다음과 일러주었다.

"무릇 그 지역에서의 관리라는 것에 대해 그대는 그 직무를 아는가? 대체로 백성들에게 부림을 받는 것이지 백성을 부리기만 하라는 것 아니라네. 백성들은 그 땅에서 10분의 1을 내어 관리를 고용하여, 그로 하여금 우리들을 평안히 해줄 일을 맡긴 것이라네. 지금은 그 값을 받고 그 일에 태만하니 천하가 모두 그러하네. 어찌 태만하기만 하겠는가? 다시 자신들의 신분을 이용하여 도둑질을 하고 있네. 가령 한 집에서 한 사나이를 고용하여 그대가 주는 값을 받고는 그대의 일에 태만하거나 또 그대의 재물과 기물을 훔치기까지 한다면, 틀림없이 심하게 화를 내며 그를 내쫓고 벌을 줄 것이네. 지금 천하가 거의가 이와 같거늘 그런데도 백성들이 감히 마음 놓고 화를 내거나 내쫓고 벌을 주지 못하는 것은 왜 그렇겠는가? 형세가 다르기 때문이지. 그러나 형세는 같지 않아도 이치는 똑 같으니, 우리 같은 관리는 백성에게 어떻게 해야 하겠는가? 이치에 통달한 자라면 겁내고 두려워하지 않을 수 있겠는가!"

河東薛存義將行, 柳子載肉于俎, 崇酒于觴, 追而送之江之滸, 飲食之.

且告曰:「凡吏於土者, 若知其職乎? 蓋民之役, 非以役民而已也. 凡民之食於土者, 出其什一傭乎吏, 使司平於我也. 今我受其直, 怠其事者, 天下皆然. 豈惟怠之? 又從而盜之. 向使傭一夫於家, 受若直, 怠若事, 又盜若貨器, 則必甚怒而黜罰之矣. 以今天下多類此, 而民莫敢肆其怒與黜罰者, 何哉? 勢不同也. 勢不同而理同, 如吾民何? 有達於理者, 得不恐而畏乎!」

【河東薛存義將行】'河東'은 山西省 黃河의 동쪽 지역. 薛存義가 河東 사람이었음을 말함.《軌範》注에 "起句緊切"이라 함.

【柳子載肉于俎, 崇酒于觴, 追而送之江之滸, 飲食之】'柳子'는 柳宗元 자신. '俎'는 제사나 잔치 때 음식을 담는 그릇. '崇酒于觴'의 '崇'은 充과 같은 뜻. 가득 채움. 〈補注〉에《儀禮》鄕飮酒禮: 「主人坐奠爵于序端, 阼階上北面再拜. 崇酒.」라 함. '觴'은 술잔. '江之滸'의 '滸'(호)는 물가. 〈補注〉에《詩》葛藟篇: 「緜緜葛藟, 在河之滸.」毛傳: 「水涯曰滸.」라 함. 여기서는 배로 건너야 하므로 나루까지 와서 전송한 것.《柳河東集注》에 "滸, 音虎. 水涯也. 飮食, 並去聲"이라 하였고,《柳河東集》에는 "滸, 音虎.《詩》:「在江之滸.」飮. 音蔭; 食, 音嗣"라 하여 '食'는 '사'로 읽음. 〈補注〉에《詩》有杕之杜: 「中心好之, 曷飮食之?」라 함.

【且告曰:「凡吏於土者, 若知其職乎? 蓋民之役, 非以役民而已也】'土'는 그 지방을 말함. '吏'는 백성을 다스리는 자.《說文》에 "吏, 治人者也"라 하였고,《漢書》惠帝紀에 "吏, 所以治民也"라 함. '若'은 汝, 爾, 而, 你 등과 같음. 二人稱. '民之役'은 백성의 일꾼이 되어 백성을 위해 일함.《呂氏春秋》蕩兵篇에 "未有蚩尤之時, 民固剝林木以戰矣. 勝者爲長, 長則猶不足治之. 故立君, 君又不足以治之, 故立天子"라 하였고, 用衆篇에는 "凡君之所以立, 出乎衆也"라 함.《荀子》大略篇에는 "天之生民, 非爲君也. 天之立君, 以爲民也"라 하였고,《春秋繁露》에는 "堯舜不擅移, 湯武不專殺. 天立王, 以爲民也"라 함.

【凡民之食於土者, 出其什一傭乎吏, 使司平於我也】'食于土'는 그 땅을 경작하여 먹고 살아감. '出其什一傭乎吏'는 그 수확의 10분의 1을 세금으로 내어 관리를 고

용한 것과 같음. 《公羊傳》宣公 11년에 "什一者, 天下之中正也"라 하였고, 《大戴禮記》에는 "王言: 「昔者, 明王稅十取一.」"이라 함. 《穀梁傳》莊公 28년에도 "古字, 稅什一"이라 하였고, 《孟子》滕文公(上)에도 "請野九一而助, 國中什一使自賦"라 함. 《柳河東集》에는 '十一'로 되어 있음. '司平'은 치안과 평안을 맡아 담당하도록 함.

【今我受其直, 怠其事者, 天下皆然】'今我受其直'에서 '我'자는 衍文임. 〈補注〉에 "本集今下有我字, 何焯曰: 「我字衍.」"이라 함. '直'은 値와 같음. 관리들에게 司平의 품삯으로 백성들이 낸 돈. 여기에서는 관리들의 봉급을 말함. 〈補注〉에 "《北史》齊景思王傳: 「食鷄羹, 何不還他價直也?」 是物價曰直也. 以吏比傭作得錢"이라 함. 《古文眞寶》注에 "直, 猶價也"라 함.

【豈惟怠之? 又從而盜之】'어찌 태만한 정도이겠는가? 그것을 기화로 도둑질을 하고 있음'의 뜻. 백성들의 재산을 수탈함을 말함.

【向使傭一夫於家, 受若直, 怠若事, 又盜若貨器, 則必甚怒而黜罰之矣】'向使'는 가령. '若'은 汝, 爾, 而, 你 등과 같음. 二人稱. 《古文眞寶》注에 "若, 汝也"라 함. '貨器'는 재물과 그릇. 곧 재산과 세간의 물건. '黜罰'은 내쫓고 벌함.

【以今天下多類此, 而民莫敢肆其怒與黜罰者, 何哉】'肆'는 마음대로 함. 하고 싶은 대로 함. 《柳河東集》에는 '黜罰者'가 '黜罰'로 되어 있음.

【勢不同也. 勢不同而理同, 如吾民何】'勢'는 형세. 정세. 수령과 백성이라는 신분의 차이.

【有達於理者, 得不恐而畏乎】'이치에 통달한 자라면 두려워하고 겁내지 않을 수 있겠는가?'의 뜻.

2/2 ────────────

설존의는 영릉零陵의 가령假令으로 2년을 지내면서 아침 일찍 일어나 업무에 종사하고 밤늦도록 일을 생각하며, 힘을 부지런히 하고 마음을 노고롭게 하여, 송사는 공평히 하고 세금은 균등하게 하여, 그곳 노인, 어린이 할 것 없이 속일 생각을 품거나 증오를 드러낸 자가 없었으니, 그가 하는 일은 헛되이 값을 취한 것이 아님이 확실하며, 그는 겁내고 두려워해야 함을 안 것이 분명하였다.

나는 천하고 또한 욕된 신분이라 고적考績과 유명幽明을 말하는 기회에 참여하지 못하기에, 그가 떠남에 그 까닭으로 술과 고기로써 축하하며 거듭 이러한 말을 해주는 것이다.

　　存義假令零陵二年矣. 蚤作而夜思, 勤力而勞心, 訟者平, 賦者均, 老弱無懷詐暴憎, 其爲不虛取直也的矣, 其知恐而畏也審矣.
　　吾賤且辱, 不得與考績幽明之說; 於其往也, 故賞以酒肉而重之以辭.

【存義假令零陵二年矣】'假令'은 代理縣令. 임시 수령. '假'는 그 직위와 임무를 대리하는 것을 말함. 〈補注〉에 "假, 謂未實授"라 함. 《古文眞寶》注에는 "令, 卽守令"이라 함. '零陵'은 永州의 縣 이름. 《古文眞寶》注에 "永州縣"이라 함. 薛存義가 이곳에서 2년간 假令을 하였음. 陳景雲《柳集點勘》에 「假令零陵二年」, 則非初之官也. 觀篇末「不得與考績幽明之說」, 蓋惜其去官而送之'라 함.

【蚤作而夜思, 勤力而勞心, 訟者平, 賦者均】'蚤作而夜思'는 아침에는 일찍 일어나 政務에 힘쓰고, 밤에는 늦도록 行政을 생각함. '蚤'는 '早'와 같으며, '作'은 '起'의 뜻. 여기서는 薛存義가 零陵 假令이었을 때 훌륭한 행정을 폈음을 말한 것.

【老弱無懷詐暴憎, 其爲不虛取直也的矣, 其知恐而畏也審矣】'懷詐暴憎'은 거짓을 마음에 품고 증오를 드러냄. '暴'은 露의 뜻. '老弱無懷詐暴憎'은 〈世綵堂本〉注에는 "一本作「老弱寧懷詐暴憎弭惛」"이라 함. '不虛取直'은 그 값(司平에 대한 삯, 봉록)을 거저 가진 것이 아님. '的'은 확실함. 분명함. 的確함. 〈補注〉에 《說文》:「的, 明也.」라 함. '審'은 明의 뜻. 잘 살펴 분명히 알고 있음. 《軌範》注에 "應有關鎖"라 함.

【吾賤且辱, 不得與考績幽明之說】'賤且辱'은 천하고 욕됨. 자신이 유배되어 있는 상황임을 말함. 《古文眞寶》注에 "柳時謫永"이라 함. '與考績幽明'는 考績과 幽明에 참여함. '考績'은 관리들의 考課成績. 《古文眞寶》注에 "考績, 猶考功"이라 함. '幽明'은 어리석음과 현명함. 혹 非理나 顯彰할 일 등. 《尚書》舜典에 "三載考績, 三考黜陟幽明"이라 함.

【於其往也, 故賞以酒肉而重之以辭】'賞'은 축하함. '重之'는 거듭 되풀이함. 혹은 이러한 원리를 重視함. 《軌範》注에 "與發端數語相應"이라 함.

1. 柳宗元(子厚, 柳州, 河東) 017 참조.

2. 이 글은 《柳河東集》(23), 《柳河東集注》(23), 《唐宋八大家文鈔》(21), 《文章正宗》(15), 《古文關鍵》(上), 《古文集成》(1), 《文編》(54), 《事文類聚》(外集 14), 《文章辨體彙選》(337), 《山西通志》(212), 《古文眞寶》(後集 5) 등에 실려 있음.

3. 《軌範》注에 "章法句法字法皆好, 轉換多, 關鎖緊, 謹嚴優柔, 理長而味永"이라 하였고, 〈補注〉에 "韓醇曰: 尊義令永州之零陵, 其去也, 公序而送之"라 함.

4. 《柳河東集》題注에 "零陵, 永州邑也. 薛爲令而去, 公序以送之. 且曰「吾賤且辱, 不得與於考績幽明之說」, 則序在永時作也"라 함.

5. 《古文眞寶》注에는 "東萊(呂祖謙)云:「雖句少而極有反覆.」"이라 함.

043(5-6) 〈送董邵南序〉 ················ 韓文公(韓愈)

동소남董邵南을 보내며 주는 글

*〈送董邵南序〉:《五百家注》등과 다른 轉載文에는 제목이 〈送董邵南遊河北序〉로 되어 있음. '董邵南'은 壽州 安豐(지금의 安徽 壽縣) 사람. 생몰연대는 알 수 없으나 韓愈가 '董生'으로 부른 것으로 보아 한유보다 어린 연배였을 것으로 봄. 그는 여러 차례 과거에 낙방하자 河北 지역을 유랑하며 비분을 달래기도 하였음. 이에 한유가 그가 河北으로 떠날 때 그의 의기를 높이 사서 위로함과 아울러 장래 큰 인물로 쓰일 것이니, 면려할 것을 권유한 것. 韓愈의 〈嗟哉董生行〉이라는 글 역시 그를 위해 쓴 것임.

1/2 ─────────────────

연조燕趙 지역은 예로부터 감개비가感慨悲歌의 선비들이 많다고 칭해오던 곳이다.

동생董生이 진사에 천거되었으나 연달아 유사有司에게 뜻을 얻지 못하여, 뛰어난 재능을 품은 채 울울鬱鬱히 그 땅으로 가니, 나는 틀림없이 그와 의기투합할 자가 있을 것으로 안다.

동생이여 힘쓰시오!

무릇 그대의 불우함을 두고 진실로 모의강인慕義彊仁하는 자들이 모두가 애석히 여기고 있는데, 하물며 연조 지역의 선비들은 그러한 정서에서 난 이들임에랴!

그러나 내 일찍이 들건대 풍속이란 교화에 따라 옮겨지고 바뀐다고 하였으니, 내 어찌 지금의 그곳이 옛날 말하던 그곳과 달라지지 않았다고 여기겠는가?

애오라지 그대의 행동에 따라 예측하노니, 그대 동생은 힘쓸 지어다!

燕趙古稱多感慨悲歌之士.

董生擧進士, 連不得志於有司, 懷抱利器, 鬱鬱適茲土, 吾知其必有合也.

董生勉乎哉!

夫以子之不遇時, 苟慕義彊仁者, 皆愛惜焉, 矧燕趙之士, 出乎其性者哉!

然吾嘗聞, 風俗與化移易, 吾惡知其今不異於古所云邪?

聊以吾子之行, 卜之也, 董生勉乎哉!

【燕趙古稱多感慨悲歌之士】 '燕趙'는 옛 戰國시대 북쪽에 있던 戰國七雄의 두 나라. '燕'은 薊(지금의 北京)를 중심으로 河北, 遼寧 일대에 있던 나라. 周初 召公(姬奭)이 시조이며, '趙'는 원래 三晉에서 분화하여 지금의 河北 邯鄲을 도읍으로, 河北 북부, 山西 일대를 영역으로 하던 나라. '感慨悲歌'는 이 지역은 북쪽 狄人들과 맞닿아 있어 전투에 뛰어났으며, 의분을 참지 못하는 정서가 매우 강하여 豪俠之士가 많이 배출되었음. 즉 荊軻, 高漸離, 樂毅, 張良 등이 있음. 《史記》 刺客列傳에 "荊軻旣至燕, 愛燕之屠狗及善擊筑者高漸離. 荊軻嗜酒, 日與屠狗及高漸離飮於燕市. 酒酣以往, 高漸離擊筑, 荊軻和而歌於市中, 相樂也. 已而相泣, 旁若無人"이라 함.

【董生擧進士, 連不得志於有司, 懷抱利器, 鬱鬱適玆土, 吾知其必有合也】 '擧進士'는 進士 시험에 천거됨. 唐代 進士시험은 禮部에서 관장했으며 먼저 鄕試를 거쳐 州考에 합격하면, 매년 10월 京師의 貢擧人으로 추천되어 進士시험을 볼 수 있음. '有司'는 어떤 일을 전담하여 맡은 사람. 여기서는 시험을 맡은 사람을 가리킴. '利器'는 탁월한 재능을 뜻함. 《三國志》 曹植傳에 "植常自憤怨, 抱利器而無所能"이라 함. 《五百家注》에 "孫曰利用之材也"라 함. '玆土'는 이 땅. 河北을 가리킴. '必有合'은 틀림없이 의기가 투합할 것임. 《軌範》 注에 "董生豪傑也. 燕趙之士, 意氣投合"이라 함.

【董生勉乎哉!】 '勉乎哉'는 《軌範》 注에는 "一本作'行乎哉'"라 함.

【夫以子之不遇時, 苟慕義彊仁者, 皆愛惜焉, 矧燕趙之士, 出乎其性者哉!】 '慕義彊仁'은 義를 사모하고 仁을 실행하기에 힘씀. '彊'은 强과 같으며 强行, 力行의 뜻. '矧'

(신)은 況과 같음. 하물며. '出乎其情者哉'는《五百家注》에는 "一作'出乎其性情者哉'라 하여 '情'은 '性情'으로도 되어 있다 하였음.

【然吾嘗聞, 風俗與化移易, 吾惡知其今不異於古所云邪?】'化'는 敎化. '移易'은 바뀜. 변화됨. 高步瀛《唐宋文擧要》에는 "古也感慨悲歌, 今也犯上作亂, 風化不同, 故古今亦易"이라 함. '惡'(오)는 疑問詞. '知'는 '알다, 여기다'의 뜻. '不異於古所云'은 '옛 사람들이 말했던 바와 다르지 않음'. 한편 이 구절에 대해《東雅堂》注에는 "'於古', 閣作'於吾'. '云'或作'聞', 而無'邪'字. 今按篇首云'古稱多感慨悲歌之士', 諸本作'古所云', 語乃相應. 作'吾所聞'猶爲近之而語勢已微斜矣. 若曰'吾所云', 則都無來歷不成文字, 必是謬誤無疑也. 然此篇言燕趙之士仁義出於其性, 乃故反其詞以深譏其不臣而習亂之, 意故其卒章又爲道上威德以警, 動而招徠之. 其旨微矣. 讀者詳之"라 하여, 혹 '於古'는 '於吾'로 되어 있으며, '云'은 '聞'으로 되어 있기도 하다 하였음. 이 문장 전체의 뜻은 '그곳(燕趙, 河北)도 교화에 따라 풍속이 바뀌어 옛날 말하던 그런 의기가 탱천하는 곳이 아닐 것임'을 뜻함.《軌範》注에 "又恐今日之燕趙, 非昔日之燕趙"라 하였고,〈補注〉에는 "恐今日燕趙, 不必如古所稱多感慨悲歌之士"라 함.

【聊以吾子之行, 卜之也. 董生勉乎哉!】'聊'는 '애오라지, 오로지, 모름지기'의 뜻. '卜之'는 사실 여부를 확인해 볼 것임. 예측해봄. 고찰해봄.《軌範》注에 "燕趙尚有豪傑"이라 함.

2/2 ————————

내 그대로 인해 느끼는 바가 있도다.

나를 대신하여 망제군望諸君 악의樂毅의 묘에 조문하고, 그곳 시정市井을 살펴보라. 다시 옛날 개백정 같은 의기를 가진 자가 있는지의 여부를?

있다면 나를 대신하여 그에게 이렇게 말하라.

"영명하신 천자께서 제위에 계시니, 나와서 벼슬할 만 하도다!"라고.

吾因子有所感矣.
爲我弔望諸君之墓, 而觀於其市, 復有昔時屠狗者乎?

爲我謝曰:「明天子在上, 可以出而仕矣!」

【吾因子有所感矣】그대로 인해 느끼는 바가 있음.

【爲我弔(吊)望諸君之墓, 而觀於其市, 復有昔時屠狗者乎?】 '弔'는 '吊'와 같음. '望諸君'은 戰國시대 樂毅. 燕昭王을 도와 齊나라 70여성을 함락시켰으나 昭王이 죽고 혜왕이 들어서자 齊나라 田單의 反間計를 믿고 騎劫을 보내 樂毅를 대신하도록 함. 이에 樂毅는 겁을 먹고 趙나라로 망명하여 邯鄲 동쪽 觀津 땅을 봉지로 받고 望諸君의 작호를 받음. 《五百家注》에 "樊曰:「樂毅去燕之趙, 趙封於觀津, 號曰望諸君.」張華云:「望諸君家, 在邯鄲西數里.」"라 함. 《史記》樂毅列傳 및 《戰國策》(燕策) 등을 참조할 것. 그의 묘는 《元和郡縣志》에 의하면 邯鄲 서남쪽 18리에 있다 함. '屠狗者'는 개백정. 출신이 지극히 미천하나 의협이 강한 이들을 뜻함. 구체적으로 高漸離를 가리키며 市井의 豪俠을 뜻함. 荊軻가 사귀었던 인물들을 말함. 《五百家注》에 "樊曰:《史記》:荊軻至燕, 愛燕之屠狗者高漸離. 軻嗜酒, 日與屠狗飮于燕市, 酒酣以往歌於市中, 已而相泣, 旁若無人者"라 함. 《史記》刺客列傳을 참조할 것. 《軌範》注에 "此亦感慨悲歌之意"라 함.

【爲我謝曰:「明天子在上, 可以出而仕矣!」】 '爲我謝'는 '나를 대신해서 연조지역 그들에게 고맙다고 말하라'의 뜻. '明天子'는 英明한 天子. 구체적으로 德宗을 지칭함. '燕趙의 옛날 豪俠들은 훌륭한 임금이 없다고 여겨 그렇게 한 것이지만, 지금은 영명한 천자가 재위하고 있으니 藩鎭들에게 쓰이지 말고 天子를 위해 나서도 된다'의 뜻임. 《軌範》注에 "結句瀟灑慷慨"라 함.

참고 및 관련 자료

1. 韓文公(韓愈, 韓退之, 韓昌黎) 001 참조.

2. 이 글은 《五百家注昌黎文集》(20), 《東雅堂昌黎集註》(20), 《別本韓文考異》(20), 《唐宋八大家文鈔》(7), 《唐宋文醇》(4), 《文苑英華》(730), 《文章正宗》(15), 《古文集成》(1), 《文編》(54), 《文章辨體彙選》(336), 《畿輔通志》(100), 《唐宋文擧要》(甲編 2), 《古文辭類纂》(32), 《古文觀止》(8), 《古文約選》(2) 등에 널리 실려 있음.

3. 〈嗟哉董生行〉《昌黎集》(2)

淮水出桐栢, 山東馳遙遙, 千里不能休, 泚水出其側. 不能千里, 百里入淮流. 壽州屬縣有安豐, 唐貞元年時, 縣人董生召南隱居, 行義于其中. 刺史不能薦, 天子不聞名聲. 爵祿不及門, 門外惟有吏, 日來徵租更索錢. 嗟哉董生朝出耕, 夜歸讀古人書. 盡日不得息, 或山而樵或水而漁. 入厨供甘旨, 上堂問起居. 父母不慽慽, 妻子不咨咨. 嗟哉董生孝且慈, 人不識, 惟有天翁知生. 祥下瑞無時期, 家有狗乳出求食, 雞來哺其兒啄啄. 庭中拾蟲蟻, 哺之不食鳴聲悲, 徬徨躑躅久不去. 以翼來覆待狗歸. 嗟哉董生誰將與儔? 時之人夫妻相虐兄弟爲讐. 食君之祿而令父母愁, 亦獨何心? 嗟哉董生誰將與儔?

4. 《昌黎集》(五百家注)에 "(樊汝霖曰):邵南, 壽州安豐人. 擧進士不得志, 去遊河北. 公作此送之. 公時有〈嗟哉董生行〉, 亦爲邵南作也. '南'下或有'遊河北'三字"라 함.

5. 《唐宋八大家文鈔》에는 "文僅百餘字, 而感慨古今. 若與燕趙豪儁之士, 相爲叱咤嗚咽, 其間一涕一笑, 其味不窮. 昌黎序文, 當屬第一首"라 함.

6. 《唐宋文醇》注에는 "朱子云:邵南壽州安豐人, 擧進士不得志, 去遊河北. 公作此送之. 公詩有〈嗟哉董生行〉, 亦爲邵南作也. 此篇言燕趙之士, 仁義出於其性, 乃故反其詞, 以深譏其不臣而習亂之意. 其卒章又爲道上威德以警, 動而招徠之. 其旨微矣. 讀者詳之"라 함.

044(5-7) 〈送王含秀才序〉 ············· 韓文公(韓愈)

수재 왕함王含을 보내며 주는 글

＊〈送王含秀才序〉: 王含은 隋末 王績의 후손. 樊汝霖의 注에 "含元和八年進士"라
하여, 唐 德宗 元和 8년(813) 進士에 급제했던 인물이라 하였으나, 이는 徐松의
《唐登科記考》(18)를 근거로 한 것이며 동명이인일 가능성이 있음. 즉 韓愈의 이
글은 建中 말년(783), 혹은 貞元 초(785)에 지은 것으로 元和 8년과는 20여년의
차이가 있음. 글의 내용으로 보아 王含은 벼슬을 하고자 과거시험에 응했으나
뜻을 이루지 못한 자로서, 韓愈는 그의 선대 王績의 〈醉鄕記〉를 들어 阮籍과
陶淵明을 顔淵과 曾參에 비교하여 王含으로 하여금 聖人을 스승으로 삼을 것
이지 醉鄕을 핑계로 도피하지 말 것을 권유한 것임. 제목은 《昌黎集》注에는 "或
作進士王含"이라 하였고, 《文苑英華》 등에는 〈送進士王含秀才序〉로 되어 있음.

1/2 ─────────────────

내 어릴 때에 왕적의 〈취향기醉鄕記〉를 읽고는, 사사롭게 '은거하는 이
들은 세상의 일에 얽매이는 바가 없을 터인데, 오히려 이런 말을 했으니
어찌 진실로 술맛을 훌륭히 여긴 것일까?'라고 괴이히 생각했었다.

그런데 완적阮籍과 도잠陶潛의 시를 읽고 나서야 저들이 비록 오만하
게 굴며 세상과 접촉하지 않으려 하였으나, 그럼에도 오히려 그 마음에
평온함을 얻을 수 없게 되자, 혹 사물의 시비에 감발感發하여, 이에 술
에 의탁하여 취향으로 도망한 자들임을 알게 되었다.

안자顔子, 顔淵같은 이는 단사표음簞食瓢飮을 잡고, 증삼曾參은 노랫소
리가 마치 금석金石에서 울려나오듯 하였다.

저들은 성인을 만나 그를 스승으로 삼고 매번 그 가르침에 미치지 못
할 듯 급급히 하느라, 그런 것 외에는 진실로 거들떠볼 겨를도 없었는데
오히려 어찌 술에 의탁하여 혼명昏冥한 경지도 도망하였겠는가?

나는 또한 취향의 무리들이 성인을 만나지 못하였음을 안타깝게 여기 노라.

吾少時讀〈醉鄕記〉, 私怪『隱居者, 無所累於世, 而猶有是言, 豈誠旨於味邪?』

及讀阮籍·陶潛詩, 乃知彼雖偃蹇, 不欲與世接, 然猶未能平其心, 或爲事物是非相感發, 於是有托而逃焉者也.

若顏氏子, 操瓢與簞, 曾參歌聲若出金石.

彼得聖人而師之, 汲汲每若不可及, 其於外也固不暇, 尙何麴蘖之託, 而昏冥之逃邪?

吾又以爲悲醉鄕之徒不遇也.

【吾少時讀〈醉鄕記〉】'〈醉鄕記〉'는 隋末唐初 王績이 지은 글. 술에 취해 사는 理想鄕을 記의 형식으로 지은 것. 參考란을 볼 것. 王績(585–644)은 자는 無功, 호는 東皐子. 絳州 龍門(지금의 山西 河津) 사람으로 벼슬을 버리고 술에 기탁하여, 阮籍과 陶淵明의 嗜酒를 흠모하며 살았던 인물. 유명한 文中子 王通의 아우이기도 하며 매우 불우하게 살았음. 술에 빠져 한 번 마셨다 하면 다섯 말을 마셔 스스로 '五斗先生'이라 自號를 짓고, 陶淵明의 〈五柳先生傳〉에 빗대어 〈五斗先生傳〉을 짓기도 하였음. 《文中子》阮逸 注에 "王績, 字無功, 子之弟也. 不遇時, 則縱酒, 一飮五斗, 自〈作五斗先生傳〉, 以見志"라 함. 《舊唐書》(192)와 《新唐書》(196) 隱逸傳에 전이 있음. 그의 《東皐子集(王無功集)》(3권)이 전함.

【私怪隱居者, 無所累於世, 而猶有是言, 豈誠旨於味邪?】'私怪'는 몰래 속으로 괴이히 여김. 이상하게 생각함. '是言'은 王績이 〈醉鄕記〉에서 한 말들. '旨'는 훌륭한 맛. 《尙書》說命에 "王曰:「旨哉!」"라 함. '邪'는 《古文眞寶》에는 '耶'로 되어 있음.

【及讀阮籍·陶潛詩, 乃知彼雖偃蹇, 不欲與世接, 然猶未能平其心, 或爲事物是非相感發, 於是有托而逃焉者也.】'阮籍'(210–263)은 三國시대 魏나라 陳留의 尉氏人. 阮瑀의 아들이며 字가 嗣宗이었음. 老莊에 밝았으며 거문고, 바둑, 시문 등에 능하였음. 步兵校尉를 역임하여 흔히 阮步兵이라 불림. '竹林七賢' 중의 하나. 〈豪

傑詩〉,〈詠懷詩〉,〈達莊論〉,〈大人先生傳〉 등이 있으며《三國志》(21),《晉書》(49)에
전이 있음. '陶潛'(365–427)은 陶淵明. 晉·宋시기의 詩人으로 이름은 淵明으로 더
널리 알려져 있으며 일명 潛이라고도 함. 字는 元亮, 私諡는 靖節. 尋陽(潯陽) 柴
桑(지금의 江西省 九江市 星子縣) 출신. 그의 曾祖인 陶侃은 東晉의 開國功臣으로
大司馬 등을 지냈으며 祖父는 太守를 지내기도 하였음. 아버지는 일찍 죽었으며
어머니는 東晉때 名家인 孟嘉의 딸이었음. 도연명은 한 때 州의 祭酒, 鎭軍, 建威
參軍을 지냈으나 彭澤令이 되자 80여 일만에 「五斗米」 고사를 남긴 채 낙향하
여 〈歸去來辭〉를 지은 것으로 알려져 있음. 그 외에 〈田園詩〉와 〈桃花源記〉,〈五
柳先生傳〉 등을 남겨 중국 최고의 田園詩人으로 추앙받고 있음. 다만 鍾嶸은
《詩品》에서 그의 시를 당시 詩風과 차이에서 질박하다는 이유로 낮게 평가하여
〈中品〉에 넣었음. 韓國文學에도 至大한 영향을 미쳐 時調, 歌辭, 漢文 文章에 도
연명을 누구나 인용하거나 거론하여 은일과 전원의 생활을 표현하는데 원용하
였음. 그의 전기는 《晉書》(94),《宋書》(93),《南史》(75)에 전하고 있으며,《陶淵明集》
이 여러 판본이 전하고 있음. 둘 모두 술을 좋아하여 이 때문에 王績의 〈醉鄕
記〉에 "阮嗣宗·陶淵明等十數人, 並遊於醉鄕, 沒身不返, 死葬其壤. 中國以爲酒仙
云. 嗟乎! 醉鄕氏之俗, 豈古華胥氏之國乎? 何其淳寂也如是? 予得遊焉, 故爲之記"
라 함.《軌範》注에 "二公皆嗜酒好醉, 又與醉鄕親切"이라 함. '偃蹇'은 고고하고
교만하게 굶을 뜻하는 疊韻連綿語.《左傳》哀公 6년 "陳乞言諸大夫曰:「彼皆偃
蹇.」"의 杜預 注에 "偃蹇, 驕敖"라 함. '有托而逃焉者'는 술에 의탁하여 취향으로
도망한 자.《軌範》注에 "從醉鄕引得陶阮二人, 嗜酒者作證"이라 하였고,《五百家
注》에는 "孫曰:「麴蘖之託, 昏冥之逃, 謂醉鄕也. '何'下, 一有'事'字"라 함.

【若顔氏子, 操瓢與簞, 曾參歌聲若出金石, 彼得聖人而師之, 汲汲每若不可及, 其於
外也固不暇, 尙何麴蘖之託, 而昏冥之逃邪?】'顔氏子'는 顔淵(顔回)을 가리킴. 그
러나 혹 '顔氏'로 되어 있기도 함.《東雅堂昌黎集註》에 "一云'顔氏之子操瓢與簞
食', 或無'子'字"라 함. '操瓢與簞'은 簞瓢로써 지조를 지킴. 가난을 견뎌내며 능히
安貧樂道함.《論語》雍也篇에 "賢哉回也, 一簞食, 一瓢飮"이라 함. '曾參'은 역시
가난에 울울하지 아니하고 떳떳이 생활함.《莊子》讓王篇에 "曾子居衛, 曳縰而歌
商頌, 聲滿天地, 若出金石"이라 함. '麴蘖'(국얼)은 麴蘖과 같음. 술을 빚는 누룩.
《尙書》說命(下) "若作酒醴, 爾惟麴蘖"의 注에 "酒醴須麴蘖以成"이라 함. '昏冥'은
어두움. 술에 취해 아무것도 없는 경지로 듦. 〈醉鄕記〉에 "無丘陵阪險, 其氣和平,

一揆無晦明寒暑. 其俗大同, 無邑居聚落;其人甚精, 無愛憎喜怒"라 한 것을 말함. 《軌範》注에는 "破醉鄉"이라 함.

【吾又以爲悲醉鄉之徒不遇也】'醉鄉之徒'는 《軌範》注에 "合王阮陶三人故添一徒字"라 함. '不遇'는 聖人을 만나지 못함. 《五百家注》에 "不遇, 謂不遇聖人"이라 함. 《軌範》補注에는 "孫汝聽曰:「不遇, 謂不得聖人而師之.」今案:顔子之徒雖不遇, 而得聖人而師之, 則猶足以相樂矣. 醉鄉之徒, 則不然. 此其不遇, 尤足非也. 孫說未得"이라 함.

2/2 ─────────────

건중建中 초에 천자 덕종께서 제위를 이어, 정관貞觀, 개원開元 시대의 큰 업적을 이룰 뜻을 두시자, 조정에서 신하들이 할 일을 다투어 건의하였다.

그 때에 취향의 후손이 다시 직간을 하다가 파직을 당하였다.

나는 이미 〈취향기〉의 문장 내용을 안타깝게 여겼고 양신良臣의 무리들을 가상히 여겨 그 자손들과 면식이 있기를 생각하였다.

그런데 지금 그대가 나에게 찾아와 아무것도 끼고 온 것은 없지만 내 장차 과장되게 펼쳐줄 텐데, 하물며 그대의 문장과 행실이 대대로 지켜온 것을 잃지 않은 채 혼연渾然히 단정하고 돈후하기까지 함에랴!

안타깝도다! 내 힘이 능히 그대를 진작시켜 줄 수 없고, 게다가 내가 한 말들도 세상에 믿음을 얻지 못함이여!

그대 떠남에 그저 더불어 술이나 마실 수밖에.

建中初, 天子嗣位, 有意貞觀·開元之丕績, 在廷之臣爭言事.
當此時, 醉鄉之後世, 又以直廢.
吾旣悲醉鄉之文辭, 而又嘉良臣之烈, 思識其子孫.
今子之來見我也, 無所挾, 吾猶將張之;況文與行, 不失其世守,
渾然端且厚!

惜乎! 吾力不能振之, 而其言不見信於世也!
於其行, 姑與之飮酒.

【建中初, 天子嗣位, 有意貞觀·開元之丕績, 在廷之臣爭言事】'建中'은 唐 德宗(李
适)의 첫 연호. 780년–783년까지 4년간. 大曆 14년(779) 5월 代宗(李豫)이 죽고 태
자 이괄이 뒤를 이어 이듬해 연호를 建中이라 함. '貞觀'은 唐 太宗(李世民)의 연
호. 627–649년까지 23년간이었으며 貞觀之治를 이루었던 시기. '開元'은 唐 玄宗
(李隆基)의 연호. 713–741년까지 29년간이며 開元之治를 이루었던 시기. '丕績'은
큰 업적. 盛世의 업적.《五百家注》에 "嚴有翼曰:「建中初, 天子始紀年更元, 命官司
擧貞觀開元之烈, 群臣惕栗奉職, 命才登良, 不敢私違.」라 함.

【當此時, 醉鄉之後世, 又以直廢】'醉鄉之後世'는 왕적 이후의 후손. '以直罷'는 直言
을 하다가 罷職됨.

【吾旣悲〈醉鄉〉之文辭, 而又嘉良臣之烈, 思識其子孫】'良臣之烈'의 '烈'은 列과 같
음. 무리들을 뜻함. 汪份은 "良臣之烈, 卽以醉鄉貫"이라 하여, 醉鄉을 貫籍으로
했던 사람 누구인가를 가리킴. '思識其子孫'은 醉鄉에 올라있는 술 좋아하는 이
들의 후손과, 貞觀 開元 때의 良臣으로 이름을 남긴 이들의 자손 모두를 알고
지내고 싶어 하였음을 말함.

【今子之來見我也, 無所挾, 吾猶將張之; 況文與行, 不失其世守, 渾然端且厚?】'無所
挾'은 지니고 온 것이 없음. '張之'는 과대하게 칭찬함.《軌範》注에 "張者, 張大誇
耀之意"라 함. '端且厚'는 端正하고 게다가 敦厚함.

【惜乎! 吾力不能振之, 而其言不見信於世也!】'振之'는 그대를 진작시켜 줌. '其言不
見信'의 '其言'은 그대를 칭찬해주는 말. '見'은 被動法 구문을 만듦.《軌範》注에
"不脫醉鄉字"라 함.

【於其行, 姑與之飮酒】'於其行'은 그대가 멀리 떠남. '於其'는 혹 '於是'로도 되어 있
음.《東雅堂昌黎集註》에 "於其, 或作於是"라 함. '姑'는 '임시로, 그저' 등의 뜻.

참고 및 관련 자료

1. 韓文公(韓愈, 韓退之, 韓昌黎) 001 참조.
2. 이 글은《五百家注昌黎文集》(20),《東雅堂昌黎集註》(20),《別本韓文考異》(20),

《唐宋八大家文鈔》(7), 《文苑英華》(731), 《古文關鍵》(上), 《文編》(54), 《事文類聚》(續集 15), 《文章辨體彙選》(336), 《歷代名賢確論》(61), 《古文辭類纂》(23), 《唐宋文擧要》(2), 《古文約選》(2) 등에 널리 실려 있음.

3. 〈醉鄕記〉(《東皐子集》下)

醉之鄕, 去中國不知其幾千里也. 其土曠然無涯, 無丘陵阪險, 其氣和平, 一揆無晦明寒暑. 其俗大同, 無邑居聚落; 其人甚精, 無愛憎喜怒. 吸風飮露, 不食五穀; 其寢于于, 其行徐徐, 與魚鼈鳥獸雜處, 不知有舟車械器之用. 昔者, 黃帝氏嘗獲遊其都, 歸而杳然, 喪其天下, 以爲結繩之政, 已薄矣. 降及堯舜, 作爲千鍾百榼之獻, 因姑射神人以假道, 蓋至其邊鄙, 終身太平. 禹湯立法禮繁樂雜, 數十代與醉鄕隔. 其臣羲和棄甲子, 而逃冀臻其鄕, 失路而道夭, 天下遂不寧. 至乎末孫桀紂, 怒而升糟丘, 階級千仞, 南向而望, 卒不見醉鄕. 武王得志於世, 乃命公旦立酒人氏之職, 典司五齊, 拓土七千里, 僅與醉鄕達焉, 故四十年刑措不用. 下逮幽厲, 迄乎秦漢, 中國喪亂, 遂與醉鄕絶. 而臣下之受道者, 往往竊至焉. 阮嗣宗·陶淵明等十數人, 並遊於醉鄕, 没身不返, 死葬其壤. 中國以爲酒仙云. 嗟乎! 醉鄕氏之俗, 豈古華胥氏之國乎? 何其淳寂也如是? 予得遊焉, 故爲之記.

4. 《軌範》注에 "王含之祖王績, 字無功. 嘗作〈醉鄕記〉. 此序以〈醉鄕記〉三字, 生一篇議論. 下字影狀, 可見其巧. 此序只從〈醉鄕記〉三字得意, 變化, 成一篇議論. 此文公最巧處, 凡作論, 可以爲法"이라 함.

5. 《唐宋八大家文鈔》에는 "轉掉如弄蛇, 如興雲. 總不遇之感, 借酒上簸弄"이라 함.

6. 過商侯는 "旣不遇矣, 惟當樂聖人之道, 以終其身. 王無功(王績)自附聖賢, 應爲顏曾, 不應爲陶阮, 〈醉鄕記〉之作, 昌黎所以私怪也. 借以尙論古人, 便知韓子自立處. 若王秀才者何人哉! 姑與之飮酒而已"라 함.

045(5-8) 〈答李秀才書〉 ················· 韓文公(韓愈)

수재 이사석李師錫에게 주는 답글

*〈答李秀才書〉:《昌黎集》에 "李下或有'師錫'字, 或注'圖南'字. 李觀卒於貞觀十年, 此書云'故友元賓', 則當在十年後作"이라 하여, 이 글은 貞元 9년(803) 이후에 쓴 것. 제목은 〈李師錫秀才〉로도 되어 있음. '李秀才'는 이름은 李師錫, 자는 圖南이며 蘇州 사람이었음. '秀才'는 明經科와 進士科를 동시에 합격한 자를 뜻함. 시험이 너무 어려워 응시자가 없어, 貞觀 때 폐기하였다가 開元, 天寶 연간에 다시 실시하였으나 역시 급제자가 없었다 함. 李肇의 《國史補》에 "進士統稱謂 之秀士"라 함. 한편 《昌黎集》 글의 제목에 '秀才'라 칭한 문장은 8편이 있고, '進 士'라 칭한 것은 없는 것으로 보아, 中唐 이후로 '秀才'는 進士를 대신하는 말이 거나, 혹 상대를 존경하는 말로 쓰였을 것으로 보고 있음. 이 글은 韓愈가 李師 錫의 글을 읽고, 옛 친구 李觀(元賓)을 떠올리며 자신의 古文運動 중에 明道의 주장을 확인하고자 한 것임.

1/3 ───────────

한유가 아룁니다.

나의 옛 친구 이관李觀 원빈元賓이 10년 전에 오중吳中의 친구와 이별하며 지은 시 6편을 나에게 보여주었는데, 그 첫째 시가 그대를 두고 지은 것으로 그대에 대한 칭송과 인용하는 바가 대단하였였지요.

원빈은 행실이 높고 깨끗하며, 속마음이 협애狹隘하여 능히 남을 포용하지 못하는 터라 보통 사람들과는 구차하게 논설을 하려들지 않았었지요.

그리하여 상대방이 그렇게 하는 이유를 연구하는 사람이었는데, 이로써 나는 그대가 보통 사람이 아니었음을 알게 되었습니다.

당시 그대는 오중에 있었고, 그 뒤 나는 외임外任으로 밖에 있어 서로 만나볼 인연이 없었지요.

원빈이 이미 죽고, 그 문장은 갈수록 귀중해 졌으니, 원빈을 그리워해도 만날 수가 없는 터에 원빈과 교유하였던 자를 보면 마치 원빈을 본 듯하다오.

愈白:

故友李觀元賓, 十年之前, 示愈別吳中故人詩六章, 其首章則吾子也, 盛有所稱引.

元賓行峻潔淸, 其中狹隘不能包容, 於尋常人不肯苟有論說.

因究其所以, 於是知吾子非庸衆人.

時吾子在吳中, 其後愈出在外, 無因緣相見.

元賓旣歿, 其文益可貴重; 思元賓而不見, 見元賓之所與者, 則如元賓焉.

【愈白】'白'은 '아뢰다'의 뜻.

【故友李觀元賓, 十年之前, 示愈別吳中故人詩六章, 其首章則吾子也, 盛有所稱引】 '李觀'은 韓愈의 옛 친구이며 과거에 함께 급제한 同年. 자는 元賓. 校書郎을 지냈으며 古文에 뛰어났으나 貞元 10년(794) 29세로 생을 마쳤음.《新唐書》에 傳이 있으며,《新唐書》歐陽詹傳에 "擧進士, 與韓愈·李觀·李絳·崔群·王涯·馮宿·庾承宣聯題, 皆天下選, 時稱龍虎榜"이라 함. 韓愈는 처음 李觀, 歐陽詹 등과 古文運動에 나섰으나 李觀이 일찍 죽어 韓愈가 古文運動의 大家로 성공하게 된 것이라 함.《軌範》補注에 "《四庫全書提要》齋李元賓《文編》二卷《外編》二卷, 稱觀與韓愈·歐陽詹爲同年, 並以古文相砥礪. 其後愈文雄視百世, 而二人之集, 寥寥僅存. 論者以元賓蚤世, 其文未極, 退之窮老不休, 故能獨擅其名. 顧當琱章繪句之時, 方競以駢偶鬪工巧, 而觀乃從事古文, 以與愈相左右, 雖所造不及愈, 固非餘子所及"이라 함. 韓愈가 그를 위해 쓴〈唐太子校書李元賓墓銘〉과 그의 벼루를 두고 쓴〈瘞硯銘〉이 있음. '別吳中故人詩'는 李觀이 지었던 시. '吳中'은 江蘇 蘇州를 가리킴. 李觀의 고향. 그곳에서 故人(친구)와 이별하면서 지은 시. '六章'은《全唐詩》

(319)에 李觀 시 4편이 실려 있으며 그 중 〈贈馮宿〉이 아닌가 함. '稱引'은 稱誦하고 引用함. 《五百家注》에 "孫曰稱引, 稱誦也"라 함.

【元賓行峻潔淸, 其中狹隘不能包容, 於尋常人不肯苟有論說】'不能包容'은 도량이 좁아 남을 포용하지 못함. '包容'은 《東雅堂》에는 '苞容'으로 되어 있으며 "苞或作包"라 함. '尋常'은 일상, 보통.

【因究其所以, 於是知吾子非庸衆人】'因究其所以'는 李觀은 마구 사람을 사귀지 아니하는 성격이었음을 말함. '非庸衆人'은 보통 사람이 아님. 평범한 인물이 아님. 《五百家注》에는 '非庸庸衆人'으로도 되어 있으며, 注에 "一本作'非庸衆人', 趙本作'非庸庸之衆'"이라 함. 李觀에게 稱引을 받을 정도라면 그대(李師錫)는 보통 사람이 아니었음.

【時吾子在吳中, 其後愈出在外, 無因緣相見】'其後愈出在外'는 韓愈가 外任으로 밖에 나가 있음. 韓愈는 貞元 12년부터 17년까지 宣武節度使 董晉을 보좌하여 汴州에 가 있다가, 다시 武寧節度使 張建封을 따라 徐州에 가 있었음.

【元賓旣歿, 其文益可貴重; 思元賓而不見, 見元賓之所與者, 則如元賓焉】'元賓之所與者'는 元賓(李觀)과 許與하여 交遊하던 자. 《軌範》補注에 《晉書》載記: 王浚遺石勒麈尾, 勒僞不敢執, 懸之于壁, 朝夕拜之, 云:「我不得見王公, 見王公所賜, 如見公也.」楊誠齋謂:「公此語本此.」라 함.

2/3 ——————————

지금 그대가 욕되게 귀한 편지와 문장을 보내주시어, 그 성명을 보니 원빈의 목소리와 모습을 황홀하게 마치 접한 듯하고, 그 문장을 읽어보니 원빈이 사람을 알아봄과 교유하는 도가 구차하지 않았음을 알게 되었소.

심하도다, 그대의 마음이 내 옛 친구 원빈과 닮았음이여!

今者, 辱惠書及文章, 觀其姓名, 元賓之聲容, 恍若相接, 讀其文辭, 見元賓之知人, 交道之不汚.

甚矣, 子之心有似於吾元賓也!

【今者, 辱惠書及文章, 觀其姓名, 元賓之聲容, 怳若相接, 讀其文辭, 見元賓之知人, 交道之不汚】 '文辭'는 李師錫의 글. 《東雅堂》注에 "文辭, 閣杭本作'命辭'. 云元賓所命意於辭也. 今按此'文辭', 指李生所作耳, 非謂元賓之辭也. 正使實謂元賓之辭作'命辭'. 亦無理"라 함. '惠書'는 상대방의 글이나 편지를 높여 부르는 말. '聲容'은 목소리와 얼굴 모습. '怳'은 《五百家注》에는 '悅'으로 되어 있으며 注에 "悅, 《說文》云:「狂兒.」許往切"이라 함. '不汚'는 구차함이 없음. 《五百家注》에 "孫曰: 「不汚, 不苟也.」"라 하였고, 《軌範》補注에 "應不能包容於尋常人"이라 함.

【甚矣! 子之心有似於吾元賓也】 '子'는 李師錫(圖南)을 가리킴. 《軌範》注에 "文有情思有滋味"라 함.

3/3 ————————————

그대 말씀에 "한유가 하는 바가 공자孔子에 위배되지 않고, 문장 또한 조탁雕琢을 공교함으로 여기지 않으니, 장차 이에 서로 상종相從하려 한다"라 하셨는데, 제가 감히 그 도를 인색하게 여겨 사양辭讓함을 일로 삼겠습니까?

그러나 제가 옛것에 뜻을 둔 이유는 단지 옛날 문장이 좋아서일 뿐만 아니라 그 속에 들어있는 도道를 좋아하기 때문입니다.

그대의 글을 읽고 그 마음 씀씀이를 알아보았더니, 장차 이러한 도에 깊이 여기는 것이 있기에, 그대와 더불어 이를 즐겁게 여기고 있는 터에, 하물며 그 겉으로 들어난 문장에 있어서야 어떻겠습니까?

한유는 머리를 조아립니다.

子之言「以愈所爲, 不違孔子, 不以雕琢爲工, 將相從於此」, 愈敢自愛其道, 而以辭讓爲事乎?

然愈之所志於古者, 不惟其辭之好, 好其道焉爾.

讀吾子之辭, 而得其所用心, 將復有深於是者, 與吾子樂之, 況其外之文乎?

愈頓首.

【子之言「以愈所爲, 不違孔子, 不以雕琢爲工, 將相從於此」】'雕琢'은 문장을 잘 꾸미고자 함. 여기서는 古文과 상대되는 騈儷文의 文風을 뜻함.

【愈敢自愛其道, 而以辭讓爲事乎?】'愛'는 아까워함. 인색함.

【然愈之所志於古者, 不惟其辭之好, 好其道焉爾】古文에 뜻을 두고 있는 것은 그 문장이 아니라 그 글 속에 지니고 있는 儒家의 도, 聖賢의 도 때문임.

【讀吾子之辭, 而得其所用心, 將復有深於是者, 與吾子樂之, 況其外之文乎?】'深於是者'는 道에 깊이 관심을 가지고 있음. 《五百家注》에 "孫曰:「深於是者, 謂好其道焉者也.」"라 함. '其外之文'은 내용이 아닌 밖으로 드러난 문장 표현력 따위. 《軌範》補注에 "言旣以樂道相許, 況文辭乎?"라 함.

【愈頓首】'頓首'는 머리를 조아림. 상대를 존중하여 맺음말로 쓴 것.

参고 및 관련 자료

1. 韓文公(韓愈, 韓退之, 韓昌黎) 001 참조.

2. 이 글은 《五百家注昌黎文集》(16), 《別本韓文考異》(16), 《東雅堂昌黎集註》(16), 《唐宋八大家文鈔》(5), 《文章辨體彙選》(217), 《古文辭類纂》(29) 등에 실려 있음.

3. 《唐宋八大家文鈔》에 "因與李秀才, 無舊獨於元賓詩中得其人, 故遂始終托元賓, 以寫兩與之情"이라 함.

046(5-9) 〈送許郢州序〉 ·············· 韓文公(韓愈)
영주자사 허지옹許志雍을 보내며 주는 글

*〈送許郢州序〉:《昌黎集》에는 〈送許使君刺郢州序〉로 되어 있음. '許郢州'는 許志
雍, 安陸人. 郢州刺史로 부임함. 郢州는 山南東道節度使 于頔의 관할 아래에 있
었음. 이 글은 〈與于襄陽書〉(001) 및 〈送崔復州序〉(047)와 관련이 있음.

1/4 ——————

내 일찍이 글로써 우공于頔과 통한 것이 수백 자에 이르렀었다.

그 대요大要는 "선달先達의 선비가 사람을 얻어 의탁하면 도덕이 드러
나고 명문名聞이 널리 흐르게 될 것이며, 후진後進의 선비가 사람을 얻
어 의탁하면 사업이 드러나고 작위爵位가 형통하게 될 것이다. 그런데
아랫사람은 자신의 재능을 자랑하고, 윗사람은 지위를 뽐내느라, 비록
서로 찾고 있지만 만나지 못한다"였다.

그런데 우공于公은 나의 말을 불가하다 말하지 않고, "족하의 말이 옳
다"라고 답장을 보내왔다.

우공은 몸은 방백方伯의 높은 지위에 처하고, 불세不世의 재능을 축적
하고 있으면서도, 능히 비루하고 용열한 자에게 응답하기를 마치 그림자
나 메아리처럼 하였으니, 이는 임금에게 충성하고 선善에 즐거움을 두어
국가의 직무를 자신의 임무로 삼는 자가 아니겠는가?

나는 비록 감히 그 큰 은혜를 사사롭게 여기지는 않으나, 생각건대 지
기知己라고 이르지 않을 수 없어, 항상 자랑하며 외웠으니, 정은 이미 지
극하나 일은 그를 따르지 않음은 나 같은 소인이 하지 않는 바이다.

그 까닭으로 그대 사군使君이 부임하심에, 자사의 일을 말하여 우공
에게 드리는 것으로 삼는다.

愈嘗以書, 自通於于公, 累數百言.

其大要言:「先達之士, 得人而託之, 則道德彰而名聞流; 後進之士, 得人而託之, 則事業顯而爵位通. 下有矜乎能, 上有矜乎位, 雖恒相求而不相遇.」

于公不以其言爲不可, 復書曰:「足下之言, 是也.」

于公身居方伯之尊, 蓄不世之材, 而能與卑鄙庸陋相應答如影響, 是非忠乎君而樂乎善, 以國家之務爲己任者乎?

愈雖不敢私其大恩, 抑不可不謂之知己, 恒矜而誦之, 情已至而事不從, 小人之所不爲也.

故於使君之行, 道刺史之事, 以爲于公贈.

【愈嘗以書, 自通於于公, 累數百言】'嘗以書'는 〈與于襄陽書〉(001)를 가리킴.

【其大要言:「先達之士, 得人而託之, 則道德彰而名聞流;後進之士, 得人而託之, 則事業顯而爵位通】'先達之士'는 먼저 현달한 사람. 선배, 전배. '得人'은 훌륭한 사람을 얻음. '名聞'은 명예와 소문. 훌륭하다는 소문이 널리 퍼짐.《東雅堂》에는 '名問'으로 되어 있으며, 注에 "問, 或作聞"이라 함. '後進之士'는 후배. '爵位'는 爵號와 地位.

【下有矜乎能, 上有矜乎位, 雖恒相求而不相遇.」】'矜其能'은 자신의 재능을 뽐내며, 윗사람과 교유하려 들지 않음. 獨善其身하는 자.

【于公不以其言爲不可, 復書曰:「足下之言, 是也.」】'于公'은 于頔. 자는 允元, 河南 사람. 貞元 14년(798) 襄州刺史로 있다가 德宗의 신임을 얻어, 襄陽, 郢州, 復州, 鄧州, 隋州, 唐州, 均州, 房州 등 여덟 州를 관할하는 山南東道節度使가 됨.《舊唐書》(156)와 《新唐書》(172)에 傳이 있음. 그는 《舊唐書》에 "公然聚斂, 恣意虐殺, 專以凌上威下爲務"라 하여, 심하게 권력을 휘둘렀음.

【于公身居方伯之尊, 蓄不世之材, 而能與卑鄙庸陋相應答如影響, 是非忠乎君而樂乎善, 以國家之務爲己任者乎?】'方伯'은 節度使, 觀察使 등의 地方長官. 여기서는 于頔이 山南東道觀察使였음을 말함. '不世之材'는 不世出의 재능. '卑鄙庸陋'는 신분이 천하고 낮은 하찮은 사람. '影響'은 그림자와 메아리. 그처럼 틀림없고, 즉시 반응이 옴을 뜻함.《軌範》注에 "欲譏刺, 其惡必先誇誦其善;先誇誦于公之賢,

正是學《孟子》道齊宣王'易牛'事, 是心足以王矣. 一段得進諫之道"라 함.

【愈雖不敢私其大恩, 抑不可不謂之知己, 恒矜而誦之, 情已至而事不從, 小人之所不爲也】'私其大恩'은 그 큰 은혜를 사사롭게 여기지 않음. 그 은혜 때문에 두둔하지는 않음. '知己'는 자신을 알아주는 자.《戰國策》趙策(1)에 "士爲知己者死, 女爲悅己者容"이라 함. '事不從'은 韓愈 자신이 于頔을 따라 섬기지 못하고 있음.《五百家注》에는 "孫曰: 事不從者, 謂不能卒言之也"라 함.

【故於使君之行, 道刺史之事, 以爲于公贈】'使君'은 지방의 현령, 군수 등을 높여 부르는 칭호. '道'는 말하다의 뜻.

2/4 ─────────────

무릇 천하의 일이란 스스로 함께 함에서 이루어지고, 스스로 달리 함에서 실패하는 것이다.

자사刺史가 된 자는 항상 사사로움을 백성에게 두고, 실제로는 부府에 순응하지 않는 것이며, 관찰사觀察使가 된 자는 항상 부부賦에 급함을 두고 정으로써 주州에 믿음을 사고자 하지 않는 것이다.

이로써 자사는 그 관직을 편안히 여길 수 없고, 관찰사는 그 행정에 마땅함을 얻지 못하니, 재물이 이미 고갈되었는데도 거두어들이기가 쉬지 않을 수밖에 없고, 사람이 이미 궁하게 되었는데도 부역을 더욱 급하게 서둘러야 하니, 백성들이 그곳을 떠나 도둑질하지 않는 것만으로도 역시 다행일 것이다.

凡天下之事, 成於自同, 而敗於自異.

爲刺史者, 常私於其民, 不以實應乎府; 爲觀察使者, 恒急於其賦, 不以情信乎州.

由是刺史不安其官, 觀察使不得其政, 財已竭而斂不休, 人已窮而賦愈急, 其不去爲盜也亦幸矣.

【凡天下之事, 成於自同, 而敗於自異】같은 생각으로 행동하면 성공하지만 달리 생

각하고 행동하면 실패함.

【爲刺史者, 常私於其民, 不以實應乎府;爲觀察使者, 恒急於其賦, 不以情信乎州. 由是刺史不安其官, 觀察使不得其政, 財已竭而斂不休, 人已窮而賦愈急, 其不去爲盜也亦幸矣】'私於其民'은 그 백성들 편에 서서 두둔함. '府'는 刺史의 위인 觀察使의 官府. 《五百家注》에 "孫曰:府, 謂觀察府"라 함. '以情信乎州'는 정을 베푸는 것으로써 관할 州의 백성으로부터 믿음을 얻음. 《軌範》注에 "雖是以刺史觀察, 對說作句'下'字, 皆有權度. 一私于其民, 一急于其賦, 可見爲刺史賢, 爲觀察者不賢"이라 함. '由是'는 《東雅堂》에는 '緣是'로 되어 있음.

3/4 ──────────────

진실로 자사로 하여금 그 백성에게 사사로운 정을 두지 못하도록 하고, 관찰사가 백성에게 부세를 급히 재촉하지 않을 때, 자사가 "우리 주의 백성들은 천하의 백성이니, 그 혜택을 유독 우리 주만 후하게 받을 수 없다"라 하고, 관찰사도 역시 "어떤 주의 백성은 천하의 백성인데, 부세를 거둠이 유독 그 주만 급하게 할 수 없다"라고 한다면, 이처럼 하고도 행정이 균평하지 못하고, 명령이 실행되지 못하는 경우란 있어본 적이 없을 것이다.

내가 지난번에 한 말을 우공은 이미 믿고 실행에 옮기고 있는데, 지금 한 말을 믿지 않을 수 있겠는가?

주州에 있어서의 현縣이란 부府에 있어서의 주와 같다.

위로는 섬김이 있고 아래로는 군림해야 할 일이 있으니, 같은 행동을 하면 성공하려니와 달리하면 실패한다는 것은 모두가 그러한 것이다.

그대의 현명함이 아니라면 누가 능히 이 말을 믿겠는가?

誠使刺史不私於其民, 觀察使不急於其賦, 刺史曰:「吾州之民, 天下之民也, 惠不可以獨厚.」;觀察使亦曰:「某州之民, 天下之民也, 斂不可以獨急.」如是而政不均·令不行者, 未之有也.

其前之言者, 于公旣已信而行之矣;今之言者, 其有不信乎?

縣之於州, 猶州之於府也.
有以事乎上, 有以臨于下, 同則成, 異則敗者, 皆然也.
非使君之賢, 其誰能信之?

【誠使刺史不私於其民, 觀察使不急於其賦, 刺史曰:「吾州之民, 天下之民也, 惠不可
以獨厚.」】'惠不可以獨厚'는 은혜가 자신이 다스리는 주에만 후하게 베풀어져서
는 안 됨.《軌範》注에 "惠獨厚, 見刺史之仁"이라 함.
【觀察使亦曰:「某州之民, 天下之民也, 斂不可以獨急.」】'斂不可以獨急'은 부렴이 다
른 어떤 주에만 유독 급히 굴어 그곳 백성을 괴롭혀서는 안 됨.《軌範》注에 "斂
獨急, 見觀察使之不仁"이라 함.
【如是而政不均·令不行者, 未之有也】'未之有也'는 없음을 강하게 표현하는 말.
《軌範》注에 "此序本意欲諷觀察使于頓賦斂甚急, 刺史不能堪, 乃借刺史與觀察對
說, 辭意輕重不待計量, 而見若獨說觀察, 則于公見之必怒矣. 此文章之妙"라 함.
【其前之言者, 于公旣已信而行之矣; 今之言者, 其有不信乎?】'前之言者'는 한유가
〈與于襄陽書〉에서 한 말.
【縣之於州, 猶州之於府也】縣과 州, 州와 觀察使 官府와의 관계를 말함. 上下, 所
屬, 管轄 관계가 있음을 말함.
【有以事乎上, 有以臨于下, 同則成, 異則敗者, 皆然也】'以事乎上'은 일로서 윗사람에
게 해야 할 의무. '以臨于下'는 지위로써 아랫사람에게 군림해야 할 사항.
【非使君之賢, 其誰能信之?】'賢'은 현명함. 똑똑함.《軌範》注에 "末又勸許公, 寬其
縣. 其議論始公平, 辭意始圓備"라 함.

4/4 ——————————————

나는 그대에게 잔치에서 교유하여 하루아침에 좋아진 사이가 아니다.
그 까닭으로 떠남에 이를 증송하되, 칭송으로써 하지 않고 규잠規箴
으로써 하는 것이다.

愈於使君, 非燕遊一朝之好也.
故其贈行, 不以頌而以規.

【愈於使君, 非燕遊一朝之好也】'宴遊'는 宴會 석상에서 서로 交遊함. '遊'는 游와
같음.
【故其贈行, 不以頌而以規】'以規'는 지켜야 할 규범, 規箴으로써 함.

참고 및 관련 자료

1. 韓文公(韓愈, 韓退之, 韓昌黎) 001 참조.

2. 이 글은 《五百家注昌黎文集》(19), 《東雅堂昌黎集註》(19), 《唐宋八大家文鈔》(6),
《文苑英華》(730), 《文章正宗》(15), 《經濟類編》(52), 《文編》(54), 《文章辨體彙選》(336),
《古文淵鑑》(35) 등에 널리 실려 있음.

3. 《軌範》注에 "于頔, 乃一貪酷吏其爲觀察也. 賦斂苛急. 見《唐書》本傳. 韓文〈送
許郢州〉·〈崔復州二〉序, 皆諷諫之辭, 可以添觀于頔爲觀察使, 性貪而政苛取財, 賦于
州縣者, 甚急. 刺史·縣令不可爲. 韓文公作此序以諷諫于頔, 文有權衡有箴規"라 함.

4. 《東雅堂昌黎集註》에 "或作〈送許使君刺郢州序〉, 仍注'仲輿'二字, 或作'志雍'. 樊
云:「志雍字陸, 許氏, 貞元九年進士, 時于頔節制山南東道, 郢於山南爲屬邑. 是時
頔斂民方急, 公因志雍之行, 序以規之.」公貞元十八年上于頔節, 故云「愈嘗以書自通
於于公頔」. 此序十九年作也"라 함.

5. 《唐宋八大家文鈔》에는 "按《唐書》:于公多刻, 退之文多托之以諷"이라 함.

6. 《五百家注昌黎文集》에는 "韓曰:志雍, 安陸人. 貞元九年登第, 十八年刺郢州,
時于頔節制山南, 郢爲屬邑. 頔斂民方急, 故韓公因志雍行序以規之"라 함.

047(5-10) 〈贈崔復州序〉 ················ 韓文公(韓愈)
복주자사에게 드리는 글

*〈贈崔復州序〉: ‘崔復州’는 이름과 자는 알려져 있지 않음. 復州는 復州刺史의 줄인 말. 혹 《一統志》와 《輿地紀勝》 등에 실려 있는 崔䚮가 아닌가 함. ‘復州’는 당대 지명으로 北周 初에 두었던 주로 치소는 建興. 지금의 湖北 沔陽, 天門, 監利 일대를 관할하고 있었음. 唐 代宗 때 치소를 竟陵(지금의 天門)으로 옮겼음. 원래 復州는 당시 변방으로 山南東道에 속하였으며, 그곳 節度使는 于頔(001 참조)으로 심하게 虐政을 恣行하고 있었음. 이에 崔君이 于頔 휘하의 復州刺史로 부임하게 되자 한유가 于頔을 諷諫함과 아울러 최군으로 하여금 그곳 백성들의 고통을 풀어줄 것을 권하며 준 글임.

1/4 ━━━━━━━━━━━━━━━━

수백 리 땅을 소유하고 닫고 뛰면서 자신을 받드는 관리가 장사長史, 사마司馬 이하 수십 명이나 되며, 그 봉록으로는 족히 그 삼족三族 및 그 붕우와 고구故舊에게 인仁을 베풀 수 있다.

마음에 즐거움을 느끼면 한 경내의 사람들이 즐겁게 여기지만, 그 마음에 즐거움을 느끼지 못하면 한 경내의 사람들이 두려워하게 된다.

대장부大丈夫로서 관직이 자사刺史에 이르면 역시 영화로운 것이다.

有地數百里, 趨走之吏, 自長史·司馬以下數十人, 其祿足以仁其三族, 及其朋友故舊.
樂乎心, 則一境之人喜; 不樂乎心, 則一境之人懼.
大丈夫官至刺史, 亦榮矣.

【有地數百里, 趨走之吏, 自長史·司馬以下數十人, 其祿足以仁其三族, 及其朋友故

舊】'長史'는 자사를 보좌하는 지방관리. '司馬'는 지방 군사를 관장하는 보좌. 唐
나라 때 제도에 자사 아래에 長史 1인, 司馬 1인이 있고 그 아래에 錄事, 參軍,
推官, 司戶, 司法, 虞候, 押衙 등이 약간 명이 있었음. '三族'은 父族, 母族, 妻族.
《五百家注》에 "孫曰: 仁, 惠利也. 張晏注《漢書》云: 三族: 父母兄弟妻也. 如淳云: 父
族, 母族, 妻族"이라 함. '以下'는 《昌黎集》에는 '已下'로 되어 있으며, 그 아래 '數
十人'의 세 글자가 더 있음. 《古文眞寶》에는 이 3자를 누락함.
【樂乎心, 則一境之人喜; 不樂乎心, 則一境之人懼】'一境'은 그가 다스리는 경내 전
체.
【大丈夫官至刺史, 亦榮矣】'大丈夫'는 《東雅堂昌黎集》에는 모두 '丈夫'로 되어 있
으며, 注에 "丈上或有大字"라 함. '刺史'는 여러 州 중에 上州에 해당하는 큰 고
을에 두는 地方長官. 《唐書》 百官志에 "上州刺史一人, 從三品"이라 하여 당시 復
州는 上州에 해당했음을 알 수 있음.

2/4

비록 그렇기는 하나, 유벽幽僻한 먼 곳의 소민小民들은 그 발자취가
일찍이 성읍城邑에 이르러 본 적이 없어, 만약 그 처리할 바를 얻지 못하
더라도 스스로 鄕里향리의 관리에게 자신의 뜻을 펼 수 있는 자가 적은
데, 하물며 능히 현리縣吏에게 스스로 나서서 변석辨釋을 하겠는가?

능히 현리에게 스스로 나서서 변설을 할 수 있는 자가 적은데, 하물며
스스로 나서서 자사의 뜰에서 변석을 하겠는가?

이 까닭으로 자사는 듣지 못하는 바가 있으며, 소민은 펴지 못하는 자
가 있게 되는 것이다.

부세는 항상 일정한데 백성의 생산은 일정하지가 않은 것이니, 수재와
가뭄, 여역癘疫이 때가 없어, 백성의 풍약豐約은 주州에 달려 있기 마련
이다.

그런데도 현령縣令은 이를 언급하지 아니하며, 연솔連帥은 이를 믿지
도 않은 채, 백성은 곤궁에 처했음에도 부렴은 갈수록 급해지고 있으니,
나는 자사의 임무가 쉽지 않다고 여긴다.

雖然, 幽遠之小民, 其足跡未嘗至城邑, 苟有不得其所, 能自直
於鄕里之吏者, 鮮矣, 況能自辨於縣吏乎?

能自辨於縣吏者, 鮮矣, 況能自辨於刺史之庭乎?

由是刺史有所不聞, 小民有所不宣.

賦有常而民産無常, 水旱癘疫之不期, 民之豐約懸於州.

縣令不以言, 連帥不以信, 民就窮而斂愈急, 吾見刺史之難爲也.

【雖然, 幽遠之小民, 其足跡未嘗至城邑, 苟有不得其所, 能自直於鄕里之吏者, 鮮矣,
況能自辨於縣吏乎?】'幽遠小民'은 京師에서 멀고 幽僻한 곳에 사는 천한 백성.
'城邑'는 큰 도시, 도읍, 시내, 城市.《五百家注》에 "祝曰: 城邑, 郡邑也"라 함. '鄕里
之吏'는《五百家注》에 "孫曰: 鄕里之吏, 謂里胥之屬"이라 함. '不得其所'는 不得其
處와 같음. 억울한 일이나 해결할 수 없는 일들. '自直'은 스스로 나서서 直訴함.
'鄕里之吏者'는 향리의 낮은 관리. 그들에게조차 말하지 못함. '鮮'은 尟과 같음.
드믊.

【能自辨於縣吏者, 鮮矣, 況能自辨於刺史之庭乎?】'辨'은 변석함. 옳고 그름을 따짐.
자신의 주장을 폄.《軌範》注에 "此一段, 非知田里小民之疾苦者, 不能言. ○添'之
庭'二字, 句便不凡"이라 함.

【由是刺史有所不聞, 小民有所不宣】이 까닭으로 자사는 백성들의 고통을 들을 수
없으며, 백성 또한 자신의 의견을 펼 수 없음. '不宣'은《五百家注》에 "孫曰: 不宣,
謂不得自宣達也"라 함.

【賦有常而民産無常, 水旱癘疫之不期, 民之豐約懸於州】'賦'는 賦稅. 徭役과 稅金.
'水旱'은 水災와 旱魃. '癘疫'은 창질 따위의 疫疾. '豐約'은 豐盛함과 貧約함. 이곳
의 두 곳 '常'은《昌黎集》에는 '恒'으로 되어 있으며, 注에 "恒, 常也. 胡登切"이라
함.

【縣令不以言, 連帥不以信, 民就窮而斂愈急, 吾見刺史之難爲也】'連帥'은 큰 고을의
州에 두었던 우두머리.《禮記》王制에 "十國以爲連, 連爲帥"이라 함. '帥'은 率과
같으며 '솔'로 읽음. 唐代에는 節度使가 몇 개의 州를 묶어 관할하여, 여기서는
節度使 于頓을 가리킴. '見刺史之難爲'의 '見'은 '알다'의 뜻.《五百家注》에 "孫曰:
《禮記》:「十國以爲連, 連有帥.」連帥, 即節度使之任也"라 함.

최군이 복주를 다스리게 될 그곳의 연솔은 바로 우공于公, 于頓이다.

최군의 어짊은 족히 그곳 백성들을 소생시킬 수 있고, 우공의 현명함은 족히 최군을 믿고 쓸 수 있을 것이다.

자사의 영화로움을 누리면서 어려움이 없도록 함은 바로 이 점에 있을 것이다!

崔君爲復州, 其連帥則于公.
崔君之仁足以蘇復人, 于公之賢足以庸崔君.
有刺史之榮, 而無其難爲者, 將在於此乎!

【崔君爲復州, 其連帥則于公】'于公'은 于頓. 자는 允元. 앞장(046)의 주를 참조할 것. 崔君은 刺史, 于頓은 그보다 훨씬 높은 지위의 連帥어었음.《五百家注》에 "樊曰: 郢·復在唐悉隷山南東道, 公〈送許郢州〉及此〈崔復州二序〉, 皆言及于公. 于公, 名頓, 字允元. 時爲山南東道節度使. 嚴曰: 〈上于襄陽書〉, 在貞元十八年, 則〈送許郢州〉·〈崔復州序〉, 皆在此時也"라 함.

【崔君之仁足以蘇復人, 于公之賢足以庸崔君】'崔君之仁' 앞에 혹 '愈以爲' 3자가 더 있음.《別本》에 "'崔君之仁'上, 或有'愈以爲'三字"라 함. '以庸崔君'은 上官 于頓이 최군을 믿고 등용한 것임. '庸'은 用과 같음.《五百家注》에 "孫曰: 庸, 信用也"라 함.

【有刺史之榮, 而無其難爲者, 將在於此乎!】《軌範》注에 "收拾前二段"이라 함. 刺史라는 영광스러운 자리를 옹유하면서 일을 함에 어려움이 없을 것임은 여기에 있음. 은근히 于頓을 우려한 것임.《軌範》末尾에 "觀察使賦斂苛急, 則爲刺史者見其難, 而不見其榮; 觀察使賦斂寬緩, 則爲刺史者見其榮, 而不見其難. 以此諷諫于公最切"이라 함.

나는 일찍이 우공의 알아줌을 입었고, 초군과는 옛부터 최군과는 교유해왔으니, 복주의 백성들이 장차 그들의 아름다운 덕택을 입게 될 것임을 경하하며, 이에 이를 말하는 것이다.

愈嘗辱于公之知, 而舊游於崔君, 慶復人之將蒙其休澤也, 於是
乎言.

【愈嘗辱于公之知, 而舊游於崔君, 慶復人之將蒙其休澤也, 於是乎言】'辱于公之知'
는 韓愈가 일찍이 于頔에게 편지 2통을 보내어 서로 알게 된 일. 〈與于襄陽
書〉(001)를 참조할 것. '蒙其休澤'은 復州 백성들이 두 사람의 아름다운 덕택을
입게 될 것임. '休'는 '아름답다, 훌륭하다'의 뜻.

참고 및 관련 자료

1. 韓文公(韓愈, 韓退之, 韓昌黎) 001 참조.

2. 이 글은 《東雅堂昌黎集註》(20), 《五百家注昌黎文集》(20), 《別本韓文考異》(20),
《唐宋八大家文鈔》(6), 《文苑英華》(734), 《文章正宗》(15), 《文編》(54), 《事文類聚》(外
集 11), 《唐宋文醇》(4), 《湖廣通志》(101), 《經濟類編》(52), 《淵鑑類函》(111), 《古文辭類
纂》(32) 등에 널리 실려 있음.

3. 《軌範》 注에 "此序諷諫于公與〈送許郢州序〉同意. 此序尤涵蓄只民就窮, 而斂
愈急, 下民苦之, 使于公聞之. 皆勸于公寬賦斂, 以安州縣, 以安百姓"이라 함.

4. 《東雅堂昌黎集註》에 "公此序, 大槪與〈送許郢州〉之意同. 郢·復在唐皆隷山南
東道, 兩序皆言于公頔, 又皆言民窮斂急, 愈必有所屬也. 頔時爲山南東道節度使云"
이라 함.

5. 《唐宋八大家文鈔》에 "此與〈送許郢州序〉同意, 而規諷于公處, 最含蓄"이라 함.

048(5-11) 〈讀李翶文〉 ·················· 歐陽修(歐陽脩)

이고李翶의 글을 읽고

〈李翶〉

＊〈讀李翶文〉:李翶(李翶:774-836. 혹 772-841?)는 唐나라 趙郡, 혹 成紀 사람으로 思想家이며 文人. 자는 習之. 進士에 급제한 뒤 校書郞을 거쳐 國子博士, 史館修撰 등을 역임함. 뒤에 考功員外郞, 中書舍人, 山南東道節度使 등을 거침. 시호는 文公. 張籍과 함께 韓愈의 문인으로 韓愈가 〈原道〉(032)를 지어 道를 원리적으로 설명해 보려고 애쓴 뒤, 李翶는 〈復性書〉를 지어 〈中庸〉과 〈大學〉의 내용을 性理로 풀고자 하였음. 이에 의해 宋代 理學이 발달하여 꽃을 피우게 된 것임. 그의 글을 모은 《李文公集》이 전함. 《舊唐書》(160)과 《新唐書》(177)에 傳이 있음.

1/5 ————————

나는 처음 이고李翶의 《복성서復性書》 삼편三篇을 읽고 "이는 〈중용中庸〉의 의소義疏일 뿐이다. 지혜로운 자는 그 성性을 알고 있어, 마땅히 중용中庸을 회복할 것이요, 어리석은 자라면 비록 이 글을 읽더라도 뜻을 알지 못할 것이니 짓지 않아도 된다"라고 여겼다.

다시 〈한시랑에게 주는 천현서與韓侍郞薦賢書〉를 읽고는, "이고가 특히 자신이 궁할 때 세상에 자신을 추천해주는 자가 없음을 분하게 여겨, 그 때문에 정녕丁寧함이 이와 같았으니, 그로 하여금 뜻을 얻도록 해 주

〈歐陽永叔(歐陽修)〉(三才圖會)

었다면 역시 꼭 그렇지는 않았을 것"이라 여겼다.

그리하여 이고를 진한秦漢 때 호사행의好事行義를 하는 하나의 호준豪傑처럼, 역시 그저 사람에 대한 논의에 뛰어난 자 정도로 여겼었다.

予始讀(翺)〈復性書〉三篇, 曰:「此〈中庸〉之義疏爾. 智者識其性, 當復中庸; 愚者雖讀此, 不曉也, 不作可焉.」

又讀〈與韓侍郎薦賢書〉, 以謂:「翺特窮時, 憤世無薦己者, 故丁寧如此. 使其得志, 亦未必然.」

以翺爲秦漢間, 好事行義之一豪傑, 亦善論人者也.

【予始讀〈復性書〉三篇】《歐陽文忠集》에는 '讀'자 다음에 '翺'자가 더 있음. '復性書'는 사람의 '本性을 回復함'에 대한 李翺의 글로, 〈中庸〉과 〈大學〉의 性과 情을 분석하여 宋代 性理學을 열도록 한 매우 중요한 첫 시도로 널리 알려져 있음. 李翺의 《李文公集》(2)에 上, 中, 下 3편으로 나뉘어 실려 있음. 참고란을 볼 것.

【曰:「此〈中庸〉之義疏爾. 智者識其性, 當復中庸; 愚者雖讀此, 不曉也, 不作可焉.」】 '義疏'는 뜻을 疏開하여 풀이함을 뜻함. '識其性'은 본성에 대해 인식함. 그러나 《文忠集》에는 '誠其性'으로 되어 있으며, 注에 "誠, 一作識"이라 함. '當復中庸'은

中庸으로 회복함. 中庸을 찾아 되돌아 옴. 여기서의 '中庸'은 書名이 아님. 그러나 《文忠集》에는 "當讀中庸"이라 하였고, 注에 "讀, 一作復"이라 함. '不作可焉'은 《文忠集》에는 '不作可也'로 되어 있음.

【又讀〈與韓侍郎薦賢書〉】'與韓侍郎薦賢書'는 韓侍郎에게 賢人을 추천하는 글. 李翺의 《李文公集》에는 같은 제목의 글이 실려 있지 않으나, 권6 〈答韓侍郎書〉에 "還示云:「於賢者汲汲, 惟公與不材耳.」 此言取人得無太寬否? ……尙汲汲孜孜, 引薦賢俊云云"이라 함. '韓侍郎'은 韓愈를 가리킴. 《李文公集》(16)에 "祭吏部韓侍郎文"이 실려 있음.

【以謂:「翺特窮時, 憤世無薦己者, 故丁寧如此. 使其得志, 亦未必然.」】'以謂'는 《文忠集》에는 '以爲'로 되어 있어 훨씬 의미가 순통함. '丁寧'은 매우 자상하게 말로 일러주고 달래주며 다독거림을 뜻하는 疊韻連綿語. 《漢書》 谷永傳 "以丁寧陛下"의 顔師古 注에 "丁寧者, 謂再三告示也"라 함. 현대 白話語에서는 '叮嚀'으로 표기함.

【以翺爲秦漢間, 好事行義之一豪雋, 亦善論人者也】'秦漢'은 秦나라나 漢나라 때. 당시 義俠心이 강한 인물들이 많았음. 《史記》游俠列傳 등을 참조할 것. '好事行義'는 《文忠集》에는 '好俠行義'로 되어 있음. '豪雋'은 《文忠集》에는 '豪儁'으로 되어 있으며 '豪俊'과 같음. 豪傑俊士를 뜻함. '善論人者'는 《文忠集》注에는 "論, 一作謹"라 함. 李翺 〈李文公集〉(6) 〈答韓侍郎書〉에 "此秦漢間, 尙俠行義之一豪雋耳. 與鄙人似同, 而其實不同也"라 함.

2/5

그런데 최후에 나는 그의 〈유회부幽懷賦〉을 읽고 나서야 책을 덮고 감탄을 금치 못하였으며, 감탄을 하고는 다시 읽고 스스로 그치지 못하면서, 이고가 지금 세상에 태어나지 않아 그와 교유할 수 없음을 한스럽게 여겼고, 또한 내가 이고의 시기에 태어나 이고와 논박을 오르내리지 못함을 한탄하였다.

하물며 이고와 같은 시기 사람이면서 도가 있고 문장도 능했던 자로서 한유韓愈만한 이가 없었음에랴!.

한유도 일찍이 부賦를 지은 것이 있으나, 두 마리 새의 영광을 부러워하며, 한껏 배불리 먹어볼 때가 없음을 한탄하는 것에 불과할 뿐이었다.

그의 이러한 마음을 미루어 보건대 그로 하여금 영광을 누리고 배불리 먹도록 해 주었다면 그런 말을 다시는 하지 않았을 것이다.

最後讀<幽懷賦>, 然後置書而嘆不已, 復讀不自休, 恨翺不生
於今, 不得與之交; 又恨予不得生翺時, 與翺上下其論也.
　況迺翺一時(人), 有道而能文者, 莫若韓愈!
　愈嘗有賦矣, 不過羨二鳥之光榮, 歎一飽之無時爾.
　推是心, 使光榮而飽, 則不復云矣.

【最後讀<幽懷賦>】'幽懷賦'는 李翺가 가슴 속 그윽이 품고 있는 뜻을 賦로 읊은
것. 참고란을 볼 것.

【然後置書而嘆不已, 復讀不自休, 恨翺不生於今, 不得與之交; 又恨予不得生翺時,
與翺上下其論也】歐陽修가 자신과 동시대에 李翺가 살았다면 그와 意氣投合하
였을 것임을 자신한 것.

【況迺翺一時(人), 有道而能文者, 莫若韓愈!】'況迺'는 況乃와 같음. 《文忠集》에는
'凡昔'으로 되어 있으며, 注에 "二字, 一作況迺"라 함. '一時'는 《文忠集》에 '一時人'
이라 하여 '人'자가 더 있으며, '동시대 사람으로서'의 뜻. '韓愈'와 이고는 동시대
인물로서 韓愈는 道와 文에 능했음에도 李翺의 義氣를 따르지 못하였음을 은근
히 비판한 것.

【愈嘗有賦矣, 不過羨二鳥之光榮, 歎一飽之無時爾】'二鳥'는 韓愈의 <感二鳥賦>를
가리킴. 韓愈가 貞元 11년(795) 실의에 빠져 東都 洛陽으로 돌아가던 중 潼關에
서 쉬고 있을 때, 흰 까마귀와 흰 鸚鵒鳥를 鳥籠에 가지고 천자에게 바치러 가
는 자를 만났음. 이에 한유는 자신은 20여년을 공부했으나 아무런 벼슬도 제대
로 얻지 못하였는데 이 두 새는 아무런 도덕도 갖춘 것이 없이 그저 기이한 색
깔이라는 이유로 천자에게 가까이 할 수 있음을 한탄하여 賦를 읊은 것임. 참고
란을 볼 것. <感二鳥賦>의 "余生命之湮阨, 曾二鳥之不如; 汨東西與南北, 亘十年以
不居; 辱飽食其有數, 況策名於薦書; 時所好之爲賢, 庸有謂余之非愚"를 인용한 것
임.

【推是心, 使光榮而飽, 則不復云矣】'推是'는 文忠集에는 '此其'로 되어 있으며, 注에 "二字, 一作推是"라 함. '不復云'은 그러한 말을 하지 않았을 것임.

3/5 ──────────

이고 같은 경우라면 홀로 그렇지 않아, 그의 부에 이렇게 읊고 있다.
"무리가 시끄럽게 굴며 뒤섞임이여,
모두가 늙음을 한탄하고 낮은 지위를 탄식하도다!
내 마음은 그렇지 않음을 보도다,
도를 행함에 잘못이 있으면 어쩌나 염려하도다!"
(또 이렇게 말하였다.)
"당 고조 신요황제神堯皇帝는,
한 여단旅團으로 천하를 차지하였는데,
후세 자손들은 천하를 가졌으면서도,
하북河北을 취하지 못함을 근심으로 여겼음을 괴이히 여기도다!"

若翺獨不然, 其賦曰:
「衆囂囂而雜處兮, 咸歎老而嗟卑!
視予心之不然兮, 慮行道之猶非!」
(又:)
"怪神堯以一旅取天下.
後世子孫, 不能以天下, 取河北以爲憂!"

【若翺獨不然, 其賦曰】'其賦'는 李翺의 〈幽懷賦〉를 가리킴.
【衆囂囂而雜處兮, 咸歎老而嗟卑! 視予心之不然兮, 慮行道之猶非!】'囂囂'(효효)는 시끄럽게 떠듦. '歎老嗟卑'는 늙도록 아무것도 이룬 것이 없으며 지위도 낮음을 한탄하고 탄식함.
【(又:)】《文忠集》에는 이 글자가 더 있어 전체 맥락이 훨씬 순통함.

【"怪神堯以一旅取天下. 後世子孫, 不能以天下, 取河北以爲憂."】'神堯'는 唐 高祖(李淵)의 廟號. 唐 高祖는 太宗(李世民)에게 禪位하고 太上皇이 되었으며, 죽은 뒤 神堯皇帝로 묘호를 삼았음. 〈幽懷賦〉 "何神堯之郡縣兮, 乃家傳而自持?"를 가리킴. '一旅'는 한 旅團. '旅'는 고대 군대의 단위. 《左傳》 哀公 元年 傳에 "虞思於是妻之以二姚, 而邑諸綸, 有田一成, 有衆一旅. 能布其德, 而兆其謀, 以收夏衆, 撫其官職"이라 함. 여기서는 적은 수의 군사를 뜻하며, 〈幽懷賦〉 "當高祖之初起兮, 提一旅之羸師. 能順天而用衆兮, 竟掃寇而戡隋"라 하여 唐 高祖는 적은 수의 군사로 隋를 멸하고 천하를 차지하였음을 말함. '河北'은 唐나라 당시 河北 일대가 늘 불안하였음을 말함. 唐 穆宗(李恒) 長慶 2년(822)에 다시 河朔 일대를 잃은 적이 있음.

4/5

아! 당시 군자들로 하여금 모두가 늙음을 탄식하고 지위 낮음을 한탄하는 마음으로 이고가 근심했던 마음으로 바꾸게 했다면, 당唐나라의 천하가 어찌 혼란과 멸망이 있었겠는가!

그러나 다행히 이고는 지금 세상에 태어나지 않았지만, 지금 사태를 보았다면 "어찌하여 지금 사람들은 근심조차 하지 않을까?" 하고 또한 심하게 걱정하였을 것이다.

　嗚呼! 使當時君子, 皆易其歎老嗟卑之心, 爲翶所憂之心, 則唐之天下, 豈有亂與亡哉!
　然翶幸不生今時, 見今之事, 則憂又甚矣「奈何今之人不憂也?」

【嗚呼! 使當時君子, 皆易其歎老嗟卑之心, 爲翶所憂之心, 則唐之天下, 豈有亂與亡哉!】'易'은 '바꾸다'의 뜻. '亂與亡'은 安史의 난 등 혼란과 哀帝 4년(907)에 이르러 결국 朱全忠(朱溫)에 의해 망하고 五代 後梁이 들어선 일.
【然翶幸不生今時, 見今之事, 則憂又甚矣「奈何今之人不憂也?」】'見今之事'는 '歐陽修가 살아 있던 宋나라의 사정을 보게 되면'의 뜻. '憂又甚矣'는 전체가 述語로 뒤의 '奈何今之人不憂'를 目的語로 함.

나는 천하를 두로 돌아다니며 많은 사람을 보아왔다.

그런데 어떤 사람이 훌쩍 벗어나 능히 이고처럼 근심을 하는 자가 있으면, 역시 모두가 그를 소원疏遠하게 대하여 이고와 다름없이 되어 버리고 만다.

그 나머지 영광을 누리고 배불리 먹는 자들은, 세상을 근심한다는 말을 한 번 들으면 그런 자를 광인狂人 취급을 하지 않으면 병든 바보로 여기며, 화를 내지 않으면 비웃어버린다.

오호라! 지위에 있으면서 스스로 근심하려 하지 않으면서, 나아가 다른 사람 모두에게 근심조차 할 수 없도록 하고 있으니 가히 한탄스럽도다!

(경우景祐 3년1036 10월 17일 구양수 씀.)

余行天下, 見人多矣.

脫有一人能如翶憂者, 又皆疏遠, 與翶無異.

其餘光榮而飽者, 一聞憂世之言, 不以爲狂人, 則以爲病癡子; 不怒, 則笑之矣.

嗚呼! 在位而不肯自憂, 又禁他人使皆不得憂, 可嘆也夫!

(景祐三年十月十七日, 歐陽修書.)

【余行天下, 見人多矣】살아오면서 만난 사람들이 많았음.

【脫有一人能如翶憂者, 又皆疏遠, 與翶無異】'脫'은 '脫然히, 확 벗어나' 등의 뜻. '疏遠'은 그를 멀리함. 그러나 《文忠集》에는 '賤遠'으로 되어 있으며, 注에 "賤, 一作疏"라 함.

【其餘光榮而飽者, 一聞憂世之言, 不以爲狂人, 則以爲病癡子;不怒, 則笑之矣】'光榮而飽'는 영광을 누리며 배불리 먹고 있는 자. '癡子'는 바보, 멍텅구리, 癡人. '笑之'는 그를 비웃음.

【嗚呼! 在位而不肯自憂, 又禁他人使皆不得憂, 可嘆也夫!】자신이 근심하려 들지

않으면서 나아가 남도 근심하지 못하도록 함을 탄식함.

【景祐三年十月十七日, 歐陽修書.】《文忠集》에는 끝에 이 구절이 더 있음. '景祐'는 北宋 仁宗(趙禎)의 연호. 1034-1037년까지 4년간임. 그러나 《文忠集》注에 "景, 一作皇"이라 하여, '皇祐'는 역시 仁宗의 연호로 1048-1053년까지 5년간이며 3년은 1051년에 해당함.

참고 및 관련 자료

1. 歐陽脩(歐陽修, 永叔, 文忠) 020 참조.

2. 이 글은 《文忠集》(73), 《歐陽文粹》(16), 《唐宋八大家文鈔》(60), 《崇古文訣》(19), 《歷代名賢確論》(88), 《宋文鑑》(130), 《文章辨體彙選》(377), 《唐宋文醇》(19), 《古文約選》(3) 등에 실려 있음.

3. 〈復性書〉 李翶 《李文公集》(2)

〈上篇〉

人之所以爲聖人者, 性也; 人之所以惑其性者, 情也. 喜怒哀懼愛惡欲七者, 皆情之所爲也. 情旣昏性斯匿矣, 非性之過也. 七者循環而交來, 故性不能充也. 水之渾也, 其流不清; 火之煙也, 其光不明, 非水火清明之過. 沙不渾流, 斯清矣; 煙不鬱光, 斯明矣. 情不作性, 斯充矣. 性與情, 不相無也. 雖然, 無性則情無所生矣. (下略. 〈中篇〉·〈下篇〉略)

4. 〈感二鳥賦〉(幷序) 韓愈 《昌黎集》(1)

貞元十一年五月戊辰, 愈東歸. 癸酉, 自潼關出息于河之陰. 時始去京師, 有不遇時之歎, 行見有籠白烏·白鸜鵒而西去者, 號於道曰:「某土之守某官, 使使者進於天子.」東西行者, 皆避路莫敢正目焉. 因竊自悲, 幸生天下無事時, 承先人之遺業, 不識干戈·耒耜·攻守·耕穫之勤, 讀書著文, 自七歲至今, 凡二十二年. 其行己不敢有愧於道, 其間居思念前古當今之故, 亦僅志其一二大者焉. 選擧於有司, 與百千人偕進偕退, 曾不得名於薦書, 齒下士于朝, 以仰望天子之光明. 今是鳥也, 惟以羽毛之異, 非有道德智謀, 承顧問, 贊教化者, 乃反得蒙採擢薦進, 光耀如此. 可以人而不如鳥乎? 故爲賦以自悼, 且明夫遭時者, 雖小善必達; 不遭時者, 累善無所容焉. 其辭曰:

『吾何歸乎! 吾將旣行而後思, 誠不足以自存, 苟有食其從之.

出國門而東騖, 觸白日之隆景; 時返顧以流涕, 念西路之差永.

過潼關而坐息, 窺黃流之奔猛; 感二鳥之無知, 方蒙恩而入幸;

惟進退之殊異, 增余懷之耿耿; 彼中心之何嘉? 徒外飾焉是逞.

余生命之湮阨, 曾二鳥之不如; 泊東西與南北, 亘十年以不居;
辱飽食其有數, 況策名於薦書; 時所好之爲賢, 庸有謂余之非愚.
昔殷之高宗, 得良弼於宵寐; 孰左右者爲之先? 信天同而神比.
及時運之未來, 或兩求而莫致; 雖家到而戶說, 秖以招尤而速累.
蓋上天之生余, 亦有期於下地; 盍求配於古人, 獨怊悵於無位?
雖得之而不能, 乃鬼神之所戲; 幸年歲之未暮, 庶無羨於斯類.』

5. 〈幽懷賦〉(幷序) 李翶《李文公集》(1)

朋友有相嘆者, 賦〈幽懷〉以答之. 其辭曰:

『衆囂囂而雜處兮, 咸嗟老而羞卑. 視予心之不然兮, 慮行道之猶非.
儻中懷之自得兮, 終老死其何悲. 昔孔門之多賢兮, 惟回也爲庶幾.
超羣情以獨去兮, 指聖域而高追. 固簞食與瓢飲兮, 寧服輕而駕肥.
望若人其何如兮, 憖吾德之纖微. 躬不田而飽食兮, 妻不織而豐衣.
援聖賢而比度兮, 何僥倖之能希. 念所懷之未展兮, 非悼已而陳私.
自祿山之始兵兮, 歲周甲而未夷. 何神堯之郡縣兮, 乃家傳而自持?
稅生人而育卒兮, 列高城以相維. 何玆世之可久兮, 宜永念而遐思.
有三苗之逆命兮, 舞干羽以來之. 惟刑德之旣修兮, 無遐邇而咸歸.
當高祖之初起兮, 提一旅之羸師. 能順天而用衆兮, 竟掃寇而戡隋.
況天子之神明兮, 有烈祖之前規. 刬弊政而還本兮, 如反掌之易爲.
苟廟堂之治得兮, 何下邑之能違? 哀子生之賤遠兮, 包深懷而告誰?
嗟此誠之不達兮, 惜此道而無遺. 獨中夜以潛歎兮, 匪吾憂之所宜.』

6. 《舊唐書》에 "李翶, 字習之, 涼武昭王之後. 父楚金, 貝州司法參軍. 翶幼勤於儒學, 博雅好古, 爲文尙氣質. 貞元十四年登進士第, 授校書郎. 三遷至京兆府司錄參軍. 元和初, 轉國子博士·史館修撰. ……翶性剛急, 論議無所避. 執政雖重其學, 而惡其激訐, 故久次不遷. 翶以史官記事不實"이라 함.

7. 《新唐書》에는 "入爲諫議大夫, 知制誥, 改中書舍人. 柏耆使滄州, 翶盛言其才, 耆得罪, 由是左遷少府少監. 後历遷桂管湖南觀察使·山南東道節度使, 卒. 翶始從昌黎韓愈爲文章, 辭致渾厚, 見推當時, 故有司亦謚曰文"이라 함. 이에 李翶의 〈幽懷賦〉를 읽고 그 느낌을 술회한 것임. 宋 歐陽修는 韓愈를 추종하였고 그 때마다 李翶도 함께 거론할 정도였으나 여기서는 은근히 韓愈를 비판하기도 하였음.

8. 《唐宋八大家文鈔》에 "其結胎全在感當時事, 上歸重於憤世"라 함.

9. 《崇古文訣》에는 "文有離合收拾, 在後面數語, 上亦有感之言也"라 함.

049(5-12) 〈讀孟嘗君傳〉 ·············· 王荊公(王安石)

맹상군孟嘗君 전을 읽고

*〈讀孟嘗君傳〉: 이는 孟嘗君(田文)이 식객
들의 반대에도 무릅쓰고 秦 昭王의 꾐
에 빠져 秦나라에 갔다가 잡혔을 때 鷄
鳴狗盜로 살아나게 된 것을 비판한 것.
迂齋(樓昉)《崇古文訣》에는 "轉折有力,
首尾無百餘字, 嚴勁緊束, 而宛轉. 凡四五
處, 此筆力之絶"이라 함.

〈孟嘗君〉동상(山東 滕州)

세상에는 모두 맹상군孟嘗君은 선비
를 잘 구하였다고 칭한다.

선비들은 그래서 그에게로 모여들
어서, 마침내는 그들의 힘을 빌려 호
랑이 표범 같은 진秦나라에서 벗어날
수 있었다고 여기고 있는 것이다.

아! 맹상군은 다만 계명구폐鷄鳴狗吠의 영웅일 뿐 어찌 족히 선비를
얻었다 말할 수 있겠는가?

그렇지 않다면, 강한 제齊나라를 마음대로 하는 사람으로서, 선비 한
사람만 구하였어도 의당 가히 남면南面하여 진秦나라를 제압할 수 있
었을 터인데, 어찌 오히려 계명구폐나 하는 이들의 힘을 빌려야 하였겠
는가?

계명구폐의 선비들이 그 문하에서 나왔으니, 이것이 옳은 선비가 그
의 문하에 이르지 않은 이유이다.

世皆稱孟嘗君, 能得士.

士以故歸之, 而卒賴其力, 以脫於虎豹之秦.

嗟乎! 孟嘗君特雞鳴狗吠之雄耳, 豈足以言得士?

不然, 擅齊之强, 得一士焉, 宜可以南面而制秦, 尚何取雞鳴狗吠之力哉!

雞鳴狗吠之出其門, 此士之所以不至也.

【世皆稱孟嘗君, 能得士】'稱'은 '일컫다, 칭송하다'의 뜻. '孟嘗君'은 田文. 齊나라 靖郭君 田嬰의 아들이며 戰國四公子의 하나. 田嬰은 齊威王의 아들이며 齊宣王의 아우였음. 孟嘗君은 천하의 賢士들을 賓客으로 모아 삼천 식객을 거느렸으며 이 식객들은 모두 각기 자신만의 재능을 한 가지씩 가지고 있었음. 秦昭王이 맹상군의 위력을 듣고 그를 재상으로 초빙하였을 때, 蘇代가 만류하여 가지 않았으나 재차 초빙하자 유혹에 빠져 秦나라로 들어갔음. 그러나 그곳에서 모함을 입어 갇히게 되었을 때 개 흉내를 내는 자가 이미 소왕의 부인에게 선물로 주었던 狐白裘를 다시 훔쳐 소왕의 애첩에게 주어 소왕을 설득, 겨우 풀려났으나 소왕이 후회하고 다시 맹상군을 뒤쫓을 때 函谷關에 이르러 닭 울음소리를 잘 내는 자의 도움으로 새벽닭들이 울도록 하여, 관문지기가 문을 열어 살아날 수 있었음. 이 고사를 흔히 '鷄鳴狗盜'(鷄鳴狗吠)라 하며 이는 맹상군이 선비들을 잘 얻었기 때문이라 알려졌으나, 王安石은 이를 오히려 폄하하여 이 글을 쓴 것임. 《史記》孟嘗君列傳을 참조할 것. 《古文眞寶》注에 "孟嘗君, 齊人, 名田文. 孟嘗君有鷄鳴狗吠之客, 故曰鷄鳴狗吠之雄"이라 함.

【士以故歸之, 而卒賴其力, 以脫於虎豹之秦】'以故歸之'는 맹상군이 선비를 잘 대접하여 그 때문에 선비들이 그에게 귀의함. '賴'는 '힘입다, 덕을 보다' 등의 뜻. '虎豹之秦'은 호랑이나 표범같이 사나운 秦나라. 《史記》와 《戰國策》 등에는 秦나라를 虎狼之國이라 불렀음. 〈補注〉에 "《史記》孟嘗君傳: 蘇代謂孟嘗君曰:「今秦虎狼之國也.」蘇秦傳:「秦說楚威王曰:「夫秦虎狼之國也. 有呑天下之心」又曰:「夫爲人臣, 割其主之地, 以外交彊虎狼之秦」楚王曰:「秦虎狼之國, 不可親也.」蓋指秦爲虎狼, 本諸《左氏》閔元年傳. 管敬仲所謂戎狄豺狼, 不可厭也. 取其彊暴可畏. 若虎豹連言, 一在《易》曰「大臣虎變, 君子豹變」; 一在《論語》曰「虎豹之鞟」, 皆取其文,

則於義無當. 唯《管子》形勢解「虎豹, 獸之猛者也」, 偏取其剛猛, 則可以證此篇虎豹
之義. 要之, 王氏蓋欲去陳言, 而未免稍有語弊已」라 함.

【嗟乎! 孟嘗君特鷄鳴狗吠之雄耳, 豈足以言得士】孟嘗君은 그저 鷄鳴狗吠의 英雄
일 뿐임. 본 문장 내의 '鷄鳴狗吠'는《臨川文集》,《唐宋八大家文鈔》,《崇古文訣》
등 다른 모든 판본에 모두 '鷄鳴狗盜'로 되어 있음. 〈補注〉에 "狗吠, 一作狗盜.
《史記》曰:「最下坐有能爲狗盜者.」 又曰:「客之居下坐者, 有能爲鷄鳴.」 此則鷄鳴狗
盜, 取之本傳也. 此本作狗吠,《莊子》則陽篇: 大公調曰:「鷄鳴狗吠, 是人之所知.」
改狗盜爲狗吠, 蓋亦本此.《漢書》叔孫通傳曰:「此特羣盜鼠竊狗盜, 何足置齒牙間
哉?」師古曰:「如鼠之竊, 如狗之盜, 彼以狗盜對鼠竊, 則此以狗吠對鷄鳴, 似爲允
協」이라 함.

【不然擅齊之强, 得一士焉】'擅'은 '마음대로 하다'의 뜻. 그는 齊나라의 강함을 마
음대로 활용할 수 있었음. '得一士'는 三千食客의 많은 선비들이 필요 없으며, 그
많은 삼천식객 중에 맹상군을 천하의 영웅으로 만들어줄 선비는 하나도 없었음
을 말함.

【宜可以南面而制秦, 尙取鷄鳴狗吠之力哉】'南面'은 帝王의 자리. 천자나 제후는
남쪽을 향해 자리를 하며 신하는 北面함. '尙'은 '오히려, 겨우' 등의 뜻. 〈補注〉에
"文義蓋謂使其得賢士, 則宜居君相之位, 安坐以制秦也. 唯其不得士, 是以至於拘
囚受辱也"라 함.

【鷄鳴狗吠之出其門】그 門下에 겨우 鷄鳴狗吠하는 선비들이 배출되었을 뿐임.

【此士之所以不至也】'不至'는 오지 않음.《古文眞寶》注에도《軌範》의 注를 그대
로 인용하여 "此一轉, 筆力健. 謝云:「此篇立意, 亦是祖述前言.」 韓文公〈祭田橫墓
文〉(060)云:「當嬴氏之失鹿, 得一士而可王. 何五百人之擾擾, 不脫夫子於劒鋩? 豈
所寶之非賢, 抑天命之有常?」 介甫蓋自此篇, 變化來」라 함.《軌範》注에 "此一轉筆
力健"이라 함.

참고 및 관련 자료

1. 王安石(1021-1086)

北宋 대표적인 政治家이며 文章家. 唐宋八大家의 하나. 자는 介甫, 호는 半山.
撫州 臨川(지금의 江西 臨川縣) 사람. 北宋 眞宗 天禧 5년에 태어나 哲宗 元祐 원년
에 생을 마침. 향년 66세. 仁宗 慶曆 2년(1042)에 進士에 올라 지방 관리를 하다가

〈王荊公(王安石)〉〈晚笑堂畫傳〉

〈王安石〉

〈王安石筆跡〉

정치적 업적을 쌓아 嘉祐 3년 〈萬言書〉를 올려 개혁을 주장하였음. 神宗 熙寧 2년 參知政事에 올랐으며 이듬해 재상이 되자, 곧바로 靑苗法, 均輸法, 農田法, 水利法 등 新法을 제정하여 개혁을 서둘렀으나 舊黨의 극렬한 반대에 부딪침. 만년에 江寧(지금의 南京)으로 물러나 神宗 元豊 연간에 荊國公에 봉해져 '荊公'이라 불렸음. 한편 《東坡志林》(5)에 "王介甫, 先封舒公, 後改封荊. 《詩》曰「戎狄是膺, 荊舒是懲」, 識者謂宰相不學之過也"라 함. 그의 詩, 詞, 散文 등은 모두 뛰어나 널리 읽히고 있으며, 저서로 《臨川集》 100권, 《周官新義》, 《唐百家詩選》 등이 있음. 《宋史》(327)에 傳이 있음.

2. 이 글은 《臨川文集》(71), 《唐宋八大家文鈔》(90), 《宋文鑑》(130), 《崇古文訣》(20), 《文編》(40), 《歷代名臣確論》(29), 《山東通志》(35-20), 《文章辨體彙選》(377), 《唐宋文醇》(58), 《經濟類編》(32), 《古文辭類纂》(10), 《唐宋文擧要》(7), 《古文約選》(4), 《古文觀止》(11), 《古文眞寶》(後集 6) 등에 실려 있음.

3. 《軌範》末尾 注에 "筆力簡而健. 然一篇得意處, 只是擅齊之强得一士焉. 宜可以南面而制秦, 尙取雞鳴狗盜之力哉! 先得此數句作此一篇文字, 然亦是祖述前言. 韓文公〈祭田橫墓文〉(060)云:「當嬴氏之失鹿, 得一士而可王. 何五百人之擾擾, 不能脫夫子於劍鋩? 豈所寶之非賢, 抑天命之有常?"라 함.

4. 《古文眞寶》注에 "《史記》: 秦昭王因(囚)孟嘗君, 君變姓名, 夜半至函谷關, 關法, 雞鳴出客, 追者將至, 客能爲雞鳴, 於是羣雞皆鳴, 遂出關"이라 함.

《文章軌範》卷6
「小心文」'種'字集

〈嵌貝鹿形銅鎭〉(서한) 1957 河南 陜縣 출토

《文章軌範》卷6
「小心文」'種'字集

No.	〈題目〉	作者	《古文眞寶》	備注
050	前出師表	諸葛亮	卷1 (009)	
051	送浮屠文暢師序	韓愈	卷2 (029)	
052	柳子厚墓誌	〃		
053	大唐中興頌序	元結	卷2 (021)	
054	書箕子廟碑陰	柳宗元		
055	嚴先生祠堂記	范仲淹	卷6 (068)	
056	跋紹興辛巳親征詔草	辛棄疾		
057	袁州學記	李覯	卷9 (108)	
058	書洛陽名園記後	李格非	卷10 (121)	
059	岳陽樓記	范仲淹	卷6 (069)	

"이 〈종자집種字集〉은 재능과 학문, 식견 세 가지가 높고, 의론議論이 세교世教에 관계된 것이다.

옛날 불후不朽의 훌륭한 말은 이와 같도다!

葉水心(葉適)은 '문장으로서 세교에 관계가 부족하면 비록 공교하다 해도 유익함이 없다'라 하였다.

사람이 능히 이 〈종자집〉을 숙지하면 학문과 식견이 진전될 것이며 재능 역시 진전될 것이다."

「此集, 才學識三高, 議論關世教.
古之立言不朽者, 如是夫!
葉水心曰:『文章不足關世教, 雖工無益也.』

人能熟此集, 學進識進, 而才亦進矣.」

【此集, 才學識三高, 議論關世教】'此集'은 제 6권 〈種字集〉. '才學識'은 才能(재주)와 學問, 그리고 識見(知識) 세 가지. '世敎'는 세상의 교화, 세속을 교화시키는 목적이나 효용을 위해 지은 글.

【古之立言不朽者, 如是夫】'立言不朽'은 썩지 않은 말을 세움. 길이 전해지는 훌륭한 말. 《左傳》襄公 24년 傳에 "穆叔曰: 「豹聞之: 太上有立德, 其次有立功, 其次有立言. 雖久不廢, 此之謂不朽.」"라 함.

【葉水心曰: 「文章不足關世教, 雖工無益也.」】'葉水心'은 葉適(1150—1223). 자는 正則, 호는 水心居士. 溫州 永嘉(지금의 浙江 溫州) 사람으로 南宋 저명한 사상가, 문학가, 政論家. 瑞安에서 태어나 永嘉 水心村에 살아 水心先生이라 불림. 시호는 文定(忠定). 그는 功利를 주장하여 朱熹의 理學, 陸九淵의 心學과 함께 '南宋三大學派'로 불림. 문집으로는 《水心先生文集》, 《水心別集》과 《習學記言》 등이 있음. 《宋史》(434) 儒林傳에 傳이 있음.

【人能熟此集, 學進識進, 而才亦進矣】'學進識進'은 학문과 식견에 진보가 있음.

050(6-1) 〈前出師表〉 ·················· 諸葛武侯(諸葛亮)
전출사표

*〈出師表〉:이 글은 三國時代 蜀漢의 宰相 諸葛亮이 先主 劉備가 죽고 後主 劉禪이 나라를 잇자 그로부터 5년 뒤인 建興 5년(227), 군사를 모아 魏를 치고 中原을 회복하고자 출정하면서 後主에게 자신의 심정과 결의, 그리고 나라 안의 治理에 대해 간곡하게 부탁하며 올린 疏로 역대이래 名文으로 널리 알려짐. 《三國志》蜀志 諸葛亮傳에는 "五年, 率諸軍北駐漢中, 臨發上疏曰〈出師表〉 …… 遂行屯于沔陽"으로 되어 있으며,《崇古文訣》(迂齋)에는 "規模正大, 志念深遠, 詳味乃見. 吳魏二國, 未識有此人物, 有此文章否"라 하였고,《古文淵鑑》注에는 "建興五年, 丞相亮, 出屯漢中, 以圖中原, 臨發上疏"라 함.

1/4 ━━━━━━━━━━

선제先帝께서 창업創業하신지 반도 되지 않아 중도에서 붕어하시고, 이제 천하는 셋으로 나뉘어 우리 익주益州는 피폐疲弊해 있으니, 이는

〈諸葛孔明(諸葛亮)〉(三才圖會)

진실로 존망存亡을 위급하게 하는 때입니다.

그러나 곁에 모시고 지켜주는 신하는 안에서 게으름이 없고, 충성과 지조를 다하는 사졸들은 밖에서 자신의 몸조차 잊은 채 싸우고 있는 것은, 대체로 선제께서 특이하게 대우해주셨음을 추모하여 이를 폐하께 보답하고자 해서입니다.

진실로 성스러운 견문을 열고 펴시어, 선제의 유덕遺德을 빛내셔서 지사志士들의 기운을 회복시켜 넓히셔야지, 마구 스스로를 비박菲薄하게 여기시어, 의義에 어긋난 비유를 들어 충간의 길을 막아서는 안 될 것입니다.

궁중宮中과 부중府中은 함께 일체一體가 되어, 척벌陟罰과 장부臧否를 달리하는 일이 있어서는 안 됩니다.

만약 간특한 짓을 하거나 법을 어기는 자 및 충과 선善을 다하는 자가 있게 되면 마땅히 유사有司에게 맡겨 그에 맞는 형벌과 상을 논하시어 폐하의 평명平明한 치도를 밝히실 것이며, 안팎이 다른 법을 적용하도록 해서는 안 됩니다.

先帝創業未半, 而中道崩殂, 今天下三分, 益州疲弊, 此誠危急存亡之秋也.

然侍衛之臣, 不懈于內; 忠志之士, 忘身于外者, 盖追先帝之殊遇, 欲報之于陛下也.

誠宜開張聖聽, 以光先帝遺德, 恢弘志士之氣; 不宜妄自菲薄, 引喩失義, 以塞忠諫之路也.

宮中府中, 俱爲一體, 陟罰臧否, 不宜異同.

若有作奸犯科, 及爲忠善者, 宜付有司, 論其刑賞, 以昭陛下平明之治; 不宜偏私, 使內外異法也.

【先帝創業未半, 而中道崩殂】《文選》에는 이 앞 서두에 "臣亮言" 3글자로 시작됨.

《軌範》補注에 "元本無此三字.《文選》有"라 함. '先帝'는 三國시대 蜀漢의 劉備
(161–223), 字는 玄德. 東漢 말 幽州 涿郡 涿縣(지금의 河北省 涿州市) 출신. 西漢
中山靖王(劉勝)의 후손. 삼국시대 蜀漢의 개국황제. 역사적으로는 先主라 칭함.
소년시절 公孫瓚과 함께 盧植을 찾아가 배웠으며 뒤에 黃巾賊을 진압하는 일에
참여하면서 關羽, 張飛와 함께 北海의 孔融과 徐州의 陶謙을 구하러 나섰다가
陶謙이 죽으면서 劉備에게 徐州를 맡김. 뒤에 赤壁之戰에서 孫權과 연합하여 曹
操를 격파한 다음 荊州를 차지하고 益州로 들어가 章武 元年(221), 成都에서 稱
帝하고 年號를 章武라 함. 역사적으로 이를 '蜀' 혹은 蜀漢이라 부름. 그는 三顧
草廬로 諸葛亮을 찾아가 재상으로 등용하여 한 때 세력을 떨쳤으나 章武 3년
(223), 遠征에서 돌아오던 중 白帝城(지금의 重慶市 奉節縣)에서 63세로 생을 마쳤
으며 諡號는 昭烈皇帝. 廟號는 烈祖. 그 뒤를 後主 劉禪이 이었으나 263년 魏에
게 투항하여 나라가 종말을 고함. '創業'은 처음으로 나라를 세움.〈補注〉에 "呂
向曰:「先帝, 謂備也.」李善曰:《孟子》曰:『君子創業垂統.』"이라 함. 劉備가 漢室을
부흥시키고자 蜀을 세웠음을 말함. '崩殂'는 제왕의 죽음을 말함.《古文眞寶》注
에 "先帝, 指昭烈皇帝"라 함. '中道'는《論語》雍也篇에 "冉求曰:「非不說子之道, 力
不足也.」子曰:「力不足者, 中道而廢. 今女畫.」"라 함.

【今天下三分, 益州罷弊, 此誠危急存亡之秋也】'天下三分'는 당시 天下가 曹丕의 魏,
孫權의 吳, 劉備의 蜀으로 三分鼎立되었음을 말함. '益州'는 四川省 成都의 옛 지
명. 蜀漢 後主(劉禪)와 諸葛亮 자신들의 근거지. '罷弊'는 여러 차례의 전쟁으로
인해 피로에 지치고 폐잔해짐.《古文眞寶》에는 '疲弊'로 되어 있음.《文選》(六臣
注)에 "言蜀小兵弱, 敵大國, 故云疲敝"라 함. '危急'은《文選》(六臣 注)에 "危, 傾;急,
迫也. 言傾迫存亡在今時者也"라 함. '秋'는 때, 시기.《文選》(六臣 注)에 "歲以秋爲
功畢, 故以喩時之要也"라 함.《古文眞寶》注에 "三分, 指魏漢吳"라 함.

【然侍衛之臣, 不懈于內;忠志之士, 忘身于外者】'侍衛之臣'은 임금 劉備를 곁에서
호위하는 신하들. '忘身於外'는 밖에서 싸우는 군사들은 자신의 몸조차 잊고 열
심을 다함.《文選》(六臣 注)에는 '亡身'으로 되어 있으며, "懈, 惰也;內, 宮中也. '亡
身'謂以身許國於邊疆也. 言此人等皆追先帝, 顧遇欲申報於陛下"라 함.

【蓋追先帝之殊遇, 欲報之於陛下也】'殊遇'는 아주 특이한 대우. '殊'는 異와 같음.
劉備는 智略은 曹操에게 미치지 못하였으나 寬厚함은 훨씬 뛰어나 신하들이 목
숨을 걸고 따랐음.《文選》에는 '殊'자가 없음.

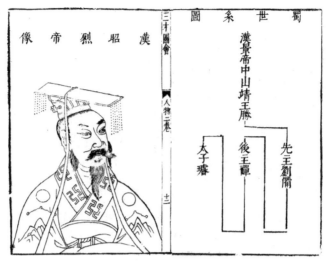

〈漢昭烈帝(劉備)〉
와 〈蜀世系圖〉

【誠宜開張聖聽, 以光先帝遺德, 恢弘志士之氣】'聖聽'은 천자의 聽聞. '恢弘'은 크게
넓힘. '恢'는 大의 뜻.《文選》에는 '弘'자가 없음.〈補注〉에 "聖聽, 遺德. 李善曰:
「《漢書》谷永上書曰:『王法納乎聖聽.』《莊子》盜跖曰:『此父母之遺德.』」"이라 함.

【不宜妄自菲薄, 引喩失義, 以塞忠諫之路也】'菲薄'은 거칠고 얇음을 뜻하는 雙聲
連綿語. '菲'와 '薄'은 모두 微의 뜻. '引喩失義'는 의에 어긋난 사례를 비유로 끌어
들임.《古文眞寶》注에 "此時別人猶不懈, 猶忘身, 以追先帝殊遇. 後主却如何妄自
菲薄不思先帝遺德?"이라 함.

【宮中府中, 俱爲一體, 陟罰臧否, 不宜異同】'宮中'은 황제의 궁궐. '府中'은 宰相이
나 將軍이 집무하는 官衙. '陟罰'은 '黜陟'과 같음. 승진시키거나 주벌함. '臧否'는
잘하는 일과 그렇지 못한 일.《詩》抑篇에 "於乎小子, 未知臧否. 匪手攜之, 言示之
事"라 함.〈補注〉에 "臧否, 善惡也"라 함.《古文眞寶》注에 "臧否, 猶言賢否"라 함.
'異同'은 같지 아니함. 기준이 없음.《文選》(六臣 注)에 "宮中, 禁中也;府中, 大將軍
幕府也. 陟, 升也;臧否, 善惡也"라 함.

【若有作奸犯科, 及爲忠善者, 宜付有司, 論其刑賞, 以昭陛下平明之治】'作奸犯科'는
간악한 짓을 저지르는 자와 법을 범하는 자. '科'는 법률, 科條. '有司'는 그 일을
맡은 담당자.《古文眞寶》注에 "犯科, 卽犯罪;有司, 按法之官"이라 함. '平明之治'
는《古文眞寶》에는 '平明之理'로 되어 있음.

【不宜偏私, 使內外異法也】'偏私'는 한쪽으로 치우쳐 사사롭게 처리함. 편파적임.

〈補注〉에 "內應宮外, 外應府中. 李周翰曰:「偏私, 謂執情不均.」"이라 함.

2/4

시중侍中, 시랑侍郎을 맡고 있는 곽유지郭攸之와 비의費禕, 동윤董允 등은 모두가 양실良實하고 지려志慮가 충순忠純하여, 이 까닭으로 선제께서 간발簡拔하시어 폐하께 물려주신 분들입니다.

어리석은 저의 생각으로 궁중의 일은 일의 대소에 관계없이 모두 이들에게 자문을 구한 연후에 시행하시면 틀림없이 빠뜨리거나 누락된 것을 비보裨補할 수 있어, 널리 유익한 바가 있을 것입니다.

장군 상총向寵은 성행性行이 숙균淑均하고 군사軍事에 밝아, 지난 날 시용試用해 보았을 때 선제께서 능하다고 말씀하시어, 이 까닭으로 중의衆議로써 상총을 독군督軍으로 삼으신 것입니다.

어리석은 저의 생각으로 영중營中의 일은 일의 대소에 관계없이 모두 그에게 자문을 구하시면 틀림없이 능히 진중을 화목하게 하여, 인물을 우열優劣에 맞게 배치하게 할 수 있을 것입니다.

현신賢臣을 친히 하고 소인小人을 멀리 한 것, 이는 한漢나라 전기가 흥륭興隆했던 까닭이요, 소인을 친히 하고 현신을 멀리 한 것, 이는 한나라 후기가 기울어 무너진 이유입니다.

선제께서 살아계실 때에 매번 저와 이 사례를 논할 때마다 환제桓帝와 영제靈帝를 통한히 여기면서 탄식하지 않은 적이 없었습니다.

시중상서侍中尙書, 장사참군長史參軍, 이들은 모두가 정량貞亮하고 죽음을 무릅쓰는 절의의 신하들이니, 원컨대 폐하께서 친히 여기시고 믿으시기만 하면, 한실漢室의 흥륭興隆은 날짜를 세면서 기다려도 될 것입니다.

侍中·侍郎, 郭攸之·費禕·董允等, 此皆良實, 志慮忠純, 是以先帝簡拔, 以遺陛下.

愚以爲宮中之事, 事無大小, 悉以諮之, 然後施行, 必能裨補闕漏, 有所廣益.

將軍向寵, 性行淑均, 曉暢軍事, 試用於昔日, 先帝稱之曰能, 是以衆議擧寵爲督.

愚以爲營中之事, 事無大小, 悉以諮之, 必能使行陣和穆, 優劣得所也.

親賢臣·遠小人, 此先漢所以興隆也; 親小人·遠賢臣, 此後漢所以傾頹也.

先帝在時, 每與臣論此事, 未嘗不歎息痛恨于桓·靈也.

侍中·尙書·長史·參軍, 此悉貞亮死節之臣也, 願陛下親之信之, 則漢室之隆, 可計日而待也.

【侍中·侍郎, 郭攸之·費禕·董允等】'侍中'은 황제 측근의 높은 자리. '侍郎'은 宮中의 門戶를 警備하고 車騎를 호위하는 직책. '郭攸之'와 '費禕'(비의)는 당시 侍中이었던 두 사람. 費禕는 자는 文偉, 董允은 자는 休昭이며 黃門侍郎을 지냈음. 《文選》(六臣 注)에 "善曰:《楚國先賢傳》曰:「郭攸之, 南陽人, 以器業知名.」《蜀志》曰:「費禕, 字文偉, 江夏人也. 後主襲位.」亮上疏曰「鄧攸之, 費禕」, 然攸之與禕, 俱爲侍中, 又曰董允, 字休昭, 後主襲位, 遷黃門侍郎"이라 함. 《古文眞寶》注에 "攸之·禕, 侍中; 允, 黃門侍郎"이라 함.

【此皆良實, 志慮忠純, 是以先帝簡拔, 以遺陛下】'志慮'는 뜻과 염려. 마음, 생각. '忠純'은 충직하고 순진함. '簡拔'은 簡擇하여 選拔함. 〈補注〉에 "呂向曰:「良, 善也; 實, 不虛也; 純, 美也.」"라 함.

【愚以爲宮中之事, 事無大小, 悉以諮之】'愚以爲'는 자신의 생각을 겸손하게 표현할 때 쓰는 말. '諮'는 윗사람이 아랫사람에게 의견을 諮問함. '諮'는 咨와 같음.

【然後施行, 必能裨補闕漏, 有所廣益】'裨補闕漏'는 빠지거나 샌 것을 보충하고 도움을 받음. '廣益'은 넓히고 이익이 되게 함. 《文選》에는 끝에 '也'자가 더 있음. 〈補注〉에 "呂延濟曰:「裨, 益也; 漏, 猶缺落也.」"라 함.

【將軍向寵, 性行淑均, 曉暢軍事】'向寵'은 劉備의 장수로 中領軍을 지냄. 《文選》(六臣 注)에 "善曰:《蜀志》曰:「向寵, 襄陽人也. 建興元年爲中部督典宿衛兵, 遷中領軍"

이라 함. 한편 '向'은 성씨일 경우 '상'으로 읽음. '性行'은 성품과 행동. '淑均'은 선량하고 공평함. 〈補注〉에 "《爾雅》釋詁:「叔, 善也.」《詩》節南山篇〈毛傳〉:「均, 平也.」라 함. '曉暢'은 훤히 알고 있음.《廣雅》에 "暢, 達也"라 함.

【試用於昔日, 先帝稱之曰能, 是以衆議擧寵爲督】옛날 先帝 劉備가 試用해 보고 능력이 있다고 인정을 받아 衆議를 거쳐 向寵을 督軍(督率)의 임무를 맡긴 것임.

【愚以爲營中之事, 事無大小, 悉以諮之】'營中'은 陣營, 陣中. '事無大小'는《文選》과《諸葛忠武書》등에는 이 4자가 없으며,《古文眞寶》등에 '諮'는 咨로 되어 있음.

【必能使行陣和穆, 優劣得所也)】'和穆'은 〈補注〉에 "《爾雅》釋詁:「穆穆, 敬也.」《書大傳》:「穆者敬之, 劉良以爲士卒和美, 失之.」라 함. 그러나《古文眞寶》등에는 '和睦'으로 되어 있음.《文選》(六臣 注)에 "能使士卒和美彊弱, 得其所宜也"라 함.《古文眞寶》注에 "此三節, 並是提撕, 後主闇冗不振之精神. 故曰開張聖德, 曰先帝遺德, 曰恢弘, 曰不宜妄自菲薄, 曰昭平明之治, 曰必能使和睦得所, 皆是勉以有爲"라 함.

【親賢臣·遠小人, 此先漢所以興隆也】'先漢'은 漢나라 초기. 西漢, 東漢의 개국의 초기. 興盛하며 安定되었던 시기를 말함.

【親小人·遠賢臣, 此後漢所以傾頹也】'傾頹'는 기울어 무너짐.《文選》에는 '傾瀆'로 되어 있음. '後漢'은 漢나라 後期. 서한, 동한의 末期.

【先帝在時, 每與臣論此事, 未嘗不歎息痛恨于桓·靈也】'桓·靈'은 後漢 말기의 桓帝(劉志. 147-167)와 靈帝(劉宏. 168-189). 趙櫛, 侯覽, 張讓, 趙忠 등 소위 '十常寺'의 宦官에 의해 나라가 기울어 陳蕃, 李膺 등이 宦官剔抉을 주장하다가 거꾸로 공격을 받아 '黨錮之禍'가 일어남. 그 뒤 결국 獻帝(劉協. 189-220)를 끝으로 魏의 曹丕에게 나라를 禪讓하여 종말을 고함.《文選》(六臣 注)에 "桓靈, 漢二帝. 用閹豎所敗也"라 하였고,《軌範》補注에는 "桓·靈, 用閹豎敗也"라 함.

【侍中尙書·長史參軍, 此悉貞亮死節之臣也】당시 陳震은 尙書를, 張裔는 長史를, 蔣琬은 參事를 맡고 있었으며 이들은 모두 諸葛亮이 추천하여 先帝가 등용한 인물들임.《軌範》注에 "侍中尙書, 陳震;長史參軍, 蔣琬"이라 함. '貞亮'은 곧고 信義가 있음.《文選》(六臣 注)에 "侍中尚書謂陳震;長史參軍謂蔣琬也. 此二人皆亮所進用. 出師後恐帝不能用, 故屬之貞正亮明也, 建興二年中, 張裔領留府長史"라 함.

【願陛下親之信之, 則漢室之隆, 可計日而待也】'計日而待'는 날짜를 세면서 기다림. 곧 이루어질 것임을 강조한 말.《古文眞寶》注에 "意謂能親信君子, 便會興隆, 何

危急存亡之有? 一篇有兩大段, 此段專勉後主以興隆漢室之事, 後段專自任以興復漢室之責"이라 함.

3/4 ————————————

저는 본래 포의布衣로서 남양南陽에서 몸소 농사지으며 난세에 구차히 생명이나 보전하려 하였고, 제후들에게 문달聞達을 구하지 않고 있었는데, 선제께서 저를 비비卑鄙하다 여기지 아니하시고, 외람되이 몸을 굽히시어 세 번 저의 초려草廬를 찾아오셔서 당세의 일을 저에게 물으셨기에, 이로 말미암아 감격하여 드디어 선제께 구치驅馳의 일을 하겠노라 허락한 것입니다.

뒤에 경복傾覆의 위기를 만나 패전의 때에 임무를 받게 되었고, 위난危難의 시기에 명을 받들어 온지 21년이 되었습니다.

선제께서는 저의 근신謹愼함을 아시고, 그 때문에 붕어하심에 임하여 대사大事를 저에게 맡기신 것입니다.

저는 명을 받은 이래로 밤낮 근심하고 걱정하며, 부탁하신 것을 제대로 이루어내지 못하여 선제의 영명하심을 손상시키면 어쩌나 하고 걱정하여, 그 까닭으로 5월에 노수瀘水를 건너 불모의 땅으로 들어갔습니다.

이에 지금 남방南方은 이미 평정되었고, 군사와 무기도 이미 충족하게 되었으니, 의당 삼군三軍을 거느리고 북쪽 중원中原을 안정시켜, 저의 노둔駑鈍한 능력을 다하여 간흉姦兇을 없애버리고, 한실을 부흥하여 옛 도읍으로 돌아가고자 하오니, 이것이 제가 선제께 보답하는 길이요, 폐하께 충성을 다하는 직분입니다.

臣本布衣, 躬耕於南陽, 苟全性命于亂世, 不求聞達于諸侯, 先帝不以臣卑鄙, 猥自枉屈, 三顧臣于草廬之中, 諮臣以當世之事, 由是感激, 遂許先帝以驅馳.

後值傾覆, 受任于敗軍之際, 奉命于危難之間, 爾來二十有一年矣.

先帝知臣謹愼, 故臨崩寄臣以大事也.

受命以來, 夙夜憂慮, 恐託付不效, 以傷先帝之明, 故五月渡瀘, 深入不毛.

今南方已定, 兵甲已足, 當獎率三軍, 北定中原, 庶竭駑鈍, 攘除 姦凶, 興復漢室, 還于舊都, 此臣所以報先帝, 而忠陛下之職分也.

【臣本布衣, 躬耕於南陽, 苟全性命于亂世, 不求聞達于諸侯】'布衣'는 베옷. 평민을 가리킴. 〈補注〉에 "布衣, 庶人服也"라 함. '南陽'은 지금의 河南省 南陽縣. '性命'은 生命과 같음. 《周易》乾卦 象辭에 "乾道變化, 各正性命, 保合大和, 乃利貞. 首出庶 物, 萬國咸寧"이라 함. '聞達'은 널리 알려져 명성을 떨침. 《文選》注에 "善曰:《論 語》:子張曰:「在邦必聞.」 又孔子曰:「在邦必達.」"이라 함.

【先帝不以臣卑鄙, 猥自枉屈, 三顧臣于草廬之中】'卑鄙'은 신분이 비천함. '枉屈'은 몸을 굽혀 방문함. 枉臨과 같은 뜻. '草廬'는 초가집. '三顧草廬'의 故事成語는 여 기에서 비롯된 것임. 〈補注〉에 "李善曰:《漢晉春秋》曰:『諸葛亮家于南陽之鄧縣.』 《荊州圖》曰:『鄧城舊縣西南一里隔沔, 有諸葛亮宅, 是劉備三顧處.』〈蜀志〉曰:「亮 遭漢末擾亂, 隨叔父玄, 避難荊州, 躬耕于野, 不求聞達. 劉備以亮有殊量, 乃三顧 亮於草廬之中. 亮深謂備雄姿傑出, 遂解帶寫誠, 厚相結納.」"이라 함.

【諮臣以當世之事, 由是感激, 遂許先帝以驅馳】'驅馳'는 남의 일로 분주히 돌아다 님. 남에게 부림을 당함. '諮'는 《古文眞寶》에는 咨로 되어 있음.

〈古隆中〉(諸葛
亮 초기 은거처.
湖北 襄陽)

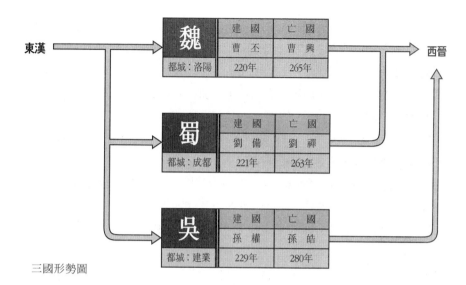

魏	建國	亡國
	曹丕	曹奐
都城:洛陽	220年	265年

蜀	建國	亡國
	劉備	劉禪
都城:成都	221年	263年

吳	建國	亡國
	孫權	孫皓
都城:建業	229年	280年

三國形勢圖

【後值傾覆, 受任于敗軍之際, 奉命于危難之間, 爾來二十有一年矣】'値傾覆'의 '치'는 만남. 나라가 기울어 뒤집히려는 상황을 만남. '敗軍'은 建安 13년(208) 劉備가 當陽의 長阪에서 曹操에게 크게 패한 것을 말함. '奉命於危難之間'은 劉備가 曹操에게 대패하여 추격을 당하자, 劉備는 吳의 孫權에게 援軍을 청하도록 諸葛亮에게 명령을 내림. 이에 吳의 周瑜와 蜀의 諸葛亮이 연합하여 赤壁에서 曹操의 군사를 크게 패배시킨 사건을 말함. '二十一年'은 《三國志》(蜀志) 注에 "裴松之按:劉備以建安十三年敗, 遣亮使吳. 亮以建興五年抗表北伐, 自傾覆至此整二十年. 然則備始與亮相遇, 在軍敗前一年時也"라 함.

【先帝知臣謹愼, 故臨崩寄臣以大事也】'大事'는 나라의 큰 일. 社稷을 뜻함. 劉備가 白帝城에서 臨終에 成都에 있던 諸葛亮을 불러 "나의 아들 劉禪이 제대로 하지 못하거든 그대가 나라를 맡아 대업을 이을 것"을 遺囑했던 일을 말함. 《文選》注에 "善曰:《蜀志》曰:先主於永安病篤, 召亮成都, 屬以後事謂亮曰:「君才十倍曹丕, 必能安國, 終定大業. 若嗣子可輔, 輔之如其不才, 君可自取.」亮涕泣曰:「臣敢竭股肱之力, 效忠貞之節, 繼之以死也.」"라 함. '寄臣'은 일부 판본에는 '託臣'으로 되어 있음.

【受命以來, 夙夜憂慮, 恐託付不效, 以傷先帝之明】'受命'은 〈補注〉에 "受命, 謂顧託之命"이라 함. '夙夜憂慮'는 《三國志》에는 '夙夜憂勤'으로, 《古文眞寶》에는 '夙夜憂嘆'으로 되어 있음. '託付'는 일부 판본에는 '付託'으로 되어 있음.

【故五月渡瀘, 深入不毛】'瀘'는 물 이름.《三國志》에《漢書》地理志를 인용하여 "瀘水出牂牁郡句町縣"이라 하였고, 〈補注〉에는 "《後漢書》南蠻傳:「建武十九年, 劉尙軍逾度瀘水, 入益州界.」注:「瀘水一名若水, 出旄牛徼外, 經朱提至僰道入江. 在今嶲州南. 特有瘴氣. 三月四月經之, 必死. 五月以後, 行者得無害. 故諸葛亮表云:『五月度瀘』言其艱苦野.」"라 함.《文選》注에는 "建興元年, 南中諸部, 並皆叛亂. 三年春, 亮率衆征之, 其秋悉平"이라 함. '不毛'는 〈補注〉에 "境埆不生五穀曰不毛"라 함.《古文眞寶》注에 "不毛之地"라 함.

【今南方已定, 兵甲已足, 當獎率三軍, 北定中原】'獎率'은 거느려 인솔함.《文選》에는 '帥將'으로 되어 있으며 '帥'(솔)은 率과 같음. '中原'은 지금의 河北, 河南, 山東, 陝西 일대의 황하 지역. 당시 曹魏가 차지하고 있던 지역.《文選》注에 "中原, 謂魏也"라 함.

【庶竭駑鈍, 攘除姦兇, 興復漢室, 還于舊都】'駑鈍'은 재주가 없음. 제갈량이 자신을 낮추어 한 말. 姦兇은 '姦凶'으로도 표기하며 曹丕를 가리킴. '舊都'는 지난날 劉氏 漢나라 때의 도읍. 즉 西漢의 長安이나 東漢의 洛陽.《文選》注에 "備中山王後, 故云興復漢室也. 舊都謂雍洛二州, 兩漢所都"라 함.

【此臣所以報先帝, 而忠陛下之職分也】'職分'은 諸葛亮이 할 일.《文選》注에 "相則謀存社稷, 將則開拓境土, 而亮兼之, 故云職分也"라 함.

4/4

손익損益을 짐작斟酌하여 충성된 말을 모두 올리는 일에 이르러서라면 이는 비의와 동윤의 임무입니다.

원컨대 폐하께서 저에게 적을 토벌하여 한실을 부흥시키는 공적을 맡겨 주시되, 공적을 이루지 못하면 저의 죄를 다스리시어 선제의 영령英靈께 고해주시기를 원합니다.

(만약 덕을 흥하게 하는 말을 내놓지 못할 경우라면), 곽유지와 비의, 동윤 등의 태만함을 문책하시어 그들의 허물을 드러내어 밝히십시오.

폐하께서도 역시 스스로 계책을 세우시어 훌륭한 치도를 자문하시고, 바른 간언을 살펴 받아들이시어, 선제의 유조遺詔를 깊이 추급追及하시옵소서.

저는 받은 은혜에 감격함을 이겨내지 못하여 지금 멀리 떠나야 하오니, 표表를 임하고 보니 눈물이 흘러 아뢸 바를 모르겠나이다.

> 至于斟酌損益, 進盡忠言, 則攸之·褘·允之任也.
> 願陛下託臣以討賊興復之效, 不效則治臣之罪, 以告先帝之靈.
> (若無興德之言), 則責攸之·褘·允等之咎, 以彰其慢
> 陛下亦宜自謀 以諮諏善道, 察納雅言, 深追先帝遺詔.
> 臣不勝受恩感激, 今當遠離, 臨表涕泣, 不知所云.

【至于斟酌損益, 進盡忠言, 則攸之·褘·允之任也】'斟酌'은 사정을 미루어 헤아림을 뜻하는 雙聲連綿語. 〈補注〉에 "〈周語〉「耆艾修之, 而後王斟酌焉」. 注: 「斟, 取; 酌, 行也.」"라 함. '損益'은 《論語》爲政篇에 "殷因於夏禮, 所損益可也"라 함. 그러나 《文選》에는 規益으로 되어 있음. 《古文眞寶》注에 "眞西山曰: 「當時有此數人, 故孔明得以專討賊之任, 所謂張仲孝友也.」 ○靜觀曰: 「旣自任了, 依舊倚重在此, 此是孔明深識治體, 此事, 正與興復相關, 所以不效治臣, 倂當及攸之費允.」"이라 함.

【願陛下託臣以討賊興復之效, 不效則治臣之罪, 以告先帝之靈】'效'는 功의 뜻. 《文選》注에 "效, 功也"라 함.

【(若無興德之言), 則責攸之·褘·允等之咎, 以彰其慢】이 구절은 《文選》에는 "(若無興德之言), 則戮允等, 以章其慢"으로 되어 있어, 앞에 '若無興德之言' 6자가 더 있고, 뒤의 구절도 《諸葛忠武書》과 《三國志》에는 "則責攸之·褘·允等之慢, 以彰其咎"라 하였고, '慢'과 '咎'의 두 글자도 위치가 바뀌어 있음. 《軌範》에는 '則'자도 더 있음. '章'은 '彰'과 같음. 이에 대해 《諸葛忠武書》에 "楊愼曰: 「孔明〈出師表〉, 今世所傳者皆本《三國志》. 按《文選》所載'先帝之靈'下'若無興德之言'六字, 他本皆無, 於義有缺, 當以《文選》爲正"이라 하였고, 〈補注〉이는 "元本無此七字. 《文選》有. 楊升庵曰: 「孔明〈出師表〉. 今世所傳者, 皆本《三國志》. 案《文選》所載, 先帝之靈下, 有'若無興德之言'六字, 他本皆無, 於義有缺, 當以《文選》爲正. 李善曰: 「〈蜀志〉載亮表云: '若無興德之言, 則戮允等以章其慢'. 今此無上六字, 於義有闕.」 誤矣, 孫志祖云: 「然則《三國志》有此六字, 而《文選》本缺也. 今《文選》本有此六字者, 後人所加, 升庵乃以爲《文選》有. 而他本缺乎? 又案:〈蜀志〉武侯傳, 亦無此六字. 〈董允傳〉有之.」"라 함.

【陛下亦宜自謀 以諮諏善道, 察納雅言, 深追先帝遺詔】'諮諏'는 諮問과 같음.《文選》注에 "《毛詩》曰:「載馳載驅, 周爰咨諏.」毛萇曰:「訪問於善爲咨, 事爲諏.」"라 함. '察納'은 잘 살펴 받아들임. '雅言'은 바른말.《論語》述而篇에 "子所雅言,《詩》·《書》·執《禮》, 皆雅言也."라 함. '遺詔'는 임금이 죽으면서 내린 조칙.

【臣不勝受恩感激, 今當遠離, 臨表涕泣, 不知所云】'臨表涕泣, 不知所云'은《諸葛忠武書》와《三國志》에는 '臨表涕零, 不知所言'으로 되어 있음.〈補注〉에 "劉良曰:「言不勝受恩之重, 乃感於懷. 今當遠別, 悲傷失次, 故不知所云"이라 하였고,《古文眞寶》注에는 "孔明此時之意, 只謂今日事勢, 雖是如此, 皆受先帝之託, 後主先帝之子, 孔明受先帝之託, 攸之褘允, 亦先帝之簡拔, 只得大家協力, 以求無負先帝付託之意. 蓋孔明所任亦只可任討賊興復事, 裡面是後主自謀, 始得全靠孔明不可"라 함.

> ### 참고 및 관련 자료

1. 諸葛孔明(諸葛亮: 191–234)

諸葛亮. 자는 孔明. 漢末 瑯琊 陽都人. 南陽에 은거하여 스스로 밭을 갈며 자신을 管仲과 樂毅에 비교하여 사람들이 그를 臥龍先生이라 불렀음. 뒤에 蜀漢 劉備

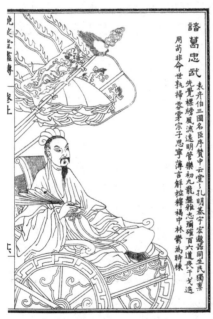

의 三顧草廬로 불려가 天下三分之策을 정하고 劉備를 도와 荊州와 益州를 차지하여 吳, 蜀, 魏 삼국정립을 이루었음. 劉備의 遺囑에 의해 그 아들 劉禪을 도와〈出師表〉를 쓰고 北伐을 시도했으나 五丈原에서 생을 마침. 죽은 뒤 武鄕侯에 봉해졌으며 諡號는 忠武.《三國志》(35)에 傳이 있음.《古文眞寶》諸賢姓氏事略에 "諸葛孔明, 名亮. 寓襄陽隆中, 蜀先主三顧草廬, 乃出. 後相蜀爲名臣, 諡忠武侯"라 함.《古文眞寶》前集〈梁甫吟〉(228)을 참조할 것.

2. 이 글은《諸葛忠武書》(6),《三國志》(5 蜀志),《文選》(37),《資治通鑑》(70),《通鑑紀事本末》(10 上),《通志》(118 上),

〈諸葛忠武(諸葛亮)〉(晩笑堂畵傳)

《歷代名臣奏議》(78),《崇古文訣》(7),《文章正宗》(11),《古文集成》(22),《三國志文類》(21),《文編》(9),《文章辨體彙選》(126),《漢魏六朝百三家集》(22),《古文淵鑑》(22),《古文雅正》(5),《大事記續編》(21),《蕭氏續後漢書》(7),《郝氏續後漢書》(15),《史傳三編》(17),《蜀中廣記》(47),《兩漢筆記》(12),《冊府元龜》(315, 413),《經濟類編》(57)《淵鑑類函》(270),《成都文類》(18),《妙絶古今》(3),《全蜀藝文志》(27),《蘆浦筆記》(2)《斐然集》(24),《古文辭類纂》(15),《古文約選》(1),《古文觀止》(6),《古文眞寶》(後集 1) 등에 실려 널리 실려 있음.

3.《古文眞寶》注에 "陳靜觀云:「前段起處, 便提先帝中道崩殂, 後面又繼以深追先帝遺詔, 後段提起先帝臨崩寄臣以大事, 後面又繼以不效告先帝之靈. 此最是感激痛苦懇切處, 盖緣先帝臨崩, 祗分付後主孔明兩人, 今日如何忘得?」○大槩後主此時, 自有危急存亡之懼, 付天下於無復可爲者矣. 故孔明此篇專謂事勢, 固是如此. 然坐待其弊, 如先帝付託何? 故前一段, 專是提撕後主精神, 使盡興隆漢室之道; 後一段, 專是感激自任

〈諸葛亮〉

以興復漢室之功. 大槩終篇之意, 歸重後主身上意重, 若後主裏面, 不自提撕, 孔明獨力在外, 亦理會不得, 此意良可哀也. ○段段提先帝兩字, 盖謂臣惟念及先帝, 所以不敢辭興復之責, 後主倘念及先帝, 亦如何不自念興隆之道? 前輩謂讀此表, 不墮淚者, 是眞無人心, 仔細看來, 孔明之志, 眞可隕英雄之淚於千載之下者, 盖此時事勢, 以孔明之志, 豈不知其不可爲? 獨以草廬驅馳之許, 難食言也. 臨崩大事之屬, 尙在耳也. 務北伐以報先帝, 孔明惟盡吾心而已. 雖然, 孔明之師出矣, 亦必後主能追先帝遺詔,

事事振刷否乎? 若孔明旣行之後, 宮府之事, 不能必後主施行之審;臣下賢否, 不能必後主用舍之精, 則孔明外焉, 興復之志, 雖勤, 後主內焉, 興隆之志, 全靡. 天下事, 亦終付之無可奈何而已. 故臨行一䟽, 述「吾今日所以不敢不北伐之由, 勉後主今日所以不可自菲薄之意, 務使後主專以興隆漢室爲心」, 孔明專以興復漢室爲責, 求相與以濟危急存亡之會, 而實有所不能必者, 故終之曰「願陛下託臣以討賊之效」, 而又繼之曰「不效, 告先帝之靈」, 又曰「陛下亦宜自謀」, 繼之曰「追先帝之遺詔」. 孔明此謀, 亦是負先帝之遺詔, 其責皆有所不可逃者, 幾行斷簡, 萬古凄涼. 此吾所以有感於不隕淚無人心之說也"라 함.

4.《古文眞寶》後尾 注에는 "右蜀漢丞相諸葛武侯亮孔明, 臨出師伐魏時所上後主之表也. 孔明, 初隱南陽, 無意斯世, 昭烈以帝室之胄, 三顧之, 有成湯待伊尹意度, 孔明感激, 起而輔之. 不幸昭烈崩殂, 託孔明以輔後主興漢室, 而後主之才, 庸弱殊甚. 孔明不敢負昭烈之託, 盡忠竭力, 慷慨出師, 以興復之責, 自任而興復之本也. 責之後主, 故臨行拜表, 忠愛激切, 有不可以言語形容盡者. 陳靜觀之批, 盡之矣, 而猶有當提撕者, 宮府一體, 是也. 宮, 謂天子宮中;府, 謂丞相府. 周公作《周禮》, 以冢宰統宮寺, 宮府一體也. 前漢此意, 猶有存者, 鄧通, 文帝弄臣, 丞相申屠嘉, 得召而欲斬之. 宣帝以後, 體統浸壞, 近習之權, 重於宰相. 後漢卒以宮寺亡, 宮府不一體故也. 孔明, 深識治體, 故慮及此, 其後孔明旣沒, 所薦忠賢, 蔣琬·費禕·董允, 相繼秉政, 皆能確守此意, 後主猶賴以存. 諸賢皆沒, 陳祗進而嬖幸黃皓用事, 後主遂亡, 惟不能遵宮府一體之戒, 以至於此, 哀哉! 蘇東坡曰:「孔明, 不以文章自名, 而〈出師〉一表, 與〈伊訓〉·〈說命〉, 相爲表裡.」朱文公曰:「胡致堂議論英發, 人物偉然, 向嘗侍之坐, 見其數杯後, 每歌孔明〈出師表〉, 前輩於此篇, 尊尙如此, 豈苟然哉!」라 함.

051(6-2) ⟨送浮屠文暢師序⟩ ·········· 韓文公(韓愈)

승려 문창文暢을 보내며 주는 글

*⟨送浮屠文暢師序⟩: '浮屠'는 梵語 '붓다'(Budda)의 음역으로 佛陀, 부처, 불교, 塔 또는 僧侶 등 다양하게 불교와 관련된 사물을 지칭하는 말로 쓰임. '文暢'은 法名이며, 師'는 경칭. 이 글은 文暢이라는 승려가 문학을 좋아한다는 柳宗元의 말을 듣고, 유종원의 청에 의해 한유가 이 글을 써서 문창에게 보내어 불교의 논리를 비판함과 아울러 儒家의 優秀함을 주장한 것임.

1/4 ━━━━━━━━━━

사람이 진실로 유가儒家의 명색을 가지고 있으면서 묵가墨家의 도로써 행동하는 자가 있어, 그 명색을 물어보면 옳지만 그의 행실을 따져보면 잘못되었다면 그러한 자와 더불어 교유해도 되겠는가?

만약에 묵가라는 명색을 가지고 있으면서 유가의 도로써 행동하는 자가 있어, 그 명색을 물어보면 잘못되었지만 그 행실을 따져보면 옳다면 그러한 자와 더불어 교유해도 되겠는가?

양자운揚子雲은 "내 집 문 담장에서 그런 짓을 한다면 쫓아버릴 것이다. 이적夷狄들이 사는 곳에서나 들어오라 할 것이다"라 하였으니, 나는 이를 취하여 법도로 삼을 것이다.

문창文暢은 문장 짓기를 좋아하여 천하를 주유周遊하면서, 무릇 가는 곳이면 반드시 진신搢紳들에게 자신이 뜻하는 바를 시로 읊어줄 것을 요청하였다.

정원貞元 19년 봄, 그가 동남쪽으로 갈 때 유종원柳宗元이 나에게 그를 위해 시를 지어줄 것을 청하였는데, 그의 행장 자루를 풀어보았더니 그렇게 하여 얻은 서문과 시가 수백 편이나 되었으니, 지극하고 독실히 좋아하지 않고서야 어찌 능히 그토록 많을 수가 있겠는가?

애석한 것은 그 중에는 성인의 도로써 일러준 것은 없고, 그저 불교에 관한 이론을 증정한 것들이었다.

人固有儒名而墨行者, 問其名則是, 校其行則非, 可以與之游乎?

如有墨名而儒行者, 問其名則非, 校其行則是, 可以與之游乎?

揚子雲稱:「在門牆則揮之, 在夷狄則進之.」吾取以爲法焉.

文暢喜爲文章, 其周遊天下, 凡有行, 必請於搢紳先生, 以求詠謌其所志.

貞元十九年春, 將行東南, 柳君宗元, 爲之請作詩, 解其裝, 得所(得)叙詩累百餘篇, 非至篤好, 其何能致多如是邪!

惜其無以聖人之道告之者, 而徒擧浮屠之說, 贈焉.

【人固有儒名而墨行者, 問其名則是, 校其行則非, 可以與之游乎】'儒名'은 유학자라는 명분을 가지고 있는 자. '墨行'은 墨家의 이론처럼 행동함. 여기서는 異端의 학문을 말함. 《莊子》齊物論에 "道隱於小成, 言隱於榮華. 故有儒墨之是非, 以是其所非而非其所是. 欲是其所非而非其所是, 則莫若以明"이라 함. 《古文眞寶》注에는 "暗指文暢"이라 함. '校其行'은 그 행동을 比較함. 고찰해봄. '校'는 較, 考와 같은 뜻. 〈補注〉에 "〈齊語〉:「比校民之有道者.」《文選》長楊賦註引國語賈注:「校, 考也.」"라 함. 《古文眞寶》注에는 "校, 猶比較"라 함.

【如有墨名而儒行者, 問其名則非, 校其行則是, 可以與之游乎?】《軌範》注에 "此是文暢"이라 함.

【揚子雲稱:「在門牆則揮之, 在夷狄則進之」'揚子雲'은 揚雄(B.C.53-A.D.18). 揚子. 자는 子雲. '楊雄'으로도 표기하며 蜀郡 成都 사람. 西漢때 賦家, 哲學家. 〈甘泉賦〉,〈羽獵賦〉등과《太玄經》,《方言》,《法言(揚子法言)》등의 저술이 있음.《漢書》揚雄傳 참조. 흔히 '楊'과 '揚'은 混淆하여 썼음.《法言》(2) 修身篇에 "「或門人有倚孔子之牆, 絃鄭衛之聲, 誦韓莊之書, 則引諸門乎?」曰:「在夷貉則引之, 倚門牆則麾之.」"라 하여, 孔子의 집 담에 기대어 어떤 사람이 음탕한 노래를 하거나, 韓非子

(法家)나 莊子(道家)의 책을 읽고 있다면 문 안으로 인도해 들이겠는가?"의 질문에 답한 것임. '門墻'은 집의 문이나 담. '揮之'는 '麾之'와 같으며 손을 휘저어 쫓아 버림. 《古文眞寶》注에 "應墨名儒行"이라 함. 《軌範》注에 "喩儒名者"라 함. '在夷狄則進之'는 《軌範》注에 "喩墨名者"라 함.

【文暢喜爲文章, 其周遊天下】文暢은 문장 짓기를 즐겨하면서 천하를 두루 유람함. 《軌範》注에 "文公取文暢, 止以其人言文章"이라 함. '周遊天下'는 《莊子》天下篇에 "以此周行天下"라 함.

【凡有行, 必請於搢紳先生, 以求詠謌其所志】'搢紳先生'은 지식인, 紳士, 벼슬아치. '搢紳'은 士大夫가 官服의 띠[紳]에 笏을 꽂고[搢] 있음을 말한 것. 《莊子》天下篇에 "其在於詩書禮樂者, 鄒魯之士, 縉紳先生, 多能明之"라 함. '詠謌'는 詠歌와 같음. 詩를 뜻함. 〈詩序〉에 "嗟歎之不足, 故詠歌之"라 함.

【貞元十九年春, 將行東南】'貞元'은 唐 德宗(李适)의 연호이며 19년은 803년. 《五百家注昌黎文集》에 "嚴曰: 文暢是時將往東南, 退之作序送之, 其後元和初北遊, 又作詩以送之, 所謂「昔在四門館, 時有僧來謁」, 即序貞元十九年事也"라 함.

【柳君宗元, 爲之請作詩, 解其裝, 得所(得)叙詩累百餘篇】柳宗元이 韓愈에게 文暢을 위해 시를 주어 贈呈할 것을 청함. 〈補注〉에 "請公爲之序也. 請字句, 與結末 '余旣重柳請'相呼應"이라 함. '柳君宗元'은 柳宗元(773-819). 자는 子厚, 河東 解縣(지금의 山西 永濟縣) 사람으로 시인이며 동시에 散文家. 唐宋八代家의 하나로 山水 游記와 寓言 小品 등에 뛰어났으며 景物詩에도 일가를 이룸. 21세에 博學鴻詞科에 등제하여 이름을 날렸으며 30세에 監察御史에 오름. 順宗 원년(805) 王叔文이 정권을 잡자 그를 禮部員外郞에 추천하였으나 순종이 얼마 가지 않아 崩御하고 憲宗이 즉위하여 정권이 바뀌면서 왕숙문이 몰락, 그 역시 元和 원년(806) 9월 멀리 邵州刺史로 좌천되었으나 부임 도중 다시 폄직되어 永州司馬(지금의 湖南 零陵縣)로 쫓겨감. 그는 벽지 永州에서 34세부터 41세까지 머물면서 많은 작품을 남겼음. 元和 9년(814) 長安으로 귀환되었다가 이듬해 다시 柳州刺史(지금의 廣西)로 내려가 그곳에 5년 공직 생활 끝에 병으로 생을 마쳤음. 이에 그를 '柳河東', '柳柳州'라 부르며 산문은 韓愈와 병칭되어 '韓柳'라 불리고 시는 韋應物과 병칭되어 '韋柳'라 불림. 뒤에 劉禹錫이 그의 유고를 모아 《柳先生文集》(45권)을 편찬하여 세상에 전하며 《柳河東集》도 전함. '其裝'은 그의 旅裝. 《五百家注》에 "裝, 行橐也"라 하였고, 〈補注〉에는 《說文》: 「裝, 裹也.」 《史記》陸賈傳「橐

中裝」. 張晏曰:「裝, 裹也.」라 함. '叙詩'는 남들이 지어 보내준 서문과 시. '叙'는
序와 같음. 한편 '得所叙詩累百餘篇'은 《韓文公集》에는 '得所得叙詩累百餘篇'로
되어 있으며, 이에 대해 〈補注〉에 "叙詩, 謂叙及詩也. 本集所下有'得'字. 詞義最明.
此本無'得'字. 或曰'所'猶可也. 《後漢書》竇憲傳燕然山銘:「玆所謂一勞而久逸.」《文
選》所作可, 所叙詩累百餘篇, 猶言可叙詩累百餘篇也"라 함.

【非至篤好, 其何能致多如是邪】시를 매우 좋아하여 많은 시를 모아 가지고 있었
음.

【惜其無以聖人之道, 告之者而徒擧浮屠之說, 贈焉】'徒擧浮屠之說'은 한갓 불교의
이론만을 거론하고 있음.

2/4 ────────────

문창은 승려이다, 만약 불교 이론에 대하여 듣고자 한다면 의당 그
스승을 찾아가 질문하면 될 것이지, 무슨 까닭으로 우리 유학자들을 찾
아와 청한단 말인가?

그 사람은 우리의 군신부자 사이의 위대한 윤리, 문물예악의 풍성함
을 보고, 틀림없이 마음속으로 흠모하기는 하나 그의 불법佛法에 구속
되어 능히 들어오지 못하는 것이다.

그 때문에 우리 유가의 논리를 듣기 좋아하여 청한 것이니, 우리 유자
儒者들이라면 의당 그에게 요순과 삼왕三王의 도, 그리고 일월성신日月
星辰이 운행하는 이치, 천지天地는 드러나 보이고 귀신鬼神은 어둠 속에
숨어있는 이유, 인물이 번성하는 원리, 강하江河가 흘러가는 까닭 등으
로 일러주어야지, 다시 그에게 불교의 도로써 마구 일러주는 것은 옳지
않은 것이다.

夫文暢, 浮屠也, 如欲聞浮屠之說, 當自就其師而問之, 何故, 謁
吾徒而來請也?

彼見吾君臣父子之懿, 文物禮樂之盛, 其心必有慕焉, 拘其法而
未能入.

故樂聞其說而請之, 如吾徒者, 宜當告之以二帝三王之道, 日月星辰之所以行, 天地之所以著, 鬼神之所以幽, 人物之所以蕃, 江河之所以流而語之, 不當又爲浮屠之說, 而瀆告之也.

【夫文暢, 浮屠也, 如欲聞浮屠之說, 當自就其師而問之, 何故, 謁吾徒而來請也】'就'은 찾아감. 그곳으로 나아감. '謁吾徒'는 우리 같은 儒家의 무리를 찾아옴.

【彼見吾君臣父子之懿, 文物禮樂之盛】'懿'는 儒家의 위대한 倫理.《詩》大雅 烝民篇에 "天生烝民, 有物有則. 民之秉彝, 好是懿德"이라 함. '文物'은《左傳》桓公 2년 傳에 "文物記之"라 함.

【其心必有慕焉, 拘其法而未能入】틀림없이 유가를 사모하고는 있으나 불교의 교리에 묶여 아직 들어오지 못하고 있을 것임.《軌範》注에 "句法"이라 함.

【故樂聞其說而請之, 如吾徒者, 宜當告之以二帝三王之道】'二帝三王'의 '二帝'는 五帝의 마지막 두 제왕 堯와 舜. 三王은 三代(夏, 商, 周)의 개국 군주 禹, 湯, 文王과 武王. 삼왕은 삼대의 왕이라는 뜻으로 세 명에 한정된 것이 아니라 흔히 네 명을 들고 있음. 모두 儒家의 聖人들로 추앙됨.

【日月星辰之所以行, 天地之所以著, 鬼神之所以幽, 人物之所以蕃, 江河之所以流】'著'는 드러남. '幽'는 숨겨져 있음.〈補注〉에 "日月星辰之行, 鬼神之所以幽.《莊子》天運:「鬼神守其幽. 日月星辰行其紀.」《禮記》樂記:「幽則有鬼神.」"이라 함. '蕃'은 번성함. 많음. '流'는 흐름. 이상은 羅列形 구문임.《古文眞寶》注에 "許多'所以'字, 乃其理之所以然也. 無'所以'字, 則形迹之粗而已"라 함.

【不當又爲浮屠之說, 而瀆告之也】'瀆'은 함부로 함. 冒瀆을 끼칠 정도로 일러줌.《軌範》注에 "此一段最高"라 하였고,〈補注〉에 "《容齋隨筆》曰:「韓文公〈送文暢序〉言:「儒人不當擧浮屠之說, 以告僧.」元微之作〈永福寺石壁記〉云:「佛書之妙奧, 僧常爲予言, 予不當爲僧言.」二公之語, 可謂至當.《易》蒙:「初筮告, 再三瀆, 瀆則不告.」"라 함.

3/4 ────────

사람이 처음 생겨났을 때에는 진실로 금수와 같았으나, 성인이란 자가 세워진 연후에야 집을 지어 살게 되었고, 곡식을 먹을 수 있게 되었으며, 어버이는 친히 여기며, 윗사람은 존중해야 하며 산 사람은 봉양하며 죽은 자는 묻어야 함을 알게 된 것이다.

그러므로 도는 인의仁義보다 더 큰 것이 없고, 가르침에는 예악과 형정刑政보다 더 바른 것이 없으니, 이를 천하에 시행하면 만물이 그 마땅함을 얻게 되고, 이를 자신에게 적용하면 몸이 편안하고 기氣가 평온하게 되는 것이다.

요堯가 이를 순舜에게 전하였고, 순은 이를 우禹에게 전하였으며, 우는 이를 탕湯에게 전하였고, 탕은 이를 문왕文王과 무왕武王에게 전하였으며, 문왕과 무왕은 이를 주공周公과 공자에게 전하여, 이것을 책에 기록해 놓아 중국中國에 사는 사람들이 대대로 이를 지켜왔는데, 지금 불교라는 것은 누가 만들었으며 누가 전한 것인가?

民之初生, 固若禽獸然, 聖人者立然後, 知宮居而粒食, 親親而尊尊, 生者養而死者藏.

是故道莫大乎仁義, 敎莫正乎禮樂刑政, 施之於天下, 萬物得其宜; 措之於其躬, 體安而氣平.

堯以是傳之舜, 舜以是傳之禹, 禹以是傳之湯, 湯以是傳之文武, 文武以是傳之周公孔子, 書之於冊, 中國之人, 世守之; 今浮屠者, 孰爲而孰傳之邪?

【民之初生, 固若禽獸然, 聖人者立然後, 知宮居而粒食, 親親而尊尊, 生者養而死者藏】'民之初生'의 '民'은 '人'과 같음. 人類가 처음 세상에 출현함.《詩》大雅 緜篇에 "緜緜瓜瓞. 民之初生, 自土沮漆. 古公亶父, 陶復陶穴, 未有家室"이라 함. '宮居'는 집을 짓고 삶. 고대에는 일반 사람의 집도 '宮'이라 불렀음.《禮記》禮運篇에 "後聖有作, 然後爲臺榭宮室牖戶"라 함. '粒食'은 곡식으로 먹음.《尙書》益稷篇 "烝民乃粒"의 鄭玄 註에 "粒, 米也. 衆民之復粒食"이라 함. '親親而尊尊'은《禮記》大傳에 "服術有六: 一曰親親, 二曰尊尊"이라 함. '藏'은 드러나지 않도록 묻어줌. 여기서는 '葬'과 같음. 埋葬함.《孟子》梁惠王(上)에 "使民養生喪死無憾也"라 하였고,

《禮記》檀弓(上)에 "國子高曰:「葬也者, 藏也; 藏也者, 欲人之弗得見也. 是故, 衣足以飾身, 棺周於衣, 木享周於棺, 土周於木享; 反壤樹之哉!」"라 함.

【是故道莫大乎仁義, 教莫正乎禮樂刑政, 施之於天下, 萬物得其宜】'禮樂刑政'은 《禮記》樂記에 "故禮以道其志, 樂以和其聲, 政以一其行, 刑以防其姦. 禮樂刑政, 其極一也; 所以同民心而出治道也"라 하였고, 〈學記〉에는 "禮節民心, 樂和民聲, 政以行之, 刑以防之, 禮樂刑政, 四達而不悖, 則王道備矣"라 함. 이러한 것을 천하에 시행하여 만물이 각기 그 마땅함을 얻음.

【措之於其躬, 體安而氣平】'措'는 置, 實와 같음. '놓다, 두다, 적용하다'의 뜻.

【堯以是傳之舜, 舜以是傳之禹, 禹以是傳之湯, 湯以是傳之文武, 文武以是傳之周公孔子】'堯'는 五帝의 네 번째 제왕 陶唐氏. '舜'은 五帝의 마지막 제왕 有虞氏. '虞'는 첫 왕조인 夏의 開國君主 夏禹氏. '湯'은 殷(商)의 開國君主. 文武는 周의 개국 군주 文王(姬昌)과 武王(姬發). '周公'은 문왕의 아들이며 무왕의 아우 姬旦. 주나라 禮樂文物, 典章制度를 갖춘 성인. 孔子는 孔丘 仲尼. 이상을 儒家에서는 八大聖人이라 하여 존숭함.

【書之於冊, 中國之人, 世守之】'冊'은 竹簡. 儒家의 經書. 《五百家注》에 "孫曰: 冊, 謂六經"이라 함. '中國'은 中原. 夷狄에 상대하여 文明이 발달한 자신들을 일컫는 말.

【今浮屠者, 孰爲而孰傳之邪】《軌範》注에 "此一段義理最精, 亦切近人情, 卽是〈原道〉中議論. 無一語相似. 此韓文之所以爲奇特也"라 함. 《古文眞寶》注에 "浮屠氏之書, 雖有爲之傳之者, 多是後人假託塡補, 却不如吾道淵源的實, 鑿鑿可考"라 함.

4/4

무릇 새는 몸을 숙여 쪼아 먹다가 머리를 들어 사방을 둘러보고, 짐승은 깊은 곳에 숨어 있다가 때를 골라 나타나는 것은, 외물이 자신을 해칠까 두려워서 그런 것인데도, 오히려 벗어나지 못하고 있으며, 약한 자의 살은 강한 자가 먹지만, 지금 나와 문창은 편안히 살면서 한가롭게 먹고 여유롭게 살다가 죽으니, 금수와 다르다는 것에 대해 그 유래한 바를 어찌 알지 못하겠는가?

무릇 알지 못하는 것은 그 사람의 죄가 아니지만 알면서도 그것을 그

렇게 하지 않는 것은 미혹된 것이요, 옛 것에 희열을 느끼며 능히 새로
운 것에 나아가지 못하는 것은 나약함이요, 알면서도 일러주지 않는 것
은 불인不仁이요, 일러주어도 사실로 여기지 않는 것은 불신不信이다.

　나는 이미 유종원의 청을 중히 여기며, 또 그가 승려로서 문사文辭를
좋아함을 가상히 여겨 이에 이러한 말을 하는 것이다.

　　夫鳥俛以啄, 仰而四顧; 夫獸深居而簡出, 懼物之爲己害也, 猶
且不脫焉; 弱之肉, 强之食, 今吾與文暢, 安居而暇食, 優游以生
死, 與禽獸異者, 寧可不知其所自邪?
　　夫不知者, 非其人知罪也, 知而不爲之者惑也, 悅乎故, 不能卽
乎新者弱也, 知而不以告之者不仁也, 告而不以實者不信也.
　　余旣重柳請, 又嘉浮屠能喜文辭, 於是乎言.

【夫鳥俛以啄, 仰而四顧; 夫獸深居而簡出, 懼物之爲己害也, 猶且不脫焉】'俛而啄'은
먹이를 먹을 때 몸을 굽혀 부리로 쪼아 먹음. 《莊子》養生主에 "澤雉十步一啄,
百步一飮, 不蘄畜乎樊中. 神雖王, 不善也"라 함. '簡出'은 때를 골라 위험하지 않
을 때 나타남. '簡'은 選, 擇과 같은 뜻임. 《莊子》山木篇에 "夫豐狐文豹, 棲於山林,
伏於巖穴, 靜也; 夜行晝居, 戒也; 雖飢渴隱約, 猶且胥疏於江湖之上而求食焉, 定
也; 然且不免於罔羅機辟之患. 是何罪之有哉? 其皮爲之災也"라 함. '猶且'는 副詞
句로 '그럼에도 오히려'의 뜻. '不脫焉'은 거기에서 벗어나지 못함.
【弱之肉, 强之食】강한 자가 약한 자의 살을 먹음. '弱肉强食'을 풀어서 쓴 것.
【今吾與文暢, 安居而暇食, 優游以生死】'暇食'는 한가하게 여유를 가지고 식사를
함. '優游'는 여유가 있고 느긋함을 뜻하는 雙聲連綿語. 《史記》孔子世家에 "蓋優
哉游哉! 維以卒歲"라 함.
【與禽獸異者, 寧可不知其所自邪】'寧'은 疑問詞, 何, 安, 惡, 焉 등과 같음. '所自'는
그것이 온 바, 그 근원이 되는 것. 《軌範》注에 "此一段尤切近人情. 見得天地間,
不可無聖人之道. 無聖人之道, 則人之類滅, 久矣, 與禽獸何異?"라 함. 《五百家注》
에는 "補注:溫公《通鑑》曰: 「元和十四年, 迎佛骨至京師. 刑部侍郎韓愈上表切諫,

貶潮州.」自戰國之世, 老莊與儒者爭衡, 更相是非, 至漢末益之以佛, 然好者尙寡.
晉宋以來, 日益繁熾, 自帝王至於士民, 莫不尊信. 下者畏慕罪福, 高者論難空, 有
獨愈惡其蠹財惑衆, 力排之, 其言多矯激太過, 惟〈送文暢師序〉最得其要. 曰「夫鳥
俛而啄」云云至「寧可不知其所自邪?」라 하였고,《古文眞寶》注에는 "浮屠之流, 所
以得生, 全於天地間, 皆陰受吾道之賜, 而不自知耳. 使無吾道之功用, 以綱維之, 而
擧世盡用其絶滅人倫之敎, 則無夫子而其類絶, 無君臣而其徒亂, 久矣"라 함.

【悅乎故, 不能卽乎新者弱也】옛것에서 즐거움을 느끼면서 새로운 데로 나가지 못
한다면 이는 약한 것임.

【告而不以實者, 不信也】《軌範》注에 "此二節是儒者之過"라 하였고,《古文眞寶》注
에 "韓公告之以此, 可謂告以實也. 文暢, 昔也不知, 猶可恕也. 今公旣告之, 則是知
之矣. 知之而猶安其故, 是不勇也. 公蓋有人其人而收斂加冠巾之意"라 함.

【余旣重柳請, 又嘉浮屠能喜文辭, 於是乎言】'重柳請'은 柳宗元으로부터 거듭 부탁
을 받음. '嘉浮屠能喜文辭'는 승려이면서 능히 文辭를 좋아함을 嘉賞히 여김.
《軌範》注에 "見得文公之所以與文暢者, 只是取其能喜文章, 非取其道"라 함.

　참고 및 관련 자료

1. 韓文公(韓愈, 韓退之, 韓昌黎) 001 참조.

2. 이 글은《別本韓文考異》(20),《五百家注昌黎文集》(20),《東雅堂昌黎集註》(20),
《唐文粹》(98),《唐宋八大家文鈔》(7),《文章正宗》(14),《古文關鍵》(上),《文苑英華》
(731),《古文集成》(1),《文編》(54),《文章辨體彙選》(336),《古文淵鑑》(35),《唐宋文醇》
(5),《古文雅正》(8),《妙絶古今》(3),《事文類聚》(前集 35),《西山讀書記》(36),《樂善堂
全集定本》(6),《古文辭類纂》(32),《古文約選》(2),《古文眞寶》(後集 2) 등에 실려 있음.

3.《昌黎文集》注에 "韓曰: 公時爲四門博士作, 後有詩送〈文暢師北遊〉, 其略云:
「昔在四門館, 晨有僧來謁. 謂僧當少安, 草序頗排訐.」蓋謂此也"라 함.

4.《古文眞寶》注에 "洪容齋(洪邁)曰:「韓公〈送文暢〉云: 文暢, 浮屠也. 欲聞浮屠之
說, 當自就其師而問之, 何故謁吾徒而來請也?」元微之(元稹)〈永福寺石壁記〉云:「佛
書之妙奧, 僧當爲予言, 予不當爲僧言.」二公之語, 可謂至當. ○此篇告以吾聖人之
道, 而欲拔之浮屠之中, 略與〈原道〉之說, 相表裏"라 함.

052(6-3) 〈柳子厚墓誌〉 ················ 韓文公(韓愈)

유종원 묘지명

*〈柳子厚墓誌〉: 이 글은 柳宗元이 죽자 韓愈가 그 墓誌銘을 쓴 것임. 제목은 거의가 〈柳子厚墓誌銘〉으로 되어 있음. 韓愈와 柳宗元은 함께 古文運動을 제창했던 관계로 지향하는 바가 같았고 사사롭게 사귀기도 하였음. 柳宗元이 元和 14년(819) 임지인 柳州에서 생을 마치자 이듬해 韓愈가 袁州(지금의 江西 宜春)에서 〈祭柳子厚文〉과 이 글 두 편을 지었으며, 특히 柳宗元의 불우한 일생이 不朽의 문장이 나오게 된 원인이라 하여 世教의 의미를 강하게 표현하고 있음.

1/7 ────────────

자후子厚는 휘諱가 종원宗元이며, 그의 7세조 유경柳慶은 탁발씨拓跋 氏 위魏나라의 시중侍中을 역임하여 제음공濟陰公에 봉해졌고, 증백조曾 伯祖 유석柳奭은 당唐나라 때 재상宰相이 되어 저수량褚遂良, 한원韓瑗과 함께 무후武后에게 죄를 얻어 고종高宗 때 죽었다.

그리고 황고皇考의 휘는 진鎭으로 어머니를 모시기 위해 태상박사太 常博士 지위를 버리고 강남江南의 현령이 되기를 청하였다.

그 뒤 권귀權貴한 자에게 미쁨을 사지 못하여 어사御史 자리를 잃었다 가, 이에 다시 시어사侍御史로 배수받았는데 강직하기로 이름이 났으며, 교유하는 이들이 모두 당세 명인名人들이었다.

子厚諱宗元, 七世祖慶, 爲拓跋魏侍中, 封濟陰公, 曾伯祖奭, 爲 唐宰相, 與褚遂良·韓瑗, 俱得罪武后, 死高宗朝.

皇考諱鎭, 以事母棄太常博士, 求爲縣令江南.

其後以不能媚權貴, 失御史; 權貴人死, 乃復拜侍御史, 號爲剛 直, 所與游皆當世名人.

【子厚諱宗元. 七世祖慶, 爲拓拔魏侍中, 封濟陰公】 '諱'는 죽은 자의 이름. 생존해
있는 자는 '名'이라 함. '七世祖'은 柳宗元의 7대 선조. '柳慶'은 자는 更新. 北魏(元
魏, 拓拔氏) 때 侍中을 지냈으며 齊縣公에 봉해짐. 柳慶은《周書》(22)와《北史》(64)
에 傳이 있음. 6世祖 柳旦은 자가 匡德이며 北周 때 中書侍郎을 지냈고 濟陰公에
봉해짐. 따라서 韓愈가 濟陰公이라 한 것은 柳旦의 封號를 잘못 쓴 것임. '拓拔
魏'는 南北朝 시기의 北朝 魏나라. 鮮卑族 道武帝 拓拔珪가 五胡十六國을 통일
하고 처음 大同(지금의 山西 大同)에 나라를 세우고 北魏(386-534)라 하였음. 뒤에
洛陽으로 遷都하여 漢化를 적극 추진, 자신들의 姓氏조차도 元氏로 바꾸어 흔
히 '元魏'로 부르기도 함. 北魏는 뒤에 西魏(長安)와 東魏(鄴, 지금의 河南 臨漳)으
로 나뉘었다가 다시 西魏는 北周(宇文覺)와 東魏는 北齊(高洋)로 이어졌으며, 이
어 北周 출신 漢族 楊堅의 隋나라로 이어져 南朝 陳을 멸한 뒤 통일되어 唐으로
이어짐. '拓拔'은 鮮卑語로 '땅의 왕'이라는 뜻이며 鮮卑族의 대표적인 씨족.《魏
書》高祖孝文帝紀에 "北俗謂土爲拓, 謂后爲拔, 故以爲氏"라 함. '侍中'은 宰相.

【曾伯祖奭, 爲唐宰相, 與褚遂良·韓瑗, 俱得罪武后, 死高宗朝】 '曾伯祖'는 曾祖父
行列의 伯父. 그러나 '柳奭'은 柳旦의 손자이며 柳宗元의 高祖 柳子夏의 형. 따라
서 '高伯祖'라 해야 함. 柳奭은 唐 高宗(李治) 王皇后의 외삼촌으로 中書令을 지
냈으며 高宗이 王皇后를 폐하고 武則天을 后로 삼자 柳奭도 愛州刺史로 폄직되
었으며 뒤에 許敬宗과 李義府 등이 그를 謀反을 꿈꾼다고 誣告하여 高宗에게
죽임을 당함. '柳旦'은《北史》(64)와《隋書》(47)에 傳이 있으며, '柳奭'은《舊唐書》
(77)와《新唐書》(112)에 傳이 있음. '褚遂良'은 자는 登善, 唐나라 때 尙書右僕射를
지냈음. 글씨로도 유명함. '韓瑗'은 자는 伯玉, 侍中을 지냈음. 두 사람 모두《舊
唐書》(80)와《新唐書》(105)에 傳이 있음. 두 사람 모두 高宗이 王皇后를 폐위하고
武則天을 세우려 하자 적극 반대하다가 貶謫되어 생을 마침. '武后'는 武則天. 이
름은 曌(조). 唐 高宗의 后妃로 들어와 총애를 받아 정권을 휘둘렀던 女傑이며
女皇帝. 唐 太宗의 아들 李治가 帝位(高宗)에 올랐으나 나약하여 武則天을 총애
하게 됨. 高宗은 끝내 王皇后를 폐하고 武則天을 세웠으며, 국가 대권이 점차 武
氏에게 집중됨. 과연 무측천은 中宗(李顯:684. 705-710년 재위)을 廬陵王으로 폐
위하고 睿宗(李旦:684. 710-712년 재위)을 세워 垂簾聽政하다가 드디어 690년 稱
帝하여 국호를 周라 함. 뒤에 정권을 다시 中宗에게 넘겨주었으나 4년만에 죽고
睿宗으로 이어져 唐나라가 회복됨. '高宗'은 唐나라 3代 황제. 이름은 李治. 太宗

(李世民)의 아들이며 650-683년 재위함.

【皇考諱鎮, 以事母棄太常博士, 求爲縣令江南】 '皇考'는 돌아가신 아버지. 유종원의 부친 柳鎮은 太常博士를 지냈으며 宣城令을 자원하였음. '事母'를 이유로 들었으나 이 때 어머니는 이미 죽은 뒤였음. 따라서 韓愈가 지나치게 그 집안을 孝誠으로 美化한 것임. '江南令'은 宣城令을 가리킴. 太常博士는 中央職이며 宣城令은 地方職임을 말함.《軌範》補注에 "孫汝聰曰:鎮丁母憂, 服除, 吏部命爲太常博士. 鎮曰:「有尊老孤弱在吳, 願爲宣城令.」從之"라 함.

【其後以不能媚權貴, 失御史;權貴人死, 乃復拜侍御史, 號爲剛直, 所與游皆當世名人】 '媚'는 阿諂하고 阿附해서 미쁨을 얻으려 함. '權貴'는 권세가 넘치는 귀한 신분. 구체적으로 당시 中書侍郎 竇參과 御史中丞 盧佋를 가리킴. 柳鎮은 한 때 殿中侍御史에 올랐으나 두참과 노소의 미움을 받아 夔州司馬로 쫓겨났다가 두참이 죽고 나서 原職에 복귀했음. '名人'은 명성이 높은 유명 인사.《東雅堂昌黎集註》에 "肅宗平賊, 鎮上書言事, 擢左衛率府兵曹, 佐郭子儀朔方部, 三遷殿中侍御史, 以事觸竇參, 貶夔州司馬"라 함. '夔州'는 지금의 四川 奉節縣.

2/7 ──────────────

자후는 어려서부터 정민精敏하여 통달하지 않은 것이 없었다.

아버지가 살아계실 때에 비록 나이가 어렸지만 이윽고 어른이 되고 나서 능히 진사進士에 급제하여 참연嶄然히 두각을 나타내었다.

사람들은 "유씨 집안에 아들을 두었다"라고 말하였다.

그 뒤 박학굉사과博學宏詞科로써 집현전정자集賢殿正字로 제수除授되었다.

준걸儁傑하고 염한廉悍하였고, 의론이 고금에 증거가 있었으며, 경사經史와 백자百子에 출입하여, 드높고 매서운 바람이 일어날 정도여서 항상 자리에 있는 이들을 굴복시켜 명성을 크게 떨쳐 일시에 모두가 앙모하며 교유하고자 하였다.

제공諸公과 요인要人들은 다투어 그를 자신들의 문하로 나오게 하려고 돌아가며 입을 열어 추천하고 칭찬하였다.

子厚少精敏, 無不通達.

逮其父時, 雖少年, 已自成人, 能取進士第, 嶄然見頭角.

衆謂:「柳氏有子矣.」

其後以博學宏詞, 授集賢殿正字.

儁傑廉悍, 議論證據今古, 出入經史百子, 踔厲風發, 率常屈其座人, 名聲大振, 一時皆慕與之交.

諸公要人, 爭欲令出我門下, 交口薦譽之.

【子厚少精敏, 無不通達】 '精敏'은 정밀하게 공부하고 민첩함.

【逮其父時, 雖少年, 已自成人, 能取進士第, 嶄然見頭角】 '逮'는 及과 같음. '能取進士第'는 柳宗元은 唐 德宗 貞元 9년(793) 進士 시험에 참가하여 급제하였음. 당시 21세였으며 그가 급제하고 나서 그해 5월 부친이 사망하였음. '嶄然'은 뚝 자른 듯 우뚝함. '見頭角'의 '見'은 '현'으로 읽음.

【衆謂:「柳氏有子矣.」】 많은 이들이 柳鎭이 竇參에게 고통을 당한 일을 떠올리며 유종원을 칭찬한 것. 한편 德宗도 그의 합격 소식을 듣고 "是故抗姦臣竇參者耶? 吾知其不爲子求擧矣"라 하였다 함.

【其後以博學宏詞, 授集賢殿正字】 '博學宏詞'는 唐代 官吏를 선발하던 考試科目의 하나. 吏部에서 주관하여 지식이 폭넓고 문장력이 뛰어난 자를 뽑는 것. 유종원은 24세 때 이에 응시하여 관리가 됨. '集賢殿正字'는 관직 이름. 문서를 관리하는 업무. '集賢殿'은 궁중 圖書와 文書 등으로 管掌하는 기구였음.

【儁傑廉悍, 議論證據今古, 出入經史百子】 '儁傑'은 俊傑과 같음. '廉悍'은 날카로우면서 표한함. 성격이 곧음을 말함. '百子'는 諸子百家를 뜻함.

【踔厲風發, 率常屈其座人, 名聲大振, 一時皆慕與之交】 '踔厲'는 뛰는 정도가 매서움. '風發'은 바람을 일으킴. '率常'은 副詞로 언제나.

【諸公要人, 爭欲令出我門下, 交口薦譽之】 '諸公要人'은 여러 公들과 주요 직책을 맡은 높은 이들. '出我門下'는 자신들의 문하로 나오도록 함. 자신의 부하나 문인으로 삼고 싶어함. '交口'는 차례대로 말함. 말이 이어짐.

정원貞元 19년803 남전위藍田尉로 있다가 감찰어사監察御史가 되었다.

순종順宗이 즉위하여 예부원외랑禮部員外郞이 되었다.

그런데 그 때 일을 처리하던 자가 죄를 얻어 예例에 따라 자사刺史로 나갔다.

그러나 미처 임지에 이르기도 전에 다시 예에 따라 주州의 사마司馬로 폄직되고 말았다.

貞元十九年, 由藍田尉拜監察御史.

順宗卽位, 拜禮部員外郞.

遇用事者得罪, 例出爲刺史.

未至, 又例貶州司馬.

【貞元十九年, 由藍田尉拜監察御史】'貞元'은 唐 德宗(李适)의 연호. 785–804년까지 20년간임. 19년은 803년. '藍田尉'는 藍田縣의 縣尉. 藍田은 지금의 山西省의 지명. 縣尉는 그 지역의 治安을 책임지는 관리. '監察御史'는 州縣의 刑獄, 軍事, 祭祀, 出納 등을 감찰하는 업무를 맡음. 柳宗元은 당시 監察御使의 裡行(見習, 修習)의 직무를 했었음.

【順宗卽位, 拜禮部員外郞】'順宗'은 唐 제 10대 황제. 德宗의 아들 李誦. 805년 단 8개월 만에 병으로 퇴위함. '禮部員外郞'은 禮部의 속관으로 禮制와 學校, 貢擧 등을 관장하는 從六品의 지위. 유종원은 王叔文 등의 추천으로 이 직위를 얻었음.

【遇用事者得罪, 例出爲刺史】'用事者'는 권력을 쥐고 있는 자. 여기서는 王叔文을 가리킴. 당시 王叔文은 順宗의 신임을 얻고 있어 당시 積弊를 개혁하고자 柳宗元, 王禹偁 등 新進을 선발했으나, 순종이 8개월 만에 병으로 퇴위하고 그 아들 憲宗(李純)이 즉위하자 그 와중의 권력 싸움에 밀려 왕숙문은 처단을 당하고 그가 추천했던 이들 8명은 먼 곳의 司馬로 폄직되어 쫓겨남. '例'는 常例, 즉 자신을 추천했던 자가 득죄했을 경우 당연히 함께 책임을 지게 되는 常例.

【未至, 又例貶州司馬】'貶州司馬'는 貶斥되어 永州司馬로 갔음을 말함.《舊唐書》
(160) 柳宗元傳에 "順宗卽位, 王叔文·韋執誼用事, 尤奇待宗元. 與監察呂溫密引禁
中, 與之圖事, 轉尙書禮部員外郞. 叔文欲大用之, 會居位不久, 叔文敗, 與同輩七人
俱貶. 宗元爲邵州刺史. 在道, 再貶永州司馬"라 함. '永州'는 지금의 湖南 永州. '司
馬'는 州 刺史의 속관으로 명의만 있고 실권은 없음. 柳宗元은 邵州刺史로 폄직
되어 가던 중에 다시 더 貶職되어 永州司馬로 가게 된 것임. 永州는 지금의 湖
南 零陵縣.

4/7 ———————————————————

한가히 거하면서 더욱 스스로 각고刻苦하여 기록과 독서에 힘써, 사
장詞章은 범람汎濫하고 정축停蓄하여 깊고 넓기가 끝이 없었으며, 마음
대로 산수山水 사이를 노닐었다.

원화元和 연간에는 일찍이 예에 따라 경사京師로 불려왔으나 다시 함
께 나가 자사가 되었으며 자후는 유주柳州로 가게 되었다.

이윽고 그곳에 도착하자 이렇게 탄식하였다.

"여기라고 어찌 정치를 베풀기에 족하지 않은 곳이겠는가!"

그리하여 그곳 풍속을 바탕으로 가르칠 것과 금할 것을 설정하자 유
주 사람들이 순종하고 의지하게 되었다.

그곳 풍속은 아들딸을 인질로 하여 돈을 빌리는데 약속된 때에 갚지
못하여, 이자와 본전이 같아지면 아들딸을 몰수하여 노비로 삼는 것이
었다.

자후는 방책과 계획을 마련하여 돈을 모두 갚고 귀가하도록 하였다.

더욱이 가난하여 갚을 힘이 없는 자는 그 고용 품값을 기록토록 하여
그에 충족하면 그 인질을 되돌려주도록 하였다.

관찰사觀察使가 그 법을 다른 주에 시행하자, 1년 만에 노비를 면하고
귀가한 자가 천 명에 이르렀다.

형산衡山과 상강湘江 이남 출신으로 진사가 된 자들은 모두가 자후를

스승으로 배운 이들이었으며, 그들이 자후가 입으로 일러주고 손가락으로 그어준 것을 이어받아 지은 문장들은 모두가 법도에 맞아 볼만 하였다.

居閑, 益自刻苦, 務記覽, 爲詞章, 汎濫停蓄, 爲深博無涯涘, 而自肆於山水間.

元和中, 嘗例召至京師, 又偕出爲刺史, 而子厚得柳州.

旣至, 歎曰:「是豈不足爲政邪!」

因其土俗, 爲設敎禁, 州人順賴.

其俗以男女質錢, 約不時贖, 子本相侔, 則沒爲奴婢.

子厚與設方計, 悉令贖歸.

其尤貧力不能者, 令書其傭, 足相當, 則使歸其質.

觀察使下其法於他州, 比一歲, 免而歸者且千人

衡湘以南爲進士者, 皆以子厚爲師, 其經承子厚口講指畫爲文詞者, 悉有法度可觀.

【居閑, 益自刻苦, 務記覽, 爲詞章, 汎濫停蓄, 爲深博無涯涘, 而自肆於山水間】 '범람정축'은 넘치도록 두루 많이 보고 이를 쌓아나감. '涯涘'(애사)는 물가, 끝. '肆'는 마음대로 함. 실컷 산수 명승을 구경하러 다님.

【元和中, 嘗例召至京師, 又偕出爲刺史, 而子厚得柳州】 '元和'는 唐 憲宗(李純)의 연호. 806–820년까지 15년간. '召至京師'는 《舊唐書》에 "元和十年, 例移爲柳州刺史. 昌朗州司馬, 劉禹錫得播州刺史"라 하였고, 《通鑑》에는 "元和十年, 王叔文之黨, 坐謫官者, 凡十年不量移, 執政有憐其才, 欲漸進者, 悉召至京師. 諫官爭言其不可, 上與武元衡亦惡之. 三月乙酉, 皆以爲遠州刺史, 官雖進而地益遠, 永州司馬柳宗元爲柳州刺史"라 하여, 구제해 주고자 경사를 불려갔으나 임금과 武元衡의 미움에 의해 지위는 司馬에서 刺史로 높아졌으나 지역은 京師에서 더욱 먼 곳 柳州刺史로 가게 됨. '柳州'는 지금의 廣西 柳州市. 《昌黎集》注에 "元和十年三月, 以永州司馬, 柳宗元爲柳州刺史"라 함.

【既至, 歎曰:「是豈不足爲政邪!」】柳州가 그처럼 京師에서 멀고 편벽된 곳이지만 行政의 敎化를 잘 펴면 개화할 것이라 자신을 가진 것.

【因其土俗, 爲設敎禁, 州人順賴】'敎禁'은 敎化할 사항과 금지시켜야 할 惡習. '順賴'는 순종하고 신뢰를 가짐.

【其俗以男女質錢, 約不時贖, 子本相侔, 則没爲奴婢】'子本'은 利子와 本金. '相侔'는 같아짐. 이자가 불어나 원금과 같아짐.

【子厚與設方計, 悉令贖歸】'與設方計'는 그곳 사람들과 함께 방법과 계획을 궁리하여 세움. '悉令贖歸'는 빚을 갚아주면 노비에서 벗어나 귀가할 수 있도록 함.

【其尤貧力不能者, 令書其傭, 足相當, 則使歸其質】'令書其傭'은 그 품팔이 한 날수를 기록하도록 함. 《新唐書》(168) 柳宗元傳에 "柳人以男女質錢, 過期不贖, 子本均, 則沒爲奴婢. 宗元設方計, 悉贖歸之. 尤貧者, 令書庸, 視直足相當, 還其質. 已沒者, 出己錢助贖"이라 함.

【觀察使下其法於他州, 比一歲, 免而歸者且千人】'觀察使'는 唐代는 전국을 15道로 나누었고, 道마다 觀察使 1명을 두었음. 柳州는 桂管觀察使의 관할이었음.

【衡湘以南爲進士者, 皆以子厚爲師, 其經承子厚口講指畫爲文詞者, 悉有法度可觀】'衡湘'은 衡山과 湘江. 지금의 湖南省에 있는 산과 물. 그곳 남쪽은 偏僻한 蠻夷 지역으로 여겼음. 《新唐書》(168) 柳宗元傳에 "南方爲進士者, 走數千里從宗元遊, 經指授者, 爲文辭皆有法"이라 함.

5/7 ━━━━━━━━━━

자후가 경사로 불려왔다가 다시 자사가 되었을 때, 중산中山의 유몽득劉夢得 우석禹錫도 역시 자사로 파견될 명단에 들어 있었는데 그는 파주播州로 가게 되어 있었다.

자후는 울면서 이렇게 말하였다.

"파주는 사람이 살 곳이 못됩니다. 몽득은 모친이 집에 계십니다. 나는 몽득이 궁한 곳으로 가면서 그 모친께 할 말이 없을 것이며, 게다가 모자가 함께 갈 리도 만무할 것임을 차마 보고 있을 수 없습니다."

이렇게 조정에 청하며 상소를 올려 자신의 유주를 파주와 바꾸기를

원하면서 비록 거듭 죄를 얻어 죽음에 이를지라도 후회하지 않겠노라
하였다.

그런데 마침 몽득의 이런 사정을 임금께 아뢴 자가 있어 몽득은 연주
連州 자사로 임지가 바뀌게 되었다.

아! 선비란 궁해야 절의節義가 드러나는 법이다.

지금 무릇 평소 이항里巷에 살면서 서로 사모하고 좋아하여, 주식酒
食과 유희游戱을 함께하며 서로 불러주고 따르고 하여, 후후詡詡히 억지
웃음으로 말하면서 서로 몸을 낮추고, 악수를 하며 폐간肺肝을 서로 꺼
내어 보이며 해를 가리켜 울고불고 하면서 '살던 죽던 서로 버리지 말자'
라고 맹세하여 진실로 가히 믿을 만한 듯이 하고 있다가, 하루아침에 작
은 이해利害에 닥쳐 겨우 털끝만한 차이이건만 눈을 뒤집기를 마치 서
로 몰랐던 사이처럼 하며, 함정陷穽에 빠뜨리고는 구해낼 손도 뻗치지
않고, 도리어 떠밀어 버리며, 나아가 돌을 떨어뜨리는 자가 모두이다.

이는 의당 금수禽獸나 이적夷狄이라 해도 차마 하지 않는 짓이건만, 그
러한 사람들은 스스로 보기를 좋은 계책이라 여기고 있으니 자후의 이
러한 풍모를 듣는다면 역시 조금이라도 부끄러움을 느낄 것이다!

其召至京師而復爲刺史也, 中山劉夢得禹錫亦在遣中, 當詣播
州.

子厚泣曰:「播州非人所居, 而夢得親在堂. 吾不忍夢得之窮, 無
辭以白其大人, 且萬無母子俱往理.」

請於朝, 將拜疏, 願以柳易播, 雖重得罪死不恨.

遇有以夢得事白上者, 夢得於是改刺連州.

嗚呼! 士窮乃見節義.

今夫平居里巷相慕悅, 酒食游戲相徵逐, 詡詡强笑語以相取下,
握手出肺肝相示, 指天日涕泣, 誓『生死不相背負』, 眞若可信; 一
旦臨小利害, 僅如毛髮比, 反眼若不相識; 落陷穽, 不一引手救, 反

擠之, 又下石焉者, 皆是也.

此宜禽獸夷狄所不忍爲, 而其人自視以爲得計, 聞子厚之風, 亦可以少媿矣!

【其召至京師而復爲刺史也, 中山劉夢得禹錫亦在遣中, 當詣播州】'中山'은 河北 定州의 다른 이름. 지금의 河北 定縣. 劉夢得은 彭城 사람이나 中山이라 한 것은 郡望(姓氏의 集姓地)을 두고 말한 것임. '劉夢得'(772-842)은 이름은 禹錫. 進士를 거쳐 博學宏詞科에 올라 太子賓客, 檢校禮部尙書 등을 역임함.《舊唐書》(160)와 《新唐書》(168)에 傳이 있으며 문집으로《劉夢得文集》이 있음. 그의 詩는《全唐詩》에 12卷(354-365)이 編輯되어 있으며《全唐詩外編》및《全唐詩續拾》에 詩 6首, 斷句 6句가 실려 있음.《唐詩紀事》(39)에 관련 기록이 실려 있음.《唐才子傳》(5)에는 "劉禹錫, 字夢得, 中山人. 貞元九年進士, 又中博學宏詞科. 工文章. 時王叔文得幸, 禹錫與之交, 嘗稱其有宰相器. 朝廷大議, 多引禹錫及柳宗元與議禁中. 判度支・鹽鐵案, 憑藉其勢, 多中傷人. 御史竇羣劾云:「狹邪亂政」, 卽日罷. 憲宗立, 叔文敗, 斥朗州司馬. 州接夜郞, 俗信巫鬼, 每祀, 歌〈竹枝〉, 鼓吹俄延, 其聲倡儜. 禹錫謂屈原居沅・湘間作〈九歌〉, 使楚人以迎送神, 乃倚聲作〈竹枝辭〉十篇, 武陵人悉歌之. 始坐叔文貶者, 雖赦不原. 宰相哀其才且困, 將澡濯用之, 乃詔悉補遠州刺史, 諫官奏罷之. 時久落魄, 鬱鬱不自抑, 其吐辭多諷託遠意, 感權臣, 而憾不釋. 久之, 召還, 欲任南省郎, 而作〈玄都觀看花君子〉詩, 語譏忿, 當路不喜, 又謫守播州. 中丞裴度言:「播猿狄所宅, 且其母年八十餘, 與子死決, 恐傷陛下孝治, 請稍內遷」乃易連州, 又徙夔州. 後由和州刺史, 入爲主客郎中. 至京後, 遊玄都詠詩, 且言:「始謫十年還輦下, 道士種桃, 其盛若霞; 又十四年而來, 無復一存, 唯免葵燕麥動搖春風耳」權近聞者, 益薄其行. 裴度薦爲翰林學士, 俄分司東都, 遷太子賓客. 會昌時, 加檢校禮部尙書, 卒. 公恃才而放, 心不能平, 行年益晏, 偃蹇寡合, 乃以文章自適. 善詩, 精絶, 與白居易酬唱頗多. 嘗推爲「詩豪」, 曰:「劉君詩, 在處有神物護持.」有集四十卷, 今傳"이라 하였고,《唐詩紀事》(39)에는 "禹錫, 字夢得. 擢度支員外郞. 人不敢斥其名, 號二王劉柳. 憲宗立, 禹錫貶連州, 未至, 斥朗州司馬, 作〈竹枝詞〉. 武元衡初不爲宗元所喜, 自中丞下除右庶子. 及是執政, 禹錫久落魄, 乃作〈問大鈞〉・〈謫九年〉等賦, 又敍張九齡事爲詩, 欲感諷權要, 久之, 召還, 宰相欲任南省郞, 乃作〈玄都觀看花君

子〉詩, 當路不喜, 出爲播州, 易連州, 徙夔州. 由和州刺史入爲主客郎中, 復作〈遊玄
都觀〉詩, 有『兔葵燕麥』之語, 聞者益薄其行. 俄分司東都, 裵度薦爲集賢學士. 度罷,
出刺蘇州, 徙汝·同二州. 會昌時, 檢校禮部尙書, 卒"이라 하였으며,《全唐詩》(354)
에는 "劉禹錫, 字夢得, 彭城人. 貞元九年, 擢進士第, 登博學宏詞科, 從事淮南幕府,
入爲監察御史, 王叔文用事, 引入禁中, 與之圖議. 言無不從, 轉屯田員外郎, 判度支
鹽鐵案, 叔文敗. 坐貶連州刺史, 在道貶朗州司馬. 落魄不自聊, 吐詞多諷託幽遠,
蠻俗好巫, 嘗依騷人之旨. 倚其聲作〈竹枝詞〉十餘篇. 武陵谿洞間悉歌之, 居十年,
召還. 將置之郎署, 以作〈玄都觀看花〉詩涉譏忿, 執政不悅, 復出刺播州, 裵度以母
老爲言. 改連州, 徙夔·和二州, 久之. 徵入爲主客郎中, 又以作〈重游玄都觀〉詩. 出
分司東都, 度仍薦爲禮部郎中, 集賢直學士. 度罷, 出刺蘇州. 徙汝·同二州, 遷太子
賓客分司, 禹錫素善詩, 晚節尤精, 不幸坐廢. 偃蹇寡所合, 乃以文章自適. 與白居易
酬復頗多, 居易嘗敍其詩曰:「彭城劉夢得, 詩豪者」也. 其鋒森然, 少敢當者, 又言其
詩在處應有神物護持, 其爲名流推重如此. 會昌時, 加檢校禮部尙書, 卒年七十二.
贈戶部尙書, 詩集十八卷, 今篇爲十二卷"이라 함. '播州'는 지금의 貴州省 遵義市.
당시 아주 멀고 偏僻된 곳이었음.

【子厚泣曰:「播州非人所居, 而夢得親在堂. 吾不忍夢得之窮, 無辭以白其大人, 且萬
無母子俱往理.」】'親在堂'은 어머니가 살아계심. '白其大人'은 그 어머니에게 아룀.
'萬無'는 萬無함. 그럴 리가 없음.

【請於朝, 將拜疏, 願以柳易播, 雖重得罪死不恨】'將拜疏'는 장차 나서서 절하고 上
疏함. '以柳易播'는 자신의 임지 柳州와 劉禹錫의 임지 播州를 바꿈.

【遇有以夢得事白上者, 夢得於是改刺連州】'以夢得事白上'은 劉夢得의 사정을 임
금께 아룀. 당시 御史中丞 裵度와 崔群 등이 憲宗이 劉禹錫에게는 80 老母가 계
시니 가까운 곳으로 임지를 바꾸어 줄 것을 疏請했음. '連州'는 지금의 廣東省
連縣.《新唐書》(168) 柳宗元傳에 "元和十年, 徙柳州刺史. 時劉禹錫得播州, 宗元
曰:「播非人所居, 而禹錫親在堂, 吾不忍其窮, 無辭以白其大人, 如不往, 便爲母子
永決.」即具奏欲以柳州授禹錫而自往播. 會大臣亦爲禹錫請, 因改連州"라 하였고,
《舊唐書》(160) 劉禹錫傳에도 "元和十年, 自武陵召還, 宰相復欲置之郎署. 時禹錫作
〈遊玄都觀詠看花君子詩〉, 語涉譏刺, 執政不悅, 復出爲播州刺史. 詔下, 御史中丞
裵度奏曰:「劉禹錫有母, 年八十餘. 今播州西南極遠, 猿狁所居, 人跡罕至. 禹錫誠
合得罪, 然其老母必去不得, 則與此子爲死別, 臣恐傷陛下孝理之風. 伏請屈法, 稍

移近處.」憲宗曰:「夫爲人子, 每事尤須謹愼, 常恐貽親之憂. 今禹錫所坐, 更合重於他人, 卿豈可以此論之?」度無以對. 良久, 帝改容而言曰:「朕所言, 是責人子之事, 然終不欲傷其所親之心.」乃改授連州刺史'라 함.

【嗚呼! 士窮乃見節義】'士'는 궁해야 '節義'가 들어남. '見'은 '현'으로 읽음.

【今夫平居里巷相慕悅, 酒食游戲相徵逐, 詡詡强笑語以相取下, 握手出肺肝相示, 指天日涕泣, 誓『生死不相背負』, 眞若可信】'平居'는 평소의 일상. '里巷'은 마을과 골목. 일반 서민들이 사는 곳. '徵逐'은 불러주고 따라줌. 서로 친하게 지냄을 뜻함. '詡詡'는 자랑하고 장담함. '强笑'는 억지웃음. '取下'는 밑이 되고자 함. 상대를 높여줌. '出肺肝相示'는 폐와 간을 꺼내어 보여줌. 아주 절친한 듯 속을 터서 내보임. 간 쓸개를 다 줄듯이 함. '背負'는 배신함. 믿음을 등지고 저버림. '眞若可信'은 정말로 가히 믿을 만하게 함.

【一旦臨小利害, 僅如毛髮比, 反眼若不相識;落陷穽, 不一引手救, 反擠之, 又下石焉者, 皆是也】'比'는 等과 같음. '擠之'는 밀쳐 더욱 깊은 구렁텅이로 빠뜨림.《說文》에 "擠, 排也. 一曰推也"라 함. '下石'은 돌을 投下하여 죽이려 함. '皆是'는 모두가 이와 같음.

【此宜禽獸夷狄所不忍爲, 而其人自視以爲得計】'夷狄'은《昌黎集》에는 '無知'로 되어 있음. '以爲得計'는 좋은 계책을 얻었다고 여김.

【聞子厚之風, 亦可以少媿矣!】'聞子厚之風'은 子厚의 風度를 듣게 됨.《孟子》萬章(下)에 "聞伯夷之風者, 頑夫廉, 懦夫有立志"라 함. '媿'는 愧와 같음.

6/7 ───────────

자후는 지난 날 소년시절에 남을 위하는 일에 용감하여 자신만을 귀중히 여기거나 돌보는 일은 하지 않았으며 공업功業은 단번에 이룰 수 있다고 여겨 그 때문에 연좌되어 폐퇴廢退를 당한 것이다.

이윽고 폐퇴되고서도 또 아는 자로서 힘이 있고 지위가 있는 자의 밀어주고 이끌어줌이 없었기 때문에 끝내 궁벽한 변방에서 죽고 말아, 재능은 세상에 쓰이지 못하였고, 도道는 당시에 실행되지 못하였던 것이다.

가령 자후가 대성臺省에 있었을 때 스스로 자신의 몸가짐을 마치 사마司馬나 자사刺史로 있을 때처럼 할 수 있었더라면 역시 스스로 배척을 당하지 않았을 것이며, 배척을 당하였을 때 힘 있는 누군가가 능히 그를 천거해 주었다면 틀림없이 다시 쓰였을 것이며 곤궁함에 빠지지도 않았을 것이다.

그러나 자후가 배척을 당한 기간이 길지 않았고, 곤궁함이 극에 달하지 않았다면 비록 남보다 뛰어난 재능이 있다 해도, 그의 문학文學과 사장辭章은 틀림없이 자력을 지금처럼 후세에 전할 수 없었을 것임은 의심할 여지가 없다.

비록 자후로 하여금 원하는 바를 얻어 한 때 장상將相이 되도록 하였다 할지라도 저것으로 이것을 바꾸었을 경우, 어느 것이 득得인지, 어느 것이 실失인지는 반드시 능히 변별하는 자가 있을 것이다.

子厚前時少年, 勇於爲人, 不自貴重顧藉, 謂功業可立就, 故坐廢退.

旣退, 又無相知有氣力得位者推挽, 故卒死於窮裔, 材不爲世用, 道不行於時也.

使子厚在臺省時, 自持其身已能如司馬·刺史時, 亦自不斥, 斥時有人力能擧之, 且必復用不窮.

然子厚斥不久, 窮不極, 雖有出於人, 其文學辭章, 必不能自力以致必傳於後如今無疑也.

雖使子厚得所願, 爲將相於一時, 以彼易此, 孰得孰失, 必有能辨之者.

【子厚前時少年, 勇於爲人, 不自貴重顧藉】'顧藉'는 아까워 함. 王叔文에게 모든 것을 바침으로써 자신의 운명을 망치게 되었음을 말함.

【謂功業可立就, 故坐廢退】'功業'은 공과 업적. '廢退'는 폐기되어 퇴각을 당함. 貶謫, 貶斥됨.《新唐書》(168) 柳宗元傳에 "宗元少時嗜進, 謂功業可就. 旣坐廢, 遂不

振. 然其才實高, 名蓋一時"라 함.

【旣退, 又無相知有氣力得位者推挽, 故卒死於窮裔, 材不爲世用, 道不行於時也】'有氣力得位者'는 영향력도 있고 지위도 높은 자. '氣力'은 勸力과 같은 뜻임. '推挽'은 추천해주기도 하고 이끌어주기도 함. '窮裔'는 변방의 아주 먼 곳. 裔는 遠과 같음. 柳宗元은 결국 먼 임지 柳州에서 47세로 생을 마침.

【使子厚在臺省時, 自持其身已能如司馬·刺史時, 亦自不斥, 斥時有人力能擧之, 且必復用不窮】'臺省'은 御史臺와 尙書省. 柳宗元은 일찍이 御史臺 監察御史와 尙書省의 禮部員外郎을 역임하였음. '持'는 지켜냄. 자신과의 약속을 堅持함.

【然子厚斥不久, 窮不極, 雖有出於人, 其文學辭章, 必不能自力以致必傳於後如今無疑也】'出於人'은 남보다 특출함. 전체 의미는 그의 貶斥 기간이 길고, 곤궁함이 극에 달하였기 때문에 그의 문학과 글이 후세에 전하게 된 것임을 강조한 것. 《軌範》注에 "此三節議論有斷制, 有回斡, 有馳驟. 義氣激昂, 光彩燦爛. 一節高一節, 文章之妙, 如此寧幾?"라 함.

【雖使子厚得所願, 爲將相於一時, 以彼易此, 孰得孰失, 必有能辨之者】'得所願'은 그가 원하던 부귀와 영화를 얻음. '將相'은 장군이나 재상. '以彼易此'의 '彼'는 文學辭章, '此'는 將相. 文學辭章을 후세에 남기는 것이 훨씬 낫다는 뜻.

7/7

자후는 원화 14년(819) 11월 8일 생을 마쳤으며 나이 47세였다.

그리고 15년 7월 10일 만년향萬年鄕 선조의 묘 곁에 귀장歸葬하였다.

자후는 아들 둘을 두었는데 맏이는 주륙周六으로 비로소 네 살이었고, 막내는 주칠周七로 자후가 죽은 뒤에 태어났으며, 딸은 둘이었는데 모두가 어렸다.

그의 귀장에 든 비용은 모두가 관찰사 하동河東 배행립裵行立이 대었다.

배행립은 절개節槩가 있고 승락한 것을 소중히 여기는 성격이었으며, 자후와 사귀었고, 자후 역시 그를 위해 극진히 하여 끝내 그의 힘을 입게 된 것이었다.

자후를 만년의 묘에 장례를 치러 준 자는 구제舅弟 노준盧遵이었다.

노준은 탁주涿州 사람으로 성품이 근신謹愼하였고 학문에 싫증을 느끼지 않았다.

자후가 배척을 당하고부터 노준은 그를 따라가 그의 집에 머물며 그가 죽을 때까지 떠나지 않았다.

이윽고 자후의 장례를 치르고 다시 그의 집안을 경기經紀하였으니 거의 시종始終을 다한 자라 여길 만하다.

명銘 :

"여기는 자후의 묘실이로다. 이윽고 견고히 하고 안정되게 하였으니, 이로써 그 후손들을 이롭게 하리로다."

子厚以元和十四年十一月八日卒, 年四十七.

以十五年七月十日歸葬萬年先人墓側.

子厚有子男二人, 長曰周六, 始四歲; 季曰周七, 子厚卒乃生; 女子二人, 皆幼.

其得歸葬也, 費皆出觀察使河東裴君行立.

行立有節槩, 重然諾, 與子厚結交, 子厚亦爲之盡, 竟賴其力.

葬子厚於萬年之墓者, 舅弟盧遵.

遵, 涿人, 性謹愼, 學問不厭.

自子厚之斥, 遵從而家焉, 逮其死不去.

旣往葬子厚, 又將經紀其家, 庶幾有始終者.

銘曰:「是惟子厚之室, 旣固旣安, 以利其嗣人.」

【子厚以元和十四年十一月八日卒, 年四十七】'元和十四年'은 819년.《新唐書》(168) 柳
宗元傳에 "世號「柳柳州」. 十四年卒, 年四十七. ……旣沒, 柳人懷之, 託言降於州之
堂, 人有慢者輒死. 廟於羅池, 愈因碑以實之云"이라 함.

【以十五年七月十日歸葬萬年先人墓側】'歸葬'은 고향으로 돌아가 葬地를 정함. '萬

年'은 현 이름. 지금의 陝西 西安市 근처. 柳宗元의 묘는 지금의 西安 萬年縣 棲鳳原에 있음.

【子厚有子男二人, 長曰周六, 始四歲; 季曰周七, 子厚卒乃生; 女子二人, 皆幼】柳宗元의 長男은 이름이 周六, 막내는 周七.《昌黎集》注에 "咸通四年(唐 懿宗, 863), 右常侍蕭倣知舉試, 謙光賦〈澄心如水〉詩, 中第者二十五人. 柳告第三人, 韓縮第八人. 告, 卽子厚之子, 字用益; 縮, 卽退之之孫"이라 함.

【其得歸葬也, 費皆出觀察使河東裴君行立】'河東'은 지금의 山西 永濟縣. '裴行立'은 絳州 稷山(지금의 山西 稷山縣) 사람으로 元和 十二年 桂管觀察使에 임명되었으며 당시 柳宗元의 柳州를 관할하고 있었음.《新唐書》(129. 裴守眞)에 傳이 있음.

【行立有節槪, 重然諾, 與子厚結交, 子厚亦爲之盡, 竟賴其力】'重然諾'은 허락한 것을 소중히 여김. 약속을 꼭 지킴.《史記》季布傳에 "楚人諺曰:「得黃金百斤, 不如得季布一諾.」"이라 함.《昌黎集》에는 '立然諾'으로 되어 있으며 注에 "立字, 或作重"이라 함.《新唐書》裴行立傳에도 "行立, 重然諾, 學兵有法"이라 함. '爲之盡'은 그를 위해 진심을 다함.

【葬子厚於萬年之墓者, 舅弟盧遵】'舅弟'는 外從弟. 外四寸. 表弟. 유종원의 어머니는 盧氏夫人이었음. '盧遵'은 그의 이름.

【遵, 涿人, 性謹愼, 學問不厭】'涿'은 지명. 涿州. 지금의 河北 涿縣.

【自子厚之斥, 遵從而家焉, 逮其死不去】'家焉'은 그 집안일을 돌봄.

【旣往葬子厚, 又將經紀其家, 庶幾有始終者】'經紀'는 經營하고 紀綱을 세움. 즉 집안일을 잘 꾸려나가고 뒤처리까지 잘 해내었음을 말함. '庶幾'는 거의 그에 가까움. '有始終者'는 처음부터 끝까지 잘 마무리하는 자.《大學》에 "物有本末, 事有終始, 知所先後, 則近道矣"라 함. 여기서는 盧遵을 칭찬한 말임.

【銘曰:「是惟子厚之室, 旣固旣安, 以利其嗣人.」】'室'은 墓室. 墓穴. '旣固旣安'은《昌黎集》注에 "下旣字, 或作且"라 하여 '旣固且安'으로도 표기함. '嗣人'은 後代, 後孫.

참고 및 관련 자료

1. 韓文公(韓愈, 韓退之, 韓昌黎) 001 참조.

2. 이 글은《別本韓文考異》(32),《五百家注昌黎文集》(32),《東雅堂昌黎集註》(32),《五百家注柳先生集》(附錄 3),《文苑英華》(953),《唐宋八大家文鈔》(15),《唐文粹》(69),《文章正宗》(21 上),《古文雅正》(8),《文編》(62),《文章辨體彙選》(699),《唐宋文醇》(10),

《山西通志》(193),《古文辭類纂》(43),《唐宋文擧要》(3),《古文觀止》(8),《古文約選》(2) 등에 널리 실려 있음.

3.《舊唐書》(160) 柳宗元傳

柳宗元, 字子厚, 河東人. 後魏侍中濟陰公之系孫. 曾伯祖奭, 高祖朝宰相. 父鎭, 太常博士, 終侍御史. 宗元少聰警絶衆, 尤精《西漢詩騷》. 下筆構思, 與古爲侔. 精裁密致, 璨若珠貝. 當時流輩咸推之. 登進士第, 應擧宏辭, 授校書郎·藍田尉. 貞元十九年, 爲監察御史.

順宗即位, 王叔文·韋執誼用事, 尤奇待宗元. 與監察呂溫密引禁中, 與之圖事. 轉尙書禮部員外郎. 叔文欲大用之, 會居位不久, 叔文敗, 與同輩七人俱貶. 宗元爲邵州刺史. 在道, 再貶永州司馬. 既罹竄逐, 涉履蠻瘴, 崎嶇堙厄, 蘊騷人之郁悼. 寫情敍事, 動必以文. 爲騷文十數篇, 覽之者爲之淒惻.

元和十年, 例移爲柳州刺史. 昌朗州司馬劉禹錫得播州刺史, 制書下, 宗元謂所親曰:「禹錫有母年高, 今爲郡蠻方, 西南絶域, 往復萬里, 如何與母偕行? 如母子異方, 便爲永訣. 吾於禹錫爲執友, 胡忍見其若是?」即草章奏, 請以柳州授禹錫, 自往播州. 會裴度亦奏其事, 禹錫終易連州.

柳州土俗, 以男女質錢, 過期則沒入錢主, 宗元革其鄉法. 其已沒者, 仍出私錢贖之, 歸其父母. 江嶺間爲進士者, 不遠數千里皆隨宗元師法; 凡經其門, 必爲名士. 著述之盛, 名動於時, 時號柳州云. 有文集四十卷.

元和十四年十月五日卒, 時年四十七. 子周六·周七, 才三四歲. 觀察使裴行立爲營護其喪及妻子還於京師, 時人義之.

4.《文章軌範》(四庫全書)과 《古文眞寶》(附錄)에는 "此篇係節文, 今依元本刊行如左"라 하여 "其召至京師而復爲刺史也, 中山劉夢得禹錫亦在遣中, 當詣播州 부터 雖使子厚得所願, 爲將相於一時, 以彼易此, 孰得孰失. 必有能辨之者"까지의 일부만 節錄되어 있음.

5.《東雅堂昌黎集》注에 "此志作于袁州, 公之志子厚詳矣, 其〈祭文〉推許尤厚. 劉蒙得序《子厚集》曰:「子厚之喪, 昌黎韓退之志其墓, 且以書來吊, 曰: 哀哉, 若人之不淑, 吾嘗評其文, 雄深雅健, 似司馬子長, 崔蔡不足多也! 安定皇甫湜於文章少推許, 亦以退之之言爲然.」"라 함.

6.《唐宋八大家文鈔》에 "昌黎稱許子厚處, 尺寸斤兩, 不放一步"라 함.

053(6-4) 〈大唐中興頌序〉 ············· 元次山(元結)
대당중흥송

＊〈大唐中興頌序〉: 본 《軌範》에는 〈大唐中興頌〉의 序文만 싣고 있음. 〈大唐中興
頌〉은 序文과 頌이 함께 있어, 여기서는 모두 역주함. 安祿山의 난으로 唐 玄宗
이 蜀으로 피난 가서 난의 수습이 여의치 않자 태자 李亨(뒤의 肅宗)이 靈武에
서 제위에 올라 郭子儀와 李光弼 등으로 하여금 戰力을 재정비하여 兩京(長安,
洛陽)을 수습하도록 하여 난이 진압되었음. 이에 玄宗이 京師로 돌아오자 元結
(次山)이 이를 듣고 安祿山에게 망해가던 唐나라를 肅宗(李亨)이 다시 中興시킨
것이라 여겨, 자신이 살고 있던 浯溪(湖南省 永州 祁陽縣 서남쪽에 있는 냇물로 元
結이 살던 곳)에서 이 〈大唐中興頌〉을 지어 칭송한 것임. 《金石文字記》(4)에 의
하면 그 뒤 顔眞卿이 大曆 6년(771) 6월에 大字正書로 써서 그곳 절벽에 새겨 넣
었으며, 이 〈磨崖碑〉를 주제로 《古文眞寶》(前集) 黃庭堅 〈題磨崖碑〉(148)와 張文
潛(張耒)의 〈磨崖碑後〉(173) 등 많은 문인들이 시로 읊었음.

1/2 ————————————

천보天寶 14년(755) 안녹산安祿山이 낙양洛陽을 함락시키고, 이듬 해
장안長安도 함락시키자, 천자(현종)는 촉蜀으로 피신하고 태자숙종가 영
무靈武에서 즉위하였다.

이듬 해 새 황제는 군사를 봉상鳳翔으로 이동시켜 그 해에 낙양과 장
안 두 서울을 수복하여 상황제上皇帝(현종)께서 경사京師로 돌아왔다.

아! 전대前代의 제왕들로서 성덕과 대업이 있는 분들은 반드시 가송
歌頌으로 이를 드러내었다.

지금 대업을 가송으로 표현하여 이를 금석金石에 새김에, 문학文學에
노련한 사람이 아니라면 그 누가 마땅히 지어낼 수 있겠는가?

天寶十四年, 安祿山陷洛陽, 明年陷長安, 天子幸蜀, 太子卽位
於靈武.

明年, 皇帝移軍鳳翔, 其年復兩京, 上皇還京師.

於戲! 前代帝王, 有盛德大業者, 必見於歌頌.

若今歌頌大業, 刻之金石, 非老於文學, 其誰宜爲?

【天寶十四年】'天寶'는 唐 玄宗의 두 번째 연호. 742-755년까지 14년간이었음.
'十四年'은 755년. 唐 玄宗의 말년이며 安祿山의 난이 일어나고 楊貴妃가 馬嵬坡
에서 생을 마친 해.

【安祿山陷洛陽, 明年陷長安】'安祿山'은 唐 營州 柳城의 胡人으로 楊貴妃의 養子
를 자청하며 총애를 받아 平盧, 范陽, 河東 三鎭의 節度使가 되었다가 楊國忠과
반목이 생기자 755년에 반란을 일으켜 자칭 雄武皇帝라 하고 국호를 燕이라 함.
그들이 長安을 함락하자 玄宗은 蜀으로 피난 갔으며 肅宗(李亨)이 靈武에서 즉
위하여 兩京을 수복하게 되었고, 뒤에 安祿山이 아들 安慶緖에게 弒害를 당하
고 나서 난이 평정되었음.《舊唐書》(200 上)와《新唐書》(225 上)에 전이 있음. 이
사건은 杜甫, 白居易, 李白 등 당대 모든 시인묵객들의 작품 소재가 되었음.《新
唐書》玄宗紀에 "(天寶)十四載, 十一月, 安祿山反, 陷河北諸郡. ……丙子, 至自華淸
宮. ……十二月丁亥, 安祿山陷靈昌郡. 辛卯, 陷陳留郡, 執太守郭納, 張介然死之. 癸
巳, 安祿山陷滎陽郡, 太守崔無詖死之. 丙申, 封常淸及安祿山戰於甕子谷, 敗績. 丁
酉, 陷東京, 留守李憕·御史中丞盧弈·判官蔣淸死之. ……"라 하였고, "(天寶)十五
載, 正月壬戌, 祿山陷恒山郡, 執顔杲卿, 辛卯, 遂陷潼關·上洛郡. 甲午, 詔親征. 京
兆尹崔光遠爲西京留守·招討處置使. 丙申, 行在望賢宮. 丁酉, 次馬嵬, 左龍武大將
軍陳玄禮殺楊國忠及御史大夫魏方進·太常卿楊暄. 賜貴妃楊氏死. 庚午, 次巴西郡.
庚辰, 次蜀郡"이라 함.《軌範》補注에 "安祿山, 本營州(屬遼西)雜胡也.《舊史》稱:
「本無姓氏.」《新史》稱:「本姓康, 母阿氏德, 禱子於軋犖山, 因名軋犖山, 母再適安氏,
故冒其姓.」《舊史》稱:「突厥呼鬪戰爲軋犖山, 遂以名之.」"라 함.《古文眞寶》注에
"安祿山, 唐玄宗時亂逆"이라 함. '陷洛陽'은 〈補注〉에 "《新史》玄宗紀:天寶十四載
冬, 祿山反, 十二月丁酉陷東京"이라 함. '明年'은 至德 2년(757). 〈補注〉에 "玄宗紀:
「十五載六月己亥, 祿山陷京師.」"라 함.

【天子幸蜀, 太子卽位於靈武】'幸'은 천자의 행차. 玄宗이 안녹산의 난을 피해 長安
을 떠나 蜀(지금의 四川 成都)으로 播遷 蒙塵한 것을 말함.《軌範》注에 "唐明皇"
이라 함. '太子'는 玄宗(李隆基)의 태자 李亨. 玄宗을 이어 帝位에 올랐으며 廟號
는 肅宗. 756-762년까지 재위하고 代宗(李豫)으로 이어짐.《軌範》注에 "肅宗不
受命于父, 而自立, 與簒位同"이라 함. '靈武'는 甘肅省의 지명. 長安 서북쪽의 군
이름. 玄宗이 蜀으로 간 뒤 太子 李亨이 靈武에 피난해 있다가 황제의 자리에 오
르고, 玄宗은 上皇이 됨.《新唐書》玄宗紀 天寶 15년에 "八月癸巳, 皇太子卽皇帝
位於靈武, 以聞. 庚子, 上皇天帝誥遣韋見素·房琯·崔渙奉皇帝冊於靈武"라 함.《古
文眞寶》注에 "玄宗入蜀, 駕至馬嵬, 父老遮道, 請留太子討賊, 上許之. 七月甲子,
太子卽位, 改元至德, 天子自幸蜀, 太子自卽位, 其詞凜然. 山谷云「撫軍監國太子事,
何乃趣取大物爲? 臣結春秋(春陵)二三策」者, 謂此處也"라 함.〈補注〉에 "玄宗紀:
「十五載六月庚辰, 次蜀郡, 八月癸巳, 皇太子卽皇帝位于靈武, 以聞.」肅宗紀: 十五
載, 玄宗避賊, 行至馬嵬, 父老遮道, 請留太子討賊, 玄宗許之, 遣壽王珺及內侍高
力士諭太子, 太子乃還. 七月辛酉, 至于靈武, 壬戌, 裴冕等請皇太子卽皇帝位, 甲子,
卽皇帝位于靈武.」라 함.

【皇帝移軍鳳翔, 其年復兩京, 上皇還京師】'鳳翔'은 陝西省의 縣 이름.《古文眞寶》
注에 "靈武, 地名;鳳翔, 縣名"이라 함.《軌範》注에 "太子立, 則稱皇帝"라 하였고,
〈補注〉에 "〈肅宗紀〉:肅宗卽位, 改元至德, 二載正月乙卯, 安慶緒弑其父祿山, 二月
戊子, 次于鳳翔"이라 함. '兩京'은 西京 長安과 東京 洛陽.〈補注〉에 "〈肅宗紀〉:至
德二載, 李光弼及安慶緒之衆, 戰于太原, 敗之. 九月癸卯, 復京師. 慶緒奔于陝郡.
十月壬子, 復東京, 慶緒奔于河北.〈代宗紀〉:至德二載, 率大軍以東, 安慶緒遣其將
嚴莊, 拒于陝州, 代宗及子儀嗣業戰陝西, 大敗之, 慶緒奔于河北, 遂克東都"라 함.
'上皇'은 황제가 살아 있으면서 帝位를 태자에게 물려주었을 때의 칭호.《軌範》
注에 "天子退位, 則稱上皇"이라 함.《軌範》注에 "天子退位, 則稱上皇"이라 하였
고,〈補注〉에 "〈肅宗紀〉:尊皇帝曰上皇天帝. 大赦. 十月癸亥, 遣太子太師韋見素迎
上皇天帝于蜀郡. 十二月丙午, 上皇天帝至自蜀郡.《日知錄》:〈秦始皇本紀〉:「追尊莊
襄王爲太上皇.」是死而追尊之號, 猶周曰太王也. 漢則以爲生號, 而後代並因之矣.」
라 함. 한편《通鑑綱目》에는 "太子卽位, 尊帝爲上皇天帝"라 하였고, 이에 대해 華
陽范氏는 "肅宗以太子討賊, 遂自稱帝, 此則太子叛父, 何以討安祿山也?"라 하였
으나 致堂胡氏는 "玄宗旣有傳位命, 太子非眞叛也. 其失在玄宗命不亟行, 而裴冕諸

人急於榮貴, 是以致此咎也"라 함. 《古文眞寶》注에 "曰皇帝, 曰上皇, 雖則紀實而
過自見矣"라 함. '還'은 '선'(音旋)으로 읽음.

【於戲】'오호'로 읽으며 감탄, 혹은 탄식하는 소리. 《古文眞寶》注에 "於戲, 音烏呼"
라 함.

【前代帝王, 有盛德大業者, 必見於歌頌】'歌頌'은 盛德大業을 이룬 帝王은 반드시
歌頌을 지어 그 덕을 표현해 드러냄. 〈補注〉에 《易》繫辭傳:「盛德大業, 至矣乎!」
라 함. '見'은 '현'(音現)으로 읽음. '歌頌'은 《軌範》注에 "前代帝王有德有功者, 見于
歌頌"이라 함.

【若今歌頌大業, 刻之金石】'今'은 현재 肅宗의 업적을 말함. '刻之金石'은 쇠붙이나
돌. 영원히 남도록 금석에 그 공을 새겨 넣음. 《軌範》注에 "今日無盛德有大業, 而
見于歌頌"이라 함. 《古文眞寶》注에는 "上言'盛德大業', 此獨言'大業', 豈非謂其'盛
德'有不足耶? 意顯然矣"라 함.

【非老於文學, 其誰宜爲】'老於文學'은 문학에 노련한 사람. '其誰宜爲'는 '그 누가
마땅히 이를 하겠는가'의 뜻. 《古文眞寶》注에 "自負不淺"이라 함.

2/2 ————————————

송가頌歌.

『아, 전조前朝 현종 때에는 얼신孽臣과 간교姦驕들이 혼암한 짓, 요망한
짓을 하였네.

변방 장수 안녹산이 군대를 몰고 달려 쳐들어와 국법에 독을 끼치고
혼란을 조성하니, 모든 백성들이 안녕을 잃었도다.

황제의 수레 남쪽으로 피해가고, 모든 관리들 몸을 숨기거나 혹은 역
적을 받들면서 스스로 신하라 칭하였네.

하늘은 장차 당唐나라를 창성케 하고자, 이에 우리 황제를 돌보시어
필마로 북방으로 보내셨네.

홀로 우뚝 서서 큰 소리 외치시니, 천만 온갖 깃발 아래 병졸들을 앞
으로 몰아갔네.

우리 군대 동쪽으로 진군하고, 태자께서도 군사를 위무하시어 흉악한

무리들 소탕하셨네.

다시 수복할 기한을 지시하시며 한 번도 시일을 넘긴 일이 없으셨으니, 나라가 있은 이래 이런 경우 없었다네.

일에 지극한 어려움이 있었으나, 종묘는 다시 편안해졌고 두 성군께서는 다시 만나 기쁨 나누셨네.

땅이 열리고 하늘이 열려 재앙이 말끔히 제거되니, 상서로운 경사가 크게 몰려왔네.

흉악한 무리와 반역의 무리들은 천자의 은택에 흠뻑 젖으니, 산 자나 죽은 자나 부끄러움을 감당해야 할 일이었네.

공로가 있는 신하들은 지위가 높아지고, 충신열사들은 이름이 남아, 은택이 자손에게 전해지게 되었네.

성덕의 홍성함은 산처럼 높고 해처럼 떠오르니 만복을 가슴으로 받게 되었네.

능력 있고 영명하신 대군大君의 명성과 용태가 물 흐르듯 이어감은 이 글에 있게 되지 않겠는가?

상강湘江의 동서쪽, 오계浯溪와 마주치는 중간, 절벽은 하늘과 같은 높이이니,

가히 갈고 팔 수 있어, 여기에 이 송가를 새기노니, 어찌 천만년만 가겠는가?』

頌曰:
『噫嘻前朝, 孽臣姦驕, 爲昏爲妖.
邊將騁兵, 毒亂國經, 羣生失寧.
大駕南巡, 百寮竄身, 奉賊稱臣.
天將昌唐, 緊睨我皇, 匹馬北方.
獨立一呼, 千麾萬旟, 戎卒前驅.
我師其東, 儲皇撫戎, 蕩攘羣兇.

復復指期, 曾不踰時, 有國無之.
事有至難, 宗廟再安, 二聖重歡.
地闢天開, 蠲除祆災, 瑞慶大來.
兇徒逆儔, 涵濡天休, 死生堪羞.
功勞位尊, 忠烈名存, 澤流子孫.
盛德之興, 山高日昇, 萬福是膺.
能令大君, 聲容沄沄, 不在斯文?
湘江東西, 中直浯溪, 石崖天齊.
可磨可鐫, 刊此頌焉, 何千萬年?』

【頌曰:『噫嘻前朝, 孼臣姦驕, 爲昏爲妖』】이하 頌歌는《軌範》에는 싣지 않고 있음. '噫嘻' 역시 감탄사. '前朝'는 肅宗에 앞선 玄宗의 시대. '孼臣'은 요망한 신하. 安祿山을 비호하거나 방치한 신하. 李林甫 등을 가리킴. '姦驕'는 간악하고 교만한 신하, 즉 楊國忠 등을 말함.《古文眞寶》注에 "謂李林甫·楊國忠"이라 함. 본 구절에서 '朝', '驕', '妖'는 押韻. 이하 頌文은 세 구절씩으로 모두 押韻을 이루고 있음. 《古文眞寶》注에 "三句一換韻, 別一體"라 함.

【邊將騁兵, 毒亂國經, 羣生失寧】'邊將'은 국경수비를 맡은 장수. 范陽節度使의 임무를 맡았던 安祿山을 가리킴. '騁兵'은 군사를 일으켜 내달려 쳐들어 온 안녹산을 말함.《古文眞寶》注에 "祿山"이라 함.

【大駕南巡, 百寮竄身, 奉賊稱臣】'大駕'는 천자의 수레. 明皇 玄宗이 蜀으로 피신한 상황을 말함. '竄'은 달아나 숨음. '奉賊稱臣'은 안녹산 반군을 받들고 신하를 자칭함. 안녹산에게 노골적으로 항복한 관료들. 예로 達奚珣, 火拔, 何千年, 陳希烈, 張鈞, 張垍, 令狐潮 등이 있음.《古文眞寶》注에 "陳希烈輩"라 함.

【天將昌唐, 繄睨我皇, 匹馬北方】'繄'는 虛詞로 쓰였음. 음은 '예'(烏奚反). '이에' 정도의 뜻. '睨'는 눈길을 보내어 살펴봄. 여기서는 '(하늘이) 보살펴주다'의 의미. '我皇'은 肅宗을 가리킴. '匹馬北方'은 태자 李亨이 겨우 匹馬를 타고 北方 靈武로 피해 당나라의 국운을 다시 中興시킬 수 있었음을 말함.

【獨立一呼, 千麾萬旗, 戎卒前驅】'獨立'은 肅宗이 홀로 隴西節度副使 李嗣業 등에게 명하여 군사를 모으기 시작하였고, 뒤에 李光弼, 郭子儀 등 군사를 지휘하기

하여 난의 평정에 나섬. '一呼'는 한 번 크게 소리쳐 지휘함.《韓詩外傳》(6)과《新序》에 "勇士一呼, 而三軍皆避, 士之誠也"라 함. '千麾萬旗'의 '麾'와 '旗'는 깃발을 말함. 장수의 지휘 깃발과 행군하는 군사들의 깃발. '戎卒'은 兵卒과 같음.

【我師其東, 儲皇撫戎, 蕩攘羣兇】'其東'은 서쪽 靈武에서 長安을 거쳐 동쪽 洛陽으로 가면서 安祿山 아들 安慶緖가 거느린 叛軍의 殘黨을 소멸해 나감. '儲皇'의 '儲'는 皇帝의 아들 太子와 王子, 즉 東宮을 뜻함. 여기서는 肅宗의 太子 廣平郡王 李俶을 가리킴.《古文眞寶》注에 "撫戎, 廣平王俶爲元帥, 卽代宗"이라 함. '撫戎'은 군대를 撫慰하고 指揮함. '蕩攘'은 소탕하여 물리침.《新唐書》肅宗紀에 "至德二年(757)丁卯, 廣平郡王俶爲天下兵馬元帥, 郭子儀副之, 以朔方·安西·回紇·南蠻·大食兵, 討安慶緖. 辛未, 京畿采訪宣慰使崔光遠及慶緖戰於駱谷, 敗之"라 함. '羣兇'은 安慶緖와 史思明의 잔당 무리들. 乾元 2년(759) 史思明이 安慶緖를 죽이고 자칭 大燕皇帝를 칭하였으나, 다시 上元 元年(760) 史思明의 아들 史朝義가 아버지를 죽이고 자립함. 다시 그 뒤 廣德 원년(代宗 원년, 763), 史朝義는 李懷仙의 추격을 받자 목을 매어 자결하여 安史의 亂은 종결을 고하게 된 것임.

【復復指期, 曾不踰時, 有國無之】'復復'은 '부복'으로 읽으며 '다시 회복하다'의 뜻. 그러나《事文類聚》(別集 18)에 '以復西京'으로 되어 있어 뜻이 훨씬 명확함.

【事有至難, 宗廟再安, 二聖重歡】'二聖'은 玄宗과 肅宗. '重歡'은 다시 만나 기쁨을 나눔.

【地闢天開, 蠲除祆灾, 瑞慶大來】'蠲除'는 제거해 없앰. '祆灾'는 '祆災'와 같으며 災殃. '瑞慶'은 祥瑞롭고 慶事스러움. 叛軍을 진압하고 다시 안정을 찾았음.

【兇徒逆儔, 涵濡天休, 死生堪羞】'兇徒'는 반란을 일으켰던 흉악한 무리들. 安祿山과 史思明, 安慶緖, 史朝義 등. '逆儔'는 반군에게 항복하거나 동조했던 무리들. '涵濡'는 흠뻑 젖음. 은덕을 입음. '天休'의 '休'는 善의 뜻. 하늘의 은덕.《尙書》湯誥 "各守爾典, 以承天休"의 蔡沈 注에 "承天之休命也"라 하였고,《左傳》宣公 3년 "用能協于上下, 以承天休"의 杜預 注에 "上下和而受天祐"라 함. 여기서는 肅宗의 은택을 말함. '死生堪羞'의 '死'는 이미 죽은 안녹산, 안경서, 사사명, 사조의 등 '兇徒'를 말하며, '生'은 반군에게 항복하거나 동조했었으나 살아난 '逆儔'들을 가리킴. '堪羞'는 부끄러움을 堪耐해야할 자들임을 말함.

【功勞位尊, 忠烈名存, 澤流子孫】'功勞'는 난을 진압하는 데 공로가 많았던 신하들. 郭子儀, 李光弼, 顔眞卿 등. '忠烈'은 난에 맞서 죽음을 당한 顔杲卿, 張巡, 許

遠 등을 가리킴. 《古文眞寶》 注에 "功勞謂郭子儀等, 忠烈謂顏杲卿等"이라 함.

【盛德之興, 山高日昇, 萬福是膺】 '盛德之興'에 대해 《古文眞寶》 注에는 "此却單言 '盛德', 蓋以回護前序"라 함. '山高日昇'은 《詩》 小雅 天保篇에 "如月之恆, 如日之升. 如南山之壽, 不騫不崩"이라 한 말을 원용한 것. '膺'은 가슴으로 받음. 응당한 보 상이 있음.

【能令大君, 聲容沄沄, 不在斯文】 '大君'은 大命을 받은 자. 《易》 師卦에 "大君有命" 이라 함. '聲容'은 音聲과 容態. '容聲'과 같음. 《禮記》 祭義에 "肅然必有聞乎其容 聲"이라 하였고, 陳澔 注에 "容聲, 舉動容止之聲也"라 함. '沄沄'은 물이 그치지 않고 흐르듯 肅宗의 명성이 길이 전해질 것임을 뜻함.

【湘江東西, 中直浯溪, 石崖天齊】 '湘江'은 湘水. 湖南省 동쪽을 흘러 洞庭湖로 들 어감. 《大明一統志》에 "衡州府, 湘水在府城東, 源出廣西興安縣, 縣陽海山, 流至分 水嶺分流, 北流者謂之湘水"라 함. '浯溪'는 湖南省의 永州 祁陽縣 남쪽의 시냇물 로 湘江으로 흘러들어감. 黃庭堅 《山谷內集詩注》(20)의 〈浯溪圖〉 注에 《陶岳零 陵記》曰: 浯溪在永州北, 水路一百餘里, 流入湘江, 此溪口水石奇絶. 唐上元中, 容 管經畧使元結罷任居焉"이라 하였고, 〈書磨崖碑後〉의 注에는 "浯溪在今永州, 〈中 興頌〉元結次山所作. 顏魯公書磨崖鐫刻. 蓋言安祿山亂, 肅宗復兩京事"라 하였으 며, 《山堂肆考》(24) 「元結命名」에 "浯溪在永州府祁陽縣南, 流入湘江. 唐元結自道 州歸愛其山水, 因家焉. 作〈大唐中興頌〉, 顏眞卿大書刻於崖上, 結又爲峿臺, 唐亭 石室諸銘. 宋陳衍曰: 「元氏始命名之意: 『因水以爲浯溪, 因山以爲峿山, 作室以爲唐 亭, 三吾之稱, 我所自也, 字從水從山從. 唐我所命也. 三者之目, 皆自吾焉, 我所擅 而有也』.」라 함.

【可磨可鐫, 刊此頌焉, 何千萬年.』』】 '鐫', '刊' 등은 '파서 새기다'의 刻, 契와 같은 뜻. '何千萬年'은 '어찌 천만년 정도만 가겠는가?'의 뜻. 영원히 이어질 것임을 강조한 것.

참고 및 관련 자료

1. 원결(元結:719−772. 723?−772)

자는 次山, 호는 漫叟, 혹 漫郎, 聱叟, 猗玗子. 河南(지금의 河南 洛陽) 사람으로 31세인 天寶 12년(753) 進士에 올라 安祿山의 난을 토벌하는 데에 큰 공을 세움. 代宗 때 著作郎에 올랐으며 뒤에 道州(지금의 湖南 道縣)의 刺史로 부임하여 德政

을 베풀었음. 〈大唐中興頌〉으로 유명함. 《新唐書》(藝文志, 4)에 《文編》10卷이 著錄되어 있으며 지금도 전해오고 있음. 또한 그의 《篋中集》1卷은 沈千運·王季友·于逖·孟雲卿·張彪·趙微明·原季川 등 7명의 詩 24首를 모은 것으로, 乾元 3年(760)에 자신이 序文을 썼으며 역시 지금도 전해짐. 그의 시는 《全唐詩》에 2卷(240–241)으로 실려 있고, 《全唐詩續拾》에 詩 3首와 斷句 2句가 補入되어 있음. 《新唐書》(143)에 傳이 있으며 《元次山集》이 있음.

2. 이 글은 《次山集》(6), 《唐文粹》(20), 《事文類聚》(別集 8), 《文章辨體彙選》(457), 《甘肅通志》(46), 《湖廣通志》(95), 《唐摭言》(12), 《玉海》(60), 《古文辭類纂》(40), 《唐宋文擧要》(1), 《古文眞寶》(後集 2) 등에 실려 있음.

3. 《唐詩紀事》(22)

蘇源明薦結於肅宗, 時思明攻河陽, 帝將幸河東, 召結詣京師. 結上〈時議〉三篇, 乃攝監察御史. 發宛葉軍屯泌陽, 全十五城. 帝善之. 代宗時, 侍親歸樊上. 後拜道州刺史, 民樂其敎. 還京師卒, 始號猗玗子, 後稱浪士, 又曰漫郎, 更曰聱叟.

4. 《全唐詩》(240)

元結, 子次山, 河南人. 少不羈, 十七乃折節向學, 擢上第. 復擧制科, 國子司業蘇源明薦之, 結上〈時議〉三篇, 擢右金吾兵曹參軍. 攝監察羽御史, 爲山南西道節度參謀. 以討賊功. 遷監察女史裏行. 代宗立, 授著作郎. 久之, 拜道州刺史, 爲民營舍給田, 免徭役. 流亡歸者萬餘, 進容管經略使, 罷還京師. 卒年五十. 贈禮部侍郎, 集十卷, 今編詩二卷.

5. 《唐才子傳》(3) 元結

結, 字次山, 武昌人. 魯山令元紫芝族弟也. 少不羈, 弱冠始折節讀書. 天寶十三年進士. 禮部侍郎楊浚見其文曰:「一第崾子耳.」遂擢高品. 後擧制科. 會天下亂, 沈浮人間, 蘇源明薦於肅宗, 授右金吾兵曹. 累遷御史, 參山南來瑱府, 除容管經畧使. 始隱於商山中, 稱「元子」. 逃難入琦玗洞, 稱「琦玗子」. 或稱「浪士」; 漁者或稱「聱叟」, 酒徒「漫叟」. 及爲官, 呼「漫郎」. 皆以命所著. 性梗僻, 深憎薄俗, 有憂道閔世之心. 〈中興頌〉一文, 燦爛金石, 淸奪湘流. 作詩著辭, 尙聱牙, 天下皆知敬仰. 復嗜酒, 有句云:「有時逢惡客.」自註:「非酒徒卽惡客也.」有《文編》十卷, 及所集當時人詩爲《篋中集》一卷, 並傳.

6. 《四庫全書總目》

《次山集》十二卷. 唐元結撰. 結, 字次山, 天寶十三年進士. 官至邕管經畧使. 結所著有《元子》十卷, 李商隱爲爲作序.《文編》十卷李紓爲作序. 又《猗玕子》一卷, 並見《唐志》, 今皆不傳. 所傳者惟此本, 而書名卷數皆不合. 蓋後人捃拾散佚而編之, 非其舊本. ……結性不諧俗, 亦徃徃跡涉詭激, 初居商餘山, 稱元子. 及逃難猗玕洞稱猗玕子. 又或稱浪士, 或稱聱叟, 或稱漫叟, 爲官後稱漫郎, 頗類于古之狂者. 然制行高潔, 有閔時憂世之心. 文章亦夏夐自異, 力變排偶綺靡之習, 杜甫嘗和其〈舂陵行〉稱其可爲天地萬物吐氣. 晁公武謂:「其文如古鐘磬, 不諧俗耳.」高似孫謂:「其文章, 奇古不蹈襲. 蓋唐文在韓愈以前, 毅然自爲者自結始, 亦可謂耿介拔俗之姿矣. 皇甫湜嘗題其〈浯溪中興頌〉曰:「次山有文章可悗, 只在碎然. 長於指叙, 約潔有餘態, 心語適相應出, 句多分外於諸作者, 間拔戟成一隊.」其品題亦頗近實也.

7. 歐陽修《集古錄》(7) 「唐中興頌」(大曆六年) 《文忠集》140도 같음)

〈大唐中興頌〉, 元結撰, 顏眞卿書. 書字尤奇偉, 而文辭古雅, 世多模以黃絹爲圖障. 碑在永州, 磨崖石而刻之. 模打旣多, 石亦殘缺. 今世人所傳字畫完好者多, 是傳模補足, 非其眞者, 此本得自故西京留臺御史李建中家, 蓋四十年前崖石眞本也, 尤爲難得爾.

8. 《新唐書》(6) 肅宗紀贊에 "天寶之亂, 大盜遽起, 天子出奔. 方是時, 肅宗以皇太子治兵討賊, 眞得其職矣! 然以僖宗之時, 唐之威德在人, 紀綱未壞, 孰與天寶之際? 而僖宗在蜀, 諸鎭之兵糾合戮力, 遂破黃巢而復京師. 由是言之, 肅宗雖不卽尊位, 亦可以破賊矣. 蓋自高祖以來, 三遜於位以授其子, 而獨睿宗上畏天戒, 發於誠心, 若高祖・玄宗, 豈其志哉! 代宗之時, 餘孽猶在, 平亂守成, 蓋亦中材之主也!"라 함.

9. 《容齋隨筆》(5)에는 "唐肅宗於干戈之際, 奪父位而代之. 然尙有可諉者, 曰:「欲收復兩京, 非居尊位, 不足以制命諸將耳.」至於上皇還居興慶, 惡其與外人交通, 劫徙之西內, 不復定省, 竟以怏怏而終. 其不孝之惡, 上通於天. 是時元次山作〈中興頌〉, 所書『天子幸蜀, 太子卽位於靈武』, 直指其事, 殆與《洪範》云'武王勝殷殺受'之辭同. 其詞曰:『事有至難, 宗廟再安, 二聖重歡.』旣言重歡, 則知其不歡多矣. 杜子美〈杜鵑〉詩:『我看禽鳥情, 猶解事杜鵑』, 傷之至矣. 顏魯公〈請立放生池表〉云:『一日三朝, 大明天子之孝, 問安視膳, 不改家人之禮.』東坡以爲彼知肅宗有愧於是也. 黃魯直〈題磨崖碑〉尤爲深切:『撫軍監國太子事, 何乃趣取大物爲? 事有至難天幸耳, 上皇局脊還京師. 南內淒凉幾苟活, 高將軍去事尤危. 臣結春秋二三策, 臣甫杜鵑再拜詩. 安知忠臣痛至骨? 世上但賞瓊琚詞!』所以揭表肅宗之罪極矣!"라 하여 肅宗의 奪位不孝를 논하여 이 〈中興頌〉은 옳지 못하다고 여겼음.

10.《古文眞寶》注에 "安祿山反, 明皇幸蜀, 肅宗時爲太子, 自卽位於靈武, 命郭子儀·李光弼復兩京·迎明皇·還京師·唐業中興. 元結逾於湖南永州祁陽縣南之浯溪石崖上, 刻此頌. 顏魯公眞卿書之. 後人因名〈磨崖碑〉, 詩人文士論此事者多矣. 黃山谷之〈題磨崖碑〉, 楊誠齋之〈浯溪賦〉皆是也. 而范石湖一詩, 尤明言之焉. 謂頌者, 美盛德之形容, 次山乃以魯史筆法, 婉辭含譏, 後之詞人, 又從而發明之則是碑乃一罪案耳. 其詩曰:「三頌遺音和者希, 丰容寧有刺譏辭. 可憐元子春秋筆, 却寓唐家淸廟詩. 歌詠但諧琴搏拊, 策書自管璧瑕疵. 紛紛健筆剛題破, 從此磨崖不是碑.」讀者所當知也, 故幷錄焉"이라 함.

054(6-5) ＜書箕子廟碑陰＞ ············· 柳柳州(柳宗元)

기자 사당 비문 뒤에 씀

＊〈書箕子廟碑陰〉:'기자 사당의 비 뒤쪽에 쓰다'의 뜻. 그러나 모든《柳河東集》과
轉載文에는 제목이 〈箕子碑〉로 되어 있음.

〈箕子〉

1/4 ─────────────

무릇 대인大人의 도道란 세 가지가 있으니, 첫째 정몽난正蒙難이요, 둘째 법수성法授聖이요, 셋째 화급민化及民이다.

은殷나라에 인인仁人이 있었으니 바로 기자箕子로서, 실로 이러한 도를 갖추고 이로써 세상에 자신을 세운 사람이다.

그 때문에 공자孔子가 육경六經의 본지를 서술하면서 더욱이 그를 은근殷勤히 거론하였던 것이다.

주紂임금 시기를 당하여 대도大道가 패란悖亂하여, 하늘의 위엄이 진동하였지만 그를 경계警戒시킬 수 없었고, 성인聖人의 말도 아무런 쓸모가 없었다.

그러자 (比干처럼) 죽음을 무릅쓰고 나아가 진언하면서 목숨도 아까워하지 않은 것은 진실로 인仁이라 할 수는 있으나, 자신 나라의 제사사직에 무익한 것이기에 기자는 그렇게 하지 않았고, (微子처럼) 나라의 제사사직을 보존하기 위해 굴복한 것도 인이라 할 수는 있으나, 자신 나라가 망하는 것을 인정한 것이기에 기자는 차마 그렇게 하지 않았다.

이러한 두 가지 방법을 갖춘 채 이를 실행에 옮긴 자였다.

凡大人之道有三: 一曰正蒙難, 二曰法授聖, 三曰化及民.

殷有仁人曰箕子, 實具茲道, 以立於世.

故孔子述六經之旨, 尤殷勤焉.

當紂之時, 大道悖亂, 天威之動不能戒, 聖人之言無所用.

進死以并命, 誠仁矣, 無益吾祀, 故不爲; 委身以存祀, 誠仁矣, 與亡吾國, 故不忍.

具是二道, 有行之者矣.

【凡大人之道有三: 一曰正蒙難, 二曰法授聖, 三曰化及民】 '大人'은 덕행이 높은 사람. 眞君子. '正蒙難'은 정도를 실행하느라 어려움을 뒤집어 씀.《五百家注柳先生集》에 '孫曰:「蒙, 犯也. 正蒙難者, 以正犯難也.」'라 함. 箕子가 紂를 만나 고통을 겪었음을 말함. '法授聖'은 훌륭한 법을 聖王에게 전수해줌. 箕子가 文王에게 〈洪範〉을 傳授해주었음을 말함. '化及民'은 敎化를 施行하여 백성에게 미침. 箕子가 朝鮮에 봉해져 敎化시켰음을 말함.

【殷有仁人曰箕子, 實具茲道, 以立於世】 '殷'은 夏의 末王 桀을 멸하고 湯이 세운 나라. 시조는 설(契)이며, 湯이 商丘에 세워 국호를 '商'이라 하였으며 뒤에 盤庚 때 殷(지금의 河南 安陽)으로 遷都하여 '殷'이라고도 부름. 末王 紂(受)가 虐政을 저질러 周의 武王(姬發)에게 망함. '仁人'은 어진 賢人.《論語》微子篇에 '微子去之, 箕子爲之奴, 比干諫而死. 孔子曰:「殷有三仁焉.」'이라 함. '箕子'는 殷(商)나라 帝乙의 아들이며 紂王의 叔父, 혹 庶兄이라고도 함. 太師를 지냈으며 箕는 땅이름. 子는 작위. 이름은 胥余. 紂가 무도한 짓을 하자 이를 極諫하였으나 듣지 않자 披髮佯

狂하며 항의의 뜻을 보이자 奴隷로 강등되어 갇힘. 뒤에 武王이 紂를 멸하고 朝鮮에 봉한 것으로 되어 있음.

【故孔子述六經之旨, 尤殷勤焉】《論語》에 微子篇이 있으며 《尙書》에 洪範篇이 있고 《周易》에도 그를 거론하는 등 많은 經에 그에 관한 언급이 있음을 말함. '殷勤'은 慇懃으로도 표기하며 疊韻連綿語.《五百家注》에 "孫曰:謂下《易》《詩》所載, 是也"라 함.

【當紂之時, 大道悖亂, 天威之動不能戒, 聖人之言無所用】 '紂'는 殷의 31대 末王 帝辛, 商辛. 이름은 紂. 帝乙의 아들. 妲己의 꾐에 빠져 주지육림, 포락지형 등 학정을 저질렀으며, 周 文王(姬昌)을 羑里(牖里)에 가두는 등 周나라와 대립하다가 武王(姬發)에게 망함. 夏의 末王 桀과 더불어 暴君으로 거론됨.《史記》殷本紀를 참조할 것. '天威'는 하늘의 威嚴. 警告.《尙書》金縢篇에 "今天動威, 以彰周公之德"이라 하였고, 〈多方篇〉에는 "天惟求爾多方, 大動以威"라 함.

【進死以併(幷)命, 誠仁矣, 無益吾祀, 故不爲】 '進死'는 죽음을 무릅쓰고 進諫함. '併命'은 '幷命', '屛命'으로도 표기하며, 副使로 '죽도록, 온힘을 다해'의 뜻. 여기서는 比干의 행동을 가리킴.《五百家注》에 "韓曰:謂比干"이라 함. '誠仁'은 比干의 그러한 행동은 仁이기는 함. 기자의 행동과 비교하기 위해 거론한 것. '吾祀'는 나의 祭祀. 곧 자신의 殷나라 社稷을 뜻함. '故不爲'는 그 때문에 箕子는 그렇게 하지는 않았음.《柳河東集》에 "謂比干諫而死"라 함.

【委身以存祀, 誠仁矣, 與亡吾國, 故不忍】 '委身以存祀'는 나라의 祭祀(社稷)를 보존하기 위한 목적으로 자신이 굴복함. 이는 微子의 행동을 가리킴.《五百家注》에 "韓曰:謂微子"라 함. 微子는 紂의 庶兄으로 紂의 미도함을 더 이상 막을 수 없게 되자 굴복하여 멀리 떠남. '與'는 許與함. 認定함. 放置함.《五百家注》에 "與, 音預"라 함.《柳河東集》에도 "謂微子去之. 與音預"라 함.

【具是二道, 有行之者矣】 '二道'는 두 가지 방법. 比干과 微子가 했던 일과 달리 했던 두 가지. '行之'는 행동으로 실천함.

2/4 ─────────

이로써 그는 자신의 명철明哲을 보존하여 세속과 함께 부앙俯仰하면서, 이러한 모책과 법을 숨긴 채 수노囚奴들 속에 치욕을 겪으면서 세상이 혼미하였지만 사악한 짓을 하지 않았고, 세상이 무너지고 있었지만 자신이 할 일은 쉬지 않았다.

그 까닭으로 《역易》에 "이는 기자箕子가 현명하지만 난세를 만난 괘상"이라 하였으니, 이것이 '정몽난'이다.

천명天命이 이윽고 바뀌어 생민生民들이 바른 길로 가게 됨에 이르자, 대법을 내놓아 이를 써서 성왕의 스승이 되니, 주周나라 사람들은 이를 얻어 이륜彛倫을 펼치고 대전大典을 세울 수 있었던 것이다.

그 까닭으로 《서書》에 "기자가 돌아옴으로써 〈홍범洪範〉을 짓게 되었다"라 하였으니, 이것이 '법수성'인 것이다.

조선朝鮮에 봉해짐에 이르러서는, 도를 추진하여 풍속을 가르침에 오직 덕으로써 하여 비루함이 없도록 하고, 오직 사람이라면 멀리 있다고 해서 무시하지 않으면서 은나라 제사 방법을 넓혀 이민족을 화華로 만드셨으니, 이것이 바로 '화급민'이다.

이러한 대도大道를 준수하면서 모든 것을 자신의 몸에 모아, 천지天地의 변화에 나는 그 정도만 가지고 있으면 된다고 여겼으니 그것이 바로 대인大人이리라!

是用保其明哲, 與之俯仰, 晦是蓍範, 辱於囚奴, 昏而無邪, 隤而不息.

故在《易》曰「箕子之明夷」, 正蒙難也.

及天命旣改, 生人以正, 乃出大法, 用爲聖師, 周人得以序彛倫而立大典.

故在《書》曰「以箕子歸, 作〈洪範〉」, 法授聖也.

及封朝鮮, 推道訓俗, 惟德無陋, 惟人無遠, 用廣殷祀, 俾夷爲華, 化及民也.

率是大道, 聚於厥躬, 天地變化, 我得其正, 其大人歟!

【是用保其明哲, 與之俯仰, 晦是蕎範, 辱於囚奴, 昏而無邪, 隤而不息】'是用'은 是以
와 같음. '保其明哲'은 明哲保身함.《詩》烝民篇에 "旣明且哲, 以保其身. 夙夜匪解,
以事一人"이라 함. '俯仰'은 내려다보고 쳐다봄.《淮南子》原道訓 "與道浮沈俛仰"의
高誘 注에 "俛仰, 猶升降也"라 함. 세상과 더불어 흘러가는 대로 살아감. '晦'는
어두움, 몸을 숨김. '蕎'는 謨의 異體字, 謀와 같음.《五百家注》에 "蕎與謨同"이라
함. '範'은 法. 따라서 '蕎範'은 謀策과 模範. '囚奴'는 노예.《五百家注》에 "孫曰:
《書》:「囚奴正士.」正士, 卽謂箕子也"라 함. '昏而無邪'는 혼암한 세상을 만났지만
邪曲한 행동을 하지 않음. '隤'(퇴)는 '무너지다'의 뜻. '隤而不息'은 세상이 무너지
고 있었지만 자신의 할 일을 그치지 않음. '不息'은《易》明夷卦의 "箕子之貞明,
不可息也"의 구절을 인용한 것임.

【故在《易》曰「箕子之明夷」, 正蒙難也】'箕子之明夷'는《周易》36번째 明夷卦는 地火
明夷(離下坤上:☰下☷上)로써 離는 火, 坤은 地를 상징하여 해가 땅 속으로 사라
짐을 뜻함. 따라서 현자가 뜻을 얻지 못한 채 어둠을 만나므로 그럴수록 곧게
행동해야 함을 강조한 괘임. 그 六五 爻辭에 "箕子之明夷, 利貞"(기자가 스스로 마
음을 어둡게 하였으니 곧음을 이롭게 여긴 것)이라 하였고, 象辭에는 "箕子之貞, 明
不可息也"(기자의 곧음은 밝음이 쉴 수 없음을 말한다)라 하였음.《五百家注》에 "孫
曰:夷, 傷也. 日入地中, 明夷之義. 故卦曰明夷"라 함.

【及天命旣改, 生人以正, 乃出大法, 用爲聖師, 周人得以序彝倫而立大典】'天命旣改'
는 결국 商(殷)이 망하고 주나라가 들어섬을 말함. '生人'은 生民. 唐 太宗(李世民)
의 '民'자를 諱하여 '人'으로 쓴 것임. 일반 백성. '大法'은 나라를 다스릴 큰 법. 여
기서는 구체적으로 〈洪範〉을 가리킴.《五百家注》에 "孫曰:大法, 〈洪範〉也"라 함.
'聖師'는 聖王 武王의 스승이 됨. 武王(姬發)이 殷을 멸하고 箕子를 불러 〈洪範〉
을 듣고 統治의 大法을 세움. '彝倫'은 常理와 같은 뜻.《五百家注》에 "孫曰:《書》:
「天乃錫禹洪範九疇, 彝倫攸序.」彝倫, 常道也"라 함.

【故在《書》曰「以箕子歸, 作〈洪範〉」, 法授聖也】《尙書》周書 洪範篇〈序〉에 "武王勝
殷殺受, 立武庚, 以箕子歸, 作〈洪範〉"(무왕이 殷에게 승리하여 受(紂)를 죽이고 武
庚을 세웠으며, 箕子를 돌아오도록 하여 〈洪範〉을 지었다)라 하였음. 이 때 기자
는 鎬京에 이르러 무왕에게 〈洪範九疇〉를 진술하여 "惟十有三祀, 王訪于箕子.
王乃言曰:「嗚呼! 箕子. 惟天陰騭下民, 相協厥居, 我不知其彝倫攸敍.」箕子乃言曰:
「我聞, 在昔, 鯀陻洪水, 汨陳其五行. 帝乃震怒, 不畀洪範九疇, 彝倫攸斁. 鯀則殛死,

禹乃嗣興, 天乃錫禹洪範九疇, 彝倫攸敍. 初一曰五行, 次二曰敬用五事, 次三曰農
用八政, 次四曰協用五紀, 次五曰建用皇極, 次六曰乂用三德, 次七曰明用稽疑, 次八
曰念用庶徵, 次九曰嚮用五福, 威用六極.」이라 일러줌.

【及封朝鮮, 推道訓俗, 惟德無陋, 惟人無遠, 用廣殷祀, 俾夷爲華, 化及民也】'封朝
鮮'은 箕子를 朝鮮에 봉함. 《史記》宋微子世家에 "武王乃封箕子於朝鮮而不臣也"
라 하였고, 《尙書大傳》에는 "武王勝殷, 釋箕子之囚. 箕子不忍爲周之釋, 走之朝鮮.
武王聞之, 因以朝鮮封之"라 함. '俾夷爲華'는 夷(朝鮮)을 中華처럼 문명한 곳이 되
도록 함. '俾'는 使와 같음. 《漢書》地理志(下)에 "殷道衰, 箕子去之朝鮮, 敎其民以
禮義, 田蠶織作. 樂浪朝鮮民犯禁八條: 相殺以當時償殺; 相傷以穀償; 相盜者男沒入
爲其家奴, 女子爲婢, 欲自贖者, 人五十萬. 雖免爲民, 欲猶羞之, 嫁取無所讎, 是以
其民終不相盜, 無門戶之閉, 婦人貞信不淫辟. 其田民飮食以籩豆, 都邑頗放效吏及
內郡賈人, 往往以杯器食. 郡初取吏於遼東, 吏見民無閉臧, 及賈人往者, 夜則爲盜,
俗稍益薄. 今於犯禁浸多, 至六十餘條. 可貴哉, 仁賢之化也!"라 함.

【率是大道, 藂於厥躬, 天地變化, 我得其正, 其大人歟】'率'은 循, 總과 같음. 遵循함.
總括함. '藂'(총)은 叢의 異體字이며 叢(總)의 뜻. 모두 모아들임. 《五百家注》에
"藂, 徂紅切. 正作叢, 俗作藂"이라 함.

3/4

오호於虖라!

아직 주나라 시대가 이르지 않았고, 은나라 제사도 아직 끊어지지 않
은 때에, 비간比干은 이미 죽고, 미자微子는 이미 떠났는데, 만약 주임금
의 악행이 아직 충분하지도 않은 채 스스로 죽어버리고, 무경武庚이
나라의 혼란을 염려하여 보존을 도모하였지만 나라에 사람다운 사람
이 없었다면 무경인들 누구와 더불어 나라를 일으켜 다스릴 수 있었겠
는가?

이는 진실로 사람의 일로서 혹 그럴 수도 있었던 일이다.

그렇다면 선생께서 은인隱忍하면서 이렇게 한 것은, 여기에 뜻을 두었
었기 때문이었을 것이다!

당唐나라 모년某年에 급군汲郡에 기자의 사당을 세워, 세시歲時로 제사를 올리고 있다.

　於虖!
　當其周時未至, 殷祀未殄, 比干已死, 微子已去, 向使紂惡未稔而自斃, 武庚念亂以圖存, 國無其人, 誰與興理?
　是固人事之或然者也.
　然則先生隱忍而爲此, 其有志於斯乎!
　唐某年作廟汲郡, 歲時致祀.

【於虖!】 '오호'로 읽으며 嗚呼와 같음. 感歎詞.

【當其周時未至, 殷祀未殄, 比干已死, 微子已去】 '比干'은 殷나라 王子. 紂의 叔父로 紂의 惡政을 諫하다가 心臟이 찢기는 변을 당함.《史記》殷本紀에는 "比干乃强諫紂. 紂怒曰:「吾聞聖人心有七竅, 剖比干觀其心.」"이라 하였고,《十八史略》⑴에도 "紂淫虐甚, 庶兄微子數諫, 不從, 去之. 比干諫, 三日不去, 紂怒曰:「吾聞聖人之心有七竅.」 剖而觀其心, 箕子佯狂爲奴, 紂囚之, 殷大師, 持其樂器祭器奔周"라 함. '微子'는 紂의 庶兄. 이름은 啓. 微 땅에 봉해져 微子라 부름. 紂에게 極諫을 했으나 듣지 않자 멀리 떠났다가 周 武王이 殷(商)을 멸하고 그를 찾아 宋(지금의 河南 商丘)에 봉하여 제사를 이어가도록 하여 宋나라의 시조가 됨.《史記》宋微子世家를 참조할 것.

【向使紂惡未稔而自斃, 武庚念亂以圖存, 國無其人, 誰與興理?】 '向使'는 '만약 -하도록 하였더라면'의 뜻. '稔'은 곡식이 잘 익어 성숙함. 여기서는 紂의 악행이 아주 심한 극성의 단계에 이름의 뜻으로 쓰였음.《左傳》昭公 18년 傳 "是昆吾稔之日也"의 杜預 注에 "稔, 熟也. 侈惡積熟. 乙卯日, 與桀同誅"라 함. '自斃'는 스스로 頓絶해 죽음.《五百家注》에 "斃, 頓也"라 함. '武庚'은 紂의 아들. 일명 녹보(祿父)라고도 불리며 周 武王이 殷나라 제사를 잇도록 그를 제후로 세워주었으나 뒤에 武庚이 蔡叔, 管叔과 모의하여 난을 일으키자 그를 폐하고 대신 微子(啓)를 세워 殷의 제사를 잇도록 하고, 나라 이름을 宋이라 하였음.《史記》周本紀에 "封紂子武庚祿父, 以續殷祀, 令修行盤庚之政. 殷民大說. 於是周武王爲天子. 其後

世貶帝號, 號爲王. 而封殷後爲諸侯, 屬周. 周武王崩, 武庚與管叔·蔡叔作亂, 成王命周公誅之, 而立微子於宋, 以續殷後焉"이라 함. '誰與興理'는 그 때 箕子가 없었으므로 武庚이 뜻을 이루지 못하였음을 말함.

【是固人事之或然者也】이는 人事이니 혹 그렇게 되었을 가능성도 있음.

【然則先生隱忍而爲此, 其有志於斯乎!】'先生'은 箕子를 가리킴. '隱忍'은 숨어서 참고 견딤. '斯'는 箕子가 武庚에게 나타나지 않고 武王에게 〈洪範〉을 일러줄 뜻을 가지고 있었기에 隱忍한 것으로 본 것.

【唐某年作廟汲郡, 歲時致祀】'唐某年'은 唐나라 어느 해. '汲郡'은 지금의 河南 汲縣. 그곳에 箕子廟를 세웠음. 《柳河東集注》에 "紂古都, 在今衛州"라 함. '歲時致祀'는 매년 정해진 시기에 맞추어 제사를 올림.

4/4 ————————

선생만이 유독《역》의 상사象辭에 이름이 올라 있음을 감복하여, 다음과 같은 송頌을 짓노라.

"몽난蒙難으로써 정도를 행하셨고,
수성授聖으로써 모책을 세우셨네.
종사宗祀로써 번창하게 하셨고,
이민족을 소생토록 하셨도다.
훌륭하신 대인이여,
현달해도 숨어있어도 달라짐이 없으셨다.
성인의 어짊이여,
그 도는 높은 곳이나 낮은 곳 모두에 합치되셨도다.
명철하심을 그 몸에 지니시어,
노예가 되는 것도 비루하다 여기지 않으셨네.
비우고 양보하며 예禮에 거하시니,
고孤라 칭해도 가득 찬 듯 거만함이 없으셨네.
지위가 높아도 위태롭지 않으셨고,
몸을 낮추어도 넘어갈 수 없었다네.

죽지도 아니하고 떠나지도 아니한 채,
마음속엔 옛 고도故都를 그리워하셨네.
시속에 맞추어 굽히기도 하고 펴기도 하시다가,
마침내 세상의 모범이 되셨네.
《역》의 상사에 나열되어,
문왕文王과 함께 같은 무리가 되셨네.
크게 밝히고 그 밝음을 널리 선양하여,
제사 숭상하며 법에 맞추어 미쁘게 올립니다.
옛날에 송사頌辭를 빠뜨렸기에,
뒷날 유사儒士 제가 이를 이어 짓습니다."

嘉先生獨列於《易》象, 作是頌云:

『蒙難以正, 授聖以蓍.
宗祀用繁, 夷民其蘇.
憲憲大人, 顯晦不渝.
聖人之仁, 道合隆汙.
明哲在躬, 不陋爲奴.
沖讓居禮, 不盈稱孤.
高而無危, 卑不可踰.
非死非去, 有懷故都.
時詘而伸, 卒爲世模.
《易》象是列, 文王爲徒.
大明宣昭, 崇祀式孚.
古闕頌辭, 繼在後儒.』

【嘉先生獨列於《易》象, 作是頌云】'賀'는 축하함. 여기서는 感服함을 뜻함. '象'은

《周易》의 象辭. 《易》은 卦辭, 爻辭, 彖辭, 象辭가 있음. 그 중 明夷卦의 象辭에 箕子를 언급함

【蒙難以正, 授聖以謩】바른 것으로써 蒙難을 거쳐 무왕에게 모책을 일러줌.

【宗祀用繁, 夷民其蘇】'宗祀用繁'은 朝鮮의 祭祀(社稷)이 번창함. 《後漢書》 東夷傳에 "昔武王封箕子於朝鮮. 其後四十餘世, 至朝鮮侯準, 自稱王"이라 함. '夷民其蘇'는 조선의 백성들이 蘇生함.

【憲憲大人, 顯晦不渝】'憲憲'은 興盛한 모습. 《五百家注》에 "童曰:憲憲, 興盛貌, 見〈中庸〉註"라 함. '顯晦'는 드러나 있을 때와 숨어 있을 때. '渝'(투)는 달라짐. 변함.〈補注〉에 "渝, 變也. 謂以身之顯晦, 不渝其德也"라 함.

【聖人之仁, 道合隆汙】'隆汙'는 隆汚로도 표기하며, 道가 隆盛할 때와 더럽혀졌을 때. 《禮記》 檀弓(上)에 "子思曰:「昔者吾先君子無所失道;道隆則從而隆, 道汙則從而汙.」"이라 함.

【明哲在躬, 不陋爲奴】'不陋爲奴'는 노예로 전락했을 때도 비루하다 여기지 않았음.〈補注〉에 "應維德無陋"라 함.

【沖讓居禮, 不盈稱孤】'沖讓'은 일부 판본에는 '行讓'으로 되어 있으나 《柳河東集》에는 모두 '沖讓(沖讓)'으로 되어 있음.〈補注〉에 《老子》:「大滿若沖,」(《老子》 49에는 '大盈若沖'으로 되어 있음.) '沖', 或作'行', 非. 〈魏都賦〉:「帝德沖矣.」注:《字書》:「沖, 虛也.」"라 함. 이처럼 '沖'은 '비우다'의 뜻으로, '沖讓'은 모두 '겸허히 양보함'을 말함. '孤'는 王이 자신을 낮추어 칭하는 말. 《老子》(39)에 "故貴以賤爲本, 高以下爲基. 是以侯王自謂孤·寡·不穀, 此非以賤爲本邪? 非歟?"라 함.〈補注〉에 "謂南面稱孤而不自滿假也. 此與'不陋爲奴'對文"이라 함.

【高而無危, 卑不可踰】《孝經》(諸侯章)에 "在上不驕, 高而不危;制節謹度, 滿而不溢. 高而不危, 所以長守貴也;滿而不溢, 所以長守富也"라 하였고, 《周易》謙卦 象辭에 "謙, 亨. 天道下濟而光明, 地道卑而上行. 天道虧盈而益謙, 地道變盈而流謙, 鬼神害盈而福謙, 人道惡盈而好謙, 謙尊而光, 卑而不可踰:君子之終也"라 함.

【非死非去, 有懷故都】'死'는 比干, '去'는 微子의 예를 말함. '古都'는 자신의 옛 조국을 생각함.

【時詘而伸, 卒爲世模】'詘而伸'은 굽히기도 하고 펴기도 함. 屈伸함. '詘'(굴)은 屈과 같음. 《五百家注》에 "詘, 音屈"이라 함. '世模'는 세상의 훌륭한 법. 모범.

【《易》象是列, 文王爲徒】'列'은 그 이름이 羅列됨. '文王'은 《周易》 明夷卦 象辭에

"明入地中,「明夷」;內文明而外柔順, 以蒙大難, 文王以之.「利艱貞」. 晦其明也;內難
而能正其志, 箕子以之"라 한 말을 뜻함. '徒'는 같은 등급이 됨을 말함.

【大明宣昭, 崇祀式孚】'宣昭'는 그 밝음을 널리 宣揚함. '式孚'는 법식에 맞추어 미
쁘게 시행함. '孚'는 '미덥다, 미쁘다, 참되고 믿음직스럽다'의 뜻.《五百家注》에
"孫曰:唐始立廟祀之"라 함.

【古闕頌辭, 繼在後儒】'古闕頌辭'는 옛날 기록한 비석에는 頌辭가 빠져있었음. '繼
在後儒'는 後代 儒士인 柳宗元이 자신이 頌辭를 지어 채워 넣어 이음.

참고 및 관련 자료

1. 柳宗元(子厚, 柳州, 河東) 017 참조.

2. 이 글은《柳河東集》(5),《柳河東集注》(5),《五百家注柳先生集》(5),《唐宋八大家
文鈔》(27),《文章辨體彙選》(656),《歷代名賢確論》(5),《古文淵鑑》(37),《唐宋文醇》(17),
《文編》(59),《古文觀止》(9),《古文約選》(2) 등에 널리 실려 있음.

3.《軌範》에는 "當其周時未至, 殷祀未殄, 比干已死, 微子已去, 向使紂惡未稔而自
斃, 武庚念亂以圖存, 國無其人, 誰與興理? 此人事之或然者也. 先生所以隱忍而不
去, 意者有在於斯乎?"만 節錄되어 실려 있으며, 〈補注〉에 "本集作〈箕子碑〉, 此篇
〈元本〉, 係節錄. 今從全文釋之"라 함.

4.《軌範》末尾 謝枋得 注에 "此等文章, 天地間有數, 不可多見. 惟杜牧之絶句詩
一首似之, 題〈烏江項羽廟〉云:「勝敗兵家不可期, 包羞忍恥是男兒. 江東子弟多豪俊,
卷土重來未可知.」"라 함.

5.《柳河東集》注에 "事之本始詳於碑, 作之年月, 碑皆不載. 然當是未遷謫前, 作附
次, 貞元十六年, 文章後"라 함.

6.《五百家注柳先生集》注에는 "孫曰:箕子, 名須臾(胥餘), 紂之諸父"라 함.

055(6-6) 〈嚴先生祠堂記〉 ·············· 范文正公(范仲淹)
엄광嚴光선생 사당기

*〈嚴先生祠堂記〉: 嚴先生은 嚴光(子陵:B.
C.39-A.D.41)을 가리킴. 그는 後漢 첫
황제 光武帝(劉秀, 字 文叔)의 어릴 때 同
學이었으나 劉秀가 天子가 되자 숨어
나타나지 않았음. 뒤에 광무제가 그를
백방으로 찾아 결국 만나게 되었으나
벼슬에 대한 거부의 지조를 끝까지 굽
히지 않고, 다시 富春江(지금의 杭州 富
陽縣)으로 숨어 생을 마친 處士이며 逸
民. 范仲淹이 浙江의 嚴州太守(桐廬太守,
桐廬는 뒤에 嚴光을 기려 嚴州로 지명이
바뀐 곳)였을 때, 嚴光의 사당을 짓고,
그 후손을 찾아 제사를 올리도록 하면
서 記를 지은 것임. 한편 嚴光의 본명

〈東漢光武帝(劉秀)〉(三才圖會)

은 莊光이며 東漢 2
대 황제 明帝 顯宗
(劉莊)의 이름을 피
휘하여 嚴光으로
바뀌었다 함.《文章
辨體彙選》에는 제
목이 〈桐廬郡嚴先
生祠堂記〉으로 되
어 있음.

〈嚴子陵(嚴光)〉(三
才圖會)

선생은 동한東漢 광무제光武帝의 옛 친구였다.

서로 도道로써 존경하였으나 광무제劉秀가 황제의 적부赤符를 장악하고, 여섯 마리의 용을 타고, 성인聖人으로서의 때를 얻어 신첩臣妾이 억조億兆나 되었으니, 천하에 거기에 무엇을 더할 수 있었겠는가?

그런데 오직 선생만은 절의로써 자신을 고상하게 지켜, 이윽고 별자리를 움직이게 하고서도 다시 강호江湖로 돌아가서는 성인의 맑음을 지키면서, 헌면軒冕 따위는 진흙으로 여겼으니, 천하에 거기에 무엇을 더할 수 있었겠는가?

오직 광무제만은 예로써 스스로를 낮추었으니, 고괘蠱卦 상구上九에 "많은 이들은 바야흐로 하는 일이 있으나, 홀로 왕후를 섬기지 않으니 그 일을 고상한 것으로 여긴다"라 하였는데 선생은 그 일을 해내었던 것이며, 둔괘屯卦 초구初九에는 "양덕陽德이 바야흐로 형통하여 귀한 신분이 되었음에도, 천한 자에게 스스로를 낮추니 크게 백성을 얻으리라" 하였는데 광무제가 그 일을 해낸 것이다.

先生漢光武之故人也.

相尙以道, 及帝握赤符, 乘六龍, 得聖人之時, 臣妾億兆, 天下孰加焉?

惟先生以節高之, 旣而動星象, 歸江湖, 得聖人之淸, 泥塗軒冕, 天下孰加焉?

惟光武以禮下之, 在蠱之上九:「衆方有爲, 而獨不事王侯, 高尙其事.」先生以之; 在屯之初九:「陽德方亨, 而能以貴下賤, 大得民也.」光武以之.

【先生漢光武之故人也】 '先生'은 嚴光을 가리킴. 자는 子陵. 東漢 첫 황제 光武帝 劉秀와 어릴 때 친구였으나 劉秀가 황제가 되자 세상에 나타나지 않고 숨어버

림. 光武帝가 그를 찾아 궁궐로 데리고
왔으나 전혀 뜻을 굽히지 않았으며 광
무제가 하룻밤을 함께 할 때 광무제의
배에 발을 올려놓고 잠이 들어 太史가
"客星이 帝座를 침입하였다"하여 놀라
보고하기도 함. 그 뒤 다시 富春江에
숨어 낚시를 하며 생을 마쳤음. 참고란
을 볼 것. '光武'는 世祖光武皇帝. 光武
帝. A.D.25–57년 재위. 東漢(後漢)의 첫
황제. 劉秀. 자는 文叔. 長沙 定王 劉發
의 후손. 漢 景帝가 劉發을 낳고, 劉發

〈光武帝(劉秀)〉

이 春陵節侯 劉買를 낳았으며 뒤에 封地가 南陽 白水鄕으로 옮겨져 그곳을 春
陵이라 하고 가문을 이루었음. 그리고 劉買의 막내아들이 劉外였으며 그가 劉
回를 낳았고, 유회가 南頓令 劉欽을 낳았으며 劉欽이 劉秀를 낳았음. 이가 東漢
을 일으켜 洛陽에 도읍을 하여 劉氏 왕조를 이은 것이며, 이를 東漢(後漢)이라
부름. 《後漢書》光武帝紀에 "世祖光武皇帝諱秀, 字文叔, 南陽蔡陽人, 高祖九世之
孫也, 出自景帝生長沙定王發. 發生春陵節侯買, 買生鬱林太守外, 外生鉅鹿都尉回,
回生南頓令欽, 欽生光武. 光武年九歲而孤, 養於叔父良. 身長七尺三寸, 美須眉, 大
口, 隆準, 日角. 性勤於稼穡, 而兄伯升好俠養士, 常非笑光武事田業, 比之高祖兄仲.
王莽天鳳中, 乃之長安, 受《尚書》, 略通大義. 莽末, 天下連歲災蝗, 寇盜鋒起. 地皇
三年, 南陽荒饑, 諸家賓客多爲小盜. 光武避吏新野, 因賣穀於宛. 宛人李通等以圖
讖說光武云:「劉氏復起, 李氏爲輔.」光武初不敢當, 然獨念兄伯升素結輕客, 必擧
大事, 且王莽敗亡已兆, 天下方亂, 遂與定謀, 於是乃市兵弩. 十月, 與李通從弟軼等
起於宛, 時年二十八."이라 함. 《古文眞寶》注에 "漢光武, 東漢光武皇帝, 名秀"라
함. '故人'은 옛 친구. 《軌範》補注에 《後漢書》逸民傳:「嚴光, 字子陵, 少有高名, 與
光武同遊學.」"이라 함.

【相尙以道, 及帝握赤符, 乘六龍】'相尙以道'는 서로가 올바른 道義로써 존경함.
'赤符'는 赤伏符. '符'는 符書, 豫言書. '赤'은 五行說에 漢王朝는 火德으로 왕이 되
었음. 《後漢書》光武帝紀에 "行至鄗, 光武先在長安時同舍生彊華自關中奉《赤伏
符》, 曰「劉秀發兵捕不道, 四夷云集龍斗野, 四七之際火爲主.」群臣因復奏曰:「受命

之符, 人應爲大, 萬里合信, 不議同情, 周之白魚, 曷足比焉? 今上無天子, 海內淆亂,
符瑞之應, 昭然著聞, 宜答天神, 以塞群望.」光武於是命有司設壇場於鄗南千秋亭
五成陌."이라 하여, 舍生 彊華가 劉秀에게 赤伏符를 올려 劉秀가 漢나라 帝位에
오르리라 豫言하였음. 〈補注〉에 "〈東都賦〉:「聖皇乃握乾符, 闡坤珍.」呂延濟《文
選》注:「握, 持也. 乾符, 赤伏符也.」《史記》高帝紀:「白帝子化爲蛇, 爲赤帝子斬之.」
應劭曰:「赤帝, 堯後爲漢也.」"라 함.《古文眞寶》注에 "赤符, 謂赤伏符"라 함. '乘六
龍'은《易》乾卦 象辭에 "大哉乾元! 萬物資始, 乃統天. 雲行雨施. 品物流形. 大明
終始, 六位時成, 時乘六龍以御天. 乾道變化, 各正性命, 保合大和, 乃利貞. 首出庶
物, 萬國咸寧."이라 하여 帝王의 統治를 의미함. 〈補注〉에도 "《易》乾象:「時乘六
龍, 以御天.」"이라 하였고,《古文眞寶》注에도 "周易乾卦云:「時乘六龍, 以御天.」
謂千字御駕泥塗"라 함.

【得聖人之時, 臣妾億兆, 天下孰加焉】'得聖人之時'는 聖人이 때를 얻음. '臣妾'은
신하와 첩으로 삼음. 황제가 되어 천하 백성을 다스림을 말함. '億兆'는 億兆蒼生.
천하 백성을 총칭한 것.《軌範》注에 "好句法"이라 하였고, 〈補注〉에 "《左氏》宣
十二年傳:「其臣妾之亦唯命.」"이라 함. '孰加焉'은 '누가 이에 더 보탤 것이 있겠는
가?'의 뜻. 劉秀가 최상의 지위에 올랐음을 말함.

【惟先生以節高之, 旣而動星象, 歸江湖】'以節高之'는 절조로서 고상함을 성취함.
'動星象'은 光武帝가 끝내 齊에 숨어 있던 嚴光을 찾아내어 궁중에 머물게 하며
잠자리를 함께할 때 거리낄 것이 없던 嚴光이 황제의 배 위에 발을 얹어 놓았음.
太史가 "지난밤 客星이 帝座를 범하였습니다"라고 하였던 고사를 말함. '歸江湖'
의 '江湖'는 자연, 처사나 도인이 떠돌거나 활동하는 곳. 嚴光은 뒤에 다시 富春
江으로 들어가 사라짐.

【得聖人之淸, 泥塗軒冕, 天下孰加焉】'泥塗'은 진흙. 아무것도 아닌 것으로 여김.
'軒冕'은 公卿大夫의 귀인. '軒'은 대부가 타는 수레. '冕'은 존귀한 사람의 冠.《軌
範》注에 "句法"이라 함.《古文眞寶》注에 "謂輕賤軒冕, 謂榮貴"라 함. 높은 관직
을 비유한 것.

【惟光武以禮下之, 在蠱之上九, 衆方有爲, 而獨不事王侯, 高尙其事, 先生以之】'以
禮下之'는 예로써 존중하여 스스로를 낮춤.《古文眞寶》注에 "兩下並說, 並無抑
揚, 便見嚴光不屈光武, 光武不臣嚴光之意"라 함. '蠱之上九'는《易》蠱卦 上九 爻
辭에 "不事王侯, 高尙其事"라 하였고, 象辭에는 "「不事王侯」, 志可則也"라 함.《古

文眞寶》注에 "蠱上九,《周易》蠱卦上九爻"라 함. '衆方有爲'는 爻辭가 아님.
【在屯之初九, 陽德方亨, 而能以貴下賤, 大得民也, 光武以之】'屯之初九'는《易》屯
卦 初九 象辭에 "雖磐桓, 志行正也 ; 以貴下賤, 大得民也"라 함.《古文眞寶》注에
"屯初九,《周易》屯卦初九爻"라 함. '陽德方亨'은 밝은 덕이 통함. '光武以之'는《古
文眞寶》注에 "引兩卦天造地設"이라 함.

2/2 ————————

대체로 선생의 지조는 일월의 위로 솟아난 것이요, 광무제의 도량은
천지 밖까지 포용한 것이다.

선생이 아니었다면 광무제의 위대함을 성취시켜줄 수 없었을 것이요,
광무제가 아니었다면 어찌 능히 선생의 고고함을 완수시켜줄 수 있었겠
는가?

그리하여 탐부貪夫로 하여금 청렴하도록 하였고, 나부懦夫로 하여금
바로 설 수 있게 하였으니, 이것이 바로 명분과 교화에 큰 공로가 있었
던 것이다.

나 범중엄은 이곳을 지키러 와서 비로소 사당을 짓고 제사를 올리며,
이에 그 후손 네 집의 조세와 부역을 면제해주어 제사를 지내도록 하
였다.

그리고 이에 따라 노래를 지으니 다음과 같다.

"구름 낀 산은 푸르고 푸르며, 강물은 드넓게 흐르도다.
선생의 유풍은 산처럼 높을 것이요, 물처럼 장구하리라."

蓋先生之心, 出乎日月之上 ; 光武之量, 包乎天地之外.
微先生, 不能成光武之大 ; 微光武, 豈能遂先生之高哉?
而使貪夫廉, 懦夫立, 是大有功於名敎也.
仲淹來守是邦, 始構堂而奠焉, 乃復其爲後者四家, 以奉祠事.
又從而歌, 曰 : 「雲山蒼蒼, 江水決決. 先生之風, 山高水長.」

〈嚴光〉

【蓋先生之心, 出乎日月之上;光武之量, 包乎天地之外】嚴光의 志操는 日月보다 더 빛나고, 光武帝의 度量은 천지 밖까지 모두 포용할 정도임. 둘 모두 각기 자신의 뜻을 이루어 높은 경지에 올랐음을 말함.

【微先生, 不能成光武之大, 微光武, 豈能遂先生之高哉】'微'는 '-이 아니었더라면'의 뜻. 嚴光은 光武帝의 큰 도량을 성취시켜 주었고, 光武帝는 嚴光의 高操를 완수해 주었음. 이 내용을 反語法으로 표현한 것.

【而使貪夫廉, 懦夫立, 是大有功於名敎也】'貪夫'는 욕심이 많은 사람. '懦夫'는 나약하고 겁이 많은 사람. 이는 《孟子》萬章(下)의 伯夷, 柳下惠의 '風'을 설명하면서 대비시킨 '頑夫', '懦夫', '鄙夫', '薄夫'를 援用하여 말한 것으로 《孟子》에 "故聞伯夷之風者, 頑夫廉, 懦夫有立志. ……故聞柳下惠之風者, 鄙夫寬, 薄夫敦"라 함. '名敎'는 名分과 敎化. 《古文眞寶》注에 "幹歸立祠意"라 함.

【仲淹來守是邦, 始構堂而奠焉, 乃復其爲後者四家, 以奉祠事】'仲淹'은 《古文眞寶》注에 "仲淹, 指范仲淹;先生, 指嚴子陵"이라 함. '是邦'은 《古文眞寶》注에 "緣所以立祠"라 함. '奠'은 靈前에 자리를 잡고 제물을 바쳐 제사를 올림을 뜻함. '復'은 租稅와 賦役 등을 면제해 줌. 《軌範》注에 "復者, 漢法免租賦科役也"라 하였고, 〈補注〉에 《漢書》高帝紀:「復勿租稅二歲」, 注:「復者, 除其賦役也.」 又曰:「七大夫以下, 皆復其身及戶勿事」, 注:「復其身及一戶之內, 皆不徭役也.」라 함. 《古文眞寶》注에도 "音福. 除其役也"라 함.

【又從而歌, 曰:「雲山蒼蒼, 江水泱泱. 先生之風, 山高水長.」】'蒼蒼'은 짙게 푸름. '泱泱'은 물이 깊고 넓은 모양. '先生之風'은 선생의 風. 원래 여기의 '風'이 '德'이라 하였으나 친구 李泰伯의 의견에 의해 '風'으로 바꾼 것이라 함. 洪邁의 《容齋隨筆》(5)에 "范文正公守桐廬, 始於釣臺, 建嚴先生祠堂. 自爲記, 用屯之初九, 蠱之上

九, 極論漢光武之大, 先生之高. 纔二百字, 其歌詞云:「雲山蒼蒼, 江水泱泱. 先生之德, 山高水長.」既成, 以示南豐李泰伯, 泰伯讀之三, 歎味不已. 起而言曰:「公之文一出, 必將名世. 某妄意, 輒易一字, 以成盛美.」公瞿然, 握手叩之, 答曰:「雲山江水之語, 於義甚大, 於詞甚溥. 而德字承之, 乃似趦趄, 擬換作風字, 如何?」公凝坐頷首, 殆欲下拜」라 함.《軌範》末尾 注에도 "范文正公作此記, 李太伯在坐, 間曰:「公此文一出名世, 只一字未安.」公曰:「何字?」曰:「先生之德, 不如以風字代德字.」公欣然改之. 蓋太伯因記中有'貪夫廉, 懦夫立'六字, 遂思聞伯夷柳下惠之風一段, 因得風字也"라 함.《古文眞寶》注에 "含無限意"라 함.

참고 및 관련 자료

1. 范仲淹(989-1052)

자는 希文, 北宋 蘇州 吳縣 사람. 두 살 때 고아가 되어 어머니가 朱氏로 改嫁하여 이름을 朱說이라 하였음. 그러나 자라서 자신의 가계를 알고 어머니를 떠나, 홀로 지금의 河南 商丘로 가서 晝耕夜讀하며 고생 끝에 眞宗 大中祥符 8년(1015) 진사에 급제, 廣德司理參軍이 됨. 이에 어머니를 모셔와 자신의 본래 이름을 찾아 范仲淹이라 함. 仁宗 때 吏部員外郞을 거쳐 開封府로 감. 그러나 呂夷簡과 알력으로 饒州知事로 좌천되었다가 西夏의 趙元昊의 반란에 陝西를 경략하여 수년간 변방을 지켜냄. 그 때 羌人들은 그를 龍圖老子라 부르며 더 이상 침범을 하지 못

〈范希文(范仲淹)〉(三才圖會)

하였다 함. 慶曆 3년(1043) 樞密副使를 거쳐 參知政事에 올랐으나 반대파와의 알력으로 靑州知事로 좌천되었다가 얼마 뒤 생을 마침. 시호는 文正, 저서에 《范文正集》이 있으며, 《宋史》(314)에 傳이 있음.

2. 이 글은 《范文正集》(48), 《嚴陵集》(8), 《宋文選》(6), 《宋文鑑》(77), 《事文類聚》(全集 33), 《歷代名臣確論》(48), 《文章辨體彙選》(593), 《崇古文訣》(16), 《古文集成》(11), 《續文章正宗》(16), 《妙絶古今》(3), 《淵鑑類函》(280, 291), 《古文觀止》(9), 《古文眞寶》(後集 6) 등에 실려 있음.

3. 《軌範》注에 "字少意多, 文簡理詳, 有關世教, 非徒文也"라 함.

4. 《後漢書》逸民傳에 "嚴光字子陵, 一名遵, 會稽餘姚人也. 少有高名, 與光武同遊學. 及光武卽位, 乃變名姓, 隱身不見. 帝思其賢, 乃令以物色訪之. 後齊國上言: 「有一男子, 披羊裘釣澤中」帝疑其光, 乃備安車玄纁, 遣使聘之. 三反而後至. 舍於北軍. 給牀褥, 太官朝夕進膳. 司徒侯霸與光素舊, 遣使奉書. 使人因謂光曰: 「公聞先生至, 區區欲卽詣造. 迫於典司, 是以不獲. 願因日暮, 自屈語言.」光不答, 乃投札與之, 口授曰: 「君房足下: 位至鼎足, 甚善. 懷仁輔義天下悅, 阿諛順旨要領絶.」霸得書, 封奏之. 帝笑曰: 「狂奴故態也.」車駕卽日幸其館. 光臥不起, 帝卽其臥所, 撫光腹曰: 「咄咄子陵, 不可相助爲理邪?」光又眠不應, 良久, 乃張目熟視, 曰: 「昔唐堯著德, 巢父洗耳. 士故有志, 何至相迫乎!」帝曰: 「子陵, 我竟不能下汝邪?」於是升輿歎息而去. 復引光入, 論道舊故, 相對累日. 帝從容問光曰: 「朕何如昔時?」對曰: 「陛下差增於往.」因共偃臥, 光以足加帝腹上. 明日, 太史奏客星犯御坐甚急. 帝笑曰: 「朕故人嚴子陵共臥耳.」除爲諫議大夫, 不屈, 乃耕於富春山, 後人名其釣處爲嚴陵瀨焉. 建武十七年, 復特徵, 不至. 年八十, 終於家. 帝傷惜之, 詔下郡縣賜錢百萬·穀千斛."이라 함.

5. 皇甫謐 《高士傳》(下)에 "嚴光, 字子陵, 會稽餘姚人也. 少有高名, 同光武遊學. 及帝卽位, 光乃變易姓名, 隱逝不見. 帝思其賢, 乃物色求之. 後齊國上言: 「有一男子, 披羊裘釣澤中」帝疑光也, 乃遣安車玄纁聘之, 三反而後至. 司徒霸與光素舊, 欲屈光到霸所語言, 遣使西曹屬侯子道奉書. 光不起, 於牀上箕踞抱膝, 發書讀訖, 問子道曰: 「君房素癡, 今爲三公, 寧小差否?」子道曰: 「位已鼎足, 不癡也.」光曰: 「遣卿來何言?」子道傳霸言. 光曰: 「卿言不癡, 是非癡語也? 天子徵我三乃來, 人主尙不見, 當見人臣乎?」子道求報, 光曰: 「我手不能書.」乃口授之, 使者嫌少, 可更足. 光曰: 「買菜乎? 求益也?」霸封奏其書, 帝笑曰: 「狂奴故態也.」車駕卽日幸其館, 光臥不起, 帝卽

臥所, 撫其腹曰:「咄咄子陵, 不可相助爲理邪?」光又眠不應, 良久, 乃張目而言曰: 「昔唐堯著德, 巢夫洗耳. 士故有志, 何至相迫乎!」帝曰:「子陵, 我竟不能下汝邪?」於 是升輿, 歎息而去. 復引光入, 論道舊故, 相對累日, 因共偃臥. 帝爲諫議大夫, 不屈, 乃耕於富春山. 後人名其釣處爲嚴陵瀨焉. 建武十七年, 復特徵, 不至, 年八十, 終於 家. 『吽嗟子陵, 少與龍潛. 飛騰天位, 書玉連連. 北軍親就, 內榻同眠. 富春之濱, 客 星皎懸.」이라 함.

6. 袁宏《後漢紀》(5)에는 "是歲, 徵會稽嚴光, 太原周黨. 光, 字子陵, 少與世祖同學. 世祖卽位, 下詔徵光. 光變姓名, 漁釣川澤. 至是, 復以禮求光, 光不得已, 舁疾詣京 師. 舍於北軍, 給牀褥, 太官朝夕進膳. 上就見光曰:「子陵不可相助邪?」光臥而應曰: 「士固有執節者, 何至相逼乎?」天子欲以爲三公, 光稱病而退, 不可得而爵也."라 함.

7.《蒙求》(274)「嚴陵去釣」에는 "後漢, 嚴光字子陵, 會稽餘姚人, 少與光武同遊學. 光武卽位, 乃變名姓, 隱身不見. 帝思其賢, 乃令以物色訪之. 後齊國上言:「有一男子, 披羊裘釣澤中.」帝疑其光, 乃備安車玄纁聘之, 三反而後至. 舍於北軍, 給牀褥, 太官 進膳, 車駕幸其館, 光臥不起, 帝卽臥所, 撫其腹. 良久乃張目, 熟視曰:「昔唐堯著德, 巢父洗耳. 士故有志. 何至相迫乎?」帝歎息而去. 復引入, 論道舊故, 相對累日. 因共 偃臥, 光以足加帝腹上. 明日太史奏:「客星犯帝坐甚急.」帝笑曰:「朕故人子陵共臥 耳.」諫議大夫不屈. 乃耕於富春山. 後人名其釣處爲嚴陵瀨焉."이라 함.

8.《十八史略》(3)에도 "處士嚴光, 與上嘗同游學, 物色得之齊國, 披羊裘釣澤中. 徵 至, 亦不屈. 上與光同臥, 以足加帝腹. 明日太史奏:「客星犯御座甚急.」上曰:「朕與故 人嚴子陵共臥耳.」拜諫議大夫不肯受, 去耕釣, 隱富春山中終. 漢世多淸節士子此始." 라 하는 등 그의 고사는 아주 널리 전하고 있음.

9. 洪邁《容齋隨筆》에 "子陵乃莊氏, 東漢避顯宗諱, 以莊爲嚴, 故史家追書以爲嚴 光"이라 하였고,《螢雪叢說》에도 "嚴子陵, 本姓莊, 避顯宗諱, 遂稱嚴氏, 若釣臺·若 七里灘, 亦皆以嚴命名, 無非循習之訛, 而莫知其非也. 如范曄操《東漢史》筆, 初不究 其姓氏之由, 遽曰嚴光而傳之, 無乃以田千秋爲車天秋乎? 余是以寄意絶句於釣臺之 上, 有曰:「千古英風想子陵, 釣臺緣此幾人登? 誰知避諱更嚴氏, 灘與州名總誤稱?」" 이라 하여, 嚴光은 원래 '莊光'이었으나 東漢 2대 황제 明帝(顯宗, 劉莊)의 이름을 휘하여 성씨가 바뀌게 된 것이라 하였음.

10.《鶴林玉露》에 "余三十年前, 於釣臺壁間塵埃漫漶中, 得一詩云:「生涯千頃水雲 寬, 舒卷乾坤一釣竿. 夢裏偶然伸隻脚, 渠知天子是何官?」不知何人作也. 句意頗佳,

近時戴式之詩曰:「萬事無心一釣竿, 三公不換此江山. 當初誤識劉文叔, 惹起虛名滿世間.」句雖甚爽快, 實未然. 余考史籍, 光武, 儒者也. 素號謹厚, 觀諸母之言可見矣. 子陵意氣豪邁, 實人中龍, 故有狂奴之稱, 方其相友於隱約之中, 傷王室之陵夷, 歎海宇之橫潰. 知光武爲帝胄之英, 名義甚正, 所以激發其志氣而導之, 以除兇剪逆, 吹火德於既灰者, 當必有成謀矣. 異時披圖興歎, 岸幘迎笑, 雄姿英發, 視向時謹飭之文叔, 如二人焉. 子陵實陰有功於其間, 天下既定, 從容訪帝, 共攝之臥, 足加帝腹, 情義如此. 子陵豈以匹夫自嫌, 而帝亦豈以萬乘自居哉? 當是之時, 而欲使之俛首爲三公, 宜其不屑孰也? 史臣不察, 乃以之與周黨同稱, 夫周黨特一隱士耳. 豈若子陵友貞主於潛龍之日, 而琢磨講貫, 隱然有功於中興之業者哉? 余嘗題釣臺云:「平生謹救劉文叔, 却與狂奴意氣投. 激發潛龍雲雨志, 了知切跨鄧元侯? 講磨潛佐漢中興, 豈是空標處士名? 堪笑史臣無卓識, 却將周黨與同稱!」이라 함.

11. 《古文眞寶》注에 "迂齋云:「字少詞嚴, 筆力老健.」嚴光, 字子陵, 少與光武同學, 光武既卽位, 避之, 釣于富春山中, 物色召之, 至卒不仕, 事見《後漢書》. 富春山中, 卽今嚴州桐廬縣之釣臺也. 嚴州, 舊爲睦州, 後改爲嚴, 亦取嚴光所隱之義. 范文正守嚴州, 首爲祠堂, 祠之, 擧千載之欠事, 唱萬世之淸風, 至今范公, 祔祀嚴祠焉. 此篇辭甚簡嚴, 義甚宏瀾, 天下之至文也. 非嚴先生之事, 不能稱此文; 非范文正之文, 不能記此事.《容齋隨筆》載: 范公既爲此文, 以示南豐李泰伯, 李讀之, 歎味不已, 起言曰:「公文一出, 必將名世, 妄意輒易一字, 以成盛美.」公瞿然, 握手扣之. 答曰:「雲山江水之語, 於意甚大, 於辭甚悽, 而德字承之, 乃似趦趄, 擬換作風字, 何如?」公凝坐頷首, 殆欲下拜. 按'風'字, 萬倍精神.《孟子》論伯夷·下惠, 皆以風言. 太史公亦云「觀夫子遺風」, 風字不可易也. 范公偶初未之及耳, 世有剽竊聞此而不審者, 乃謂公初作德字, 恍惚間見一道人, 令改作風字, 似若傳會於子陵之神者, 好怪可哂也"라 함.

056(6-7) 〈跋紹興辛巳親征詔草〉 …… 辛稼軒(辛棄疾)

소흥 신사년 친정親征 조서 초안의 발문

*〈跋紹興辛巳親征詔草〉: 南宋의 첫 황제 高宗(趙構: 1107–1187. 재위는 1127–1162년 까지 36년)이 紹興(高宗의 연호: 1131–1162까지 32년간) 31년 辛巳年(1161)에 金나라 정벌에 직접 나서겠다는 詔書를 내린 草案을, 뒤에 辛棄疾(1140–1207)이 보고 跋文을 붙인 것임.

거란족(契丹族) 耶律氏의 遼(916–1125)에게 압박을 받던 女眞族의 完顔部 阿骨打가 나라를 세우고(1115) 국호를 '大金'이라 칭하며 遼에게 항거하여 계속 승리를 거두자, 역시 遼에게 시달리던 北宋 徽宗(趙佶: 1101–1125 재위)은 금과 연합하여 요를 협공하여 멸망시킴. 그러나 실제 전투에 제대로 성과를 내지 못한 北宋에 대해 金은 그간 遼에게 바치던 공물을 자신에게 바칠 것을 요구함. 이에 북송이 거부하자 금은 河北 일대를 점령하고 宋을 공격하여 송의 수도 汴京(開封)에 접근함. 이에 徽宗은 겁을 먹고 아들 趙桓(欽宗: 1125–1127 재위, 연호는 靖康)에게 제위를 물려주고 자신은 남방으로 도망함. 뒤를 이은 흠종은 李綱을 장수로 하여 맞섰으나 형세가 불리하자 欽宗은 投降派의 주장을 받아들여 금과 무리한 조건을 수용한 채 和議를 맺었음. 이듬 해 徽宗이 汴京으로 돌아오자 금은 송이 화의조건을 이행하지 않는다는 구실로 재차 남침, 변경을 파괴하고 대량 약탈을 자행한 다음 이듬해(1127) 휘종과 흠종, 그리고 后妃, 宗室 등 3천여 명을 포로로 하여 돌아감. 이리하여 北宋은 멸망하였으며 이를 '靖康之禍'라 함.

그러자 북송의 遺臣들은 흠종의 아우 趙構를 옹위하여 南京 應天府(지금의 河南 商丘)에서 즉위시켰으며 이가 남송 첫 황제 高宗임. 그러나 곧이어 金將 兀朮의 공격을 받자 다시 멀리 남쪽 臨安(지금의 浙江 杭州)으로 피신하여 그곳을 정식 도읍으로 삼아 南宋(1127–1279)이 시작됨.

한편 금은 당시 4대 군주 海陵王(完顔亮: 1149–1161 재위)이 燕京(지금의 北京)으로 도읍을 옮기고, 계속 남송을 공격하고 있었으며, 남송은 岳飛, 劉世光, 張浚, 韓世忠 등을 내세워 이에 맞서며 실지 회복을 위해 노력하였으나 역부족이었음. 그러다가 海陵王 完顔亮이 部將 完顔元宜에게 시살되어(1161, 辛巳) 금나라 조정에 내분이 일어나자 고종이 친정에 나서겠다고 조서를 내리도록 하였으며 그 草書를 뒤에 신기질이 보고 이 발문을 쓴 것임.

이 조서가 소흥紹興 이전에 나왔더라면 원수를 섬기는 큰 치욕을 없었을 것이요, 이 조서가 융흥隆興 이후에 실행되었더라면 세상에 없을 정벌의 공을 마칠 수 있었을 터인데, 지금 이 조서와 이 원수들이 아직도 함께 남아 있으니, 슬프도다!

使此詔見於紹興之前, 可以無事讐之大恥; 使此詔行於隆興之後, 可以卒不世之伐功, 今此詔與此虜, 猶俱存也, 悲夫!

【使此詔見於紹興之前, 可以無事讐之大恥】'此詔'는 高宗이 滅金北伐의 親征에 나서던 詔書. 그러나 고종은 和議派의 주장에 휘말려 친정을 포기하였음. '紹興之前'의 紹興은 南宋 첫 황제 高宗(趙構)의 연호. '紹興之前'은 北宋 때를 말함. '事讐之大恥'는 金을 섬겨야 하는 큰 수치. 南宋은 金에게 스스로 '皇侄'(금 황제의 조카)이라 칭하며 섬겨야 했음. 심지어 南宋 2대 황제 孝宗(趙眘:1162–1189 재위)은 1189년 금의 世宗 完顔雍이 병사하고 21세의 손자 完顔璟(章宗:1190–1208)이 즉위하자 자신보다 40여세나 어린 完顔璟에게 '侄'이라 칭할 수 없다고, 스스로 제위를 태자 趙惇(光宗:1189–1194)에게 물려주고 자신은 太上皇으로 물러나 앉기도 하였음.

【使此詔行於隆興之後, 可以卒不世之伐功】'隆興'은 남송 2대 황제 조신(趙眘. 孝宗)의 연호. 1163–1164년의 2년간이었음. 효종은 즉위하자 곧바로 抗金정책을 강하게 펴서 張浚으로 하여금 岳飛를 이어 江淮東西兩路宣撫使로 삼아 北伐에 나섰으나 역시 主和派의 주장이 강하였고, 금나라 역시 내분을 수습, 世宗(完顔雍:1161–1189)이 들어서 안정을 찾고 다시 남송 침공의 계획을 세우자 일시 중단하였음. 그러나 효종은 뜻을 굽히지 않고 李顯忠을 淮南京東河北招討使로, 邵宏

淵을 副將으로 삼아 宿州를 탈환하기도 하였음. 이에 金軍이 대거 재침을 시도, 信州와 楚州, 濠州, 滁州 등을 함락시키자 효종은 어쩔 수 없이 商州와 秦州를 할양하며 1164년 魏杞를 金에 보내어 和議를 맺고 말았음. 이를 역사적으로 '隆興和議'라 함. 그리하여 남송은 더 이상 금에 대항할 의지를 보이지 않았음. '不世之伐功'은 不世出의 정벌의 功績.

【今此詔與此虜, 猶俱存也, 悲夫!】'虜'는 女眞族 金을 낮추어 칭한 것. '俱存'은 둘 (詔書와 金)이 지금도 그대로 남아 있음.

참고 및 관련 자료

1. 辛棄疾(1140-1207)

자는 幼安, 호는 稼軒, 山東 歷城(지금의 濟南) 출신. 南宋의 대표적인 愛國詞人. 南宋 詞의 文學家로 더욱 널리 알려짐. 태어났을 때 이미 자신은 金의 지배하에 있었으며, 豪放하고 義俠心이 강하여 21세 때 完顏亮(金 皇帝 海陵王)이 죽자 당시 抗金 세력 耿京에게 들어가 掌書記로 활동하다가 23세 때 渡江하여 南宋으로 가서 高宗(趙構)을 뵙고 湖北, 湖南, 江西, 福建, 浙江 등의 按撫使가 됨. 그는 高宗, 孝宗, 光宗, 寧宗 등 4조를 섬기면서 일생을 抗金班列에서 활동하였으나 主和派의 세력에 눌려 中原을 회복할 뜻을 펼 수 없게 되자 悲憤激昻하여 많은 글로 남기기도 하였음. 특히 그의 詞는 宋代 四大詞人, 즉 豪放派의 蘇軾, 辛棄疾, 格律派의 周邦彦, 姜夔 중에 南宋詞를 대표하는 문인으로, 中國文學史에서 北宋의 '蘇詞'(蘇軾)에 대비하여 남송의 '辛詞'라 칭하여, 송대 豪放派 詞人의 領袖로 일컬어지고 있음. 그는 天分才高하여 "忠於國家, 誠於同胞; 無所不包, 無所不寫"라 할 정도로 애국충정과 제재가 다양하였으며, 주요 작품으로는 〈破陣子〉, 〈木蘭花慢〉, 〈菩薩蠻〉, 〈鷓鴣天〉, 〈賀新郎〉, 〈滿江紅〉, 〈西江月〉 등이 있음.

鎮江知府

〈辛棄疾〉(1140-1207)鎮江知府

《稼軒詞》(4권, 혹 12권) 6백여 수의 詞 작품을 남겼으며,《稼軒集》과《稼軒奏議》가 있었으나 지금은 전하지 않음. 죽은 뒤 光祿大夫에 追贈되었으며, 謝枋得의 奏請에 의해 廣祐(南宋 恭帝. 1275) 초에 少師로 加贈되고 시호가 忠敏으로 내려짐.《宋史》(401)에 傳이 있음.

2. 이 글은《宋史》(401, 辛棄疾傳),《欽定續通志》(395),《文章辨體彙選》(369) 등에 실려 있음.

3.《宋史》(401) 辛棄疾傳에 "棄疾豪爽尚氣節, 識拔英俊, 所交多海內知名士. 嘗〈跋紹興間詔書〉曰:「使此詔出於紹興之前, 可以無事讎之大恥; 使此詔行於隆興之後, 可以卒不世之大功. 今此詔與讎敵俱存也, 悲夫!」人服其警切. 帥長沙時, 士人或愬考試官濫取第十七名《春秋》卷, 棄疾察之信然, 索亞牓《春秋》卷兩易之, 啓名則趙鼎也. 棄疾怒曰:「佐國元勳, 忠簡一人, 胡爲又一趙鼎!」擲之地. 次閱《禮記》卷, 棄疾曰:「觀其議論, 必豪傑士也, 此不可失.」啓之, 乃趙方也. 嘗謂:「人生在勤, 當以力田爲先. 北方之人, 養生之具不求於人, 是以無甚富甚貧之家. 南方多末作以病農, 而兼幷之患興, 貧富斯不侔矣.」故以「稼」名軒. 爲大理卿時, 同僚吳交如死, 無棺歛, 棄疾歎曰:「身爲列卿而貧若此, 是廉介之士也!」旣厚賻之, 復言于執政, 詔賜銀絹."이라 함.

4. 한편 본《文章軌範》을 편찬한 謝枋得(1226-1289)이 辛棄疾을 매우 존숭하여 그의 이 글을 실은 것으로 보임.《宋史》(401 辛棄疾傳)에 "咸淳(南宋 度宗 1265-1274)間, 史館校勘謝枋得過棄疾墓旁僧舍, 有疾聲大呼於堂上, 若鳴其不平, 自昏暮至三鼓不絶聲. 枋得秉燭作文, 旦且祭之, 文成而聲始息"이라 하여 謝枋得이 辛棄疾의 묘소 옆 僧舍에 머물다가 겪은 일화가 기록되어 있음.

5.《軌範》謝疊山(謝枋得)의 評

"字少意多, 文簡理詳, 有關世敎, 非徒以其文也."

057(6-8) <袁州學記> ·················· 李太伯(李覯)

원주학기

*<袁州學記>: 袁州는 지금의 江西 宜春縣으로 宋代에 州府를 두었었음. 唐 玄宗
天寶 5년(746), 태수 房琯이 孔子廟를 성 북문 밖에 세워 이미 교육이 시작되었
으나, 그 뒤 宋 仁宗 때, 각 州縣에 학교를 세우도록 한 詔勅에 의해 다시 교육
이 흥기하게 되었음. 仁宗 皇祐 5년(1038, 寶元 元年), 태수 祖無擇이 부임하여 학
교가 너무 황폐해 가고 있음을 보고 廳舍 동북쪽에 새로 학교를 세우면서 袁
州의 州學이 활기를 띠게 됨. 이에 校舍가 낙성된 후, 李覯가 이 글을 쓰게 된
것이며, 이는 실제 至和 원년(1054)이었음을 밝히고 있음.

1/4 ─────────────────

황제[仁宗] 22년1045, 조칙을 내려 주현州縣에 학교를 세우도록 하였다.

그런데 당시 수령守令 중에는 똑똑한 이도 있었고 우매한 자도 있었으
며, 온갖 힘과 생각을 다하여 공경스럽게 임금의 덕스러운 뜻을 따르는
이고 있었고, 임시로 도관道觀, 道宮을 빌리고, 교사敎師라 마구 이름을
붙여, 구차스럽게 문서만 갖추어 놓은 경우도 있었다.

그런가 하면 혹 몇 개의 성城과 현縣을 연이어도 공부하는 소리를 들
을 수 없었으니, 천자의 선창에 호응하지 않아 교육이 중지된 채 실행되
지 못하고 있었다.

皇帝二十有二年, 制詔州縣立學.

惟時守令, 有哲有愚; 有屈力殫慮, 祗順德意; 有假官僭師, 苟具
文書.

或連數城, 亡絃誦聲; 倡而不和, 敎尼不行.

【皇帝二十有二年, 制詔州縣立學, 惟時守令, 有哲有愚】'皇帝'는 宋 仁宗(趙禎)을 가리킴. 眞宗의 아들이며 1023–1063년까지 41년간 재위함. 22년은 慶曆 5년(1045). 그러나 《軌範》과 《古文眞寶》 注에는 "仁宗慶曆四年"이라 하였으며, 다른 轉載文에는 모두 '二十有三年'으로 되어 있음. '制詔'는 皇帝의 命令이나 詔勅. 《史記》 秦始皇本紀에 "命爲制, 令爲詔"라 함. 〈補注〉에 《史》秦始皇紀〈正義〉曰:「制誥, 三代無文, 秦始有之.」《漢書》高帝紀:「太后臨朝稱制.」師古曰:「天子之言曰制書, 謂爲制度之命也.」《獨斷》曰:「天子之言曰制. 制者, 制度之命也. 詔, 誥也.」劉勰曰:「古者王言同稱爲命, 秦幷天下, 改命曰制, 令曰詔. 張表臣《珊瑚鉤詩話》:「帝王之言, 出法度以制人者, 謂之制; 經綸之語, 若日月之垂照者, 謂之詔. 制與詔同, 詔亦制也.」라 함. '守令'은 州郡縣의 郡守와 縣令. '哲'은 智와 같은 뜻.

【有屈力殫慮, 祗順德意; 有假官僭師, 苟具文書】'屈力殫慮'는 있는 힘을 다하고 온갖 생각을 다함. '殫'은 盡의 뜻. 그러나 《盱江集》,《宋文鑑》,《古文集成》 등에는 '單'으로 되어 있으며 《崇古文訣》에는 '殫'으로 되어 있음. '祗順德音'의 '祗順'은 '공경스럽게 따르다'의 뜻. '德意'는 황제의 명령을 높이 칭한 것. 《軌範》 注에 "句法"이라 함. '假官僭師'은 관서를 빌려 학교로 사용하고 敎師의 지위를 마구 참람하게 이름을 붙여줌. 즉 이름만 학교일뿐 제대로 기능을 수행하지 못하고 있음. 그러나 '假官'은 다른 轉載文에는 '假宮'으로 되어 있어 道敎의 宮觀을 빌려 썼음을 뜻함. '僭師'는 선생 명의를 참칭함. 일부 轉載文에는 '借師'로 되어 있음. '苟具文書'는 구차스럽게 문서만 갖추어 학교인 것처럼 꾸며놓음. 《軌範》 注에 "句法"이라 하고 〈補注〉에 《漢》宣帝紀:「計簿具文而已.」師古曰:「雖有其文, 而實不副也.」此與下文'弄筆墨'呼應"이라 함.

【或連數城, 亡絃誦聲; 倡而不和, 敎尼不行】'亡絃誦聲'의 '亡'는 無와 같으며 '무'로 읽음. '絃誦'은 弦誦과 같음. '絃歌之聲'의 줄인 말로 공부하는 소리. 책을 읽기도 하며, 琴을 타기도 하는 소리. 《論語》 陽貨篇에 "子之武城, 聞弦歌之聲. 夫子莞爾而笑, 曰:「割雞焉用牛刀?」子游對曰:「昔者, 偃也聞諸夫子曰:『君子學道則愛人, 小人學道則易使也.』」子曰:「二三子! 偃之言是也. 前言戲之耳.」라 함. 다른 轉載聞에는 거의가 '亡誦弦聲'으로 되어 있음. '倡而不和'는 主唱하여도 반응을 하지 않음. '倡'은 唱과 같으며, '和'는 應과 같음. '敎尼不行'은 敎化의 道가 막혀 실행되지 않음. '尼'는 止의 뜻. 《軌範》 注에 "句法"이라 함.

32년(1054), 범양范陽 조무택祖無擇이 원주袁州 지주知州로 왔다.

처음으로 여러 생도들을 오게 하였다가 학궁學宮이 비어있는 상황을 알고서, 인재가 방실放失되고 유학의 효과가 소활疎闊하여 황제의 뜻에 맞지 않음을 크게 두려워하였다.

통판通判 영천潁川 진신陳侁이 이를 듣고는 그렇다고 여겨, 의론이 부합하였다.

三十有二年, 范陽祖君無擇, 知袁州.

始至進諸生, 知學官闕狀, 大懼人材放失, 儒效闊疎, 亡以稱上意旨.

通判潁川陳君侁, 聞而是之, 議以克合.

【三十有二年, 范陽祖君無擇, 知袁州】 '三十有二年'은 仁宗 32년, 至和 元年(1054). 그러나 다른 轉載文에는 혹 '三十有三年'으로 되어 있기도 함. 《軌範》注에 "仁宗至和元年"이라 하였고, 《古文眞寶》注에도 "至和元年"이라 함. '范陽'은 지금의 河北 涿縣. '祖君無擇'은 祖無擇. 字는 擇之. 원래 上蔡 사람이며 進士에 합격하여 知制誥 등을 역임함. 따라서 范陽은 郡望(우리의 貫籍)으로 부른 것. '知袁州'는 袁州의 知事, 知州가 됨. '袁州'는 지금의 江西 宜春縣.

【始至進諸生, 知學官闕狀, 大懼人材放失, 儒效闊疎, 亡以稱上意旨】 '學官闕狀'은 다른 轉載文에는 學宮闕狀으로 되어 있음. '闕'은 缺과 같음. 《軌範》注에 "子法"이라 함. '大懼'는 크게 두려워함. '放失'은 방치되거나 잃게 됨. 《軌範》注에 "子法"이라 함. '儒效闊疎'는 儒學의 效力이 어설프고 疎闊해짐. '疎'는 踈, 疏, 疎와 같음. '無以稱上意旨'는 皇帝의 뜻에 부합하지 않음. '稱'은 '부합하다, 적합하다'의 뜻. 그러나 다른 轉載文에는 '無以稱上旨'로, 《崇古文訣》과 《古文集成》에는 '無以稱上意旨'로 표기되어 있음.

【通判潁川陳君侁, 聞而是之, 議以克合】 '通判'은 通判官. 知府나 知州의 副官으로 그를 도와 행정을 처리하는 관리. 監州官으로도 불림. 〈補注〉에 "《文獻通考》職官考曰:「五代藩鎭之弊, 乾德初, 下湖南始置諸州通判, 掌倅貳郡政, 與長吏均禮. 凡

兵民錢穀戶口賦役獄訟聽斷之事, 可否裁決, 與守通僉, 所部官有善否, 及職事脩廢, 得刺擧以聞.」《却掃篇》曰:「祖宗時, 凡宦僕射及使相以上, 領州府則稱判.」《隨園隨筆》曰:「宋太祖去藩鎭, 乃設通判, 以監諸州刺史, 刺史惡其捉搦, 故云'願有螃蟹, 而無通判處', 然其結銜皆云通判某州軍州事, 無單名通判兩字者, 直云其處通判, 亦自明始矣.」《小知錄》曰:「趙抃言:『通判古監郡之職, 一州利害全藉.」라 함. '潁川'은 지금의 河南 禹縣. 陳氏의 郡望. '陳君佖'은 陳佖. 字는 復之이며 福州 長樂(지금의 福建 長樂縣) 출신으로 進士에 오름. '聞而是之'는 이를 듣고 그렇다고 여김. 《軌範》注에 "子法"이라 함. '克合'은 뜻이 하나로 모아짐. '克'은 能의 뜻.

3/4 ━━━━━━━━━━━━━━━━

옛 부자묘夫子廟, 孔廟를 살펴보았더니 협소하여 다시 고칠 수도 없어, 이에 치소治所의 동북 귀퉁이에 터를 잡아 학사를 짓게 되었다.

그곳 토질은 건조하고 딱딱하였으며, 그 위치도 남쪽을 향하고 있었고, 그 재목도 크고 좋아 전당殿堂과 문무門廡도 검은 칠, 흰 칠, 붉은 칠, 옻칠 등도 모두 옛 법에 따라 지었다.

생도들과 선생들도 머무를 집이 있도록 하였으며 부엌과 창고도 차례에 맞게 짓고, 온갖 필요한 기구도 모두 갖추도록, 손을 모아 함께 작업을 하였는데 공인工人들도 일을 잘하였고 관리들도 근면하여 새벽부터 밤이 되도록 힘을 쏟아, 이듬해 완성되어 석채釋菜의 날짜까지 잡게 되었다.

相舊夫子廟, 陋隘不足改爲, 乃營治之東北隅.
厥土燥剛, 厥位面陽, 厥材孔良, 殿堂門廡, 黝堊丹漆, 擧以法故.
生師有舍, 庖廩有次, 百爾器備, 並手偕作; 工善吏勤, 晨夜展力, 越明年成, 舍菜且有日.

【相舊夫子廟, 陋隘不足改爲, 乃營治之東北隅】'相'은 살펴봄.《古文眞寶》注에 "相, 視也"라 함. '夫子廟'는 孔子廟를 가리킴. '陋隘'는 비좁음. 공간이 너무 좁음. '乃'는 迺와 같으며《盱江集》등에는 '迺'로 되어 있음. '營'은 營建의 뜻. 건축물 등을 지

음. '治'는 治所, 즉 政務를 맡아보는 州의 廳舍. '東北隅'는 《盱江集》, 《宋文鑑》, 《古文集成》, 《崇古文訣》 등에 따른 것이며 일부 전재문에는 '北隅' 두 글자가 없음.

【厥土燥剛, 厥位面陽, 厥材孔良, 殿堂門廡, 黝堊丹漆, 擧以法故】'厥位'의 '厥'은 其와 같음. 〈補注〉에 "〈洛誥〉: 「攻位于洛汭, 越五日甲寅位成」"이라 함. '燥剛'은 건조하고 딱딱하여 건물을 지을 터로 합당함. '孔良'의 '孔'은 甚의 뜻. '殿堂門廡'는 殿堂과 門, 廡廊, 행랑채 등. '黝堊丹漆'은 검은 칠, 흰색 칠, 붉은 칠, 옻칠 등의 여러 색깔. '黝'는 〈補注〉에 《說文》: 「黝, 微青黑色.」 〈釋詁〉: 「黑謂之黝.」 孫注: 「黝, 青黑色.」 《穀梁》莊二十四年傳: 「天子諸侯黝堊.」 《廣雅》: 「黝堊, 塗也.」 《禮》: 「天子諸侯之楹黝堊.」"이라 함. '法故'는 옛 법을 따름. 이 구절은 다른 轉載文에는 대체로 "厥土燥剛, 厥位面陽, 厥材孔良, 瓦甓黝堊丹漆, 擧以法故, 殿堂室房廡門, 各得其度"로 되어 있음.

【生師有舍, 庖廩有次】이 8자는 《盱江集》과 《宋文鑑》 등에는 없으며, 《古文集成》과 《崇古文訣》에는 들어 있음. '生師'는 生徒와 敎師. '庖廩'은 부엌과 곡식 창고.

【百爾器備, 並手偕作; 工善吏勤, 晨夜展力, 越明年成, 舍菜且有日】'百爾'은 온갖 것들. '爾'는 助詞, 虛辭. '並手偕作'은 손을 모아 함께 만듦. '舍菜'는 고대 학교에서 菜蔬로 지내는 孔子에 대한 제사. '釋菜', 또는 '奠菜'라고도 함. 《古文眞寶》注에 "舍菜, 猶今釋菜"라 함. '且有日'은 날짜를 받아놓음.

4/4

나 우강盱江 이구李覯는 여러 사람들에게 이렇게 고하였다.

"사대四代의 학문은 경서經書를 상고하면 가히 알 수 있다. 진秦나라가 산서山西 지역이었는데 육국六國을 멸하고 만세萬世토록 황제의 칭호가 이어지고자 하였으나, 유씨劉氏, 劉邦가 한 번 소리치자 함곡관을 지키던 진나라 군사들이 문을 열어주었고, 무부武夫와 건장健將들은 마치 장사꾼이 이익을 탐내듯이 뒷날을 걱정하며 항복하였으니 왜 그랬겠는가? 시서詩書의 도道가 폐廢하여 사람들은 오직 이익만 볼 뿐 의義에 대해서는 들어보지 못하였기 때문이었다. 효무제孝武帝, 劉徹는 당시 국세의 풍부豊富함을 이용하였고, 세조世祖, 光武帝는 정벌의 행렬에서 나와 모두가 학술에 힘쓰시어 풍속과 교화의 두터움이 영제靈帝, 헌제獻帝

때가지 이어졌다. 초야에 묻혔던 선비도 바른 말을 하여 목이 꺾일지언정 후회하지 않았고, 공功이 열렬하여 군주조차 벌벌 떨게 하던 자들도 명령을 듣고는 무기를 내려놓았으며, 군웅들은 서로 눈치를 보면서 감히 신하로서의 위치를 버리지 않았다. 이렇게 수십 년씩 이어져, 교화와 도덕이 사람의 마음을 결집시킴이 이와 같았던 것이다. 지금 성신聖神하신 임금을 만난 이 시대에, 너희 원주에서는 성명한 지도자를 얻어, 너희들로 하여금 상서庠序를 통해 옛사람의 자취를 따라 밟아나가게 하니, 천하가 다스려지면 예악禮樂이 큰 것으로 여겨져 이로써 우리 백성을 훈도하게 되는 것이며, 한 가지라도 불행한 사태가 있게 되면 오히려 마땅히 대절大節에 의거하여 신하된 자는 충성을 위해 죽고, 아들 된 자는 효를 위해 죽음을 무릅써서, 사람으로 하여금 법을 삼을 바가 있고 또한 의지할 바가 있게 되는 것이니, 이것이 바로 조정에서 교학敎學을 내세우는 의의이다. 만약 그저 필묵筆墨만으로 농간을 부리며 이로써 이익과 영달을 구할 뿐이라면, 어찌 여러분만의 수치로 그치겠는가? 생각건대 역시 나라를 다스리는 자의 근심이 될 것이니라!"

(이 해는 실제 지화至和 갑오(1054) 여름 모월 갑자 날에 쓴 것임.)

旴江李覯誘于衆曰:「惟四代之學, 考諸經可見已. 秦以山西, 鏖六國, 欲帝萬世, 劉氏一呼, 而關門不守, 武夫健將, 賣降恐後, 何耶? 詩書之道廢, 人惟見利而不聞義焉耳. 孝武乘豐富, 世祖出戎行, 皆孳孳學術, 俗化之厚, 延于靈·獻. 草茅危言者, 折首而不悔; 功烈震主者, 聞命而釋兵; 羣雄相視, 不敢去臣位. 尙數十年, 教道之結人心如此. 今代遭聖神, 爾袁得聖君, 俾爾由庠序, 踐古人之迹, 天下治, 則撢禮樂以陶吾民, 一有不幸, 猶當仗大節, 爲臣死忠, 爲子死孝, 使人有所賴, 且有所法, 是惟朝家教學之意. 若其弄筆墨, 以徼利達而已, 豈徒二三子之羞? 抑亦爲國者之憂!」

(此年實至和甲午夏, 某月, 甲子記)

【盱江李覯謚于衆曰】'盱'는 일부 판본에는 '旴'로 표기된 轉載文도 있음. '盱江'(旴江)은 李覯가 살던 마을 이름. '盱江'이 맞는 표기이며 고대 汝水로 불리던 400여 Km의 물 이름. 강의 일부 지역에서 '旴江'으로 잘못 표기한 것을 관례로 인정하여 왔다 함. 江西 廣昌縣 血木嶺에서 발원하여 南豐, 南城, 進縣을 거쳐 지금의 南昌 滕王閣 부근에서 贛江으로 합류함. 한편 地名으로서의 盱江은 지금의 江西 廣昌縣 盱江鎭. 이곳이 李覯의 고향이었음. 이에 李覯를 盱江先生으로 불렀으며 그의 문집도 《盱江集》이라 한 것임. '謚'(심)은 여러 사람에게 고함.

【惟四代之學, 考諸經可見已】'四代'는 虞(舜), 夏(禹), 商(湯), 周(文武)의 네 왕조를 가리킴. 《軌範》注에 "作〈學記〉, 不說虞夏商周自是欠事, 今只以一句道破, 筆力益見高古"라 함. 《古文眞寶》注에는 "四代, 虞夏商周"라 함. '考諸經'은 詩, 書, 易, 春秋, 禮, 樂 등 여러 經典에서 고찰함. '諸'(저)는 '之於', '之于', '之乎'의 合音字. 《軌範》補注에 《禮記》王制:「有虞氏養國老於上庠, 養庶老於下庠; 夏后氏養國老於東序, 養庶老於西序; 殷人養國老於右學, 養庶老於左學; 周人養國老於東膠, 養庶老於虞庠.」 鄭註云:「皆學名也. 異者四代相變耳.」라 하였고, 《古文眞寶》注에는 "只一句說過便了"라 함.

【秦以山西, 鏖六國, 欲帝萬世】'山西'는 崤山 서쪽. 고대 秦나라를 가리킴. '鏖'(오)는 모조리 무찔러 죽임. 〈補注〉에 《漢書》霍去病傳:「合短兵鏖皐蘭下.」 註:「鏖, 謂苦擊而多殺也.」라 함. '六國'은 山東六國. 戰國七雄 중에 秦을 제외한 동쪽 여섯 나라. 즉 韓, 魏, 燕, 趙, 齊, 楚. 이들은 모두 秦始皇에 의해 나라가 망하고 말았음. '帝欲萬世'는 皇帝로서 萬世를 이어가고자 하였음. 《史記》秦始皇本紀에 "制曰:「朕聞太古有號毋謚, 中古有號, 死而以行爲謚. 如此, 則子議父, 臣議君也, 甚無謂, 朕弗取焉. 自今已來, 除謚法. 朕爲始皇帝. 後世以計數, 二世三世至于萬世, 傳之無窮.」라 함. 〈補注〉에 《史記》始皇本紀:「朕爲始皇帝, 二世三世至于萬世.」라 함.

【劉氏一呼, 而關門不守, 武夫健將, 賣降恐後, 何耶】'劉氏'는 漢 高祖 劉邦을 가리킴. 秦을 이어 漢帝國을 세움. '關門'은 函谷關의 문을 가리킴. 《古文眞寶》注에 "語壯"이라 함. '武夫健將'은 병사와 용맹한 장수. '賣降恐後'는 장사꾼이 이익만을 좇아가듯 秦나라 병사들이 뒷날을 걱정하며 서둘러 항복함.

【詩書之道廢, 人惟見利而不聞義焉耳】'詩書之道廢'는 秦始皇의 焚書坑儒를 가리킴. 이에 따라 儒家의 道가 폐기되었음을 말함. 《古文眞寶》注에 "此廢學之禍"라 함.

【孝武乘豐富, 世祖出戎行, 皆孳孳學術, 俗化之厚, 延于靈·獻】 '孝武'는 西漢 5대 황제 武帝(劉徹: B.C.140–B.C.87년 재위)를 가리킴. 文帝와 景帝의 뒤를 이어 '獨尊儒術'을 시행하였음. '世祖'는 東漢의 光武帝(劉秀). 《古文眞寶》注에 "世祖, 光武"라 함. 西漢 景帝의 후손으로 王莽(新)을 멸하고 東漢(後漢)을 세워 洛陽에 도읍함. '出戎行'은 나라를 세우기 위해 여러 차례 출정에 나섬. '孳孳'는 부지런히 힘쓰는 모습. '俗化'은 풍속과 敎化. '靈·獻'은 漢 靈帝와 獻帝. 靈帝(劉宏: 168–189년 재위)는 後漢 12대 황제. 獻帝(劉協: 189–220년 재위)는 後漢 마지막 황제. 나라를 曹氏(曹丕)에게 禪讓하여 劉氏王朝가 끝을 내림. 《古文眞寶》注에 "靈獻, 靈帝, 獻帝"라 함.

【草茅危言者, 折首而不悔; 功烈震主者, 聞命而釋兵; 羣雄相視, 不敢去臣位】 '草茅'는 草屋과 같음. 벼슬을 하지 않고 草野에 묻혀 사는 선비를 지칭함. 《儀禮》에 "在野則曰草茅之臣"이라 함. '危言'은 直言. 위험을 무릅쓰고 하는 바른말. '折首'는 머리를 꺾음. 斷頭와 같음. 〈補注〉에 《易》離上九: 「王用出征, 有嘉, 折首獲匪其醜, 无咎.」라 함. '功烈震主'는 功烈이 군주를 놀라게 함.

【尙數十年, 敎道之結人心如此】 '尙'은 '그나마, 그래도, 오히려' 등의 뜻. 《軌範》注에 "一句結有筆力"이라 하였고, 《古文眞寶》注에는 "此興學之功"이라 함.

【今代遭聖神, 爾袁得聖君, 俾爾由庠序, 踐古人之迹, 天下治】 '聖神'은 글 쓰는 자가 흔히 자신의 當代를 일컫는 말로 표현하는 常套語. 여기서는 仁宗皇帝를 극찬한 말. 《孟子》盡心(下)에 "大而化之謂之聖, 聖而不可知謂之神"이라 함. '爾袁'은 너희 袁州 사람들. '爾'는 汝, 你와 같음. '聖君'은 袁州太守로 온 祖無擇을 가리킴. 그러나 《古文眞寶》 등에는 '賢君'으로 되어 있어 '聖君'보다는 의미가 순통함. '聖君'일 경우 仁宗皇帝를 가리킴. 《軌範》注에 "句法"이라 함. '庠序'는 고대 鄕里의 학교 이름. 殷代에는 序, 周代에는 庠이라 하였음. 《孟子》滕文公(上)에 "夏曰校, 殷曰序, 周曰庠"이라 함.

【則撣禮樂以陶吾民, 一有不幸, 猶當仗大節, 爲臣死忠, 爲子死孝】 '撣禮樂'의 '撣'(탄)은 '당기다'의 뜻. 禮樂을 크게 끌어당김. 《古文眞寶》에는 '譚'으로 되어 있으며, 注에 "譚, 大也; 陶, 化也"라 함. 그러나 《旴江集》에는 '撣'(탐)으로 되어 있으며, 《宋文鑑》, 《古文集成》, 《崇古文訣》 등에는 모두 '譚'으로 되어 있음. '以陶吾民'은 이로써 우리 백성을 薰陶하고 陶冶시킴. 〈補注〉에 《漢書》鄒陽傳: 陽上書曰: 「聖王制世御俗, 獨化於陶鈞之上.」 註: 「陶家名轉者爲鈞. 蓋取周回調均耳.」 言聖王制

馭天下, 亦猶陶人轉均. 〈董仲舒傳〉:「陶冶而成之.」師古曰:「陶, 以喩造瓦; 冶, 以喩
鑄金也. 言天之生人, 有似於此也.」라 함. '猶當'은 《古文眞寶》에는 '尤當'으로 되
어 있음. '仗大節'은 大節에 의지함. 큰 절조(儒家의 道理)를 행동의 기준으로 삼음.
'爲子孝死' 다음에 《軌範》注에는 "此等文章, 關係世教, 萬世不磨滅"이라 하였고,
《古文眞寶》注에는 "學之設, 蓋爲此"라 함.

【使人有所賴, 且有所法, 是惟朝家教學之意】《古文眞寶》에는 '賴'자와 '法'자가 서로
바뀌어 있음. 《崇古文訣》과 《古文集成》은 본문과 같음. '朝家'는 國家, 朝廷을 가
리킴.

【若其弄筆墨, 以徼利達而已, 豈徒二三子之羞, 抑亦爲國者之憂!】'弄筆墨'은 筆墨으
로만 제창함. '徼利達'은 利益과 榮達을 구함. '徼'(요)는 要, 求의 뜻. 《古文眞寶》
注에 "學之設, 豈爲此?"라 함. '亦'은 《旴江集》등 모든 轉載文에는 없음. 끝에 《古
文眞寶》注에는 "辭嚴義正, 斬截有法"이라 함.

【此年實至和甲午夏某月甲子記】《旴江集》 끝에는 이 13자의 注文이 더 있음. '至和'
는 宋 仁宗의 연호. '甲午'는 至和 元年(1054).

참고 및 관련 자료

1. 李太伯(李泰伯, 李觀)

본명은 李觀(1009-1059), 자는 泰伯, 혹 太
伯. 宋代 南城(지금의 江西 廣昌縣 旴江鎭) 사
람으로 문장에 능하고 재능이 뛰어났었음.
어버이가 늙어 벼슬길에 나서지 않았으며 후
학을 가르치는 일에 몰두함. 이에 백여 명이
넘는 학자들이 모여들었다 함. 仁宗(趙禎) 皇
祐(1049-1053) 초에 范仲淹이 試太學助教로
추천하자 〈明堂定制圖〉를 지어 올렸으며, 그
뒤 太學에서 講說하기도 하였음. 죽은 뒤 학
자들은 그를 추모하여 살던 지명을 취하여
'旴江先生'이라 불렀음. 저술로는 《周禮致太平
論》, 《平土書》, 《退居類稿》, 《皇祐續稿》 등이
있음. 《宋史》(432) 儒林傳에 傳이 있으며 그의

〈李觀〉(1009-1059)

글을 모은 《旴江集》이 있음. 《東都事略》儒學傳에 "李覯, 字泰伯, 旴(旴)江人也. 以文章知名, 通經術, 四方從學者, 常數百人. 素不喜孟子, 以爲'孔子尊王, 孟子敎諸侯爲王'. 嘗試制科六論, 不得其一, 曰:「吾書未嘗不讀, 必孟子註疏也.」擲筆而出, 人爲檢視之, 果然. 終不中第. 泰伯有富國彊兵之學, 著《禮論》,《易論,》《明堂書》, 行于世. 以〈海門簿〉, 召赴太學說《書》, 以卒. 其所爲文十七卷, 號《退居類藁》. 嘗自述曰:「天將壽我與, 所爲固未足也. 不然斯亦足以藉手見古人矣.」詩以其言爲然"이라 함.

2. 이 글은 《旴江集》(23),《宋文鑑》(80),《崇古文訣》(31),《續文章正宗》(12),《古文集成》(12),《古文雅正》(10),《文章辨體彙選》(561),《龍學文集》(12),《江西通志》(123),《古文觀止》(9),《古文眞寶》(後集 9) 등에 실려 있음.

3. 《軌範》注에 "本朝大儒作學記多矣. 三百年來, 人獨喜誦〈袁州學記〉. 非曰筆端有氣力, 有光燄超然不羣. 其立論高遠宏大, 不離乎人心天理. 宜乎讀者樂, 而忘倦也. 葉水心云:「爲文不足關世敎, 雖工無益也. 可與知者道」라 함.

4. 《龍學文集》에는 "本朝慶曆中, 詔天下郡縣, 興崇學校. 皇祐五年, 龍學自廣南東路轉運使移典袁州, 下車之初, 酒議改學. 次年至和甲子, 學成旴江李泰伯撰, 記刻石以識其事, 京兆章友直篆額, 河東柳淇書, 世號三絶. 熙寧元豊間, 館閣第天下學記, 以袁州爲冠"이라 하였고, 문장 말미에는 "〈袁州學記〉, 李太伯文, 河東〈柳淇書〉, 京兆章友眞篆, 稱爲三絶"이라 함.

5. 《崇古文訣》에 "議論關涉筆力老健"이라 함.

6. 《古文眞寶》注에 "迂齋云:「議論關涉(世敎), 筆力老健.」○〈學記〉多矣, 意正說嚴, 文老氣壯, 未有科此者. 明倫而敦忠孝, 此學之大本, 爲文以徼利達, 此學之流弊, 一勸一戒, 凜凜如秋霜烈日"이라 함.

058(6-9) <書洛陽名園記後> .... 李文叔(格非)

《낙양명원기》 후서

*<書洛陽名園記後> : 이는 李格非(文叔)가 《洛陽名園記》를 저술하고 그 뒤에 後記로 쓴 것임.

1/3 ─────────────────

(논왈論曰) :

낙양洛陽은 천하의 중앙에 처하여 효산殽山과 민애澠隘의 험준함을 끼고 있어, 진秦과 농서隴西로서는 옷깃이나 목구멍에 해당하며, 조趙와 위魏가 반드시 지나야할 요충지로서, 대체로 사방 나라들이 반드시 다투어야 할 지역이다.

천하가 무사할 때라면 그뿐이겠지만 일이 터지면 낙양은 반드시 병화를 입어야 하는 곳이다.

나는 그 때문에 일찍이 "낙양의 성쇠는 천하 치란治亂의 징후이다"라고 말한 것이다.

(論曰:)

洛陽處天下之中, 挾殽澠之阻, 當秦隴之襟喉, 而趙魏走集, 盖四方必爭之地也.

天下當無事則已, 有事則洛陽, 必先受兵.

余故嘗曰:「洛陽之盛衰者, 天下治亂之候也.」

【論曰】《洛陽名園記》에는 이 글이 앞에 이 두 글자로 시작됨. '洛陽'은 지금의 河南省 洛陽市. 중국 六大 古都의 하나. 東周부터 東漢, 魏, 西晉, 北魏, 武則天, 五

代의 後唐 등이 도읍으로 삼았던 곳이며, 西安이 政治中心의 古都였음에 비해 洛陽은 천하의 중심지로 文化, 藝術, 物流, 流行의 도시였음.

【洛陽處天下之中, 挾殽黽之阻, 當秦隴之襟喉】'天下之中'은 지리적으로 천하의 중심임. 〈補注〉에 《書》召誥: 「王來紹上帝, 自服于土中」,《史記》周本紀: 周公反政成王, 使召公復營洛邑曰: 「此天下之中, 四方入貢道里均.」이라 함.《古文眞寶》注에 "先說洛陽形勢起"라 함. '殽黽'은 殽山과 黽阨. 殽山은 崤山으로도 표기하며, 洛陽 북쪽의 險要한 산. '黽'은 黽阨(黽阨), 澠隘(澠阨)로도 표기하며, 지금의 河南省 信陽縣 동남쪽 平靖關.《漢書》周亞夫傳에 "必置間人於殽黽阨陜之間"이라 함.《洛陽名園記》에는 '澠'으로 되어 있음. 지형상 險要한 땅임. '阻'는 險要한 곳. '秦隴'은 秦(關中)나라와 隴西 땅. 지금의 陝西省과 甘肅省. '襟喉'는 옷깃과 목구멍. 매우 중요한 要地에 비유한 말. 〈補注〉에 《說文》: 「襟, 交衽也.」《爾雅》孫炎注: 「襟, 交領也.」 此則襟是交領, 故與喉並言, 以喩要地. 猶《國策》云: 「韓, 天下之咽喉; 魏, 天下之胸腹也.」라 함.

【而趙魏走集, 盖四方必爭之地也】'而'는 《東都事略》에는 面으로 되어 있음. 이에 대해 〈補注〉에는 "按此與'當秦隴之襟喉'對文, 當作'面'爲是.《周禮考》工記「匠人面朝後市」, 注: 「面, 猶鄕也.」라 함. '趙魏'는 戰國시대 趙나라와 魏나라. 趙나라는 지금의 河北 邯鄲이 도읍이었으며, 魏나라는 지금의 河南 開封이 도읍으로 모두 洛陽을 둘러싸고 있는 나라들이었음. '走集'은 왕래에 반드시 지나야 할 要衝地. 혹 邊方의 堡壘. 〈補注〉에 《左傳》昭廿三年: 「修其土田, 險其走集.」 注: 「注集, 邊竟之壘壁」이라 함.

【天下當無事則已, 有事則洛陽, 必先受兵】'必先受兵'은 반드시 먼저 兵禍를 입는 곳.《古文眞寶》注에 "受兵之原"이라 함.

【余故嘗曰: 「洛陽之盛衰者, 天下治亂之候也.」】《洛陽名園記》에는 '嘗'자가 없음. '候'는 徵候, 徵兆.《古文眞寶》注에 "以近占遠"이라 함.

2/3

바야흐로 당唐나라 정관貞觀, 개원開元 연간에는 공경公卿과 귀척貴戚으로서 동도東都 낙양에 지은 별장과 집들이 천 여 저택이었다고 한다.

그런데 난리亂離를 만나고 오대五代의 잔혹함이 이어지자, 지당池塘의 대나무는 병거兵車에 짓밟혀 폐허가 된 채 언덕 빈 터로 변했고, 높은 정자와 큰 대사臺榭는 불에 타서 잿더미가 되고 말아, 당나라와 함께 멸하고 함께 망해, 남아 있는 곳이 없게 되었다.

나는 그 때문에 일찍이 "원유園囿의 흥폐興廢는 낙양 성쇠盛衰의 징후이다"라고 말한 것이다.

方唐貞觀·開元之間, 公卿貴戚, 開館列第於東都者, 號千有餘邸.

及其亂離, 繼以五季之酷, 其池塘竹樹, 兵車蹂蹴, 廢而爲丘墟; 高亭大榭, 烟火焚燎, 化而爲灰燼, 與唐共滅而俱亡, 無餘處矣.

余故嘗曰:「園囿之興廢, 洛陽盛衰之候也.」

【方唐貞觀·開元之間, 公卿貴戚, 開館列第於東都者, 號千有餘邸】 '貞觀'은 唐 太宗(李世民)의 연호, 627-649. '開元'은 唐 玄宗(李隆基)의 연호, 713-741. 唐나라 때 가장 융성했던 시기로 흔히 '貞觀開元之治'라 함. '開館列第'는 집과 別莊, 別邸, 邸宅, 第宅 등을 지음. '東都'는 洛陽. 西安에 도읍을 두었을 때 洛陽을 東都라 불렀음.

【及其亂離, 繼以五季之酷, 其池塘竹樹, 兵車蹂蹴, 廢而爲丘墟】 '亂離'는 난을 만나 離散됨. 〈補注〉에 《詩》四月篇: 「亂離瘼矣.」傳云:「離, 憂也.」라 함. '五季'는 五代. 唐末 後梁, 後唐, 後晉, 後漢, 後周의 53년간 혼란기. 〈補注〉에 "五季, 謂五代季世. 後梁二主十七年, 後唐四主十四年, 後晉二主十一年, 後漢二主四年, 後周三主十年"이라 함. 뒤에 宋(趙匡胤)이 마감하고 汴(開封)을 수도로 삼음. 《古文眞寶》注에 "卽洛陽"이라 함. '酷'은 잔혹함, 가혹함. 극도의 혼란을 뜻함. '蹂蹴'은 蹂躪되어 짓밟힘. 《洛陽名園記》에는 '蹂踐'으로 되어 있음. '丘墟'는 언덕이나 폐허가 됨. 〈補注〉에 "〈華山廟碑〉: 「寢用邱墟.」《禮記》檀弓注: 「墟, 毁滅無後之地.」라 함.

【高亭大榭, 烟火焚燎, 化而爲灰燼, 與唐共滅而俱亡, 無餘處矣】 '大榭'는 높고 큰 누대. '焚燎'는 불에 탐. '灰燼'은 잿더미로 변함.

【余故嘗曰:「園囿之興廢, 洛陽盛衰之候也.」】 '園囿'는 정원, 동산. 鳥獸花木을 기르고 심어 아름답게 꾸민 정원. 《古文眞寶》注에 "以小占大"라 함.

　장차 천하의 치란은 낙양의 성쇠를 징후로 하여 알 수 있고, 낙양의 성쇠는 원유의 흥폐를 징후로 하여 알 수 있는 것이다.

　그렇다면 내가 《낙양명원기洛陽名園記》라는 책을 짓는 것이 어찌 부질 없는 일이겠는가?

　오호라! 공경대부들이 바야흐로 조정에 들어가서 자신 한 사람의 사 사로운 일을 위하면서 천하의 치란을 잊는다면, 이러한 즐거움을 향유 하고자 한들 될 수 있겠는가?

　당나라의 말로가 바로 이런 것이었다!

　且天下之治亂, 候於洛陽之盛衰而知; 洛陽之盛衰, 候於園圃之 興廢而得.

　則《名園記》之作, 予豈徒然哉?

　嗚呼! 公卿大夫方進於朝, 放乎以一己之私自爲之, 而忘天下之 治忽, 欲退享此, 得乎?

　唐之末路是已!

【且天下之治亂, 候於洛陽之盛衰而知】천하의 치란은 낙양 성쇠의 징후에 의해 알 수 있음.《古文眞寶》注에 "前兩候字在下, 此兩候字在上, 乃變換之活處"라 함.

【洛陽之盛衰, 候於園圃之興廢而得】낙양의 성쇠는 원유의 흥폐에 의해 알 수 있 음. '得'은 得知의 줄인 말.《古文眞寶》注에 "關鍵好, 收拾盡"이라 함.

【則《名園記》之作, 予豈徒然哉】'徒然'은 공연한 것. 부질없는 것. 한갓 그러한 작 업으로 끝날 일.《軌範》注에 "有此文章, 方可傳. 不然, 虛辭浮語雖工, 何可傳?" 이라 함.

【嗚呼! 公卿大夫方進於朝, 放乎以一己之私自爲之】'放'은 마구함. 방종함.《古文眞 寶》注에 "此一節鑑戒之辭, 意味深長而文字益婉"이라 함. 〈補注〉에 《東都事略》 載文, 作「放乎以一己之私自爲」, 覺句法最健. '放乎', 猶言'肆乎'也. 謂縱然厭己也. 《公羊》僖卄八年傳: 「使人兄弟相疑, 放乎殺母弟者, 文公爲之也.」 '放乎', 字蓋本此"

라 함.

【而忘天下之治忽, 欲退享此(樂), 得乎】'治忽'은 治亂과 같은 뜻. '忽'은 怠忽의 뜻. '享此'는 이 名園을 두고두고 오래도록 享有함. 《洛陽名園記》에는 '享此樂'이라 하여 '樂'자가 더 있음. 《古文眞寶》 注에 "不能先天下之憂而憂, 安能後天下之樂而樂? 此與〈岳陽樓記〉結尾相似"라 함.

【唐之末路是已】'末路'는 끝맺음. 마지막 길. 망함. 〈補注〉에 《漢書》鄒陽傳:「秦倚曲臺之宮, 懸衡天下, 至其晚節末路, 張耳陳餘連從兵之據, 以叩函谷, 咸陽遂危.」라 함. 《古文眞寶》 注에 "一句收拾簡而盡. ○《洛陽名園記》, 本紀花卉池臺游觀之繁華, 今乃發出此段大議論, 關治忽, 寓警戒妙甚"이라 함.

참고 및 관련 자료

1. 李文叔(格非. 1045–1105)

李格非, 자는 文叔이며 北宋 濟南(지금의 山東 濟南) 출신으로 進士에 급제함. 문장에 뛰어나 蘇軾과 親交를 맺기도 하였음. 校書郎, 著作佐郎, 禮部員外郎, 提點京東刑獄 등을 역임하였으나 黨籍에 연루되어 罷職 당함. 61세로 생을 마쳤으며 《洛陽名園記》(1권)를 남김. 그의 딸이 宋代 유명한 女流詞家 李淸照임. 《東都事略》文藝傳에 "李格非, 字文叔, 濟南人也. 擧進士, 以文章受知蘇軾. 嘗爲大學官, 著《洛陽名園記》. 因以論洛陽之盛衰, 其文曰云云. 其後洛陽破于金, 人以爲知言. 格非後爲東京提點刑獄以卒"이라 함.

〈李格非〉

2. 이 글은 《洛陽名園記》(跋), 《宋文鑑》(131), 《崇古文訣》(32), 《文章辨體彙選》(374), 《說郛》(68 下), 《見聞後錄》(25), 《古文觀止》(9), 《古文眞寶》(後集 10) 등에 실려 있음.

3. 〈四庫全書〉《洛陽名園記》 提要에 "《洛陽名園記》一卷, 宋李格非撰. 格非, 字文叔, 濟南人. 元祐末爲國子博士, 紹聖初進禮部郎, 提點京東刑獄, 以黨籍罷. 是書

記洛中園圃, 自富弼以下凡十九所"라 함. 한편 이 跋文 뒤에 "洛陽名公卿園林爲天
下第一, 靖康後, 祝融回祿盡取以去矣. 予得李格非文叔《洛陽名園記》讀之, 至流涕.
文叔出東坡之門, 其文亦可觀. 如論「天下之治亂, 候于洛陽之盛衰; 洛陽之盛衰, 候
于園圃之廢興.」其知言哉! 河南邵博記"라 함.

4.《軌範》에도 "名園特遊觀之末, 今張大其事恢廣其意謂:「園圃之興廢, 乃洛陽盛
衰之候; 洛陽之盛衰, 乃天下治亂之候.」是至小之物關係至大, 有學有識, 方能爲此
文"이라 함.

5.《古文眞寶》注에 "迂齋曰:「苑囿, 何關於世道輕重, 所以然者, 興廢可以占, 盛衰
可以占, 治亂盛衰不過洛陽, 而治亂關於天下, 斯文之作, 爲洛陽, 非爲苑囿; 爲天下,
非爲洛陽也. 文字不過二百字, 而其中, 該括無限盛衰之變, 意有含蓄事存, 鑑戒讀
之, 令人感歎.」"이라 함.

059(6-10) 〈岳陽樓記〉 ·············· 范文正公(范仲淹)
악양루기

＊〈岳陽樓記〉:岳陽樓는 지
금의 湖南省 岳陽 洞庭湖
가에 있으며 洞庭湖를 조
망할 수 있는 최고의 景勝
樓臺임. 滕王閣, 黃鶴樓와
함께 '江南三大名樓'의 하
나. 처음 세워진 연대는
알 수 없으나 唐 玄宗 開
元 4년(716) 당시 中書令

〈岳陽樓〉(湖南 岳陽 洞庭湖)

장열(張說)이 이곳 太守로 부임해 와서는 연일 才子들을 불러 모아 이 누각에
올라 시를 읊었다 함. 滕宗諒(子京)이 宋 仁宗 慶曆 5년(1045)에 중수하였고 范仲
淹이 記를 지었으며, 蘇舜欽이 그 글씨를 쓰고, 邵疎가 篆額을 써서 당시 이 네
사람이 쓴 작품을 '四絶'이라 불렀음. 특히 이 문장 중에 "先天下之憂而憂, 後天
下之樂而樂"은 지금까지 널리 人口에 膾炙되고 있음.

1/4 ────────────

경력慶曆 4년 봄, 등자경滕子京이 파릉군巴陵郡의 태수로 좌천되어, 해
를 넘겨 이듬해가 되자 정치가 소통되고 인화를 이루어 폐지되었던 온
갖 것들이 모두 새롭게 발흥하였다.

이에 악양루岳陽樓를 중수하면서 옛 규모를 늘리고, 당대唐代의 현인
들과 지금 사람들의 시부詩賦를 그 위에 새기고, 나에게 글을 써서 이를
기록해 달라고 부탁하였다.

내가 보기에 무릇 파릉의 뛰어난 경승은 동정호洞庭湖 하나이다.

그 호수는 먼 산을 머금고 있고, 장강長江을 삼켜 넓고 시원하며, 가로로 끝이 없으며, 아침 햇살과 저녁 그늘은 그 기상氣象이 천만가지이다.

이는 바로 악양루에서 본 대관大觀이며, 전대 사람들은 이를 갖추어 기술해왔다.

그러나 북쪽으로는 무협巫峽까지 통하고 남쪽으로는 소수瀟水와 상수湘水까지 다하여, 유배되어 온 이들이나 시인들은 주로 이곳에 모였으니, 경물景物을 보고 느끼는 감정은 각기 다르지 않을 수 있었겠는가?

慶曆四年春, 滕子京謫守巴陵郡, 越明年, 政通人和, 百廢具興.
乃重修岳陽樓, 增其舊制, 刻唐賢今人詩賦于其上, 屬予作文以記之.
予觀夫巴陵勝狀, 在洞庭一湖.
銜遠山, 吞長江, 浩浩湯湯, 橫無際涯; 朝暉夕陰, 氣象萬千.
此則岳陽樓之大觀也, 前人之述備矣.
然則北通巫峽, 南極瀟湘, 遷客騷人, 多會於此, 覽物之情, 得無異乎?

【慶曆四年春, 滕子京謫守巴陵郡】'慶曆'은 宋 仁宗(趙禎)의 6번째 연호. 1041–1048년까지 8년간이었음. 4년은 1044년. '滕子京'은 河南 사람으로 이름은 宗諒, 자는 子京. 范仲淹과 같은 해에 進士에 올랐던 인물. 사소한 일로 탄핵을 받았으나 范仲淹의 적극 변호해주었음. 결국 虢州知事로 좌천되었다가 뒤에 岳州 巴陵郡(岳陽)의 太守가 되어 부임하여 岳陽樓를 增修함. '謫'은 貶職되어 귀양을 감. '巴陵郡'은 湖南 岳州(岳陽). 《古文眞寶》注에 "岳州"라 함.
【越明年, 政通人和, 百廢具興】'政通人和'는 정치가 올바르게 행해지고 인심이 화합됨. '百廢俱興'은 온갖 피폐해졌던 많은 일들이 다시 올바로 됨.
【乃重修岳陽樓, 增其舊制, 刻唐賢今人詩賦于其上】岳陽樓를 重修하고 옛 건물 구조에서 더 보태었으며, 唐나라 때 현자들과 지금 시인들의 詩賦를 그 위에 새김.
【屬予作文以記之, 予觀夫巴陵勝狀, 在洞庭一湖】'巴陵'은 〈補注〉에 "張說詩: 「巴陵

一望洞庭秋.」巴陵卽禹貢之東陵, 又名巴丘山.《水經注》:「湘水北至巴丘山入江.」是也"라 함. '勝狀'은 뛰어난 경치. '洞庭'은 湖南의 가장 큰 호수. 〈補注〉에 "《戰國》魏策: 吳起曰:「昔者, 三苗之居, 左有彭蠡之陂, 右有洞庭之水.」《史記》五帝本紀〈正義〉曰:「洞庭, 湖名, 在岳州巴陵西南一里.」《水經注》:「洞庭湖, 廣五百里. 日月若出沒其中.《楚辭》:「洞庭波兮木葉落.」"이라 함.

【銜遠山, 呑長江, 浩浩湯湯, 橫無際涯】'銜遠山'은 멀리 있는 산을 입에 물고 듯이 호수가 펼쳐져 있는 모습. '呑長江'은 長江을 삼킴. 장강의 물이 洞庭湖로 흘러드는 것을 묘사한 것. '浩浩湯湯'은 한없이 넓고도 큰물이 넘실거림.《古文眞寶》에는 '浩浩蕩蕩'으로 되어 있으며,《范文正集》에는 '浩浩湯湯'으로 되어 있음. '橫'은 岳陽樓를 기준으로 가로질러 보이는 곳. '際涯'는 끝. 〈補注〉에 "〈海賦〉:「洪濤瀾汗, 萬里無涯.」"라 함.

【朝暉夕陰, 氣象萬千】'朝暉夕陰'은 아침 햇빛과 저녁 그늘. 〈補注〉에 "謝靈運〈石壁精舍還湖中〉詩:「昏旦變氣候, 山水含淸暉.」"라 함.

【此則岳陽樓之大觀也, 前人之述備矣】'大觀'은 대단한 景觀. 賈誼〈鵩鳥賦〉에 "達人大觀兮, 物無不可.」"라 함. '前人之述備矣'는 岳陽樓의 경치에 대해 전대의 사람들이 詩文으로 표현하였음.

【然則北通巫峽, 南極瀟湘, 遷客騷人, 多會於此】'巫峽'은 湖北省 巴東縣의 서쪽에 있는 협곡. 西陵峽, 瞿塘峽과 함께 三峽의 하나.《文選》江賦 注에 "盛弘之《荊州記》曰:「信陵縣西二十里, 有巫峽.」"이라 함. '瀟湘'은 洞庭湖 남쪽에 있는 瀟水와 湘水. 瀟湘八景이 있는 곳. 舜의 두 비 娥皇과 女英이 죽어 水神이 된 곳. '遷客'은 유배 온 사람. '騷人'은 시인. 屈原의〈離騷〉의 '騷'자를 빌려 詩人을 대신하는 말로 쓰임.《史記》屈原傳에 "憂愁有思, 而作〈離騷〉. 離騷子, 猶離憂也.」"라 하였고,《玉篇》에 "騷, 愁也"라 함.

【覽物之情, 得無異乎】《古文眞寶》注에 "下分言悲喜之異"라 함.

2/4 ——————————

이를테면 음우霖雨가 흩뿌리며 몇 달을 두고 개이지 않거나, 음산한 바람이 노한 듯이 부르짖거나, 흐린 물결이 하늘로 치솟으며, 해와 별들조차 빛을 감추고, 물에 비치던 산들도 형상을 감추어, 장사꾼과 나그네

의 발길도 끊어지고, 배의 돛대는 기울고 노는 부러지며, 저녁 어스름녘
이 되어 날은 컴컴하여 호랑이가 울고 원숭이가 울부짖는다.

　이러한 때에 이 누각에 올랐다면, 멀리 서울을 떠나 고향을 그리는 마
음이 일어나며, 참훼를 당할까 하는 근심과, 기롱을 당할까 하는 두려
움에 눈에 가득 보이는 것은 모두 소연하여 느낌이 극에 달해 비통해질
것이다!

　若夫霪雨霏霏, 連月不開, 陰風怒號, 濁浪排空; 日星隱曜, 山岳
潛形; 商旅不行, 檣傾檝摧; 薄暮冥冥, 虎嘯猿啼.
　登斯樓也, 則有去國懷鄉, 憂讒畏譏, 滿目蕭然, 感極而悲者矣!

【若夫霪雨霏霏, 連月不開, 陰風怒號, 濁浪排空】'霪雨'는 장맛비로 10일 이상 계속
　내리는 비. 《爾雅》에 "久雨爲之霪"이라 하였고, 《禮記》月令에는 "霪雨蚤降"이라
　하였음. '霏霏'는 비나 눈이 많이 오는 모양. 《廣雅》 釋訓에 "霏霏, 雨也"라 함. '陰
　風'은 음산한 바람. '連月不開'는 《南史》宋記(中)에 "自冬至春, 常東北風, 連陰不
　霽, 風轉而西, 景色開霽"라 함.

【日星隱曜, 山岳潛形; 商旅不行, 檣傾檝摧; 薄暮冥冥, 虎嘯猿啼】'隱曜'는 빛을 감춤.
　'潛形'은 모습을 감춤. '檣傾檝摧'는 돛대는 기울고 노는 부러짐. '檝'은 '楫'과 같
　음. 《說文》에 "楫, 舟櫂也"라 하였고, 《玉篇》에 "行舟具. 檝, 鱣同"이라 함. '薄暮'는
　땅거미 질 무렵. '冥冥'은 어두컴컴해짐. 《楚辭》에 "雷塡塡兮雨冥冥"이라 함. '虎嘯
　猿啼'는 호랑이 울부짖고 원숭이 울어댐. 《荊州記》에 "古歌曰:「巴東三峽巫峽長,
　猨鳴三聲淚沾裳.」"이라 하였고, 梁 元帝 詩에 "寒夜猿聲徹"이라 하였으며, 江總의
　시에도 "哀猨數處愁"라 함.

【登斯樓也, 則有去國懷鄉, 憂讒畏譏, 滿目蕭然, 感極而悲者矣】'去國'은 서울 도성
　을 떠남. 《莊子》徐無鬼篇에 "子不聞夫越之流人乎? 去國數日, 見其所知而喜; 去國
　旬月, 見所嘗見於國中者喜"라 함. '憂讒畏譏'는 참소를 당함을 걱정하고 비난받
　는 것을 두려워함. '滿目蕭然'은 눈에 보이는 것마다 모두가 쓸쓸하게 여겨짐. '感
　極而悲者'는 감정이 극에 달하여 슬퍼짐. 《古文眞寶》注에 "立二柱. 此是覽物而
　悲者"라 함.

그러나 만약 봄기운이 온화하고 경치가 청명하며, 파도는 놀랄 것이 없고, 하늘빛과 호수 빛이 하나가 되어 파랗게 만 이랑을 이루고, 모래 톱에 갈매기가 날아와 모여들고, 비단 비늘의 물고기가 헤엄을 치고 있으며, 언덕의 지초芷草와 물가의 난초가 짙은 향기를 내면서 짙게 푸르고, 게다가 혹 길게 뻗은 한 줄기 내가 하늘로 펼쳐져 있고, 흰 달이 천 리를 비추며, 물위에 떠 움직이는 빛은 황금이 솟아오르는 것 같고, 고요한 그림자는 마치 벽옥을 물에 앉혀놓은 듯하며, 어부들의 노랫소리는 서로 화답하고 있다면 그 즐거움은 어디가 끝이겠는가!

이러한 때에 이 누각에 올랐다면 마음이 확 트이고 정신이 편안할 것이며, 총애와 치욕 따위는 모두 잊고, 술잔을 잡고 바람에 임하여, 그 즐거움은 양양洋洋한 상태가 될 것이다!

至若春和景明, 波瀾不驚, 上下天光, 一碧萬頃; 沙鷗翔集, 錦鱗游泳; 岸芷汀蘭, 郁郁靑靑, 而或長煙一空, 皓月千里; 浮光躍金, 靜影沈璧; 漁歌互答, 此樂何極!

登斯樓也, 則有心曠神怡, 寵辱皆忘, 把酒臨風, 其喜洋洋者矣!

【至若春和景明, 波瀾不驚, 上下天光, 一碧萬頃】 '至若'은 '만약 −와 같은 때에 이르러서는'의 뜻. '上下天光'은 위도 아래도 하늘빛. 하늘과 호수가 같은 색임을 말함. '一碧萬頃'은 萬頃이 오직 푸른빛 일색임. 《後漢書》黃憲傳에 "郭林宗曰:「叔度汪汪若千頃波.」"이라 하였고, 杜甫 詩에 "波濤萬頃堆琉璃"라 함.

【沙鷗翔集, 錦鱗游泳; 岸芷汀蘭, 郁郁靑靑】 '沙鷗翔集'은 모래톱에 갈매기가 날아와 모임. '岸芷汀蘭'은 언덕에 자란 어수리와 물가의 난초. '芷'는 어수리. 궁궁이 풀. 미나리과에 속하는 향초. 그러나 《荀子》勸學篇에 "蘭槐之根, 是爲芷"라 함. '郁郁'은 향기가 짙음.

【而或長煙一空, 皓月千里】 '長煙一空'은 짙은 내가 하늘에 길게 드리워 있음.

【浮光躍金, 靜影沈璧; 漁歌互答, 此樂何極】 '浮光躍金'은 흐르는 물에 달빛이 비쳐,

마치 금빛 물결이 출렁이는 것과 같음. '靜影沈璧'은 고요한 그림자가 물속에 잠긴 옥과 같음. '漁歌互答'은 어부들의 노랫소리가 서로 화답을 함.

【登斯樓也, 則有心曠神怡, 寵辱皆忘, 把酒臨風, 其喜洋洋者矣】'心曠神怡'는 마음속이 활짝 열리고 정신이 편안함. '寵辱'은 영광과 치욕. 임금으로부터의 총애와 좌천. 《老子》에 "寵辱若驚"이라 함. '皆忘'은 《范文正集》에는 '偕忘'으로, 《古文眞寶》에는 '俱忘'으로 되어 있음. 《軌範》注에 "人情所感, 不過二端"이라 하였고, 《古文眞寶》注에는 "此是覽物而喜者, 樓之變態, 萬狀而人情所感, 不過二端. 此一樣人, 勝前一樣人, 要之是知有己者而耳"라 함.

4/4 ————————————

아! 내 일찍이 옛날 어진 마음을 가진 자의 경우를 찾아보았더니, 혹이 두 가지와 달리 한 경우가 있었으니 어떻게 그렇게 할 수 있었을까?

그들은 경물을 이유로 기뻐하지도 않았고, 자신의 일 때문에 슬퍼하지도 않았으며, 묘당廟堂의 높은 지위에 있을 경우엔 그 백성을 근심하였고, 강호江湖에 처한 경우엔 그 임금을 걱정하였으니, 이는 나가도 역시 근심은 있었던 것이요, 물러나도 역시 근심이 있었던 것이다.

그렇다면 그들은 어느 때에 즐거움을 누렸을까?

그것은 틀림없이 "천하 사람들이 근심하기에 앞서 근심하고, 천하 사람들이 즐겁게 여긴 뒤에 즐거움을 누렸노라"라고 말했으리라!

아! 이러한 사람이 아니라면 내 누구와 함께 돌아가겠는가?

嗟夫! 予嘗求古仁之心, 或異二者之爲, 何哉?

不以物喜, 不以己悲, 居廟堂之高, 則憂其民; 處江湖之遠, 則憂其君; 是進亦憂, 退亦憂.

然則何時而樂耶?

其必曰「先天下之憂而憂, 後天下之樂而樂」歟!

噫! 微斯人, 吾誰與歸?

(時六年九月十五日.)

【嗟夫! 予嘗求古仁之心, 或異二者之爲, 何哉】'嗟夫'는 감탄사. '古仁之心'은 옛날 어진 이들의 마음 씀씀이.

【不以物喜, 不以己悲】'不以物喜'은 景物을 보고 그것에 의하여 기뻐하지 않음. '不以己悲'는 자기 자신의 사사로운 일로 슬퍼하지 않음.

【居廟堂之高, 則憂其民; 處江湖之遠, 則憂其君】'廟堂'은 조정. '居廟堂之高'는 묘당의 높은 곳에 있는 자. 즉 천자나 높은 관직. 〈補注〉에 《困學紀聞》云: 「廟堂二字, 見《漢》徐樂傳云: 『修之廟堂之上, 而銷未形之患.』」梅福傳云: 『廟堂之議, 非草茅所當言也.』라 함. 劉向 九歎 "始結言於廟堂"의 王逸 注에 "言人君爲政擧事, 必告宗廟, 議於明堂, 皆爲人君, 今以爲宰相, 誤矣"라 함. 《古文眞寶》注에 "廟堂, 指政堂"이라 함. '江湖'는 隱者가 거처하는 곳. 廟堂에 상대하여 쓴 것. '憂其君'은 멀리 있을 때는 임금을 걱정해줌. 〈補注〉에 《呂覽》: 中山公子牟謂詹子曰: 「身在江海之上, 心在魏闕之下.」라 함. 《古文眞寶》注에 "常情所感, 不過上面二端而已. 而仁人之心出入, 只是一致, 憂樂不在己而在物, 故一致耳. 居廟堂則憂民, 不爲堯舜之民; 居江湖則憂君, 未爲堯舜之君. 此仁人君子之用心, 所以異於常人徇物悲喜之心也"라 함.

【是進亦憂, 退亦憂, 然則何時而樂耶】進達해도 걱정이 있게 마련이며, 물러서서 江湖에 있어도 근심이 있게 마련임.

【必曰「先天下之憂而憂, 後天下之樂而樂」歟】"반드시 '천하 사람의 근심을 그들보다 먼저 해주고, 천하 사람들이 즐거워 한 이후에 나도 그 즐거움을 누린다'라고 말하는 것이리라!"의 뜻. '與'는 '歟'와 같음. 感歎이나 反語를 표시하는 終結辭. 《蓬窓日錄》에 "「先憂事者後樂事, 先樂事者後憂事」, 此〈曾子立事〉篇語. 《大戴禮》所載, 則范文正贛, 「先憂後樂」之語, 本此"라 함.

【噫! 微斯人, 吾誰與歸】'斯人'은 옛날 仁者를 지칭함. '吾誰與歸'는 '내 누구와 더불어 돌아가리?' 즉 '내가 누구를 본받고 의지하겠는가?'의 뜻.

【時六年九月十五日】《范文正集》과 《宋文鑑》, 《文章辨體彙選》 등에는 맨 끝에 이 8자가 더 있으며, 6년은 慶曆 6년, 즉 1046년에 해당하며, 岳陽樓를 增修한 이듬해임. 《軌範》注에도 "按: 本集此下有「時六年九月十五日」字, 此則是記之作, 在修樓之明年也"라 함.

1. 작자: 范仲淹(希文, 文正公) 055 참조.

2. 이 글은 《范文正集》(7), 《崇古文訣》(16), 《宋文鑑》(77), 《古文雅正》(10), 《事文類聚》(續集 7), 《湖廣通志》(105), 《經濟類編》(79), 《文章辨體彙選》(598), 《唐宋文擧要》(6), 《古文觀止》(9), 《古文眞寶》(後集 6) 등에 실려 있음.

3. 《軌範》補注에 “《唐書》:岳州巴陵郡, 屬江南西道. 岳州在天岳山之陽, 故名. 《岳陽風土記》:岳陽樓, 城西門樓也. 下瞰洞庭, 景物寬闊. 孟浩然詩:「波撼岳陽城.」杜詩:「昔聞洞庭水, 今上岳陽樓.」라 함.

4. 《崇古文訣》에 “首尾布置, 與中間狀物之妙, 不可及矣. 然最妙處, 在臨了斷遣一轉語, 乃知此老, 胸襟宇量, 直與岳陽洞庭, 同其廣大”라 함.

5. 《古文眞寶》注에 “迂齋曰:「首尾布置, 與中間狀物之妙, 不可及矣. 然最妙處, 在臨了斷遣一轉語, 乃知此老, 胸襟宇量, 直與岳陽洞庭, 同其廣大」 范仲淹, 字希文. 官至參政, 與杜祁公衍, 富鄭公弼, 韓魏公琦, 齊名, 號杜富韓范, 宋之名臣也. 德行, 文章, 政事, 功業兼有之. 公自爲布衣時, 已有經濟天下之大志, 常誦言曰:「士當先天下之憂而憂, 後天下之樂而樂.」 此其素所蘊也. 此篇爲滕宗諒作, 末段寫其素志妙甚. 然前面分兩柱對說, 排比偶儷, 前輩謂傳奇體耳. 此乃宋初以來, 文體如此, 直待歐尹出, 而五代偶儷之體, 始變云”이라 함.

6. 《宋史》(303) 滕宗諒傳에 “滕宗諒, 字子京, 河南人. 與范仲淹同年擧進士, 其後仲淹稱其才, 乃以泰州軍事推官召試學士院. 改大理寺丞, 知當塗·邵武二縣, 遷殿中丞, 代還. 會禁中火, 詔劾火所從起, 宗諒與秘書丞劉越皆上疏諫. 宗諒曰:「伏見掖庭遺燼, 延燬宮闈, 雖沿人事, 實系天時. 詔書亟下, 引咎滌瑕, 中外莫不感動. 然而詔獄未釋, 鞠訊尙嚴, 恐違上天垂戒之意, 累兩宮好生之德. 且婦人柔弱, 箠楚之下, 何求不可, 萬一懷冤, 足累和氣. 祥符中, 宮掖火, 先帝嘗索其類置之法矣, 若防患以刑而止, 豈復有今日之虞哉! 況變警之來, 近在禁掖, 誠願修政以禳之, 思患以防之. 凡逮系者特從原免, 庶災變可銷而福祥來格也.」疏奏, 仁宗爲罷詔獄. 時章獻太后猶臨朝, 宗諒言國家以火德王, 天下火失其性由政失其本, 因請太后還政, 而越亦上疏. 太后崩, 擢嘗言還政者, 越已卒, 贈右司諫, 而除宗諒左正言. 劉越者字子長, 大名人. 少孤貧, 有學行, 亦宗諒同年進士. 嘗知襄城·固始二縣, 有能名. 旣贈官, 又官其一子, 賜其家錢十萬. 宗諒後遷左司諫, 坐言宮禁事不實, 降尙書祠部員外郎·知信州. 與

范諷雅相善, 及諷貶, 宗諒降監池州酒. 久之, 通判江寧府, 徙知湖州. 元昊反, 除刑部員外郎·直集賢院·知涇州. 葛懷敏軍敗於定州, 諸郡震恐, 宗諒顧城中兵少, 乃集農民數千戎服乘城, 又募勇敢, 諜知寇遠近及其形勢, 檄報旁郡使爲備. 會范仲淹自環慶引蕃漢兵來援, 時天陰晦十餘日, 人情憂沮, 宗諒乃大設牛酒迎犒士卒; 又籍定州戰沒者於佛寺祭酹之, 厚撫其孥, 使各得所, 於是邊民稍安. 仲淹薦以自代, 擢天章閣待制, 徙慶州. 上言:「朝廷既授范仲淹·韓琦四路馬步軍都總管·經略安撫招討使, 而諸路亦帶招討稱號, 非所宜.」詔罷之. 御史梁堅劾奏宗諒前在涇州費公錢十六萬

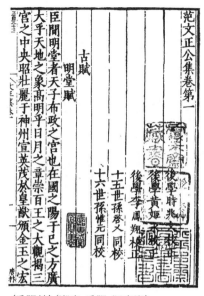

〈岳陽樓〉(湖南 岳陽 洞庭湖)

貫, 及遣中使檢視, 乃始至部, 日以故事犒賚諸部屬羌, 又間以饋遺遊士故人. 宗諒恐連逮者衆, 因焚其籍以滅姓名. 仲淹時參知政事, 力救之, 止降一官, 知虢州. 御史中丞王拱辰論奏不已, 復徙嶽州, 稍遷蘇州, 卒. 宗諒尚氣, 倜儻自任, 好施與, 及卒, 無餘財. 所蒞州喜建學, 而湖州最盛, 學者傾江·淮間. 有諫疏二十餘篇"이라 함.

《文章軌範》卷7
「小心文」'乎'字集

〈七牛虎耳銅貯貝器〉(서한) 1956 雲南 晉寧縣 滇王
墓 출토

《文章軌範》卷7
「小心文」‘乎’字集

No.	〈題目〉	作者	《古文眞寶》	備注
060	祭田橫墓文	韓愈		
061	上梅直講書	蘇軾		
062	三槐堂銘	〃	卷8 (096)	
063	表忠觀碑	〃	卷8 (097)	
064	送孟東野序	韓愈	卷3 (037)	
065	前赤壁賦	蘇軾	卷8 (092)	
066	後赤壁賦	〃	卷8 (093)	
067	阿房宮賦	杜牧	卷5 (064)	
068	送李愿歸盤谷序	韓愈	卷4 (041)	
069	歸去來辭	陶潛	卷1 (014)	

“한문공韓文公과 소동파蘇東坡 두 사람의 문장은 모두가 《장자莊子》에
서 깨달은 것이다.

　이 집乎字集은 《장자》와 나란히 내달리며 선두를 다툴 만한 글들이다.”

「韓文公 · 蘇東坡二公之文, 皆自《莊子》覺悟.
　此集可與《莊子》, 並驅爭先.」

【韓文公·蘇東坡二公之文】‘韓文公’은 韓愈, 退之. ‘蘇東坡’는 蘇軾, 子瞻.
【皆自《莊子》覺悟】‘莊子’는 莊周. 戰國時代 道家의 뛰어난 인물. 《莊子》33권이 전
　함. 여기서는 莊子의 寓言 등을 가리킴. ‘覺悟’는 깨달음.
【此集可與《莊子》, 並驅爭先】‘並驅爭先’는 함께 나란히 달리면서 선두를 다툼.

060(7-1) 〈祭田橫墓文〉 ················ 韓文公(韓愈)

전횡田橫 묘에 제를 올리며 쓴 글

＊〈祭田橫墓文〉: 田橫은 戰國시대 田氏齊의 후손으로, 秦이 제나라를 멸망시키자 田儋과 함께 反秦 투쟁을 벌여 제나라를 재건하였으며, 뒤에 秦이 망하고 項羽 와 劉邦의 楚漢 다툼 때까지 그의 형 田榮이 왕이었음. 그러나 楚漢戰의 혼란 중에 劉邦의 장수 韓信이 공격하여 假王이 되어 齊가 망하자, 전횡이 다시 이 를 수습하여 왕이 되어 漢에 대항하였음. 다시 유방이 항우를 멸하고 천하를 차지하여 漢帝國으로 굳어지자 전횡은 殘率 5백여 명을 이끌고 지금의 山東 靑 島市 동북쪽 黃海 해중 田橫島로 피신하여 버팀. 고조 유방은 이들이 난을 일 으킬까 염려하여 항복을 권유하며 귀순해오면 적어도 王侯 정도에 봉할 것임 을 약속함. 이에 전횡은 잔솔 5백 명을 살리겠다는 생각에 부하 두 사람만 데 리고 섬을 나와 洛陽에 이르렀을 때 스스로 목을 찔러 자결하고 말았음. 고조 는 그들의 義氣를 높이 여겨 전횡을 王의 예로 장례지내고 두 부하는 都尉로 추봉함. 한편 해중에 있던 5백여 명은 이 소식을 듣고 따라 죽어 절의를 지켰 음. 이들이 전횡이 추모하여 부르던 노래가 중국 최초의 輓歌(挽歌)가 되기도 하였음.

〈田橫五百義士圖〉(民國) 徐悲鴻

정원貞元 11년 9월, 나 한유韓愈가 동경東京, 洛陽으로 갈 때 전횡田橫의 묘 아래를 나서면서 전횡이 의義가 높아 능히 선비를 얻었음을 감동하였다.

이로 인해 술을 구하여 제사를 놀리며, 글을 지어 조문하였다.

貞元十一年九月, 愈如東京, 道出田橫墓下, 感橫義高能得士.
因取酒以祭, 爲文而弔之.

【貞元十一年九月, 愈如東京, 道出田橫墓下, 感橫義高能得士】'貞元'은 唐 德宗(李适)의 연호. 785–804년까지 20년간. 11년은 795년. 다른 본에는 이 다음에 "十一日" 3자가 더 있음.《東雅堂》注에 "'一年', 諸或作'十九年', '月'下有'十一日'字. '如東京'或作'東如京'. 洪慶善曰:「東京, 洛陽也公. 以貞元十一年出長安至河陽, 而後如東都也. 十九年秋, 則公爲御史. 是冬卽貶陽山, 安得以九月出橫墓下? 唐都長安, 亦不得云東如京也.」라 함. '如'는 實辭. '가다'의 뜻. '東京'은 洛陽. 唐은 長安이 首都였으며 洛陽을 東都, 東京으로 삼았음. 田橫은 漢初의 齊나라 지도자. 五百義士와의 고사로 유명함.《史記》田儋列傳 참조. 그는 劉邦을 만나러 가다가 洛陽에서 자결하여 그곳에 무덤이 있었음.《史記》正義에 "齊田橫墓在偃師西十五里"라 하였으며, 偃師는 洛陽 부근임. '得士'는 혹 '得士心'으로도 되어 있음.《別本》에 "士下, 或有心字"라 함.
【因取酒以祭, 爲文而弔之】'爲文'은 作文과 같음. '弔'은 吊과 같음.

그 글은 이러하다.

『사건이란 백세百世의 먼 뒷날이지만 서로 감동함이 있는 것이니,
내 스스로 어찌 그러한 마음이 드는지 모르겠습니다.
지금 세상에는 그런 일이 있어서는 안 되는 일로 바라지만,

누가 나로 하여금 허희歔欷히 여기며 금치 못하도록 하겠습니까?
내 이미 천하를 널리 구경해 보았으나,
어찌 부자夫子께서 하신 일과 비슷한 일을 한 자가 있겠습니까?
죽은 자는 다시 살아날 수 없으니,
아, 나는 여기를 떠나 누구를 따르겠습니까?
진秦나라가 사슴을 잃었을 당시에는,
한 선비만 얻었어도 왕王노릇 할 수 있었을 텐데,
어찌 5백 명이나 들썩거리면서도,
능히 부자를 칼날에서 벗어나도록 할 수 없었습니까?
어찌 보배로 여긴 이들이 현명한 이들이 아니어서 그랬을 것이요,
역시 천명天命이 정해진 바가 있어서 그랬을 것이겠지요?
옛날 궐리闕里의 많은 선비들,
그럼에도 공자같은 성인도 역시 황황遑遑했다 하더이다.
만약 나의 행동이 미혹하지 않다면,
비록 전패顚沛한들 무슨 상처가 되겠습니까?
예로부터 죽은 자는 하나만이 아니지만,
부자께서는 오늘에 이르도록 빛남이 있습니다.
꿇어 앉아 말씀 진술하며 술을 올리오니,
혼께서 방불髣髴한 모습으로 오시어 흠향하소서.』

其辭曰:

『事有曠百世而相感者, 余不自知其何心.
非今世之所稀, 孰爲使余歔欷而不可禁?
余旣博觀乎天下, 曷有庶幾乎夫子之所爲?
死者不復生, 嗟余去此其從誰?
當秦氏之失鹿, 得一士而可王,

何五百人之擾擾, 而不能脫夫子於劍鋩?

豈所寶之非賢, 抑天命之有常?

昔闕里之多士, 孔聖亦云其遑遑.

苟余行之不迷, 雖顚沛其何傷?

自古死者非一, 夫子至今有耿光.

跽陳辭而薦酒, 魂髣髴而來享.』

【其辭曰】'其辭'는 그 아래 弔文을 가리킴.

【事有曠百世而相感者, 余不自知其何心】'曠百世'는 아주 긴 시간이 지났음을 말함. '曠'은 遠의 뜻. 《廣雅》에 "曠, 遠也"라 함. '世'는 30을 말함. '何心'은 어떤 심정. 《孟子》梁惠王(上)에 "是誠何心哉? 我非愛其財而易之以羊也. 宜乎百姓之謂我愛也"라 함.

【非今世之所稀, 孰爲使余歍欷而不可禁?】'稀'는 沈欽韓은 "稀, 當作希. 《莊子》讓王篇音義: 「希, 望也.」 言田橫之事, 非今世所尙也"라 하여 지금 시대에는 숭상하지 않음. 즉 천자(황제)에게 항거하는 일은 없어야 한다고 여겼음. '歍欷'는 '恨歎하며 울다'의 뜻을 표현하는 雙聲連綿語. 《離騷》"曾歍欷余鬱邑兮"의 注에 "歍欷, 哀泣之聲"이라 함. 《史記》留侯世家에는 '噓唏'로 표기되어 있음.

【余旣博觀乎天下, 曷有庶幾乎夫子之所爲?】'博觀'은 널리 구경하고 보았음. '曷'은 疑問詞. '庶幾'는 바람, 거의 가까움. 비슷함. '夫子'는 선생님. 여기서는 田橫을 가리킴.

【死者不復生, 嗟余去此其從誰?】'嗟'는 '아!'의 감탄사. '去此'는 田橫과 五百義士의 그러한 뜻을 부정함.

【當秦氏之失鹿, 得一士而可王】'秦氏'는 秦나라. '失鹿'은 '사슴을 잃다'의 뜻으로 천하를 잃음을 뜻함. '鹿'은 中原, 天下를 비유한 것. 《淮南子》說林訓에 "逐鹿者, 不顧兔; 決千金之貨者, 不爭銖兩之價"라 하였고, 《漢書》蒯通傳에 "秦失其鹿, 天下共逐之, 高材者先得"라 하였고 張晏은 "以鹿喩帝位"라 함. 그러나 모든 《昌黎集》과 《文苑英華》 등 轉載文에는 모두 '敗亂'으로 되어 있으며, 《軌範》만 유일하게 '失鹿'으로 되어 있음. '可王'은 천하의 왕 노릇을 할 수 있음.

【何五百人之擾擾, 而不能脫夫子於劍鋩?】'五百人'은 田橫을 따라 자결한 五百義士.

‘擾擾’는 사람이 많아 시끌벅적함. 들썩들썩함. 떠들썩함.《莊子》天道篇 "然則膠膠擾擾乎?"의 〈釋文〉에 "擾擾, 動亂之貌"라 함. ‘劒鋩’은 칼날의 끝. ‘鋩’은 鋒鋩, 칼끝.《玉篇》에 "鋩, 劒端"이라 함.

【豈所寶之非賢, 抑天命之有常?】‘豈’는《昌黎集》에는 모두 ‘抑’으로 되어 있으며, 뒤의 ‘抑’은 모두 ‘亦’으로 되어 있음. ‘寶之’는 혹 ‘寶者’로, ‘天命’은 혹 ‘大命’으로도 되어 있음.《東雅堂》注에 "寶之, 或作寶者; 天, 或作大"라 함. ‘非賢’은 현명한 이들이 아님. ‘有常’은 이미 정해진 常法이 있음. 天命이란 항상 그러함.《尙書》康誥篇에 "惟命不于常"이라 하였고,《詩》文王篇에도 "天命靡常"이라 함.

【昔闕里之多士, 孔聖亦云其遑遑】‘闕里’는 孔子가 살던 마을. 지금의 山東 曲阜 闕里.《論語》憲問篇 "闕黨童子將命"의 闕黨.《括地志》에 "兗州曲阜縣, 魯城西南三里有闕里, 中有孔子宅, 宅中有廟"라 함. 그러나 혹 孔子가 제자들을 가르치던 곳으로 泗水와 洙水 사이의 지명이라고도 함. ‘遑遑’은 불안해하며 이리저리 분주히 돌아다님. 일이 순탄하게 풀리지 않음을 뜻함.《孟子》滕文公(下)에 "孔子三月無君, 則遑遑如也"라 함.

【苟余行之不迷, 雖顚沛其何傷?】‘不迷’는 미혹함에 빠지지 않음.《離騷》에 "及行迷之未遠"이라 하였고, 姚鼐는 "此是公少作, 故猶取屈子成句"라 함. ‘顚沛’는 엎어지고 넘어짐.《論語》里仁篇 "子曰:「富與貴, 是人之所欲也; 不以其道得之, 不處也. 貧與賤, 是人之所惡也; 不以其道得之, 不去也. 君子去仁, 惡乎成名? 君子無終食之間違仁, 造次必於是, 顚沛必於是.」"의 朱熹 注에 "顚沛, 傾覆流離之際"라 함. ‘傷’은 결함, 傷處, 傷害, 탓, 허물, 손해, 잘못 등의 뜻.

【自古死者非一, 夫子至今有耿光】‘非一’은 한둘이 아님. 매우 많음. ‘耿光’은 빛이 반짝임. 빛남.《尙書》立政篇에 "以覲文王之耿光"이라 함.

【跽陳辭而薦酒, 魂髣髴而來享】‘跽’는 跪와 같음. 꿇어앉음.《五百家注》에 "跽, 長跪"라 함. ‘陳辭’는 말씀을 진술함. ‘髣髴’은 ‘彷彿’, ‘仿佛’ 등으로도 표기하며 비슷함을 뜻하는 雙聲連綿語. ‘享’은 ‘饗’과 같음. 歆饗함.

참고 및 관련 자료

1. 韓文公(韓愈, 韓退之, 韓昌黎) 001 참조.

2. 이 글은《五百家注昌黎文集》(22),《東雅堂昌黎文集》(22),《別本韓文考異》(22),《原本韓文考異》(6),《唐宋八大家文鈔》(16),《文苑英華》(998),《文章辨體彙選》(756),

《唐宋文醇》(7),《古文辭類纂》(74),《古文約選》(2) 등에 실려 있음.

3. 《史記》(94) 田儋列傳(田橫)에는 "韓信已殺龍且, 因令曹參進兵破殺田旣於膠東, 使灌嬰破殺齊將田吸於千乘. 韓信遂平齊, 乞自立爲齊假王, 漢因而立之. 後歲餘, 漢滅項籍, 漢王立爲皇帝, 以彭越爲梁王. 田橫懼誅, 而與其徒屬五百餘人入海, 居島中. 高帝聞之, 以爲田橫兄弟本定齊, 齊人賢者多附焉, 今在海中不收, 後恐爲亂, 迺使使赦田橫罪而召之. 田橫因謝曰:「臣亨陛下之使酈生, 今聞其弟酈商爲漢將而賢, 臣恐懼, 不敢奉詔, 請爲庶人, 守海島中.」使還報, 高皇帝迺詔衛尉酈商曰:「齊王田橫卽至, 人馬從者敢動搖者致族夷!」迺復使使持節具告以詔商狀, 曰:「田橫來, 大者王, 小者迺侯耳;不來, 且擧兵加誅焉.」田橫迺與其客二人乘傳詣雒陽. 未至三十里, 至尸鄉廐置, 橫謝使者曰:「人臣見天子當洙沐.」止留. 謂其客曰:「橫始與漢王俱南面稱孤, 今漢王爲天子, 而橫迺爲亡虜而北面事之, 其恥固已甚矣. 且吾亨人之兄, 與其弟並肩而事其主, 縱彼畏天子之詔, 不敢動我, 我獨不愧於心乎? 且陛下所以欲見我者, 不過欲一見吾面貌耳. 今陛下在洛陽, 今斬吾頭, 馳三十里閒, 形容尚未能敗, 猶可觀也.」遂自剄, 令客奉其頭, 從使者馳奏之高帝. 高帝曰:「嗟乎, 有以也夫! 起自布衣, 兄弟三人更王, 豈不賢乎哉!」爲之流涕, 而拜其二客爲都尉, 發卒二千人, 以王者禮葬田橫. 旣葬, 二客穿其冢旁孔, 皆自剄, 下從之. 高帝聞之, 迺大驚, 以田橫之客皆賢. 吾聞其餘尙五百人在海中, 使使召之. 至則聞田橫死, 亦皆自殺. 於是迺知田橫兄弟能得士也."라 함.

4. 《五百家注昌黎文集》와 《東雅堂昌黎集註》注에 "樊曰:「田橫初爲漢將, 灌嬰敗於垓下, 亡走梁歸彭越, 高祖卽位, 懼誅與其徒五百餘人, 入海居島中. 高帝聞齊人賢者多附橫, 恐後有亂. 乃使使赦橫罪, 而召之. 橫與其客二人乘傳詣洛陽, 至尸鄉, 廐置, 遂自剄. 令客奉其頭, 從使者馳奏, 高帝流涕以王者禮塟橫, 既塟, 二客穿其冢, 旁皆自剄從之. 其餘客在海中者, 聞橫死亦, 皆自殺.」〈補注〉:晁太史无咎, 嘗取公此文於續《楚辭》而系之, 曰:「唐宰相如董晉, 亦未足言, 而晉爲汴州纔奏愈從事. 愈始終感遇語, 稱隴西公而不姓. 後從裴度亦自謂度知己, 然度亦終不引愈共天下事. 故愈躊躇, 發憤太息於區區之橫, 以謂夫苟如橫之好士, 天下將有賢於五百人者至焉.」"이라 함.

5. 《唐宋文醇》에도 "晁无咎云:「唐宰相如董晉, 亦未足言, 而晉爲汴州纔奏愈從事. 愈始終感遇語, 稱隴西公而不姓. 後從裴度亦自謂度知己, 然度亦終不引愈共天下事. 故愈躊躇發憤太息於區區之橫, 以爲夫苟如橫之好士, 天下將有賢於五百人者至焉.

君子一言, 以爲不知其斯言之謂歟! 古今學人, 論世之謬, 莫大於不計年歲, 而隨擧一生之迹, 以就吾所論之一事. 今按: 文曰'貞元十一年九月, 愈如東京, 道出田橫墓下', 則其年愈方二十八歲, 擧宏詞不第. 去明年董晉始表爲汴州觀察推官也. 其時裴度爲監察御史, 以論權要梗切, 出爲河南功曹參軍, 而乃謂愈作〈田橫祭文〉爲感董晉而怨裴度, 何其不深考也? 如董晉者, 能屈回紇强虜降懷光賊臣, 以片言其爲人, 豈又易易? 而曰未足言, 如田橫者, 能感五百人, 皆自剄以殉. 而曰區區之橫, 何其放言高論, 乃爾? 稍進便當曰區區之周公孔子矣. 裴度爲相伐蔡引愈, 爲行軍司馬, 愈時右庶子耳. 歸擢刑部侍郎, 嚮用矣. 已而爲迎佛骨事, 直言極諫, 貶潮州刺史. 愈自爲之而自當之求仁而得仁, 又何怨? 使怨裴度不已薦, 眞灌夫所謂不值一錢者哉? 若夫稱董晉爲隴西公, 而不姓, 乃一時行文偶爾. 聞有諱君父之名者矣, 未聞有諱擧主之名者也; 聞有諱君父之名者矣, 未聞有諱君父之姓者也. 以此推崇昌黎, 昌黎不受也"라 함.

6.《唐宋八大家文鈔》에 "借田橫, 發自己一生悲感之意"라 함.

7. '挽歌(輓歌)'에 대해《搜神記》(16) '挽歌辭'에 "挽歌者, 喪家之樂, 執紼者相和之聲也. 挽歌辭有〈薤露〉·〈蒿里〉二章, 漢田橫門人作. 橫自殺, 門人傷之, 悲歌. 言人如薤上露, 易晞滅. 亦謂人死精魂歸於蒿里. 故有二章"이라 하였고, 崔豹《古今注》(中)에도 "平陵東翟義門人所作也. 王莽殺義, 義門人作歌以怨之, 薤露·蒿里竝喪歌也. 出門橫門人. 橫自殺, 門人傷之, 爲之悲歌. 言人命知薤上之露, 易晞滅也. 亦謂人死魂魄, 歸乎蒿里. 故有二章: 一章曰「薤上朝露何易晞? 露晞明朝還復滋. 人死一去何時歸?」其二曰: 「蒿里誰家地聚斂? 魂魄無賢愚, 鬼伯一何相催促人命? 不得少踟躕.」至孝武時, 李延年乃分爲二曲. 薤露送王公貴人; 蒿里送士大夫庶人, 使挽柩者, 歌之世呼爲挽歌."라 함. 그 외《中華古今注》(下),《樂府詩集》(27),《酉陽雜俎》(續四),《初學記》(14),《文選》(28 陸士衡〈挽歌詩〉注) 등에 널리 전함.

061(7-2) <上梅直講書> ……………… 蘇東坡(蘇軾)

직강 매성유梅聖兪에게 올리는 글

〈梅堯臣〉(直講)

*〈上梅直講書〉: 이는 소식이 宋 仁宗 嘉祐 2년(1057) 進士에 합격한 뒤, 당시 과거에 參評官이었던 梅堯臣에게 보낸 서신임. 梅堯臣(1002-1060)은 자는 聖兪. 宋 宣州 宣城(지금의 安徽 宣城) 사람으로 세칭 宛陵先生으로 불렸음. 그는 처음 蔭科로 桐城主簿에 보임되어, 鎭安軍節度判官을 거쳐 皇祐 3년(1051)에 비로소 仁宗에게 부름을 받고 進士 출신과 동일한 대접을 받게 되었으며 뒤에 太常博士에 오름. 다시 歐陽修의 추천으로 國子監直講을 거쳐 尙書都官員外郞에 올라 그 때문에 흔히 '梅直講', '梅都官' 등으로 불림. 嘉祐 5년 59세로 별세함. 그는 시에 뛰어나 蘇舜欽과 이름을 날려 당시 '蘇梅'라 불렸으며, 문장에도 歐陽修와 이름을 함께 하여 '歐梅'라 칭해지기도 하였음. 그는 西崑體를 반대하고 平淡, 含蓄의 詩風을 주도하여 宋詩의 '開山祖師'로도 칭해졌음.《新唐書》편찬에 참여하였고,《孫子兵法注》가 있으며, 그 외《宛陵先生集》,《毛詩小傳》등이 있음.《宋史》(443) 文苑傳에 그의 傳이 있음.

1/4 ────────────

모관집사某官執事께.

저[軾]는 매번《시詩》를 읽다가 〈치효鴟鴞〉편에 이르거나,《서書》의 〈군석君奭〉편을 읽을 때면 항상 주공周公의 불우함을 몰래 슬퍼하곤 했습니다.

　그리고 《사기史記》에 이르러서는 공자孔子가 진채陳蔡사이에서 곤액을 만났을 때도 현가지성絃歌之聲이 끊이지 않았고, 안연顔淵과 중유仲由 같은 제자들과 서로 문답을 주고받았음을 보게 되었습니다.

　부자夫子가 물으셨지요.

　"들소도 아니요, 호랑이도 아닌 것이, 저렇게 광야를 헤매고 있구나. 나의 도가 그릇된 것일까? 또 어찌 이 지경에 이르렀는고?"

　그러자 안연이 말하였습니다.

　"선생님의 도는 지극히 커서 그 때문에 천하가 능히 이를 수용하지 못하는 것이지요. 비록 그렇기는 하나 수용되지 못함이 무슨 병이 되겠습니까? 수용되지 못한 연후에 군자의 면모를 드러내어 보일 수 있는 것입니다."

　공자는 유연油然히 웃으면서 말씀하셨습니다.

　"안회여, 너에게 재물이 많도록 해주고 내가 너를 가재家宰로 삼으리라."

　무릇 천하가 비록 능히 수용하지 못한다 해도 그 무리들이 스스로 이로써 서로 즐거워함이 이와 같았습니다.

　이에 지금 주공의 부귀함이 공자의 빈천함만 못하였음을 알게 되었습니다.

　무릇 소공召公의 현명함과 관숙管叔, 채숙蔡叔이 혈친임에도 그의 마음을 알지 못하였으니, 그렇다면 주공은 그 부귀를 누구와 함께 할 수 있겠습니까?

　그런데 공자는 빈천한 자와 함께하여 모두가 천하의 현재賢才들이었으니, 그렇다면 역시 이러한 것에 즐거움을 두기에 족한 것입니다.

某官執事.
(軾)每讀《詩》至<鴟鴞>, 讀《書》至<君奭>, 常竊悲周公之不遇及觀《史》, 見孔子厄於陳蔡之間, 而絃歌之聲不絶, 顔淵·仲由之徒相與答問.

夫子曰: 「匪兕匪虎, 率彼曠野. 吾道非邪? 又何爲至此?」

顔淵曰: 「夫子之道至大, 故天下莫能容. 雖然, 不容何病? 不容然後見君子.」

夫子油然而笑曰: 「回, 使爾多財, 吾爲爾宰.」

夫天下雖不能容, 而其徒自足以相樂如此.

乃今知周公之富貴, 有不如夫子之貧賤.

夫以召公之賢, 以管蔡之親, 而不知其心, 則周公誰與樂其富貴?

而夫子所與共貧賤者, 皆天下之賢才, 則亦足以樂乎此矣.

【某官執事】관직은 밝히지 않고 시험관을 맡았던 집사를 지칭함.

【(軾)每讀《詩》至〈鴟鴞〉, 讀《書》至〈君奭〉, 常竊悲周公之不遇〕'梅讀' 앞에 《宋文鑑》에는 '軾'자가 더 있음. '鴟鴞'는 《詩》豳風의 편명. "鴟鴞鴟鴞, 旣取我子, 無毀我室. 恩斯勤斯, 鬻子之閔斯"라 함. 이는 周公(姬旦)이 東都 洛邑에 있을 때 지어 成王(姬誦)에게 준 것으로 자신을 '치효가 둥지를 보호하듯' 자신도 周나라 왕실에 충성을 다하고 있음을 비유한 것이라 함. 〈詩序〉에 "鴟鴞, 周公救亂也. 成王未知周公之志, 公乃爲詩以遺王, 名之曰鴟鴞焉"이라 함. 〈君奭〉은 《尙書》周書의 편명. 召公(姬奭)이 주공과 함께 成王을 보좌하고 있을 때 주공이 성왕의 자리를 빼앗을 것이라는 유언비어가 퍼져, 소공이 의심하자 주공이 〈君奭〉편을 지어 자신의 뜻을 밝힘과 함께 더욱 면려할 것을 다짐한 것임. '奭'은 召公의 이름. 召公은 文王(姬發)의 아들이며 周公의 아우. 成王의 숙부. 뒤에 燕 땅을 봉지로 받아 燕나라 시조가 됨. 《史記》燕召公世家를 참조할 것. '竊悲'는 周公이 信實하고 충성스러웠으나 아우 成王을 攝政할 때 왕위를 빼앗을 것이라는 謠言에 시달렸고, 뒤에 결국 아우 管叔과 蔡叔의 반란을 일으키자 어쩔 수 없이 東征에 나서야 하는 등 고통을 겪은 일을 말함. '周公'은 文王(姬昌)의 아들이며 武王의 아우. 조카 성왕을 도와 주나라를 안정시켰고, 예악전장을 완비하여 통치기반을 이룩한 성인. 吐哺握髮 등의 많은 고사를 남김.

【及觀《史》, 見孔子厄於陳蔡之間, 而絃歌
之聲不絶, 顔淵·仲由之徒相與答問】'史'
는 司馬遷의 《史記》. '厄於陳蔡之間'은
공자가 제자들과 楚나라로 가던 중 陳
나라와 蔡나라 사이에서 곤액을 만나
먹을 것조차 모두 바닥이 나서 고초를
겪은 일. 참고란을 볼 것. '絃歌之聲'은
弦歌之聲으로도 표기하며 음악을 통해
백성을 교화시키는 治術. 이를 곤액 중
에도 태연히 연습을 하였음을 말함. '顔
淵'은 顔回. 공자 제자. 춘추시대 魯나라
사람으로 가장 어질었다 함. '仲由'는 子
路(季路). 역시 공자 제자 중에 뛰어난
인물이었음.

〈梅都官〉(梅堯臣)

【夫子曰:「匪兕匪虎, 率彼曠野. 吾道非邪?
又何爲至此?」】'匪兕匪虎'의 구절은 《詩》小雅 何草不黃에 "匪兕匪虎, 率彼曠野.
哀我征夫, 朝夕不暇"라 함. 정신없이 사방을 헤매고 다님을 뜻함.

【顔淵曰:「夫子之道至大, 故天下莫能容. 雖然, 不容何病? 不容然後見君子.」】'何病'
은 '무슨 허물이 되겠는가?'의 뜻.

【夫子油然而笑曰:「回, 使爾多財, 吾爲爾宰.」】'油然'은 '시원하게, 편안하게' 등의 뜻.
《孟子》梁惠王(上)에 "天下莫不與也. 王知夫苗乎? 七八月之間旱, 則苗槁矣. 天油
然作雲, 沛然下雨, 則苗浡然興之矣. 其如是, 孰能禦之?"라 함. 《史記》에는 '欣然'
으로 되어 있음. '宰'는 家宰. 집안의 잡무를 총괄하는 신하.

【夫天下雖不能容, 而其徒自足以相樂如此】'相樂如此'는 천하가 수용하지 못함에
도 서로 즐김이 이와 같음.

【乃今知周公之富貴, 有不如夫子之貧賤】'富貴'의 '富'는 재물, '貴'는 신분에 있어서
의 구분임. 周公의 부귀하였으나 아우들로 인해 즐거움을 누리지 못하였고, 孔
子는 빈천했으나 天命을 알아 즐거움을 누렸음.

【夫以召公之賢, 以管蔡之親, 而不知其心, 則周公誰與樂其富貴?】'賢'은 똑똑함. 현
명함. '管蔡'는 管叔과 蔡叔. 《列女傳》에 의하면 文王(姬昌)은 그 아내 太姒와 사

이에 伯邑(考), 武王(發), 周公(旦), 管叔(鮮), 蔡叔(度), 曹叔(振鐸), 霍叔(武), 成叔(處), 康叔(封), 聃季(載) 등 10명의 아들을 낳은 것으로 되어 있음. 周 武王(姬發)이 殷을 멸한 다음 殷나라 流民들을 慰撫하기 위해 紂王의 아들 武庚과 祿父를 殷의 옛 땅에 봉하고 대신 武王의 아우들 管叔과 蔡叔, 霍叔으로 하여금 이들을 감시토록 함. 이를 '三監'이라 함. 그러나 武王이 죽고 어린 成王(姬誦)이 왕이 되어 周公이 攝政을 하자 이들은 주공이 성왕을 대신하여 왕이 될 것이라는 유언을 퍼뜨리며 武庚과 결탁하여 난을 일으켰음. 이를 '三監之亂'이라 하며 周公이 東征하여 이들을 평정하고 대신 微子啓를 宋에 봉하여 殷나라 제사를 잇도록 함. 이를 周公東征이라 함. 《史記》周本紀에 "周武王遂斬紂頭, 縣之大白旗. 殺妲己. 釋箕子之囚, 封比干之墓, 表商容之閭. 封紂子武庚·祿父, 以續殷祀, 令修行盤庚之政. 殷民大說. ……周武王崩, 武庚與管叔·蔡叔作亂, 成王命周公誅之, 而立微子於宋, 以續殷後焉"이라 함.

【而夫子所與共貧賤者, 皆天下之賢才, 則亦足以樂乎此矣】孔子가 함께 한 이들은 모두가 貧賤하였지만 천하의 賢才들이었음.

2/4 ────────────────

저[軾]는 일곱 여덟 나이 때에 비로소 책을 읽을 줄 알게 되었는데, 듣기로 지금 천하에 구양공歐陽公과 같은 이가 있어, 그의 사람됨은 옛 맹가孟軻나 한유韓愈의 무리와 같다고 하였고, 다시 매공梅公이라는 분이 그를 좇아 교유하면서 더불어 그 의론議論을 위아래로 하고 있다고 하더이다.

그 후 더욱 장성하여 비로소 능히 그의 문사文詞를 읽을 수 있게 되자, 그의 사람됨을 보고 싶어 하면서 "그는 표연飄然히 세속을 벗어던져 버리는 즐거움을 가지고 그 즐거움을 즐기는 분"일 것이라 생각하였습니다.

바야흐로 대우성률對偶聲律의 문장을 배우고 승두升斗의 봉록을 구하느라 스스로 여러 공공들 사이로 나가 뵐 수 없을 것이라 생각하였습니다.

경사京師에 온 지 해를 넘기면서도 일찍이 그 문을 엿보지 못하다가, 금년 봄, 천하의 선비들이 예부禮部에 무리지어 이르렀을 때 집사執事와 구양공께서 실로 친히 시험을 주관하시게 되었습니다.

저는 뜻하지 않게도 2등으로 급제하게 되었습니다.

軾七八歲時, 始知讀書, 聞今天下有歐陽公者, 其爲人如古孟軻·韓愈之徒, 而又有梅公者從之游, 而與之上下其議論.

其後益壯, 始能讀其文詞, 想見其爲人, 意其「飄然脫去世俗之樂, 而自樂其樂」也.

方學爲對偶聲律之文, 求升斗之祿, 自度無以進見於諸公之間.

來京師逾年, 未嘗窺其門, 今年春, 天下之士群至於禮部, 執事與歐陽公, 實親試之.

軾不自意, 獲在第二.

【軾七八歲時, 始知讀書, 聞今天下有歐陽公者, 其爲人如古孟軻·韓愈之徒】'歐陽公'은 歐陽修(歐陽脩: 1007–1072). 자는 永叔. 宋나라 吉州 廬陵(지금의 江西 吉安) 사람으로 北宋 古文運動의 領袖이며 스스로 孟子의 뒤를 이었다고 자부하였음. 唐宋八大家의 하나. 蘇軾은 그를 숭모하여 따라 배우기도 하였음. 시호는 文忠. 《歐陽文忠公集》, 《新五代史》, 《毛詩本義》, 《集古錄》 등이 있으며 《宋史》(319)에 傳이 있음. '孟軻'는 孟子. 자는 子輿. 戰國시대 鄒나라 출신으로 孔子를 이어 王道 政治를 주장하며 각 나라에 유세를 펼침. 亞聖으로 불리며 《孟子》7편을 남김. 《史記》 孟荀列傳을 참조할 것. '韓愈'(786–824)는 자는 退之. 唐 河內 河陽(지금의 河南 孟縣) 사람으로 唐代 古文運動의 領袖.

【而又有梅公者從之游, 而與之上下其議論】'梅公'은 梅堯臣(聖兪). '從之游'는 함께 어울려 交游함. '上下'는 莫上莫下의 뜻.

【其後益壯, 始能讀其文詞, 想見其爲人, 意其飄然脫去世俗之樂, 而自樂其樂也】'飄然'은 거리낌이 없이 훌날림. '脫去世俗'은 세속을 벗어버림.

【方學爲對偶聲律之文, 求升斗(斗升)之祿, 自度無以進見於諸公之間】'對偶聲律'은 문

장을 지을 때의 對偶와 平仄, 音韻 등을 배치하는 방법. 여기서는 文章, 詩歌, 詞賦 등을 짓는 일을 뜻함. '升斗'는 곡식 한 되나 한 말. 여기서는 적은 俸祿을 뜻함. 《東坡全集》에는 '斗升'으로 되어 있음. '度'은 '탁'으로 읽음. '進見'은 나가서 뵘.

【來京師逾年, 未嘗窺其門】 '來京師'는 蘇軾의 아버지 蘇洵은 고향 蜀의 眉山에서 嘉祐(北宋 仁宗. 1056–1063) 연간에 아들 蘇軾과 蘇轍을 데리고 다시 서울 汴京(지금의 河南 開封)으로 와서 당시 文壇의 領袖 歐陽修를 뵙고 본격적인 과거 應試와 文壇活動 및 求職活動을 벌였음.

【今年春, 天下之士群至於禮部, 執事與歐陽公, 實親試之】 '今年春'은 蘇軾이 進士시험을 치른 해. 宋 仁宗 嘉祐 2년(1057). '禮部'는 고대 中央 尙書省 아래의 六部(吏部, 戶部, 兵部, 工部, 刑部, 禮部)의 하나. 주로 禮樂과 貢擧 등을 管掌하였음. '執事'는 그 일을 맡은 사람.

【軾不自意, 獲在第二】 蘇軾이 뜻밖에 2등으로 합격함. 당시 歐陽脩가 禮部 進士 시험을 주관하였고, 梅聖兪가 參評官이었음. 試題는 〈刑賞忠厚之至論〉이었으며, 歐陽脩가 蘇軾의 답안을 보고 놀라 1등으로 발탁하고자 하였으나 문하생 曾鞏에게 의심을 받을까 하여 2등으로 결정하였다 함.

3/4 ────────────

이윽고 다른 사람으로부터 들으니, 집사께서는 저의 문장을 아껴주시면서 '맹자의 기풍이 있다'고 여기셨고, 구양공께서도 역시 '능히 세속의 문장일 수가 없다'라고 하시면서 저를 취록取錄하셨다더군요.

이로써 제가 여기에 있게 된 것인데, 좌우에서 먼저 인정하여 추천함도 없었고, 친구가 저를 위해 위촉해 준 것도 없는데, 지난 10여 년 동안 그 이름만 듣고 뵙지는 못하던 분이 하루아침에 지기知己가 된 셈입니다.

물러나 생각해보니, 사람이란 억지로 부귀해질 수 있는 것이 아니며, 역시 한갓 빈천한 채로만 있는 것도 아닌가 합니다.

대현大賢이 있어 그의 무리가 된다면 역시 족히 믿을 바가 있는 것이지요.

만약 일시의 행운을 요행으로 따르는 거기車騎가 수십 인이 되어 여항
閭巷의 소민小民으로 하여금 몰려들어 구경거리가 되고 찬탄贊嘆을 쏟
아내도록 한다한들 역시 어찌 이러한 즐거움과 바꾸겠습니까?

 旣而聞之人, 執事愛其文, 以爲「有孟軻之風」; 而歐陽公, 亦以
「其能不爲世俗之文也」而取焉.
 是以在此, 非左右爲之先容, 非親舊爲之請屬, 而嚮之十餘年間,
聞其名而不得見者, 一朝爲知己.
 退而思之, 人不可以苟富貴, 亦不可以徒貧賤.
 有大賢焉而爲其徒, 則亦足恃矣.
 苟其僥一時之幸, 從車騎數十人, 使閭巷小民, 聚觀而贊嘆之,
亦何以易此樂也?

【旣而聞之人, 執事愛其文, 以爲有孟軻之風; 而歐陽公, 亦以其能不爲世俗之文也而
取焉】蘇軾의 답안을 보고 梅聖兪는 "孟子의 풍모가 있다"라 평하였고, 歐陽脩
는 "不爲世俗之文"이라 평하였다 함.
【是以在此, 非左右爲之先容, 非親舊爲之請屬, 而嚮之十餘年間, 聞其名而不得見者,
一朝爲知己】'先容'은 먼저 인정을 받아 시험관에게 소개를 하거나 추천을 하는
일. '請屬'은 請囑과 같음. 請託의 뜻. '嚮'은 曏과 같음. 지난 날. '知己'는 아주 친
하여 서로 알아주는 사이.
【退而思之, 人不可以苟富貴, 亦不可以徒貧賤】富貴와 貧賤은 서로 바뀔 수 있음.
【有大賢焉而爲其徒, 則亦足恃矣】大賢이 있어 거기의 무리가 됨.
【苟其僥一時之幸, 從車騎數十人, 使閭巷小民, 聚觀而贊嘆之, 亦何以易此樂也?】'車
騎'는 그를 따르는 수레와 기병. '閭巷'은 일반 백성이 사는 마을과 골목. '閭'는
고대 25家의 마을을 1閭라 하였음.

4/4 ————————————

《전傳》에는 "하늘을 원망하지도 않고, 사람을 탓하지도 않는다"라 하

였습니다.

그저 '우재優哉로다, 유재游哉로다' 하면서 천수를 누리면 되는 것이겠지요.

집사께서는 명성이 천하에 가득하면서도 직위는 오품五品을 넘어서지 못하고 있습니다.

그럼에도 그 용색容色은 온연溫然하시어 노함이 없으시며, 그 문장은 관후돈박寬厚敦朴하시어 원언怨言이 없으시니, 이는 틀림없이 이러한 도道에 즐거움을 둔 바가 있어서일 것입니다.

저는 더불어 이를 들을 수 있기를 원하옵니다.

《傳》曰:「不怨天, 不尤人」

蓋「優哉游哉」, 可以卒歲.

執事名滿天下, 而位不過五品.

其容色, 溫然而不怒; 其文章, 寬厚敦朴而無怨言, 此必有所樂乎斯道也.

軾願與聞焉.

【《傳》曰:「不怨天, 不尤人.」】'傳'은 《論語》를 가리킴. 〈憲問〉篇에 "子曰:「莫我知也夫!」子貢曰:「何爲其莫知子也?」子曰:「不怨天, 不尤人, 下學而上達. 知我者其天乎!」"라 하였고, 《史記》孔子世家에는 "魯哀公十四年春, 狩大野. 叔孫氏車子鉏商獲獸, 以爲不祥. 仲尼視之, 曰:「麟也.」取之. 曰:「河不出圖, 雒不出書, 吾已矣夫!」顏淵死, 孔子曰:「天喪予!」及西狩見麟, 曰:「吾道窮矣!」喟然歎曰:「莫知我夫!」子貢曰:「何爲莫知子?」子曰:「不怨天, 不尤人, 下學而上達, 知我者其天乎!」"라 하였음. 《中庸》(14)에도 "在上位不陵下, 在下位不援上, 正己而不求於人則無怨. 上不怨天, 下不尤人"이라 함.

【蓋優哉游哉, 可以卒歲】'優哉游哉'는 疊韻連綿語 '優游'를 풀어서 표현한 것. 편안히 그럭저럭 自在함을 뜻함. 《左傳》襄公 21년에 "叔向曰:「與其死亡若何? 《詩》曰:『優哉游哉, 聊以卒歲.』知也.」"라 하였고, 《詩》小雅 采菽篇에 "維柞之枝, 其葉蓬蓬.

樂只君子, 殿天子之邦. 樂只君子, 萬福攸同. 平平左右, 亦是率從. 汎汎楊舟, 紼纚
維之. 樂只君子, 天子葵之. 樂只君子, 福祿膍之. 優哉游哉, 亦是戾矣"라 함.

【執事名滿天下, 而位不過五品】梅聖兪는 名聲은 천하에 가득하지만 품위는 五品
에 불과함.

【其容色, 溫然而不怒, 其文章, 寬厚敦朴而無怨言, 此必有所樂乎斯道也】'斯道'는
이러한 도. 儒家의 즐거움을 뜻함.《論語》雍也篇에 "子曰:「誰能出不由戶? 何莫
由斯道也?」"라 함.

【軾願與聞焉】그러한 즐거움을 실행하는 것을 듣고 싶음.

참고 및 관련 자료

1. 蘇東坡(蘇軾, 子瞻) 026 참조.

2. 이 글은《東坡全集》(72),《唐宋八大家文鈔》(125),《宋文鑑》(118),《文編》(49),《歷
代名賢確論》(9),《群書考索》(續集 56),《宛陵集》(부록),《古文觀止》(11) 등에 실려 있음.

3.《唐宋八大家文鈔》注에 "文瀟洒而入思少喫緊"이라 함.

4.《史記》孔子世家에 "孔子遷于蔡三歲, 吳伐陳. 楚救陳, 軍于城父. 聞孔子在陳蔡
之閒, 楚使人聘孔子. 孔子將往拜禮, 陳蔡
大夫謀曰:「孔子賢者, 所刺譏皆中諸侯之
疾. 今者久留陳蔡之閒, 諸大夫所設行皆
非仲尼之意. 今楚, 大國也, 來聘孔子. 孔子
用於楚, 則陳蔡用事大夫危矣.」於是乃相
與發徒役圍孔子於野. 不得行, 絶糧. 從者
病, 莫能興. 孔子講誦弦歌不衰. 子路慍見
曰:「君子亦有窮乎?」孔子曰:「君子固窮,
小人窮斯濫矣.」子貢色作. 孔子曰:「賜, 爾
以予爲多學而識之者與?」曰:「然. 非與?」
孔子曰:「非也. 予一以貫之.」孔子知弟子有
慍心, 乃召子路而問曰:「《詩》云'匪兕匪虎,
率彼曠野'. 吾道非邪? 吾何爲於此?」子路
曰:「意者吾未仁邪? 人之不我信也. 意者
吾未知邪? 人之不我行也.」孔子曰:「有是

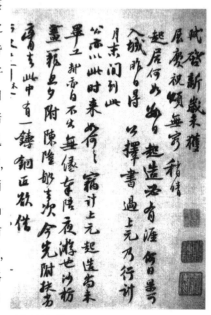

〈蘇軾筆跡〉

乎! 由, 譬使仁者而必信, 安有伯夷·叔齊? 使知者而必行, 安有王子比干?」子路出, 子
貢入見. 孔子曰:「賜,《詩》云'匪兕匪虎, 率彼曠野'. 吾道非邪? 吾何爲於此?」子貢曰:
「夫子之道至大也, 故天下莫能容夫子. 夫子蓋少貶焉?」孔子曰:「賜, 良農能稼而不能
爲穡, 良工能巧而不能爲順. 君子能脩其道, 綱而紀之, 統而理之, 而不能爲容. 今爾
不脩爾道而求爲容. 賜, 而志不遠矣!」子貢出, 顔回入見. 孔子曰:「回,《詩》云'匪兕匪
虎, 率彼曠野'. 吾道非邪? 吾何爲於此?」顔回曰:「夫子之道至大, 故天下莫能容. 雖
然, 夫子推而行之, 不容何病, 不容然後見君子! 夫道之不脩也, 是吾醜也. 夫道旣已
大脩而不用, 是有國者之也. 不容何病, 不容然後見君子!」孔子欣然而笑曰:「有是哉
顔氏之子! 使爾多財, 吾爲爾宰.」라 함.

062(7-3) <三槐堂銘> ·················· 蘇東坡(蘇軾)
삼괴당 명문

＊<三槐堂銘>(幷叙): '槐'는 회화나무, 혹 홰나무라고도 하며 콩과에 속하는 낙엽
활엽교목으로 학명은 Sophorajaponica L. 잎은 우상복엽이며 8월부터 꽃은 황백
색의 원추화서(圓錐花序)로 차례로 달림. 열매는 꼬투리 형태이며 길이 5~8*cm*
로서 10월에 익음. 한방에서는 꽃을 괴화(槐花), 열매를 괴각(槐角)이라 부르며
약재로 이용하기도 함. 꽃은 7~8월에 채취하고 열매는 10월에 따서 햇볕에 말
려 사용함. 열매는 寒苦의 약성을 지녀 凉血, 止血, 淸熱, 補肝의 효능이 있고,
꽃은 凉苦하며 鎭痙, 消腫의 효능이 있는 것으로 알려져 있음. 마치 아카시나
무와 비슷하며 원래 중국에서는 廟堂 등에 많이 심었으나 한국에서는 지금은
가로수로도 널리 심고 있어 쉽게 볼 수 있음. 특히 蘇軾의 이글로 인해 흔히 '재
상나무', '三公樹'라고도 불림. 이글은 宋代 王祐(《宋史》에는 王祜로 되어 있음)가
음덕을 쌓으면서 자신의 집에 槐樹 세 그루를 심고 "후세 우리집안에 반드시
三公이 날 것"이라 하였음. 이에 眞宗皇帝가 그 집에 '三槐堂'이라 편액을 내려
주었으며, 과연 뒤에 그 아들 王旦, 손자 王素가 각기 三公의 재상에 오름. 동파
가 이 고사를 두고 銘으로 지은 것.

<三槐堂>(山東 莘縣)

천리天理는 필연적인가? 그런데도 현자임에도 반드시 장수하는 것은 아니다. 천리는 필연적이지 않은가? 그런데도 인자에게는 반드시 후손이 있다.

이 두 가지는 장차 절충을 취해서 해석할 수 있으리라!

내 듣기로 신포서申包胥는 "많은 무리를 가진 자는 하늘의 뜻을 이길 수 있으나, 하늘이 정해놓은 것은 역시 능히 사람의 뜻을 이긴다"라 하였다.

세상에 하늘을 논하는 자는 모두가 그 정해진 것은 기다리지 않은 채 요구하기만 하다가, 그 때문에 하늘을 그저 망망茫茫한 것으로 여겨, 착한 자는 이 때문에 태만해지고, 악한 자는 이로써 마구 행동하게 된다.

도척盜跖의 장수長壽나, 공자孔子와 안회顔回의 곤액 등, 이는 모두가 하늘의 뜻이 아직 정해지지 않은 것이다.

그러나 송백松栢이 산림에 나서, 그 처음에는 쑥부쟁이 따위에게 곤액을 당하고, 소나 양에게 재앙을 당하기도 하지만 그 끝에는 사시四時를 관통하고 천세千歲를 구경하면서도 변함이 없는 것은 하늘이 정해준 것이다.

선악의 보답이 자손에게 이른다면 그 결정은 이미 오래전에 된 것이다.

나는 본 바와 들은 바(전해 들은 바로써) 상고하건대 그것이 필연이라는 것은 분명하다.

天可必乎? 賢者不必貴, 仁者不必壽; 天不可必乎? 仁者必有後.

二者將安取衷哉!

吾聞之: 申包胥曰:「人衆者勝天, 天定亦能勝人.」

世之論天者, 皆不待其定而求之, 故以天爲茫茫, 善者以怠, 惡者以肆.

盜跖之壽, 孔顔之厄, 此皆天之未定者也.

松栢生於山林, 其始也困於蓬蒿, 厄於牛羊; 而其終也, 貫四時·閱千歲而不改者, 其天定也.

善惡之報, 至於子孫, 則其定也久矣.

吾以所見所聞(所傳聞)而考之, (而)其可必也審矣.

【天可必乎? 賢者不必貴, 仁者不必壽; 天不可必乎? 仁者必有後】'天可必乎'은 '하늘의 이치는 필연적인가? 하늘의 뜻은 틀림이 없는가?'의 命題. '仁者不必壽'는 '어질게 살았건만 꼭 장수하지 못하는 경우도 있으므로 천리는 필연적인 것은 아님'을 말함. 《軌範》補注에 "《孟子》離婁篇: 「惟仁者宜在高位.」"라 함. 《古文眞寶》注에 "從《史記》伯夷傳來"라 함. 한편 《論語》雍也篇에 "子曰: 「知者樂水, 仁者樂山. 知者動, 仁者靜. 知者樂, 仁者壽.」"라 함. '仁者必有後'는 '인자에게는 반드시 그 훌륭한 후손이 있으니 이는 천리가 不可必한 것이 아님'. 즉 天理는 분명한 것임. 《古文眞寶》注에 "含子孫意"라 함. 그러나 이 구절은 對稱을 이루지 못하여 문제가 있음. 〈四部叢刊〉(初編)《經進東坡文集事略》에는 "天可必乎? 賢者不必壽; 天不可必乎? 仁者必有後"로 되어 있음. 이에 따라 풀이하였음.

【二者將安取衷哉】'二者'는 '賢者不必壽'와 '仁者必有後'의 두 가지. '取衷'은 折衷함. 둘 모두 인정하여 중간을 취함.

【吾聞之, 申包胥曰: 「人衆者勝天, 天定亦能勝人.」】'申包胥'는 春秋시대 楚나라 大夫. 성은 公孫. 이름이 包胥. 申땅에 봉해져 申包胥로 불리며 伍子胥가 吳나라를 도와 楚나라를 멸하자 산중으로 피해 있다가 伍子胥에게 사람을 보내어 이 말을 한 다음 秦나라로 가서 七日七夜를 울며 도움을 요청, 결국 吳나라를 다시 치고 楚나라를 구한 인물. 《史記》(66) 伍子胥列傳에 "始伍員與申包胥爲交, 員之亡也, 謂包胥曰: 「我必覆楚.」包胥曰: 「我必存之.」及吳兵入郢, 伍子胥求昭王. 旣不得, 乃掘楚平王墓, 出其尸, 鞭之三百, 然後已. 申包胥亡於山中, 使人謂子胥曰: 「子之報讎, 其以甚乎! 吾聞之: 人衆者勝天, 天定亦能破人. 今子故平王之臣, 親北面而事之, 今至於僇死人, 此豈其無天道之極乎?」 伍子胥曰: 「爲我謝申包胥曰: 『吾日莫

途遠, 吾故倒行而逆施之.』」於是申包胥走秦告急, 求救於秦. 秦不許. 包胥立於秦廷, 晝夜哭, 七日七夜不絶其聲. 秦哀公憐之, 曰「楚雖無道, 有臣若是, 可無存乎?」乃遣車五百乘救楚擊吳. 六月, 敗吳兵於稷. 會吳王久留楚求昭王, 而闔廬弟夫槪乃亡歸, 自立爲王. 闔廬聞之, 乃釋楚而歸, 擊其弟夫槪. 夫槪敗走, 遂奔楚. 楚昭王見吳有內亂, 乃復入郢. 封夫槪於堂谿, 爲堂谿氏. 楚復與吳戰, 敗吳, 吳王乃歸."라 함. '天定'은 하늘이 정한 것.《古文眞寶》注에 "見《國語》"라 하였으나《國語》楚語에는 같은 구절이 없음. 다만《亢倉子》政道篇에 "人强勝天"이라 하였음.

【世之論天者, 皆不待其定而求之, 故以天爲茫茫, 善者以怠, 惡者以肆】'茫茫'은 넓고 아득함. 구체적이지 않고 기필할 수 없는 것이기에 믿을 수 없음.《文選》歎逝賦 "何時天之芒芒"의 李善 注에 "芒芒, 猶夢夢也"라 하였고, 〈魏都賦〉"茫茫終古"의 李善 注에는 "茫茫, 遠貌"라 함. '肆'는 제멋대로 마구 행동함.

【盜跖之壽, 孔顔之厄, 此皆天之未定者也】'盜跖'은《東坡集》에는 盜蹠으로 표기되어 있으며 春秋시대 惡行으로 이름이 높던 大盜. 柳下惠(季)의 아우로도 알려져 있음.《莊子》盜跖篇에 "孔子與柳下季爲友, 柳下季之弟, 名曰盜跖. 盜跖從卒九千人, 橫行天下, 侵暴諸侯, 穴室摳戶, 驅人牛馬, 取人婦女, 貪得忘親, 不顧父母兄弟, 不祭先祖. 所過之邑, 大國守城, 小國入保, 萬民苦之"라 함. '孔顔'은 孔子와 顔回(顔淵).《古文眞寶》注에 "孔顔, 謂孔子·顔子"라 함. 둘 모두 훌륭한 일을 하고 선하게 살았건만 심하게 곤액을 당하고 일찍 죽음. '厄'은 곤액, 불운, 재난.《史記》伯夷列傳에는 "或曰:「天道無親, 常與善人.」若伯夷·叔齊, 可謂善人者非邪? 積仁絜行如此而餓死! 且七十子之徒, 仲尼獨薦顔淵爲好學. 然回也屢空, 糟穅不厭, 而卒蚤夭. 天之報施善人, 其何如哉? 盜蹠日殺不辜, 肝人之肉, 暴戾恣睢, 聚黨數千人橫行天下, 竟以壽終. 是遵何德哉? 此其尤大彰明較著者也. 若至近世, 操行不軌, 專犯忌諱, 而終身逸樂, 富厚累世不絶. 或擇地而蹈之, 時然後出言, 行不由徑, 非公正不發憤, 而遇禍災者, 不可勝數也. 余甚惑焉, 儻所謂天道, 是邪非邪?"라 함. 〈補注〉에 "謂聖賢不必貴, 仁者不必壽"라 함.

【松栢生於山林, 其始也困於蓬蒿, 厄於牛羊;而其終也, 貫四時·閱千歲而不改者, 其天定也】'松栢'은 松柏과 같으며 소나무와 잣나무. 歲寒의 靑靑으로 인해 君子의 象徵으로 널리 인용됨. '蓬蒿'는 쑥대 같은 잡초. 松栢에 상대하여 별것 아닌 존재. '厄於牛羊'은 소나 말에 짓밟힘.《古文眞寶》注에 "未定"이라 함. '貫四時'는 1년 사시를 보냄. 蓬蒿가 한 철을 사는 것에 대비시킨 것. '閱千歲'는 천 년 두고 세상의 흐름을 지켜봄. 긴 시간을 뜻함.

【善惡之報, 至於子孫, 則其定也久矣】'則其定也'는《東坡集》에는 '而其定也'로 되어 있음. '至於子孫'은《古文眞寶》注에 "漸漸切"이라 함. '其定也久矣'는《古文眞寶》注에 "從申包胥天定之說, 演出許多'定'字議論"이라 함.

【吾以所見所聞(所傳聞)而考之, 其可必也審矣】《東坡集》에는 '所見所聞' 다음에 '所傳聞' 3자가 더 있으며, '其可必也'는 '而其可必也'로 되어 있음. '審矣'는 분명함. 틀림없음.《古文眞寶》注에 "轉入下一脚"이라 함.

2/4 ━━━━━━━━━━━━━

　나라가 장차 흥하려 함에는 반드시 세덕世德의 신하가 후하게 베풀었으나 그 보답을 받아먹지 못한 이가 있어서, 그런 연후에야 그 자손이 능히 그 법을 지켜 태평성세의 군주와 더불어 천하의 복을 함께 누리게 되는 것이다.

　병부시랑兵部侍郎을 지낸 진국공晉國公 왕우王祐는 후한後漢, 후주後周 때에 드러난 나머지 태조太祖와 태종太宗을 섬겨오면서, 문무文武와 충효忠孝로써 천하가 그를 재상으로 삼기를 희망하였으나 공은 끝내 강직한 도를 지켜 시세에 용납되지 못하였다.

　그는 일찍이 손수 홰나무 세 그루를 뜰에 심으며 이렇게 말하였다.

　"내 자손 중에 반드시 삼공三公에 오르는 자가 있으리라!"

　이윽고 그 아들 위국문정공魏國公文正公 왕단王旦이 경덕景德, 상부祥符 연간에 진종황제眞宗皇帝의 재상이 되자, 조정은 청명淸明하고 천하는 무사無事한 때로서 그 복록과 영명榮名을 누린 것이 18년간이었다.

　國之將興, 必有世德之臣, 厚施而不食其報, 然後其子孫, 能與守文太平之主, 共天下之福.

　故兵部侍郎晉國王公, 顯於漢周之餘, 歷事太祖·太宗, 文武忠孝, 天下望以爲相, 而公卒以直道不容於時.

　蓋嘗手植三槐於庭, 曰:「吾子孫, 必有爲三公者!」

已而, 其子魏國文正公, 相眞宗皇帝於景德·祥符之間, 朝廷清明, 天下無事之時, 享其福祿榮名者, 十有八年.

【國之將興, 必有世德之臣, 厚施而不食其報, 然後其子孫, 能與守文太平之主, 共天下之福】'世德之臣'은 대를 두고 덕을 쌓아온 신하의 집안. 〈補注〉에 "謂王祐詩〈下武篇〉:「世德作求.」 箋云:「世世積德, 庶爲終成其大功也.」"라 함. '厚施'는 후하게 베풂. '不食其報'는 그 보답을 제대로 누리지 못함. 즉시 그 응보가 나타나지는 않음.《古文眞寶》注에 "暗說王晉公"이라 함. '守文'은 법을 잘 지킴. '文'은 成文法을 의미함. '共天下之福'은 〈補注〉에 "伏魏國文正公相眞宗.《史記》外戚世家:「繼體守文之君.」〈索隱〉曰:「守文者, 猶法也. 謂非受命創制之君, 但守先帝法度爲之主耳.」"라 함.《古文眞寶》注에는 "暗說文正公, 義理甚長於王氏爲尤切"이라 함.

【故兵部侍郎晉國王公, 顯於漢周之餘】'故兵部侍郎'은 일찍이 兵部侍郎을 역임하였던 사람을 뜻함. '晉國王公'은 宋나라 때 王祐(祜)의 爵號, 封號. 宋 太祖 때 宰相을 삼으려 하였으나, 符彦卿의 無罪를 極諫하여 재상에 오르지 못하다가 太宗 때 兵部侍郎을 역임하고 晉國公에 封해짐.《軌範》注에 "王祜"라 함. '漢周'는 宋나라 直前 五代의 後漢(947-950)과 後周(951-960)를 가리킴.

【歷事太祖·太宗, 文武忠孝, 天下望以爲相, 而公卒以直道不容於時】'太祖'는 宋 太祖 趙匡胤. 五代 後周를 이어 宋나라를 세운 뒤 文治를 앞세웠던 군주. 960-975년 재위. 太宗은 趙匡胤의 아우 趙光義. 형을 이어 北宋 2대 皇帝가 되어 976-997년 재위. 〈補注〉에 "《宋史》:祜事太祖太宗爲名臣, 嘗諭社重威使無反漢, 拒盧多遜害趙普之謀, 以百口明符彦鄕無罪, 世多稱其陰德"이라 함. '文武忠孝'는 《古文眞寶》注에 "厚施"라 함. '以直道不容於時'는 도를 바르게 지키다가 시대에 용납되지 못함. 즉 재상이 되지 못함. '不容於時'는 〈補注〉에 "邵博聞見錄曰:「祜謂太祖曰:『五代之君, 多因猜忌殺無辜, 故享國不長, 願陛下以爲戒.』帝怒其語直, 貶護國行軍司馬, 華州安置.」"라 하였고, 《古文眞寶》注에는 "不食其報"라 함.《宋史》(269) 王祜傳(王祜傳)에 "會符彦卿鎭大名, 頗不治, 太祖以祜代之, 俾察彦卿動靜, 謂曰:「此卿故鄕, 所謂晝錦者也.」祜以百口明彦卿無罪, 且曰:「五代之君, 多因猜忌殺無辜, 故享國不永, 願陛下以爲戒.」彦卿由是獲免, 故世謂祜有陰德"이라 한 사건을 말함.

【蓋嘗手植三槐於庭, 曰:「吾子孫, 必有爲三公者.」】'三公'은 國政의 최고의 책임자.

周代에는 太師, 太傅, 太保였으며,
前漢 때에는 大司馬, 大司徒, 大司
空, 後漢 때 이후 唐宋에 이르는
동안에는 太尉, 司徒, 司空을 三公
이라 하였음. 혹 세 사람의 재상을
뜻하기도 함. 이 구절은 《宋史》
(282) 王旦傳에 실려 있음. 〈補注〉
에 "王素《王文正公遺事》云:「先晉

〈王旦〉墓 河南 開封

公知遠大. 嘗語人曰:『此兒異日必至
公輔.』因手植三槐于庭以爲識. 其槐今老, 蔭茂可愛.」《邵博聞見錄》曰:「祜赴貶, 親
賓送于都門外, 謂祜曰:『意公作王溥官職矣.』祜笑曰:『祜不做, 兒子二郎必做.』二郎
者, 旦也. 祜知其必貴, 手植三槐於庭曰:『吾子孫必有爲三公者.』已而果然. 天下謂
之三槐王氏云"이라 함.《古文眞寶》注에 "事實須明說. ○面三槐三公位焉"이라 함.
【已而, 其子魏國文正公, 相眞宗皇帝於景德·祥符之間, 朝廷淸明, 天下無事之時, 享
其福祿榮名者, 十有八年】'已而'는 이윽고, 그 뒤. 뒷날. '魏國文正公'은 王祜의 아
들 王旦.《軌範》注에 "旦"이라 함. 眞宗 때 太保가 되었으며, 魏國公에 봉해짐.
謚號는 文正.《宋史》(282)에 전이 실려 있음. '眞宗'(趙恒)은 2대 太宗(趙光義)의 아
들로 北宋 3대 황제가 되어 998-1022년 재위함. '景德'은 眞宗의 2번째 연호.
1004-1007년까지 4년간. 祥符는 3번째 연호 大中祥符로 1008-1016년까지 9년
간.《軌範》注에 "守文太平"이라 함. 당시 北宋은 북쪽은 遼(거란), 남쪽은 大理,
서쪽은 西夏 등 外患의 기미가 시작되고 있었음. '淸明'은 〈補注〉에 《詩》大明篇:
「肆伐大商, 會朝淸明.」이라 함. '十八年' 다음에 《古文眞寶》注에 "與守文太平之
主, 共天下之福"이라 함.

3/4

지금 무릇 남에게 물건을 맡겼다가 이튿날 그것을 되찾을 수 있을 수
도 있고, 찾지 못할 수도 있다.

그러나 진국공[王祜]은 덕은 자신에게서 닦고 보답의 책임은 하늘에
맡긴 채, 수십 년 뒤 그 보답을 기필하였는데 마치 왼 손에 문권을 쥐었

다가 나중에 서로 내밀어 맞추어본 듯 맞아떨어진 것이었다.

이로써 나는 하늘의 결과는 가히 필연임을 아는 것이다.

나는 위국공[王旦]은 미처 직접 볼 수 없었으나 그의 아들 의민공懿敏
公 왕소王素는 볼 수 있었는데, 그는 인종황제仁宗皇帝를 직간으로 섬겨,
시종侍從과 장수將帥로써 30여 년을 출입하였으나 지위는 그의 덕에 만
족할 만 것이 아니었다.

하늘이 장차 왕씨를 부흥시키려 했는가? 어찌 그 자손이 그렇게도
똑똑했는가!

세상에 진국공을 당나라 때 이서균李棲筠에게 비기는 이가 있는데, 그
들의 웅재雄才와 직기直氣는 진실로 서로 높낮이를 따질 수 없을 정도이
고, 이서균의 아들 이길보李吉甫와 그 손자 이덕유李德裕의 공명과 부귀
는 대략 왕씨와 같았지만 충신忠信과 인후仁厚의 면에서는 위국공 부자
父子에 미치지 못한다.

이로 말미암아 보건대 왕씨의 복은 대체로 아직 끝나지 않은 것이다.

의민공의 아들 왕공王鞏은 나와 교유가 있으며, 그는 덕을 좋아하고
문장에도 뛰어나 그 집안을 대대로 이어가고 있어, 나는 이 때문에 이를
기록하노라.

今夫寓物於人, 明日而取之, 有得有否.

而晉公修德於身, 責報於天, 取必於數十年之後, 如持左契, 交
手相付.

吾以是知天之果可必也.

吾不及見魏公, 而見其子懿敏公, 以直諫事仁宗皇帝, 出入侍從
將帥三十餘年, 位不滿其德.

天將復興王氏也歟? 何其子孫之多賢也!

世有以晉公, 比李棲筠者, 其雄才直氣, 眞不相上下, 而棲筠之
子吉甫, 其孫德裕, 功名富貴, 略與王氏等, 而忠信仁厚, 不及魏公

父子.

由此觀之, 王氏之福, 蓋未艾也.

懿敏公之子鞏與吾遊, 好德而文, 以世其家, 吾是以錄(爲)之.

【今夫寓物於人, 明日而取之, 有得有否】'寓物於人'은 남에게 물건을 맡김. '有得有否'은 찾을 수도 있고 되돌려 받지 못할 수도 있음.

【而晉公修德於身, 責報於天, 取必於數十年之後, 如持左契, 交手相付】'責報'는 응보를 책임지게 함. '左契'는《東坡集》등에는 모두 '左券'으로 되어 있으며 '契'와 '券'은 모두 증명서를 뜻함. 옛날 대쪽에 契約 내용을 써서 둘로 쪼개어 좌우 각 하나씩 소지했었음.〈補注〉에《老子》七十九章:「聖人執左契而不責於人」이라 함. '交手相付'는 계약했던 내용을 두 사람이 꺼내어 서로 맞추어 봄. 계약대로 실행되었음을 뜻함.

【吾以是知天之果可必也】하늘은 결과를 필히 이룸을 알 수 있음.《古文眞寶》注에 "結斷前意"라 함.

【吾不及見魏公, 而見其子懿敏公, 以直諫事仁宗皇帝, 出入侍從將帥三十餘年, 位不滿其德】'懿敏公'은 王素. 자는 仲儀. 魏國公 王旦의 막내아들이며 王祜(王祐)의 손자. 仁宗을 섬겨 여러 벼슬을 거쳐 工部尙書로 67세로 생을 마침. 諡號는 懿敏公.《軌範》注에 "素"라 하였고,〈補注〉에《宋史》傳曰:「王素, 字仲儀. 太尉旦季子也.」라 함.《宋史》(320) 王素傳에「王素, 字仲儀, 太尉旦季子也. ……轉工部尙書, 仍故職致仕. 故事, 雖三公致仕, 亦不帶職. 朝廷方新法制, 素首以學士就第. 卒, 年六十七, 諡曰懿敏」이라 함. '仁宗'은 眞宗의 아들로 北宋 4대 황제 趙禎. 1023-1063년 재위함. '直諫'은 王素傳에 "仁宗思其賢, 擢知諫院. 素方壯年, 遇事感發. 嘗言:「今中外無名之費, 倍蓰於前, 請省其非急者」. 適皇子生, 將進百僚以官, 惠諸軍以賞. 素爭曰:「今西夏畔渙, 契丹要求, 縣官之須, 且日急矣. 宜留爵秩以賞戰功, 儲金繒以佐邊費」. 議遂已. 京師旱, 素請帝禱於郊, 帝曰:「太史言月二日當雨, 今將以旦日出禱」. 素曰:「臣非太史, 然度是日必不雨」. 帝問故, 曰:「陛下知其且雨而禱之, 應天不以誠, 故臣知不雨」. 帝曰:「然則明日詣醴泉觀」. 素曰:「醴泉之近, 猶外朝耳, 豈憚暑不遠出邪?」帝悚然. 更詔詣西太一宮, 諫官故不在屬車間, 乃命素扈從. 日甚熾, 埃氛翳空, 比輿駕還, 未薄城, 天大雷電而雨. 王德用進二女子, 素論之, 帝曰:「朕眞宗皇帝

之子, 卿王旦之子, 有世舊, 非他人比也. 德用實進女, 然已事朕左右, 奈何?」素曰:「臣之憂正恐在左右爾.」帝動容, 立命遣二女出.”이라 하여 많은 고사를 남겼음.

【天將復興王氏也歟? 何其子孫之多賢也】王氏 집안의 후손으로 훌륭한 자가 많았음을 말함.《古文眞寶》注에 “德如此, 位不當止此, 而止於此, 子孫又當有如文正者出, 屬望其後有無盡意”라 함.

【世有以晉公, 比李棲筠者, 其雄才直氣, 眞不相上下】‘李棲筠’은《東坡集》등에는 모두 ‘李栖筠’으로 표기되어 있으며 唐나라 代宗 때 御史大夫를 지냈던 인물. 李吉甫의 아버지. 자는 貞一. 代宗이 그를 재상으로 임명하고자 하였지만 元載의 반대로 재상에 오르지 못함.《古文眞寶》注에 “棲筠, 唐人, 代宗朝御使大夫”라 함. 《新唐書》(130)에 “代宗惡宰相元載怙權, 召棲筠爲御史大夫, 欲以相, 棲筠引胄殿中侍御史, 尤爲載所惡”이라 하였고, 《新唐書》(146) 李栖筠(李棲筠)傳에는 “元載當國久, 益恣橫, 代宗不能堪, 陰引剛鯁大臣自助, 欲收綱權以黜載. 會御史大夫敬括卒, 即召棲筠與河南尹張延賞, 擇可爲大夫者. 延賞先至, 遂代括. 會李少良·陸珽等上書劾載陰事, 詔御史問狀, 延賞稱疾, 不敢鞫, 少良·珽覆得罪死. 帝殊失望, 出延賞爲淮南節度使, 引拜棲筠爲大夫”라 함.

【而棲筠之子吉甫, 其孫德裕, 功名富貴, 略與王氏等, 而忠信仁厚, 不及魏公父子】‘吉甫’는 李吉甫. 李棲筠의 아들로 자는 弘憲. 翰林學士, 中書舍人 등을 거쳐 德宗 때 재상을 지냈음. 贊皇侯에 봉해졌으며 諡號는 忠懿.《新唐書》(146) 李吉甫傳에 “元和二年, 杜黃裳罷宰相, 乃擢吉甫中書侍郎·同中書門下平章事. ……會暴疾卒, 年五十七. 帝震悼, 賵外別賜縑五百恤其家, 自大斂至卒哭, 皆中人臨吊. 吉甫圖淮西地, 未及上, 帝敕其子獻之. 及葬, 祭以少牢, 贈司空. 有司諡曰敬憲, 度支郎中張仲方非之, 帝怒, 貶仲方, 更賜諡曰忠懿”라 함.《舊唐書》(148)에도 傳이 있음.《古文眞寶》注에 “相憲宗”이라 함. ‘德裕’는 李吉甫의 아들 李德裕. 자는 文饒.《舊唐書》(174)와《新唐書》(180)에 전이 있음. 唐代 유명한 宰相으로 藩鎭의 화를 여러 차례 평정함. 文宗 때 재상으로 기용하려 하였으나 반대파의 반대로 뜻을 이루지 못하다가 武宗 때 재상이 되었음. 죽은 뒤 衛國公에 봉해짐.《古文眞寶》注에 “又相武宗”이라 함.《新唐書》李德裕傳에 “懿宗時, 詔追復德裕太子少保·衛國公, 贈尙書左僕射, 距其沒十年”이라 함. ‘王氏等’ 다음에《古文眞寶》注에 “用事極切”이라 하였고, ‘不及魏公父子’ 다음에는《古文眞寶》注에 “用事又活, 王氏德過於李氏, 而位不及李氏”라 함.

【由此觀之, 王氏之福, 蓋未艾也】 '艾'는 끊어짐, 다함. 盡, 止와 같음.《古文眞寶》注에 "艾, 猶止也. 足下天將復興王氏의"라 함. 〈補注〉에 "《詩》庭燎篇:「夜未艾.」 傳云:「禮, 刈也.」"라 함.

【懿敏公之子鞏與吾遊, 好德而文, 以世其家, 吾是以錄之】 '鞏'은 王鞏. 王素의 아들. 자는 定國. 蘇軾과 교유하였으며 詩에 뛰어났음. 벼슬은 높이 오르지 못하였음.《宋史》(320) 王素傳에 "鞏有雋才, 長於詩, 從蘇軾遊. 軾守徐州, 鞏往訪之, 與客遊泗水, 登魋山, 吹笛飲酒, 乘月而歸. 軾待之於黃樓上, 謂鞏曰:「李太白死, 世無此樂三百年矣.」 軾得罪, 鞏亦竄賓州. 數歲得還, 豪氣不少挫. 侯歷宗正丞, 以跌蕩傲世, 每除官, 輒爲言者所議, 故終不顯"이라 함.《古文眞寶》注에 "德者, 本也"라 함.

4/4 ——————————

명銘 :

『아! 훌륭하도다!

위국공의 업業은, 홰나무와 함께 싹이 텄도다.

북돋우고 심은 공은, 틀림없이 대대로 성취를 이루었도다.

이윽고 진종황제의 재상이 되어, 사방이 숫돌처럼 평평하였도다.

돌아와 그 집을 살펴보니, 홰나무 그늘이 뜰에 가득하도다.

우리 같은 소인들은, 아침에 저녁도 대비하지 못한 채,

때를 보아 이익만을 좇으니, 어느 겨를에 그 덕이 모자람을 걱정하겠는가?

그저 요행만을 바라며, 심지도 않고 수확하려 하도다.

군자가 있지 않았다면, 그 어찌 능히 나라를 다스릴 수 있겠는가?

왕성王城의 동쪽, 진국공이 살던 곳.

울창한 세 그루 홰나무는, 덕에 부합하였도다!

아! 아름답도다!』

銘曰:

『嗚呼休哉!

魏公之業, 與槐俱萌.
封植之功, 必世乃成.
旣相眞宗, 四方砥平.
歸視其家, 槐陰滿庭.
吾儕小人, 朝不謀夕.
相時射利, 皇卹厥德?
庶幾僥倖, 不種而穫
不有君子, 其何能國?
王城之東, 晉公所廬.
鬱鬱三槐, 惟德之符!
嗚呼休哉!」

【銘曰】王氏 집안과 三槐堂의 내력을 銘으로 읊음.
【嗚呼休哉】'休'는 '아름답다, 훌륭하다'의 뜻. 美, 善과 같음.
【魏公之業, 與槐俱萌】'萌'은 '싹이 트다'의 뜻. 《古文眞寶》注에 "言種槐, 卽是種德"
이라 함.
【封植之功, 必世乃成】'封植'은 북돋워주고 심음. '功'은 《東坡集》등에는 모두 '勤'
으로 되어 있음. 〈補注〉에 "謂積德之報, 施及子孫也. 應世德之臣"이라 함.
【旣相眞宗, 四方砥平】'砥平'은 '砥(숫돌)로 칼을 평평하게 갈 듯이 곧게 함. 〈補注〉
에 "《詩》小雅大東篇:「周道如砥, 其直如矢.」傳曰:「砥, 貢賦平均也, 如矢, 賞罰不
偏也.」"라 함.
【歸視其家, 槐陰滿庭】그 집에 가 보았더니 회화(해)나무 그늘이 뜰에 가득함. 《古
文眞寶》注에 "照應豐腴體狀妙"라 함.
【吾儕小人, 朝不謀夕】'吾儕'는 우리들. 나와 같은 무리. 吾輩와 같음. 〈補注〉에
《左氏》宣十一年傳:「申叔時曰:『吾儕小人.』所謂取諸其懷而與之也.」"라 함. '朝不謀
夕'은 아침에 저녁의 일을 대비하지 못함. 《東坡集》등에는 모두 '朝不及夕'으로
되어 있음. 〈補注〉에 "左氏襄十六年傳:「穆叔曰:『敝邑之急, 朝不及夕.』」"이라 함.
【相時射利, 皇卹厥德】'相時射利'는 때를 살펴 이익을 추구하기를 마치 사냥꾼이
화살을 날리듯 함. '皇卹厥德'의 '皇'은 遑, '卹'은 恤, '厥'은 其와 같음. '자신의 덕

행이 모자람을 걱정할 겨를이 있겠는가?'의 뜻. 〈補注〉에 《詩》邶谷風:「遑恤我
後.」(小雅小弁同)"이라 함.

【庶幾僥倖, 不種而穫】'庶幾'는 바람. 희망함. 〈補注〉에 《易》无妄六二:「不耕穫.」
象曰:「不耕而穫, 未富也.」라 함. 《古文眞寶》注에 "以常人不知種德, 反形出極妙"
라 함.

【不有君子, 其何能國】'군자가 없으면 어찌 나라를 다스릴 수 있겠는가?'의 뜻. '能'
은 '能治'의 줄인 말. 〈補注〉에 《左氏》文十二年傳:「襄仲曰:『不有君子, 其能國乎?』」
라 함. 《古文眞寶》注에 "接有力"이라 함.

【王城之東, 晉公所廬】'王城'은 北宋 수도 汴京(지금의 河南 開封). '晉公'은 晉國公
王祐(王祐). '所廬'는 거주하던 곳. 三槐를 처음 심었던 곳. 《古文眞寶》注에 "首只
用魏公起有手段, 末却用晉公照出, 不費辭而意自足矣"라 함.

【鬱鬱三槐, 惟德之符. 嗚呼休哉】'鬱鬱三槐'는 〈補注〉에 《風俗通》왈:「太山松, 鬱
鬱蒼蒼.」이라 함. '符'는 徵驗이나 미리 예견했던 말에 符合함. 〈補注〉에 《莊子》
德充符, 郭注:「德充於內, 應物於外, 外內玄合, 信若符節.」이라 함. 《古文眞寶》注
에 "符, 驗也. 此字妙不可易. 此銘專就種槐, 體狀乃序中所未及, 不然亦不切於三槐
堂"이라 함.

참고 및 관련 자료

1. 蘇東坡(蘇軾, 子瞻) 026 참조.

2. 이 글은 《東坡全集》(97), 《唐宋八大家
文鈔》(134), 《宋文鑑》(73), 《崇古文訣》(25),
《古文集成》(48), 《文編》(59), 《唐宋文醇》(38),
《文章辨體彙選》(453), 《山東通志》(35-19上),
《汴京遺蹟志》(8), 《事文類聚》(別集 32, 新集
1), 《經濟類編》(89), 《淵鑑類函》(311), 《古文
眞寶》(後集 8) 등에 실려 있음.

3. 《宋史》(282) 王旦傳에 "王旦, 字子明,
大名莘人. 曾祖言, 黎陽令. 祖徹, 左拾遺.
父祐, 尙書兵部侍郎, 以文章顯於漢周之
際, 事太祖·太宗爲名臣. 嘗謫杜重威使無

〈蘇軾〉

反漢, 拒盧多遜害趙普之謀, 以百口明符彦卿無罪, 世多稱其陰德. 祐手植三槐於庭, 曰:「吾之后世, 必有爲三公者, 此其所以志也.」라 함.

4. 《汴京遺蹟志》(8)에 "三槐堂在仁和門外, 宋兵部侍郎王祐手植三槐于庭, 曰:「吾後世子孫, 必有爲三公者.」祐子旦相, 眞宗遂號三槐王氏, 因扁其堂曰「三槐堂」, 蘇軾爲銘, 金季兵燬"라 하였고, 《事文類聚》(1)에는 "王文正公旦, 沉黙好學. 父祐器之, 常曰:「此兒異日必爲三公輔臣.」因手植三槐於庭, 以爲識"라 함. 《唐宋八大家文鈔》에는 "中多名言"이라 함. 앞의 散文은 叙(序)이며 뒤의 韻文이 銘임. '銘'은 〈文選序〉에 "序事淸潤"이라 하여 讚揚이나 警惕, 혹은 告誡 등의 내용을 다루는 文體이며 흔히 金石에 새겨 늘 警戒로 삼기도 하였음.

5. 《軌範》에 "學《史記》"라 함.

6. 《古文眞寶》注에 "宋太祖始欲相王晉公祐(祐), 公請以百口保符彦卿, 不反. 忤太祖意, 遂不相. 或有惜之者曰:「再雖不做, 兒子二郎, 必做.」二郎文正公旦也. ○此篇發明天人意好. ○迂齋曰:「序文, 理致甚長, 然猶可到, 至銘詩, 則不可及矣. 學者看了序文, 且掩卷黙想, 銘文當如何下語, 却來看他作, 方有長進.」"이라 함.

063(7-4) 〈表忠觀碑〉 ·················· 蘇東坡(蘇軾)

표충관 비문

*〈表忠觀碑〉: 宋代 杭州知州 趙抃이 五代
十國 중 그곳 杭州에 있었던 吳越國 錢
氏 왕들이 宋나라 초 새로 건국된 송나
라에게 많은 도움을 주며 귀순했음에
도, 그들 무덤이 허물어 폐허가 되어가
고 있음을 안타깝게 여겨 복원하여 살
펴주기를 바라는 上奏文을 앞에 싣고,
복원된 사당의 表忠觀 앞에 세운 碑에
蘇軾이 銘文을 쓴 것임. '表忠觀'은 조변
의 제언에 따라 妙因院 자리에 세운 錢
氏를 위한 사당으로, '觀'은 道觀을 뜻하
며 道教式 寺廟에 붙이는 명칭. 따라서
도교식으로 사당을 만들어 세운 것임.
한편 이 글 앞의 序文은 처음부터 끝까
지 趙抃의 上奏文을 그대로 인용하고,

〈吳越王 錢鏐〉(852-932)

뒤의 碑銘만 蘇軾이 쓴 것으로, 이는 唐 柳宗元의 〈壽州安豊縣孝門銘〉이 앞에
는 모두 壽州刺史의 奏言으로 채운 형식과 완전히 같음. '趙抃'은《宋史》(316)에
傳이 있음.

1/2 ━━━━━━━━━━━━━

희녕熙寧 10년 10월 무자戊子날에 자정전대학사資政殿大學士 우간의대
부右諫議大夫 지항주군사知抗州軍事 신 조변趙抃이 아룁니다.

"옛 오월국왕吳越國王 전씨錢氏의 분묘墳墓, 墳廟 및 그 조부와 비妃, 부
인夫人, 자손들의 무덤으로 전당錢塘에 있는 것이 26곳이요, 임안臨安에

있는 것이 11곳인데, 모두가 황무해져 폐허가 된 채 돌보지 않아, 부로
父老들이 지나가면 눈물을 흘리는 자가 있습니다. 삼가 옛 무숙왕武肅
王 전류錢鏐는 처음 향병鄕兵으로서 황소黃巢를 깨뜨려 쫓아내어 강회
江淮에 이름을 날렸습니다. 다시 팔도병八都兵으로 유한굉劉漢宏을 토벌
하여 월주越州를 아우른 다음 동창董昌을 받들면서 자신은 항주杭州에
거주하게 되었습니다. 동창이 월주에서 반란을 일으키자 동창을 주살하
고 월주도 병합함으로써 절동浙東, 절서浙西 지역을 모두 차지하게 되었
습니다. 이렇게 하여 그 아들 문목왕文穆王 전원관錢元瓘에게 이어졌고,
그 손자 충헌왕忠獻王 전인좌錢仁佐에 이르러서는 드디어 이경李景의 병
사들을 깨뜨리고 복주福州를 취하게 되었습니다. 그러고 나서 전인좌의
아우 충의왕忠懿王 전숙錢俶은 다시 군사를 크게 출병시켜 이경을 공격
하고 주周 세종世宗의 군사를 맞아 싸웠습니다. 그 뒤 나라를 가지고 우
리 조정에 들어와 천자를 뵙게 된 것입니다. 3대에 걸쳐 네 분의 왕은 시
작과 끝을 오대五代와 함께 하였던 것입니다. 천하가 큰 혼란에 빠졌을
때 호걸들이 벌떼처럼 일어나, 바야흐로 그러한 시대에는 몇 개 주州의
땅을 가지고도 이름을 도둑질 하는 자가 그 수를 헤아릴 수 없었습니
다. 그러나 이윽고 그 족속이 복멸覆滅하여 그 재앙이 무고無辜한 백성
들에게 미쳐 그 혈유孑遺들조차 없어지고 말았습니다. 오월은 지방 천리
의 땅을 가졌고 대갑帶甲도 십만이요, 산의 광물을 녹이고 바닷물을 끓
여 소금도 생산하고, 상서주옥象犀珠玉의 풍부함은 천하에 으뜸이었건
만, 그럼에도 끝내 신하의 절의를 잃지 않고 공물을 바치는 사신들이 길
에서 서로 보일 정도였습니다. 이 때문에 그 백성들은 늙어 죽을 때까지
전쟁이란 몰랐고, 사철 즐겁게 놀며, 노래와 북소리가 서로 들릴 정도로
지금에 이르도록 끊어지지 않고 있으니, 그의 덕이 이 백성에게 심히 후
하였던 것입니다. 황제의 송宋나라가 천명을 받아 사방에서 참란僭亂하
게 굴던 이들이 차례로 삭평削平해 가고 있는데도, 후촉後蜀과 강남江南,
南唐은 험하고 멀리 있다는 것을 자부하고 있어서, 군대가 성 아래에 이

르러 자신들의 힘이 꺾이고 형세가 궁해진 연후에야 손을 묶고 나와 항복하였습니다. 그런가 하면 하동河東의 유씨劉氏, 北漢는 백 번 전투에도 죽음으로 지키겠노라 왕사王師에게 저항하여, 해골이 쌓여 성城을 이루고, 피를 걸러 못이 되도록 버텨, 천하의 힘을 다한 끝에야 겨우 이겨낼 수 있었습니다. 그런데 유독 오월만은 경고나 명령을 기다리지도 않고 부고府庫를 봉하고, 군현郡縣의 문서를 기록하고는 조정의 관리에게 귀순할 것을 청하였습니다. 그는 자신의 나라를 마치 잠시 머물던 객사를 버리듯 하였으니, 그가 조정에 공을 끼친 것은 아주 큽니다. 지난 날 두융竇融이 하서河西 땅을 가지고 한漢, 東漢에게 귀의하자 광무제光武帝는 조서를 내려 우부풍右扶風에 있는 그의 조부 무덤을 수리하고 태뢰太牢로써 제사를 올리도록 하였습니다. 지금 전씨의 공덕은 아마 두융을 넘어설 것인데도 미처 백년도 되지 않아 분묘가 돌보는 이 없이, 길을 가는 자가 안타깝게 여기며 슬퍼하고 있으니, 공신을 권장하고 민심을 위로하며 보답하는 의義에 심히 어긋나는 것입니다. 신은 원컨대, 용산龍山에 폐허가 된 불사佛寺, 佛祠로 묘인원妙因院이라는 곳을 관觀으로 하여, 전씨의 후손 중에 도사道士가 된 자연自然이라는 자로 하여금 거주토록 하되, 무릇 분묘 중에 전당에 있는 것은 자연에게 맡기고, 임안에 있는 것은 그 현縣의 정토사淨土寺라는 절 승려 도미道微에게 맡겨, 해마다 각기 도인徒人 한 사람씩을 출가하도록 하여 대대로 이를 관장시켰으면 합니다. 그 토지의 수입을 기록하여 때에 맞추어 그 사우祠宇를 수리하고 초목도 심고 가꾸도록 하되, 제대로 돌보지 못하는 것은 현령縣令과 현승縣丞이 살펴보아 심한 경우, 그 사람을 교체하게 되면 아마 영원토록 실추되지 않게 되어 조정이 전씨를 대접하는 뜻에 걸맞을 것입니다. 신 조변은 죽음을 무릅쓰고 이를 아뢰옵니다.”

황제가 결재하였다.

“옳다.”

이리하여 묘인원을 고쳐 표충관이라 이름을 하사하였다.

熙寧十年十月戊子, 資政殿大學士右諫議大夫知杭州軍事, 臣抃言:

「故吳越國王錢氏墳墓(廟), 及其父祖妃夫人子孫之墳, 在錢塘者二十有六, 在臨安者十有一, 皆蕪廢不治, 父老過之, 有流涕者. 謹按故武肅王鏐, 始以鄉兵, 破走黃巢, 名聞江淮. 復以八郡(都)兵, 討劉漢宏, 幷越州, 以奉董昌, 而自居於杭. 及昌以越叛, 則誅昌而幷越, 盡有浙東西之地. 傳其子文穆王元瓘, 至其孫忠獻王仁佐, 遂破李景兵, 取福州. 而仁佐之弟忠懿王俶, 又大出兵攻景, 以迎周世宗之師. 其後卒以國入覲. 三世四王, 與五代相終始. 天下大亂, 豪傑蜂起, 方是時, 以數州之地, 盜名字者, 不可勝數. 旣覆其族, 延及于無辜之民, 罔有孑遺. 以吳越地方千里, 帶甲十萬, 鑄山煑海, 象犀珠玉之富, 甲于天下, 然終不失臣節, 貢獻相望於道. 是以其民, 至於老死, 不識兵革, 四時嬉遊, 歌皷之聲相聞, 至于今不廢, 其有德於斯民甚厚. 皇宋受命, 四方僭亂, 以次削平, 西蜀·江南, 負其險(嶮)遠, 兵至城下, 力屈勢窮, 然後束手. 而河東劉氏, 百戰守死, 以抗王師, 積骸爲城, 釃血爲池, 竭天下之力, 僅乃克之. 獨吳越不待告命, 封府庫, 籍郡縣, 請吏于朝. 視去其國, 如去傳舍, 其有功於朝廷甚大. 昔竇融以河西歸漢, 光武詔右扶風修理其祖父墳塋, 祠以太牢. 今錢氏功德, 殆過於融, 而未及百年, 墳廟不治, 行道傷嗟, 甚非所以勸獎功臣·慰答民心之義也. 臣願以龍山廢佛寺曰妙因院者爲觀, 使錢氏之孫爲道士曰自然者居之, 凡墳廟之在錢塘者, 以付自然; 其在臨安者, 以付其縣之淨土寺僧曰道微, 歲各度其徒一人, 使世掌之. 籍其地之所入, 以時修其祠宇, 封植其草木, 有不治者, 縣令丞察之, 甚者易其人, 庶幾永終不墜, 以稱朝廷待錢氏之意. 臣抃昧死以聞.」

制曰:「可.」

其妙因院, 改賜名曰表忠觀.

【熙寧十年十月戊子】'熙寧'은 宋 神宗(趙頊)의 첫 번째 연호(1068–1077). '十年'은 1077년. '十月戊子'는 10월 11일에 해당함.

【資政殿大學士右諫議大夫知杭州軍事, 臣抃言】'資政殿大學士'는 宋代 名譽職銜의 하나로 正三品. '諫議大夫'는 諫院의 長官. '知杭州軍事'는 杭州의 知州. '抃'은 趙抃. 자는 閱道. 衢州 西安 사람으로 熙寧 3년부터 杭州知州로 있었음. 《宋史》(316)에 傳이 있음. 進士가 된 뒤로 성격이 강직하여 '鐵面御使'로 불리기도 하였음. 여러 벼슬을 거치면서 백성을 救恤하는 일에 많은 공헌을 하였고, 神宗 때 參知政事에 올랐으나 王安石의 新法에 반대하며 사직하였음. 《宋史》本傳에 "元豐七年, 薨, 年七十七. 贈太子少師, 諡曰淸獻"이라 함. 《新校前漢書》(100권), 《成都古今集記》(30권), 《南台諫垣集》(2권), 《淸獻盡言集》(2권) 등을 저술을 남기기도 하였음. 《古文眞寶》注에 "趙淸獻公抃, 字閱道"라 함.

【故吳越國王錢氏墳墓(廟), 及其父祖妃夫人子孫之墳】'吳越國'은 五代(907–960: 後梁, 後唐, 後晉, 後漢, 後周) 十國(902–979: 前蜀, 後蜀, 吳, 南唐, 吳越, 閩, 楚, 荊南, 南漢, 北漢) 중 十國의 吳越國. 錢鏐(852–932)가 杭州에 도읍하여 907–978년(혹 893–978년)까지 다섯 군주, 86년(혹 72년)간 지속되었으며, 지금의 浙江, 江蘇 남부, 福建 북부 일대를 중심으로 발전했던 江南의 대표적인 나라. ①武肅王 錢鏐(893–932) ②文穆王 錢元瓘(932–941) ③憲王 錢弘佐(941–947) ④忠遜王 錢弘倧(047–948) ⑤忠懿王 錢俶(948–978)으로 이어졌으며 975년 宋太宗이 南唐을 멸하자 太平興國 元年(976), 忠懿王 錢俶이 宋나라에 입조하였다가 978년 다시 입조하여 나라를 모두 바치고 자신은 집안을 이끌고 모두 汴京으로 居所를 옮겨 나라가 종말을 고하였음. '錢氏'는 錢鏐를 가리키며 자는 具美, 어릴 때 자는 婆留. 杭州 臨安(지금의 浙江 臨安) 사람으로 젊을 때 소금장수를 하다가 975년(唐 僖宗) 浙西鎭遏使 王郢이 반란을 일으키자, 이를 막고 있던 董昌의 鄕兵 모집에 응하여 그의 휘하에 들어가 王郢을 진압하였음. 다시 黃巢의 亂이 일어나 그들이 臨

〈吳越王 錢鏐〉

安에 이르자 이를 막아내어 淮南節度使였던 高駢이 그들의 공을 인정하여 董昌
을 杭州刺史로, 錢鏐는 都知兵馬使로 추천함. 882년 浙東觀察使 劉漢宏이 浙西
를 공격하여 몇 년의 대치 끝에 董昌과 錢鏐가 강을 건너 劉漢宏을 공격하여
무너뜨림. 이 공으로 동창은 越州觀察使로, 錢鏐는 杭州刺史가 됨. 그 뒤 錢鏐는
孫儒, 楊行密(뒤에 吳를 세운 인물) 등과 혼전을 벌이다가 승리하여 鎭海軍節度使
에 오름. 895년 董昌이 자칭 羅平國皇帝를 칭하며 나라를 세우자 錢鏐는 이에
반대하여 越州(지금의 昭興)를 공격, 동창을 죽임. 이에 唐 조정에서는 錢鏐를 鎭
海, 鎭東의 兩鎭節度使로 임명하였음. 錢鏐는 이에 세력을 키워 주변 10州를 차
지하게 되었고 뒤에 福州까지 점령하는 등 13주를 점거함. 이에 唐 조정에서는
그를 越王으로 책봉(902)하였다가 다시 吳王(904)에 봉하였음. 907년 唐나라가
망하고 북쪽에 五代의 첫 後梁(朱溫, 朱全忠)이 들어서면서 錢鏐를 吳越王에 봉
하여 十國의 첫 나라가 되었음. 그 뒤 後唐(李存勗) 長興 3년(932) 錢鏐가 죽자 아
들 元瓘(887-941)이 뒤를 이었고, 後晉(石敬瑭) 天福 5년 閩(福建)에 난이 일어나
자 元瓘이 쳐들어갔다가 이듬해(941) 죽고, 아들 錢弘佐(錢佐, 928-947)가 뒤를 이
어 946년 다시 閩을 공격, 福州를 차지하였으나 이듬해 죽고, 아우 錢弘倧이 이
었으나 군부에서 난을 일으켜 그를 폐위하고 아우 錢弘俶(錢俶, 929-988)을 세
웠음. 975년 宋이 吳越과 이웃한 북쪽 南唐(李昇, 徐知誥, 金陵, 즉 南京에 도읍)을
멸하자 위기를 느껴 978년 나라를 宋 太宗(趙光義)에게 바침. '墳墓'는 《東坡集》
에는 모두 '墳廟'로 되어 있음. 한편 吳越王 錢鏐는 자는 具美. 杭州 臨安 사람으
로 後梁 太祖가 즉위하여 그를 吳越王에 봉했음. 《新五代史》吳越世家를 참조할
것.

【在錢塘者二十有六, 在臨安者十有一, 皆蕪廢不治, 父老過之, 有流涕者】'錢塘'은
浙江 杭州灣의 古地名이며 지금은 杭州의 郊縣. 錢塘江(浙江)에서 유래됨. '臨安'
은 지금의 浙江 杭州市 西北部 天目山區에 속하는 지명으로 역시 杭州의 郊縣.
'蕪廢'는 荒蕪하여 廢墟가 됨. 《古文眞寶》注에 "歷年多施澤亦多, 故感之者深爾"
라 함.

【謹按故武肅王鏐, 始以鄕兵, 破走黃巢, 名聞江淮】'黃巢'는 唐나라 때 크게 민란을
일으켰던 인물. 唐 僖宗 때 王仙芝의 난(874)에 호응하여 長安까지 함락하고 齊
帝를 자칭하기도 하였으나 崔致遠의 〈討黃巢檄文〉에 의해 官軍이 진압에 나서
패망하였음. '江淮'는 長江과 淮水 지방. 지금의 江蘇, 安徽 일대. 黃巢의 亂이 南

方까지 세력을 떨쳐 臨安에 이르자 錢鏐가 이를 막아내었음. 《新五代史》(67) 吳越世家에 "唐乾符二年, 浙西裨將王郢作亂, 石鑑鎭將董昌募鄕兵討賊, 表鏐偏將, 擊郢破之. 是時, 黃巢衆已數千, 攻掠浙東, 至臨安, 鏐曰:「今鎭兵少而賊兵多, 難以力御, 宜出奇兵邀之.」乃與勁卒二十人伏山谷中, 巢先鋒度險皆單騎, 鏐伏弩射殺其將, 巢兵亂, 鏐引勁卒蹂之, 斬首數百級"이라 하였고, 《舊唐書》(200) 黃巢傳에 "黃巢, 曹州冤句人, 本以販鹽爲事. 乾符中, 仍歲凶荒, 人饑爲盜, 河南尤甚. 初, 里人王仙芝·尙君長聚盜, 起於濮陽, 攻剽城邑, 陷曹·濮及鄆州. ……賊巢僭位, 國號大齊, 年稱金統"이라 함.

〈吳越王 錢鏐〉

【復以八都兵, 討劉漢宏, 幷越州, 以奉董昌, 而自居於杭】 '八郡兵'은 《古文眞寶》에는 '八郡兵'으로 되어 있음. 杭州에는 8縣이 있어 縣마다 1천 명씩 모았음. 이를 '都兵'이라 함. '劉漢宏'은 당시 越州觀察使. 원래 兗州의 낮은 관리로 王仙芝의 난을 토벌하러 나섰다가 군권을 가로채어 반란을 일으켰으나 항복하여 義勝軍節度使를 거쳐 浙東觀察使에 임명됨. 그러다가 中和 2년(882), 浙西를 차지하고자 董昌과 접전을 벌였으며 그 때 錢鏐가 董昌에게 건의하여 渡江, 그들을 공격하여 全滅시키고 越州(昭興)을 수복하게 되었음. '越州'는 지금의 浙江 紹興. 고대 越나라 도읍 會稽였던 곳. '董昌'은 錢鏐와 同鄕인 臨安 출신으로 錢鏐의 上官. 함께 杭州 일대를 잘 지켜 唐 僖宗 때 義勝軍節度使가 되어 朝廷의 신임을 얻어 檢校太尉同中書門下平章事에 올라 隴西郡王의 봉을 받았음. 그러나 昭宗 때에 越州(昭興)에 大越羅平이라는 나라를 세우고(895) 皇帝를 칭하며 연호를 順天이라 하였으나 이에 반대한 錢鏐가 공격하여 越州에서 죽여 없앰. '杭'은 杭州. 《唐書》僖宗紀에 "光啓二年, 浙東觀察使劉漢宏奔于台州"라 함.

【及昌以越叛, 則誅昌而幷越, 盡有浙東西之地】 '浙'은 浙江. 원래 錢塘江, 漸水, 曲江, 浙江등으로 불리다가 浙江으로 바뀜. 이에 그 강을 경계로 서북부를 浙西,

그 동남부를 浙東이라 부름.《新五代史》吳越世家에 "乾寧二年, 越州董昌反, 自稱皇帝. 鏐遣顧全武攻昌, 全武執昌歸杭州. 昌投水死, 昭宗以宰相王溥鎭越州, 溥請授鏐, 拜鏐鎭海鎭東軍節度使. 鏐如越州, 受命, 還治錢塘, 號越州爲東府. ……昭宗天復二年, 封鏐越王. 梁太祖卽位, 封鏐吳越王兼淮南節度使. 唐莊宗入洛, 賜鏐玉冊金印, 鏐因以鎭海等軍節度, 授其子元瓘, 自稱吳越國王"이라 함.

【傳其子文穆王元瓘. 至其孫忠獻王仁佐, 遂破李景兵, 取福州】'元瓘'은 錢元瓘(887–941). 錢鏐의 일곱 번째 아들. 자는 明寶. 학문과 시를 좋아하였고, 錢鏐가 죽은 뒤 吳越國王(932–941 재위)이 되었으며 諡號는 文穆. '忠獻王'은《東坡集》에는 '忠顯王'으로 되어 있으며 역사적으로는 '獻王'으로 부름. '仁佐'는 錢鏐의 손자 錢弘佐(928–947), 줄여서 錢佐로도 부름. 자는 祐立. '仁佐'의 '仁'은 원래 '弘'자로 避諱한 것으로 보임. 시호는 忠獻(忠顯). '李景'은 뒤에 李璟으로 이름을 바꾸었으며 五代 南唐의 2대 군주.《新五代史》吳越世家에 "長興三年, 鏐卒, 年八十一, 諡曰武肅. 子元瓘立, 卒年五十五, 諡曰文穆"이라 함. 南唐(937–975)은 五代 後晉 때 金陵(지금의 南京)의 徐知誥(888–943)가 937년 이름을 李昇으로 바꾸고 그곳에 나라를 세워 국호를 '南唐'이라 하였으며, 그의 아들 李璟(943–961년 재위)이 뒤를 이었고, 다시 그의 아들 後主 李煜이 이었으나 975년에 宋나라에게 멸망함. '福州'는 지금의 福建省 福州. 十國의 閩國(王審知가 세움)이 있었던 곳으로, 閩은 南唐에게 복종하여 왔으나 李仁達이 반란을 일으켜 그곳을 차지하고, 南唐에 반기를 들자 李璟이 공격, 이에 李仁達은 錢仁佐에게 구원을 요청함. 이에 錢仁佐는 李璟의 군대를 福州에서 대패시키고 947년 복주를 차지함.《新五代史》吳越世家에 "佐字祐, 佐立七年, 襲封吳越國王, 開運四年卒, 佐卒, 年二十, 諡曰忠獻"이라 하였고, 〈南唐世家〉에는 "李景功名景通, 昇長子也. 旣立, 又改名景"이라 하였으며, 〈吳越世家〉에는 "閩王延義·延政兄弟相攻. 卓儼明·朱文進·李仁達等, 自相簒殺, 連兵不解者數年, 仁達附于李景, 而已又叛. 景兵攻之, 仁達求救於佐, 佐乃遣其統軍使張鈞·趙承泰等, 率兵三萬, 水陸赴之, 遣將警軍, 號令齊整, 大敗景兵. 俘馘萬計, 遂取福州而還"이라 함.

【而仁佐之弟忠懿王俶, 又大出兵攻景, 以迎周世宗之師】'忠懿王俶'은 錢元瓘의 아홉 째 아들이며 錢鏐의 손자. 자는 文德. 형 錢佐(忠獻王), 錢倧(忠遜王, 1년간 재위)의 뒤를 이어 吳越國王에 올랐으나 978년 宋 太宗에게 입조하여 나라를 바침. 시호는 忠懿. '周世宗'은 五代 後周(951–960, 郭威가 세움. 도읍은 汴京)의 2대

임금 郭榮(郭紫榮. 954-959년 재위). 後周 太祖(郭威)의 양자. 文武를 겸하여 治道를 이루었으나 世宗이 죽은 후 恭帝(郭宗訓:959-960년 재위) 때에 宋 太祖(趙匡胤)에게 망하여 五代가 마감됨. 당시 吳越國은 後漢과 後周와 동시대였는데 後周 世宗이 956년 南征에 나서 常州를 공격할 때 戰船을 내어 도와주었음.〈補注〉에 "忠懿王俶至與五代相終始"라 하였고,《新五代史》吳越世家에 "佐卒, 弟俶立. 俶字文德. 世宗征淮南, 詔俶攻常宣二州, 以牽李景. 俶治國中兵以待景, 周師渡淮, 俶乃盡括國中丁民益兵, 至于道州以會期. 世宗已平淮南, 遣使賜俶兵甲旗幟槖駞牛馬. 錢氏兼有兩浙, 幾百年, 當五代時, 常貢奉中國不絶"이라 함.

【其後卒以國入覲】'以國入覲'은 宋 太宗(趙光義)에게 입조하여 나라를 바침.

【三世四王, 與五代相終始】'三世四王'은 3세대에 네 군주. 錢鏐(武肅王)와 그 아들 錢元瓘(文穆王), 그리고 손자 셋, 錢仁佐(錢弘佐 獻王)와 錢俶(忠懿王). 그러나 역사적으로는 제 4대 錢弘倧(忠遜王)이 있어 5왕이어야 하나 그는 재위기간이 미처 1년이 되지 않아 당시 인정하지 않았던 것으로 여겨짐.《古文眞寶》注에 "三世四王, 謂吳越王錢鏐, 錢仁佐, 錢瓘, 錢弘俶"이라 함. '五代'는 唐(618-907)이 망하고 十國과 같은 시기 汴京과 洛陽 등 中原 일대에 53년간 있었던 다섯 朝代. 즉 後梁(朱全忠. 907-923. 汴京)→後唐(李存勗. 923-936. 洛陽)→後晉(石敬瑭. 936-946. 汴京)→後漢(劉知遠. 947-950. 汴京)→後周(郭威. 951-960. 汴京).《古文眞寶》注에 "五代:梁唐晉漢周"라 함.

【天下大亂, 豪傑蜂起, 方是時, 以數州之地, 盜名字者, 不可勝數】唐末부터 五代十國을 거쳐 宋이 통일하기까지의 혼란한 시기를 말함.

【旣覆其族, 延及于無辜之民, 罔有孑遺】'延及無辜之民'은 혼란의 재앙이 무고한 백성에게까지 미침. '無辜'는 죄가 없음.《尙書》泰誓에 "無辜籲天"이라 함.《古文眞寶》注에 "以彼形此"라 함. '孑遺'는 子子單身으로 살아남은 자손들.《詩》大雅 雲漢篇에 "周餘黎民, 靡有孑遺. 昊天上帝, 則不我遺"라 함.

【以吳越地方千里, 帶甲十萬, 鑄山煑海, 象犀珠玉之富, 甲于天下】'帶甲'은 무장한 군사들.《戰國策》韓策에 "蘇秦說韓王曰:「韓地方千里, 帶甲數十萬.」"이라 함. '鑄山煑海'는 광물을 채굴하여 생산하고, 바닷물을 끓여 소금을 생산함.《史記》吳王濞傳에 "濞則招致天下亡命者, 益鑄錢, 煮海水爲鹽"이라 함. '象犀'는 象牙와 외뿔소의 뿔. '甲'은 으뜸가는 것. 이상 물산이 풍요한 곳임을 말함.

【然終不失臣節, 貢獻相望於道】'相望於道'는 길에 앞서 가는 사신이 서로 보일 정

도로 줄을 섬. 끊임이 없고 빈번함을 말함. '冠蓋相望'과 같음.《史記》封禪書에
"使者存問供給, 相屬於道"라 하였고,《老子》(80)에는 "鄰國相望"이라 하였으며,
《戰國策》韓策에는 "韓告急於秦, 冠蓋相望"이라 함.

【是以其民, 至於老死, 不識兵革, 四時嬉遊, 歌皷之聲相聞, 至于今不廢, 其有德於
斯民甚厚】'老死'는 늙어서 죽을 때까지.《老子》(80)에 "民至老死, 不相往來"라 함.
'兵革'은 전쟁의 다른 말. '相聞'은 서로 들림.《老子》(80)에 "鷄犬之音相聞"이라 함.
《古文眞寶》注에 "與後有功於朝廷句, 立兩柱"라 함.

【皇宋受命, 四方僭亂, 以次削平】'皇宋'은 皇帝國 宋나라를 말함. '僭亂'은 僭濫히
혼란을 일삼음. '削平'은 깎아 평정함.

【西蜀·江南, 負其險(嶮)遠, 兵至城下, 力屈勢窮, 然後束手】'西蜀'은 '而蜀'의 오기.
《東坡集》등에는 모두 '而蜀'으로 되어 있어 '西'는 '而'의 誤記임. '蜀'은 後蜀
(933-965)을 가리킴. 孟知祥이 지금의 四川에 成都에 세웠던 十國의 하나. 2主
41년 만에 宋에게 망함.《新五代史》後蜀世家에 "孟知祥, 字保胤, 邢州龍岡人也.
其叔父遷, 當唐之末, 據邢·洺·磁三州, 爲晉所虜. 晉王以遷守澤潞, 梁兵攻晉, 遷
以澤潞降梁. 知祥父道, 獨留事晉而不顯. 及知祥壯, 晉王以其弟克讓女妻之, 以爲
左敎練使. 莊宗爲晉王, 以知祥爲中門使. 前此爲中門使者多以罪誅, 知祥懼, 求他
職, 莊宗命知祥薦可代己者, 知祥因薦郭崇韜自代, 崇韜德之, 知祥遷馬步軍都虞
候. 莊宗建號, 以太原爲北京, 以知祥爲太原尹·北京留守. ……四月, 知祥改元曰明
德. 六月, 虔釗等至成都, 知祥宴勞之, 虔釗奉觴起爲壽, 知祥手緩不能擧觴, 遂病,
以其子昶爲皇太子監國. 知祥卒, 諡爲文武聖德英烈明孝皇帝, 廟號高祖, 陵曰和陵"
이라 함. '江南'은 南唐을 가리킴. '負'는 믿음. 의지함. 自負함. '險遠'은 지형이 험하
고 도읍으로부터 멀어 안전하다고 여김.《東坡集》등에는 '嶮遠'으로 되어 있음.
'束手'는 항복하여 손을 묶음.

【而河東劉氏, 百戰守死, 以抗王師, 積骸爲城, 釃血爲池, 竭天下之力, 僅乃克之】'河
東劉氏'의 河東은 黃河의 동쪽. 지금의 山西省 太原. '劉氏'는 北漢(951-979)을 건
국한 劉旻을 가리킴. 晉陽(지금의 山西 太原)에 나라를 세워 4대 劉繼元 때 宋太
祖(趙匡胤)이 開寶 9년(976, 太宗 元年) 정벌에 나섰으나 契丹(遼)의 도움으로 버텼
다가 太宗(趙光義) 太平興國 4년(979) 다시 北征하여 멸망시켰음. '王師'는 皇帝의
지휘를 받는 官軍. 여기서는 宋나라의 통일 과정을 말한 것. '釃血'은 피를 거름.
'釃'(시)는 灑와 같은 뜻.

【獨吳越不待告命, 封府庫, 籍郡縣, 請吏于朝】'封府庫'는 나라 창고의 문을 봉해놓고 宋나라의 조치를 기다림. '籍郡縣'은 관할 지방 여러 郡과 縣의 문서들을 잘 기록하여 송나라에게 바침. 《新五代史》吳越世家에 "宋興, 荊楚諸國, 相次歸命, 俶勢益孤, 始傾其國, 以事貢獻. 太祖皇帝時, 俶嘗來朝, 厚禮遣還國. 俶喜, 益以器服珍奇爲獻不可勝數. 太祖曰:「此吾帑中物爾. 何用獻爲?」太平興國三年, 詔俶擧族歸于京師"라 함.

【視去其國, 如去傳舍, 其有功於朝廷甚大】'傳舍'는 客舍, 客館. 잠시 머물다가 가는 집처럼 여김. 《古文眞寶》注에 "傳舍, 猶旅館"이라 함.

【昔竇融以河西歸漢, 光武詔右扶風修理其祖父墳塋, 祠以太牢】'竇融'은 東漢 초의 인물로 자는 周公. 王莽에게 波水將軍의 지위를 받았으며 王莽이 죽은 뒤에는 淮陽王에게 붙어 鉅鹿太守 등을 지냈음. 뒤에는 다시 河西五郡大將軍을 맡았다가 光武帝(劉秀)가 즉위하자 이에 歸附하여 大司馬에 올라 安豐侯에 봉해졌음. 《後漢書》(53)에 竇融傳을 참조할 것. '河西'는 黃河 서쪽. 酒泉, 張掖, 敦煌, 天水, 金城 등지. 지금의 陝西, 甘肅 일대. '右扶風'은 행정 구역 명칭. 지금의 陝西 長安縣 서쪽. 京兆尹, 左馮翊과 함께 三輔라 부르던 곳. 竇融의 先塋이 있던 곳을 말함. '太牢'는 제사나 향연에 소, 양, 돼지 三牲을 갖추어 크게 거행함을 말함. 《古文眞寶》注에 "用事切當"이라 함.

【今錢氏功德, 殆過於融, 而未及百年, 墳廟不治, 行道傷嗟, 甚非所以勸獎功臣·慰答民心之義也】'墳廟'는 분묘와 사당을 말함. 《古文眞寶》에는 '墳墓'로 잘못 표기되어 있음. '傷嗟'는 안타깝게 여기면서 탄식함. '慰答'은 위로하고 보답함. 《古文眞寶》注에 "只輕說兩三句便"이라 함.

【臣願以龍山廢佛寺曰妙因院者爲觀, 使錢氏之孫, 爲道士曰自然者居之】'龍山'은 浙江 杭州 錢塘 남쪽에 있는 산. 龍臥山, 龍華山으로도 부름. 그 아래 龍井이 있으며 龍井茶로 유명한 곳. '佛寺'는 《東坡集》에는 '佛祠'로 되어 있음. '妙因院'은 절 이름. 원래의 절이 廢寺되고 그곳에 작은 寺院이 있었음. '觀'은 道觀. 道敎의 寺廟. 《宋史》徽宗紀에 "宣和元年春正月乙卯, 詔號改寺爲宮, 院爲觀"이라 하였고, 《七修類稿》에 "觀之名有三. 一曰藏書所. 漢'東觀'是也. 一曰游觀處, 謝玄暉賦'屬玉觀'是也. 一曰高可望, 《黃帝內傳》置元始眞容於'高觀'上是也. 今老氏居, 本高觀始, 然亦非專於老也. 至宋徽宗專尙老氏, 宣和元年, 因降手詔, 蓋改天下之寺曰宮, 改院曰觀"이라 함. '自然'은 錢鏐의 후손 중에 道士가 되어 그 이름을 '自然'이라 하

表忠观
法照
钱王古庙锁莓苔，
华表秋深鹤不来。
昨夜石坛风露重，
凌霄花落凤仙开。
〈表忠觀法照〉

였음.

【凡墳廟之在錢塘者, 以付自然; 其在臨安者, 以付其縣之淨土寺僧曰道微】'淨土寺'는 臨安에 있는 절 이름. '道微'는 淨土寺에 있는 僧侶. 法名이 道微였음.

【歲各度其徒一人, 使世掌之】'度'는 離俗出家를 의미하며, 그리하여 僧侶나 道士가 되면 이 度牒을 받고 租稅와 賦役 등이 면제됨.

【籍其地之所入, 以時修其祠宇, 封植其草木】'籍'은 물건 등을 받아 장부에 기록함. '祠宇'는 祠堂 건물. '封植'은 《東坡集》에는 '封殖'으로 되어 있음.

【有不治者, 縣令丞察之, 甚者易其人, 庶幾永終不墜, 以稱朝廷待錢氏之意】'庶幾'는 기대됨. 원하는 바대로 될 것임. '永終'은 '영원히, 끝내' 등의 뜻. 《古文眞寶》注에 "西漢語"라 함.

【臣抃昧死以聞】'昧死'는 신하가 임금에게 글을 올릴 때 자신의 의견이 혹 황제의 뜻에 맞지 않을까 하여 이르는 상투어. '죽음을 무릅쓰다, 죽음에 몽매하다'의 뜻. 《漢書》高祖紀 "昧死再拜言"의 注에 "張晏曰: 「秦以爲人臣上書, 當言昧犯死罪而言.」"이라 함. '以聞'은 아랫사람이 윗사람에게 알려 그에게 들려드림.

【制曰: 「可.」】'制'는 임금의 명령이나 결제.

【其妙因院, 改賜名曰表忠觀】妙因院을 '表忠觀'으로 개명하도록 함.

2/2 ———————

명銘:

『천목산은 초수苕水가 거기에서 나오네.
　용이 날고 봉이 춤추듯, 임안에 모였네.
　독실하게 특이한 인물을 나게 하였으니, 남과 다르고 무리와는 벗어난 자였네.

분격하여 나서서 크게 소리치니, 그를 따르는 자 구름 같았네.

하늘을 우러러 강에 맹세하니, 달과 별도 그 빛을 감추어 어두워졌다네.

강한 쇠뇌로 조수를 쏘니, 강물과 바다가 동쪽으로 물러났네.

유한굉을 죽이고 동창을 주살하고 곧바로 오월 땅을 차지하자,

금권金券과 옥책玉冊에, 호부虎符와 용절龍節을 받게 되었네.

그 살던 곳에 큰 성을 쌓아, 그곳 산천을 아우르고 연결시키니,

왼쪽은 강이요 오른쪽은 호수인데, 섬과 산들을 모두 눌러 끌어들였네.

해마다 돌아와 쉬면서 부로父老들에게 잔치를 베풀 때는,

빛나기가 신인神人과 같아 옥대를 차고 구마毬馬를 탔네.

41년을 두고 공경하는 마음으로 조심하면서,

공물 바구니 서로 줄을 섰으니, 대패大貝와 남쪽의 금이었네.

오조五朝가 혼란하여 자신의 나라를 바칠 만한 대상이 없어,

삼왕三王을 이어가며 덕 있는 자 나오기를 기다렸다네.

이윽고 귀순할 상대를 얻으니, 모책도 자문도 구하지 않은 채,

'선왕先王의 뜻, 내가 실천하면 그 뿐인 걸' 하였네.

하늘은 복을 주어 대대로 작위와 읍을 소유하면서,

진실로 문덕과 무위를 가졌으니, 그 자손이 천 억이었지.

황제께서 수신守臣에게 이르시어, 그 사당과 무덤을 손질토록 하여,

그 곁에서 초목樵牧을 못하도록 하여, 후손에게 부끄러운 일 없도록 하였네.

용산의 남쪽, 외연嵬然히 솟은 새 사당.

사사롭게 전씨 집안을 위한 것이 아니라 오직 충성을 권면함일세.

충이 없으면 임금 없고, 효가 없으면 어버이가 없는 법.

무릇 지위를 가진 모든 사람들이여, 여기에 새겨진 글을 볼 지어다!』

銘曰:

『天目之山, 苕水出焉. 龍飛鳳舞, 萃于臨安.
篤生異人, 絶類離羣. 奮梃大呼, 從者如雲.
仰天誓江, 月星晦蒙. 强弩射潮, 江海爲東.
殺宏誅昌, 奄有吳越. 金券玉冊, 虎符龍節.
大城其居, 包絡山川. 左江右湖, 控引島蠻.
歲時歸休, 以燕父老. 曄如神人, 玉帶毬馬.
四十一年, 寅畏小心. 厥篚相望, 大貝南金.
五朝昏亂, 罔堪託國. 三王相承, 以待有德.
旣獲所歸, 弗謀弗咨.「先王之志, 我維行之.」
天祚忠厚, 世有爵邑. 允文允武, 子孫千億.
帝謂守臣, 治其祠墳. 毋俾樵牧, 愧其後昆.
龍山之陽, 歸然斯宮. 匪私于錢, 惟以勸忠.
非忠無君, 非孝無親. 凡百有位, 視此刻文!』

【銘曰】아래는 銘의 문체로 칭송한 것.

【天目之山, 苕水出焉】'天目山'은 杭州 臨安 서북쪽에 있는 산. 산 위에 두 못이 있어 마치 하늘의 두 눈과 같다하여 붙여진 이름. 苕水'는 苕溪. 天目山에서 발원하여 太湖로 흘러들어가며 苕(갈대의 일종)가 많아 붙여진 이름이라 함. 《古文眞寶》 注에 "天目·苕水, 皆杭州之山水. 要說篤生, 故從頭說來"라 함. 《淸波雜志》에 "蔡京得東坡〈表忠觀碑〉, 讀至'天目之山, 苕水出焉', 謂坐客曰:「是甚言語, 初不知某之山某之水出焉. 酈道元《水經》格也,」"라 함.

【龍飛鳳舞, 萃于臨安】'龍飛鳳舞'는 용과 봉처럼 빼어난 인물이 많이 났음을 말함. 《杭州圖經》에 "吳越王錢氏世葬臨安. 有題詩者:「天目山前兩乳長, 驚飛鳳舞下錢塘.」"이라 함. '萃'는 '모이다, 모으다, 拔萃하다' 등의 뜻.

【篤生異人, 絶類離羣】'絶類離群'은 비슷한 무리와는 전혀 다르며 일반 무리로부터는 분리될 정도로 훌륭한 인물.

【奮梃大呼, 從者如雲】'奮挺'은 떨치고 나섬. 그러나 《東坡集》에는 '奮梃'으로 되어

있어 몽둥이를 들고 떨쳐 일어남을 뜻함.

【仰天誓江, 月星晦蒙】‘仰天誓江’은 하늘을 우러러 맹세하고 강을 두고 서약함. 錢鏐가 劉漢宏을 칠 때 中和 2년 7월 12일 밤, 달이 너무 밝아 몰래 渡江할 수가 없게 되자 강의 모래를 집어 삼키며 어두워지도록 誓願하였음. 그러자 즉시 咫尺을 알아볼 수 없을 정도로 사방이 어두워졌다 함.《吳越備史》(1)에 “是月十二夜將, 渡江而星月皎然, 兵不可渡. 王親掬江沙而吞之, 祝曰:「吾以義兵討賊, 天將見助, 願陰雲蔽月, 以濟我師」俄而雲霧四起, 咫尺晦暝, 王大喜, 即先渡江”이라 함. 그 외《十國春秋》(77)에도 같은 내용이 실려 있음. ‘晦蒙’은 어두워지고 가려져 캄캄함.《古文眞寶》注에 “語壯”이라 함.

【强弩射潮, 江海爲東】‘强弩射潮’는 강한 쇠뇌로 潮水를 향해 활을 쏨. 杭州에는 潮水의 피해가 심해 浙江의 羅刹石과 城門까지 밀려오곤 하였음. 이에 錢鏐가 弩를 들고 있다가 밀려오는 潮水를 향해 활을 쏘도록 하자 潮水가 밀려갔다 함.《錢塘遺事》(1)에 “昔江潮每衝激城下, 錢氏以壯士數百人, 候潮之至, 以强弩射之, 由此潮頭退避”라 하였고,《北夢瑣言》에도 “杭州連歲潮頭直打羅刹石. 吳越錢尙父俾張弓弩候潮至, 逆而射之. 由是漸退. 羅刹石化爲陸地, 遂列廩庾焉”이라 하였으며,《吳越備史》(2)에도 “八月始築捍海塘, 王因江濤衝激, 命强弩以射濤, 頭遂定其基, 復建候潮·通江等城門”이라 함. 그 외《十國春秋》(78),《浙江通志》(1) 등 아주 널리 전함.《古文眞寶》注에 “實事”라 함.

【殺宏誅昌, 奄有吳越】‘殺宏誅昌’은 劉漢宏을 죽이고 董昌을 誅殺한 일.

【金券玉冊, 虎符龍節】‘金券’은 功臣에게 내려주어 대대로 작은 죄는 면하게 해주던 문건. ‘玉冊’은 임금이 신하에게 작위를 내릴 때 주던 冊書를 높여 칭한 것. 後唐 莊宗이 錢鏐에게 玉冊金印을 내려주며 冊封하자, 전류는 그 때부터 吳越王을 칭하며 돌아와 玉冊樓, 金印樓, 詔書樓 등 세 누각을 지어 中原으로부터 정식 책봉을 받았음을 과시하였음.《新五代史》吳越世家에 “唐莊宗入洛, 鏐遣使貢獻求玉冊, 乃賜鏐玉冊金印. 鏐卒, 元瓘立, 襲封吳越國王. 玉冊金印, 皆如鏐故事. 佐立七年, 襲封吳越國王, 玉冊金印, 皆如元瓘. 佐卒, 弟俶立, 歷漢周, 襲封吳越國王, 賜玉冊金印”이라 함. ‘虎符龍節’은 호랑이와 용의 모습을 조각한 符節. 군대 통솔권을 상징함.

【大城其居, 包絡山川】‘大城其居’는 錢鏐가 杭州를 다스리면서 唐末에 이미 자신의 거처를 넓혀 鎭海軍使院이라 하였고, 後梁 때에는 捍海石塘을 지었으며, 杭

州城을 확장하고 臺館을 크게 수축하는 등 杭州를 아주 동남 제일의 큰 도시로
바꾸었음.《新五代史》吳越世家에 "鏐如越州, 受命, 還治錢塘, 號越州爲'東府', 鏐
鄉里曰'廣義鄉', 勳貴里, 鏐素所居營曰'衣錦營'. 開平二年廣義鄉爲'衣錦鄉'. 乾化三
年, 開府置官屬. 元瓘更名所居曰'宮殿', 府曰'朝'. 官屬皆稱臣, 起玉冊金券詔書三
樓於衣錦軍"이라 함. '包絡'은 包含하고 網羅함.

【左江右湖, 控引島巒】'左江右湖'는 浙江 杭州 동남쪽에 浙江이 있으며, 서쪽에는
西湖가 있음. '控引'은 끌어 잡아당김. '島巒'은 섬과 산들. 그러나《古文眞寶》에는
'巒'을 '蠻'으로 판독하여 남방 島夷, 즉 그곳의 소수민족으로 보았으나,《東坡集》
등에는 모두 '島巒'으로 되어 있음. 궁궐을 화려하고 장대하게 지었음을 표현한
것.

【歲時歸休, 以燕父老】'歸休'는 唐末 昭宗이 入朝한 錢鏐를 인정하여 杭州를 衣錦
城이라 하자 光化 6년(903) 돌아와 잔치를 베풀며 주위를 모두 비단으로 덮었다
함. '以燕父老'는 나이 많은 노인들에게 잔치를 베풀어 줌.《新五代史》吳越世家
에 "鏐游衣錦城, 宴故老, 山林皆覆以錦. 開平四年, 鏐游衣錦軍, 作〈還鄉歌〉曰:「三
節還鄉兮掛錦衣, 父老遠來相追隨. 斗牛無孛人無欺, 吳越一王駟馬歸.」"라 함.

【曄如神人, 玉帶毬馬】'曄如神人'은 신처럼 빛남. '玉帶'는 옥으로 장식한 官服의

〈錢鏐鐵券〉(吳越과 後唐의 계약서)

띠. '毬馬'는 擊毬(말을 탄 채 하는 축구)
를 할 수 있는 말. '毬'는 실을 둥글게
묶어 鞠蹴에 쓰이는 공. 後梁 太祖(朱
全忠)가 吳越國 錢鏐가 보낸 사신에게
"전류가 좋아하는 것이 무엇인가?"라
고 묻자 "玉帶名馬"라고 대답함. 이에
玉帶와 打毬御馬 10필을 내려주었다
함.《新五代史》吳越世家에 "太祖嘗問
吳越進奏吏曰:「錢鏐平生有所好乎?」吏
曰:「好玉臺名馬.」太祖笑曰:「眞英雄
也.」乃以玉帶一匣, 打毬御馬十匹賜之"
라 함.

【四十一年, 寅畏小心】'四十一年'은 錢
鏐는 唐 昭宗(李曄) 景福 元年(892) 武

威軍團練使가 되어 81세 되던 後唐 長興 3년(932)에 죽었으며, 그 기간이 41이었음. '寅畏'는 공경하고 두려워함을 뜻하는 雙聲連綿語. 《古文眞寶》注에 "寅畏, 猶敬畏"라 함.

【厥篚相望, 大貝南金】'厥篚'는 공물을 바치기 위한 그들의 바구니. '厥'은 其와 같음. '篚'는 貢物을 바쳐왔음을 뜻함. 《古文眞寶》注에 "篚, 言貢篚"라 함. '大貝南金'은 좋은 비단과 남쪽에서 나는 금(銅) 등 특산물. 《尚書》顧命篇 "胤之舞衣·大貝·鼖鼓, 在西房"의 傳에 "大貝如車渠"라 하였고, 《詩》魯頌 泮水 "元龜象齒, 大賂南金"의 傳에 "南謂荊楊也"라 하였으며, 箋에는 "荊楊之州, 貢金三品"이라 함.

【五朝昏亂, 罔堪託國】'五朝'는 五代. '罔堪託國'은 나라를 맡길 수 없음. '罔'는 無와 같음. '무'로 읽음.

【三王相承, 以待有德】'三王'은 錢元瓘(文穆王), 錢仁佐(獻王), 錢俶(忠懿王)을 가리킴. 《古文眞寶》注에 "最佳見錢氏不歸五代而歸宋之意"라 함.

【既獲所歸, 弗謀弗咨】'既獲所歸'는 귀순해도 될 상대, 즉 宋나라를 이윽고 얻음. '弗謀弗咨'는 대책을 모의하거나 물어보지도 않음.

【「先王之志, 我維行之.」】先王은 錢鏐를 가리킴. "선왕 전류의 뜻에 따라 내(錢俶)가 실행하는 것"이라 생각했던 것임.

【天祚忠厚, 世有爵邑】'天祚忠厚'는 《東坡集》에는 '天祚忠孝'로 되어 있음.

【允文允武, 子孫千億】'允'은 '진실로'의 뜻. 《尚書》大禹謨에 "益曰:「都! 帝德廣運, 乃聖乃神, 乃武乃文. 皇天眷命, 奄有四海, 爲天下君.」"라 함. 《詩》大雅 假樂篇에 "干祿百福, 子孫千億. 穆穆皇皇, 宜君宜王"이라 함.

【帝謂守臣, 治其祠墳】'祠墳'은 祠堂과 무덤. 《古文眞寶》注에 "歸恩於上"이라 함.

【毋俾樵牧, 愧其後昆】'毋俾樵牧'은 그 무덤 근처에서 땔나무를 하거나 목축을 하지 못하도록 함. '後昆'은 後孫의 다른 말. 《爾雅》釋親에 "來孫之子爲昆孫"이라 하였고, 釋言에는 "昆, 後也"라 함. 《古文眞寶》注에 "後昆, 謂後孫"이라 함.

【龍山之陽, 巋然斯宮】'陽'은 산의 남쪽. '巋然'(규연)은 우뚝 높이 솟은 모양. 《文選》魯靈光殿賦에 "靈光巋然獨存"이라 함. '斯宮'은 《古文眞寶》등에는 '新宮'으로 되어 있으며 '斯'는 '新'의 오류로 여겨짐. 《穀梁傳》成公 3년에 "新宮者, 禰宮也"라 하였으며, 《詩》魯頌 閟宮篇 "新廟奕奕, 奚斯所作, 孔曼且碩, 萬民是若"의 箋에 "修舊曰新"이라 함.

【匪私于錢, 惟以勸忠】錢氏 집안을 사사롭게 우대함이 아니라 오직 충성을 勸勉

〈吳越王 金銅印〉

하기 위한 것임. 《古文眞寶》注에 "切於勸名"이라 함.

【非忠無君, 非孝無親】 忠이 아니면 임금이 있을 수 없고, 孝가 아니면 어버이가 있
을 수 없음.

【凡百有位, 視此刻文】 '凡百有位'는 모든 분들.

참고 및 관련 자료

1. 蘇東坡(蘇軾, 子瞻) 026 참조.

2. 이 글은 《東坡全集》(86), 《唐宋八大家文鈔》(132), 《宋文鑑》(77), 《崇古文訣》(24),
《續文章正宗》(15), 《文章辨體彙選》(656), 《文編》(59), 《西湖遊覽志》(6), 《西湖志纂》
(11), 《唐宋文醇》(49), 《古文辭類纂》(41), 《唐宋文擧要》(8), 《古文約選》(4), 《古文眞寶》
(後集 8) 등에 실려 있으며, 《東坡全集》(58)에도 관련 기록이 있음.

3. 《軌範》에 "學《史記》"라 함.

4. 《軌範》末尾 注에 "潘子眞云: 東坡作〈表忠觀碑〉, 王荆公實坐隅, 葉致遠·楊德
逢二人在坐, 有客問曰: 「相公亦喜斯人之作也?」 公曰: 「斯作絶似西漢.」 坐客歎譽不
已. 公笑曰: 「西漢誰人可擬?」 德逢對曰: 「王褒蓋易之也.」 公曰: 「不可草草.」 德逢復
曰: 「司馬相如·楊雄之流乎?」 公曰: 「相如賦〈子虛〉·〈大人〉洎喩蜀文封禪書耳; 雄所
著《太玄》·《法言》以准《易》·《論語》, 未見其叙事典瞻若此也. 直須與子長馳騁上下
坐.」 客又從而贊之, 公曰: 「畢竟似子長何語?」 坐客悚然, 公徐曰: 「〈楚漢以來諸侯王
年表〉也.」"라 함.

5. 《學齋佔畢》에 "東坡〈表忠觀碑〉, 先列〈奏狀〉以爲序, 至「帝曰可」, 而系之以銘,

其格甚新, 乃倣柳柳州所作〈壽州安豐縣孝門銘〉, 蓋以忠比孝, 全用其體制, 且柳宗元〈孝門銘〉, 史臣旣全載於唐〈孝友傳〉, 文甚典雅. 蘇軾〈表忠觀碑〉, 視柳有加, 宜乎金陵王氏以太史公所作〈年表〉許之. 二文旨意, 旣允合於史法矣."라 함.

6. 《文章精義》에 "子瞻〈表忠觀碑〉, 終篇述趙獻公奏, 不增損一字, 是學漢書, 王介甫以爲〈諸侯王年表〉, 則非也."라 함.

7. 《唐宋八大家文鈔》에는 "通篇以疏爲序, 事之文絶, 是史遷風旨"라 함.

8. 《古文眞寶》注에 "王荊公云: 「此作絶似西漢, 坐客歎譽不已, 公笑曰: 『西漢誰人可擬?』楊德逢曰: 『王褒, 蓋易之也.』公曰: 『不可草草.』德逢曰: 『司馬相如·揚雄之流乎?』公曰: 『相如賦〈子虛〉·〈大人〉, 洎〈喩蜀文〉, 〈封禪書〉爾; 雄所著《太玄》·《法言》, 以準《易》·《論語》, 未見其敍事典贍, 如此也. 直須與子長馳騁上下.』坐客又從而贊之. 公曰: 『畢竟似子長何語?』坐客竦然, 公徐曰: 『〈漢興以來諸侯王年表〉也.』」 ○迂齋云: 「發明吳越贊功與德, 全是以他國形容, 比並出來, 方見朝廷坐收土地, 不勞兵革, 知他是全了多少生靈. 說墳墓尤切, 意在言外, 文極典雅.」 ○按〈碑序〉全作守臣趙抃〈奏疏〉, 此蓋法柳文〈壽州安豐縣孝門銘〉也. 其文起云: 「壽州刺史臣承思言: 『九月丁亥, 安豐縣令臣某, 上所部編戶甿李興云云, 請孝其門閭云云, 觀示後祀, 永永無極, 臣昧死上請.』帝曰: 『可.』其銘曰云云」. 觀此則知坡公, 非創爲之矣"라 함.

064(7-5) 〈送孟東野序〉 ················· 韓愈

맹동야를 보내며 주는 글

〈孟東野〉(孟郊)

*〈送孟東野序〉:이 글은 孟郊(자 東野. 751–814)가 溧陽縣의 縣尉라는 작은 벼슬을 얻어 떠나게 되자 그를 위로하기 위해 쓴 글로, 당시 맹교는 嵩山에 은거하다가 50세에 비로소 진사에 급제하여, 4년 후인 貞元 19년(803), 이 벼슬에 임명되어 떠나게 되었던 것임. 한유는 '鳴'이라는 주제 하나로 맹교로 하여금 곤궁함이 곧 울분이 되어 뛰어난 문장으로 승화하도록 유도한 것임. '孟郊'는 자는 東野. 湖州 武康(지금의 浙江 德淸) 사람으로 젊어 嵩山에 은거하기도 함. 貞元 12년(796) 진사에 올랐으나 그 때 이미 50세였으며, 겨우 溧陽縣尉에 오르고 말아 벼슬길에 제대로

〈孟東野(孟郊)〉
(三才圖會)

뜻을 펴지 못한 채 병고에 시달렸다 함. 韓愈와 두터운 우정이 있어 '韓孟'이라 불리며 險怪詩派에 속함. 古體詩에 능하였고 寒苦한 분위기를 즐겨 썼음. 《孟東野詩集》이 전함. 그의 文集은 宋 宋敏求의 〈孟東野詩集後序〉에 "蜀人雜澹用退之贈郊句纂《咸池集》二卷, 百八十篇"이라 하였으며, 《新唐書》(藝文志, 4)에 《孟郊詩集》(10卷)이 저록되어 있음. 《全唐詩》에는 그의 詩가 10卷(372~381)으로 편집되어 있으며, 《全唐詩外編》에 詩 1首가 補入되어 있음. 《舊唐書》(160)과 《新唐書》(176)에 전이 있음.

1/5 ─────────────

대체로 물체는 형평을 얻지 못하면 소리를 내나니, 초목은 소리가 없으나 바람이 흔들면 소리를 내게 되고, 물도 소리가 없으나 바람이 흔들면 소리가 나게 된다.

물이 튀어 오르는 것은 격하게 했기 때문이요, 세차게 흐르는 것은 막히게 했기 때문이며, 끓어오르는 것은 불로 데웠기 때문이다. 금석도 소리가 없으나 혹 두드리면 소리가 나게 된다.

사람도 말에 있어서 역시 이와 같으니, 어쩔 수 없는 일이 있은 뒤에야 말을 하게 되어, 노래로 하는 것은 생각이 있기 때문이며, 울음을 터뜨리는 것은 품은 것이 있기 때문이니, 무릇 입에서 나와 소리가 되는 것은 그 모두가 형평을 얻지 못했기 때문이리라!

음악이라는 것도 속에 답답함이 있어 밖으로 풀어내는 것이니, 그 중 소리를 잘 내는 것을 택해, 그것을 빌려서 소리를 내도록 하는 것이다. 쇠, 돌, 실, 대나무, 박匏, 흙, 가죽, 나무 등 여덟 가지는 물체 중에서 소리를 잘 내는 것들이다.

때에 있어서 하늘의 계절도 역시 마찬가지로서, 소리를 잘 내는 것을 택하여 그것을 빌려 소리를 내도록 하는 것이니, 이 까닭으로 새로써 봄의 소리를 내도록 하고, 우레로서 여름의 소리를 내도록 하며, 벌레로써 가을의 소리를 내도록 하고, 바람으로써 겨울의 소리를 내도록 하는 것이다. 사시四時가 서로 밀어내고 빼앗고 함에도 틀림없이 그것이 형평을 얻지 못했기 때문이다.

    大凡物不得其平則鳴: 草木之無聲, 風撓之鳴; 水之無聲, 風蕩之鳴.

    其躍也, 或激之; 其趨也, 或梗之; 其沸也, 或炙之; 金石之無聲, 或擊之鳴.

    人之於言也, 亦然, 有不得已者而後言; 其謌也有思, 其哭也有懷, 凡出乎口而爲聲者, 其皆有弗平者乎!

    樂也者, 鬱於中而泄於外者也, 擇其善鳴者而假之鳴, 金石絲竹匏土革木八者, 物之善鳴者也.

    維天之於時也, 亦然, 擇其善鳴者而假之鳴: 是故以鳥鳴春, 以雷鳴夏, 以蟲鳴秋, 以風鳴冬; 四時之相推敓, 其必有不得其平者乎!

【大凡物不得其平則鳴】'大凡'은 '대체로, 일반적으로'의 뜻이며 文章을 시작할 때의 發語詞이기도 함.《禮記》祭法 "大凡生於天地之問者, 皆曰命"의〈正義〉에 "總包萬物, 故曰大凡"이라 함. '夫'와 같음. '鳴'은 '소리를 내다, 혹은 울분을 토로하다, 표현하다, 자신의 존재를 격하게 드러내다' 등의 뜻.《莊子》德充符에 "子以堅白鳴"이라 함.

【草木之無聲, 風撓之鳴; 水之無聲, 風蕩之鳴】'撓'는 '흔들다'의 뜻. '蕩'은 물결을 일으켜 動蕩시킴. 격동시킴.

【其躍也, 或激之; 其趨也, 或梗之; 其沸也, 或炙之】'其趨也, 或梗之'는 물이 급히 흐르는 것은 막혀 있다가 터진 곳으로 몰리면서 소리를 냄. '趨'는 急, 疾의 뜻. '梗'은 堵, 塞의 뜻. '其沸也, 或炙之'는 물이 끓는 것은 밑에서 불로 데우기 때문임.《古文眞寶》注에 "金石草木, 各只是一句, 而水分出四句, 此是不整齊, 中整齊錯綜妙處"라 함.

【水之無聲, 風蕩之鳴】물은 소리를 내지 않으나 바람이 흔들어 우는 소리를 내도

록 하는 것임.

【人之於言也, 亦然, 有不得已者而後言】'不得已'는 그칠 수 없음. 어쩔 수 없음. '已'는 動詞.《古文眞寶》注에 "此是以金石草木及水, 引入人來"라 함.

【其謌也有思, 其哭也有懷】'謌'는 歌와 같음. '哭'은 크게 슬픈 소리를 냄. '懷'는 품고 있는 생각.《軌範》注에 "謌, 聲"이라 함.

【凡出乎口而爲聲者, 其皆有弗平者乎】'弗平'은 平靜(平穩, 水平)을 이루지 못함.

【樂也者, 鬱於中而泄於外者也, 擇其善鳴者而假之鳴】'假'는 직접 하지 않고 다른 기능이나 물건을 빌림.

【金石絲竹匏土革木八者, 物之善鳴者也】'金'은 쇠붙이로 만든 악기. '石'은 돌로 만든 악기. 編磬 등. '絲'는 현악기를 만드는 실, '竹'은 대나무로 만든 관악기류. '匏'는 표주박이나 박 등으로 만든 악기류. '土'는 흙을 빚거나 구워 만든 악기. '革'은 가죽으로 만든 악기. 북, '木'은 나무로 만든 악기. 모두 악기를 만드는 재료들로 소리를 잘 냄.《三字經》에 "匏土革, 木石金, 與絲竹, 乃八音"이라 함.

【維天之於時也, 亦然, 擇其善鳴者而假之鳴】하늘, 즉 四季의 변화도 그 계절에 맞추어 같은 현상이 있음. '亦然'은 역시 그러함.《孟子》告子篇에 "惟耳亦然, 惟目亦然"이라 함.《古文眞寶》注에 "此又以天時, 引入引來, 錯綜妙處"라 함.

【是故以鳥鳴春, 以雷鳴夏, 以蟲鳴秋, 以風鳴冬】春夏秋冬 각기 소리를 내는 것이 있음.

【四時之相推敚, 其必有不得其平者乎】'推敚'은 서로 밀어내고 그 계절을 빼앗듯이 다음 계절이 이어짐. '敚'은《古文眞寶》등에는 '奪'로 표기되어 있음.《軌範》補注에 "《易》繫辭:「日月相推而明生焉.」《說文》:「敚, 彊取也.」〈周書〉曰:「敚攘矯虔.」今〈呂刑〉作奪"이라 하였고,《東雅堂昌黎集註》에는 "敚, 古奪字"라 함.

2/5 ─────────────

그것은 사람에게 있어서도 역시 마찬가지다. 사람의 소리 가운데 가장 알맹이가 되는 것이 말이며, 문사로서의 표현은 말에 있어서 다시 그 알맹이로써, 그 중에 소리를 더욱 잘 내는 자를 빌려 소리문장을 내도록 하는 것이다.

당요唐堯, 우순虞舜 시대에는 고요皐陶와 우禹가 소리를 잘 내는 사람

들이었기에 그들을 빌려 소리를 냈던 것이며, 기夔는 능히 문사文辭로써
는 소리를 내지는 못하였으므로 다시 그 스스로 소韶라는 음악을 빌려
소리를 내도록 하였던 것이며, 하夏나라 때에는 오자五子가 노래로써 소
리를 내었으며, 이윤伊尹은 은殷나라에서 소리를 내었고, 주공周公은 주
周나라에서 소리를 내었던 것이다. 무릇 《시詩》, 《서書》 등 육예六藝에 실
린 것들은 모두가 소리를 잘 낸 것들이다.

　주나라가 쇠해지자 공자孔子의 무리들이 소리를 내었는데, 그 소리는
크기도 하고 멀리 퍼지기도 하였다.

　《전傳》에 "하늘이 장차 선생을 목탁木鐸으로 삼으실 것이다"라 하였는
데 믿지 않을 수 있겠는가?

　其於人也, 亦然, 人聲之精者爲言, 文辭之於言, 又其精者也, 尤
擇其善鳴者而假之鳴.

　其在於唐虞, 咎陶·禹其善鳴者也, 而假之以鳴; 夔弗能以文辭
鳴, 又自假於韶以鳴; 夏之時, 五子以其歌鳴; 伊尹鳴殷, 周公鳴
周; 凡載於詩書六藝, 皆鳴之善者也.

　周之衰, 孔子之徒鳴之, 其聲大而遠.

　傳曰「天將以夫子爲木鐸」, 其弗信矣乎?

【其於人也, 亦然, 人聲之精者爲言】사람의 소리 중에 가장 精髓가 곧 말임을 뜻함.
【文辭之於言, 又其精者也】말을 근거로 한 文辭는 다시 精髓만 모은 것임.
【尤擇其善鳴者而假之鳴】표현을 잘하는 자를 빌려 뜻을 표출하도록 함. 《別本》에
"按: 上文已再言「擇其善鳴者而假之鳴矣」, 則此又言「人聲之精者爲言, 而文辭又其
精者, 故尤擇其善鳴者而假之鳴」, '又'字, '尤'字正是關鍵, 血脈首尾相應處, 方以三
本之誤, 遂去'又'字而以'尤'字屬上句, 不唯此句不成文理, 又使此篇語無次第, 其誤
尤甚, 今悉正之"라 함.
【其在於唐虞, 咎陶·禹其善鳴者也, 而假之以鳴】'唐虞'는 五帝의 唐堯(陶唐氏)와 虞
舜(有虞氏). '咎陶'는 '咎'는 皐와 같음. 《古文眞寶》注에 "咎, 同皐"라 함. 咎陶는 皐

陶(고요)로도 표기하며 舜임금 때의 賢臣 이름. 獄官의 長을 지냄. '禹'는 堯舜 때에 治水에 큰 공을 세웠으며 뒤에 중국 최초의 왕조 夏를 세움.《古文眞寶》注에 "爲有夏擊鳴一句, 故可如此說, 不然亦鑿空說, 不平將無作有"라 함.

【夔弗能以文辭鳴, 又自假於韶以鳴】'夔'는 堯舜 때에 음악을 관장하던 樂官.《尚書》舜典에 "帝曰:「夔, 命女典樂.」"이라 하였고,《左傳》昭公 28년 「樂正后夔」의 杜預 注에 "夔, 舜典樂之君長"이라 함. '韶'는 舜임금 때의 음악 이름.《尚書》益稷篇에 "夔曰:「簫韶九成, 鳳皇來儀.」"라 하였고, 鄭注에 "簫韶, 舜所制樂"이라 함.

【夏之時, 五子以其歌鳴】'五子'는 禹의 손자 太康의 다섯 동생. 夏나라 太康이 遊樂과 사냥에 빠지자, 有窮氏의 군주 羿가 무리를 이끌고 河水 북쪽에서 태강을 막고 귀국하지 못하도록 하여 태강은 결국 제위를 잃게 되었음. 이에 태강의 다섯 아우가 어머니와 함께 洛水의 북쪽에서 1백 여일을 기다렸으나, 태강이 돌아오지 않자 다섯 편의 이 시를 지어 태강에 대한 원망과 질책을 표출한 것임.《尚書》夏書 序에 "太康失邦, 昆弟五人須于洛汭, 作〈五子之歌〉"라 하였고, 본문에 "太康尸位, 以逸豫滅厥德, 黎民咸貳, 乃盤遊無度, 畋于有洛之表, 十旬弗反. 有窮后羿, 因民弗忍, 距于河. 厥弟五人, 御其母以從, 徯于洛之汭, 五子咸怨, 述大禹之戒以作歌"라 하였으며 이어서 다섯 수의 시가 수록되어 있음.

【伊尹鳴殷, 周公鳴周】'伊尹'은 殷나라 湯을 도와 夏桀을 정벌하였던 재상. '周公'(姬旦)은 文王(姬昌)의 아들이며 武王(姬發)의 아우로서 武王을 보필하여 殷紂를 멸하고 周를 세우는 데에 큰 공을 세웠음. 武王이 죽은 뒤 成王(姬誦)을 섭정함. 한편 周公은 文物典章을 완비하여 周나라 기초를 공고히 하였음.《史記》周本紀 및 魯周公世家 등을 참조할 것.

【凡載於詩書六藝, 皆鳴之善者也】'詩書六藝'는《詩》,《書》,《禮》,《易》,《春秋》,《樂》등 六經을 말함.

【周之衰, 孔子之徒鳴之, 其聲大而遠】孔子는 東周 春秋 말에 활동하였으며 72제자들이 그의 학문과 사상을 이어갔음.《古文眞寶》注에 "含自鳴其不幸一句意"라 함.

【傳曰「天將以夫子爲木鐸」, 其弗信矣乎】'傳'은 구체적으로《論語》를 가리킴. 이 구절은《論語》八佾篇에 "儀封人請見, 曰:「君子之至於斯也, 吾未嘗不得見也.」從者見之. 出曰:「二三子何患於喪乎? 天下之無道也久矣, 天將以夫子爲木鐸.」"이라 하여 儀封人이 공자를 평한 말임. '木鐸'은 원래 구리로 만들며 그 안의 추를 나무

로 만든 것. 古代에는 조정의 결정 사항을 선포할 때 알리거나 사람을 모으는
데 사용하였다 함. 여기서는 '법도를 제작하여 천하를 다스림'을 뜻함. 《論語》鄭
玄 注에 "木鐸, 施政敎時所振者. 言天將命夫子使制作法度, 以號令於天下也"라
함. 《五百家注》에는 "嚴曰: 古者, 有文事振木鐸, 武事振金鐸. '天將以夫子爲木鐸',
言使之振文敎於天下也. 楊子雲所謂「金口而木舌」, 是也"라 함.

3/5 ——————

그 말엽에는 장주莊周가 황당荒唐한 말로써 초楚나라에서 소리를 내
었으며, 초나라는 큰 나라였는데 망할 무렵에는 굴원屈原으로써 울도록
하였다.

그리고 장손진臧孫辰, 맹가孟軻, 순경荀卿은 도道로써 소리를 냈던 자
들이며, 양주楊朱, 묵적墨翟, 관이오管夷吾, 안영晏嬰, 노담老聃, 신불해申
不害, 한비韓非, 신도愼到, 전변田騈, 추연鄒衍, 시교尸佼, 손무孫武, 장의張
儀, 소진蘇秦과 같은 이들은 모두 술법術法으로써 소리를 내었고, 진秦
나라가 흥성하자 이사李斯가 소리를 내었으며, 한漢나라 때에는 사마천
司馬遷, 사마상여司馬相如, 양웅揚雄이 가장 소리를 잘 냈던 자들이다.

其末也, 莊周以其荒唐之辭, 鳴於楚; 楚大國也, 其亡也, 以屈原
鳴.

臧孫辰·孟軻·荀卿, 以道鳴者也; 楊朱·墨翟·管夷吾·晏嬰·老
聃·申不害·韓非·愼到·田騈·鄒衍·尸佼·孫武·張儀·蘇秦之屬, 皆
以其術鳴; 秦之興, 李斯鳴之; 漢之時, 司馬遷·相如·揚雄, 最其善
鳴者也.

【其末也, 莊周以其荒唐之辭, 鳴於楚】'其末'은 周나라 말기 戰國時代를 뜻함. '莊周'
는 莊子. 전국시대 道家의 대표적 인물로 老子사상에 바탕을 두고 虛無, 無爲自
然, 萬物一齊 등의 사상을 제창함. '荒唐'은 논리가 광대하고 허탕함을 뜻하는

疊韻連綿語. 《莊子》天下篇 "荒唐之言"의 〈釋文〉에 "荒唐, 謂度大無域畔者也"라 함. 《說文》에 "唐, 大言也"라 하였고, 《詩》桑柔篇 "其贅卒荒"의 傳에 "荒, 虛也"라 함. 여기서는 莊子의 사상을 이렇게 표현한 것이며 부정적으로 본 것이 아님. 《五百家注》에 "嚴曰:《莊子疏》云:「荒唐, 廣大也.」夫荒者, 大而不治. 兎絲別名. 兎絲無根, 以況言之無根也. 莊子著書三十三篇, 其道以老聃爲爲宗, 蓋有意乎救道德之本. 至若〈盜跖〉, 〈漁父〉, 雖若詆訾孔子, 然其終篇論古之道術, 乃自厠於諸子之列, 而孔子不與焉, 則其尊吾聖人也至矣"라 함. 《史記》老莊申韓列傳과 《莊子》 등을 참조할 것.

【楚大國也, 其亡也, 以屈原鳴】'屈原'은 戰國시대 楚나라의 詩人으로 楚辭의 대표적인 작가. 楚나라는 春秋戰國을 통틀어 남방의 가장 큰 나라였으나 懷王이 張儀의 술수에 빠져 秦나라에게 고통을 당하다가 나라를 망침. 그 전 이를 만회하고자 屈原이 여러 차례 간언하였으나 도리어 배척을 받아 쫓겨나자 楚辭의 많은 작품으로써 자신의 울분을 토로함. 《史記》屈原列傳 및 《古文眞寶》〈離騷〉(001)와 〈漁父辭〉(002) 등을 참조할 것.

【臧孫辰·孟軻·荀卿, 以道鳴者也】'臧孫辰'은 臧孫達의 아들. 성은 臧孫, 이름은 辰(?-B.C.617). 仲은 字. 시호 文이었음. 춘추시대 魯나라 賢大夫로 알려진 인물. 《左傳》文公 2年에 "仲尼曰:「臧文仲其不仁者三, 不知者三. 下展禽, 廢六關, 妾織蒲, 三不仁也;作虛器, 縱逆祀, 祀爰居, 三不知也」라 하였고, 《史記》仲尼弟子列傳에는 "孔子之所嚴事:於周則老子;於衛, 蘧伯玉;於齊, 晏平仲;於楚, 老萊子;於鄭, 子産;於魯, 孟公綽. 數稱臧文仲·柳下惠·銅鞮伯華·介山子然, 孔子皆後之, 不並世."라 함. '孟軻'는 孟子. 孔子를 이은 儒家의 정통을 널리 폈으며 王道情致와 性善說을 주장하였음. 《孟子》7편을 남겼음. '荀卿'은 荀況, 荀子, 孫卿. 전국시대의 철학자. 儒家思想을 계승하면서 性惡說을 주장하였음. 《荀子》를 남김. 이상 둘은 《史記》孟荀列傳을 참조할 것. 《軌範》注에 "以荀卿與孟子, 非其倫, 臧孫辰何人? 亦未見其有道. 又與孟子並立, 安可謂之以道鳴? 此文公學問偏駁處"라 함.

【楊朱·墨翟·管夷吾·晏嬰·老聃·申不害·韓非·愼到·田騈·鄒衍·尸佼·孫武·張儀·蘇秦之屬, 皆以其術鳴】'楊朱'는 전국시대의 철학자로서 利己主義를 주장함. '墨翟'은 墨子. 전국시대 墨家의 대표 인물. 兼愛, 平等, 節葬, 尙同, 尙賢 등을 주장함. 孟子는 이들을 혹독하게 비판하기도 하였음. '管夷吾'는 管子(管仲). 춘추시대 齊나라의 재상. 齊桓公을 도와 春秋五霸의 으뜸이 되게 함. 《管子》를 남김.

'晏嬰'은 晏子. 춘추시대 제나라의 제상. 勤儉力行으로 제나라를 부강하게 함. 그의 언행을 기록한 《晏子春秋》가 있음. 管夷吾(管仲)와 晏嬰은 《史記》 管晏列傳을 참조할 것. '老聃'은 老子(李耳). 춘추시대 楚나라 사람으로 道家의 대표적 인물. 無爲自然說을 제창함. 《老子》가 전함. '申不害'는 전국시대의 정치가. 法治思想을 제창한 法家의 창시자. '韓非'는 韓非子. 전국시대 말엽의 法家의 대표적인 인물. 李斯와 함께 荀子에게서 배웠으며, 法家思想을 집대성한 《韓非子》가 전함. 이상 인물들은 《史記》 老莊申韓列傳을 참조할 것. '愼到'는 전국 시대 趙나라사람. 黃帝와 老子의 道術을 중심으로 하여 법가사상을 제창함. '田駢'은 전국시대 제나라의 辯論家. '鄒衍'은 전국시대 제나라의 陰陽五行家. '尸佼'는 전국시대 楚나라 사람. 商鞅의 스승이며 《尸子》를 남김. '孫武'는 孫子. 춘추시대 齊나라의 병법가. 兵家의 창시자. 《史記》 孫子吳子列傳을 참조할 것. '張儀'는 전국시대 魏나라 사람으로 連衡說(連橫說)을 주장하여 秦나라 재상에 오름. '蘇秦'은 戰國시대 洛陽 사람으로 合縱說을 펴서 六國의 재상이 됨. 이상 둘은 《史記》 蘇秦列傳과 張儀列傳 및 《戰國策》을 참조할 것.

【秦之興, 李斯鳴之; 漢之時, 司馬遷·相如·揚雄, 最其善鳴者也】 '李斯'는 전국시대 楚나라 사람으로 秦始皇帝를 도와 천하를 통일하고 秦나라 丞相이 되었으며 문자, 도량형 등을 통일함. 《史記》 李斯列傳과 본 《古文眞寶》 〈上秦皇逐客書〉(003)를 참조할 것. 보됨. '司馬遷'은 前漢 武帝 때의 역사가. 《史記》의 저자. 《史記》 太史公自序와 《漢書》 司馬遷傳을 참조할 것. '相如'는 司馬相如. 漢 武帝 때의 賦 작가로 유명함. 《史記》 司馬相如列傳을 참조할 것. 辭賦를 잘 지었음. '揚雄'은 前漢 말의 대학자이자 문인. 저서로 《太玄經》, 《法言》 등이 있음. 《漢書》 揚雄傳을 참조할 것.

4/5 ———————

그 아래로 위진魏晉시대에는 소리를 냈던 자들이 옛날 사람에 미치지는 못 하였으나, 그럼에도 역시 끊어진 적은 없었다.

그러나 그 때에 소리를 잘 냈던 이들은 그 소리가 맑으나 떠 있었고, 그 절조는 빠르고 급했으며, 그 문사는 음란하고 애절했으며, 그 지조는 느슨하여 방자했고, 말로 표현된 것은 난잡하여 문채가 없었으니, 하늘이 장차 그 덕을 추하게 여겨 돌보지 않은 때문이었으리라! 그럼에도 어찌 소리를 잘 내는 자들로 하여금 소리를 내지 않도록 하였겠는가?

其下魏晉氏, 鳴者不及於古, 然亦未嘗絶也.
　就其善鳴者, 其聲淸以浮, 其節數以急, 其辭淫以哀, 其志弛以肆, 其爲言也, 亂雜而無章, 將天醜其德, 莫之顧邪! 何爲乎不鳴其善鳴者也?

【其下魏晉氏, 鳴者不及於古, 然亦未嘗絶也】'魏晉'은 曹魏(220-265)와 西晉(265-317), 東晉(317-420)의 시대로 東晉은 남방 建康(지금의 江蘇 南京)으로 옮겨 漢族의 세력이 위축되었던 시기이며 그 뒤로 南北朝(420-589)로 이어짐.
【就其善鳴者, 其聲淸以浮, 其節數以急, 其辭淫以哀, 其志弛以肆】'淸以浮'는 맑으나 떠 있음. 경박함. 魏晉시대 文風을 말한 것. '以'는 而의 뜻. '浮'는 浮華함. '數以急'은 빠르고 급함. 여유가 없고 급함. '淫以哀'는 음란하면서 애상함. 南方의 文辭는 지나치게 감상적이었음. '弛以肆'는 풀어져 방자함. 문장이 체계나 질서가 면밀하지 못함을 뜻함.
【其爲言也, 亂雜而無章】'亂雜而無章'은 난잡하면서 문채가 나지 않음. 이상은 모두 魏晉시대 문장을 비판한 것임. 《東雅堂》注에 "今按此數句, 皆言魏晉以下文章之病"이라 함. 《軌範》注에 "上四句一樣五字, 若第五句不用九字, 文勢便庸腐"라 함.
【將天醜其德, 莫之顧邪! 何爲乎不鳴其善鳴者也】울기를 잘하는 자를 울지 못하도록 하지는 않을 것임. 잘 우는 자는 잘 울도록 하는 것이 하늘의 이치임.

5/5

당唐나라가 천하를 차지하자, 진자앙陳子昻, 소원명蘇源明, 원결元結, 이백李白, 두보杜甫, 이관李觀 등은 모두가 자신들이 잘하는 것으로써 소리를 내었고, 지금 생존해 있는 자들로 아래에 있는 이들로서는 동야東野 맹교孟郊가 비로소 시로써 소리를 내고 있으니, 그는 위진 시대 사람들보다 높이 뛰어나며, 게을리 하지 않아 옛사람들에게 미치고 있고, 그

밖의 문장들은 한漢나라의 문풍에 젖어 들고 있다.

　나를 따라 교유하는 자들로서 이고李翱와 장적張籍이 더욱 특이하다. 이들 세 사람의 소리는 진실로 훌륭한 소리이다. 생각건대 하늘이 장차 그들이 내는 소리에 화답하여 그들로 하여금 국가의 성대함을 소리 내도록 할 것인지, 아니면 장차 그 자신들의 궁하고 배고픔으로서 그들 심장心腸 속으로 많은 생각을 하고 근심을 하여, 그들로 하여금 자신들의 불행함만을 울도록 할 것인지는 모르겠다!

　이 세 사람의 운명은 하늘에 달려 있는 것이니, 윗자리에 있다고 해서 어찌 기뻐할 것이며, 그들이 아랫자리에 있다고 해서 어찌 슬퍼할 것이겠는가?

　동야가 강남江南으로 사역을 떠나면서 기뻐하지 아니하는 듯한 기색이 있기에, 그 때문에 내가 '명이 하늘에 달려 있음'을 말하여 이로써 풀어 주고자 하는 것이다.

　唐之有天下, 陳子昂·蘇源明·元結·李白·杜甫·李觀, 皆以其所能鳴; 其存而在下者, 孟郊東野, 始以其詩鳴, 其高出晉魏, 不懈而及於古, 其他浸淫乎漢氏矣.

　從吾游者, 李翱·張籍其尤也, 三子者之鳴信善鳴矣, 抑不知天將和其聲, 而使鳴國家之盛邪! 抑將窮餓其身, 思愁其心腸, 而使自鳴其不幸耶!

　三子者之命, 則懸乎天矣, 其在上也, 奚以喜; 其在下也, 奚以悲?

　東野之役於江南也, 有若不懌然者, 故吾道'其命於天'者, 以解之.

【唐之有天下, 陳子昂·蘇源明·元結·李白·杜甫·李觀, 皆以其所能鳴】'陳子昂'은 初唐의 시인. 남북조시기의 형식적인 唯美主義를 반대하고 漢魏의 古體로 돌아갈

것을 주장하였음. 拾遺 벼슬을 지냄.《五百家注》에 "樊曰:子昂, 梓州射洪人"이라
함.《舊唐書》文苑傳에 "陳子昂, 字伯玉. 家世豪富, 字昂獨苦節讀書, 尤善屬文. 初
爲〈感遇詩〉三十首, 京兆司功王適見而驚曰:「此子必爲天下文宗矣!」 由是知名. 子
昂褊躁無威儀, 然文詞宏麗, 甚爲當時所重. 有集十卷, 友人黃門侍郎盧藏用爲之序,
盛行於代"라 함. '蘇源明'은 唐 武功 사람으로 문학가 司業의 벼슬을 지냄. 天寶
때에 進士에 급제하였으며 安祿山의 亂 때 절의를 지켜 肅宗 때 다시 등용됨.
《五百家注》에 "孫曰:源明, 字弱夫. 京兆武功人, 肅宗時官秘書少監"이라 함. '元結'
은 唐 肅宗 때의 문학가. 道州 사람이 자는 次山.〈大唐中興頌〉(921)으로 유명함.
'李白'과 '杜甫'는 盛唐의 대표적인 시인. '詩仙'과 '詩聖'으로 추앙받음. '李觀'은
唐 趙州 사람의 문학가.《五百家注》에 "樊曰:文章之盛, 三代以還無出漢唐, 而漢
四百年司馬相如爲之唱, 唐三百年子昂爲之唱. 公於文章少所推, 可而每論漢唐, 未
嘗不以二人爲稱首"라 함.《軌範》注에 "此六字包括多"라 함.

【其存而在下者, 孟郊東野, 始以其詩鳴】孟郊(東野)가 비로소 시로써 울음을 터뜨
림. 그의 글이 뛰어남을 韓愈가 극찬한 말임. '孟郊東野'는《五百家注》에는 "一無
東野二字"라 함.

【其高出晉魏, 不懈而及於古, 其他浸淫乎漢氏矣】'晉魏'는《五百家注》에는 '魏晉'으
로 되어 있으며, 注에 "一作晉魏"라 함. '浸淫'은 차츰차츰 젖어 들어 그 영향을
받음.

【從吾游者, 李翶·張籍其尤也】'李翶'는 唐나라 趙州 사람. 韓愈의 제자였음. '張籍'
은 唐나라 和州 사람. 韓愈의 제자. 뒤에 國子博士가 되었으며 社會詩로 유명함.
'尤'는 더욱 특이함.《左傳》昭公 28년 "夫有尤物"의 注에 "尤, 異也"라 하였고,《管
子》侈靡篇 "然有知强弱之所尤"의 注에는 "尤, 殊絶也"라 함.《說文》에도 "尤, 異
也"라 함.

【三子者之鳴信善鳴矣】三子는 孟郊, 李翶, 張籍을 가리킴.

【抑不知天將和其聲, 而使鳴國家之盛邪】'抑'은 내달리던 논리를 전환시킬 때 쓰
는 語辭. '不知'는 '天將'부터 '不幸耶'까지를 目的節로 함.《古文眞寶》注에 "前面
許多鋪叙, 亦兼有此兩段意了"라 함.

【抑將窮餓其身, 思愁其心腸, 而使自鳴其不幸耶】그 자신의 곤궁을 통해 자신의
불행을 울분으로 터뜨리도록 하기 위한 것일 수도 있음을 말함.《孟子》告子(下)
에 "天將降大任於是人也, 必先苦其心志, 勞其筋骨, 餓其體膚, 空乏其身, 行拂亂其

所爲, 所以動心忍性, 曾益其所不能"이라 함.

【三子者之命, 則懸乎天矣】'命則懸乎天'은 운명이 하늘에 달려 있음.

【其在上也, 奚以喜? 其在下也, 奚以悲】'在上'과 '在下'는 높은 지위와 낮은 지위. 명을 발휘하기에는 지위의 고하에 관계없음을 뜻함. 孟郊가 溧陽尉의 낮은 직책으로 떠나면서 懌然(釋然)하지 않은 기색을 보임에 이렇게 표현한 것. 《軌範》注에 "此二句占地步"라 함.

【東野之役於江南也, 有若不懌然者】'役於江南'은 江南에서 벼슬살이를 하게 됨. '役'은 使役, 즉 孟郊가 溧陽縣尉로 임명되어 부임하게 됨을 말함. '不懌然'은 기뻐하지 않고 불만에 차 있음. 만족하지 못하는 상태. 《莊子》齊物論에 "堯問於舜曰:「我欲伐宗、膾、胥敖, 南面而不釋然. 其故何也?」"라 함. 《東雅堂》에는 '釋然'으로 되어 있으며, 注에 "釋, 或作懌, 然者, 或作者然, 云〈顧命〉:「王不懌」 或作'不釋'. 釋, 猶開釋也. 按〈嘉祐本〉作'不釋然者', 其語本出《莊子》, 或本皆誤也"라 함.

【故吾道'其命於天'者, 以解之】'道'는 '말하다'의 뜻. 앞에서 말한 '三子者之命, 則懸乎天'을 말해 줌. 《軌範》注에 "序因送東野作. 結歸東野身上. 只兩句此文章之妙"라 함.

참고 및 관련 자료

1. 韓文公(韓愈, 韓退之, 韓昌黎) 001 참조.

2. 이 글은 《五百家注昌黎文集》(19), 《別本韓文考異》(19), 《東雅堂昌黎集註》(19), 《崇古文訣》(9), 《唐宋八大家文鈔》(7), 《古文集成》(1), 《文編》(54), 《文苑英華》(730), 《文章辨體彙選》(336), 《唐宋文醇》(4), 《古文雅正》(8), 《妙絶古今》(3), 《歷代名賢確論》(88), 《稗編》(73), 《古文辭類纂》(32), 《古文約選》(2), 《古文觀止》(8), 《古文眞寶》(後集 3) 등에 실려 있음.

3. 《舊唐書》孟郊傳에 "孟郊者, 少隱於嵩山, 稱處士. 李翶分司洛中, 與之遊. 薦於留守鄭餘慶辟爲賓佐. 性孤僻寡合. 韓愈一見以爲忘形之契. 常稱其字曰東野. 與之唱和於文酒之間. 鄭與慶鎭興之, 又奏爲從事, 辟書下而卒. 餘慶給錢數萬葬送, 贍給其妻子者累年"이라 함.

4. 《軌範》에 "此篇凡六百二十餘字, 鳴字四十(三十九). 讀者不覺其繁, 何也? 句法變化, 凡二十九樣. 有頓挫有升降, 有起伏有抑揚, 如層峰疊巒, 如驚濤怒浪. 無一句懈怠, 無一字塵埃, 愈讀愈可喜(愛)"라 함.

5.《東雅堂》集註에 "據《集》: 貞元十九年〈與陳給事書〉云:〈送孟郊序〉一首, 生紙寫, 不加裝飾. 此序呂汲公以爲是年作. 序云「東野之役於江南也, 有若不釋然者」, 時東野爲溧陽尉云"이라 함.

6.《五百家注》에는 "孫曰: 東野, 名郊. 貞元十二年登第, 間四年, 調昇州溧陽尉"라 함.

7.《古文眞寶》注에 "迂齋曰:「曲盡文字變態之妙.」○孟郊字東野, 湖州武康人, 性介少諧合, 韓公一見爲忘形交, 年五十得進士第, 調溧陽尉, 鄭相餘慶, 最知之, 署爲水陸運判, 奏爲參謀. 卒年六十四. 韓公銘其墓, 張籍諡之曰貞曜先生. 郊工苦於詩,

《孟東野詩集》(四部叢刊)

最爲韓公所稱服, 公與聯句最多, 李觀亦論其詩「高處在古無上, 平處下顧二謝」云. ○此篇以一'鳴'字爲主, 反覆生出無限議論, 變態妙絶, 大意憫郊之窮而以詩鳴, 謂不知天將達之而使鳴國家之盛邪! 抑終窮之而使自鳴其不幸邪! 盖以天命, 開釋安慰之, 一篇主意實在此. 前面引許多古人說, 已分窮達兩意, 末又因孟郊, 引上李翺·張籍, 自今觀之, 翺終於節度使, 籍終於司業, 郊卒止於此, 一生寒苦, 且無血胤, 天之窮之亦甚矣. 韓公爲此文, 其亦預憂其然, 而深憐之也歟! 郊, 長於韓公十有七年"이라 함.

065(7-6) 〈前赤壁賦〉 ·················· 蘇東坡(蘇軾)

전적벽부

〈赤壁〉(湖北 嘉魚縣)

*〈前赤壁賦〉:蘇軾 47세 때 湖北 黃州에 유배되자, 찾아온 楊世昌과 함께 그곳 赤壁에 뱃놀이를 나섰다가 賦로 지은 두 편의 글. 前後로 나누어 칭하고 있으나 〈前赤壁賦〉의 경우 〈赤壁賦〉로 單稱하기도 함. 한편 赤壁은 三國시대 曹操가 周瑜에게 대패한 水戰地로 주위 절벽이 붉은 색이어서 붙여진 지명. 흔히 嘉魚縣 동북쪽 長江이 그 전투를 벌였던 적벽이라 하나 구체적으로 어느 곳인지 정설은 없음. 그 외 赤壁은 漢水 곁의 竟陵(지금의 復州), 齊安郡(黃州), 江夏郡 남쪽(漢陽縣)과 蘇軾이 노닐었던 이곳 黃州 黃岡의 赤壁 등 여러 곳이 있음. 그러나 黃州 黃岡의 赤壁은 실제로 赤壁戰이 있었던 곳이 아니며, 蘇軾이 잘못 안 것으로 여기고 있음.

1/5 ————————————————————

임술壬戌년 가을 7월 기망(16일)에 나 소식은 객과 더불어 적벽赤壁 아래에 배를 띄워 뱃놀이를 하였다.

맑은 바람은 서서히 불어오고, 파도도 일지 않았다.

잔 들어 객에게 권하여 명월明月의 시를 외우고, 요조窈窕의 시를 노래하였다.

조금 뒤 동산 위로 달이 솟아올라, 북두성과 견우성 사이를 배회

한다.

흰 이슬은 강물 위에 비껴 있고, 물빛은 하늘에 닿아 있다.

갈대만 한 한 조각 작은 배를 가는 대로 내맡겼더니, 만경창파를 넘어 망연히 흘러간다.

호호浩浩하여 마치 허공에 기대어 타고 바람을 모는 듯하여 그 그칠 곳을 모르겠고, 표표飄飄하여 마치 세상을 버리고 홀로 서서, 날개가 돋아 신선 세계로 오르는 듯하였다.

壬戌之秋七月旣望, 蘇子與客泛舟遊於赤壁之下,

淸風徐來, 水波不興.

擧酒屬客, 誦明月之詩, 歌窈窕之章.

少焉, 月出於東山之上, 徘徊於斗牛之間.

白露橫江, 水光接天.

縱一葦之所如, 凌萬頃之茫然.

浩浩乎如憑虛御風, 而不知其所止; 飄飄乎如遺世獨立, 羽化而登仙.

【壬戌之秋七月旣望, 蘇子與客泛舟遊於赤壁之下】 '壬戌'은 宋 神宗(趙頊) 元豐 5년 (1082). 《古文眞寶》 注에 "元豐五年, 坡年四十七"이라 함. '旣望'은 음력 16일. 望月이 이미 지난 날. '蘇子'는 작자 蘇軾 자신. '客'은 함께 뱃놀이에 나섰던 楊世昌을 가리킴. 소식의 고향 친구로 자는 子京, 眉山으로부터 黃州까지 찾아와 두 차례에 걸쳐 赤壁에서 뱃놀이를 하며 소식을 위로했다 함. 〈東坡先生年譜〉에 "元豐五年壬戌, 先生年四十七, 在黃州"라 하였으며, 蘇潁濱의 〈東坡墓誌銘〉에 "徙知湖州, 上表謝上. 言事者摘其語以謗, 遣官逮赴御史, 獄吏必欲置之死, 鍛煉久之不決. 上終憐之, 促具獄, 以黃州團練副使安置"라 함.
【淸風徐來, 水波不興】 맑은 바람이 서서히 불어오고 파도도 일지 않음. '淸風'은 《詩》大雅 烝民에 "吉甫作誦, 穆如淸風. 仲山甫永懷, 以慰其心"이라 하였고, 《國語》周語에 "火見而淸風戒寒"이라 함.

〈赤壁旣望圖〉

【擧酒屬客, 誦明月之詩, 歌窈窕之章】 '擧酒'는 원래 주인이 술잔을 들어 술 마시기를 시작하는 예. 《儀禮》 鄕飮酒禮에 "主人獻衆賓畢, 一人洗升擧觶于賓"이라 하였고, 注에 "一人, 主人之吏. 酒端曰擧, 此一人擧觶爲旅酬始也"라 함. '屬客'은 囑客과 같음. 객에게 술을 附囑하여 권함. '明月之詩'는 《詩》 陳風 月出篇을 말함. "月出皎兮, 佼人僚兮. 舒窈糾兮, 勞心悄兮. 月出皓兮, 佼人懰兮. 舒懮受兮, 勞心慅兮. 月出照兮, 佼人燎兮. 舒夭紹兮, 勞心慘兮."라 함. '窈窕之章'은 月出篇의 '窈糾'를 가리킴. 혹 周南 關雎篇의 "關關雎鳩, 在河之洲. 窈窕淑女, 君子好逑. 參差荇菜, 左右流之. 窈窕淑女, 寤寐求之. 求之不得, 寤寐思服. 悠哉悠哉, 輾轉反側. 參差荇菜, 左右采之. 窈窕淑女, 琴瑟友之. 參差荇菜, 左右芼之. 窈窕淑女, 鍾鼓樂之."를 가리키는 것이라고도 함. 《古文眞寶》 注에 "淸風明月爲後張本"이라 함. 〈補注〉에 "此伏望美人兮天一方. 《詩》關雎: 「窈窕淑女」. 《史記》李斯〈逐客書〉: 「佳冶窈窕趙女」."라 함.

【少焉, 月出於東山之上, 徘徊於斗牛之間】 '少焉'은 잠시 뒤. 《莊子》 達生篇에 "少焉, 果敗而反"이라 함. '斗牛之間'은 北斗星과 牽牛星 사이. 그러나 실제 이 때 달은 斗牛星 사이에 있을 수 없다 함. 《蒿菴閒話》에 "張如命云: 「東坡文字, 亦有信筆亂寫處. 七月, 日在鶉尾, 望時日月相對, 當在陬訾. 斗牛二星在星紀, 相去甚遠, 何緣徘徊其間? 坡公于象緯未嘗留心. 臨文乘快, 不復深考耳.」"라 함.

【白露橫江, 水光接天】흰 이슬은 강을 가로 지르고 물빛은 하늘과 접해 있음.

【縱一葦之所如, 凌萬頃之茫然】'縱一葦'은 한 잎 갈대와 같은 작은 배를 풀어놓음. 《詩》河廣篇에 "誰謂河廣, 一葦杭之?"라 함. '所如'는 가는 대로. '如'는 往, 之, 行, 向 등과 같음. '凌萬頃之茫然'은 만 이랑의 넓은 강을 넘질러 망연히 흘러감.

【浩浩乎如憑虛御風, 而不知其所止】'浩浩乎'는 매우 넓음을 뜻함. '憑虛御風'은 허공을 의지하여 바람을 조종함. '憑'은 《東坡集》에는 '馮'으로 되어 있음. '憑虛'는 허공을 의지함. 기댈 수 없음. 자유로움을 뜻함. 《文選》西京賦「有憑虛公子者」의 注에 "虛, 無也"라 함. '御風'은 바람을 조종함. 《莊子》逍遙遊篇에 "列子, 御風而行"이라 함.

【飄飄乎如遺世獨立, 羽化而登仙】'飄飄乎'는 하늘거리며 가벼이 떠있는 상태. '遺世'는 세속을 버림. 세속을 떠남. '獨立'은 홀로 서 있음. 《莊子》田子方篇에 "似遺物離人, 而立於獨也"라 함. '羽化而登仙'은 날개가 돋아 신선이 되어 하늘 신선세계로 오름. 《莊子》天地篇에 "千歲厭世, 去而上僊"이라 함. 《軌範》注에 "余嘗中秋夜, 泛舟大江, 月色水光, 與天宇合而爲一, 始知此賦之妙"라 하였고, 《古文眞寶》注에 "自謂有仙意"라 함.

2/5 ─────────────

이에 술을 마셔 즐거움이 심해져 뱃전을 두드리며 노래를 부르니, 그 노래는 이러하였다.

"계수나무 노와 목란 나무 삿대로 텅 빈 하늘 밝은 달을 치며 물에 흐르는 빛을 거슬러 올라가네. 아득하도다 나의 심회여, 미인을 바라보니 하늘 저쪽에 있도다."

객 가운데 퉁소를 부는 자가 있어 그 노래에 맞추어 화답하는데, 그 음조는 애절하여 원망하는 듯, 사모하는 듯, 우는 듯, 하소연하는 듯하였다.

여음餘音은 가냘프고 가냘프되 끊이지 않기가 마치 실과 같으며 깊은 골짜기의 잠겼던 교룡을 춤추게 하고, 한 척 외로운 배의 과부를 울릴 정도였다.

於是飮酒樂甚, 扣舷而歌之,
歌曰:「桂棹兮蘭槳, 擊空明兮泝流光. 渺渺兮余懷, 望美人兮天一方.」
客有吹洞簫者, 倚歌而和之, 其聲嗚嗚然, 如怨如慕, 如泣如訴.
餘音嫋嫋, 不絶如縷, 舞幽壑之潛蛟, 泣孤舟之嫠婦.

【於是飮酒樂甚, 扣舷而歌之】'扣舷'은 뱃전을 두드리며 노래에 장단을 맞춤. '舷'은 뱃전.《軌範》注에 "學楚騷文"이라 하였고,《楚辭》漁父詞 "鼓枻而去"의 注에 "叩(叩)船舷也"라 함.

【歌曰:「桂棹兮蘭槳, 擊空明兮泝流光. 渺渺兮余懷, 望美人兮天一方.」】'桂棹'는 계수나무로 만든 노. '蘭槳'은 木蘭으로 만든 삿대. 혹은 난초 무늬를 넣어 장식한 삿대. '擊空明兮泝流光'는 달빛에 의해 밝은 공중을 치며 달빛 어린 강물을 거슬러 올라감. '渺渺兮余懷'는 '아득하도다 나의 회포와 온갖 심정이여'의 뜻. '美人'은 달을 뜻함.《軌範》注에 "秋水淸見底, 月在水中, 謂之空明; 月光與波俱動, 謂之流光. 搖槳曰擊; 逆水而上曰泝"라 함.

【客有吹洞簫者, 倚歌而和之, 其聲嗚嗚然, 如怨如慕, 如泣如訴】'洞簫'는 퉁소.《古文眞寶》注에 "王褒有〈洞簫賦〉, 乃簫之無孔底者. 大者二十管, 小者十六管"이라 함. '嗚嗚然'은 퉁소 가락의 구성진 소리를 형용한 것.《東坡集》에는 '烏烏然'으로 되어 있음.

【餘音嫋嫋, 不絶如縷, 舞幽壑之潛蛟, 泣孤舟之嫠婦】'嫋嫋'는 퉁소 소리가 가늘고 야들야들함을 형용한 것.《廣雅》釋訓에 "嫋嫋, 弱也"라 함. '幽壑'은 깊은 골짜기. '潛蛟'는 숨어 있는 蛟龍. '嫠婦'는 寡婦. 左傳 昭公 19년 "已爲嫠婦"의 注에 "寡婦曰嫠"라 함.

3/5 ━━━━━━━━━━━━

나는 초연愀然하여 옷깃을 바로하고 오뚝하게 바로 앉아 객에게 물었다.

"어쩌면 그런 소리를 내는가?"

객이 말하였다.

"'달빛이 밝아 별빛이 희미해지자, 까마귀 까치는 남쪽으로 날아가도다'라 하였으니, 이는 조맹덕曹孟德의 시가 아니오? 서쪽으로 하구夏口를 바라보고, 동쪽으로는 무창武昌을 바라보니 산천이 서로 어우러져 울창하고 푸르기만 한데, 이는 조맹덕이 주유周瑜에게 곤액을 당한 곳이 아닙니까? 바야흐로 막 형주荊州를 깨뜨리고 강릉江陵으로 내려와, 강물을 따라 동쪽으로 내려올 때는 배는 꼬리를 물고 천 리를 이어졌고, 정기旌旗는 창공을 덮었으며, 강가에 임해서는 술을 따르며, 긴 창을 비껴들고 시를 지어 호방함을 자랑했으니, 진실로 일세의 영웅이었는데 지금은 어디에 있소이까? 하물며 나와 그대는 강가에서 고기나 잡고, 땔나무나 하며, 물고기나 새우 따위를 짝으로 삼고, 미록麋鹿 따위나 벗으로 삼고 있는 신세. 잎 하나만한 작은 배에 몸을 싣고 바가지 술잔이나 들고 서로 권하고 있소. 하루살이처럼 천지 사이에 빌붙어 있고, 창해滄海에 좁쌀 한 톨처럼 보잘것없는 몸. 내 삶이 잠간임을 슬퍼하고 장강長江의 끝없음을 부러워, 날아가는 신선을 끼고 놀고, 명월을 껴안고 길이 살다가 마쳤으면 하지만, 그런 것은 곧바로 얻을 수 없음을 알기에 비풍悲風에 유향遺響을 의탁하는 것이라오."

蘇子愀然, 正襟危坐而問客曰:「何爲其然也?」

客曰:「『月明星稀, 烏鵲南飛』, 此非曹孟德之詩乎? 西望夏口, 東望武昌. 山川相繆, 鬱乎蒼蒼, 此非孟德之困於周郎者乎? 方其破荊州, 下江陵, 順流而東也, 舳艫千里, 旌旗蔽空. 釃酒臨江, 橫槊賦詩, 固一世之雄也, 而今安在哉? 況吾與子, 漁樵於江渚之上, 侶魚蝦而友麋鹿. 駕一葉之扁舟, 擧匏樽以相屬; 寄蜉蝣於天地, 眇滄海之一粟. 哀吾生之須臾, 羨長江之無窮; 挾飛仙以遨遊, 抱明月而長終. 知不可乎驟得, 託遺響於悲風」

【蘇子愀然, 正襟危坐而問客曰:「何爲其然也?」】'愀然'(초연)은 슬픔과 애상함을 느끼는 감정. '正襟危坐'는 옷깃을 여미고 오뚝하게 몸을 바로하고 단정히 앉음.

【客曰:「『月明星稀, 烏鵲南飛』, 此非曹孟德之詩乎?」】'月明星稀, 烏鵲南飛'는 달빛이 밝아지자 별이 희미해지고, 까마귀, 까치는 남쪽으로 날아가 퇴각함. 曹操가 赤壁大戰 때 자신이 달처럼 빛나자 劉備와 孫權이 무력해지고 있음을 自信한 것. 이는《樂府詩集》(30)에 실려 있는 曹操의 〈短歌行〉"對酒當歌, 人生幾何? 譬如朝露, 去日苦多. 慨當以慷, 憂思難忘. 何以解憂? 唯有杜康. 靑靑子衿, 悠悠我心. 呦呦鹿鳴, 食野之苹. 我有嘉賓, 鼓瑟吹笙. 明明如月, 何時可輟? 憂從中來, 不可斷絶. 越陌度阡, 枉用相存. 契濶談讌, 心念舊恩. 月明星稀, 烏鵲南飛. 繞樹三匝, 何枝可依? 山不厭高, 水不厭深. 周公吐哺, 天下歸心"의 구절임.《古文眞寶》注에 "曹操詩見《文選》"이라 함. '孟德'은 曹操의 字.《三國志》魏志 武帝紀에 "太祖武皇帝, 姓曹, 諱操, 字孟德"이라 함.

【西望夏口, 東望武昌. 山川相繆, 鬱乎蒼蒼, 此非孟德之困於周郞者乎?】'夏口'는 지명. 지금의 湖北省 漢口.《古文眞寶》注에 "江夏縣西, 屬鄂州"라 함. '武昌' 역시 지명으로 湖北省에 있음.《古文眞寶》注에 "鄂州"라 함. '相繆'는 서로 얽혀 하나가 됨. 曹操가 그 지역을 평정하고 세력을 떨쳤음을 말함. '周郞'은 周瑜. 吳 孫權 麾下의 장수. 劉備를 쫓던 曹操의 백만 대군이 赤壁에서 周瑜의 3만 군사에게 참패당한 일을 가리킴.《三國志》吳志 周瑜傳에 "建安三年, 孫策授建威中郞將, 卽與兵二十人, 騎五十匹. 瑜時年二十四, 吳中皆呼爲周郞"이라 함.《軌範》注에 "此一段, 設爲客之言. 曹操詩見《文選》. '月明星稀, 烏鵲南飛'. 譏蜀先主之南走"라 함.

【方其破荊州, 下江陵, 順流而東也, 舳艫千里, 旌旗蔽空】'荊州'와 '江陵'은 역시 지명으로 지금의 湖北省 荊州 일대.《軌範》注에 "劉琮降"이라 하였고,《古文眞寶》注에도 "劉琮降於操"라 함. 三國의 각축이 가장 심했던 곳. '舳艫千里'는 曹操가 이를 차지하고 長江을 따라 동쪽으로 내려갈 때의 모습으로 뱃머리와 배꼬리가 천리나 잇닿아 있음. 舳艫(축로)는 배의 고물과 이물.《漢書》武帝紀 "舳艫千里"의 注에 "舳, 舡後持柁處也; 艫, 舡前頭刺櫂處也. 言其舡之多, 前後相銜, 雖千里不絶也"라 함. '旌旗弊空'은 깃발들이 하늘을 덮음.

【釃酒臨江, 橫槊賦詩, 固一世之雄也, 而今安在哉?】'釃酒'(시주)는 '술을 거르다'의 뜻이나 여기에서는 自祝의 술을 마심을 말함.《詩》伐木篇 "釃酒有藇"의 注에 "以筐曰釃, 以藪曰醑"라 함. '橫槊賦詩'는 긴 창을 옆으로 비끼고 시를 읊음. 曹操

와 曹丕는 文章에도 뛰어나 전투 중에
도 시를 지었음.《古詩紀》(152)에 "建安
之後, 天下文士, 遭罹兵戰. 曹氏父子, 鞍
馬間爲文, 往往橫槊賦詩. 故其遺文壯節,
抑揚怨哀, 悲離之作, 尤極於古"라 함.
《軌範》注에 "有感慨"라 함. 〈補注〉에
《舊唐書》杜甫傳: 元和中, 詞人元稹時論
李杜之優劣曰:「曹氏父子, 鞍馬間爲文,
往往橫槊賦詩.」라 하였고,《古文眞寶》
注에도 "元稹云:「曹氏夫子, 鞍馬間爲文,
往往橫槊賦詩.」라 함.

【況吾與子, 漁樵於江渚之上, 侶魚鰕而友
麋鹿】'漁樵'는 물고기를 잡고 땔감을
구함. 漁夫와 樵夫의 역할을 함. '江渚'
는 강가 언덕. '侶魚鰕'는 물고기나 새우
를 짝으로 여김. '鰕'는 蝦와 같음. '友麋
鹿'은 麋鹿을 벗으로 여김. '麋'는 큰 사
슴.

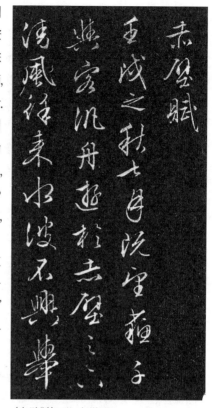

〈赤壁賦〉明 文徵明

【駕一葉之扁舟, 擧匏樽以相屬. 寄蜉蝣於
天地, 眇滄海之一粟】'一葉之扁舟'는 '一葉扁舟'(一葉片舟)의 줄인 말.《古文眞寶》注
에 "應舳艫千里"라 함. '匏樽'은 박으로 만든 술동이.《古文眞寶》注에 "應釃酒臨江"
이라 함. '樽'은《東坡集》에는 '尊'으로 되어 있음. '蜉蝣'는 하루살이를 뜻하는 疊
韻連綿語의 蟲名.《爾雅》'蜉蝣'의 郭璞 注에 "似蛣蜣, 身狹而長, 有角, 黃黑色, 叢
生糞土中, 朝生暮死, 豬好啖之"라 함.《古文眞寶》注에 "蜉蝣, 朝生暮死, 喩人生之
暫時"라 함. '眇滄海之一粟'의 '眇'는 아주 작아 가물가물함을 뜻함.《古文眞寶》에
는 '渺'로 되어 있음.《莊子》秋水篇에 "計中國之在海內, 不似稊米之在大倉乎? 號
物之數謂之萬, 人處一焉;人卒九州, 穀食之所生, 舟車之所通, 人處一焉;此其比萬
物也, 不似豪末之在於馬體乎?"라 함.

【哀吾生之須臾, 羨長江之無窮;挾飛仙以遨遊, 抱明月而長終】'須臾'는 아주 짧은
시간을 뜻하는 疊韻連綿語.《莊子》知北遊篇에 "人生天地之間, 若白駒之過郤, 忽

然而已"라 함. '長江之無窮'은 《軌範》注에 "有感慨"라 함. '飛仙'은 《楞嚴經》에 "遊
於山林, 人不及處, 有十仙, 種藥, 達圓成, 名飛行仙"이라 함. '遨遊'는 마음대로 다
니며 노닒을 뜻하는 雙聲連綿語. 《詩》柏舟篇에 "徹我無酒, 以遨以遊"라 함. '長
終'은 길이 오래도록 살다가 생을 마침.

【知不可乎驟得, 託遺響於悲風】'驟得'은 곧바로 얻음. '託遺響於悲風'은 그 때문에
퉁소소리의 遺響을 悲風에 맡겨 이토록 애절한 소리를 내는 것임. '遺響'은 '遺音'
과 같음. 《禮記》樂記에 "一唱而三嘆, 有遺音者矣"라 함. 《古文眞寶》注에 "與前孟
德一段, 小大相形, 謂英雄如此, 今成陳迹, 況我輩哉! 恨不挾仙二游, 與長江明月相
爲無盡, 蓋羨仙也"라 함.

4/5 ————————

내가 말하였다.

"그대도 역시 물과 달을 알겠지요? 가는 것은 이처럼 물과 같지만 일
찍이 아주 가버린 적이 없습니다. 차고 기우는 것은 저 달과 같지만 끝
내 아주 사라지거나 영원히 커지기만 하는 것은 아닙니다. 대체로 그 변
하는 입장에서 보면 천지는 한 순간도 그대로 있는 것이 없지만, 변하지
않는 입장에서 보면 만물과 나는 모두가 다함이란 없는 것이라오. 그런
데 다시 무엇을 부러워하겠습니까? 게다가 무릇 천지 사이에 만물은 각
기 주인이 있어 진실로 나의 소유가 아니어서 비록 털끝만한 것이라 해
도 가질 수 없으나, 오직 강 위로 불어오는 청풍과 산간의 명월만은, 귀
로 얻어 소리가 되고, 눈에 붙여 색깔이 되되, 취해도 금하는 자가 없으
며 사용해도 다함이 없으니, 이는 조물주의 무진장無盡藏으로, 나와 그
대가 함께 먹을 바입니다."

蘇子曰:「客亦知夫水與月乎? 逝者如斯, 而未嘗往也; 盈虛者
如彼, 而卒莫消長也. 蓋將自其變者而觀之, 則天地曾不能以一
瞬; 自其不變者而觀之, 則物與我皆無盡也, 而又何羨乎? 且夫天
地之間, 物各有主, 苟非吾之所有, 雖一毫而莫取; 惟江上之清風,

與山間之明月, 耳得之而爲聲, 目寓之而成色; 取之無禁, 用之不竭, 是造物者之無盡藏也, 而吾與子之所共食.」

【蘇子曰:「客亦知夫水與月乎? 逝者如斯, 而未嘗往也」'水與月'은 長江과 明月.《古文眞寶》注에 "就長江明月說"이라 함. '逝者如斯'는 흘러가는 것이 이와 같음.《論語》子罕篇에 "子在川上, 曰:「逝者如斯夫! 不舍晝夜.」"라 한 말을 원용한 것.《古文眞寶》注에 "變"이라 함. '未嘗往也'는 아주 가고 끊어진 적이 없음. 강물이 영원히 이렇게 흘러갈 것임.《軌範》注에 "說水"라 함.《古文眞寶》注에 "不變"이라 함.

【盈虛者如彼, 而卒莫消長也」'盈虛'는 찼다가 기울었다 함.《易》剝卦 象傳에 "君子尙小息盈虛, 天行也"라 하였고, 損卦 象傳에는 "損益盈虛, 與時偕行"라 하였으며, 豐卦 象傳에도 "日中則昃, 月盈則食; 天地盈虛, 與時消息, 以況於人乎? 況於鬼神乎?"라 함. 한편《莊子》秋水篇에는 "萬物一齊, 孰短孰長? 道无終始, 物有死生, 不恃其成; 一虛一盈, 不位乎其形. 年不可擧, 時不可止; 消息盈虛, 終則有始. 是所以語大義之方, 論萬物之理也"라 하였으며, 知北遊篇에도 "謂盈虛衰殺, 彼爲盈虛非盈虛, 彼爲衰殺非衰殺, 彼爲本末非本末, 彼爲積散非積散也"라 함. 여기서는 달을 가리킴.《軌範》注에 "說月"이라 함.《古文眞寶》注에 "變"이라 함. '莫消長'은 아주 없어지거나 더 늘어나지도 않은 채 반복함.《古文眞寶》注에 "不變"이라 함.

【蓋將自其變者而觀之, 則天地曾不能以一瞬; 自其不變者而觀之, 則物與我皆無盡也, 而又何羨乎?」'將自其變者而觀之'는 변한다는 원리로써 이를 봄. '天地曾不能以一瞬'은 천지 사이의 모든 만물은 한순간도 변하지 않고 그대로 있는 것이란 없음.《軌範》注에 "此一段全學《莊子》情思"라 함.《莊子》齊物論에 "天下莫大於秋毫之末, 而大山爲小; 莫壽於殤子, 而彭祖爲夭. 天地與我並生, 而萬物與我爲一"라 하였고, 秋水篇에는 "以道觀之, 物无貴賤; 以物觀之, 自貴而相賤; 以俗觀之, 貴賤不在己. 以差觀之, 因其所大而大之, 則萬物莫不大; 因其所小而小之; 則萬物莫不小; 知天地之爲稊米也, 知毫末之爲丘山也, 則差數覩矣"라 함.《古文眞寶》注에 "言不必羨仙, 謂我自有千古不朽, 與水月相爲無盡者, 由今觀之, 坡仙之名, 與天壤相弊, 盡使赤壁江山, 托蘇子以香人牙頰, 其不然哉!"라 함. '無盡藏'은 李邕의〈大雲寺磚銘〉에 "繕修多羅爲攝受, 置無盡藏爲莊嚴"이라 하였고, 陸游의 詩에 "要識梅花無盡藏, 人人襟袖帶香歸"라 함.《莊子》齊物論에는 "若是而可謂成乎? 雖我

無成, 亦可謂成矣. 若是而不可謂成乎? 物與我無成也"라 함.

【且夫天地之間, 物各有主, 苟非吾之所有, 雖一毫而莫取】'苟非吾之所有'는 진실로 나의 소유란 없음.

【惟江上之淸風, 與山間之明月, 耳得之而爲聲, 目寓之而成色】그러나 오직 강 위의 청풍과 산간의 명월만은 소리와 색깔을 내가 듣고 보고 할 수 있음.

【取之無禁, 用之不竭, 是造物者之無盡藏也. 而吾與子之所共食】《莊子》知北遊에 "萬物皆往資焉而不匱, 此其道與!"라 하였고, 《淮南子》本經訓에는 "取焉而不損, 酌焉而不竭"이라 함. '造物者'는 《莊子》大宗師에 "偉哉夫造物者, 將以予爲此拘拘也! 曲傴發背, 上有五管, 頤隱於齊, 肩高於頂, 句贅指天"이라 함. '共食'은 함께 먹음. 《軌範》注에 "如食邑之食, 言享也"라 함. 그러나 《東坡集》과 《文章軌範補注》에는 '共適'으로, 《古文眞寶》 등에는 '共樂'으로 되어 있음. 이에 대해 《朱子語類》(130)에는 "「而吾與子之所共食」, '食'字多誤作'樂'字. 嘗見東坡〈手寫本〉, 皆作代字'食'字, 頃年蘇季眞刻《東坡文集》, 嘗見問'食'字之義. 答之云:「如食邑之食, 猶言享也.」"라 하였고, 《敬齋古今黈》에도 "東坡〈赤壁賦〉「此造物者之無盡藏也, 而吾與子之所共食」, 一本作'共樂', 當以'食'爲正, 賦本韻語此"라 함.

5/5

객은 기뻐 웃고는 잔을 씻어 다시 술을 주고받아, 안주가 이미 다하여, 배반盃盤이 낭자狼藉하였다.

서로를 베고 깔고 배 안에서 곯아떨어져 동방이 이미 밝아오고 있음도 알지 못하였다.

> 客喜而笑, 洗盞更酌, 肴核旣盡, 盃盤狼藉.
> 相與枕藉乎舟中, 不知東方之旣白.

【客喜而笑, 洗盞更酌, 肴核旣盡, 盃盤狼藉】'肴核'은 안주. '肴'는 육류 안주. '核'은 과일 안주. '盃盤'은 杯盤으로도 표기하며 술상. 잔과 쟁반. '狼藉'는 어지러이 흩어져 있음을 뜻하는 連綿語. 이리가 앉았다 떠난 자리의 어지러움을 비유한 것

이라 함. '藉'는 '적'으로도 읽어 押韻에 맞춤.《古文眞寶》注에 "四字出《史記》淳于
髡語"라 함. 한편《史記》淳于髡傳에 "日暮酒闌, 合尊促坐, 男女同席, 履舃交錯,
杯盤狼藉, 堂上燭滅, 主人留髡而送客, 羅襦襟解, 微聞薌澤, 當此之時, 髡心最歡,
能飮一石. 故曰酒極則亂, 樂極則悲;萬事盡然, 言不可極, 極之而衰"라 하였고,
《文選》七命 "瀾漫狼藉"의 注에 "《說文》曰:「草編狼藉也. 狼所臥處, 草皆披靡曰
狼藉.」"라 함.

【相與枕藉乎舟中, 不知東方之旣白】'枕藉'는 술에 곯아 떨어져 서로 베고 깔고 자
고 있음. '旣白'은 이미 하얗게 날이 샘.《古文眞寶》注에 "《朱子語錄》一條論此
賦:「見子在川上'章云, 盈虛者如代, '代'字多誤, 作'彼'字;而吾與子之所共食, 食字
多誤, 作'樂'字, 嘗見東坡手本, 皆作'代'字'食'字, '食', 如'食邑'之食.」"이라 함. 〈補注〉
에 "學齋佔畢曰:「東坡〈泗州僧伽塔〉詩:『耕田欲雨蓻欲晴, 去得淳風來者怨.』此乃
檃栝. 劉禹錫〈何卜賦〉中, 語曰:『東涉于川, 其時在風. 沿者之吉, 泝者之凶. 同蓻于
野, 其時在澤. 伊種之利, 乃穆之厄.』坡以一聯十四字, 而包盡劉禹錫四對三十二字
之義, 蓋奪胎換骨之妙也. 至如〈前赤壁賦〉尾段一節, 自「惟江上之淸風, 與山間之
明月」, 至「相與枕藉乎舟中, 不知東方之旣白」, 却只是用李白『淸風明月不用一錢買,
玉山自到非人推』一聯十六字, 演成七十九字, 愈奇妙也.」라 함.

참고 및 관련 자료

1. 蘇東坡(蘇軾, 子瞻) 026 참조.

2. 이 글은《東坡全集》(33),《唐宋八大家文鈔》(144),《宋文鑑》(5),《古賦辯體》(8),
《唐宋文醇》(38),《歷代賦彙》(20),《淵鑑類函》(308),《湖廣通志》(38),《古文辭類纂》
(72),《古文約選》(4),《古文觀止》(11),《古文眞寶》(後集 8) 등에 실려 있음.

3.《宋史》(338) 東坡傳에 "徙知湖州, 上表以謝. 又以事不便民者不敢言, 以詩托諷,
庶有補於國. 御史李定·舒亶·何正臣撫其表語, 幷媒蘗所爲詩以爲訕謗, 逮赴臺獄,
欲置之死, 鍛煉久之不決. 神宗獨憐之, 以黃州團練副使安置. 軾與田父野老, 相從
溪山間, 築室於東坡, 自號「東坡居士.」"라 하였으며, 臨皐亭에 거처하면서 7월에 赤
壁에 놀며〈前赤壁賦〉를, 다시 10월에 그곳을 찾았다가 감회를 쓴〈後赤壁賦〉를
남긴 것임.

4.《東坡志林》(9)에 "黃州守居之數百步爲赤壁, 或言卽周瑜破曹公處, 不知果是否.
斷崖壁立, 江水深碧, 二鶻巢其上, 有二蛟, 或見之遇風, 浪靜輒乘小舟至其下, 捨舟

登岸, 入徐公洞, 非有洞穴也, 但山崦深邃耳"라 함.

5.《軌範》(7)과《古賦辯體》(8)에 "此賦學莊騷文法, 無一句與莊騷相似, 非超然之才, 絶倫之識, 不能爲也. 瀟灑神奇, 出塵絶俗, 如乘雲御風, 而立乎九霄之上, 俯視六合, 何物茫茫? 非惟不掛之齒牙, 亦不足入其靈臺丹府也"라 함.

6.《唐宋八大家文鈔》에는 "予嘗謂:「東坡文章, 仙也. 讀此二賦, 令人有遺世之想.」"이라 함.

7.《古文眞寶》注에 "陳靜觀批二賦, 皆東坡謫黃州時作. 是時放情事外, 寄興風月, 直將無意於人世, 是故皆托仙以爲言. 前篇謂風月之常新, 吾亦樂之, 亦不必羨於仙; 後篇驚江山之忽異, 凜不可以久樂, 又復有羨於仙矣. 二篇大意, 皆倣〈寓言〉之莊, 〈遠遊〉之屈, 〈賦鵩〉之賈, 未爲正論. 但其凌厲飄逸之言, 無一句類食烟火人語, 讀之, 令人亦覺有登閬風涉蓬萊氣象, 蓋眞可與造物遊者, 非可執筆學爲如此也. ○坡自書此賦後云:「黃州少西山麓斗入江中, 石色如丹.」傳云曹公敗處, 所謂赤壁者, 或曰非也. 曹公敗歸, 由華容路, 今赤壁少西對岸, 卽華容鎭, 庶幾是也. 然岳州復有華容縣, 竟不知孰是. ○江夏〈辨疑〉云:江漢之間, 指赤壁者三:一在漢水之側, 竟陵之東, 卽今復州; 一在齊安郡之步下, 卽今黃州; 一在江夏西南二百里許, 今屬漢陽縣. 予謂江夏西南者, 正曹公所敗之地也.」按《三國志》:「劉琮降, 備走夏口, 操自江陵征備, 至赤壁戰不利.」又〈周瑜傳〉:「備進住夏口, 權遣瑜幷力迎操, 遇於赤壁.」夫操自江陵下, 瑜由夏口徃逆戰, 則赤壁, 非竟陵之東者, 與齊安之步下者, 明矣.」라 함.

8.《荊州記》에 "蒲圻縣, 沿江一百里南岸, 名赤壁. 昔周瑜破曹操處"라 함.

9.《讀書記數略》(8)에는 "江漢間, 言赤壁者五:周瑜破曹操處, 有江夏近是. 黃州, 嘉魚, 江夏, 漢陽, 汶川"이라 함.

066(7-7) 〈後赤壁賦〉 ·················· 蘇東坡(蘇軾)
후적벽부

*〈後赤壁賦〉:蘇軾이 元豐 5년 7월 旣望(16일)에 〈前赤壁賦〉를 쓴 뒤 3개월 후인 10월 보름에 다시 적벽에 놀러가 夢幻的인 일을 겪고 그 내용을 이 〈後赤壁賦〉로 짓게 된 것임. 매우 夢幻的인 내용을 담고 있음.《唐宋八大家文鈔》에 "蕭瑟"이라 함.

〈東坡遊船圖〉

1/4 ─────────────

이해 10월 보름, 설당雪堂으로부터 걸어 나와 장차 임고정臨皐亭으로 돌아가려 하는데 두 객客이 나를 따라와 황니黃泥 고개를 지나게 되었다.

이미 서리와 이슬이 내려 나뭇잎은 모두 지고, 사람의 그림자가 땅에 비치기에, 고개 들어 밝은 달을 쳐다보았다.

돌아보고 걸으면서 노래를 부르고 서로 화답하다가 이윽고 이렇게 탄식하였다.

"객이 있는데 술이 없고, 술이 있어도 안주가 없구나. 달은 밝고 바람은 맑은데 이와 같은 좋은 밤을 어쩐다지?"

그러자 객이 말하였다.

"오늘 어스름 녘에 그물을 건져 물고기를 잡았습니다. 큰 입에 가는 비늘이 있어 모습이 마치 송강松江의 농어鱸魚 같더이다. 생각건대 술을 어디에서 구하지요?"

돌아와 아내에게 상의했더니 아내가 말하였다.

"나에게 한 말 술이 있습니다. 오랫동안 저장해오면서 그대가 불시에 필요로 하기를 대비하였지요."

是歲十月之望, 步自雪堂, 將歸于臨皋, 二客從予, 過黃泥之坂. 霜露旣降, 木葉盡脫, 人影在地, 仰見明月.

顧而樂之, 行歌相答, 已而歎曰:「有客無酒, 有酒無殽. 月白風淸, 如此良夜何?」

客曰:「今者薄暮, 擧網得魚, 巨口細鱗, 狀如松江之鱸, 顧安所得酒乎?」

歸而謀諸婦, 婦曰:「我有斗酒, 藏之久矣, 以待子不時之需.」

【是歲十月之望, 步自雪堂, 將歸于臨皋, 二客從予, 過黃泥之坂】'是歲'는 宋 神宗 元豐 5년(1082). '望'은 음력 보름. '雪堂'은 蘇軾이 元豐 3년(1080) 黃州로 유배되어 2년 후인 元豐 5년 집을 하나 짓고 있던 중 큰 눈이 내리자 네 벽에 雪景을 그려 넣고 이름을 雪堂이라 하였음. 《東坡志林》(6)에 "蘇子得廢園於東坡之脅, 築而垣之作堂焉. 其正曰雪堂. 堂以大雪中爲, 因繪雪於四壁之間, 無容隙也. 起居偃仰, 環顧睥睨, 無非雪者, 蘇子居之, 眞得其所居者也"라 하였고, 《軌範》補注에 〈東坡先生年譜〉曰: 元豐四年辛酉, 先生年四十六. 在黃州, 寓居臨皋亭, 請故營地之東, 名之以東坡.」考〈東坡八首序〉云:「余至黃二年, 日以困匱, 故人馬正鄕哀予乏食, 於郡請故營地, 使躬耕其中」蓋先生庚申來黃, 至辛酉爲二年矣. 以〈東坡圖〉考之: 辛酉方營東坡, 次年始築雪堂. 以〈贈孔毅甫詩〉觀之: 去年東坡拾瓦礫, 今年刈草, 蓋雪堂, 則雪堂作於壬戌歲明矣. 又曰: 五年壬戌, 先生年四十七, 就東坡築雪堂, 自號東坡居士. 以〈東坡圖〉考之: 自黃州門南至雪堂, 四百三十步, 雪堂前云. 蘇子得廢圃於東坡之脅, 號其正曰雪堂, 以大雪中爲之. 因繪雪於四壁之間無容隙, 其名蓋起於此. 先生自書東坡雪堂四字以榜之. 以長短句擬斜川序云:「元豐壬戌之春, 余躬耕東坡, 築雪堂以居之.」以〈東坡圖〉考之:〈後赤壁賦〉之'十月旣望, 蘇子步自雪堂, 將歸于臨皋', 則壬戌之冬末遷, 而先生以甲子六月過汝, 則居雪堂止年餘. 由是推之, 先生自臨皋遷雪堂, 必在壬戌十月之後明矣. 朱或可談曰:「蘇子瞻責黃州, 居州之東坡,

作雪堂, 自號東坡居士, 後人遂目子瞻爲東坡.」
라 함.《古文眞寶》注에도 "東坡之脅, 作堂, 大
雪中成, 因繪雪於四壁, 名雪堂"이라 함. '臨皋'
는 臨皋로도 표기하며, 蘇軾은 黃州에 처음
와서 우선 定惠禪寺에 있다가 뒤에 이 臨皋亭
으로 거처를 옮겼음.《東坡年譜》(45세)에 "先生
寓居定惠, 未久, 以是春, 遷臨皋亭, 乃舊日之
回車院也. 又有遷居臨皋亭"이라 함.《古文眞
寶》注에 "亭名"이라 함. '二客' 중 한 사람은
楊世昌. '黃泥之坂'은 黃泥로 불리던 언덕.《湖
廣通志》(8) 黃州府 黃岡縣에 "黃岡山從府城南,
度濠塹, 綿亘而行, 平岡迤邐, 其土黃色. 即蘇
子瞻〈赤壁賦〉所云'與客過黃泥之坂'也"라 함.

蘇軾 筆跡〈黃州寒食詩卷〉

【霜露旣降, 木葉盡脫】'霜露旣降'은 서리와 이
슬이 이미 내렸음. '木葉盡脫'은 나뭇잎이 모
두 떨어져 앙상함. 이미 가을이 깊어가고 있
음을 말함.

【人影在地, 仰見明月】사람의 그림자가 땅에 비쳐 쳐다보았더니 달이 밝음. 〈補
注〉에 "劉希夷〈公子行〉:「人影搖動綠波裏.」라 함.

【顧而樂之, 行歌相答】'顧而樂之' 다음에 《古文眞寶》注에 "初見可樂"이라 함. 서
로 돌아보며 즐거워 길을 걸으며 노래하고 화답함.

【已而歎曰:「有客無酒, 有酒無肴. 月白風淸, 如此良夜何?」】'無殽'는 《東坡集》에는
'無肴'로 되어 있음. '肴(殽)'는 안주. '已而'는 잠시 뒤. '良夜'는 이처럼 깊은 밤. 〈補
注〉에 "按:'深夜'亦曰'良夜'.《後漢書》蔡邕傳「良夜乃罷」, 注云:「良, 猶深也.」是也"
라 함.

【客曰:「今者薄暮, 擧網得魚, 巨口細鱗, 狀如松江之鱸, 顧安所得酒乎?」】'今者薄暮'
의 '今者'는 시간 副詞. '薄暮'는 해질 무렵. '擧網得魚'는 쳐 두었던 그물을 들어
올려 물고기를 잡았음. 〈補注〉에 "《史記》龜策傳:「擧網得龜.」"라 함. '松江之鱸'는
松江의 농어(鱸魚). 〈補注〉에 "《後漢書》方術左慈傳:嘗在司空曹操坐, 操從容顧衆
賓曰:「今日高會, 珍羞略備, 所少吳松江鱸魚耳.」注:「松江在今蘇州童男, 首受太

湖.」《神仙傳》云:「松江出好鱸魚, 味異它處.」猗覺寮《雜記》曰:〈後赤壁賦〉'巨口細鱗,
狀似松江之鱸', 多不知爲何等魚. 考之乃鱖也.《廣韻》注:「鱖, 巨口細鱗.」《山海經》
云:「鱖, 巨口細鱗, 有斑彩.」以是知東坡一言一句無所苟也"라 함. 한편《世說新語》
識鑒篇에 "張季鷹辟齊王東曹掾, 在洛, 見秋風起, 因思吳中菰菜·蓴羹·鱸魚膾,
曰:「人生貴得適意爾! 何能羈宦數千里以要名爵?」遂命駕便歸. 俄而齊王敗, 時人皆
謂爲見機"라 하였고,《晉書》(92) 張翰傳에도 "翰因見秋風起, 乃思吳中菰菜·蓴羹·
鱸魚膾, 曰:「人生貴得適志, 何能羈宦數千里以要名爵乎!」遂命駕而歸. 著〈首丘賦〉,
文多不載. 俄而冏敗, 人皆謂之見機"라 한 張翰(季鷹)의 '松江鱸魚' 고사를 인용한
것. '顧'는 돌아보건대, 생각건대'의 뜻.

【歸而謀諸婦, 婦曰:「我有斗酒, 藏之久矣, 以待子不時之需.」】'謀諸婦'는 아내에게
모책을 내도록 함. '諸'(저)는 '之於, 之乎, 之于'의 合音字.《古文眞寶》注에 "《史
記》:「優孟請歸與婦計之.」"라 함. '不時之需'는 뜻하지 않은 때에 필요로 함. '需'
는《軌範》注에 "需, 求也"라 함.《東坡集》에는 '須'로 되어 있음.〈補注〉에 "《史記》
滑稽傳:莊王大驚, 以爲孫叔敖復生也. 欲以爲相. 優孟曰:「請歸與婦計之.」"라 함.

2/4 ————————————

그리하여 술과 물고기를 가지고 다시 적벽 아래로 놀이에 나섰다.

강물은 흐르면서 소리를 내고 있었고, 깎아지른 언덕은 천 척尺이나
되었으며, 산은 높고 달은 작았고 물은 말라 돌이 드러나 있었다.

일찍이 세월이 얼마나 흘렀다고 강산이 다시 알아볼 수 없을 정도로
되었는가!

於是攜酒與魚, 復遊於赤壁之下.

江流有聲, 斷岸千尺; 山高月小, 水落石出.

曾日月之幾何, 而江山不可復識矣!

【於是攜酒與魚, 復遊於赤壁之下】'攜'는 携와 같음.《東坡集》에는 '携'로 되어 있음.
술과 물고기를 가지고 다시 赤壁 아래로 뱃놀이를 감.

【江流有聲, 斷岸千尺】'斷岸'은 깎아지른 강의 언덕. 〈補注〉에 《文選》蕪城賦:「崒
若斷岸.」이라 함.

【山高月小, 水落石出】'水落石出'은 절벽으로 흐르던 물이 모두 줄어들어 돌들이
드러남.《古文眞寶》注에 "景與秋景不同"이라 함.

【曾日月之幾何, 而江山不可復識矣】'日月之幾何'은 '세월(시간)이 얼마나 지났다고'
의 뜻. 즉 '지난 번 뱃놀이를 한 뒤 석 달밖에 되지 않았건만'의 뜻. '江山不可復
識'은 강산의 모습을 다시 알아볼 수 없을 정도임.

3/4 ————————————

나는 이에 옷을 걷어 올리고 올라가, 솟은 바위를 밟고 우거진 풀을
헤치고, 호랑이 표범같이 생긴 바위에 걸터앉기도 하고, 이무기와 용처
럼 생긴 나무를 오르기도 하고, 매가 살고 있는 위험한 둥지를 잡고 올
라가기도 하며, 빙이馮夷가 사는 깊은 궁궐을 내려다보기도 하였다.

대체로 두 객은 나를 따라올 수 없었다.

획연劃然히 긴 휘파람 소리가 나더니 초목이 진동하고, 산이 울리자
골짜기는 메아리를 치며 바람이 일고 물은 솟구치는 것이었다.

나 역시 초연悄然히 슬픔이 일어나고, 숙연肅然히 두려움이 앞서며 썰
렁하여 그대로 머물 수가 없었다.

되돌아와서 배에 올라 물 가운데로 풀어놓고, 배가 그치는 곳에 이르
러 그대로 쉬기로 하였다.

予乃攝衣而上, 履巉巖, 披蒙茸, 踞虎豹, 登虯龍, 攀栖鶻之危巢,
俯馮夷之幽宮.

蓋二客之不能從焉.

劃然長嘯, 草木震動, 山鳴谷應, 風起水湧.

予亦悄然而悲, 肅然而恐, 凜乎其不可留也.

反而登舟, 放乎中流, 聽其所止而休焉.

〈後赤壁賦〉 明 文徵明

【予乃攝衣而上, 履巉巖, 披蒙茸, 踞虎豹, 登虯龍】'攝衣'는 옷자락을 걷어 올림. 〈補注〉에 "《史記》日者傳:「於是攝衣而起.」"라 함. '履'는 밟고 올라감. 〈補注〉에 "《莊子》田子方篇:「與汝登高山履危石.」"이라 함. '巉巖'은 깎아지른 듯 높고 험한 바위. '蒙茸'(몽용)은 풀이 무성하게 난 모습을 표현하는 疊韻連綿語.《古文眞寶》注에 "蒙茸, 卽蔓草"라 함. '踞虎豹'는 호랑이나 표범처럼 생긴 바위에 걸터앉음. '登虯龍'은 이무기와 용처럼 구부러진 枯木을 타고 올라감. '虯'는 虬와 같으며,《東坡集》에는 '虬'로 되어 있음.

【攀栖鶻之危巢, 俯馮夷之幽宮】'攀栖棲鶻之危巢'는 매가 깃들어 사는 높은 둥지에까지 잡고 올라감. '栖'는 棲와 같음. '俯馮夷之幽宮'는 馮夷(빙이로 읽음)가 사는 깊은 못 속의 궁궐을 내려다 봄. '馮夷'는 水神 河伯.《博物志》(7)에 "馮夷, 華陰潼鄕人也, 得道成水仙, 是爲河伯. 豈道河哉? 仙人乘龍虎, 水神乘魚龍. 其行恍惚, 萬里如室"라 하였고《搜神記》(4)에는 "宋時, 弘農馮夷, 華陰潼鄕隄首人也. 以八月上庚日渡河, 溺死. 天帝署爲河伯"이라 하였으며,《史記》西門豹傳 正義에는 "河伯, 華陰潼鄕人也, 姓馮氏, 名夷. 浴於河中而溺死. 遂爲河伯也"라 하는 등 널리 알려져 있음.《古文眞寶》注에 "馮夷, 海神"이라 함.

【蓋二客之不能從焉】함께 온 두 사람은 따라오지 못함.《古文眞寶》注에 "坡氣超物表, 二客在下風矣"라 함.

【劃然長嘯, 草木震動, 山鳴谷應, 風起水湧】'劃然'은 돌연히, 갑자기. '水涌'은 물이 솟구침.《東坡集》에는 水湧으로 되어 있음.

【予亦悄然而悲, 肅然而恐, 凜乎其不可留也】'悄然而悲'는 쓸쓸하여 슬픈 생각이 듦. '肅然而恐'은 숙연하여 두려움을 느낌.《古文眞寶》注에 "到此樂變而爲悲恐矣"라 함. '凜乎'는 써늘한 기분이 듦.

【反而登舟, 放乎中流, 聽其所止而休焉】'聽其所止而休焉'은 그것이 머무는 대로 그

곳에서 멈추게 그대로 둠. '聽'은 從과 같음. 《古文眞寶》注에 "見豪放不凡"이라 함.

4/4 ───────────

때는 장차 한밤중이 되어 사방을 둘러봐도 적료寂寥하기만 하였는데, 마침 학 한 마리가 강을 가로질러 동쪽으로부터 날아오는데 날개는 수레바퀴만하며 검은 치마에 흰 옷의 모습에 알연憂然히 긴 울음을 내면서 내가 타고 있는 배를 스쳐 서쪽으로 가는 것이었다.

잠시 뒤 객들이 떠나고 나 또한 잠자리에 들었는데, 꿈에 한 도사가 우의羽衣를 펄럭이며 임고정 아래를 지나면서 나에게 읍揖을 하며 이렇게 묻는 것이었다.

"적벽에서의 놀이는 즐거웠는가?"

그 이름을 물었으나 머리를 숙인 채 대답을 하지 않는 것이었다.

"오호, 아! 나는 알겠소이다. 지난 밤 날면서 울음을 내며 나를 지나간 자가 그대가 아니오?"

도사는 돌아보며 웃음을 띠었고, 나 역시 놀라 잠을 깨어 문을 열고 살펴보았으나 그가 간 곳을 알 수 없었다.

時夜將半, 四顧寂寥, 適有孤鶴, 橫江東來, 翅如車輪, 玄裳縞衣, 憂然長鳴, 掠予舟而西也.

須臾客去, 予亦就睡, 夢一道士, 羽衣蹁躚, 過臨皐之下, 揖予而言曰:「赤壁之遊, 樂乎?」

問其姓名, 俛而不答.

「嗚呼噫嘻! 我知之矣. 疇昔之夜, 飛鳴而過我者, 非子也耶?」

道士顧笑, 予亦驚悟, 開戶視之, 不見其處.

【時夜將半, 四顧寂寥】'寂寥'는 고요함. 孤寂함.

【適有孤鶴, 橫江東來, 翅如車輪, 玄裳縞衣, 憂然長鳴, 掠予舟而西也】'玄裳縞衣'는

검은 치마에 흰 저고리. '玄'은 黑, '縞'는 皓(白)의 뜻. 鶴의 모습을 표현한 것. '戞然'(알연)은 맑으면서 고음인 학의 울음소리를 형용한 것. 〈補注〉에 "沈佺期〈霹靂引〉:「始戞羽以驕春.」"이라 함. '掠'은 스치고 지나감.

【須臾客去, 予亦就睡】'須臾'는 아주 짧은 시간을 뜻하는 疊韻連綿語.

【夢一道士, 羽衣蹁躚, 過臨皋之下, 揖予而言曰:「赤壁之遊, 樂乎?」】'羽衣蹁躚'의 '羽衣'는 흔히 神仙의 옷을 뜻함. '蹁躚'(편선)은 펄럭이는 모습을 뜻하는 疊韻連綿語. 《東坡集》에는 '翩躚'으로 되어 있음. 〈補注〉에 "《文選》東都賦:「瞰蠙蹁躚.」《說文》:「蹁, 足不正也. 蹁躚, 旋行貌.」"라 함. '揖'은 두 손을 마주 잡고 표하는 예.

【問其姓名, 俛而不答】'俛'은 고개를 숙임. 仰의 상대어.

【「嗚呼噫嘻! 我知之矣. 疇昔之夜, 飛鳴而過我者, 非子也耶?」】'嗚呼噫嘻'는 감탄사. '疇昔之夜'은 어젯밤. 〈補注〉에 "《禮記》檀弓「予疇昔之夜」, 鄭注云:「疇, 發聲也; 昔, 猶前也」라 함. '非子也耶'은 '그대가 아니었는가?'의 뜻.

【道士顧笑, 予亦驚悟, 開戶視之, 不見其處】'顧笑'는 돌아보며 웃음을 띰.《古文眞寶》注에 "暗用〈石鼎聯句序〉及靑城山道士徐佐卿化鶴事, 末雖遊戲寓言, 然猶不能忘情於神仙變化之說云. ○山谷云:「爛蒸同州羊羔, 沃以杏酪, 食之以匕, 抹南京麵作槐葉冷淘, 穆以襄邑熟豬肉, 炊共城香稻, 用吳人膾松江鱸, 旣飽, 以康王谷簾泉, 烹曹溪鬪品, 少焉臥北窓下, 使人誦東坡〈赤壁〉二賦, 亦足快焉.」出趙德麟《侯鯖錄》"이라 함. 〈補注〉에 "《文選》神女賦:「願假須臾, 神女稱遽. 徊腸傷氣, 顚倒失據, 闇然而冥. 忽不知處. 情獨私懷, 誰者可語? 惆悵垂涕, 求之至曙.」"라 함.

참고 및 관련 자료

1. 蘇東坡(蘇軾, 子瞻) 026 참조.

2. 이 글은 《東坡全集》(33), 《唐宋八大家文鈔》(144), 《宋文鑑》(5), 《歷代賦彙》(20), 《唐宋文醇》(38), 《湖廣通志》(83), 《淵鑑類函》(308), 《古文辭類纂》(72), 《古文約選》(4), 《古文觀止》(11), 《古文眞寶》(後集 8) 등에 실려 있음.

3. 《軌範》末尾 評에 "浩然齋《雅談》云:「東坡〈赤壁賦〉, 多用《史記》, 如'杯盤狼籍', '歸而謀諸婦', 皆〈滑稽傳〉. '正襟危坐', 〈日者傳〉, '擧網得魚', 〈龜筴傳〉, '開戶視之', 不見其處, 則如〈神女賦〉, 所謂以文爲戲者.」○趙德麟《侯鯖錄》(八)黃魯直云:「爛然同州羊羔, 沃以杏酪, 食之以匕不以筯, 抹南京麵, 烹證抗鬪品, 少焉臥北窓下, 使人誦東坡〈赤壁前後賦〉, 亦足少快」라 함.

067(7-8) 〈阿房宮賦〉 ·················· 杜牧之(杜牧)
아방궁부

*〈阿房宮賦〉: 秦始皇이
말년에 욕심을 내어
지었던 阿房宮을 두
고 杜牧이 賦로 읊은
것. 賦는 문체의 한
종류. 한편 《唐詩紀
事》(56)에 "吳武陵以
〈阿房宮賦〉, 薦於崔郾,
遂登第"라 하여 吳武陵이 글을 보고 杜牧을 추천하여 과거에 급제하였다 하며,
당시 杜牧은 25세였음.

〈阿房宮圖〉

1/3

전국戰國 여섯 나라 왕들의 명운이 끝나고 사해四海가 통일되자,
촉산蜀山은 나무가 잘린 채 우뚝해졌고, 아방궁이 솟아났네.
3백 리 땅을 뒤덮어 하늘의 해를 격리시켰으니,
여산驪山 북쪽에 지어지며, 서쪽으로 꺾여,
곧바로 함양咸陽으로 내달리며 건물이 이어졌네.
위수渭水와 경수涇水 두 물 줄기는 도도히 흐르며 궁궐 담장으로 흘러
들고,
5보步마다 누대요 10보마다 누각이었네.
낭요廊腰는 돌고 돌아 끝없이 이어졌고, 처마는 새가 부리로 쪼는 높
은 모습.
각기 땅의 형세에 따라 갈고리를 중심으로 껴안은 모습이요, 처마는

뿔이 다투듯 한 모습.

서리고 서린 모습에 둥글게 둘러쳐진 상태는,

벌집과 소용돌이가 곧바로 치솟아 몇 천 만개의 위치인지 알 수가 없을 정도.

기다란 다리가 물결 위에 누워 있으니, 구름도 없는데 무슨 용이 있으며,

복도가 공중에 뻗쳐 있으니, 비가 갠 것도 아닌데 웬 무지개인가?

높고 낮은 누각들로 어둡고 희미하여 동서를 알 수 없고,

노랫소리 흘러나오는 누대의 따뜻한 음향은 봄볕같이 융융融融하고,

춤추는 전각에서는 차가운 옷소매 나부껴 비바람이 처처凄凄한데,

하루 동안 한 궁전 사이임에도 기후가 고르지 않을 정도.

비빈妃嬪과 잉장媵嬙들, 왕자와 황손皇孫들은,

자신의 누각을 떠나 전각에서 내려와, 수레를 타고 진秦으로 모여들어서,

아침에는 노래요 저녁이면 음악으로, 진나라의 궁궐사람들이 되었다네.

별이 반짝이듯 화장대의 거울이 열리더니,

검푸른 구름 피어오르듯 여인들 새벽 타래머리 빗고 있으며,

위수에 기름이 흘러넘치는 것은 연지를 물을 버린 때문이며,

연기 오르고 안개 자욱한 것은 그들이 초란椒蘭 향을 태우기 때문일세.

우렛소리에 잠깐 놀람은 궁중에 수레가 지나가는 소리였네.

덜컥덜컥 멀리까지 들리니 아득하여 그 가는 곳을 모르겠네.

살결과 얼굴빛 마다 교태를 끝까지 다하여,

그대로 서서 멀리 바라보며 황제가 찾아주기를 기다리고 있건만,

황제를 한 번도 뵙지 못한 채 이들은 36년이나 되었네.

六王畢, 四海一; 蜀山兀, 阿房出.

覆壓三百餘里, 隔離天日; 驪山北搆而西折, 直走咸陽.

二川溶溶, 流入宮墻; 五步一樓, 十步一閣.

廊腰縵廻, 簷牙高啄; 各抱地勢, 鉤心鬪角.

盤盤焉, 囷囷焉, 蜂房水渦, 矗不知其幾千萬落.

長橋臥波, 未雲何龍; 複道行空, 不霽何虹?

高低冥迷, 不知西東; 歌臺暖響, 春光融融.

舞殿冷袖, 風雨凄凄; 一日之內, 一宮之間, 而氣候不齊.

妃嬪媵嬙, 王子皇孫; 辭樓下殿, 輦來于秦.

朝歌夜絃, 爲秦宮人, 明星熒熒開粧鏡也.

綠雲擾擾, 梳曉鬟也, 渭流漲膩, 棄脂水也.

煙斜霧橫, 焚椒蘭也; 雷霆乍驚, 宮車過也.

轆轆遠聽, 杳不知其所之也.

一肌一容, 盡態極姸; 縵立遠視, 而望幸焉.

有不得見者, 三十六年.

【六王畢, 四海一; 蜀山兀, 阿房出】'六王畢'은 戰國時代 齊, 楚, 韓, 魏, 燕, 趙 여섯
나라의 왕들의 命運이 다함. 전국시대 七雄은 모두 王이라 칭하였음.《軌範》補
注에 "六王, 謂韓趙燕魏楚齊之王. 始皇十七年滅韓, 以至二十六年滅齊. 六國悉亡.
《始皇紀》曰:「六王咸伏其辜, 天下大定.」是也"라 함. '四海一'은 천하가 통일됨.
B.C.221년 秦始皇에게 망하여 천하가 통일되어 전국시대가 마감됨. '蜀山兀'은 蜀
山의 蜀(지금의 四川 成都)은 荊과 같음. 그곳의 나무가 阿房宮을 짓는데 베어져
산만 우뚝한 모습으로 남아 있음.《史記》秦始皇本紀에 "發北山石槨, 乃寫蜀荊之
材皆至"라 함. '兀'은 높고 우뚝함.《古文眞寶》注에 "起便作壯語"라 함.

【覆壓三百餘里, 隔離天日】'覆壓'은 뒤덮고 억누름. 위세와 규모가 대단함을 말함.
'三百餘里'는 阿房宮 전체의 대지 넓이를 말함.

【驪山北搆而西折, 直走咸陽】'驪山'은 陝西 臨潼縣 동남쪽에 있는 산. '搆'는《樊川
集》에는 '構'로 되어 있음. '咸陽'은 秦나라 수도. 지금의 陝西 西安.

【二川溶溶, 流入宮墻;五步一樓, 十步一閣】'용용'은 물이 많은 모습.《說文》에 "溶, 水盛也"라 함. '二川'은 渭水와 涇水. 咸陽 주위를 흐르는 두 물. '溶溶'은 도도히 흐름.

【廊腰縵廻, 簷牙高啄;各抱地勢, 鉤心鬪角】'廊腰'는 回廊이 허리처럼 구부러진 곳. 〈補注〉에 "李綱詩:「危脊聳古殿, 長腰曼修廊.」"이라 함. '縵廻'는 길게 이어져 돌고 있는 모양. '簷牙高啄'은 처마 끝이 높이 솟아 마치 새의 부리가 높은 곳을 쪼고 있는 모습과 같음. '簷'는《樊川集》에는 '詹'으로 되어 있음. '鉤心鬪角'은 지붕이 갈고리로 한데 걸어놓은 듯하고 처마는 뿔이 다투듯 이어져 있음. 아주 치밀하게 설계하여 지은 모습을 표현한 것.

【盤盤焉, 囷囷焉, 蜂房水渦, 矗不知其幾千萬落】'盤盤焉'은 구불구불 서린 모습. '囷囷焉'은 둥근 창고처럼 빙빙 둘러 있는 모습. '蜂房'은 벌집. '水渦'는 물의 소용돌이. '矗'은 우뚝 솟은 모습.《洪武正韻》에 "矗, 高起也"라 함. '落'은 위치.《廣雅》釋訓에 "落, 居也"라 하였고,《後漢書》仇覽傳 "廬落整頓"의 注에 "今人謂院爲落也"라 함. 〈補注〉에 "此蓋院落區落之落. 謂樓閣殿堂, 各爲一區落, 矗然高起, 不知幾千萬所也"라 함.

【長橋臥波, 未雲何龍;複道行空, 不霽何虹】'長橋'는 물결 위에 놓인 龍을 비유한 것. 이에 따라 '未雲何龍'은 '아직 구름이 일지도 않았는데 어찌 용이 있겠는가?'의 뜻. 그러나 '龍'은 龍星으로 보기도 함. 〈補注〉에 "《覺寮雜記》曰:「牧之〈阿房賦〉, '複道橫空, 未雯何龍', 議者謂:'龍, 龍星也. 非眞龍也. 不可比複道.'」"라 함. '複道'는 상하 이층 각기 길이 있도록 만든 것.《漢書》高帝紀 注에 "如淳曰:「上下有道, 故謂之複.」"이라 함. 여기서는 무지개를 비유한 것. 이에 따라 '不霽何虹'은 '비가 갠 것도 아닌데 어찌 무지개가 있겠는가?'의 뜻. '雲'은 '雯'로 된 판본도 있음.《古文眞寶》注에 "黃星見而雯, 非龍鳳之龍也. 牧元誤用, 後人因欲改雯爲雲"이라 함. '複道行空' 역시 '複道橫空'이어야 한다고 보기도 함.

【高低冥迷, 不知西東;歌臺暖響, 春光融融】'冥迷'는 아득하고 가물가물함을 뜻하는 雙聲聯綿語. '融融'은 부드럽고 화락함.

【舞殿冷袖, 風雨凄凄;一日之內, 一宮之間, 而氣候不齊】'冷袖'는 차가운 옷소매. 춤을 추는 옷자락에서 바람이 이는 것을 말함. '凄凄'는 서늘함.

【妃嬪媵嬙, 王子皇孫;辭樓下殿, 輦來于秦】'妃嬪媵嬙'은 모두 궁중 여인들의 직급과 칭호. '妃嬪'은 황후 다음. '媵'은 원래 왕후가 시집올 때 따라오는 시종이며 궁

녀가 됨. '嬙'은 그 아래의 궁녀. 《左傳》哀公 元年 傳 "夫差宿有妃嬙嬪御焉"의 注에 "妃嬙, 貴者; 嬪御, 賤者"라 하였고, 《國語》晉語 "備嬪嬙焉"의 注에 "嬪嬙, 婦官也"라 함. '輦'은 천자의 수레.

【朝歌夜絃, 爲秦宮人, 明星熒熒開粧鏡也】 '朝歌夜絃'은 아침부터 저녁까지의 각종 음악. '熒熒'은 번쩍번쩍 빛이 남. '粧鏡'은 궁녀들의 화장용 거울.

【綠雲擾擾, 梳曉鬟也, 渭流漲膩, 棄脂水也】 '綠雲'은 여인들의 아름다운 머리카락을 비유함. '擾擾'는 어지러이 일어나는 모양. '梳曉鬟'은 쪽진 머리를 새벽에 빗질함.

【煙斜霧橫, 焚椒蘭也; 雷霆乍驚, 宮車過也】 '椒蘭'은 산초와 난초 향. '雷霆乍驚'은 우레 소리에 깜짝 놀람. 궁궐의 수레가 지나감을 말함.

【轆轆遠聽, 杳不知其所之也】 '轆轆'은 수레바퀴가 도는 소리. '杳'는 渺와 같음, 아득하고 가물가물함. '所之'는 가는 바. '之'는 實辭.

【一肌一容, 盡態極姸; 縵立遠視, 而望幸焉】 '縵立'은 우두커니 서 있음. '望幸'은 황제의 행차가 자신에게 오기를 기다림. 궁중 여인들이 황제가 자신을 한 번 사랑해주기를 희망함.

【有不得見者, 三十六年】 황제를 한 번도 만나지 못한 궁중 여인들이 36년이나 세월을 보냄. '三十六年'은 秦始皇 재위 36년째임. B.C.211년으로 阿房宮 건축을 시작한 이듬해이며 秦始皇은 생을 마치고 二世(胡亥)로 이어짐. 《古文眞寶》注에 "始皇在位三十六年"이라 함. 그러나 〈補注〉에는 "《鼈記》曰: 杜牧〈阿房宮賦〉: 「有不得見者, 三十六年.」 始皇爲王二十五年, 爲帝十二年, 當作三十七年, 牧之亦誤"라 함.

2/3 ──────────

연燕, 조趙나라에서 간직하던 보물이며, 한韓, 위魏에서 나라 다스리며 모은 것들, 그리고 제齊, 초楚의 정교하고 뛰어난 것들,

몇 세世 몇 년을 두고 백성의 것을 빼앗아 산처럼 쌓아놓았던 것이었지.

하루아침에 이것들을 소유하지 못한 채, 모두 그 사이에 진나라가 실어 왔는데, 진나라는 정鼎을 가마솥처럼 여기고 옥은 돌로 여겼으며, 황금은 흙덩이같이, 진주는 자갈처럼 여겼다네.

길에 마구 던져져 버려진 채 늘어섰는데, 진나라 사람들은 이를 보기를 역시 조금도 아까워하지 않았다네.

아! 진시황 한 사람의 마음이 온 백성의 마음이었구나.

진나라는 어지러이 사치를 좋아하니, 사람들도 자기 집의 부귀만을 생각하였지.

어찌 치수錙銖처럼 미세한 것까지 남김없이 가져오더니, 이를 쓰기는 이사泥沙처럼 가볍게 여기는가?

대들보를 받치고 있는 기둥은 남쪽 밭의 농부 수보다 많고, 들보에 걸쳐 있는 서까래는 베 짜는 여공들보다 많으며,

못대가리 번쩍임은 곳간의 곡식 낟알보다 많고, 기와의 이음새 올망졸망함은 몸에 두른 비단실보다 많았다네.

곧은 난간과 빗긴 난간은 구주九州의 성곽보다 많고, 관현악의 요란한 음악 소리는 시장 사람들 말소리보다 시끄럽게 많았네.

燕趙之收藏, 韓魏之經營, 齊楚之精英.

幾世幾年, 摽掠其人, 倚疊如山.

一旦不能有, 輸來其間, 鼎鐺玉石, 金塊珠礫.

棄擲邐迤, 秦人視之, 亦不甚惜.

嗟乎! 一人之心, 千萬人之心也.

秦愛紛奢, 人亦念其家.

奈何取之盡錙銖, 用之如泥沙?

使負棟之柱, 多於南畝農夫; 架梁之椽, 多於機上之工女.

釘頭磷磷, 多於在庾之粟粒; 瓦縫參差, 多於周身之帛縷.

直欄橫檻, 多於九土之城郭; 管絃嘔啞, 多於市人之言語.

【燕趙之收藏, 韓魏之經營, 齊楚之精英】'燕'은 周初 召公(姬奭)이 薊(지금의 北京)를 봉지로 받아 春秋戰國을 거쳐 B.C.222년 秦나라에 망함. '趙'는 春秋 말 三晉의

하나였다가 전국시대 정식 제후가 되어 지금의 河北 邯鄲을 중심으로 발전하여 戰國七雄의 반열에 올랐던 나라. 역시 B.C.222년 秦나라에 망함. '收藏'은 거두어 소장하고 있던 보물들. '韓'나라는 春秋 말 三晉의 하나였다가 전국시대 정식 제후가 되어 지금의 河南 新鄭을 중심으로 발전하여 戰國七雄의 반열에 올랐던 나라. B.C.230년 秦나라에 망함. '魏'나라 역시 春秋 말 三晉의 하나였다가 전국시대 정식 제후가 되어 지금의 大梁(지금의 河南 開封)을 중심으로 발전하여 戰國七雄의 반열에 올랐던 나라. B.C.225년 秦나라에 망함. '經營'은 나라를 다스려 축적해 두었던 많은 재물이나 보물을 뜻함. '齊'는 周初 姜太公(子牙, 呂尙)이 臨淄(지금의 山東 淄博) 일대를 봉지로 받아 발전하다가 춘추시대(姜氏齊)를 거쳐 전국시대에 왕통이 田氏(陳氏)에게 넘어가 戰國七雄(田氏齊)의 하나였으나 B.C.221년 秦나라에 망함. '精英'은 정교하고 빼어난 훌륭한 보물.

【幾世幾年, 摽掠其人, 倚疊如山】'摽掠其人'의 '人'자는 '民'. 唐 太宗 李世民의 '民'을 避諱하여 '人'자로 쓴 것. 〈補注〉에 "按唐太宗諱世民, 唐人凡當言民皆曰人"이라 함. 六國들이 人民의 것까지 몇 세 몇 년을 두고 끊임없이 빼앗아 간직하던 것들이었음. 六國들도 모두 자신들의 백성을 괴롭히고 수탈했음을 말함. '倚疊'은 쌓음.

【一旦不能有, 輸來其間, 鼎鐺玉石, 金塊珠礫】'一旦不能有' 다음에 《古文眞寶》注에 "元作'有不能', 晦庵云:「當作'不能有'」"라 함. 秦나라는 이러한 보물을 아무것도 아닌 것처럼 여김. '鼎鐺玉石'은 鼎을 일반 가마솥처럼 여기고 玉을 돌처럼 여김. '金塊珠礫'은 황금을 흙덩이로 여기고 구슬을 자갈로 여김. 보물을 마구 대함. '金塊'는 《古文眞寶》注에 "元作'塊', 曾南豐云:「當作塊.」"라 함.

【棄擲邐迤, 秦人視之, 亦不甚惜】'棄擲'은 던져서 버려버림. '邐迤'(리이)는 '邐迆'로도 표기하며 줄지어 있는 모습을 뜻하는 疊韻聯綿語.

【嗟乎! 一人之心, 千萬人之心也】'一人之心'은 秦始皇 한 사람의 마음. 〈補注〉에 《荀子》不苟篇:「故千人萬人情, 一人之情.」是也"라 함.

【秦愛紛奢, 人亦念其家】'紛奢'는 호사스럽고 사치스러움.《古文眞寶》注에 "前述其侈, 此乃非之"라 함.

【奈何取之盡錙銖, 用之如泥沙】'錙銖'는 중량의 단위. 1兩은 4錙, 1錙는 6銖. 아주 하찮은 것으로 여김을 뜻함.《古文眞寶》注에 "錙銖, 極言細小;泥沙, 極言益微賤"이라 함,

【使負棟之柱, 多於南畝農夫;架梁之椽, 多於機上之工女】棟梁을 받치고 있는 기둥은 남쪽 농부들보다 수가 많으며, 대들보에 걸쳐 있는 서까래는 베틀에서 일하는 工女들보다 많음. 아방궁의 건물이 끝없이 이어졌음을 말함.

【釘頭磷磷, 多於在庾之粟粒;瓦縫參差, 多於周身之帛縷】'磷磷'(설설)은 반짝이는 모습. '庾'는 곳간, 창고. '瓦縫'은 기와가 서로 맞닿아 연결된 곳. '參差'(참치)는 올망졸망한 모습을 표현하는 雙聲聯綿語. '帛縷'는 비단실. 옷을 짜는 비단실.

【直欄橫檻, 多於九土之城郭;管絃嘔啞, 多於市人之言語】'直欄橫檻'은 가로세로로 만들어 놓은 난간들. '九土'는 九州. 전국을 말함. '嘔啞'는 요란한 악기 소리. '市人之言語'는 일반 시정배들의 많은 말.

3/3

천하의 백성들로 하여금 감히 말도 할 수 없고, 감히 화를 낼 수도 없게 하니,

독부獨夫의 마음은 날로 더욱 교만하고 완고하게 되더니,

수졸戍卒 진승陳勝과 오광吳廣이 일어나고, 함곡관函谷關을 넘어 유방劉邦이 들어왔고, 초楚나라 사람 항우項羽가 횃불 하나 들고 들어와 불을 지르니, 가련하게 아방궁은 초토가 되고 말았네.

아! 육국六國을 멸한 것은 육국 자신이지 진나라가 아니요, 진나라를 멸족滅族시킨 것은 진나라 자신이지 천하가 아니었다네.

아! 육국이 각기 자신들의 백성을 사랑했었다면, 족히 진나라를 막아낼 수 있었을 텐데.

진나라가 다시 육국의 백성을 사랑했었다면, 이세二世에게 넘겨져 만세에 이르기까지 왕을 할 수 있었을 것이니, 누가 그들을 멸족할 수 있었겠는가?

진나라 사람들은 스스로 슬퍼할 겨를도 없었지만 후세 사람들은 그들을 애처롭게 여긴다네.

후세 사람들이 애처롭게 여기기만 하고 거울삼지 않는다면,

역시 다시 그 후세 사람들로 하여금 그 후세 사람들을 슬퍼하게 하

리라.

使天下之人, 不敢言而敢怒.
獨夫之心, 日益驕固, 戍卒叫, 函谷擧, 楚人一炬, 可憐焦土.
嗚呼! 滅六國者 六國也, 非秦也;族秦者, 秦也, 非天下也.
嗟夫! 使六國各愛其人, 則足以拒秦.
秦復愛六國之人, 則遞二世可至萬世而爲君, 誰得而族滅也?
秦人不暇自哀, 而後人哀之.
後人哀之, 而不鑑之, 亦使後人而復哀後人也.

【使天下之人, 不敢言而敢怒】천하 사람들로 하여금 감이 말을 하거나 화를 낼 수
없도록 억압함. 秦始皇의 폭정을 뜻함.
【獨夫之心, 日益驕固, 戍卒叫, 函谷擧, 楚人一炬, 可憐焦土】'獨夫'는 민심을 잃고
홀로된 한 사나이, 즉 폭군을 일컫는 말. '驕固'는 교만해지고 고집스러워짐. '戍
卒叫'는 戍卒들이 부르짖음. 반란을 일으킴. 즉 陳勝과 吳廣이 처음 反秦旗幟를
들고 일어나자 천하가 호응함. 《古文眞寶》注에 "陳勝·吳廣"이라 함. '函谷擧'은
函谷關이 들림. 즉 무너짐. 函谷關은 關中으로 들어오는 가장 중요한 요새. 劉邦
이 이를 함락시키고 咸陽에 입성하였음을 말함. '楚人一炬'는 楚나라 사람의 횃
불 하나. 《古文眞寶》注에 "項羽"라 함. 즉 楚將 項羽가 咸陽에 입성하여 왕족들
을 죽이고 阿房宮에 불을 질러 그 불길이 석 달 열흘이 계속 되었다 함. 《古文眞
寶》注에 "工而切"이라 함.
【嗚呼! 滅六國者 六國也, 非秦也;族秦者, 秦也, 非天下也】六國을 멸망시킨 것은
그들 六國 자신들이지 秦나라가 아니었듯이, 秦나라를 滅族시킨 것은 秦나라
자신이었지 천하가 아니었음. '族'은 族滅시킴. 秦나라 황족들이 모두 멸족을 당
함. 《古文眞寶》注에 "孟子'國必自伐'之意"라 함.
【嗟夫! 使六國各愛其人, 則足以拒秦】六國들이 각기 자신들의 백성들을 사랑했더
라면 秦나라를 족히 막아낼 수 있었을 것임.
【秦復愛六國之人, 則遞二世可至萬世而爲君, 誰得而族滅也】'遞二世'는 始皇帝에서
二世 胡亥에게 皇位가 넘어감. 《史記》秦始皇本紀에 "二十六年, 制曰:「自今已來,

除謚法. 朕爲始皇帝. 後世以計數, 二世三世至萬世, 傳之無窮.」이라 함. 〈補注〉에
"《史記》秦始皇紀: 「制曰: ‘朕爲始皇帝, 後世以計數, 二世三世至于萬世, 傳之無窮.’
賦蓋用此語反言之, 眞爲頭腦一針"이라 함. 《古文眞寶》注에 "卽賈生‘仁義不施’之
意. 無此一段, 理致議論, 則文字太華麗, 而欠典實矣"라 함.

【秦人不暇自哀, 而後人哀之】 ‘不暇自哀’는 슬퍼할 겨를이 없었음.

【後人哀之, 而不鑑之, 亦使後人而復哀後人也】 ‘鑑’은 거울로 삼아 경계함. 《古文眞
寶》注에 "末意規諷有感嘆悠長之味, 良可戒後人好土木之妖者云"이라 함.

참고 및 관련 자료

1. 杜牧(803–852) 牧之, 小杜, 樊川

杜字는 자는 牧之이며 杜甫에 대칭하여 小杜라 불렀음. 杜牧의 文集은 《新唐
書》(藝文志, 4)에 《樊川集》(20卷)이 著錄되어 있고 《郡齋讀書志》와 《直齋書錄解題》
에는 그밖에 《外集》(1卷)이 기록되어 있으며, 北宋 때 田槩가 집록한 《樊川別集》(1
卷)이 있음. 한편 《全唐詩》에는 杜牧의 詩를 8卷(520–527)으로 편집하였으나 그
중에는 다른 사람의 作品이 잘못 들어간 詩가 상당량이 있음. 《全唐詩外編》 및

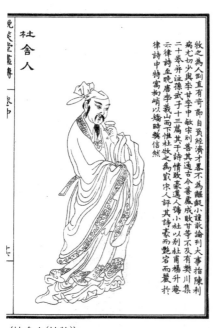

《全唐詩續拾》에 詩 9首가 補入되어 있
으며 《新唐書》(藝文志, 3)에는 "杜牧注
《孫子》三卷"이 있음. 이는 뒤에 曹操·
李筌·杜牧·梅堯臣 등 11명의 注를 합
한 《十一家注孫子》 속에 들어 지금도
전하고 있음. 《唐詩紀事》(56) 등 唐·五
代의 기록에 소설가의 허구 기록도 매
우 많음. 《舊唐書》(190 下) 및 《新唐書》
(201)에 전이 있음.

2. 이 글은 《樊川集》(1), 《唐文粹》(1),
《山西通志》(89), 《事文類聚》(續集 5), 《文
苑英華》(47), 《歷代賦彙》(108), 《歷代詩
話》(19), 《歷代名賢確論》(34), 《說郛》(47
上), 《淵鑑類函》(341), 《古文觀止》(7), 《古
文眞寶》(後集 5) 등에 실려 있음.

〈杜舍人(杜牧)〉

3.《史記》秦始皇本紀에 "三十五年, 除道, 道九原抵雲陽, 塹山堙谷, 直通之. 於是始皇以爲咸陽人多, 先王之宮廷小, 吾聞周文王都豐, 武王都鎬, 豐鎬之間, 帝王之都也. 乃營作朝宮渭南上林苑中. 先作前殿阿房, 東西五百步, 南北五十丈, 上可以坐萬人, 下可以建五丈旗. 周馳爲閣道, 自殿下直抵南山. 表南山之顚以爲闕. 爲復道, 自阿房渡渭, 屬之咸陽, 以象天極閣道絶漢抵營室也. 阿房宮未成; 成, 欲更擇令名名之. 作宮阿房, 故天下謂之阿房宮. 隱宮徒刑者七十餘萬人, 乃分作阿房宮, 或作麗山. 發北山石槨, 乃寫蜀‧荊地材皆至. 關中計宮三百, 關外四百餘. 於是立石東海上朐界中, 以爲秦東門. 因徙三萬家麗邑, 五萬家雲陽, 皆復不事十歲"라 하여, 秦始皇은 천하를 통일한 다음 지금의 陝西省 長安縣 서북쪽 渭水 남쪽 上林苑에 큰 궁궐 營建 사업을 시작하였음. 규모가 대단하여 동서로 5백 보, 남북으로 5백 丈이나 되었으며, 殿上에는 1만 명이 앉을 수 있고 殿下에는 다섯 丈의 旗를 세울 수 있었으며, 건물 사이는 2층의 複道로 통하여 곧바로 南山에 이를 수 있도록 하여 渭水를 건너 咸陽까지 연결되었음. 阿房宮은 완공을 보지 못한 채 소실되어 지명을 따라 임시로 阿房이라 불렀으며, 〈正義〉에 "顏師古云: 「阿, 近也. 以其去咸陽近, 且號阿房.」"이라 하였고, 〈索隱〉에는 "此以其形名宮也, 言其宮四阿旁廣也"라 함. 이는 長城修築, 皇陵築造와 함께 진시황의 三大土木工事의 하나였으며, 그로 인해 진나라는 멸망의 길로 들어서게 됨. 결국 秦末 천하 대혼란의 와중에 項羽가 咸陽으로 입성하여 阿房宮에 불을 지르고 秦나라는 멸망하여 역사 속으로 사라지고 말았음.

4.《淮南子》兵略訓에 "二世皇帝, 勢爲天子, 富有天下, 人迹所至, 舟檝所通, 莫不爲郡縣. 然縱耳目之欲‧窮侈靡之變, 不顧百姓之饑寒窮匱也, 興萬乘之駕而作阿房之宮, 發閭左之戍, 收太半之賦, 百姓之隨逮肆刑‧挽輅首路死者, 一旦不知千萬之數"라 하였고, 注에 "阿房, 地名, 秦所築也"라 함.

5.《古文眞寶》注에 "秦始皇以咸陽人多, 先王宮庭小, 乃營作朝宮渭南上林園中. 先作前殿於阿房. 阿, 山谷也; 房, 旁也. 乃舊地名. 旣成, 未更名而燬, 故天下只云阿房宮. ○按《前漢書》賈山傳阿房宮, 顏注: 殿之四阿, 皆爲房也. 房, 或作旁. 說云: 作此殿, 初未有名, 以其去咸陽近, 且號阿房, 房, 近也, 與房舍義不同. ○陳止齋曰: 杜牧之〈阿房賦〉, 非吳武陵不重. ○洪容齋曰: 唐人作賦, 多以造語爲奇, 杜牧〈阿房賦〉, 明星熒熒一節, 比興引喩, 如是其侈, 然楊敬之〈華山賦〉在前, 敍述尤壯, 曰見若咫尺, 田千畝矣; 見若環堵, 城千雉矣; 見若杯水, 池百里矣; 見若蟻垤, 臺九層矣; 醯雞往來,

〈杜牧(牧之)〉

周西東矣; 蟻蠓紛紛, 秦速亡矣;
蜂窠聯聯, 起阿房矣; 俄而復然,
立建章矣; 小星奕奕, 焚咸陽矣;
纍纍繭栗, 祖龍藏矣. 高彥休闕
史, 云敬之賦五千字, 唱在人口,
賦之句如, 上數語, 杜司徒佑, 李
太尉德裕, 常所誦, 牧之乃佑孫,
卽〈阿房賦〉, 實模倣楊作也"라
함.

6.《唐詩紀事》(56)

李義山作〈杜司勳〉詩云:『高樓
風雨歎斯文, 短翼差池不及羣.
刻意傷春復傷別, 人間唯有杜司
勳.』又云:『杜牧司勳字牧之, 清
秋一首杜秋詩. 前身應是梁江總,

名總還曾字總持. 心鐵已從干鏌利, 鬢絲休嘆雪霜垂. 漢江遠弔西江水, 羊祜韋丹盡
有碑.』(時杜撰韋碑)

7.《全唐詩》(520)

杜牧, 字牧之, 京兆萬年人. 太和二年, 擢進士第. 復舉賢良方正, 沈傳師表爲江西
團練府巡官. 又爲牛僧孺淮南節度府掌書記, 擢監察御使. 移疾, 分司東都, 以弟顗
病棄官. 復爲宜州團練判官, 拜殿中侍御史·內供奉. 累遷左補闕·史館修撰, 改膳部
員外郎. 歷黃·池·睦三州刺史, 入爲司勳員外郎. 常兼史職, 改吏部. 復乞爲湖州刺史.
踰年, 拜考功郎中·知制誥, 遷中書舍人卒. 牧剛直有奇節, 不爲齪齪小謹. 敢論列大
事, 指陳病利尤切. 其詩情致豪邁, 人號爲小杜, 以別甫云.《樊川詩》四卷,《外集詩》
一卷, 今編爲八卷.

8.《唐才子傳》(6)

牧, 字牧之, 京兆人也. 善屬文. 太和二年, 韋籌榜進士, 與厲玄同年. 初, 末第, 來東
都, 時主司侍郎崔郾, 太學博士吳武陵策蹇進謁曰:「侍郎以峻德偉望, 爲明君選才, 僕
敢不薄施塵露. 向偶見文士十數輩, 揚眉抵掌, 其讀一卷文書, 覽之, 乃進士杜牧〈阿
房宮賦〉. 其人, 王佐才也.」因出卷, 揖笏朗誦之, 郾大加賞. 曰:「請公與狀頭!」郾曰:

「已得人矣.」曰:「不得, 卽請第五人. 更否, 則請以賦見還!」辭容激厲. 郾曰:「諸生多言, 牧疏曠不拘細行, 然敬依所敎, 不敢易也.」後又舉賢良方正科. 沈傳師表爲江西團練府巡官. 又爲牛僧孺淮南節度府掌書記. 拜侍御史, 累遷左補闕, 歷黃·池·睦三州刺史, 以考功郎中知制誥, 遷中書舍人. 牧剛直有奇節, 不爲齷齪小謹, 敢論列大事, 指陳利病尤切. 兵法戎機, 平昔盡意. 嘗以從兄悰更歷將相, 而己困躓不振, 怏怏難平. 卒年五十, 臨死自寫墓誌, 多焚所爲文章. 詩情豪邁, 語率驚人. 識者以擬杜甫, 故呼「大杜」·「小杜」以別之. 後人評牧詩:「如銅丸走坂, 駿馬注坡.」謂圓快奮急也. 牧美容姿, 好歌舞, 風情頗張, 不能自遏.

杜牧 筆跡〈張好好詩殘卷〉

時淮南稱繁盛, 不減京華, 且多名姬絶色, 牧恣心賞, 牛相收街吏報 杜書記平安帖子至盈篋. 後以御史分司洛陽, 時李司徒閒居, 家妓爲當時第一, 宴朝士, 以牧風憲, 不敢邀, 牧因遣諷李使召己, 旣至, 曰:「聞有紫雲者 妙歌舞, 孰是?」卽贈詩曰:「華堂今日綺筵開, 誰喚分司御史來. 忽發狂言驚四座, 兩行紅袖一時回.」意氣閒逸, 傍若無人, 座客莫不稱異. 太和末, 往湖州, 目成一女子, 方十餘歲, 約以「十年後吾來典郡, 當納之.」結以金幣. 洎周墀入相, 上牋乞守湖州, 比至, 已十四年, 前女子從人, 兩抱雛矣. 賦詩曰:「自恨尋芳去較遲, 不須惆悵怨芳時. 如今風擺花狼藉, 綠葉成陰子滿枝.」此其大槪一二. 凡所牽繫, 情見於辭. 別業樊川. 有《樊川集》二十卷, 及註《孫子》, 幷傳. 同時有嚴惲, 字子重, 工詩, 與牧友善, 以《問春》詩得名, 昔聞有集, 今無之矣.

068(7-9) <送李愿歸盤谷序> ··········· 韓文公(韓愈)

반곡盤谷으로 돌아가는 이원李愿을 보내며 주는 글

〈盤谷圖〉

＊〈送李愿歸盤谷序〉: 李愿이 盤谷으로 돌아가려 하자 그를 보내며 지은 서문. 李愿은 唐 德宗 西平王 李晟의 아들이며 李愬의 兄으로, 太子賓客과 上柱國의 벼슬을 거쳐 元和 연간에 세 번이나 節度使에 올랐던 인물. 음악과 여색, 사치 등에 빠졌으며, 결국 李臣則을 격동시켜 반란을 일으키도록 하였다가 병이 들어 敗死하고 말았음. 특히 李洪의 《芸庵類藁》에는 그를 "博徒之雄"이라 하여 도박에도 깊이 빠졌던 것으로 되어 있음. 《舊唐書》(133)와 《新唐書》(154) 李晟傳에 그의 傳이 함께 들어 있으며, 《新唐書》에는 "愬, 字元直, 有籌略, 善騎射. 以廕補協律郎, 遷累衛尉少卿. ……會愬疾甚, 不能軍, 詔田布代之, 以太子少保還東都. 卒, 年四十九, 贈太尉, 諡曰武"라 함. 그런데 韓愈는 본 문장에서 李愿은 아주 훌륭한 隱士로 칭송되었으나 실제 뒷날의 이러한 생활은 글의 내용과 전혀 이와 달라 혹 의문을 자아내기도 함. 따라서 이는 貞元 17년(801) 韓愈가 34세 때 李愿의 '대장부에 대한 주장'만을 높이 여겨 쓴 것이거나, 혹 同名異人으로 다른 은사 李愿이 있었던 것일 가능성이 큼.

태항산太行山 남쪽에 반곡盤谷이란 곳이 있으며, 반곡의 사이에는 샘물이 달고 토지가 비옥하여 초목은 무성하나 거주하는 사람은 드문 곳이다.

어떤 사람은 "그곳은 두 산이 둘러싸인 사이여서, 그 때문에 반盤이라 한다"라 하고, 어떤 사람은 "이 골짜기가 깊숙한 곳에 위치하면서 형세가 험해서 은자隱者들이 반환盤桓하는 곳이기에 붙여진 지명"이라고도 한다.

친구 이원李愿이 그곳에 살면서 이렇게 말하였다.

"사람들이 말하는 대장부를 나는 이렇게 알고 있지요. 남에게 이익과 혜택을 베풀고, 당대에 명성을 빛내며, 조정에 앉아서는 백관을 진퇴進退시키면서 천자가 내는 명령을 보좌하지요. 그리고 밖으로 행차할 때면 기모旗旄의 깃발을 세우고, 궁시弓矢의 병사들이 나열되고, 무부武夫들은 앞에서 소리쳐 사람들을 물러나도록 하며, 종자從者들이 길을 가득 메우며, 필요한 것을 공급供給하는 이들은 각기 그 물건을 들고 길을 끼고 내달리지요. 즐겁게 해주는 이에게는 상을 내리고, 노엽게 하면 형벌을 내리며, 준재俊才들이 그의 앞에 가득 모여 고금古今의 사례를 거론하면서 그의 성덕盛德을 칭송하여, 귀로 들어도 번거롭지 아니하게 해주지요. 그는 굽은 눈썹에 풍성한 뺨, 그리고 맑은 목소리에 편안한 몸가짐, 밖으로는 수려하고 안으로는 은혜로운 태도에, 목덜미 옷깃은 바람에 가볍게 펄럭이고, 긴 소매는 얼굴을 가려주며, 흰 분에 초록 눈썹 바른 미인들이 방에 나열하여 한가하게 살고 있으면서, 총애를 다투고 자신의 미모를 자부하며, 아름다움을 경쟁하여 사랑을 취하려 들지요. 이러한 대장부란 천자로부터 인정을 받아 당세에 힘을 쓰는 일을 해내는 자이지만, 나는 이를 싫어해서 도망한 것이 아니라, 이런 경우란 운명이 있는 것이며, 요행으로 이룰 수 있는 것이 아니라 여겼기 때문이지요. 궁하게 살면서 초야에 묻혀, 높은 곳에 올라 멀리 바라보고, 무성한 나무 아래 앉아 그날 해를 마치며, 맑은 샘물에 씻어 스스로 깨끗이 하고, 산에서 채취한 것은 맛이 좋아 가히 먹음직하고, 물에서 낚아 올린 것은 신선하여 먹을 만하지요. 일상 일어나고 움직임이 때가 없어 오직 편한 대로 하면 그만이니, 앞에서 칭찬을 듣는 것이 뒤에서 헐뜯음이 없는 것 만하겠으며, 내 몸 즐거운 것이 마음에 근심 없는 것 만하겠습니까? 거복車服에 얽매임이 없고, 형틀이 나에게 가해지지 않으며, 이란理亂은 알 바 없으며, 출척黜陟을 듣지 않아도 되는 것, 이것이 대장부로서 시대를 만나지 못했을 때 해야 하는 것인데, 나는 바로 이를 행하고 있소. 공경公卿의 문 앞을 기웃거리며, 출세의 길에 바삐 뛰어야 하며, 발은 장차 앞으로 나가려 하나 머뭇거려야 하고, 입은 장차 말하고자 하나 기가 죽어 말을 제대로 못하고, 더러운 곳에 처하면서도 부끄러움을 모르고, 형틀에 저촉되어 주륙誅戮을 당하며, 만萬에 하나 요행으로 벗어난다 해도 늙어 죽어야 끝날 것이라면, 사람됨에 있어서 똑똑함과 불초함이 어떤 것이겠습니까?"

太行之陽有盤谷, 盤谷之間, 泉甘而土肥, 草木叢茂, 居民鮮少.
或曰「謂其環兩山之間, 故曰盤」, 或曰「是谷也, 宅幽而勢阻, 隱者之所盤旋」.
友人李愿居之, 愿之言曰:「人之稱大丈夫者, 我知之矣. 利澤施于人, 名聲昭于時, 坐于廟朝, 進退百官而佐天子出令; 其在外則樹旗旄, 羅弓矢; 武夫前呵, 從者塞塗, 供給之人, 各執其物, 夾道而疾馳; 喜有賞, 怒有刑; 才畯滿前, 道古今而譽盛德, 入耳而不煩; 曲眉豐頰, 清聲而便體, 秀外而惠中; 飄輕裾, 翳長袖; 粉白黛綠者, 列屋而閒居, 妬寵而負恃, 爭妍而取憐. 大丈夫之遇知於天子, 用力於當世者之爲也, 吾非惡此而逃之, 是有命焉, 不可幸而致也. 窮居而野處, 升高而望遠; 坐茂樹以終日, 濯清泉以自潔; 採於山, 美可茹; 釣於水, 鮮可食. 起居無時, 惟適之安; 與其譽於

前, 孰若無毀於其後; 與其樂於身, 孰若無憂於其心? 車服不維,
刀鋸不加; 理亂不知, 黜陟不聞. 大丈夫不遇於時者之所爲也, 我
則行之. 伺候於公卿之門, 奔走於刑勢之途; 足將進而趑趄, 口將
言而囁嚅; 處穢汙而不羞, 觸刑辟而誅戮; 僥倖於萬一, 老死而後
止者, 其於爲人, 賢不肖何如也?」

【太行之陽有盤谷】'太行'(태항)은 산 이름. 河南省, 河北省, 山西省 일대에 걸쳐 있
음. 〈補注〉에 "太行, 山名, 在懷州. 盤谷, 地名, 在孟州濟源縣.《困學紀聞》集證曰:
「濟源縣, 隋置. 唐末以來依之. 今屬河南懷慶府.」라 함. '陽'은 산의 남쪽. '山南江
北曰陽'이라 함. '盤谷'은 地名. 太行山 남쪽 河南省 濟源縣에 있음.《東雅堂》에
"太行山谷, 在懷州陽南也; 盤谷, 地名, 在孟州濟原縣"이라 함.

【盤谷之間, 泉甘而土肥, 草木叢茂, 居民鮮少】'鮮少'는 사는 사람이 매우 드물어
거의 없다시피 함.

【或曰「謂其環兩山之間, 故曰盤」】혹은 그 지형이 두 산이 둘러싸인 중간에 있는
곳이어서 '盤'이라 부름.

【或曰「是谷也, 宅幽而勢阻, 隱者之所盤旋」】'宅幽'은 그윽하고 깊숙한 곳에 위치함.
'宅'은 자리를 잡고 있음.《五百家注》에 "宅, 處也"라 함. '勢阻'는 지세나 산세가
험준하여 막혀 굴절되어 있음. 〈補注〉에 "阻, 屈折也"라 함. '盤旋'은 徘徊함. 이리
저리 거닒을 뜻하는 疊韻連綿語. 盤桓과 같음.《古文眞寶》注에 "盤旋, 猶盤桓"이
라 하였고,《東雅堂》에는 "盤下諸本皆有旋字, 洪氏〈石本〉,〈杭本〉同. 或作'桓', 樊
氏〈石本〉,〈閣蜀〉,〈苑〉刪去. 今按〈石本〉之不同. 說見於後. '友人', 諸本及洪氏〈石
本〉皆作友. 樊氏〈石本〉作有."라 함.

【友人李愿居之, 愿之言曰】李愿이 그곳에 살면서 자신의 지조를 말함.

【人之稱大丈夫者, 我知之矣】'大丈夫'는《孟子》滕文公(下)에 "景春曰:「公孫衍, 張
儀, 豈不誠大丈夫哉? 一怒而諸侯懼, 安居而天下熄.」孟子曰:「是焉得爲大丈夫乎?
子未學禮乎? 丈夫之冠也, 父命之; 女子之嫁也, 母命之; 往送之門, 戒之曰:『往之女
家, 必敬必戒, 無違夫子!』以順爲正者, 妾婦之道也. 居天下之廣居; 立天下之正位;
行天下之大道. 得志, 與民由之; 不得志, 獨行其道, 富貴不能淫; 貧賤不能移, 威武
不能屈. 此之謂大丈夫.」라 함.

【利澤施于人, 名聲昭于時, 坐于廟朝】'廟朝'는 廟堂과 朝廷. 朝廷을 뜻함.《古文眞

寶》注에 "廟朝, 謂廟堂朝廷"이라 함.

【進退百官而佐天子出令】'進退百官'은 백관의 진퇴를 결정함. 모든 관리들을 임명하고 解職함.

【其在外則樹旗旄, 羅弓失; 武夫前呵, 從者塞塗, 供給之人, 各執其物, 夾道而疾馳】'樹旗旄'는 깃발을 세움. 장수로서의 위세를 뜻함. '前呵'는 장수가 출행할 때 앞에서 辟除함을 뜻함. 〈補注〉에 "呵, 大言而怒也"라 함. '塞塗'는 길을 가득 메움. 사람들이 많음. '供給之人'은 귀인의 측근에서 심부름하는 사람. 侍從.

【喜有賞, 怒有刑, 才畯滿前, 道古今而譽盛德】'才畯'은 재주가 뛰어난 사람. 才俊과 같음. 《五百家注》에 "畯, 〈今本〉作俊"이라 함. '道'는 '말하다'의 뜻. 《古文眞寶》注에 "道, 猶言也"라 함.

【入耳而不煩, 曲眉豐頰, 淸聲而便體, 秀外而惠中, 飄輕裾, 翳長袖】'便體'는 몸을 편안히 함. 《五百家注》에 "便, 安也"라 함. '秀外而惠中'은 외모는 수려하고 속 마음씨는 順惠함. 《補注》에 "《爾雅》釋詁:「惠. 順也.」《詩》終風:「惠然肯來.」〈箋〉:「惠, 順也.」"라 함. '飄輕裾'는 목덜미 옷자락이 걸을 때마다 바람에 가볍게 나부낌. 《오백가注》에 "裾, 領也"라 함. '翳長袖'는 긴 소맷자락이 얼굴이나 몸을 덮음. '翳'는 蔽의 뜻. 음은 '예'(於計反).

【粉白黛綠者, 列屋而閒居, 妬寵而負恃, 爭妍而取憐】'粉白黛綠'은 분은 희고 눈썹 화장은 녹색. 《釋名》에 "黛, 代也. 滅去眉毛, 以代其處也"라 함. 美人들을 말함. '負恃'은 믿고 의지함. 곧 자신의 아름다움을 믿고 뽐냄. '取憐'은 안타까움을 구함. 여인들이 총애를 구함.

【大丈夫之遇知於天子, 用力於當世者之爲也, 吾非惡此而逃之】대장부가 임금에게 인정을 받아, 당세에 힘을 다해야 할 일이지만 내가 이를 싫어해서 피한 것이 아님.

【是有命焉, 不可幸而致也】이는 운명이 있는 것이며 요행으로 되는 것도 아님을 알았기 때문에 그러한 대장부가 되지 못한 것임.

【窮居而野處, 升高而望遠】'野處'는 山野에서 삶. 《易》繫辭(下)에 "上古穴居而野處, 後世聖人易之以宮室"이라 함. 이 아래는 草野에 사는 대장부로서의 훌륭함을 설명한 것임.

【坐茂樹以終日, 濯淸泉以自潔; 採於山, 美可茹, 釣於水, 鮮可食】'美可茹'는 맛이 좋아 먹음직함. '美'는 甘味의 뜻이며 '茹'는 食의 뜻. 《五百家注》와 《古文眞寶》注에 "茹, 食也"라 함. '鮮'은 생선. 〈補注〉에 "孫汝聰曰:「《老子》:「治大國若烹小鮮.」鮮,

小魚'라 함.

【起居無時, 惟適之安】'起居無時'는 起居에 정해진 시간 구속이 없음. 매우 자유
로움을 뜻함. '起居'는 일상생활.

【與其譽於前, 孰若無毀於其後;與其樂於身, 孰若無憂於其心】'與其-孰若'는 비교
격으로 쓰이는 文章構造를 만듦. 'A하는 것이 어찌 B만 하리오?', 즉 'B하는 편
이 낫다'의 뜻이 됨.

【車服不維, 刀鋸不加;理亂不知, 黜陟不聞】'車服不維'는 수레와 의복에 얽매이지
않음. '車服'은 신분에 따른 예의 구속을 뜻함. 〈補注〉에 《書》舜典:「車服以庸.」이
라 함. '維'는 '얽어매다, 구속을 받다'의 뜻. 《五百家注》에 "維, 繫也"라 함. '刀鋸'
는 칼과 톱. 刑具를 뜻함. 〈補注〉에 "漢書刑法志:「中刑用刀鋸.」注:「刀, 割刑;鋸,
刖刑也.」"라 함. '理亂'은 나라의 다스려짐과 혼란함. 治亂과 같음. '黜陟'은 免職
과 昇進을 함께 일컫는 雙聲連綿語.

【大丈夫不遇於時者之所爲也, 我則行之】이는 때를 만나지 못한 대장부가 해야 하
는 일이며 자신은 이를 실행하고 있음.

【伺候於公卿之門, 奔走於刑勢之途】'伺候'는 윗사람을 방문하여 엿봄. 윗사람을
찾아가 안부를 물음. 권력자의 눈치를 살핌. '公卿'은 三公과 九卿. 고위관리를
말함. '形勢之途'는 權門勢家. 벼슬길, 출셋길. 여기서부터는 옳지 못한 대장부를
설명한 것.

【足將進而趑趄, 口將言而囁嚅】'趑趄'(자저)는 머뭇거리는 모습을 뜻하는 雙聲連
綿語. '次且'로도 표기하며 '跰踳'과 같음. 《別本》에 "趑, 取私切;趄音徂. 趑趄, 行
不進貌"라 함. 《易》夬卦 九四에 "九四, 臀无膚, 其行次且;牽羊悔亡, 聞言不信"이
라 하였고, 釋文에 王肅의 말을 인용하여 "趑趄, 行止之礙也"라 하였고, 《新序》
雜事(5)에는 이를 '趑趄'로 표기하였음. 《說文》에 "趑趄, 行不進也"라 함. 《五百家
注》에도 "韓曰:趑趄行不進貌. 孫曰:趑趄, 跰踳也"라 함. '囁嚅'는 말을 하려다가
겁을 내어 제대로 표현하지 못하고 어물거리는 모습을 뜻하는 連綿語. 《別本》에
"囁, 之舌切, 又而舌切;嚅, 女居切, 又音如. 囁嚅, 不敢出口也"라 하여, '囁嚅'는 '이
여'의 雙聲連綿語로 읽어야 타당할 듯함. 《軌範》補注에는 "祝充曰:「楚詞「喜囁
嚅而妄作」. 注:「囁嚅, 小語謀私貌. 《廣韻》作'多言', 非」 孫汝聰曰:「囁嚅, 不敢出口
也.」"라 함. 《古文眞寶》注에 "趑趄, 猶難進;囁嚅, 欲言未言"이라 함.

【處穢汙而不羞, 觸刑辟而誅戮】'穢汙'는 더러움. '汙'는 汚와 같음. '刑辟'은 아주 큰

형벌. '誅戮'은 죄인을 죽임.

【僥倖於萬一, 老死而後止者】'僥倖於萬一'은 만에 하나도 있기 어려운 요행을 바람. '僥倖'은 連綿語. '老死而後止'는 늙어죽은 다음에야 그침. 살아 있는 동안은 피할 수 없음.《老子》(80)에 "民至老死, 不相往來"라 함.

【其於爲人, 賢不肖何如也】'賢不肖'는 현명함과 어리석음.

2/2 ————————

창려昌黎 나 한유韓愈는 그의 말을 듣고 장하게 여겨, 그에게 술을 주면서 노래를 지어주었다.

『반곡 가운데는 그대의 집이요,
반곡의 토지는 그대의 농토로다.
반곡의 샘물은 씻을 수도 있고 따라 거닐 수도 있으며,
반곡의 막힘은 누가 그대와 다툴 장소이겠는가?
그윽하면서 깊은 곳이어서 넓어 용납할 수 있고,
빙 둘러 굽은 곳이어서 갔다가는 되돌아 올 수밖에 없는 곳.
아! 반곡의 즐거움이여, 즐거움은 게다가 끝이 없구나.
호랑이 표범도 자취를 멀리하고, 교룡도 제 모습을 숨겨 감추는 곳.
귀신이 지켜 보호하도다, 상서롭지 못한 것은 소리쳐 막아주는 곳.
마시고 또 먹음이여, 장수하고 건강하리라.
부족함이 없도다, 더 바랄 것이 무엇이겠는가?
내 수레에 기름칠 하도다, 내 말에게 꼴을 먹이도다.
그대 따라 반곡으로 가서, 내 여생 그곳에서 유유자적하리라!』

昌黎韓愈聞其言而壯之, 與之酒而爲之歌, 曰:

『盤之中, 維子之宮. 盤之土, 維子之稼盤之泉, 可濯可沿, 盤之阻, 誰爭子所?
窈而深, 廓其有容. 繚而曲, 如往而復.
嗟盤之樂兮, 樂且無央. 虎豹遠跡兮, 蛟龍遁藏.
鬼神守護兮, 呵禁不祥. 飮且食兮, 壽而康.
無不足兮, 奚所望? 膏吾車兮, 秣吾馬.
從子于盤兮, 終吾生以倘佯!』

【昌黎韓愈聞其言而壯之, 與之酒而爲之歌】'昌黎'는 地名. 河北省에 있는 縣 이름.
韓愈 先代의 緣故地여서 韓愈를 昌黎先生이라 부름.

【盤之中, 維子之宮. 盤之土, 維子之稼】'子'는 그대, 즉 상대방을 부르는 호칭. '宮'은
집. 고대 일반인의 집도 宮이라 불렸음. '稼'는 稼穡, 즉 농사를 지음.

【盤之泉, 可濯可沿. 盤之阻, 誰爭子所?】'濯'은 세탁함. 그러나 노를 저어 배로 다
닐 수 있다는 뜻으로도 봄. 〈補注〉에 "義門讀書記:「濯, 古與櫂通.《漢書》:「水衡
有輯濯丞.」音, 直孝反"이라 함. '沿'은 물을 따라 거니는 것. '緣'과 같음. 그러나
《五百家注》에는 '湘'으로 되어 있으며 注에 "祝曰:《釋文》:湘, 烹也.〈采蘋〉:「于以
湘之.」○'可湘', 一作'而沿', 一作'可沿', 一作'可遊'"라 함. '阻'는 구불구불하여 외
진 곳.《五百家注》와《軌範》注에 "阻, 屈折也"라 함.

【窈而深, 廓其有容. 繚而曲, 如往而復】'심'은 공이어야 한다고 여기기도 함.〈補注〉
에 "深, 作空爲是"라 함. '廓'은 텅 비어 넓음. '繚而曲'은 구불구불 굽이짐.

【嗟盤之樂兮, 樂且無央. 虎豹遠跡兮, 蛟龍遁藏】'無央'은 가운데가 없음. '央'은 已
의 뜻.《古文眞寶》注에 "無央, 猶無盡"이라 함.

【鬼神守護兮, 呵禁不祥. 飮且食兮, 壽而康】'呵禁不祥'은 상서롭지 못한 것은 꾸짖
어 오지 못하도록 함. '不祥'은 도깨비나 惡鬼 등을 뜻함.〈補注〉에 "孫汝聰曰:
「不祥, 謂魑魅之屬.」"이라 함. '壽而康'은《詩》魯頌 閟宮篇에 "俾爾熾而昌, 俾爾壽
而臧. ……俾爾昌而大, 俾爾耆而艾, 萬有千歲, 眉壽有無害"라 하였고,《上書》洪範
篇에는 "五福:一曰壽, 二曰富, 三曰康寧, 四曰攸好德, 五曰考終命"이라 함.

【無不足兮, 奚所望? 膏吾車兮, 秣吾馬】'膏吾車'는 내 수레에 기름칠을 함. '秣'은 말
에게 꼴을 먹임. 출발을 준비함.《詩》漢廣篇에 "之子于歸, 言秣其馬"의〈傳〉에
"秣, 養也"라 하였고,《後漢書》馮衍傳 "秣吾馬於潁澨"의 注에 "秣, 謂食馬以粟"이

라 함.

【從子于盤兮, 終吾生以徜徉】'徜徉'은 '倘佯'으로도 표기함. 徘徊하며 悠悠自適, 逍
遙自適함을 뜻하는 疊韻連綿語.《五百家注》에 "韓曰: 徜徉, 徘徊也. 孫曰:《廣雅》
云:「倘佯, 戲蕩也.」○上, 辰羊切, 音常; 下, 余章切, 音羊"이라 하여 '상양'으로 읽음.
《廣雅》釋訓에 "倘佯, 戲蕩也"라 하였으며,《文選》〈吳都賦〉「徘徊倘佯」의 注에는
"倘佯, 猶翱翔"이라 하였고, 〈風賦〉「然後倘佯中庭」의 注에는 "倘佯, 猶徘徊也"라
함. 함.

참고 및 관련 자료

1. 韓文公(韓愈, 韓退之, 韓昌黎) 001 참조.

2. 이 글은《別本韓文考異》(19),《五百家注昌黎文集》(19),《東雅堂昌黎集註》(19),
《唐宋八大家文鈔》(7),《唐文粹》(96),《崇古文訣》(9),《文苑英華》(730),《文章正宗》(21
下),《文編》(54),《唐宋文醇》(4),《古文雅正》(8),《文章辨體彙選》(336),《山西通志》
(212),《盤山志》(4),《事文類聚》(前集 33),《淵鑑類函》(291),《古文辭類纂》(32),《唐宋文
擧要》(2),《古文約選》(2),《古文眞寶》(後集 4) 등에 실려 있음.

3.《軌範》末尾 補注에는 "按: 此篇立言, 蓋由莊子刻意篇悟入, 而使人不知其所本.
此最公文所以爲不易及"이라 함.

4.《軌範》補注에 "李愿, 無攷. ……何焯云:「《元和御覽》詩中有李愿二首, 疑卽其
人.」"이라 함.

5.《別本韓文考異》注에 "樊曰: 東坡云:「歐陽公言'晉無文章, 惟陶淵明〈歸去來〉一
篇而已'. 余亦謂'唐無文章, 惟韓退之〈送李愿歸盤谷〉一篇而已'. 平生欲效此作一篇,
每執筆, 輒罷因自笑曰'不若且放教退之獨步', 唐人跋序後云云. 昌黎韓愈知名之士,
高愿之賢, 故序而送之云云.」樊曰:「按貞元十七年, 歲在辛巳. 歐陽公《集古錄》云: 當
時退之官尙未顯, 其道未爲當時所宗師, 故但云知名士, 然當時送愿者, 爲不少而獨.
刻此序, 蓋其文已重於時也.」方云:「此序貞元十七年作, 公年纔三十四耳.」라 함.

6.《五百家昌黎集注》에는 "樊曰:「貞元十七年作, 時公年三十四. 脫汴徐之亂, 來居
洛, 方且求官京師, 鬱於中而見於外, 故其辭如此. 東坡云: 歐陽公言'晉無文章, 唯陶
淵明〈歸去來〉一篇而已'. 余亦謂'唐無文章, 惟韓退之〈送李愿歸盤谷序〉一篇而已'.
平生欲效此作一篇, 每執筆, 輒罷因自笑曰'不若且放教退之獨步'. 補注: 此序孟州濟
原有〈石本〉, 其間異同, 當以〈石本〉爲正. 今文注其下"라 함.

7. 《東雅堂昌黎文集》注에도 "此序貞元十七年作, 公年纔三十四耳. 東坡云:歐陽公言'晉無文章, 惟陶淵明〈歸去來詞〉而已'. 余謂'唐無文章, 惟韓退之〈送李愿歸盤谷序〉而已', 平生欲效此作, 每執筆, 輒罷. 因自笑曰'不若且放教退之獨步'. 此序孟州濟原縣有〈石本〉, 其閒小有異同"이라 함.

8. 《古文眞寶》注에 "迂齋云:「一節是形容得意人, 一節是形容閒居人, 一節是形容奔走伺候人, (却結在人賢不肖何如也一句上) 終篇全擧李愿說話, 自說只數語, 其實非李愿言, 此又別是一格式.」○東坡云:「唐三百年, 無文章, 惟韓公〈送李愿序〉一篇.」愚謂:「此好事者因歐陽公論〈歸去來〉之語, 而爲是說, 託之坡公耳. 此恐非坡云之言也. 韓公有〈送李愿序〉, 又有〈送李愿歸盤谷〉一詩, 亦甚佳. 學者只讀韓文, 未必不以李愿爲一隱士也. 殊不知愿乃西平王李晟之子, 愬之兄. 起家於太子賓客·上柱國, 三爲節度使. 邇聲色, 尙侈靡, 激李臣則之變, 客死於兵, 卒以荒侈敗, 未嘗能踐韓公之言也. 李洪《芸庵類藁》言「愿博徒之雄」, 然則愿初非隱士, 不足以當此序也. 觀韓公終篇只述愿所自言, 亦可見矣. 此序作於貞元十七年, 公是年三十四.」라 함.

9. 《東坡志林》(7)에는 "歐陽文忠公言:「晉無文章, 唯陶淵明〈歸去來兮〉一篇而已.」予亦謂:「唐無文章, 唯韓退之〈送李愿歸盤谷序〉一篇而已.」平生欲效此作一文, 每執筆輒罷. 因自笑曰:「不若且放教退之獨步.」라 함.

10. 《容齋三筆》(1)에는 "韓歐文語條, 〈盤谷序〉云:「坐茂林而終日, 濯淸泉而自潔. 采於山美可茹, 釣於水鮮可食.」〈醉翁亭記〉云:「野花發而幽香, 佳木秀而繁陰. 臨溪而漁, 溪深而魚肥. 釀泉爲酒, 泉香而酒冽. 山殽野蔌, 雜然而前陳.」歐陽公文勢, 大抵化韓語也. 然「釣於水鮮可食」與「臨溪而漁, 溪深而魚肥」, 「采於山」與「山殽前陳」之句, 煩簡工夫, 則有不侔矣"라 함.

069(7-10) 〈歸去來辭〉 ·················· 陶淵明(陶潛)

귀거래사

〈歸去來辭〉蘇軾

* 〈四庫全書〉(文淵閣)본 《文章軌範》에는 이 〈歸
去來辭〉가 실려 있지 않음.
* 〈歸去來辭〉: 일부 판본에는 제목이 〈歸去來兮
辭〉로 되어 있으며 '來'자와 '兮'자는 의미가 없
는 語助辭임. 錢鍾書는 《管錐編》(4)에서 "辭作於
'歸去'之前, 故'去'後著'來', 白話中尙多同此, 如西
遊記第五回女王曰:'請上龍車, 和我同上金鑾寶殿,
匹配夫婦去來!' 又女妖曰:'那裡走! 我和你耍風月
兒去來!' 皆將而猶未之詞也"라 함.

★ 이 글은 원전에 '序'가 있으며 우선 이를 전재하고 풀이하면 다음과 같음.

"나는 집이 가난하여 농사를 지어도 자급自給하기가 부족하였다. 어린
아이는 집안에 가득하고 쌀독에는 양식도 없어 살아가는 데에 바탕이
되는 바의 그 어떤 드러난 기술도 없었다. 친척과 벗들이 나에게 장리長
吏를 해보도록 여러 번 권하였고, 나도 탈연脫然히 그러한 뜻을 품어 이
를 구하였으나 길이 없었다.

마침 사방지사四方之事가 있어 제후께서 혜애惠愛를 덕으로 여겼고,
가숙家叔도 나의 빈곤함을 들어 추천하여 드디어 소읍小邑에 임용되었
다. 당시에는 세상 풍파가 아직 가라앉지 않아 먼 곳에 나가 일하는 것
을 마음속으로 꺼렸지만, 팽택彭澤은 집으로부터 백 리 거리요, 공전公
田의 이익은 술까지 얻을 수 있으리라 여겨 곧바로 가겠다고 나선 것이

었다. 그런데 며칠이 지나자 그만 권연眷然한 마음에 귀여지정歸歟之情이 솟구쳤으니 어찌된 일인가? 나는 원래 타고난 질성質性이 자연을 그리워하여 이를 억지로 고치려고 한다고 될 일이 아니었기 때문이었다. 배고픔과 추위가 절박하다고 해도 내 자신을 위배하는 것은 더욱 괴로운 일이었다. 일찍이 남에게 복종하여 일한 것은 모두가 입과 배가 스스로 그렇게 시킨 것이었다. 이에 창연悵然히 강개하여 평소 지녔던 뜻을 깊이 부끄러워하였다. 오히려 1년 만 참아내고 그 때에는 마땅히 옷을 거두어 밤에 조용히 떠나리라고 기대하였었다. 그런데 얼마 되지 않아 정씨程氏에게 시집간 누이동생이 무창武昌에서 죽어, 어서 달려가고 싶은 심정에 그만 직책을 면탈하여 사직하게 된 것이다. 중추仲秋에서 겨울까지 관직에 머문 것은 80여일, 사정을 이유로 마음 내키는 대로 따라 이 글을 써서 〈귀거래혜歸去來兮〉라 하였다. 을사乙巳 11월이다.”

「余家貧, 耕植不足以自給; 幼稚盈室, 缾無儲粟, 生生所資, 未見其術. 親故多勸余爲長吏, 脫然有懷, 求之靡途; 會有四方之事, 諸侯以惠愛爲德, 家叔以余貧苦, 遂見用於小邑. 於時風波未靜, 心憚遠役; 彭澤去家百里, 公田之利, 足以爲酒, 故便求之. 及少日, 眷然有歸歟之情. 何則? 質性自然, 非矯厲所得; 飢凍雖切, 違己交病. 嘗從人事, 皆口腹自役. 於是悵然慷慨, 深愧平生之志. 猶望一稔, 當斂裳宵逝; 尋程氏妹喪于武昌, 情在駿奔, 自免去職. 仲秋至冬, 在官八十餘日. 因事順心, 命篇曰歸去來兮. 乙巳歲十一月也.」

【幼稚盈室, 缾無儲粟, 生生所資】‘幼稚盈室’은 방안에 어린 아이들만 가득함. ‘缾’은 쌀독 항아리. ‘生生’은 생활을 유지하고 영위해 나감. 生計를 뜻함.
【親故多勸余爲長吏】친척과 친구들이 나에게 ‘長吏’ 벼슬이라도 할 것을 권함. ‘長吏’는 縣丞, 縣尉와 같음. 《漢書》百官公卿表(上)에 “縣令·長, ……皆有丞·尉, 秩

〈歸去來辭〉明 沈度

四百石至二百石, 是謂長吏"라 함.

【脫然有懷, 求之靡途】'脫然'은 '홀연히, 훌훌 벗어버리고' 등의 뜻. '靡'는 未, 無 등의 뜻.

【四方之事】명을 받들고 사방을 다녀야 하는 업무. 도연명 자신의 벼슬생활 중에 겪었던 일들을 말함.

【諸侯以惠愛爲德】'諸侯'는 여기서는 지방 장관을 뜻함. 구체적으로 建武將軍과 江州刺史를 지냈던 劉敬宣을 가리킴.

【家叔以余貧苦, 遂見用於小邑】'家叔'는 집안의 삼촌. 陶淵明의 叔父 陶夔. 太常卿을 지냈음. '見'은 被動의 문장을 구성함. '小邑'은 彭澤縣을 가리킴.

【風波未靜】나라의 혼란이 아직 安靜되지 못한 상태였음을 말함. 역사적으로 安帝 때 桓玄이 비록 元興 3년(404)에 馮遷에게 피살되었지만 桓玄의 구세력인 桓振이 江陵을 함락시켜 安帝가 구금을 당하자 장군 劉懿와 何無忌가 물러나 潯陽(九江)을 지키고 있었음. 그런가 하면 10월에는 盧循이 다시 廣州를 공격하였으며 義熙 원년(405) 3월에는 安帝가 江陵에서 建康으로 풀려나자 桓振이 다시 江陵을 공격하였고 5월에는 桓玄의 옛 장수 桓亮이 湘州를 공격하는 등 전란이 끊이지 않았음.

【彭澤】현 이름. 彭蠡湖(鄱陽湖) 근처에 있어 얻은 이름으로 지금의 江西省 동북쪽 安徽省과의 접경지대 長江 南岸에 있음. 이곳은 도연명의 고향 柴桑(지금의 江西 九江 서쪽 星子縣)에서 약 1백여 리 거리였음.

【歸歟之情】'歸歟'(歸與)의 정. 《論語》 公冶長篇에 "子在陳, 曰:「歸與! 歸與! 吾黨之小子狂簡, 斐然成章, 不知所以裁之.」"라 하여 고향으로 돌아가고 싶어 하는 애절한 思鄕病을 말함.

【矯勵所得】'矯勵'는 비틀어 조작함. 억지로 함.

【嘗從人事, 皆口腹自役】'人事'는 벼슬살이에서의 대인 관계 및 업무들.

【深愧平生之志. 猶望一稔】'平生'은 平素. '稔'(임)은 곡식이 익음. 한 해를 뜻함.

【斂裳】행장을 수습하여 짐을 쌈. 벼슬을 버리고 귀향함.

【尋程氏妹喪于武昌】'尋'은 尋常. '일상생활 중에'의 뜻. '程氏妹'는 程氏 집안으로 시집간 도연명의 누이동생. 陶淵明의 〈祭程氏妹文〉에 "維晉義熙三年五月甲辰, 程氏妹服制再周, 淵明以少牢之奠, 俛而酹之. 嗚呼哀哉! 寒往暑來, 日月寢疏; 梁塵委積, 庭草荒蕪. 寥寥空室, 哀哀遺孤, 肴觴虛奠, 人逝焉如! 誰無兄弟, 人亦同生, 嗟我與爾, 特百常情. 慈妣早世, 時尚孺嬰; 我年二六, 爾纔九齡. 爰從靡識, 撫髫相成. 咨爾令妹, 有德有操, 靖恭鮮言, 聞善則樂. 能正能和, 惟友惟孝; 行止中閨, 可象可傚. 我聞爲善, 慶自己蹈; 彼蒼何偏, 而不斯報! 昔在江陵, 重罹天罰, 兄弟索居, 乖隔楚越. 伊我與爾, 百哀是切. 黯黯高雲, 蕭蕭冬月. 白雲掩晨, 長風悲絶, 感惟崩號, 興言泣血. 尋念平昔, 觸事未遠; 書疏猶存, 遺孤滿眼. 如何一往, 從天不返! 寂寂高堂, 何時復踐! 藐藐孤女, 曷依曷恃? 煢煢遊魂, 誰主誰祀? 奈何程妹, 於此永已! 死如有知, 相見蒿里. 嗚呼哀哉!"라 함. '武昌'은 지금의 湖北 鄂城. 晉나라 때는 荊州에 속했었음.

【駿奔】달려가 奔喪함.

【自免去職】스스로 벼슬을 그만 두고 사직함. 이로 보아 《宋書》隱逸傳과 蕭統의 〈陶淵明傳〉에 보이는 '五斗米' 때문에 사직한 것과 다름.

【乙巳年】晉 安帝(司馬德宗) 義熙 元年(405년).

1/3 ————————————

돌아가리로다.

전원이 장차 황무해 가는데 어찌 돌아가지 않으리오?

이미 스스로 마음으로써 육신을 위해 노역을 시켰으니,

어찌 추창惆悵하여 홀로 슬퍼만 하겠는가!

지나간 일은 이러쿵저러쿵 할 수 없음을 깨달았고,

다가올 일이나 가히 추구追求할 수 있음을 알았다네.

길을 잃었으나 아직 멀리 벗어남이 아님을 사실로 여기고,

오늘이 옳고 어제가 그릇됨을 깨달았도다.

배는 흔들흔들 가볍게 바람을 타고,
바람은 한들한들 옷깃에 불어오네.
길손에게 앞길을 물어보고,
새벽 빛 희미함을 한스럽게 여기네.
드디어 우리 집이 바라보이니,
즐거워 내달아 달려가도다.
동복僮僕은 즐겁게 맞이해주고,
어린 아이들 문에서 기다려주네.
세 갈래 오솔길은 황폐해졌으나,
소나무 국화꽃은 그래도 남아있네.
아이들 손을 잡고 방안에 들어가 보니,
술동이에 술 가득 차 있네.
술병과 잔을 끌어 혼자서 따르면서,
뜰 앞 나뭇가지 보니 얼굴이 편안하네.
남쪽 창가에 기대어 오만한 표정도 지어보고,
무릎을 겨우 용납할 좁은 집이건만 편안함을 느낀다네.
정원을 날마다 나가보는 것으로서 즐거움을 삼고,
비록 문은 만들어 세웠으나 항상 닫혀있네.
지팡이로 늙은 몸 의지하여 흐르는 대로 쉬다가,
때때로 고개 돌려 먼 곳도 바라보네.
구름은 무심히 산 굴에서 피어오르고,
새는 날기에 지치면 돌아올 줄 아는구나.
날이 어둑어둑 서쪽으로 기울려 함에,
한 그루 소나무 어루만지며 그저 어슬렁거린다네.

歸去來兮, 田園將蕪胡不歸?
旣自以心爲形役, 奚惆悵而獨悲!

悟已往之不諫, 知來者之可追.
實迷塗其未遠, 覺今是而昨非.
舟搖搖以輕颺, 風飄飄而吹衣.
問征夫以前路, 恨晨光之熹微.
乃瞻衡宇, 載欣載奔;
僮僕歡迎, 稚子候門.
三逕就荒, 松菊猶存;
携幼入室, 有酒盈樽.
引壺觴以自酌, 眄庭柯以怡顏.
倚南窓以寄傲, 審容膝之易安;
園日涉以成趣, 門雖設而常關;
策扶老以流憩, 時矯首而遐觀.
雲無心而出岫, 鳥倦飛而知還;
景翳翳以將入, 撫孤松而盤桓.

【歸去來兮, 田園將蕪胡不歸】 '胡不歸'의 '胡'는 의문사. 《詩經》邶風 式微에 "式微
式微, 胡不歸?"의 구절을 원용한 것. '將蕪'는 《宋書》에는 '荒蕪'로 되어 있음.

【旣自以心爲形役】 '心爲形役'은 마음이 몸의 욕구를 위해 사역을 당함. 糊口之策
의 삶을 위해 고생을 함. '形'은 肉身을 뜻함.

【奚惆悵而獨悲】 '惆悵'은 '惆愴'과 같으며 괴로워하고 슬프게 느낌능 표현하는 雙
聲連綿語. 宋玉 〈九辯〉에 "惆愴兮而私自憐"이라 함.

【悟已往之不諫, 知來者之可追】 '來者之可追'는 다가올 일은 가히 뒤따라 좇을 수
있음.《論語》微子篇의 楚狂接輿가 孔子를 향해 부른 노래. "楚狂接輿歌而過孔子
曰:「鳳兮鳳兮! 何德之衰? 往者不可諫, 來者猶可追. 已而, 已而! 今之從政者殆而!」
孔子下, 欲與之言. 趨而辟之, 不得與之言"이라 함.

【實迷塗其未遠, 覺今是而昨非】 '迷塗'는 《晉書》,《陶淵明集》, 六臣注 《文選》에는 모
두 '迷途'로 되어 있음. 길을 잃음. 적극적으로 벼슬에 가담하다가 옳은 길을 놓
침을 뜻함. 屈原의 〈離騷〉에 "回朕車以復路兮, 及行迷之未遠"이라 함. '昨非'는

《莊子》則陽篇에 "蘧伯玉行年六十而六十化, 未嘗不始於是之而卒詘之以非也, 未知今之所謂是之非五十九非也"라 하였고, 〈寓言篇〉에는 "莊子謂惠子曰:「孔子行年六十而六十化, 始時所是, 卒而非之, 未知今之所謂是之非五十九非也.」"라 함. 한편 《淮南子》原道訓에도 "蘧伯玉年五十, 而知四十九年非"라 함.

【舟搖搖以輕颺, 風飄飄而吹衣】'搖搖'는 《陶淵明集》, 《晉書》, 《南史》, 《文選》 등에는 모두 '遙遙'로, 《宋書》에는 '超遙'로 되어 있으며, 陶澍의 《陶淵明集》 校注에 "綠君亭本云: 一作搖搖"라 함. 깃발이 흔들리는 모습. 《古文眞寶》 注에 "淵明自彭澤歸柴桑, 可以行舟, 曰輕颺, 無所有也. 與世之去官, 重載者相萬矣"라 함. '飄飄'는 바람이 산들거림. 《楚辭》 山鬼에 "同風飄飄兮神靈雨"라 함.

【問征夫以前路, 恨晨光之熹微】'征夫'는 길 가는 사람. 길손. 《詩》 小雅 皇皇者華에 "駪駪征夫, 每懷靡及"이라 함. '晨光'은 새벽이 올 때의 黎明. '熹微'는 稀微와 같으며 흐릿한 상태를 뜻하는 疊韻連綿語. 《晉書》와 《宋書》에는 '希微'로 되어 있음. 《陶淵明集》 注에는 "日欲暮也"라 함. 그러나 《文選》 注에는 "《聲類》曰: 熹, 亦熙字也. 熙, 光明也"라 하여 '빛이 흐리다'의 뜻으로 보았음.

【乃瞻衡宇, 載欣載奔】'衡宇'는 衡門으로 대문을 삼아 대강 얽어 지은 집. 《詩》 陳風 衡門에 "衡門之下, 可以棲遲. 泌之洋洋, 可以樂飢"라 하였고 注에 "衡門, 橫木爲門也"라 함. '宇'는 집. 《字彙》에 "四垂爲宇"라 하였고, 《釋名》에는 "宇, 羽也. 如鳥羽翼自覆蔽也"라 함. 《古文眞寶》 注에 "淵明所居"라 함. '載'는 '又'의 뜻. '載欣載奔'은 다시 즐거워하며 또다시 달려감.

【僮僕歡迎, 稚子候門】'僮僕'은 童僕과 같으며 심부름을 시킬 만한 어린 아이. 혹 어린 종. 《易》 旅卦 六二에 "旅卽次, 懷其資, 得童僕, 貞"이라 함. '歡迎'은 《晉書》에는 '來迎'으로 되어 있음. '稚秄'는 《南史》에는 '弱子'로 되어 있음. '稚'는 穉와 같음. '候門'은 六臣注 《文選》에 "候門, 謂於門首俟潛到也"라 함.

【三逕就荒, 松菊猶存】'三逕'은 오솔길 세 갈래. '逕'은 徑과 같음. 이는 東漢 趙岐의 《三輔決錄》 逃名篇에 실려 있는 羊仲과 求仲 두 사람의 隱士의 고사를 인용한 것. 西漢 말 兗州刺史 蔣詡는 王莽의 횡포를 보고 벼슬을 버리고 杜陵에 은거하였는데 그는 가시로 자신의 집을 가리고 살았음. 그의 집 곁에는 오직 세 갈래의 오솔길이 있어 이 길로는 당시 뜻을 같이 하며 은거하고 있던 羊仲과 求仲만이 왕래할 수 있었다 함. 陶淵明의 〈二仲〉에 "求仲·羊仲: 右二人不知何許人, 皆治車爲業, 挫廉逃名. 蔣元卿之去兗州, 還杜陵, 荊棘塞門. 舍中有三逕, 不出, 惟二

人從之遊. 時人謂之「二仲」. 見嵇康《高士傳》"이라 함. 《陶淵明集》注에 "《三輔決錄》云: 蔣詡舍中竹下, 開三逕. 唯古人求仲·羊仲從之遊也"라 함. 《古文眞寶》注에 "淵明歸之在十一月, 猶有菊也"라 함.

【携幼入室, 有酒盈樽】 '携'는 攜와 같음. 《淮南子》詮言訓에 "泰王亶父徙岐周, 百姓攜幼扶老而從之"라 함. '樽'은 罇과 같음. 술동이.

【引壺觴以自酌, 眄庭柯以怡顏】 '眄庭柯'는 뜰의 柯나무를 봄. 혹 '柯'는 나뭇가지를 뜻하기도 함. 《文選》注에 "柯, 樹枝也"라 함. '怡顏'은 얼굴이 편안해짐. '眄'은 《宋書》에는 '盻'로 되어 있음.

【倚南窓以寄傲, 審容膝之易安】 '窓'은 '窗', '窻', '牕' 등 여러 표기가 있음. '寄傲'는 세상을 오만하게 노려보는 정서나 눈빛. 陸機의 〈逸民賦〉에 "眄淸霄以寄傲兮"라 함. '容膝'은 무릎을 겨우 용납할 정도의 좁은 공간. 아주 초라한 집을 뜻함. 《韓詩外傳》(9)에 "楚莊王使使賫金百斤, 聘北郭先生. 先生曰:「臣有箕帚之使, 願入計之.」 卽謂婦人曰:「楚欲以我爲相, 今日相, 卽結駟列騎, 食方丈於前, 如何?」 婦人曰:「夫子李以織屨爲食. 食粥毚履, 無怵惕之憂者, 何哉? 與物無治也. 今如結駟列騎, 所安不過容膝; 食方丈於前, 所甘不過一肉. 以容膝之安, 一肉之味, 而殉楚國之憂, 其可乎?」 於是遂不應聘, 與婦去之. 詩曰:『彼美淑姬, 可與晤言.』"이라 한데서 나온 말. '易安'은 쉽고 편안히 여김.

【園日涉以成趣, 門雖設而常關】 '日涉'은 날마다 다녀봄. 관심을 가지고 살피고 가꿈. '常關'은 늘 닫혀 있음. 《文選》注에 "《爾雅》曰: 堂上謂之行, 堂下謂之步; 門外謂之趨, 中庭謂之走. 郭璞曰:「此皆人行步趨走之處, 因以名趨避聲也.」"라 함.

【策扶老以流憩, 時矯首而遐觀】 '扶老'는 '늙은 몸을 부축하다'의 뜻으로 지팡이를 가리킴. 《漢書》孔光傳의 注에 "扶老, 杖也"라 함. '憩'는 《宋書》에는 '愒'로 되어 있음. 《說文》에 "愒, 息也"라 함. '矯首'는 《晉書》에는 '翹首'로 되어 있음. 《楚辭》注에 "矯, 擧也"라 함. '遐觀'은 멀리 봄. 먼 곳을 편안히 살펴 구경함.

【雲無心而出岫, 鳥倦飛而知還】 '出岫'는 出峀로도 표기하며 '岫'는 산의 굴. 《說文》에 "岫, 山穴也"라 함. '鳥倦'은 새가 날기를 싫증내거나 피곤하다 여김. 도연명 자신이 벼슬살이로 힘들었음을 상징한 것. '倦'은 《宋書》와 《南史》에는 '勌'으로 되어 있음. 《古文眞寶》注에 "借雲鳥以自喩, 言前之出本無心, 而今之還以倦飛也"라 함.

【景翳翳以將入, 撫孤松而盤桓】 '景'은 '影'과 같음. 날이 저물어 그림자가 짐. '翳翳'

는 가려져 어두움. '以將入'은 《晉書》, 《宋書》, 《南史》에는 모두 '其將入'으로 되어 있음. '盤桓'은 어슬렁거리며 한가히 산보함을 표현하는 疊韻連綿語. 《易》屯卦에 "盤桓利居貞"이라 함. 《爾雅》에 "盤桓, 不進也"라 함. 六臣 注 《文選》에 "翰曰: 言雲 自然之氣, 無心意以出於山岫之中. 自喻心不營事, 自爲縱逸. 言鳥晝飛勸而暮還, 故林亦猶人'日出而作, 日入而息'也"라 함.

2/3 ————————

돌아가리로다.
사귐도 쉬고 교유도 끊기를 청하노라.
세상과 나와는 서로 맞지 않으니,
수레 타고 나서서 다시 무엇을 구하겠는가?
친척들과 정다운 대화 즐겁기만 하고,
거문고와 독서로 근심 녹이는 즐거움.
농부가 봄이 왔노라 나에게 일러주니,
장차 서쪽 밭두둑에 할 일이 있구나.
혹은 작은 수레 갖추도록 명령도 하고,
때로는 배한 척 저어 가기도 하네.
이미 그윽한 골짜기를 찾아도 보고,
역시 험한 언덕도 경유해 보았네.
나무는 즐거워 무성하게 치솟고,
샘물은 졸졸 첫 흐름을 시작하네.
만물이 제 때를 얻음을 훌륭하다 여기면서,
내 삶의 행휴行休에 감회가 서리네.

歸去來兮, 請息交以絶游.
世與我而相違, 復駕言兮焉求?
悅親戚之情話, 樂琴書以消憂.

農人告余以春及, 將有事于西疇.
或命巾車, 或棹孤舟;
旣窈窕以尋壑, 亦崎嶇而經丘.
木欣欣以向榮, 泉涓涓而始流;
善萬物之得時, 感吾生之行休.

【歸去來兮, 請息交以絶游】'游'는 遊와 같음. 仕宦의 交遊를 뜻함. 《列子》楊朱篇에 "方其耽於色也, 屏親昵, 絶交遊"라 함.

【世與我而相違, 復駕言兮焉求】'相違'는 《陶淵明集》에는 '相違'로 되어 있으나, 《晉書》, 《宋書》, 《南史》, 六臣 注《文選》 등에는 모두 '相遺'로 되어 있음. '駕言'은 '나들이 나가다'의 뜻. '言'은 語助辭. 《詩》邶風 泉水와 衛風 竹竿에 똑같이 "駕言出遊, 以寫我憂"라 함. 한편 桓譚 《新論》에 "凡人性難極也, 難知也. 故其絶異者, 常爲世俗所遺失焉. 知我者謂我「心憂」, 不知者者謂我「何求?」"라 함.

【悅親戚之情話, 樂琴書以消憂】'情話'는 情談. '琴書'는 거문고와 책. 이로써 편안한 생활을 즐기며 근심을 소멸시킴.

【農人告余以春及, 將有事于西疇】'余'는 予와 같음. '春及'은 《晉書》에는 '暮春'으로, 《宋書》에는 '上春'으로 되어 있음. '事于西疇'는 서쪽 밭에서 해야 할 농사 일. '疇'는 농토 한 떼기. 《文選》 注에 "賈逵 《國語》注曰:「一井爲疇.」"라 하였고 六臣 注에는 "西疇, 謂潛所居之西也. 疇, 田也"라 함.

【或命巾車, 或棹孤舟】'巾車'는 수건 따위로 대강 덮은 수레. 《古文眞寶》注에 "巾車, 猶小車"라 함. '孤舟'는 배 한 척. 《宋書》와 《南史》에는 '扁舟'로 되어 있음. 鄱陽湖(彭蠡湖)와 長江이 가까이 있어 배로도 자주 나들이를 하였음.

【旣窈窕以尋壑, 亦崎嶇而經丘】'窈窕'는 깊고 그윽함을 뜻하는 疊韻連綿語. '尋壑'은 골짜기를 찾아봄. 근처 廬山이 있어 자주 산을 찾음. 《宋書》와 《南史》에는 '窮壑'으로 되어 있음. '壑'은 '학'으로 읽음(杭入. 杭의 入聲으로 읽음.) '崎嶇'는 울퉁불퉁하여 험한 상태를 뜻하는 雙聲連綿語. '經丘'는 언덕을 경유함.

【木欣欣以向榮, 泉涓涓而始流】'欣欣'은 싹이 난 모습. 《詩》大雅 "旨酒欣欣, 燔炙芬芬, 公尸燕飮, 無有後艱"의 傳에 "欣欣, 樂也"라 함. '向榮'은 나무나 풀 등이 아름다운 榮茂를 향해 신나게 자라고 있음.

【善萬物之得時, 感吾生之行休】'善'은 훌륭하게 여김. 혹 '羨慕하다'의 뜻으로도 봄. '得時'는 때를 만남.《大戴禮記》에 "君道當, 則萬物皆得其宜"라 함. '行休'는 行動과 休息. 생활의 일상. 벼슬길에 나서기도 하고 사직하고 쉬기도 하는 두 가지 상황. 出處와 같음.《莊子》刻意篇에 "其生若浮, 其死若休"라 하였고,〈大宗師篇〉에는 "大塊佚我以老, 息我以死"라 하였음.《淮南子》精神訓에는 "或者生乃徭役也, 而死乃休息也"라 함.

3/3 ————————

그만 둘지어다.
이 몸 세상에 붙어삶이 그 얼마나 되겠는가!
어찌 마음을 거류去留에 맡기지 않으리오?
무엇을 위하여 허겁지겁 어디로 가려는가?
부귀는 내가 원하는 것이 아니요,
제향帝鄉도 기약할 수 없는 것.
좋은 시절이라 기꺼워하며 홀로 살아가면서,
혹 지팡이 꽂아놓고 김매기도 하면 되지.
동쪽 언덕에 올라 편안히 휘파람도 불고,
맑은 물 가에 임해서는 시도 지으면서,
애오라지 자연의 조화를 따르다가 끝을 마치면 되고,
무릇 천명을 즐기면 그 뿐인데 무엇을 의심하리오!

己矣乎, 寓形宇內, 復幾時!
曷不委心任去留? 胡爲乎遑遑欲何之?
富貴非我願, 帝鄉不可期.
懷良辰以孤往, 或植杖而耘耔.
登東皋以舒嘯, 臨清流而賦詩.
聊乘化以歸盡, 樂夫天命復奚疑!

【已矣乎, 寓形宇內, 復幾時】'已矣乎'는《論語》公冶長篇에 "子曰:「已矣乎! 吾未見能見其過而內自訟者也.」"라 하였고, 朱熹 注에 "已矣乎者, 恐其終不得見而歎之也"라 함. '寓形宇內'는 형체(육신)를 宇宙 안에 기탁하고 있음. 살아감. '宇'는 宇宙의 줄인 말.《淮南子》原道訓에 "橫四維而含陰陽, 紘宇宙而章三光"이라 하였고, 高誘 주에 "四方上下曰宇, 古往今來曰宙. 以喩天地"라 함. '復幾時'는 혹《陶淵明集》일부 板本에는 '能復幾時'라 하여 '能'자가 더 있음.

【曷不委心任去留】'曷'은 의문사. 胡, 安, 焉, 何 등과 같음.《宋書》에는 '奚'로 되어 있음. '委心'은 마음 가는 대로 내버려 둠. '委性'과 같음. 嵇康의 〈琴賦〉에 "齊萬物兮超自得, 委性命兮任去留"라 함. '去留'는 가고 머무는 두 가지 상황.

【胡爲乎遑遑欲何之】'遑遑'은 마음이 급해 초조히 여기며 허겁지겁함.《孟子》滕文公(下)에 "孔子三月無君, 則皇皇如也"라 하여 '皇皇'과 같으며, 朱熹 注에 "皇皇如, 有求而弗得之意也"라 함. '欲何之'는《孔叢子》에 "孔子歌曰:「天下如一, 欲何之?」"라 함.

【富貴非我願, 帝鄕不可期】'富貴'는《大戴禮記》哀公問五義에 "孔子曰:「所謂賢人者, 躬爲匹夫而不願富貴.」"라 함. '帝鄕'은 天帝가 사는 곳. 理想世界.《莊子》天地篇에 "華封人謂堯曰:「乘彼白雲, 至于帝鄕.」"이라 함.

【懷良辰以孤往, 或植杖而耘耔】'懷'는 기꺼워 함. '良辰'은 날씨나 상황이 좋은 날. '孤往'은 혼자 행동함. 獨行과 같음.《文選》注에 "《淮南子》要略曰:「山谷之人, 輕天下細萬物, 而獨往者也.」司馬彪曰:「獨往任自然, 不復顧世.」"라 함. '植杖'은 지팡이를 꽂아 둠.《論語》微子篇의 "子路從而後, 遇丈人, 以杖荷蓧. 子路問曰:「子見夫子乎?」丈人曰:「四體不勤, 五穀不分. 孰爲夫子?」植其杖而芸. 子路拱而立. 止子路宿, 殺雞爲黍而食之, 見其二子焉. 明日, 子路行以告. 子曰:「隱者也.」使子路反見之. 至, 則行矣. 子路曰:「不仕無義. 長幼之節, 不可廢也; 君臣之義, 如之何其廢之? 欲潔其身, 而亂大倫. 君子之仕也, 行其義也. 道之不行, 已知之矣.」"라 한 고사를 원용한 것. '耘耔'의 耘은 '김을 매다'이며, '耔'(자)는《晉書》에는 '秄'로 되어 있으며 '흙을 북돋위주다'의 뜻. 농사일을 말함.《詩經》小雅 甫田에 "今適南畝, 或耘或耔"라 함.

【登東皋以舒嘯, 臨淸流而賦詩】'東皋'는 東皐와 같음. 동쪽 언덕.《文選》注에 "東皋, 營田之所也. 皋, 田也"라 함. 동쪽에 봄이 일찍 온다고 여겨 봄에는 동쪽 밭이 있는 언덕에 올라봄. '舒嘯'는 편안하고 느리며 낮은 음으로 부는 휘파람.《文

選》注에 "舒, 緩也"라 함. '嘯'는 歗와 같음.《說文》에 "嘯, 吹聲也, 或作歗"라 함.
《詩》召南 江有汜에 "不我過, 其嘯也歌"라 하였고, 箋에 "蹙口而出聲, 又吟也"라
함.

【聊乘化以歸盡, 樂夫天命復奚疑】'聊'는 애오라지.《詩》邶風 泉水 "孌彼諸姬, 聊
與之謀"의 箋에 "聊, 且略之辭"라 함. '乘化'는 자연 조화를 타고 변화함. '化'는
《孔子家語》本命解에 "魯哀公問於孔子曰:「人之命與性, 何謂也?」孔子對曰:「分於
道爲之命, 形於一謂之性, 化於陰陽, 象形而發謂之生, 化窮數盡謂之死. 故命者,
性之始也;死者, 生之終也. 有始則必有終矣.」"라 함. '歸盡'은 모두 盡(無, 虛)로 돌
아감. 죽음을 뜻함. '天命'은《周易》繫辭(上)에 "樂天知命, 故不憂"라 하였고,《論
語》爲政篇 "五十而知天命"의 朱熹 注에 "天命, 卽天道之流行而賦於物者, 乃事物
所以當然之故也"라 함.《古文眞寶》注에 "按淵明以不欲束帶見督郵而去官, 而其序
其辭略不及之, 無怨天尤人之心. 惟見其有安土樂天之趣, 可謂賢矣! 自以晉室宰輔
陶侃之曾孫, 恥復屈身後代, 宋業漸隆, 不肯復仕. 於是宋元嘉四年, 而朱文公《綱
目》, 特筆書之曰:「晉徵士潛卒.」可謂又賢矣. 且節義之耿介者, 多過於矯激;襟懷之
和適者, 易流於頹靡. 淵明以和適之襟懷, 而全耿介之節義, 不偏不倚, 蓋兩得之. 且
篇兩提起'歸去來兮', 而始之曰'胡不歸', 終之曰'乘化歸盡'. '胡不歸'之歸, '歸歟'之歸
也. '歸盡'之歸, 子全而'歸之'之歸也. 惟其有前之歸, 養高全節, 故能生願死安;歸盡
無歉, 使枉己違性徇祿忘歸, 則易姓之際, 不能全節, 其歸盡也. 抱恨抱羞, 漸盡泯
滅草木俱腐而已, 安能雖死猶生, 千古流芳如此哉! 始末兩'歸'字, 爲一篇之眼目, 讀
者其毋忽略於此云."이라 함.

참고 및 관련 자료

1. 도연명(陶淵明:365~427)

陶潛. 晉·宋시기의 詩人으로 이름은 淵明으로 더 널리 알려져 있으며 일명 潛
이라고도 함. 字는 元亮, 私諡는 靖節. 尋陽(潯陽) 柴桑(지금의 江西省 九江市 星子
縣) 출신. 그의 曾祖인 陶侃은 東晉의 開國功臣으로 大司馬등을 지냈으며 祖父는
太守를 지내기도 하였음. 아버지는 일찍 죽었으며 어머니는 東晉때 名家인 孟
嘉의 딸이었음. 도연명은 한 때 州의 祭酒, 鎭軍, 建威參軍을 지냈으나 彭澤令이
되자 80여 일만에 「五斗米」고사를 남긴 채 낙향하며 〈歸去來辭〉를 지은 것으로
알려져 있음. 그 외에 〈田園詩〉와 〈桃花源記〉, 〈五柳先生傳〉 등을 남겨 중국 최고

의 田園詩人으로 추앙받고 있음. 다만
鍾嶸은 《詩品》에서 그의 시를 中品에
넣어 당시 詩風과 차이에서 질박하다
는 이유로 낮추고 있음. 韓國文學에도
至大한 영향을 미쳐 時調, 歌辭, 한문
문장에 거의 많은 이들이 도연명을 인
용하거나 거론하여 은일과 전원의 생
활, 致仕落鄉의 이상적인 인간상을 노
래하는 문학에 매우 깊은 영향을 미쳤
음. 그의 전기는 《晉書》(94), 《宋書》(93),
《南史》(75)에 전하고 있으며, 《陶淵明
集》이 여러 판본이 전하고 있음. 특히
남조 梁나라 때 昭明太子 蕭統이 도연
명에 대한 자료를 모아 《陶淵明集》 8권
을 편집하였으나 여기에는 〈五孝傳〉과

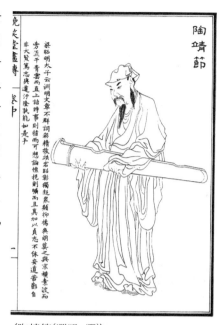

陶靖節(淵明, 潛)

〈四八目〉(聖賢羣輔錄)은 들어있지 않았음. 그 뒤 北齊 때 陽休之가 처음으로 〈蕭
統本〉에 없던 각 편의 〈幷序〉, 目錄 등을 합하여 10권으로 편찬, 이것이 正本으
로 널리 알려지게 되었음. 그 밖에 근세에 전하는 판본으로는 曾集, 湯漢, 李公煥
세 사람의 판본이 널리 전해져 오고 있음. 그리고 《陶淵明集》에 대한 주석을 가
한 이들로는 湯漢, 李公煥, 何孟春, 吳瞻泰, 邱家穗, 陶澍, 古直, 丁福保 등이 있음.
《古文眞寶》 諸賢姓氏事略에 "陶淵明, 字元亮, 長沙桓公侃之曾孫. 晉末爲彭澤令,
棄官賦歸去來辭. 劉裕簒晉, 遂不仕, 更名潛, 宋元嘉中卒, 諡靖節先生"이라 함. 한편
이 작품은 작자 陶淵明이 晉 安帝 義熙 元年(405, 작자 41세) 乙巳年 11월에 쓴 것
으로 알려져 있음. 작품 앞에 幷記하는 序文과 본문에 해당하는 〈歸去來辭〉를
함께 연결한 것으로 辭는 원래 楚辭에서 연유된 것이며 이를 漢代 賦와 묶어 '辭
賦'라고도 함. 이 〈歸去來辭〉는 일종의 抒情賦에 속한다고 할 수 있음. 도연명은
세속의 벼슬에 뜻이 맞지 않아 致仕하고 田園으로 돌아갈 수밖에 없는 자신의
심회를 아름답게 읊어 田園文學의 眞髓를 보여주고 있으며, 특히 벼슬을 그만두
고 과감히 歸去來하게된 상황을 그가 彭澤令으로 있을 때의 「五斗米」 사건과 결부
시킴으로써 더욱 흥미를 유발하고 있음.

〈陶淵明〉(陶潛, 靖節公)

2. 이 글은《陶淵明集》(5),《文選》(45),《晉書》(94) 隱逸傳(陶潛),《宋書》(93) 隱逸傳(陶潛),《南史》(75) 隱逸傳(陶潛),《江西通志》(146),《古文集成》(71),《古賦辯體》(9),《漢魏六朝百三家集》(62),《古文雅正》(6),《淵鑑類函》(291),《通志》(177),《藝文類聚》(36),《古文辭類纂》(71),《古文觀止》(7),《古文眞寶》(後集 1) 등에 널리 실려 있음.

3.《古文眞寶》注에 "朱文公(朱熹)曰:〈歸去來辭〉者, 晉處士陶潛淵明所作也. 潛有高志遠識, 不能俯仰時俗. 嘗爲彭澤令, 督郵行縣且至, 吏白:「當束帶見之.」潛歎曰:「吾安能爲五斗米, 折腰向鄕里小兒邪?」卽日解印綬去, 作此詞以見志. 後以劉裕將移晉祚, 恥事二姓, 遂不復仕. 宋文帝時, 特徵不至, 卒, 諡靖節徵士. 歐陽公言:「兩晉無文章, 幸獨有此篇耳. 然其詞義夷曠蕭散, 雖託楚聲, 而無有尤怨切蹙之病云.」○淵明原序曰:「余家貧, 幼稺盈室, 瓶無儲粟, 親故多勸余爲長吏, 脫然有懷, 家叔以余貧苦, 遂見用於小邑. 于時風波未靜, 心憚遠役; 彭澤去家百里, 公田之利, 足以爲酒, 及少日, 眷然有歸歟之情. 何則? 質性自然, 非矯勵所得; 飢凍雖切, 違己交病. 於是悵然慷慨, 深愧平生之志. 猶望一稔, 當斂裳宵逝; 尋, 程氏

〈陶淵明醉歸圖〉明 張鵬(畫)

妹喪于武昌, 情在駿奔, 自免去職. 仲秋
至冬, 在官八十餘日. 因事順心, 命之曰
歸去來兮. 乙巳歲十一月也.」淵明是年
四十一歲"라 함.

4.《陶淵明集》(5) 評語

○陽文忠公曰:「晉無文章, 惟陶淵明
〈歸去來兮辭〉一篇而已.」

○李格非曰:「陶淵明〈歸去來兮辭〉,
沛然如肺腑中流出殊, 不見有斧鑿痕.」

○朱文公曰:「其詞義夷曠蕭散, 雖託
楚聲, 而無尤怨切蹙之病.」

5.《宋書》(93) 隱逸傳 陶潛 …………
南朝 梁, 沈約

陶潛字淵明, 或云淵明字元亮, 潯陽
柴桑人也. 曾祖侃, 晉大司馬. 潛少有高

〈陶淵明像〉

趣, 嘗著五柳先生傳以自況, 曰:『先生不知何許人, 不詳姓字, 宅邊有五柳樹, 因以爲
號焉. 閑靜少言, 不慕榮利. 好讀書, 不求甚解, 每有會意, 欣然忘食. 性嗜酒, 而家貧
不能恒得. 親舊知其如此, 或置酒招之, 造飲輒盡, 其在必醉, 其醉而退, 曾不吝情去
留. 還堵蕭然, 不蔽風日, 短褐穿結, 簞瓢屢空, 晏如也. 嘗著文章自娛, 頗示其志, 忘
懷得失, 以此自終.

其自序如此, 時人謂之實錄.

親老家貧, 起爲州祭酒, 不堪吏職, 少日, 自解歸. 州召主薄, 不就. 躬耕自資, 遂抱
羸疾, 復爲鎭軍, 建威參軍, 謂親朋曰:「聊欲弦歌, 以爲三逕之資, 可乎?」執事者聞
之, 以爲彭澤令. 公田悉令吏種秫稻, 妻子固請種秔, 乃使二頃五十畝種秫, 五十畝種
秔. 郡遣督郵至, 縣吏白應束帶見之, 潛嘆曰:「我不能爲五斗米切要鄉吏小人.」卽日
解印綬去職. 賦〈歸去來〉, 其詞曰:『歸去來兮, 園田荒蕪, 胡不歸. 旣自以心爲形役, 奚
惆悵而獨悲. 悟已往之不諫, 知來者之可追. 實迷塗其未遠, 覺今是而昨非. 舟超遙以
輕颺, 風飄飄而吹衣. 問征夫以前路, 恨晨光之希微. 乃瞻衡宇, 載欣載奔. 僮僕歡迎,
稚子候門. 三逕就荒, 松菊猶存. 攜幼入室, 有酒停尊. 引壺觴而自酌, 眄庭柯以怡顏.
倚南窗而寄傲, 審容膝之易安. 園日涉而成趣, 門雖設而常關. 策扶老以流憩, 時矯首

而遐觀. 雲無心以出岫, 鳥倦飛而知還. 景翳翳其將入, 撫孤松以盤桓. 歸去來兮, 請息交以絶遊. 世與我以相遺, 服駕言兮焉求. 說親戚之情話, 樂琴書以消憂. 農人告余以上春, 將有事于西疇. 或命巾車, 或棹扁舟. 旣窈窕以窮壑, 亦崎嶇而經丘. 木欣欣以向榮, 泉涓涓而始流. 善萬物之得時, 感吾生之行休. 已矣乎, 寓形宇內復幾時. 曷不委心任去留, 胡爲遑遑欲何之. 富貴非吾願, 帝鄕不可期. 懷良辰以孤往, 或植杖而耘耔. 登東皋以舒嘯, 臨清流而賦詩. 聊乘化以歸盡, 樂夫天命復奚疑.』

義熙末, 徵著作佐郎, 不就. 江州刺史王弘欲識之, 不能致也. 潛嘗往廬山, 弘令潛故人龐通之齎酒具於半道栗里之, 潛有脚疾, 使一門生二兒舁藍輿, 旣至, 欣然便公飲酌, 俄頃弘至, 亦無忤也. 先是, 顔延之爲劉柳後軍功曹, 在尋陽, 與潛情款. 後爲始安郡, 經過, 日日造潛, 每往必酣飲致醉. 臨去, 留二萬錢與潛, 潛悉送酒家, 稍就取酒. 嘗九月九日無酒, 出宅邊菊叢中坐久, 值弘送酒至, 卽便醉酌, 醉而後歸. 潛不解音聲, 而畜素琴一張, 無絃, 每有酒適, 輒撫弄以寄其意. 貴賤造之者, 有酒輒設, 潛若先醉, 便語客:「我醉欲眠, 卿可去.」其眞率如此. 郡將候潛, 值其酒熟, 取頭上葛巾漉酒, 畢, 還復著之.

潛弱年薄宦, 不潔去就之迹, 自以曾祖晉世宰輔, 耻復屈臣後代, 自高祖王業漸隆, 不復肯仕. 所著文章, 皆題其年月, 義熙以前, 則書晉氏年號, 自永初以來唯云甲子而已. 與子書以言其志, 幷爲訓戒曰:

『天地賦命, 有往必終, 自古賢聖, 誰能獨免. 子夏言曰:「死生有命, 富貴在天.」四友之人, 親受音旨, 發斯談者, 豈非窮達不可妄求, 壽夭永無外請故邪. 吾年過五十, 而窮苦荼毒, 以家貧弊, 東西遊走. 性剛才拙, 與物多忤, 自量爲己, 必貽俗患, 僶俛辭世, 使汝幼而飢寒耳. 常感孺仲賢妻之言, 敗絮自擁, 何慙兒子. 此旣一事矣. 但恨隣靡二仲, 室無萊婦, 抱玆苦心, 良獨罔罔. 少年來好書, 偶愛閑靜, 開卷有得, 便欣然忘食. 見樹木交蔭, 時鳥變聲, 亦復歡爾有喜. 嘗言五六月北窗下臥, 遇涼風暫至, 自謂是羲皇上人. 意淺識陋, 日月遂往, 緬求在昔, 眇然如何. 疾患以來, 漸就衰損, 親舊不遺, 每以藥石見救, 自恐大分將有限也. 恨汝輩稚小, 家貧無役, 柴水之勞, 何時可免, 念之在心, 若何可言. 然雖不同生, 當思四海皆弟兄之義. 鮑叔, 敬仲, 分財無猜, 歸生, 伍擧, 班荊道舊, 遂能以敗爲成, 因喪立功, 他人尙爾, 況共父之人哉. 穎川韓元長, 漢末名士, 身處卿佐, 八十而終, 兄弟同居, 至于沒齒. 濟北氾稚春, 晉時操行人也, 七世同財, 家人無怨色. 詩云:「高山仰止, 景行行止.」汝其愼哉! 吾復何言.』

又爲命子詩以貽之曰:『悠悠我祖, 爰自陶唐. 邈爲虞賓, 歷世垂光. 御龍勤夏, 豕韋

翼商. 穆穆司徒, 厥族以昌. 紛紜戰
國, 漢漢衰周. 鳳隱于林, 幽人在丘.
逸虯撓雲, 奔鯨駭流. 天集有漢, 眷
予愍侯. 於赫愍侯, 運當攀龍. 撫劍
夙邁, 顯玆武功. 參誓山河, 啓土開
封. 亹亹丞相, 允迪前蹤. 渾渾長源,
蔚蔚洪柯. 羣川載導, 衆條載羅. 時
有默語, 運固隆汙. 在我中晉, 業融
長沙. 桓桓長沙, 伊勳伊德. 天子疇
我, 專征南國. 功遂辭歸, 臨寵不惑.
執謂斯心, 而可近得. 肅矣我祖, 愼
終如始. 直方二臺, 惠和千里. 於皇
仁考, 淡焉虛止. 寄迹風運, 冥玆愠

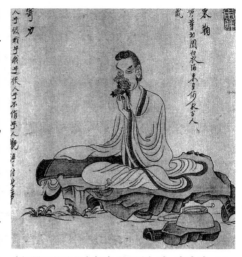

〈陶淵明故事圖〉(明) 陳洪綬 미 하와이 호놀
룰루 미술학원 소장

喜. 嗟余寡陋, 瞻望靡及. 顧慚華鬢, 負景集立. 三千之罪, 無後其急. 我誠念哉, 呱聞
爾泣. 卜云嘉日, 占爾良時. 名爾曰儼, 字爾求思. 溫恭朝夕, 念玆在玆. 尙想孔伋, 庶
其企而. 厲夜生子, 遽而求火. 凡百有心, 奚待干我. 旣見其生, 實欲其可. 人亦有言,
斯情無假. 日居月諸, 漸免于孩. 福不虛至, 禍亦易來. 夙興夜寐, 願爾斯才. 爾之不才,
亦已焉哉!』

潛元嘉四年卒, 時年六十三.

6.《南史》(75) 隱逸傳 陶潛 ………… 唐, 李延壽

陶潛字淵明, 或云字深明, 名元亮. 尋陽柴桑人, 晉大司馬侃之曾孫也. 少有高趣,
宅邊有五柳樹, 故常著〈五柳先生傳〉云:『先生不知何許人, 不詳姓字. 閑靜少言, 不慕
榮利. 好讀書, 不求甚解, 每有會意, 欣然忘食. 性嗜酒, 而家貧不能恒得. 親舊知其如
此, 或置酒招之, 造飮輒盡, 其在必醉. 旣醉而退, 曾不吝情去留. 環堵蕭然, 不蔽風
日, 短褐穿結, 簞瓢屢空, 晏如也. 常著文章自娛, 頗示己志, 忘懷得失, 以此自終.』

其子序如此. 蓋以自況, 時人謂之實錄.

親老家貧, 其爲州祭酒, 不堪吏職, 少日自解而歸. 州召主薄, 不就, 躬耕自資, 遂抱
羸疾. 江州刺史檀道濟往候之, 偃臥瘠餒有日矣, 道濟謂曰:「夫賢者處世, 天下無道
則隱, 有道則至. 今子生文明之世, 奈何自苦如此.」對曰:「潛也何敢望賢, 志不及也.」
道濟饋以粱肉, 麾而去之. 後爲鎭軍, 建威參軍, 謂親朋曰:「聊欲絃歌, 以爲三徑之

資, 可乎?」執事者聞之, 以爲彭澤令. 不以家累自隨, 送一力給其子, 書曰:「汝旦夕之費, 自給爲難, 今遣此力, 助汝薪水之勞. 此亦人子也, 可善遇之.」公田悉令吏種秫稻, 妻子固請種秔, 乃使二頃五十畝種秫, 五十畝種秔. 郡遣督郵至縣, 吏白應束帶見之. 潛嘆曰:「我不能爲五斗米切要鄉里小人.」卽日解印綬去職, 賦〈歸去來〉以遂其志, 曰:『歸去來兮, 田園將蕪胡不歸? 旣自以心爲形亦兮, 奚惆悵而獨悲. 悟已往之不諫, 知來者之可追. 實迷塗其未遠, 覺今是而昨非. 舟遙遙以輕颺, 風飄飄而吹衣, 問征夫以前路, 恨晨光之熹微. 乃瞻衡宇, 載欣載奔, 僮僕歡迎, 弱子候門. 三逕就荒, 松菊猶存, 攜幼入室, 有酒盈罇. 引壺觴以自酌, 眄庭柯以怡顏, 倚南牎而寄傲, 審容膝之易安. 園日涉而成趣, 門雖設而常關. 策扶老以流憇, 時矯首而遐觀. 雲無心以出岫, 鳥倦飛而知還. 景翳翳其將入, 撫孤松而盤桓. 歸去來兮, 請息交以絶遊, 世與我相遺, 復駕言兮焉求. 悅親戚之情話, 樂琴書以消憂, 農人告余以春及, 將有事於西疇. 或命巾車, 或棹扁舟, 旣窈窕以窮壑, 亦崎嶇而經丘. 木欣欣以向榮, 泉涓涓而始流, 善萬物之得時, 感吾生之行休. 已矣乎, 寓形宇內復幾時, 曷不委心任去留, 胡爲遑遑欲何之. 富貴非吾願, 帝鄉不可期. 懷良辰以孤往, 或植杖而芸耔. 登東皋以舒嘯, 臨清流而賦詩. 聊乘化以歸盡, 樂夫天命復奚疑!』

義熙末, 徵爲著作佐郎, 不就. 江州刺史王弘欲識之, 不能致也. 潛嘗往廬山, 弘令潛故人龐通之齎酒具於半道栗里要之. 潛有脚疾, 使一門生二兒舉籃轝. 及之, 欣然便共飲酌, 俄頃弘至, 亦無忤也.

先是, 顏延之爲劉柳後軍功曹, 在尋陽與潛情欵. 經過潛, 每往必酣飲致醉. 弘欲要延之一坐, 彌日不得. 延之臨去, 留二萬錢與潛, 潛悉送酒家稍就取酒. 嘗九月九日無酒, 出宅邊菊叢中坐久之. 逢弘送酒至, 卽便就酌, 醉而後歸.

潛不解音聲, 而畜素琴一張. 每有酒適, 輒撫弄以寄其意. 貴賤造之者, 有酒輒設. 潛若先醉, 便語客:「我醉欲眠卿可去.」其眞率如此. 郡將候潛, 逢其酒熟, 取頭上葛巾漉酒, 畢, 還復著之. 潛弱年薄宦, 不潔去就之迹. 自以曾祖晉宰輔, 恥復屈臣後代, 自宋武帝王業漸隆, 不復肯仕. 所著文章, 皆題其年月. 義喜以前, 明書晉氏年號, 自永初以來, 唯云甲子而已. 餘子書以言其志, 并爲訓戒曰:『吾年過五十, 吾窮苦荼毒. 性剛才拙, 與物多忤. 自量爲己, 必貽俗患. 僶俛辭事, 使汝幼而飢寒耳. 常感孺仲賢妻之言, 敗絮自擁, 何慙兒子? 此其一事矣. 但恨隣靡二仲, 室無萊婦, 抱玆苦心, 良獨罔罔. 少來好書, 偶愛閑靖, 開卷有得, 便欣然忘食. 見樹木交蔭, 時鳥變聲, 亦復歡爾有喜. 嘗言五六月北牎下臥, 遇涼風暫至, 自謂是羲皇上人. 意淺識陋, 日月遂往, 疾患以來, 漸就衰損. 親舊不遺, 每有藥石見救, 自恐大分將有限也. 汝輩幼小, 家貧無役, 柴水之勞, 何時可免. 念之在心, 若何可言. 然雖不同生, 當思四海皆兄弟之義. 鮑叔, 敬仲, 分在無猜, 歸生, 伍擧, 班荊道舊, 遂能以敗爲成, 因喪立功. 佗人尙爾, 況共父之人哉. 潁川韓元長, 漢末名士, 身處卿佐, 八十而終, 兄弟同居, 至於沒齒. 濟北氾幼春, 晉時操行人也. 七世同財, 家人無怨絶. 詩云「高山景行」, 汝其愼哉!』

又爲命子詩以貽之.

元嘉四年, 將復徵命, 會卒. 世號靖節先生. 其妻翟氏, 志趣亦同, 能安苦節, 夫耕於田, 妻鋤於後云.

7.《晉書》(94) 隱逸傳 陶潛 ………… 唐, 房玄齡

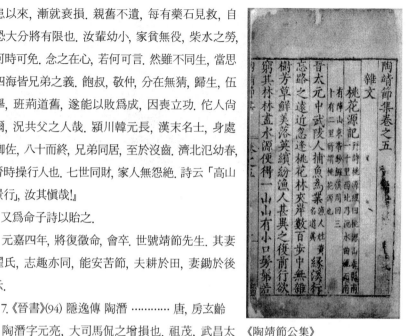

《陶靖節公集》

陶潛字元亮, 大司馬侃之曾孫也. 祖茂, 武昌太守. 潛少懷高尙, 博學善屬文, 穎脫不羈, 任眞自得, 爲鄉鄰之所貴. 嘗著五柳先生傳以自況曰:「先生不知何許人, 不詳好字, 宅邊有五柳樹, 因以爲號焉. 閑靖少言, 不慕榮利. 好讀書, 不求甚解, 每有會意, 欣然忘植. 性嗜酒, 而家貧不能恒得. 親舊知其如此, 或置酒招之, 造飲必盡, 期在必醉, 旣醉而退, 曾不吝情. 環堵蕭然, 不蔽風日, 短褐穿結, 簞瓢屢空, 晏如也. 嘗著文章自娛, 頗示己志, 忘懷得失, 以此自終.」其自序如此, 時人謂之實錄. 以親老家貧, 起爲州祭酒, 不堪吏職, 少日自解歸. 州召主薄, 不就, 躬耕自質, 遂抱羸疾. 後爲鎮軍, 建威參軍. 謂親朋曰:「聊欲絃歌, 以爲三徑之資可乎?」執事者聞之, 以爲彭澤令. 在縣公田悉令種秫穀, 曰:「令吾常醉於酒足矣.」妻子固請種秔, 乃使一頃五十畝種秫, 五十畝種秔. 素簡貴, 不私事上官. 郡遣督郵至縣, 吏白應束帶見之, 潛歎曰:「吾不能爲五斗米折腰, 拳拳事鄉里小人邪!」義熙二年, 解印去縣, 乃賦〈歸去來〉. 其辭曰:『歸去來兮, 園田荒蕪, 胡不歸. 旣自以心爲形役, 奚惆悵而獨悲. 悟已往之不諫, 知來者之可追. 實迷塗其未遠, 覺今是而昨非. 舟超遙以輕颺, 風飄飄而吹衣. 問征夫以前路, 恨晨光之希微. 乃瞻衡宇, 載欣載奔. 僮僕歡迎, 稚子候門. 三徑就荒, 松菊猶存. 攜幼入室, 有酒停尊. 引壺觴而自酌, 眄庭柯以怡顏. 倚南窗而寄傲, 審容膝之易安. 園日涉而成趣, 門雖設而常關. 策扶老以流憇, 時矯首

〈歸去來辭詩意圖〉明 李在(畫)

而遐觀. 雲無心以出岫, 鳥倦飛而知還. 景翳翳其將入, 撫孤松以盤桓. 歸去來兮, 請息交而絶遊. 世與我以相遺, 服駕言兮焉求. 說親戚之情話, 樂琴書以消憂. 農人告余以上春, 將有事于西疇. 或命巾車, 或棹扁舟. 既窈窕以窮壑, 亦崎嶇而經丘. 木欣欣以向榮, 泉涓涓而始流. 善萬物之得時, 感吾生之行休. 已矣乎! 寓形宇內復幾時. 奚不委心任去留, 胡爲遑遑欲何之. 富貴非吾願, 帝鄕不可期. 懷良辰以孤往, 或植杖而耘耔. 登東皐以舒嘯, 臨淸流而賦詩. 聊乘化以歸盡, 樂夫天命復奚疑!」

頃之, 徵著作郞, 不就. 既絶州郡觀謁, 其鄕親張野及周旋人·羊松齡·龐遵等或有酒要之, 或要之共至酒坐, 雖不識主人, 亦欣然無忤, 酣醉便反. 未嘗有所造詣, 所之唯至田舍及廬山游觀而已.

刺史王弘以元熙中臨州, 甚欽遲之, 後自造焉. 潛稱疾不見. 既而語人云:「我性不狎世, 因疾遂閑, 幸非潔志慕聲, 豈敢以王公紆軫爲榮邪! 夫謬以不賢, 此劉公幹所以招謗君子, 其罪不細也.」弘每令人候之, 密知當往廬山, 乃遣其故人龐通之等齎酒, 先於半道要之. 潛其遇酒, 便人酌野亭, 欣然忘進. 弘乃出與相見, 遂歡宴窮日. 潛無履, 弘顔左右爲之造履. 左右請履度, 潛便於坐申脚令度焉. 弘要之還州, 問其所乘, 答云:「素有脚疾, 向乘藍輿, 亦足自反.」及令一門生二兒共轝之至州, 而言笑賞適, 不覺其有羨於華軒也. 弘後欲見, 輒於林澤間候之. 誌於酒米乏絶, 亦時相贍.

其親朋好事, 或載酒肴而往, 潛亦無所辭焉. 每一醉, 則大適融然. 又不營生業, 家無悉委之兒僕. 未嘗有喜慍之色, 惟遇酒則飮, 時或無酒, 亦雅詠不輟. 嘗言夏月虛閑, 高臥北窓之下, 淸風颯至, 自謂羲皇上人. 聲不解音, 而畜素琴一張, 絃徽不具, 每朋酒之會, 則撫而和之, 曰:「但識琴中趣, 何勞絃上聲!」以宋元嘉中卒, 時年六十三, 所有文集並行於世.

8. 《詩品》陶淵明 ················ 南朝 梁, 鍾嶸

『宋徵士陶潛詩』

宋徵士陶潛詩, 其源出於應璩, 又協左思風力. 文體省淨, 殆無長語. 篤意眞古, 辭興婉愜. 每觀其文, 想其人德, 世歎其質直. 至如「歡言酌春酒」,「日暮天無雲」, 風華清靡, 豈直爲田家語耶? 古今隱逸詩人之宗也.

9. 〈陶淵明傳〉 ············· 南朝 梁, 蕭統

陶淵明, 字元亮. 或云潛, 字淵明. 潯陽柴桑人也. 曾祖侃, 晉大司馬.

淵明少有高趣, 博學, 善屬文, 穎脫不群, 任眞自得. 嘗著〈五柳先生傳〉以自況, 曰:「先生不知何許人也, 亦不詳姓字, 宅邊有五柳樹, 因以爲號焉. 閑靜少言, 不慕榮利. 好讀書, 不求甚解, 每有會意, 欣然忘食. 性嗜酒, 而家貧不能恒得. 親舊知其如此, 或置酒招之. 造飮輒盡, 期在必醉. 旣醉而退, 曾不恪情去留. 環堵蕭然, 不蔽風日. 短褐穿結, 簞瓢屢空, 晏如也. 嘗著文章自娛, 頗示己志. 忘懷得失, 以此自終.」時人謂之實錄.

親老家貧, 起爲州祭酒. 不堪吏職, 少日, 自解歸. 州召主簿, 不就. 躬耕自資, 遂抱羸疾. 江州刺史檀道濟往候之, 偃臥瘠餒有日矣. 道濟謂曰:「賢者處世, 天下無道則隱, 有道則至. 今子生文明之世, 奈何自苦如此?」對曰:「潛也, 何敢望賢? 志不及也.」道濟饋以粱肉, 麾而去之. 後爲鎭軍建威參軍, 謂親朋曰:「聊欲弦歌, 以爲三徑之資, 可乎?」執事者聞之, 以爲彭澤令. 不以家累自隨, 遂一力給其子, 書曰:「汝旦夕之費, 自給爲難, 今遣此力, 助汝薪水之勞. 此亦人子也, 可善遇之.」公田悉令吏種秫, 曰:「吾常得醉於酒, 足矣!」妻子固請種秔, 乃使二頃五十畝種秫, 五十畝種秔. 歲終, 會郡遣督郵至, 縣吏請曰:「應束帶見之.」淵明歎曰:「我豈能爲五斗米折腰向鄕里小兒!」即日解綬去職, 賦〈歸去來〉.

徵著作郎, 不就. 江州刺史王弘, 不能致也. 淵明嘗往廬山, 弘命淵明故人龐通之齎酒具, 於半道栗里之間邀之. 淵明有脚疾, 使一門生二兒昇籃輿. 旣至, 欣然便共飮酌. 俄頃, 弘至, 亦無迕也. 先是顔延之爲劉柳後軍功曹, 在潯陽, 與淵明情欵. 後爲始安君, 經過潯陽, 日造淵明飮焉. 每往, 必酣飮致醉. 弘欲邀延之坐, 彌日不得. 延之臨去, 留二萬錢與淵明, 淵明悉遣送酒家, 稍就取酒. 嘗九月九日出宅邊菊叢中, 坐久之, 滿手把菊, 忽値弘送酒之, 即便就酌, 醉而歸. 淵明不解音律, 而蓄無絃琴一張, 每酒適, 輒撫弄, 以寄其意. 貴賤造之者, 有酒輒設, 淵明若先醉, 便語客:「我醉欲眠, 卿可去.」其眞率如此. 郡將常候之, 值其釀熟, 取頭上葛巾漉酒, 漉畢, 還復著之.

時周續之入盧山, 事釋惠遠; 彭城有遺民, 亦遁迹匡山; 淵明又不應徵命, 謂之潯陽三隱. 後刺史檀韶苦請續之出州, 與學士祖企, 謝景夷三人, 共在城北講禮, 可以讎校. 近於馬隊, 是故淵明示其詩, 云:「周生述孔業, 祖謝響然臻. 馬隊非講肆, 校書亦已勤.」其妻翟民, 亦能安勤苦, 與其同志. 自以曾祖晉世宰輔, 恥復屈身後代. 自宋高祖王業漸隆, 不復肯仕. 元嘉四年, 將復徵命, 會卒. 時年六十三. 世號靖節先生. (李公煥, 《箋注陶淵明集》卷十.)

10. 〈陶徵士誄〉(幷序) ………… 南朝 宋, 顏延之

夫璿玉致美, 不爲池隍之寶; 桂椒信芳, 而非園林之實. 豈其深而好遠哉? 蓋云殊性而已. 故無足而至者, 物之籍也; 隨踵而立者, 人之薄也. 若乃巢, 高之抗行, 夷, 皓之峻節, 故已父老. 堯, 禹, 錙銖周, 漢. 而縣世浸遠, 光靈不屬, 至使菁華隱沒, 芳流歇絕, 不其惜乎! 雖今之作者, 人自爲量, 而首路同塵, 輟塗殊軌者多矣. 豈所以昭末景, 汎餘波!

有徵晉士尋陽陶淵明, 南岳之幽居者也. 弱不好弄, 長實素心. 學非稱師, 文取指達. 在衆不失其寡, 處言愈見其默. 少而貧病, 居無僕妾. 幷臼弗任, 藜菽不給. 母老子幼, 就養勤匱. 遠惟田生致親之議, 追悟毛子捧檄之懷. 初辭州府三命, 後爲彭澤令. 道不偶物, 棄官從好. 遂乃解體世紛, 結志區外, 定迹深棲, 於是乎遠. 灌畦鬻蔬, 爲供魚菽之祭; 織絇緯蕭, 以充糧粒之費. 心好異書, 性樂酒德, 簡棄煩促, 就成省曠. 殆所謂國爵屏貴, 家人忘貧者與?

有詔徵爲著作郎, 稱疾不到. 春秋若干, 元嘉四年月日, 卒于尋陽縣之某里. 近識悲悼, 遠士傷情. 冥默福應, 嗚呼淑貞! 夫實以誄華, 名有謚高, 苟允德義, 貴賤何筭焉? 若其寬樂令終之美, 好廉克己之操, 有合謚典, 無愆前志. 故詢諸友好, 宜謚曰靖節徵士. 其辭曰: 物尙孤生, 人固介立. 豈伊時遘, 曷云世及? 嗟乎若士! 望古遙集. 韜此洪族, 蔑彼名級. 睦親之行, 至自非敦. 然諾之信, 重於布言. 廉深簡絜, 貞夷粹溫. 和而能峻, 博而不繁. 依世尙同, 詭時則異. 有一於此, 兩非黙置. 豈若夫子, 因心違事? 畏榮好古, 薄身厚志. 世霸虛禮, 州壤追風. 人之秉彝, 不隘不恭. 爵同下士, 祿等上農. 度量難鈞, 進退可限. 子之悟之, 何悟之辯? 賦詩歸來, 高蹈獨善. 亦旣超曠, 無適非心. 晨煙暮藹, 春照秋陰. 陳書輟卷, 置酒絃琴. 居備勤儉, 躬兼貧病. 人否其憂, 子然其命. 隱約就閑, 遷延辭聘. 非直也明, 是惟道性. 孰云與仁? 實疑明智, 謂天蓋高, 胡愆斯義? 履信曷憑? 思順何寘? 年在中身, 疢維痁疾. 視死如歸, 臨凶若吉. 藥劑非嘗, 禱祀非恤. 傃幽告終, 懷和長畢. 嗚呼哀哉! 遭壤以穿, 旋葬而窆. 嗚呼哀哉! 深心追

往, 遠情逐化. 自爾介居, 及我多暇. 伊好之洽, 接閻鄰舍. 宵盤晝憩, 非舟非駕. 念昔宴私, 舉觴相誨. 獨正者危, 至方則礙. 哲人卷舒, 布在前載. 取鑒不遠, 吾規子佩. 爾實愀然, 中言而發. 違衆速尤, 迕風善蹶. 身才非實, 榮聲有歇. 叡音永矣, 誰箴余闕? 嗚呼哀哉! 仁焉而終, 智焉而斃. 黔婁既沒, 展禽亦逝. 其在先生, 同塵往世. 旌此靖節, 加彼康惠. 嗚呼哀哉!

11. 〈蓮士高賢傳〉‥‥‥‥‥ 佚名

陶潛字淵明, 晉大司馬侃之曾孫. 少懷高尚, 著〈五柳先生傳〉以自況, 時以爲實錄初爲建威參軍, 謂親朋曰:「聊欲弦歌, 爲三徑之資.」執事者聞之, 以爲彭澤令. 郡遣郵至縣, 吏曰:「應束帶賢之.」潛嘆曰:「吾不能爲五斗米折腰, 拳拳事鄉里小兒耶!」解印去縣, 乃賦〈歸去來〉. 及宋受禪, 自以晉世宰輔之后. 職復屈身异代. 居潯陽柴桑, 與周續之, 劉遺民幷不應辟命, 世號「潯陽三隱.」嘗言夏月虛閑, 高臥北窗之下, 淸風颯至, 自謂羲皇上人. 性不解音, 畜素琴一張, 弦徽不具, 每朋酒之會, 則撫而叩之, 曰:「但識琴中趣, 何勞弦上聲.」常往來廬山, 使一門生二兒舁籃輿以行. 遠法師與諸賢及蓮杜, 以書招淵明. 淵明曰:「若許陰則往.」許之, 遂造焉, 忽攢眉而去.」宋元嘉四年卒. 世號靖節先生. (明 程榮《漢魏總書》本)

임동석(茁浦 林東錫)

慶北 榮州 上茁에서 출생. 忠北 丹陽 德尙골에서 성장. 丹陽初中 졸업. 京東高 서울 敎大 國際大 建國大 대학원 졸업. 雨田 辛鎬烈 선생에게 漢學 배움. 臺灣 國立臺灣師範 大學 國文硏究所(大學院) 博士班 졸업. 中華民國 國家文學博士(1983). 建國大學校 敎授. 文科大學長 역임. 成均館大 延世大 高麗大 外國語大 서울대 등 大學院 강의. 韓國中國言語學會 中國語文學硏究會 韓國中語中文學會 등 會長 역임. 저서에 《朝鮮譯學考》(中文)《中國學術槪論》《中韓對比語文論》. 편역서에《수레를 밀기 위해 내린 사람들》《栗谷先生詩文選》. 역서에《漢語音韻學講義》《廣開土王碑硏究》《東北民族源流》《龍鳳文化源流》《論語心得》〈漢語雙聲疊韻硏究〉 등. 학술 논문 50여 편. 현 건국대 명예교수. 靑丘書堂 훈장.

임동석중국사상100

문장궤범 文章軌範

을

謝枋得 編/林東錫 譯註
1판 1쇄 발행/2020년 6월 1일
발행인 고정일
발행처 동서문화사
창업 1956. 12. 12. 등록 16-3799
서울 중구 마른내로 144(쌍림동)
☎546-0331~6 (FAX) 545-0331
www.dongsuhbook.com
잘못 만들어진 책은 바꾸어 드립니다.

이 책의 출판권은 동서문화사가 소유합니다.

사업자등록번호 211-87-75330
ISBN 978-89-497-1774-6 04080
ISBN 978-89-497-0542-2 (세트)